建筑与市政工程施工现场专业人员职业标准培训教材

质量员通用与基础知识
（土建方向）

建筑与市政工程施工现场专业人员职业标准培训教材编审委员会　编

主　编　崔恩杰

副主编　刘　萍　张文明

主　审　孙耀乾　朱晓丽

黄河水利出版社

·郑州·

内容提要

本书共分两篇，着重介绍了质量员应该具备的建筑与市政工程施工现场质量管理的相关知识。第一篇为通用知识，包括工程材料的基本知识、施工图识读基本知识、工程施工工艺和方法、工程项目管理的基本知识。第二篇为基础知识，包括土建施工相关的力学知识、建筑构造和建筑结构的基本知识、施工测量的基本知识、质量控制的统计分析方法。

本书可作为质量员培训教材，也可供工程管理技术人员工作时参考使用。

图书在版编目(CIP)数据

质量员通用与基础知识. 土建方向/崔恩杰主编；建筑与市政工程施工现场专业人员职业标准培训教材编审委员会编. —郑州：黄河水利出版社，2013.12

建筑与市政工程施工现场专业人员职业标准培训教材

ISBN 978-7-5509-0676-1

Ⅰ. ①质… Ⅱ. ①崔…②建… Ⅲ. ①土木工程-质量管理-职业培训-教材 Ⅳ. ①TU712

中国版本图书馆 CIP 数据核字(2013)第 308239 号

策划编辑：余甫坤　电话：0371-66024993　E-mail：yfk7300@126.com

出 版 社：黄河水利出版社　网址：www.yrcp.com

地址：河南省郑州市顺河路黄委会综合楼 14 层　邮政编码：450003

发行单位：黄河水利出版社

发行部电话：0371-66026940、66020550、66028024、66022620(传真)

E-mail：hhslcbs@126.com

承印单位：郑州海华印务有限公司

开本：787 mm×1 092 mm　1/16

印张：24.5

字数：537 千字　印数：1—4 000

版次：2013 年 12 月第 1 版　印次：2013 年 12 月第 1 次印刷

定价：59.00 元

建筑与市政工程施工现场专业人员职业标准培训教材
编审委员会

序

为了加强建筑工程施工现场专业人员队伍的建设，规范专业人员的职业能力评价方法，指导专业人员的使用与教育培训，提高其职业素质、专业知识和专业技能水平，住房和城乡建设部颁布了《建筑与市政工程施工现场专业人员职业标准》(JGJ/T 250—2011)，并自2012年1月1日起颁布实施。我们根据《建筑与市政工程施工现场专业人员职业标准》(JGJ/T 250—2011)配套的考核评价大纲，组织建设类专业高等院校资深教授、一线教师，以及建筑施工企业的专家共同编写了《建筑与市政工程施工现场专业人员职业标准培训教材》，为2014年全面启动《建筑与市政工程施工现场专业人员职业标准》的贯彻实施工作奠定了一个坚实的基础。

本系列培训教材包括《建筑与市政工程施工现场专业人员职业标准》涉及的土建、装饰、市政、设备4个专业的施工员、质量员、安全员、材料员、资料员5个岗位的内容，教材内容覆盖了考核评价大纲中的各个知识点和能力点。我们在编写过程中始终紧扣《建筑与市政工程施工现场专业人员职业标准》(JGJ/T 250—2011)和考核评价大纲，坚持与施工现场专业人员的定位相结合、与现行的国家标准和行业标准相结合、与建设类职业院校的专业设置相结合、与当前建设行业关键岗位管理人员培训工作现状相结合，力求体现当前建筑与市政行业技术发展水平，注重科学性、针对性、实用性和创新性，避免内容偏深、偏难，理论知识以满足使用为度。对每个专业、岗位，根据其职业工作的需要，注意精选教学内容、优化知识结构，突出能力要求，对知识和技能经过归纳，编写了《通用与基础知识》和《岗位知识与专业技能》，其中施工员和质量员按专业分类，安全员、资料员和材料员为通用专业。本系列教材第一批编写完成19本，以后将根据住房和城乡建设部颁布的其他岗位职业标准和施工现场专业人员的工作需要进行补充完善。

本系列培训教材的使用对象为职业院校建设类相关专业的学生、相关岗位的在职人员和转入相关岗位的从业人员，既可作为建筑与市政工程现场施工人员的考试学习用书，也可供建筑与市政工程的从业人员自学使用，还可供建设类专业职业院校的相关专业师生参考。

本系列培训教材的编撰者大多为建设类专业高等院校、行业协会和施工企业的专家和教师，在此，谨向他们表示衷心的感谢。

在本系列培训教材的编写过程中，虽经反复推敲，仍难免有不妥甚至疏漏之处，恳请广大读者提出宝贵意见，以便再版时补充修改，使其在提升建筑与市政工程施工现场专业人员的素质和能力方面发挥更大的作用。

建筑与市政工程施工现场专业人员职业标准培训教材编审委员会

2013年9月

序

前　言

《建筑与市政工程施工现场专业人员职业标准》(JGJ/T 250—2011,以下简称《职业标准》)是整个标准体系里的第一个,也是住房和城乡建设部第一个关于技术人员的行业标准。《职业标准》自2012年1月1日起正式实施。

河南省建设教育协会为满足企业岗位培训需要,组织编写了本套培训教材。本教材包括通用知识和基础知识两大部分,具体内容如下:通用知识包括工程材料的基本知识、施工图识读基本知识、工程施工工艺和方法、工程项目管理的基本知识,基础知识包括土建施工相关的力学知识、建筑构造和建筑结构的基本知识、施工测量的基本知识、质量控制的统计分析方法等。

本书主编由河南省建设教育协会崔恩杰担任;副主编由河南建筑职业技术学院刘萍、张文明担任;主审由济源职业技术学院孙耀乾担任。

教材编写具体分工如下:第一章由河南建筑职业技术学院赵瑞霞编写,第二章由河南建筑职业技术学院闫小春编写,第三章第一节由河南省建设教育协会胡勇编写,第三章第二~六节由河南省建设教育协会崔恩杰编写,第四章由河南建筑职业技术学院张照方编写,第五章由河南建筑职业技术学院徐向东编写,第六章第一~十节、第八章由河南建筑职业技术学院刘萍编写,第六章第十一~二十二节由河南建筑职业技术学院宋乔编写,第七章由河南建筑职业技术学院张文明编写。

本书可作为土建质量员岗位培训教材,也可作为土建类工程技术人员学习资料使用。

限于编者的水平,书中难免有不足之处,恳请广大同仁和读者批评指正。

编　者

2013年5月

目 录

第一篇　通用知识

第一章　工程材料的基本知识

【学习目标】

1. 掌握无机胶凝材料的种类及特性。
2. 掌握通用水泥的品种、主要技术性质及应用。
3. 了解特性水泥的主要品种、特性及应用。
4. 掌握混凝土的种类，普通混凝土的组成材料和主要技术要求。
5. 掌握混凝土配合比的概念，了解其他混凝土的品种、特性及应用。
6. 掌握常用混凝土外加剂的品种及应用。
7. 掌握普通砂浆的特性及应用。
8. 了解防水抹面砂浆的特性及应用和砂浆配合比的概念。
9. 了解砌筑用石材的种类性质及应用。
10. 掌握砖、砌块的种类、主要技术性质及应用。
11. 掌握钢材的种类及主要技术性能。
12. 掌握钢结构、钢筋混凝土结构用钢的品种及特性。
13. 掌握防水卷材、防水涂料的品种及特性。
14. 了解建筑节能材料的特性及应用。

第一节　无机胶凝材料

在一定条件下，经过自身一系列物理、化学作用后，能将散粒或块状材料黏结成整体，并使其具有一定强度的材料，统称为胶凝材料，在建筑工程中应用极其广泛。

胶凝材料按化学性质不同可分为无机和有机胶凝材料两大类。无机胶凝材料是以无机化合物为主要成分的一类胶凝材料，如石灰、石膏、水泥等；有机胶凝材料则是以天然或合成高分子化合物为基本组成的一类胶凝材料，如沥青、树脂等。

无机胶凝材料按硬化条件的不同分为气硬性和水硬性胶凝材料两大类。气硬性无机胶凝材料只能在空气中凝结、硬化，保持并发展其强度，如石灰、石膏、水玻璃等。水硬性胶凝材料既能在空气中硬化，又能很好地在水中硬化，保持并继续发展其强度，如各种水泥。

一、气硬性胶凝材料

(一)石灰

石灰是人类在建筑中最早使用的胶凝材料之一,因其原材料蕴藏丰富,分布广,生产工艺简单,成本低廉,使用方便,所以至今仍被广泛应用于建筑工程中。

1. 生石灰

生石灰是一种白色或灰色块状物质,其主要成分是氧化钙。正常温度下煅烧的石灰具有多孔结构,内部孔隙率大,晶粒细小,表观密度小,与水作用速度快。实际生产中,若煅烧温度过低或煅烧时间不充足,则 $CaCO_3$ 不能完全分解,将生成欠火石灰。使用欠火石灰时,产浆量较低,质量较差,降低了石灰的利用率;若煅烧温度过高或煅烧时间过长,将生成颜色较深、表观密度较大的过火石灰。过火石灰熟化十分缓慢,使用时会影响工程质量。

2. 石灰的熟化及硬化

1)石灰的熟化(消解)

生石灰与水作用生成熟石灰,经熟化所得的 $Ca(OH)_2$(熟石灰)即为石灰熟化。石灰熟化时放出大量的热量,同时体积膨胀 1 ~2.5 倍。

过火石灰熟化极慢,为避免过火石灰在使用后,因吸收空气中的水蒸气而逐步水化膨胀,使硬化砂浆或石灰制品产生隆起、开裂等破坏,在使用前应将较大尺寸过筛网除去(同时也可除去较大的欠火石灰块),之后让石灰浆在储灰池中陈伏两周以上,使较小的过火石灰充分熟化。陈伏期间,石灰浆表面应留有一层水,与空气隔绝,以免石灰碳化。

2)石灰的硬化

石灰在空气中的硬化包括干燥、结晶和碳化三个交错进行的过程。

石灰硬化慢、强度低、不耐水。

3. 石灰的品种

建筑工程所用的石灰有三个品种:建筑生石灰、建筑生石灰粉和建筑消石灰粉。所以经煅烧生成的生石灰中,也相应含有氧化镁成分。根据氧化镁的含量不同有:钙质生石灰、镁质生石灰、钙质消石灰粉、镁质消石灰粉、白云石质消石灰粉。

根据建筑行业标准将石灰分成优等品、一等品、合格品三个等级。

4. 石灰的特性

1)保水性和可塑性好

生石灰熟化成的石灰浆具有良好的保水性和可塑性,用来配制建筑砂浆可显著提高砂浆的和易性,便于施工。

2)吸湿性强

生石灰吸湿性强,保水性好,是传统的干燥剂。

3)凝结硬化慢、强度低

石灰浆的碳化很慢,且 $Ca(OH)_2$ 结晶量很少,因而硬化慢、强度很低。如 1:3的石灰砂浆 28 d 抗压强度通常只有 0.2 ~0.5 MPa,不宜用于重要建筑物的基础。

4)耐水性差

由于 $Ca(OH)_2$ 能溶于水,如果长期受潮或受水浸泡会使硬化的石灰溃散。所以石灰不宜在潮湿的环境中应用。

5)硬化时体积收缩大

石灰浆在硬化过程中要蒸发掉大量水分,易出现干缩裂缝,除调成石灰乳作薄层粉刷外,不宜单独使用。使用时常在其中掺加砂、麻刀、纸筋等,以抵抗收缩引起的开裂和增加抗拉强度。

5. 石灰的应用

生石灰经加工处理后可得到很多品种的石灰,如生石灰粉、消石灰粉、石灰乳、石灰膏等,不同品种的石灰具有不同的用途。

石灰可制成石灰砂浆和石灰乳涂料,用于墙体砌筑或内墙、顶棚抹面以及用作内墙及天棚粉刷的涂料;石灰与黏土按一定比例拌和,可制成石灰土,或与黏土、砂石、炉渣等填料拌成三合土,夯实后主要用在一些建筑物的基础、地面的垫层和公路的路基上;制作碳化石灰板,可作非承重的内隔墙板、天花板;也可制成灰砂砖、粉煤灰砖、砌块等硅酸盐制品。

6. 石灰的储存

生石灰会吸收空气中的水分和 CO_2 生成 $CaCO_3$ 等,从而失去黏结力。所以在工地上储存时要防止受潮,且不宜太多太久。另外,石灰熟化时要放出大量的热,因此应将生石灰与可燃物分开保管,以免引起火灾。通常进场后可立即“陈伏”,将贮存期变为陈伏期。

(二)石膏

石膏是一种以硫酸钙为主要成分的气硬性无机胶凝材料。石膏制品具有质轻、强度较高、隔热、耐火、吸声、美观及易于加工等优良性质,而且是一种有发展前途的新型建筑材料。

石膏品种主要有建筑石膏、高强石膏、粉刷石膏、无水石膏等。其中,以半水石膏为主要成分的建筑石膏和高强石膏在建筑工程中应用较多,最常用的是以 β 型半水石膏为主要成分的建筑石膏。

1. 建筑石膏的分类和技术要求

1)分类

按原材料种类分为三类:天然建筑石膏,代号为 N;脱硫建筑石膏,代号为 S;磷建筑石膏,代号为 P。

2)技术要求

根据 GB/T 9776—2008 规定,建筑石膏按 2 h 抗折强度分为 3.0、2.0、1.6 三个等级。其中强度、细度和凝结时间三个指标均应满足各等级的技术要求。

建筑石膏按产品名称、代号、等级及标准编号的顺序进行产品标记。例如:等级为 2.0 的天然建筑石膏表示为:建筑石膏 N2.0 GB/T 9776—2008。

建筑石膏在贮运过程中,应防止受潮及混入杂物。不同等级的石膏应分别贮运,不得混杂。建筑石膏自生产之日起,在正常贮运条件下,贮存期为 3 个月,超过 3 个月,强度将降低 30% 左右,超过贮存期限的石膏应重新进行质量检验,以确定其等级。

2. 建筑石膏的特性

1)凝结硬化快

建筑石膏与水拌和后,在常温下几分钟可初凝,30 min 以内可达终凝。为满足施工操作的要求,一般需加硼砂或用石灰活化的骨胶、皮胶和蛋白胶等作缓凝剂。

2)微膨胀性

建筑石膏在硬化过程中体积略有膨胀,硬化时不出现裂缝,所以可以不掺加填料而单独使用，可以浇筑成型制得尺寸准确、表面光滑、图案饱满的构件或装饰图案，且可锯可钉。

3）孔隙率大

建筑石膏质轻、隔热、吸声性好，且具有一定的调温调湿性，是良好的室内装饰材料。但石膏制品的强度低、吸水率大。

4）耐水性、抗冻性差

建筑石膏制品软化系数小（一般为0.2~0.3），耐水性差，若吸水后受冻，将因结冰而崩裂，故建筑石膏的耐水性和抗冻性都较差，不宜用于室外。

5）防火性好

石膏硬化后的结晶物 $CaSO_4 \cdot 2H_2O$ 受到火烧时，结晶水蒸发，吸收热量，并在表面生成具有良好绝热性的无水石膏，起到阻止火焰蔓延和温度升高的作用，所以石膏有良好的防火性。但石膏不宜长期在65 ℃以上的高温部位使用，以免二水石膏缓慢脱水分解而降低强度。

3. 建筑石膏的应用

建筑石膏不仅具有如上所述的许多优良性能，而且具有无污染、保温绝热、吸声、阻燃等方面的优点，一般做成石膏抹面灰浆、建筑装饰制品和石膏板等。它除可用于室内抹灰及粉刷外，还可用于生产装饰制品，尤其更多地用于制作石膏板，如石膏蜂窝板、防潮石膏板、石膏矿棉复合板等。建筑石膏若配以纤维增强材料、黏结剂等还可制成石膏角线、线板、角花、灯圈、罗马柱、雕塑等艺术装饰石膏制品。

二、通用水泥

水泥是一种粉状材料，加水拌和成塑性浆体后，能在空气中和水中硬化，并形成稳定性化合物的水硬性胶凝材料。水泥作为胶凝材料，可用来制作混凝土、钢筋混凝土和预应力混凝土构件，也可配制各类砂浆，用于建筑物的砌筑、抹面、装饰等。它不仅大量应用于工业和民用建筑，还广泛应用于公路、桥梁、铁路、水利和国防等工程，被称为“建筑业的粮食”，在国民经济中起着十分重要的作用。

水泥按矿物组成可分为硅酸盐水泥、铝酸盐水泥、硫铝酸盐水泥、铁铝酸盐水泥、氟铝酸盐水泥等。按水泥的用途及性能分为通用水泥、专用水泥、特性水泥三类。

（一）通用硅酸盐水泥的定义和品种

硅酸盐水泥是以硅酸盐水泥熟料和适量石膏，及规定的混合材料共同磨细制成的水硬性胶凝材料。

通用硅酸盐水泥按混合材料的品种和掺量分为以下六种：硅酸盐水泥（P·Ⅰ、P·Ⅱ）、普通硅酸盐水泥（P·O）、矿渣硅酸盐水泥（P·S·A、P·S·B）、火山灰硅酸盐水泥（P·P）、粉煤灰硅酸盐水泥（P·F）、复合硅酸盐水泥（P·C）。

（二）硅酸盐系列水泥的水化与凝结硬化

水泥加水拌和后，水泥颗粒立即与水发生化学反应并放出一定的热量。此时的水泥浆既有可塑性，又有流动性，随着反应的进行，水化物膜层增厚并相互连接，浆体逐渐失去流动性，产生“初凝”。继而完全失去可塑性，即为“终凝”。水泥浆逐渐产生强度并发展成为坚硬的水泥石，这一过程称为水泥的“硬化”。

在四种水泥熟料矿物成分中，C_3A 的水化最快，能使水泥瞬间产生凝结。为了方便施工使用，通常在水泥熟料中加入掺量为水泥质量3% ~5%的石膏，目的是缓凝。

硅酸盐水泥与水作用后生成的主要水化反应产物有水化硅酸钙和水化铁酸钙凝胶、氢氧化钙、水化铝酸钙和水化硫铝酸钙晶体。

硬化水泥石中是由未水化的水泥颗粒、凝胶体、晶体、水(自由水和吸附水)和孔隙(毛细孔和凝胶孔)组成的。

(三)通用硅酸盐水泥的技术标准

1. 化学指标

通用硅酸盐水泥的化学指标包括不溶物、烧失量、三氧化硫、氧化镁、氯离子，其含量应符合 GB 175—2007 的规定。

2. 标准稠度用水量

水泥净浆标准稠度用水量是指水泥净浆达到标准规定的稠度时所需的加水量，常以水和水泥质量之比的百分数表示。标准法是以试杆沉入净浆并距底板(6 ±1) mm 时的水泥净浆为标准稠度净浆。水泥的标准稠度用水量一般为24% ~33%。测定水泥凝结时间和体积安定性时必须采用标准稠度的水泥浆。

3. 凝结时间

水泥的凝结时间分为初凝时间和终凝时间。初凝时间是指从水泥加水到标准净浆开始失去可塑性的时间；终凝时间是指从水泥加水到标准净浆完全失去可塑性的时间。

水泥的凝结时间在工程施工中有重要作用。为有足够的时间对混凝土进行搅拌、运输、浇筑和振捣，初凝时间不宜过短。为使混凝土尽快硬化，具有一定强度，以利于下道工序的进行，终凝时间不宜过长。

国家标准规定，通用水泥的初凝时间不得早于45 min；硅酸盐水泥终凝时间不得迟于6.5 h，其余五种水泥的终凝时间不得迟于10 h。

4. 体积安定性

水泥体积安定性是指水泥在凝结硬化过程中体积变化的均匀性。当水泥浆体在硬化过程中体积发生不均匀变化时，会导致水泥混凝土膨胀、翘曲、产生裂缝等，即所谓体积安定性不良。体积安定性不良的水泥会降低建筑物质量，甚至引起严重事故。

水泥体积安定性不良的原因是水泥熟料中游离氧化钙、游离氧化镁过多或石膏掺量过多。游离氧化钙和游离氧化镁是在高温烧制水泥熟料时生成的，处于过烧状态，水化很慢，它们在水泥硬化后开始或继续进行水化反应，其水化产物体积膨胀，使水泥石开裂。过量石膏会与已固化的水化铝酸钙作用，生成钙矾石，体积膨胀，使已硬化的水泥石开裂。

国家标准规定，由游离氧化钙引起的水泥体积安定性不良可采用沸煮法检验。沸煮法包括试饼法和雷氏法两种。当试饼法和雷氏法结论有矛盾时，以雷氏法为准。

5. 强度及强度等级

水泥强度是选用水泥的主要技术指标，国家规定按水泥胶砂强度检验方法(ISO 法)来测定其强度，并按规定龄期的抗压强度和抗折强度来划分水泥的强度等级。

通用水泥的强度等级及各龄期强度值的规定见表1-1。各龄期强度不得低于表1-1中规定的数值。强度等级中带R的为早强型水泥。

表 1-1　硅酸盐水泥的强度等级及各龄期的强度要求(GB 175—2007)

品种	强度等级	抗压强度(MPa)		抗折强度(MPa)	
		3 d	28 d	3 d	28 d
硅酸盐水泥	42.5	17.0	42.5	3.5	6.5
	42.5R	22.0	42.5	4.0	6.5
	52.5	23.0	52.5	4.0	7.0
	52.5R	27.0	52.5	5.0	7.0
	62.5	28.0	62.5	5.0	8.0
	62.5R	32.0	62.5	5.5	8.0
普通水泥	42.5	17.0	42.5	3.5	6.5
	42.5R	22.0	42.5	4.0	6.5
	52.5	23.0	52.5	4.0	7.0
	52.5R	27.0	52.5	5.0	7.0
矿渣水泥、粉煤灰水泥、火山灰水泥、复合水泥	32.5	10.0	32.5	2.5	5.5
	32.5R	15.0	32.5	3.5	5.5
	42.5	15.0	42.5	3.5	6.5
	42.5R	19.0	42.5	4.0	6.5
	52.5	21.0	52.5	4.0	7.0
	52.5R	23.0	52.5	4.5	7.0

6. 碱含量(选择性指标)

水泥中碱含量过高,当使用活性集料时,易发生碱－骨料反应,造成工程危害时,应使用低碱水泥。水泥中的碱含量按 $Na_2O + 0.685K_2O$ 计算,若使用活性骨料或用户要求提供低碱水泥时,水泥中的碱含量不得大于0.60%或由供需双方商定。

7. 细度(选择性指标)

细度是指水泥颗粒的粗细程度。水泥的颗粒越细,水泥水化速度越快,强度也越高。但水泥太细,其硬化收缩较大,磨制水泥的成本也较高。因此,细度应适宜。国家标准规定:硅酸盐水泥和普通水泥的细度用比表面积表示,其比表面积应小于300 m^2/kg;其他四种水泥的细度用筛析法测定,要求在0.08 mm方孔筛时筛余量不大于10%或0.045 mm的筛余量不大于30%。

国家标准规定:化学指标、安定性、凝结时间、强度均符合规定的为合格品;反之,不符合上述任一技术要求者为不合格品。

(四)通用硅酸盐水泥的特性

通用硅酸盐水泥的特性见表1-2。

表 1-2 通用硅酸盐水泥的特性

品种	硅酸盐水泥	普通水泥	矿渣水泥	火山灰水泥	粉煤灰水泥	复合水泥
主要特性	①凝结硬化快 ②早期强度高 ③水化热大 ④抗冻性好 ⑤干缩性小 ⑥耐腐蚀性差 ⑦耐热性差	①凝结硬化较快 ②早期强度较高 ③水化热较大 ④抗冻性较好 ⑤干缩性较小 ⑥耐腐蚀性较差 ⑦耐热性较差	①凝结硬化慢 ②早期强度低，后期强度增长较快 ③水化热较小 ④抗冻性差 ⑤干缩性大 ⑥耐腐蚀性较好 ⑦耐热性好 ⑧泌水性大	①凝结硬化慢 ②早期强度低，后期强度增长较快 ③水化热较小 ④抗冻性差 ⑤干缩性大 ⑥耐腐蚀性较好 ⑦耐热性好 ⑧抗渗性较好	①凝结硬化慢 ②早期强度低，后期强度增长较快 ③水化热较小 ④抗冻性差 ⑤干缩性较小，抗裂性较好 ⑥耐腐蚀性较好 ⑦耐热性好	与所掺两种或两种以上混合材料的种类、掺量有关，其特性基本上与矿渣水泥、火山灰水泥、粉煤灰水泥相似

（五）通用硅酸盐水泥的适用范围

通用硅酸盐水泥的适用范围见表 1-3。

表 1-3 通用硅酸盐水泥的适用范围

混凝土工程特点或所处的环境条件		优先选用	可以使用	不宜使用
普通混凝土	在普通气候环境中的混凝土	普通水泥	矿渣水泥、火山灰水泥、粉煤灰水泥、普通水泥	
	在干燥环境中的混凝土	普通水泥	矿渣水泥	粉煤灰水泥、火山灰水泥
	在高湿环境中或长期处在水下的混凝土	矿渣水泥	普通水泥、火山灰水泥、粉煤灰水泥、复合水泥	
	厚大体积的混凝土	粉煤灰水泥、矿渣水泥、火山灰水泥、复合硅酸盐水泥	普通水泥	硅酸盐水泥

续表 1-3

混凝土工程特点或所处的环境条件		优先选用	可以使用	不宜使用
有特殊要求的混凝土	快硬高强(≥C40)的混凝土	硅酸盐水泥	普通水泥	矿渣水泥、火山灰水泥、粉煤灰水泥、复合水泥
	严寒地区的露天混凝土和处在水位升降范围内的混凝土	普通水泥	矿渣水泥	火山灰水泥、粉煤灰水泥
	严寒地区处在水位升降范围内的混凝土	普通水泥		火山灰水泥、矿渣水泥、粉煤灰水泥、复合水泥
	有抗渗性要求的混凝土	普通水泥、火山灰水泥		矿渣水泥
	有耐磨性要求的混凝土	硅酸盐水泥、普通水泥	矿渣水泥	火山灰水泥、粉煤灰水泥

(六)通用水泥的储存和运输

水泥在储存和运输时不得受潮和混入杂质,通用水泥的有效储存期为 90 d。过期水泥和受潮结块的水泥,均应重新检测其强度后才能决定如何使用。

三、特性水泥

(一)快硬硅酸盐水泥

凡是由硅酸盐水泥熟料和适量石膏共同磨细制成的,以 3 d 抗压强度表示标号的水硬性胶凝材料称为快硬硅酸盐水泥(简称快硬水泥)。

快硬硅酸盐水泥的特点:凝结硬化快,早期强度高,水化热大且集中。快硬硅酸盐水泥适用于配制早强高强混凝土的工程、紧急抢修的工程和低温施工工程,但不宜用于大体积混凝土工程。

快硬水泥易受潮变质,故储存和运输时,应特别注意防潮,且储存时间不宜超过一个月。

(二)高铝水泥

铝酸盐水泥是以铝矾土和石灰石为主要原料,经高温煅烧所得。以铝酸钙为主要矿物的水泥熟料,经磨细制成的水硬性胶凝材料,代号为 CA。铝酸盐水泥又称高铝水泥。国家标准《铝酸盐水泥》(GB 201—2000)根据 Al_2O_3 含量将铝酸盐水泥分为 CA－50、CA－60、CA－70、CA－80 四类。

1. 铝酸盐水泥的技术指标

1)细度

比表面积不小于 300 m^2/kg,或 45 μm 的方孔筛筛余量不大于 20%。

2)凝结时间

CA－50、CA－70、CA－80 的初凝时间不得早于 30 min，终凝时间不得迟于 6 h；CA－60 的初凝时间不得早于 60 min，终凝时间不得迟于 18 h。

3)强度

各类型铝酸盐水泥各龄期的强度值不得低于标准规定的数值。

2. 铝酸盐水泥的特性与应用

铝酸盐水泥具有快凝、早强、高强、低收缩、耐热性好和耐硫酸盐腐蚀性强等特点，适用于工期紧急的工程、抢修工程、冬季施工的工程和耐高温工程，还可以用来配制耐热混凝土、耐硫酸盐混凝土等。但铝酸盐水泥的水化热大、耐碱性差，不宜用于大体积混凝土，不宜采用蒸汽等湿热养护。

(三)膨胀水泥

一般水泥在凝结硬化过程中会产生不同程度的收缩，使水泥混凝土构件内部产生微裂缝，影响混凝土的强度及其他许多性能。而膨胀水泥在硬化过程中能够产生一定的膨胀，消除由收缩带来的不利影响。

膨胀水泥在凝结硬化过程中，膨胀组分使水泥产生一定量的膨胀值。目前常用的是以钙矾石为膨胀组分的各种膨胀水泥。

按膨胀值大小，可将膨胀水泥分为膨胀水泥和自应力水泥两大类。膨胀水泥的膨胀率较小，主要用于补偿水泥在凝结硬化过程中产生的收缩，因此又称为无收缩水泥或收缩补偿水泥。自应力水泥的膨胀值较大，在限制膨胀的条件下(如配有钢筋时)，由于水泥石的膨胀作用，混凝土受到压应力，从而达到了预应力的目的，同时还增加了钢筋的握裹力。

(四)白色硅酸盐水泥

以适当成分的生料烧至部分熔融，所得以硅酸钙为主要成分、氧化铁含量少的硅酸盐水泥熟料，适量掺入石膏、0～10%的混合材料(石灰石、窑灰)磨细制成的水硬性胶凝材料，称为白色硅酸盐水泥，简称白水泥，代号 P·W。

白水泥的性能和普通硅酸盐水泥基本相同。另外，白度应不低于 87，强度等级有 32.5、42.5、52.5 三个等级。

对以上主要技术要求，国家标准还规定：凡三氧化硫、初凝时间、安定性中任一项不符合标准规定或强度低于最低等级的指标时为废品；凡细度、终凝时间、强度和白度中任一项不符合标准规定时为不合格品。水泥包装标志中水泥品种、生产者名称和出厂编号不全的也属于不合格品。白水泥的有效储存期为 3 个月。

(五)彩色硅酸盐水泥

彩色硅酸盐水泥简称彩色水泥，根据其着色方法不同，有三种生产方式：一是在水泥生料中加入着色物质，煅烧成彩色水泥熟料，再加入适量石膏共同磨细；二是染色法，将白色硅酸盐水泥熟料或硅酸盐水泥熟料、适量石膏和碱性着色物质共同磨细制得彩色水泥；三是将干燥状态的着色物质直接掺入白水泥或硅酸盐水泥中。当工程使用量较少时，常用第三种方式。

白色和彩色硅酸盐水泥主要用于建筑装饰工程中，常用于配制各种装饰混凝土和装饰砂浆，如水磨石、水刷石、人造大理石、干粘石饰面、雕塑和装饰部件等制品。

第二节　混凝土

一、混凝土概述

混凝土是由胶凝材料，粗、细骨料，水和外加剂以及矿物掺合料，按适当比例配和、拌制、浇筑成型后，经一定时间养护、硬化而成的具有所需形状、一定强度的人造石材。

（一）混凝土的分类

1. 按所用胶结材料分类

可分为结构混凝土、聚合物浸渍混凝土、聚合物胶结混凝土、沥青混凝土、硅酸盐混凝土、石膏混凝土及水玻璃混凝土等。

2. 按表观密度分类

1）重混凝土

其表观密度大于2 800 kg/m^3，主要用作核能工程的屏蔽结构材料。

2）普通混凝土

其表观密度为2 000～2 800 kg/m^3，是用普通的天然砂石为骨料配制而成的，主要用作各种建筑的承重结构材料。

3）轻混凝土

其表观密度小于2 000 kg/m^3，主要用作轻质结构材料和隔热保温材料。

3. 按用途分类

可分为结构混凝土、装饰混凝土、防水混凝土、道路混凝土、防辐射混凝土、耐热混凝土、耐酸混凝土、大体积混凝土、膨胀混凝土等。

4. 按强度等级分类

1）普通混凝土

其强度等级一般在C60以下。其中抗压强度小于30 MPa的混凝土为低强度混凝土，抗压强度为30～60 MPa（C30～C60）的混凝土为中强度混凝土。

2）高强混凝土

其抗压强度等于或大于60 MPa。

3）超高强混凝土

其抗压强度在100 MPa以上。

5. 按生产和施工方法分类

可分为泵送混凝土、喷射混凝土、碾压混凝土、真空脱水混凝土、离心混凝土、压力灌浆混凝土、预拌混凝土（商品混凝土）等。

（二）混凝土的特点

混凝土是当代最大宗的、最重要的建筑材料，它具备下列优点：

（1）组成材料中砂、石等地方材料占80%以上，符合就地取材和经济原则。

（2）易于加工成型。新拌混凝土有良好的可塑性和浇筑性，可满足设计要求的形状和尺寸。

（3）匹配性好。各组成材料之间有良好的匹配性，如混凝土与钢筋、钢纤维或其他增强材料，可组成共同的具有互补性的受力整体。

(4)可调整性强。因混凝土的性能决定于其组成材料的质量和组合情况，因此可通过调整其组成材料的品种、质量和组合比例，达到所要求的性能，即可根据使用性能的要求与设计来配制相应的混凝土。

(5)钢筋混凝土结构可代替钢、木结构，而节省大量的钢材和木材。

(6)耐久性好，维修费少。

但混凝土具有自重大、比强度小、抗拉强度低、变形能力差和易开裂等缺点，也是有待研究改进的。由于混凝土有上述重要优点，所以广泛应用于工业与民用建筑工程、水利工程、地下工程、公路、铁路、桥涵及国防军事各类工程中。

二、普通混凝土

普通混凝土的基本组成材料是天然砂、石子、水泥和水，为改善混凝土的某些性能还常加入适量的外加剂或外掺料。

(一)普通混凝土的组成材料

在混凝土中，砂、石起骨架作用，因此称为骨料。水泥和水形成的水泥浆，包裹在砂粒表面并填充砂粒间的空隙而形成水泥砂浆，水泥砂浆又包裹在石子表面并填充石子间的空隙。在混凝土硬化前，水泥浆起润滑作用，赋予混凝土拌和物一定的流动性，便于施工。硬化后，则将骨料胶结成一个坚实的整体，并产生一定的力学强度。

1. 水泥

水泥在混凝土中起胶结作用，是最重要的材料，正确、合理地选择水泥的品种和强度等级，是影响混凝土强度、耐久性及经济性的重要因素。配制混凝土用的水泥应符合现行国家标准的有关规定。采用何种水泥，应根据工程特点和所处的环境条件选用。

水泥强度等级的选择应与混凝土的设计强度等级相适应。原则上配制高强度等级的混凝土，选用高强度等级的水泥；配制低强度等级的混凝土，选用低强度等级的水泥。若水泥强度等级过低，会使水泥用量过大而不经济；若水泥强度等级过高，则水泥用量会偏少，对混凝土的和易性及耐久性带来不利影响。对于一般强度等级的混凝土，水泥强度等级宜为混凝土强度等级的1.5~2.0倍；对于较高强度等级的混凝土，水泥强度等级宜为混凝土强度等级的0.9~1.5倍。

2. 细骨料(砂)

细骨料是指粒径在0.15~4.75 mm的岩石颗粒，有天然砂和人工砂两大类。

天然砂按其产源不同可分为河砂、湖砂、山砂和海砂。河砂表面比较圆滑、洁净，建筑工程中一般多采用河砂作细骨料。

人工砂包括机制砂和混合砂，混合砂是由机制砂和天然砂混合成的。把机制砂和天然砂相混合，可充分利用地方资源，降低机制砂的生产成本，机制砂将成为发展方向。

砂按技术要求分为Ⅰ类、Ⅱ类、Ⅲ类三种类别。Ⅰ类宜用于强度等级大于C60的混凝土；Ⅱ类宜用于强度等级为C30~C60及有抗冻、抗渗或其他要求的混凝土；Ⅲ类宜用于强度等级小于C30的混凝土和建筑砂浆。

1)砂的颗粒级配及粗细程度

砂的颗粒级配是指不同粒径的砂子相互间的搭配情况。良好的颗粒级配是在粗颗粒砂的空隙中由中颗粒砂填充，中颗粒砂的空隙再由细颗粒砂填充，这样逐级地填充，使空隙率达到最小程度。

砂的粗细程度，是指不同粒径的砂粒混合在一起的平均粗细程度，在砂用量一定的条件下，细砂的总表面积较大，而粗砂的总表面积较小。砂的总表面积越大，则需要包裹砂粒表面的水泥浆就越多。一般用粗砂拌制的混凝土比用细砂所需的水泥浆省。

在拌制混凝土时，砂的颗粒级配和粗细程度应同时考虑。当砂中含有较多的粗颗粒，并以适量的中颗粒及少量的细颗粒填充其空隙时，则可达到空隙率及总表面积均较小，这是比较理想的，不仅水泥用量少，而且还可以提高混凝土的密实度与强度。

砂的颗粒级配和粗细程度常用筛分析的方法进行测定。用级配区表示砂的颗粒级配，用细度模数表示砂的粗细程度。

细度模数越大，表示砂越粗，普通混凝土用砂的细度模数一般为 3.7～1.6，其中 M_X 在 3.7～3.1 为粗砂，M_X 在 3.0～2.3 为中砂，M_X 在 2.2～1.6 为细砂。

根据 0.6 mm 筛孔的累计筛余百分率分成 1 区、2 区、3 区三个级配区。1 区为粗砂区，2 区为中砂区，3 区为细砂区。

一般认为，处于 2 区的砂属于中砂，粗细适中，级配较好，宜优先选用；1 区的砂偏粗，应适当提高砂率，并保证足够的水泥用量，以满足混凝土的工作性要求；3 区的砂偏细，宜适当降低砂率，以保证混凝土的强度。

在实际工程中，若砂的级配不符合级配区的要求，可采用人工掺配的方法来改善，即将粗、细砂按适当比例进行试配，掺合使用；或将砂过筛，筛除过粗或过细的颗粒，使之达到级配要求。

2）含泥量、有害物质含量

混凝土中用砂要求洁净、有害杂质少。砂中所含有的泥、泥块、有害物质（云母、轻物质、有机物、硫化物及硫酸盐、氯盐等）会对混凝土的性能有不利的影响，其含量应不超过有关规范的规定。

3）砂的坚固性

砂的坚固性是指砂在自然风化和其他外界物理化学因素作用下抵抗破裂的能力。按标准《建筑用砂》（GB/T 14684—2001）规定，用硫酸钠溶液检验，砂样经 5 次循环后其质量损失应符合规定。

人工砂采用压碎指标法进行检验，压碎指标是测定粗骨料抵抗压碎能力的强弱指标。压碎指标越小，粗骨料抵抗受压破坏的能力越强。

3. 粗骨科

粒径大于 4.75 mm 的称为粗骨科。普通混凝土常用的粗骨料有卵石（砾石）和碎石。卵石、碎石按技术要求分为Ⅰ类、Ⅱ类、Ⅲ类。Ⅰ类宜用于强度等级大于 C60 的混凝土；Ⅱ类宜用于强度等级为 C30～C60 及有抗冻、抗渗或有其他要求的混凝土；Ⅲ类宜用于强度等级小于 C30 的混凝土。

1）含泥量、泥块含量和有害杂质含量

粗集料中含泥量及泥块含量对混凝土的作用与砂子相同，粗集料中也常含有一些有害杂质，如硫化物、硫酸盐、氯化物和有机质。它们的含量均应符合规定。

2）针片状颗粒

粗骨料中针片状颗粒不仅本身受力时容易折断，影响混凝土的强度，而且会增大骨料的空隙率，使混凝土拌和物的和易性变差，所以针片状颗粒含量不能太多，应符合规定。

3）最大粒径及颗粒级配

粗骨料公称粒级的上限称为该粒级的最大粒径。为了节约水泥，粗骨料的最大粒径在条件许可的情况下，尽量选大值。根据《混凝土质量控制标准》（GB 50164—2011）规定，对于混凝土结构，粗骨料最大公称粒径不得超过构件截面最小尺寸的1/4，且不得超过钢筋间最小净间距的3/4。对于混凝土实心板，骨料的最大公称粒径不得超过板厚的1/3，且不得超过40 mm。对于泵送混凝土，当泵送高度在50 m以下时，粗骨料最大粒径与输送管内径之比对碎石不宜大于1∶3，卵石不宜大于1∶2.5；当泵送高度在50～100 m时，碎石不宜大于1∶5，卵石不宜大于1∶4。

粗骨料的级配也是通过筛分析试验来确定的。普通混凝土用碎石和卵石根据累计筛余百分率划分颗粒级配，分为连续粒级和单粒级两种。连续粒级是指颗粒的尺寸由大到小连续分布，每一粒级颗粒都占一定的比例。连续粒级配置的混凝土和易性好，不易发生离析现象且较密实，目前使用较多。单粒级是由小颗粒的粒级直接和大颗粒的粒级相配，中间为不连续的粒级。这种粒级能降低空隙率，节约水泥，但混凝土拌和物易离析，施工困难，工程应用较少。其可组成连续粒级，也可与连续粒级配合使用。

4）骨料的强度和坚固性

为保证混凝土强度的要求，粗骨料都必须质地坚实、具有足够的强度。碎石和卵石的强度可采用检验岩石立方体强度和压碎指标两种方法来检验。

当混凝土强度等级为C60及以上时，应进行岩石抗压强度检验。压碎指标值表示粗骨料抵抗受压破坏的能力，其值越小，表示抵抗压碎的能力越强。一般用于经常性生产质量的控制。

粗骨料的坚固性是指在自然风化和其他外界物理化学因素作用下抵抗破裂的能力。骨料密实、强度高、吸水率小时，其坚固性好。采用硫酸钠溶液法检验。

5）骨料的含水状态

骨料的含水状态可分为干燥状态、气干状态、饱和面干状态和湿润状态等四种。干燥状态下的骨料含水率等于或接近于零，气干状态的骨料含水率与大气湿度相平衡，但未达到饱和状态；饱和面干状态的骨料内部孔隙含水率达到饱和而表面干燥；湿润状态的骨料不仅内部孔隙含水率达到饱和，而且表面还附着一部分自由水。计算普通混凝土配合比时，一般以干燥状态的骨料为基准。

4. 混凝土拌和用水及养护用水

混凝土用水，按水源可分为饮用水、地表水、地下水、海水以及工业废水和生活污水。拌制及养护混凝土宜采用饮用水；地表水和地下水经检验合格后方可使用。海水中含有较多的硫酸盐和氯盐，因此海水可用于拌制素混凝土，未经处理的海水严禁用于拌制钢筋混凝土和预应力钢筋混凝土，有饰面要求的素混凝土也不得用海水拌制。工业废水经检验合格后方可用于拌制混凝土。生活污水的水质比较复杂，不能用于拌制混凝土。

对混凝土用水的质量要求是：不影响混凝土的凝结和硬化；无损于混凝土的强度发展及耐久性；不加快钢筋锈蚀；不引起预应力钢筋脆断；不污染混凝土表面。

(二)混凝土拌和物的和易性

混凝土的性能包括两个方面:一是混凝土硬化之前的性能,即混凝土拌和物的和易性;二是混凝土硬化之后的性能,包括强度、变形性能和耐久性等。

1. 和易性的概念

和易性是指混凝土拌和物易于施工操作(搅拌、运输、浇筑、捣实),并能获得质量均匀、成型密实的混凝土性能。和易性是一项综合的技术指标,包括流动性、黏聚性和保水性等三个方面的含义。

流动性是指混凝土拌和物在自重或机械振捣作用下能产生流动,并均匀密实地填满模板的性能。流动性反映混凝土拌和物的稀稠程度。若拌和物太干稠,流动性差,施工困难。若拌和物过稀,流动性好,但容易出现分层离析,混凝土强度低,耐久性差。

黏聚性是指混凝土各组成材料间具有一定的黏聚力,不致产生分层和离析的现象,使混凝土保持整体均匀的性能。若混凝土拌和物黏聚性差,骨料与水泥浆容易分离,造成混凝土不均匀,振捣密实后会出现蜂窝、麻面等现象。

保水性是指混凝土拌和物在施工中具有一定的保水能力,不产生严重的泌水现象。保水性差的混凝土拌和物,在施工过程中,一部分水易从内部析出至表面,在混凝土内部形成泌水通道,使混凝土的密实性变差,降低混凝土的强度和耐久性。

混凝土拌和物的流动性、黏聚性、保水性,三者之间既互相关联,又互相矛盾。当流动性增大时,黏聚性和保水性变差;但黏聚性、保水性变大,则会导致流动性变差;反之亦然。在实际工程中,在保证混凝土技术性能的前提下,要综合考虑。

2. 和易性的测定

根据国标《普通混凝土拌和物性能试验方法》(GB/T 50080—2002)规定,用坍落度法和维勃稠度法来测定混凝土拌和物的流动性,并辅以直观经验来评定黏聚性和保水性。

1)坍落度法

坍落度试验适用于骨料最大粒径不大于 40 mm,坍落度值不小于 10 mm 的塑性混凝土拌和物。

根据坍落度的不同,可将混凝土拌和物分为低塑性混凝土(坍落度值为 10 ~ 40 mm)、塑性混凝土(坍落度值为 50 ~ 90 mm)、流动性混凝土(坍落度值为 100 ~ 150 mm)及大流动性混凝土(坍落度值≥160 mm)。

选择混凝土拌和物的坍落度,要根据结构类型、构件截面大小、配筋疏密、输送方式和施工捣实方法等因素来确定。在满足施工要求的前提下,一般尽可能采用较小的坍落度。

2)维勃稠度法

坍落度值小于 10 mm 的干硬性混凝土拌和物应采用维勃稠度法测定。具体见《普通混凝土拌和物性能试验方法标准》(GB/T 50080—2002)。所测维勃稠度越小,表明拌和物越稀,流动性越好;反之,维勃稠度越大,表明拌和物越稠,越不易振实。

3. 影响和易性的主要因素

影响和易性的主要因素有水泥浆的用量、水泥浆的稠度、砂率、组成材料的品种及性质、时间及温度等。单位用水量决定水泥浆的数量和坍落度,它是影响混凝土和易性的最主要因素。砂率是指混凝土中砂的质量占砂石总量的百分率。组成材料的性质包括水泥的需水量和泌水性、骨料的特性、外加剂和掺合料的特性等方面。

（三）混凝土的强度

强度是混凝土最重要的力学性质，因为混凝土主要用于承受荷载或抵抗各种作用力。混凝土的强度包括抗压强度、抗拉强度、抗弯强度、抗剪强度及与钢筋的黏结强度等。其中混凝土的抗压强度最大，抗拉强度最小。因此，在结构工程中混凝土主要承受压力。

1. 混凝土的抗压强度与强度等级

混凝土立方体抗压强度是指按照国家标准《普通混凝土力学性能试验方法标准》（GB/T 50081—2002），制作 150 mm×150 mm×150 mm 的标准立方体试件，在标准条件（温度 20 ℃±2 ℃，相对湿度≥95%）下，养护到 28 d 龄期，用标准试验方法测得的抗压强度值，以 f_{cu}表示。

混凝土立方体抗压强度标准值是指按标准方法制作和养护的边长为 150 mm 的立方体试件，在 28 d 龄期，用标准试验方法测其抗压强度，在抗压强度总体分布中，具有 95% 强度保证率的立方体试件抗压强度。根据混凝土立方体抗压强度标准值（以 $f_{cu,k}$表示），将混凝土划分为 19 个强度等级。混凝土强度等级采用符号 C 与立方体抗压强度标准值（以 MPa 计）表示，共分为 C10，C15，C20，C25，C30，C35，C40，C45，C50，C55，C60，C65，C70，C75，C80，C85，C90，C95，C100。如 C25，表示混凝土立方体抗压强度标准值 $f_{cu,k}\geqslant 25$ MPa，即大于等于 25 MPa 的概率为 95% 以上。

测定混凝土立方体抗压强度，也可以采用非标准尺寸的试件，按照换算系数进行换算。

2. 混凝土的轴心抗压强度

在实际工程中，混凝土结构构件大部分是棱柱体或圆柱体。为了使测得的混凝土强度接近构件的实际情况，在计算钢筋混凝土轴心受压时，常用轴心抗压强度 f_{cp}作为设计依据。

根据国家标准 GB/T 50081—2002 的规定，采用 150 mm×150 mm×300 mm 的棱柱体作为标准试件，在标准养护条件下养护 28 d 龄期，按照标准试验方法测得的抗压强度，即为轴心抗压强度。轴心抗压强度 f_{cp}一般为立方体抗压强度 f_{cu}的 0.70～0.80 倍。

3. 混凝土的抗拉强度

混凝土的抗拉强度只有抗压强度的 1/10～1/20，且随着混凝土强度等级的提高，这个比值有所降低。因此，在钢筋混凝土结构设计中一般不考虑抗拉强度。但混凝土的抗拉强度对抵抗裂缝的产生有着重要意义，是结构计算中确定混凝土抗裂度的重要指标，有时也用来间接衡量混凝土与钢筋间的黏结强度，并预测由于干湿变化和温度变化而产生的裂缝。我国采用劈裂法间接测定抗拉强度。

4. 混凝土与钢筋的黏结强度

在钢筋混凝土结构中，混凝土强度用钢筋增强，为使钢筋混凝土这类复合材料能有效工作，混凝土与钢筋之间必须有适当的黏结强度。这种黏结强度主要来源于混凝土与钢筋之间的摩擦力、钢筋与水泥之间的黏结力、混凝土与钢筋凹凸不平的表面的机械啮合力。黏结强度与混凝土质量有关，与混凝土抗压强度成正比。此外，黏结强度还受其他许多因素影响，如钢筋尺寸及钢筋种类、钢筋在混凝土中的位置（水平钢筋或垂直钢筋）、加载类型（受拉钢筋或受压钢筋），以及环境的干湿变化、温度变化等。

5. 影响混凝土强度的因素

硬化后的混凝土受压破坏可能有三种形式：骨料与水泥石界面的黏结处破坏、水泥石本身受压破坏和骨料受压破坏。常见的普通混凝土受力破坏一般出现在骨料和水泥石的界面上。

1）水泥强度等级与水灰比

水泥强度等级和水灰比是决定混凝土强度的最主要因素，也是决定性因素。在配合比相同的条件下，水泥强度等级越高，配制的混凝土强度也越高。在水泥强度等级相同的条件下，混凝土强度主要取决于水灰（胶）比。若水灰比过大，混凝土硬化后，多余的水分蒸发后在混凝土内部形成过多的孔隙，将降低混凝土的强度。但若水灰比过小，拌和物过于干稠，施工困难大，会出现蜂窝、孔洞，导致混凝土强度严重下降。因此，在满足施工要求并保证混凝土均匀密实的条件下，水灰比越小，水泥石强度越高，混凝土强度越高。

2）骨料

当骨料级配良好、砂率适当时，由于组成了坚强密实的骨架，有利于混凝土强度的提高。当混凝土骨料中有害杂质较多、品质低、级配不好时，则会降低混凝土的强度。

由于碎石表面粗糙有棱角，在坍落度相同的条件下，用碎石拌制的混凝土比用卵石的强度要高。

骨料的强度影响混凝土的强度，一般骨料强度越高，所配制的混凝土强度越高，这在低水灰比和配制高强度混凝土时特别明显。骨料粒形以三维长度相等或相近的球形或立方体为好，若含有较多扁平颗粒或细长的颗粒，会导致混凝土强度下降。

3）养护温度及湿度

混凝土浇捣成型后，必须在一定时间内保持适当的温度和湿度以使水泥充分水化，这就是混凝土的养护。养护温度高，水泥水化速度加快，混凝土强度的发展也快；反之，在低温下混凝土强度发展迟缓。所以，在冬季施工时，要特别注意保温养护，以免混凝土早期受冻破坏。

周围环境的湿度对水泥的水化作用能否正常进行有显著影响。湿度适当，水泥水化反应顺利进行，使混凝土强度得到充分发展。因为水是水泥水化反应的必要成分，如果湿度不够，水泥水化反应不能正常进行，甚至停止水化，将严重降低混凝土强度，而且使混凝土结构疏松，形成干缩裂缝，增大了渗水性，从而影响混凝土的耐久性。

《混凝土结构工程施工质量验收规范》（GB 50204—2002）规定，在混凝土浇筑完毕后的12 h内应对混凝土加以覆盖和浇水养护，其浇水养护时间，硅酸盐水泥、普通硅酸盐水泥和矿渣水泥拌制的混凝土不得少于7 d；对掺用缓凝型外加剂或有抗渗要求的混凝土不得少于14 d，浇水次数应能保持混凝土处于潮湿状态。

4）龄期

龄期是指混凝土在正常养护条件下所经历的时间。在正常养护的条件下，混凝土的强度将随龄期的增长而不断发展，最初7 ~ 14 d内强度发展较快，以后逐渐缓慢，28 d达到设计强度。以后若能长期保持适当的温度和湿度，强度的发展可延续数十年之久。

5）试验条件对混凝土强度测定值的影响

试验条件是指试件的尺寸、形状、表面状态及加荷速度等。试验条件不同，会影响混凝土强度的试验值。

（1）试件尺寸。相同配合比的混凝土，试件尺寸越小，测得的强度越高，试件尺寸影响强度的主要原因是试件尺寸大时，内部孔隙、缺陷等出现的几率也大，导致有效受力面积的减小及应力集中，从而引起强度的降低。

（2）试件的形状。当试件受压面积（$a \times a$）相同，而高度（h）不同时，高宽比（h/a）越大，抗压强度越小。

(3)表面状态。混凝土试件承压面的状态也是影响混凝土强度的重要因素。当试件受压面上有油脂类润滑剂时,试件受压时的环箍效应大大减小,试件将出现直裂破坏(见图1-1),测出的强度值也较低。

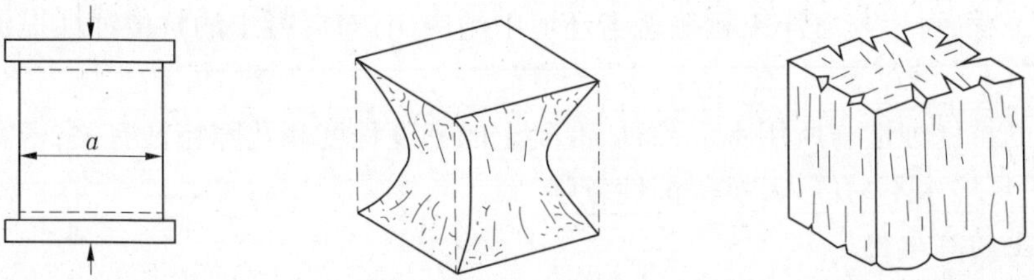

(a)压力机压板对试件的约束作用　(b)试件破坏后残存的棱锥试体　(c)不受压板约束时试件的破坏情况

图1-1　混凝土受压试验

(4)加荷速度。加荷速度越快,测得的混凝土强度值也越大,当加荷速度超过1.0 MPa/s时,这种趋势更加显著。因此,我国标准规定混凝土抗压强度的加荷速度为0.3~0.8 MPa/s,且应连续均匀地进行加荷。

(四)混凝土的变形性能

混凝土的变形主要分为两大类:非荷载变形和荷载变形。非荷载变形是指物理化学因素引起的变形,包括化学收缩、干湿变形、温度变形等;荷载变形可分为短期荷载作用下的变形和长期荷载作用下的变形——徐变。

(五)混凝土的耐久性

混凝土的耐久性是指混凝土在使用环境中保持长期性能稳定的能力。混凝土除应具有设计要求的强度,以保证其能安全地承受设计的荷载外,还应具有与自然环境及使用条件相适应的经久耐用的性能。

混凝土的耐久性主要包括抗渗、抗冻、抗侵蚀、抗碳化、抗碱-集料反应等性能。

1.混凝土的抗渗性

混凝土的抗渗性是指混凝土抵抗有压介质(水、油、溶液等)渗透作用的能力。混凝土的抗渗性用抗渗等级表示。抗渗等级有P4、P6、P8、P10、P12等五个等级,分别表示能抵抗0.4 MPa、0.6 MPa、0.8 MPa、1.0 MPa、1.2 MPa的静水压力而不渗透。

混凝土渗水主要与孔隙率的大小、孔隙的构造有关。

提高混凝土抗渗性的主要措施是提高混凝土的密实度和改善混凝土中的孔隙结构、减少连通孔隙,可通过采用低的水灰比、选择好的骨料级配、充分振捣和养护、掺入引气剂等方法来实现。

2.混凝土的抗冻性

混凝土的抗冻性是指混凝土在饱和水状态下,能经受多次冻融循环而不破坏,同时也不严重降低其所具有的性能的能力。混凝土的抗冻性用抗冻等级来表示。混凝土的抗冻等级有F10,F15,F25,F50,F100,F150,F200,F250和F300等九个等级,分别表示混凝土能承受冻融循环的最大次数不小于10,15,25,50,100,150,200,250和300次。

混凝土的密实度、孔隙率、孔隙构造和充水程度是影响抗冻性的主要因素。低水灰比、密实的混凝土和具有封闭孔隙的混凝土(如引气混凝土)抗冻性较高。

3. 混凝土的抗侵蚀性

当混凝土所处环境中含有侵蚀性介质时,混凝土便会遭受侵蚀。通常有软水侵蚀、硫酸盐侵蚀、镁盐侵蚀、碳酸侵蚀、一般酸侵蚀与强碱侵蚀等,其侵蚀机制同水泥的腐蚀。随着混凝土在地下工程、海岸与海洋工程等恶劣环境中的应用,对混凝土的抗侵蚀性提出了更高的要求。

混凝土的抗侵蚀性与所用水泥品种、混凝土的密度程度和孔隙特征有关,密实和孔隙封闭的混凝土,环境水不易侵入,抗侵蚀性较强。

4. 混凝土的抗碳化

混凝土的碳化是指混凝土内水泥石中的 $Ca(OH)_2$ 与空气中的 CO_2,在湿度适宜时发生化学反应,生成 $CaCO_3$ 和水。

混凝土的碳化是 CO_2 由表及里逐渐向混凝土内部扩散的过程。碳化消耗了混凝土中的 $Ca(OH)_2$ 碱度,减弱了对钢筋的保护作用。这是因为混凝土中水泥水化生成大量 $Ca(OH)_2$,减弱了对钢筋的保护作用,易引起钢筋锈蚀;碳化作用还会增加混凝土的收缩,使混凝土表面出现微细裂缝,从而降低混凝土的抗拉、抗折强度及抗渗能力。碳化产生的碳酸钙填充了水泥石的孔隙,提高混凝土碳化层的密实度,对提高抗压强度有利。

影响碳化速度的主要因素有环境中 CO_2 的浓度、水泥品种、水灰比、环境湿度等。当环境中的相对湿度在50% ~75%时,碳化速度最快,当相对湿度小于25%或大于100%时,碳化将停止。

提高混凝土抗碳化的措施如下:合理选择水泥品种,降低水灰比,掺入减水剂或引气剂,保证混凝土保护层的质量与厚度,加强振捣与养护。

5. 混凝土的碱 - 骨料反应

碱 - 骨料反应是指水泥、外加剂等混凝土构成物及环境中的碱与骨料中碱活性矿物在潮湿环境下缓慢发生并导致混凝土开裂破坏的膨胀反应。

碱 - 骨料反应必须具备以下三个条件:一是水泥中碱的含量大于0.6%;二是骨料中含有一定的活性成分;三是有水存在。

6. 提高混凝土耐久性的措施

混凝土所处的环境和使用条件不同,对其耐久性的要求也不相同,混凝土的密实程度是影响耐久性的主要因素,其次是原材料的性质、施工质量等。提高混凝土耐久性的主要措施有:

(1)合理选择水泥品种,根据混凝土工程的特点和所处的环境条件,合理选用水泥。

(2)选用质量良好、技术条件合格的砂石骨料。

(3)控制水胶比及保证足够的水泥用量是保证混凝土密实度、提高混凝土耐久性的关键。混凝土的最大水灰比和最小水泥用量的限值,应满足《普通混凝土配合比设计规程》以及《混凝土结构设计规范》等的规定。

(4)掺入减水剂或引气剂,改善混凝土的孔隙率和孔结构,对提高混凝土的抗渗性和抗冻性具有良好的作用。

(5)改善施工操作,保证施工质量。

三、普通混凝土配合比设计

混凝土配合比设计是指混凝土中水泥、粗细骨料和水等各组成材料用量之间的比例关系。常用的表示方法有两种：一种是以 1 m^3 混凝土中各组成材料的质量来表示，另一种是以各组成材料相互间的质量比来表示（以水泥质量为 1），将上例换算成质量比为：

水泥：砂：石子：水 = 1：2.4：4：0.6（或水泥：砂：石子 = 1：2.4：4；水灰比 = 0.6）

配合比设计的基本要求：达到混凝土结构设计的强度等级；满足混凝土施工所需要的和易性；满足工程所处环境和使用条件对混凝土耐久性的要求；符合经济原则，节约水泥，降低成本。在设计混凝土配合比之前，必须通过调查研究，预先掌握基本资料方能计算。初步配合比是借助于经验公式、图表算出或查得各种材料的用量，以便于采用该数据在实验室进行验证。

根据试验用拌和物的数量，按初步配合比称取实际工程中使用的材料进行试拌，如经试配和易性以及强度不符合设计要求时，可做调整，直至满足要求。由于施工现场砂石常含一定量水分，应根据现场砂石含水率对配合比设计值进行修正。

四、其他品种混凝土

普通混凝土虽已广泛用于建筑工程，但随着科学技术的不断发展及工程的需要，各种新品种混凝土不断涌现。这些新品种混凝土都有其特殊的性能及施工方法，适用于某些特殊领域，其中许多已在国内外得到广泛的应用。大多数新品种混凝土是在普通混凝土的基础上发展起来的，但又不同于普通混凝土。它们的出现扩大了混凝土的使用范围，从长远来看，是很有发展前途的。

（一）轻混凝土

轻混凝土是指表观密度不大于 1 950 kg/m^3 的混凝土，有轻骨料混凝土、多孔混凝土和大孔混凝土。

轻骨料混凝土采用轻质多孔的骨料，如浮石、陶粒、煤渣、膨胀珍珠岩等，具有表观密度小、强度高、保温隔热性好、耐久性好等优点，特别适用于高层建筑、大跨度建筑和有保温要求的建筑。

多孔混凝土中无粗、细骨料，在料浆中添加加气剂、泡沫剂和高压空气来产生多孔结构，孔隙率高达 60% 以上。常用的有加气混凝土和泡沫混凝土。加气混凝土适用于框架结构、高层建筑、地震设防的建筑、保温隔热要求高的建筑及软土地基地区的建筑，可用作承重墙、非承重墙，也可做保温材料使用。泡沫混凝土主要应用于屋面保温隔热、墙体保温隔热、地面保温等。

大孔混凝土是用粒径相近的粗骨料和有限的水泥浆配制而成的，以水泥浆能均匀包裹集料表面且不流淌为准，水灰比一般为 0.3 ~ 0.4。大孔混凝土的导热系数小，保温性能好，吸湿性小，收缩较普通混凝土小 20% ~ 50%，适宜做墙体材料。另外，大孔混凝土还具有透气、透水性大等特点，在水工建筑中可用作排水暗道。

（二）高性能混凝土

高性能混凝土是指采用常规材料和工艺生产，具有混凝土结构所要求的各项力学性能，具有高耐久性、高工作性和高体积稳定性的混凝土。

高性能混凝土具有一定的强度和高抗渗能力，但不一定具有高强度，中、低强度亦可；有良好的工作性，混凝土拌和物流动性较好，在成型过程中不分层、不离析，易充满模板；使用寿命长，能使混凝土结构安全可靠地工作50～100年以上；具有较高的体积稳定性，较低的水化热，硬化后收缩变形较小。高性能混凝土能更好地满足结构功能要求和施工工艺要求，延长结构的使用年限。

高性能混凝土是目前全世界性能最为全面的混凝土，至今已在不少重要工程中被采用，适用于桥梁、高层建筑、海港建筑等工程。

（三）预拌混凝土

预拌混凝土是指水泥、骨料、水以及根据需要掺入的外加剂、矿物掺合料等组分按一定比例，在搅拌站经计量、拌制后出售的，并采用运输车在规定时间内运至使用地点的混凝土拌和物。预拌混凝土具有工业化、专业化的特点，质量相对于现场搅拌的混凝土更稳定，有利于采用新技术、新材料，也有利于节约水泥和推广使用散装水泥，加快施工速度，减少粉尘、噪声等环境污染，有利于文明施工和提高质量。

五、混凝土外加剂

（一）混凝土外加剂的定义和分类

1. 混凝土外加剂的定义

混凝土外加剂是指在混凝土拌和前或拌和时掺入的用以改善混凝土性能的物质。

各种混凝土外加剂的应用改善了新拌和硬化混凝土的性能，促进了混凝土新技术的发展，所以外加剂在工程中应用的比例越来越大，不少国家使用掺外加剂的混凝土已占混凝土总量的60%～90%。因此，外加剂已逐渐成为混凝土中必不可少的第五种组分。

2. 混凝土外加剂的分类

混凝土外加剂种类繁多，根据《混凝土外加剂》（GB 8076—2008）的规定，按其主要功能分为四类：

（1）改善混凝土拌和物流动性能的外加剂。包括各种减水剂、引气剂和泵送剂等。

（2）调节混凝土凝结时间、硬化性能的外加剂。包括缓凝剂、早强剂和泵送剂等。

（3）改善混凝土耐久性的外加剂。包括引气剂、防水剂和阻锈剂等。

（4）改善混凝土其他性能的外加剂。包括引气剂、膨胀剂、防冻剂、着色剂等。

目前在工程中常用的外加剂主要有减水剂、引气剂、早强剂、缓凝剂、防冻剂等。

（二）减水剂

减水剂是在混凝土坍落度基本相同的条件下，能显著减少混凝土拌和水量的外加剂。根据减水剂的作用效果及功能情况，可分为普通减水剂、高效减水剂、早强减水剂、缓凝减水剂、引气减水剂等。

在混凝土中加入减水剂后，根据使用目的的不同，一般可取得以下效果。

1. 增加流动性

在用水量及水灰比不变时，混凝土坍落度可增大100～200 mm，且不影响混凝土的强度。

2. 提高混凝土强度

在保持流动性及水泥用量不变的条件下，可减少拌和水量10%～15%，从而降低了水灰比，使混凝土强度提高15% ~20%，特别是早期强度提高更为显著。

3. 节约水泥

在保持流动性及水灰比不变的条件下，可以在减少拌和水量的同时，相应减少水泥用量，即在保持混凝土强度不变时，可节约水泥用量10% ~15%。

4. 改善混凝土的其他性能

掺入减水剂，还可以改善混凝土拌和物的泌水、离析，延缓混凝土拌和物的凝结时间，减慢水泥水化放热速度，提高抗渗、抗冻、抗化学腐蚀等能力。

目前常用的减水剂有木质系、萘系、树脂系、糖蜜系和腐殖酸减水剂等。

(三)早强剂

早强剂是指能提高混凝土早期强度并对后期强度无显著影响的外加剂。

目前广泛使用的混凝土早强剂有三类，即氯盐类(如$CaCl_2$、NaCl等)、硫酸盐类(如Na_2SO_4等)、有机胺类(三乙醇胺)以及复合早强剂。其中氯化物对钢筋有锈蚀作用，故掺量必须严格控制，且严禁用于预应力钢筋混凝土结构和构件。

早强剂多用于冬季施工、紧急抢修工程以及早拆模的工程。

(四)引气剂

引气剂是指搅拌混凝土过程中能引入大量均匀分布、稳定而封闭的微小气泡的外加剂。引气剂可改善和易性，减少泌水离析，改善混凝土的孔结构，使混凝土的抗渗性、抗冻性显著提高。同时，混凝土的含气量增加1%时，其抗压强度将降低4% ~5%。

常用的引气剂有松香热聚物、松香皂、烷基磺酸钠、烷基苯磺酸钠、脂肪醇硫酸钠等。

引气剂可用于抗渗混凝土、抗冻混凝土、抗硫酸侵蚀混凝土、泌水严重的混凝土、轻混凝土以及对饰面有要求的混凝土等，但引气剂不宜用于蒸养混凝土及预应力钢筋混凝土。

(五)缓凝剂

缓凝剂是指能延缓混凝土凝结时间，并对混凝土后期强度发展无不利影响的外加剂。常用的缓凝剂是木钙和糖蜜，其中糖蜜的缓凝效果最好。

糖蜜是表面活性剂，适宜掺量为0.1% ~0.3%，混凝土凝结时间可延长2 ~4 h，掺量过大会使混凝土长期不硬化，强度严重下降。

缓凝剂主要适用于大体积混凝土、炎热气候下施工的混凝土，以及需长时间停放或长距离运输的混凝土，不宜用于在日最低气温5 ℃以下施工的混凝土、有早强要求的混凝土及蒸养混凝土。

(六)防冻剂

防冻剂是指能显著降低混凝土的冰点，使混凝土在负温下硬化，并在一定的时间内获得预期强度的外加剂。常用的防冻剂有氯盐类(氯化钙、氯化钠)、氯盐阻锈类(以氯盐与亚硝酸钠阻锈剂复合而成)、无氯盐类(以硝酸盐、亚硝酸盐、碳酸盐、乙酸钠或尿素复合而成)。

氯盐类防冻剂适用于无筋混凝土；氯盐阻锈类防冻剂适用于钢筋混凝土；无氯盐类防冻剂可用于钢筋混凝土工程和预应力钢筋混凝土工程。硝酸盐、亚硝酸盐、碳酸盐易引起钢筋的腐蚀，故不适用于预应力钢筋混凝土以及与镀锌钢材或与铝铁相接触部位的钢筋混凝土结构。另外，含有六价铬盐、亚硝酸盐等有毒成分的防冻剂，严禁用于饮水工程及与食品接触的部位。

（七）速凝剂

速凝剂是指能使混凝土迅速凝结硬化的外加剂。速凝剂主要有无机盐类和有机物类两类。我国常用的速凝剂主要型号有红星Ⅰ型、7Ⅱ、728 型、8604 型等。

速凝剂掺入混凝土后，能使混凝土在 5 min 内初凝，10 min 内终凝，1 h 就可产生强度，1 d强度可提高 2～3 倍，但后期强度会下降。

速凝剂主要用于矿山井巷、铁路隧道、引水涵洞、地下工程、喷射混凝土工程等。

（八）外加剂的选择和使用

在混凝土中掺入外加剂，可明显改善混凝土的技术性能，取得显著的技术经济效果。若选择和使用不当，会造成事故。在选择外加剂时，应根据工程需要、施工条件和环境、原材料等因素，通过试验确定品种和最佳掺量。

外加剂的掺量很少，必须保证其均匀分散，一般不能直接加入混凝土搅拌机内。对可溶于水的外加剂，应先配成一定浓度的溶液，随水加入搅拌机。对不溶于水的外加剂，应与适量水泥或砂混合均匀后再加入搅拌机内。另外，外加剂的掺入时间对其效果的发挥也有很大影响，如为保证减水剂的减水效果，减水剂有同掺法、后掺法、分次掺入法三种方法。

第三节　建筑砂浆

建筑砂浆是由胶凝材料、掺合料、细骨料和水按照一定比例配制而成的材料。与普通混凝土相比，砂浆又称无粗骨料混凝土。建筑砂浆在建筑工程中是一项用量大、用途广泛的建筑材料。

根据用途，建筑砂浆分为砌筑砂浆、抹面砂浆、装饰砂浆及特种砂浆。根据胶结材料的不同可分为水泥砂浆、石灰砂浆、混合砂浆和聚合物水泥砂浆等。

一、砌筑砂浆

将砖、石、砌块等黏结成为砌体的砂浆称为砌筑砂浆。它起着黏结砌块、传递荷载的作用，是砌体的重要组成部分

（一）砂浆的组成材料

1. 水泥

普通水泥、矿渣水泥、火山灰水泥、粉煤灰水泥以及砌筑水泥等都可以用来配制砂浆。水泥的技术指标应符合《通用硅酸盐水泥》（GB 175—2007）和《砌筑水泥》（GB/T 3183—2003）的规定。水泥是砌筑砂浆的主要胶凝材料，应根据使用部位的耐久性要求来选择水泥品种。M15 及以下强度等级的砂浆宜选用 32.5 级的通用硅酸盐水泥或砌筑水泥；M15 以上强度等级的砂浆宜选用 42.5 级的通用硅酸盐水泥。

2. 掺合料

为了改善砂浆的和易性和节约水泥，可在砂浆中掺入适量掺合料配制成混合砂浆。常用的材料有石灰膏、电石膏、粉煤灰、粒化高炉矿渣粉、硅灰、沸石粉等无机塑化剂，或松香皂、微沫剂等有机塑化剂。

生石灰熟化成石灰膏时，应用孔径不大于 3 mm×3 mm 的网过滤，熟化时间不得少于 7 d；磨细生石灰粉的熟化时间不得少于 2 d；消石灰粉不得直接用于砂浆中。石灰膏、黏土膏

和电石膏试配时的稠度应为 120 mm ± 5 mm。粉煤灰、粒化高炉矿渣粉、硅粉、沸石粉应分别符合国家的有关规定。

3. 砂

砂浆用砂应符合普通混凝土用砂的技术要求。由于砌筑砂浆层较薄，对砂的最大粒径应有所限制。对于毛石砌体宜用粗砂；砖砌体以使用中砂为宜，粒径不得大于 2.5 mm。对于光滑抹面及勾缝用的砂浆则应使用细砂，最大粒径一般为 1.2 mm。

4. 水

砂浆拌和用水的技术要求与混凝土拌和用水相同。

5. 外加剂

外加剂应符合国家现行有关标准的规定，引气型外加剂还应有完整的型式检验报告，并经砂浆性能试验合格后，方可使用。

（二）砂浆的基本性质

1. 新拌砂浆的和易性

新拌砂浆的和易性是指新拌砂浆能在基面上铺成均匀的薄层，并与基面紧密黏结的性能。和易性良好的砂浆便于施工操作，灰缝填筑饱满密实，与砖石黏结牢固，砌体的强度和整体性较好，既能提高劳动生产率，又能保证工程质量。新拌砂浆的和易性包括流动性和保水性两个方面。

1）流动性（稠度）

它指砂浆在自重或外力作用下流动的性能。砂浆的流动性用沉入度表示，稠度越大，则流动性越大，但稠度过大会使硬化后的砂浆强度降低；如果稠度过小，则不利于施工操作。

2）保水性

新拌砂浆能够保持水分的能力称为保水性。保水性好的砂浆在施工过程中不易离析，能够形成均匀密实的砂浆胶结层，保证砌体具有良好的质量。

2. 硬化砂浆的技术性质

1）砂浆强度等级

按《建筑砂浆基本性能试验方法标准》（JGJ/T 70—90），砂浆的强度等级是以边长为 70.7 mm × 70.7 mm × 70.7 mm 的立方体试块，按规定方法成型并标准养护至 28 d 的平均抗压强度值来表示的。水泥砂浆强度等级分为 M30、M25、M20、M15、M10、M7.5、M5 七个等级；水泥混合砂浆强度等级分为 M15、M10、M7.5、M5 。

砌筑砂浆的实际强度主要取决于所砌筑的基层材料的吸水性，可分为下述两种情况：

（1）基层为不吸水材料（如致密的石材）时，影响强度的因素主要是水泥强度和水灰比。

（2）基层为吸水材料（如砖）时，由于基层吸水性强，即使砂浆用水量不同，经基层吸水后，保留在砂浆中的水分也几乎是相同的，因此砂浆的强度主要取决于水泥强度和水泥用量，而与用水量无关。

此外，砂的质量、混合材料的品种及用量、养护条件（温度和湿度）都会影响砂浆的强度和强度增长。

2）砌筑砂浆的黏结力

砌筑砂浆的黏结力越大，则整个砌体的强度、耐久性、稳定性及抗震性愈好。一般砂浆抗压强度越大，则其与基材的黏结力越强。此外，砂浆的黏结力也与基层材料的表面状态、清洁程度、润湿状况及施工养护条件有关。因此,在砌筑前应做好有关的准备工作。

3)砂浆的抗冻性

砂浆的抗冻性是指砂浆抵抗冻融循环作用的能力,砂浆受冻遭损是由于其内部孔隙中水的冻结膨胀引起孔隙破坏而致,密实的砂浆和具有封闭性孔隙的砂浆都具有较好的抗冻性。有抗冻性要求的砌体工程,砌筑砂浆应进行冻融试验。

二、普通抹面砂浆

抹面砂浆是涂抹于建筑物或构筑物表面的砂浆的总称。砂浆在建筑物表面起着平整、保护、美观的作用。抹面砂浆一般用于粗糙和多孔的底面,且与底面和空气的接触面大,所以失去水分的速度更快,因此要有更好的保水性。与砌筑砂浆不同,抹面砂浆对强度要求不高,而其和易性以及与基底材料的黏结力较好,故胶凝材料比砌筑砂浆多。

为了保证抹灰层表面平整,避免开裂脱落,抹面砂浆常分为底层、中层和面层,分层涂抹,各层的成分和稠度要求各不相同。底层砂浆主要起与基层牢固黏结的作用,要求稠度较稀,其组成材料常随基底而异,如一般砖墙、混凝土墙、柱面常用混合砂浆砌筑。对于混凝土基底,宜采用混合砂浆或水泥砂浆。中层砂浆主要起找平作用,较底层砂浆稍稠。面层砂浆主要起装饰作用,一般要求采用细砂拌制的混合砂浆、麻刀石灰砂浆或纸筋砂浆。在容易碰撞或潮湿的地方应采用水泥砂浆。

三、砌筑砂浆的配合比

(一)现场配制水泥混合砂浆的配合比计算

1.计算砂浆的试配强度($f_{m,o}$)

砂浆的试配强度应按下式计算:

$$f_{m,o} = k \cdot f_2 \tag{1-1}$$

式中 $f_{m,o}$——砂浆的试配强度,MPa,精确至0.1 MPa;

k——系数,施工水平优良时 $k=1.15$,一般时 $k=1.20$,较差时 $k=1.25$;

f_2——砂浆强度等级值,MPa,精确至0.1 MPa。

2.计算每立方米砂浆中的水泥用量 Q_C

$$Q_C = \frac{1\,000(f_{m,o} - \beta)}{\alpha \cdot f_{ce}} \tag{1-2}$$

式中 Q_C——每立方米砂浆的水泥用量,kg,精确至1 kg;

$f_{m,o}$——砂浆的试配强度,MPa,精确至0.1 MPa;

f_{ce}——水泥的实测强度,MPa,精确至0.1 MPa;

α、β——砂浆的特征系数,其中 $\alpha=3.03$,$\beta=-15.09$。

3.计算每立方米砂浆中的石灰膏用量 Q_D

$$Q_D = Q_A - Q_C \tag{1-3}$$

式中 Q_D——每立方米砂浆的石灰膏用量,精确至1 kg;石灰膏使用时的稠度为120 mm±5 mm,稠度不同时,其用量应乘以表1-4所示的换算系数;

Q_C——每立方米砂浆的水泥用量,kg,精确至1 kg;

Q_A——每立方米砂浆中水泥和掺加料的总量,kg,精确至1 kg,可为350 kg。

表 1-4　石灰膏不同稠度的换算系数

稠度(mm)	120	110	100	90	80	70	60	50	40	30
换算系数	1.00	0.99	0.97	0.95	0.93	0.92	0.90	0.88	0.87	0.86

4. 确定每立方米砂浆用砂量 Q_s

每立方米砂浆用砂量应按砂干燥状态(含水率小于 0.5%)的堆积密度作为计算值,单位以 kg 计。

5. 选用每立方米砂浆中的用水量 Q_w

每立方米砂浆中的用水量,根据砂浆稠度等要求可选用 210 ~ 310 kg。混合砂浆中的用水量,不包括石灰膏或黏土膏中的水;当采用细砂或粗砂时,用水量分别取上限或下限;稠度小于 70 mm 时,用水量可小于下限;施工现场气候炎热或干燥季节,可酌量增加用水量。

(二)现场配制水泥砂浆的材料用量

水泥砂浆材料用量按表 1-5 选用。

表 1-5　每立方米水泥砂浆材料用量(JGJ/T 98—2010)

强度等级	每立方米砂浆水泥用量(kg)	每立方米砂浆砂用量(kg)	每立方米砂浆用水量(kg)
M5.0	200 ~ 230	砂的堆积密度值	270 ~ 330
M7.5	230 ~ 260		
M10	260 ~ 290		
M15	290 ~ 330		
M20	340 ~ 400		
M25	360 ~ 410		
M30	430 ~ 480		

注:M15 及以下强度等级的水泥砂浆,水泥强度等级为 32.5 级,M15 以上强度等级的水泥砂浆,水泥强度等级为 42.5 级;当采用细砂或粗砂时,用水量分别取上限或下限;稠度小于 70 mm 时,用水量可小于下限;施工现场气候炎热或干燥季节,可酌量增加用水量。

(三)砌筑砂浆配合比试配、调整与确定

试配时应采用工程中实际使用的材料,按《建筑砂浆基本性能试验方法标准》(JGJ/T 70—2009)测定其拌和物的稠度、保水率和强度。当不能满足要求时,应调整材料用量,直到符合要求为止。

第四节　墙体材料

一、砌墙砖

凡是以黏土、工业废料或其他地方资源为主要原料,用不同工艺制成的,在建筑中用于砌筑墙体的砖,称为砌墙砖。按生产方法分为烧结砖和非烧结砖。按孔洞率分为普通砖(孔洞率≤15%)、多孔砖(孔洞率≥25%)和空心砖(孔洞率≥35%)。

(一)烧结砖

1. 烧结普通砖

烧结普通砖是以黏土、页岩、粉煤灰、煤矸石为主要原料,经焙烧制成的普通砖。按主要原料分为黏土砖(N)、页岩砖(Y)、粉煤灰砖(F)、煤矸石砖(M)。

以黏土为主要原料,经配料、制坯、干燥、焙烧而成的为烧结黏土砖,有红砖和青砖两种。在焙烧时火候要适当、均匀,否则将出现不合格品——欠火砖和过火砖。欠火砖色浅,敲击声哑,吸水率大,强度低,耐久性差;过火砖色深,敲击时声音轻脆,吸水率小,强度高,耐久性好,易出现弯曲变形。

1)烧结普通砖的技术性能指标

烧结普通砖的各项技术指标应满足《烧结普通砖》(GB 5101—2003)的规定。

(1)尺寸规格:烧结普通砖为直角六面体,标准尺寸为240 mm×115 mm×53 mm。通常将240 mm×115 mm面称为大面,240 mm×53 mm面称为条面,115 mm×53 mm面称为顶面。考虑砌筑灰缝厚度10 mm,则4块砖长、8块砖宽、16块砖厚均为1 m,在理论上1 m^3 砖砌体需用砖512块。烧结普通砖的尺寸允许偏差应符合有关规定。

(2)强度等级:烧结普通砖按抗压强度分为MU30、MU25、MU20、MU15、MU10五个强度等级。在评定砖的强度等级时,若强度变异系数≤0.21,采用平均值、标准值方法;若强度变异系数>0.21,则采用平均值、最小值方法。各个强度等级应满足标准的规定。

(3)泛霜和石灰爆裂:泛霜(盐析)是指可溶性的盐在砖或砌块表面析出的现象,呈白色粉状、絮团或絮片状,影响外观且结晶膨胀也会引起砖表面的酥松,甚至剥落,严重的还可能降低墙体的承载力。

石灰爆裂是指烧结砖的原料中夹杂着石灰石,焙烧时被烧成生石灰,在使用过程中吸水熟化成熟石灰,体积膨胀而发生爆裂现象,影响砖的质量,使砖砌体强度降低,直至破坏。

(4)抗风化性能:抗风化性能是指在干湿变化、温度变化、冻融变化等物理因素作用下,材料不破坏并长期保持其原有性质的能力。通常以抗冻性、吸水率及饱和系数等指标判定。

强度和抗风化性能合格的砖,按尺寸偏差、外观质量、泛霜和石灰爆裂划分为优等品(A)、一等品(B)和合格品(C)。

优等品用于墙体装饰和清水墙,一等品和合格品可用于混水墙,中等泛霜的砖不得用于潮湿部位。

2)烧结普通砖的应用

烧结普通砖具有一定的强度,耐久性好,保温隔热、隔声性能较好,价格低,原料丰富,生产工艺简单,因此是历史悠久且应用范围非常广泛的墙体材料。它常用于砌筑墙体、基础、柱、拱、烟囱,铺砌地面,也可与轻混凝土、保温隔热材料等配合使用。

但由于黏土砖大量毁坏良田,尺寸较小,施工效率低,自重大,能耗高等,目前我国大力推广墙体材料改革,用多孔砖、空心砖、砌块、轻质板材等来取代实心黏土砖。

2. 烧结多孔砖和空心砖

由于多孔砖和空心砖的尺寸和孔洞率等于或大于普通砖,所以可节约燃料10%~20%,节约黏土25%以上,减轻墙体自重,提高工效40%,降低工程造价20%,较大程度地改善墙体的保温隔热、隔声性能。目前我国大力推广使用。

1）烧结多孔砖

以黏土、页岩、粉煤灰、煤矸石等为主要原料，经焙烧制成的孔洞率≥15%的砖。多孔砖孔洞数量多、尺寸小，孔洞垂直于受压面，主要用于承重墙体。

《烧结多孔砖》（GB 13544—2000）规定：烧结多孔砖为直角六面体。长度：290、240 mm；宽度：190、180、175、140、115 mm；高度：90 mm；按抗压强度划分为MU30、MU25、MU20、MU15、MU10五个强度等级，各强度等级的抗压强度应符合标准的要求；强度和抗风化性能合格的砖，按尺寸偏差、外观质量、孔型及孔洞排列、泛霜和石灰爆裂分为优等品（A）、一等品（B）、合格品（C）三个质量等级。

烧结多孔砖可以代替烧结黏土砖，用于砖混结构中的承重墙。

2）烧结空心砖

烧结空心砖是以黏土、页岩、粉煤灰、煤矸石等为主要原料，经焙烧制成的孔洞率≥35%的砖。空心砖孔洞数量少、尺寸大，强度低，孔洞方向平行于条面和大面。

烧结空心砖按大面及条面抗压强度平均值和单块最小值分为MU10.0、MU7.5、MU5.0、MU3.5、MU2.5五个强度等级；按表观密度不同划分为800、900、1 000、1 100四个密度级别。

它主要用于非承重墙和填充墙体。

（二）非烧结砖

不经焙烧的砖为非烧结砖。如碳化砖、免烧免蒸砖、蒸压蒸养砖等。目前常用的是蒸压蒸养砖。

1. 蒸压灰砂砖

蒸压灰砂砖是以石灰、砂（也可以掺入着色剂或外加剂）为原料，经制坯、压制成型、蒸压养护而成的实心砖。根据颜色可分为彩色（C_0）和本色（N）两种。

蒸压灰砂砖的外形、公称尺寸与烧结普通砖相同，按抗压强度和抗折强度划分为MU25、MU20、MU15、MU10四个强度等级；根据外观质量和尺寸偏差、强度和抗冻性分为优等品（A）、一等品（B）、合格品（C）三个质量等级。

灰砂砖中强度等级为MU25、MU20、MU15的砖用于工业与民用建筑的墙体和基础；强度等级为MU10的砖可用于防潮层以上的建筑，不得用于长期受急冷、急热和有酸性腐蚀的建筑部位，也不适用于受流水冲刷的部位。

2. 蒸压（养）粉煤灰砖

蒸压（养）粉煤灰砖是指以粉煤灰、石灰和水泥为主要原料，掺加适量石膏、外加剂、颜料和集料，经高压或常压蒸汽养护而成的实心粉煤灰砖。

粉煤灰砖的外形、公称尺寸与烧结普通砖相同，按抗压强度和抗折强度划分为MU30、MU25、MU20、MU15、MU10五个强度等级；根据外观质量、尺寸偏差、强度和干燥收缩值分为优等品（A）、一等品（B）、合格品（C），优等品强度等级应不低于MU15，一等品强度等级应不低于MU10。

粉煤灰砖可用于工业与民用建筑的墙体和基础，但用于基础或用于易受冻融和干湿交替作用的建筑部位的砖，强度等级必须为MU15及以上。该砖不得用于长期受热（200 ℃）、受急冷急热和有酸性腐蚀的建筑部位。

二、砌块

砌块是指砌筑用的，形体大于砌墙砖的人造石材。一般为直角六面体，也有各种异型的。砌块主规格尺寸中的长度、宽度和高度，至少有一项应大于365、240、115 mm，但高度不大于长度或宽度的6倍，长度不超过高度的3倍。

砌块按用途可分为承重砌块和非承重砌块；按生产工艺可分为烧结砌块和蒸压蒸养砌块；按有无空洞可分为实心砌块和空心砌块；按产品规格可分为大型砌块（主规格高度 > 980 mm）、中型砌块（主规格高度为380 ~ 980 mm）、小型砌块（主规格高度为115 ~ 380 mm）。

（一）蒸压加气混凝土砌块

蒸压加气混凝土砌块是以钙质材料（水泥、石灰）和硅质材料（矿渣和粉煤灰）以及加气剂（铝粉），经配料、搅拌、浇筑、发气、切割和蒸压养护而成的多孔轻质块体材料。

按抗压强度，其可分为A1.0、A2.0、A2.5、A3.5、A5.0、A7.5、A10.0七个等级，见表1-6；按干表观密度，其可分为B03、B04、B05、B06、B07、B08六个等级；按尺寸偏差、外观质量、体积密度及抗压强度，其分为优等品（A）、一等品（B）、合格品（C）三个等级。

蒸压加气混凝土砌块具有表观密度小，保温隔热及耐火性好，易加工，抗震性好，施工方便的特点，适用于低层建筑的承重墙，多层建筑和高层建筑的隔离墙、填充墙及工业的围护墙体和绝热材料。在无可靠的防护措施时，该类砌块不得用于处于水中或高湿度和有侵蚀介质的环境中，也不得用于建筑物的基础和温度长期高于80 ℃的建筑部位。

表1-6　加气混凝土砌块的抗压强度

强度等级		A1.0	A2.0	A2.5	A3.5	A5.0	A7.5	A10.0
立方体抗压强度（MPa）	平均值≥	1.0	2.0	2.5	3.5	5.0	7.5	10.0
	最小值≥	0.8	1.6	2.0	2.8	4.0	6.0	8.0

（二）粉煤灰砌块

粉煤灰砌块是以粉煤灰、石灰、石膏和骨料为原料，经配料、加水搅拌、振动成型、蒸汽养护而制成的一种密实砌块。主规格尺寸为880 mm × 380 mm × 240 mm和880 mm × 430 mm × 240 mm。按立方体抗压强度分为MU10、MU13两个等级；按外观质量、尺寸偏差分为一等品（B）、合格品（C）。粉煤灰砌块主要用于工业与民用建筑的墙体和基础，但不适用于有酸性侵蚀介质、密封性要求高、易受较大震动的建筑物以及高温和潮湿的承重墙。

（三）混凝土小型空心砌块

混凝土小型空心砌块是以水泥为胶结材料，砂、碎石或卵石、煤矸石、炉渣为集料，经加水搅拌、振动加压或冲压成型、养护而成的小型砌块。

普通混凝土小型空心砌块的主规格尺寸为390 mm × 190 mm × 190 mm，空心率应不小于25%。按抗压强度分为MU3.5、MU5.0、MU7.5、MU10.0、MU15.0、MU20.0六个强度等级，按尺寸偏差、外观质量划分为优等品（A）、一等品（B）、合格品（C）。

该类小型砌块可用于多层建筑的内墙和外墙。这种砌块在砌筑时一般不宜浇水，但在气候特别干燥炎热时，可在砌筑前稍喷水湿润。

第五节 钢 材

钢材是应用最广泛的一种金属材料。建筑工程中使用的各种钢材,包括钢结构用各种型材(如圆钢、角钢、工字钢、管钢)、板材;混凝土结构用钢筋、钢丝、钢绞线。钢材的优点是材质均匀、性能可靠、强度高,具有一定的塑性、韧性,能承受较大的冲击和振动荷载,可以焊接、铆接、螺栓连接,便于装配。由各种型材组成的钢结构,安全性大,自重较轻,适用于重型工业厂房、大跨度结构、可移动的结构及高层建筑。

钢材的缺点是易锈蚀,维护费用大,耐火性差。

一、钢材的种类及主要技术性能

在理论上凡含碳量在2.06%以下,含有害杂质较少的铁碳合金称为钢材(即碳钢)。

(一)钢的分类

1. 按化学成分分类

(1)碳素钢:低碳钢(含碳量小于0.25%)、中碳钢(含碳量0.25%~0.6%)、高碳钢(含碳量大于0.6%)。

(2)合金钢:低合金钢(合金元素总含量小于5%)、中合金钢(合金元素总含量5%~10%)、高合金钢(合金元素总含量大于10%)。

2. 按脱氧程度分类

(1)沸腾钢:仅用弱脱氧剂锰铁进行脱氧,是脱氧不完全的钢。沸腾钢组织不够致密,气泡含量较多,化学偏析较大,成分不均匀,质量较差,但成本较低。沸腾钢用F表示。

(2)镇静钢:用一定数量的硅、锰和铝等脱氧剂进行彻底脱氧的钢。镇静钢质量好,组织致密,化学成分均匀,机械性能好,但成本高。其主要用于承受冲击荷载或其他重要结构。镇静钢用Z表示。

(3)半镇静钢:其脱氧程度及钢的质量介于上述两者之间。半镇静钢用b表示。

3. 按质量分类

(1)普通钢:含硫量在0.055%~0.065%、含磷量在0.045%~0.085%。

(2)优质钢:含硫量在0.03%~0.045%、含磷量在0.035%~0.04%。

(3)高级优质钢:含硫量在0.02%~0.03%、含磷量在0.027%~0.035%。

(二)钢的化学成分对钢性能的影响

钢材中除基本元素铁和碳外,还含有少量的硅、锰、硫、磷、氧、氮以及一些合金元素等,这些元素来自炼钢原料、炉气及脱氧剂,在熔炼中无法除净。它们的含量决定了钢材的性能和质量。

(1)碳:它是碳素钢的重要元素,当含碳量小于0.8%时,随着含碳量的增加,钢的抗拉强度和硬度提高,而塑性和韧性降低,同时,钢的冷弯、焊接及抗腐蚀等性能降低,冷脆性和时效敏感性增加。

(2)硅:它是炼钢时用脱氧剂硅铁脱氧而残留在钢中的。硅是钢的主要合金元素,当硅的含量在1.0%以内时,可提高钢的强度,且对钢的塑性和冲击韧性无明显影响。

(3)锰:它是炼钢时为了脱氧而加入的元素,也是钢的主要合金元素。在炼钢过程中,锰和钢中的硫、氧化合成 MnS 和 MnO，入渣排除，起到脱氧去硫的作用。当锰的含量在 0.8% ~1% 时，可显著提高强度和硬度，消除热脆性，并略微降低塑性和韧性。

(4)硫：它是钢中极为有害的元素，以夹杂物的形式存在于钢中，易引起钢材的热脆性。硫的存在还会导致钢材的冲击韧性、疲劳强度、可焊性及耐腐蚀性降低，即使微量存在也对钢有害，故钢材中应严格控制硫的含量。

(5)磷：它是钢中的有害元素，由炼钢原料带入，以夹杂物的形式存在于钢中。在低温下可引起钢材的冷脆性。磷还能使钢的冷弯性能降低、可焊性变坏。但磷可使钢材的强度、硬度、耐磨性、耐腐蚀性提高。

(6)氧、氮：它们也是钢中的有害元素，显著降低钢材的塑性、韧性、冷弯性能和可焊性。

(7)铝、钛、钒、铌：它们都是炼钢时的强脱氧剂，也是最常用的合金元素。适量加入钢内能改善钢的组织，细化晶粒，显著提高强度和改善韧性。

(三)建筑钢材的主要技术性能

钢材的性能主要包括力学性能、工艺性能和化学性能等。只有了解、掌握钢材的各种性能，才能正确、经济、合理地选择和使用钢材。

1. 力学性能

钢材的主要力学性能有拉伸性能、冲击韧性、耐疲劳性等。

1)拉伸性能

拉伸性能是建筑钢材的主要受力方式，也是最重要的性能。反映钢材拉伸性能的指标包括屈服强度、抗拉强度和伸长率。由于下屈服点较稳定易测，故一般结构设计中以下屈服强度作为钢材强度取值的依据。

屈服强度与抗拉强度之比(R_{eL}/R_m)称为屈强比，反映钢材的利用率和结构安全可靠程度。屈强比越小，表明结构的可靠性越高，不易因局部超载而造成破坏；屈强比过小，表明钢材强度利用率偏低，造成浪费，不经济。建筑结构用钢合理的屈强比一般为 0.60 ~0.75。

伸长率是表明钢材塑性变形能力的重要指标，伸长率越大说明钢材的塑性越好。伸长率是指断后标距的残余伸长与原始标距之比的百分率。

中碳钢与高碳钢(硬钢)通常以发生残余变形为原标距长度的 0.2% 时的应力作为屈服强度，用 $R_{p0.2}$ 表示。

2)冲击韧性

冲击韧性是指钢材抵抗冲击荷载而不破坏的能力，是通过冲击试验来确定的。以试件冲断缺口处单位面积上所消耗的功(J/cm^2)来表示，其符号为 α_K。α_K 值越大，钢材的冲击韧性越好。

影响钢材冲击韧性的因素很多，如化学成分、组织状态、冶炼、轧制质量、环境温度、时效等。发生冷脆性时的温度称为脆性临界温度。脆性临界温度越低，钢材的低温冲击性能越好。所以，在负温下使用的结构，应当选用脆性临界温度比环境最低温度低的钢材。

2. 工艺性能

建筑钢材在使用前，大多需要进行一定形式的加工。冷弯、冷拉、冷拔及焊接性能均是建筑钢材的重要工艺性能。

1)冷弯性能

冷弯性能指钢材在常温下承受弯曲变形的能力，一般用弯曲角度 α 以及弯心直径 d 与

试件厚度 a（或直径）的比值 d/a 来表示。试验时采用的弯曲角度越大，弯心直径与试件厚度（或直径）的比值越小，表示对冷弯性能的要求越高。

冷弯试验是将钢材按规定的弯曲角度和弯心直径进行弯曲，若弯曲后试件弯曲处无裂纹、起层及断裂现象，即认为冷弯性能合格；否则为不合格。

冷弯试验对焊接质量也是一种严格的检验，能反映焊件在受弯表面存在未融合、微裂纹及夹杂物等缺陷。

2）可焊性

可焊性是指钢材在通常的焊接方法和工艺条件下获得良好焊接接头的性能。

建筑工程中的钢结构有90%以上是焊接结构。可焊性好的钢材焊接后不易形成裂纹、气孔、夹渣等缺陷，焊头牢固可靠，焊缝及附近过热区的性能不低于母材的力学性能，尤其是强度不低于母材，硬脆倾向小。

钢的可焊性主要受化学成分及其含量影响。碳、硅、锰、钒、钛的含量较多时，将加大焊接硬脆性，降低可焊性，特别是硫的含量较多时，会使焊缝产生热裂纹，严重降低焊接质量。

（四）钢材的冷加工与时效

在建筑工地或钢筋混凝土预制构件厂，常将钢材进行冷加工来提高钢筋屈服点，节约钢材。

1. 冷加工强化

将钢材在常温下进行冷拉、冷拔、冷轧，使钢材产生塑性变形，从而使强度和硬度提高，塑性、韧性和弹性模量明显下降，这种过程称为冷加工强化。通常冷加工变形越大，则强化越明显，即屈服强度提高越多，而塑性和韧性下降也越大。

（1）冷拉：将热轧钢筋用冷拉设备加力进行张拉，使之伸长。钢材经冷拉后，屈服强度提高20%～30%，节约钢材10%～20%。但屈服阶段缩短，伸长率降低，材质变硬。

（2）冷拔：将光面圆钢筋通过硬质钨合金拔丝模孔强行拉拔，经过一次或多次冷拔后的钢筋，表面光洁度高，屈服强度提高40%～60%，但塑性大大降低，具有硬钢的性质。

2. 时效强化

冷加工后的钢材随时间的延长，强度、硬度提高，塑性、韧性下降，弹性模量得以恢复的现象称为时效强化。钢材经冷加工后，在常温下存放15～20 d或加热至100～200 ℃，保持2 h左右，其屈服强度、抗拉强度及硬度都进一步提高，而塑性、韧性继续降低。前者称为自然时效，后者称为人工时效。冷拉时效后，屈服强度和抗拉强度均得到提高，但塑性和韧性则相应降低。

因时效导致钢材性能改变的程度称为时效敏感性。时效敏感性越大的钢材，经时效后，其冲击韧性值降低越显著。因此，对于受到振动冲击荷载作用的重要结构（如吊车梁、桥梁等），应选用时效敏感性小的钢材。

（五）建筑钢材的标准与选用

目前，我国建筑钢材主要采用碳素结构钢和低合金结构钢。

1. 碳素结构钢

根据《碳素结构钢》（GB/T 700—2006）的规定，牌号由代表屈服强度的字母、屈服强度数值、质量等级符号、脱氧方法符号等四部分按顺序组成。其中以“Q”代表屈服强度；屈服强度数值分别为195、215、235、275 MPa四种；质量等级按硫、磷等杂质含量由多到少，分别由 A、B、C、D 符号表示；脱氧方法以 F 表示沸腾钢、b 表示半镇静钢、Z 和 TZ 分别表示镇静钢和特种镇静钢；Z 和 TZ 在钢的牌号中予以省略。如 Q235 - A. F，表示屈服强度为 235MPa 的 A 级沸腾钢。

在建筑工程中应用最广泛的是碳素钢 Q235。它有较高的强度，良好的塑性、韧性和可焊性，综合性能好，能满足一般钢结构和钢筋混凝土用钢要求，成本较低。用 Q235 可轧制成各种型材、钢板、管材和钢筋。

Q195、Q215 号钢，强度低，塑性和韧性较好，易于冷加工，常用作钢钉、铆钉、螺栓、铁丝等。Q215 号钢经冷加工后可代替 Q235 号钢使用。

Q275 号钢，强度较高，但韧性、塑性较差，可焊性也较差，不易焊接和冷弯加工，可用于轧制带肋钢筋、做螺栓配件等，但更多用于机械零件和工具等。

2. 优质碳素钢

优质碳素钢按照质量分为优质钢、高级优质钢和特级优质钢。此类钢材中硫、磷等有害杂质控制较严，质量较稳定，综合性能好，但成本较高，建筑上使用不多。优质碳素钢一般用于生产预应力混凝土用钢丝和钢绞线以及重要结构的钢铸件和高强度螺栓等。

3. 低合金高强度结构钢

低合金高强度结构钢是在碳素结构钢的基础上，添加少量的一种或几种合金元素（总含量小于 5%）的一种结构钢。所加元素主要有锰、硅、钒、钛、铌、铬、镍及稀土元素，其目的是提高钢的屈服强度、抗拉强度、耐磨性、耐腐蚀性及耐低温性能等。因此，它是综合性能较为理想的建筑钢材，尤其在大跨度、承受动荷载和冲击荷载的结构中更适用。另外，其比碳素钢节约钢材 20% ~30%，而成本增加不多。

《低合金高强度结构钢》（GB 1591—2008）规定，牌号的表示方法由代表屈服强度的字母 Q、屈服强度数值、质量等级（分 A、B、C、D、E 五级）三个部分组成。根据屈服强度数值共分为八个牌号：Q345 、Q390、Q420、Q460、Q500、Q550、Q620、Q690。

在钢结构中常采用低合金高强度结构钢轧制型钢、钢板，采用低合金高强度结构钢，可减轻结构重量，延长使用寿命，特别是大跨度、大柱网结构采用这种钢材，技术经济效果更显著。在重要的钢筋混凝土结构或预应力钢筋混凝土结构中主要应用低合金钢加工成的热轧带肋钢筋。

二、钢结构用钢材

钢结构构件一般应直接选用各种型钢。构件之间可直接或通过连接钢板进行连接。连接方式有铆接、螺栓连接或焊接。所用母材主要是碳素结构钢及低合金高强度结构钢。型钢按加工方法有热轧和冷轧两种。

（一）热轧型钢

热轧型钢有角钢、工字钢、槽钢、T 型钢、H 型钢、Z 型钢等。

我国建筑用热轧型钢主要采用碳素结构钢 Q235 - A，其强度适中，塑性和可焊性较好，而且冶炼容易，成本低廉，适合建筑工程使用。在钢结构设计规范中推荐使用的低合金钢，主要有两种：Q345 及 Q390，可用于大跨度、承受动荷载的钢结构。

（二）冷弯薄壁型钢

冷弯薄壁型钢通常用 2 ~6 mm 薄钢板冷弯或模压而成，有角钢、槽钢等开口薄壁型钢及方形、矩形等空心薄壁型钢。其主要用于轻型钢结构,标记方式与热轧型钢相同。

(三)钢板、压型钢板

钢板是用轧制方法生产的,宽厚比很大的矩形板状钢材。用光面轧制而成的扁平钢材,以平板状态供货的称钢板,以卷状供货的称钢带。所使用的钢种有碳素结构钢、低合金结构钢和优质碳素结构钢三类。

按轧制温度不同,分为热轧和冷轧两大类;热轧钢板按厚度分为厚板(厚度大于4 mm)和薄板(厚度为0.35~4 mm)两种,冷轧只有薄板(厚度为0.2~4 mm)一种。厚板可用于焊接结构,薄板可用作屋面或墙面等围护结构,或作为涂层钢板的原材料,如制作压型钢板等。钢板还可用来弯曲型钢。钢带主要用作弯曲型钢、焊接钢管和建筑五金的原料,或直接用作各种结构件及容器等。

三、钢筋混凝土结构用钢材

钢筋混凝土结构用钢筋和钢丝,主要由碳素结构钢和低合金结构钢轧制而成。主要品种有热轧钢筋、冷轧带肋钢筋、热处理钢筋、预应力混凝土用钢丝及钢绞线。按直条或盘条供货。

(一)热轧钢筋

热轧钢筋是指用加热钢坯轧制的条形成品钢筋,主要用于钢筋混凝土和预应力混凝土结构的配筋。按其外形分为热轧光圆钢筋、热轧带肋钢筋。

1. 热轧光圆钢筋

热轧光圆钢筋有HPB235、HPB300两个牌号,是用Q235碳素结构钢轧制而成的,钢筋的公称直径范围为6~22 mm。HPB235、HPB300级钢筋,属于低强度钢筋,具有塑性好、伸长率高、便于弯折成型、容易焊接等特点。它的使用范围很广,可用作中、小型钢筋混凝土结构的主要受力钢筋,构件的箍筋和构造筋,钢、木结构的拉杆等。其力学性能及工艺性能见表1-7。

表1-7 热轧光圆钢筋的力学性能及工艺性能(GB 1499.1—2008)

牌号	R_{eL}(MPa)	R_m(MPa)	A(%)	A_{gt}(%)	冷弯试验180°(d—弯心直径;a—钢筋公称直径)
	≥				
HPB235	235	370	25.0	10.0	$d=a$
HPB300	300	420			

注:根据供需双方协议,伸长率可从A或A_{gt}中选定。如未经协议确定,则伸长率采用A,仲裁检验时采用A_{gt}。

2. 热轧带肋钢筋

热轧带肋钢筋通常为圆形横截面,表面带有两条纵肋和沿长度方向均匀分布的横肋。

热轧钢筋按屈服强度特征值分为335、400、500级,根据钢筋的质量(晶粒)不同,又分为普通热轧钢筋和细晶粒热轧钢筋两种类型。《钢筋混凝土用热轧带肋钢筋》(GB 1499.2—2007)的力学性能见表1-8。

表 1-8　热轧带肋钢筋的力学性能（GB 1499.2—2007）

牌号	R_{eL}（MPa）	R_m（MPa）	A（%）	A_{gt}（%）
	≥			
HRB335 HRBF335	335	455	17	7.5
HRB400 HRBF400	400	540	16	
HRB500 HRBF500	500	630	15	

HRB335 用低合金镇静钢或半镇静钢轧制，以硅、锰作为固溶强化元素，其强度较高，塑性较好，焊接性能比较理想。其可作为钢筋混凝土结构的受力钢筋，比使用 HPB235、HPB300 级钢筋可节省钢材 40% ~50%。因此，其广泛用于大、中型钢筋混凝土结构，如桥梁、水坝、港口工程和房屋建筑结构的主筋。将其冷拉后，也可用作结构的预应力钢筋。

HRB400 级钢筋的主要性能与 HRB335 级钢筋大致相同。

HRB500 级钢筋用中碳低合金镇静钢轧制，其中除以硅、锰为主要合金元素外，还加入钒或钛作为固溶和析出强化元素，使之在提高强度的同时保证其塑性和韧性。它是房屋建筑工程的主要预应力钢筋，广泛用于预应力混凝土板类构件以及成束配置用于大型预应力建筑构件（如屋架、吊车梁等）。

（二）冷轧带肋钢筋

冷轧带肋钢筋是指用低碳钢热轧圆盘条经冷轧后，在其表面带有沿长度方向均匀分布的二面或三面横肋的钢筋。《冷轧带肋钢筋》（GB 13788—2000）规定，冷轧带肋钢筋代号用 C、R、B 表示，分别表示冷轧、带肋、钢筋。按抗拉强度划分为四个牌号：CRB550、CRB650、CRB800、CRB970。CRB550 钢筋的公称直径范围为 4 ~12 mm，CRB650 及以上牌号的公称直径为 4 mm、5 mm、6 mm。CRB550 钢筋宜用于普通钢筋混凝土结构，其他牌号宜用在预应力混凝土结构中。

（三）热处理钢筋

用热轧带肋钢筋经淬火和回火调质处理而成的钢筋称为热处理钢筋。通常直径为 6、8.2、10 mm 三种规格，其条件屈服强度≥1 325 MPa，抗拉强度≥1 470 MPa，伸长率≥6%、1 000 h应力松弛率≤3.5%。按外形分为有纵肋和无纵肋两种，但都有横肋。

钢筋热处理后卷成盘，使用时开盘钢筋自行伸直，按要求的长度切断。不能使用电焊切断，也不能焊接，以免引起强度下降或脆断。

热处理钢筋适用于预应力混凝土结构中，不适用于焊接部位。

（四）钢绞线

钢绞线是按严格的技术条件，将数根钢丝经绞捻和消除内应力热处理后制成的。

预应力钢丝和钢绞线具有强度高、柔韧性好、无接头、质量稳定、施工简便等优点，使用时可根据长度切割。其主要适用于大荷载、大跨度、曲线配筋的预应力钢筋混凝土结构。

(五)钢材的防火和防腐蚀

1. 钢材的防火

钢材属于不燃性材料。在高温时,钢材的性能会发生很大的变化。温度达到一定范围后,屈服强度和抗拉强度开始急剧下降,应变急剧增大;到达 600 ℃时钢材开始失去承载能力。

钢结构防火的基本原理是采用绝热或吸热材料,阻隔火焰和热量,推迟钢结构的升温速度。

2. 钢材的防腐蚀

钢材的锈蚀是指钢的表面与周围介质发生化学作用遭到侵蚀、破坏的过程。当周围环境有侵蚀性介质或湿度较大时,钢材就会发生锈蚀。锈蚀不仅使钢材有效截面面积减小,造成浪费,形成程度不等的锈坑、锈斑,使应力集中,加速结构破坏,还会显著降低钢材的强度、塑性、韧性等力学性能。

根据钢材表面与周围介质的作用原理,锈蚀可分为化学锈蚀和电化学锈蚀。

钢材在大气中的锈蚀,是化学锈蚀和电化学锈蚀共同作用所致,且以电化学锈蚀为主。

钢材防锈的方法有加保护层法、制成耐候钢法。

第六节　防水材料

一、防水卷材

防水卷材是一种可卷曲的片状防水材料,是防水材料中最主要的品种之一。根据其主要防水组成材料可分为沥青防水卷材、高聚物改性沥青防水卷材和合成高分子防水卷材三大类。高聚物改性沥青防水卷材和合成高分子防水卷材均有良好的耐水性、温度稳定性和大气稳定性（抗老化性）,并应具备必要的机械强度、延伸性、柔韧性和抗断裂的能力,因此沥青防水卷材逐渐被改性沥青卷材所代替。

(一)防水卷材的主要性能

1. 不透水性

防水卷材在一定压力水作用下,持续一段时间卷材不透水的性能为不透水性。如改性沥青防水卷材可达到在水压力 0.2 ~0.3 MPa 下持续 30 min 不出现渗漏。

2. 拉力

防水卷材拉伸时所能承受的最大拉力。其与卷材胎芯和防水材料抗拉强度有关。

3. 延伸率

防水卷材最大拉力时的伸长率为延伸率。延伸率愈大,防水卷材塑性愈好,使用中能缓解卷材承受的拉应力,使卷材不易开裂。

4. 耐热度

防水卷材防水成分一般是有机物,当其受高温作用时,内部往往会蓄积大量热量,使卷材温度迅速上升,在高温作用下卷材易发生滑动,影响防水效果。

5. 低温柔性

防水卷材在低温时的塑性变形能力为低温柔性。防水卷材中的有机物在温度发生变化时，其状态也会发生变化，通常是温度愈低，其愈硬且愈易开裂。

6. 耐久性

防水卷材抵抗自然物理、化学作用的能力为耐久性。其中的有机物受到阳光、高温、空气等作用而变硬脆裂。防水卷材的耐久性一般用人工加速其老化的方法来评定。

7. 撕裂强度

撕裂强度反映防水卷材与基层之间、卷材与卷材之间的黏接能力。撕裂强度高，卷材与基层之间、卷材与卷材之间黏结牢固，不易松动，可保证防水效果。

（二）沥青防水卷材

沥青防水卷材是用原纸、纤维织物、纤维毡等胎体浸涂沥青，表面撒布粉状、粒状或片状材料制成可卷曲的片状防水材料。油纸是用低软化点沥青浸渍原纸而成的无涂盖层的纸胎防水卷材。油毡是用高软化点沥青涂盖油纸的两面，并撒布隔离材料后而成的。

石油沥青油毡所用隔离材料为粉状时称为粉毡，为片状时称为片毡。按原纸 1 m^2 的质量（g），油毡分 200、350 和 500 三种标号。传统沥青防水材料价格低，但低温时易脆裂、高温时易流淌，抗拉强度低，延伸性差，易老化，易腐烂，耐用寿命短（仅 3 ~ 5 年），已逐渐被淘汰。

（三）高聚物改性沥青防水卷材

沥青防水卷材由于温度稳定性差、延伸率小，很难适应基层开裂及伸缩变形的要求，而高聚物改性沥青防水卷材则克服了传统沥青防水卷材的不足，具有高温不流淌、低温不脆裂，拉伸强度较高，延伸率较大等优异性能。高聚物改性沥青防水卷材是以合成高分子聚合物改性沥青为涂盖层，纤维织物或纤维毡为胎体，粉状、粒状、片状或薄膜材料为覆面材料制成的可卷曲的片状防水材料。

高聚物改性沥青防水卷材的品种主要有 SBS 改性沥青防水卷材、APP 改性沥青防水卷材、PVC 改性焦油沥青防水卷材、再生胶改性沥青防水卷材。常用的该类防水卷材有 SBS 防水卷材和 APP 防水卷材等。

1. 弹性体改性沥青防水卷材（SBS 防水卷材）

SBS 防水卷材，属弹性体改性沥青防水卷材中有代表性的品种，系采用聚酯毡、玻纤毡、玻纤增强聚酯毡为胎基，浸涂 SBS 改性沥青，上表面撒布矿物粒料、细砂或覆盖聚乙烯膜，下表面撒布细砂或覆盖聚乙烯膜所制成的可卷曲的片状防水材料。

弹性体改性沥青防水卷材具有纵横向拉力大、延伸率好、韧性强、耐低温、耐紫外线、耐温差大、自愈力、黏合性好等优良性能，耐用年限可达 25 年以上。它价格低、施工方便，可热熔或冷作粘贴。

2. 塑性体改性沥青防水卷材（APP 防水卷材）

APP 防水卷材是以聚酯毡、玻纤毡、玻纤增强聚酯毡为胎基，以无规聚丙烯或聚烯烃类聚合物等做石油沥青改性剂，两表面覆以隔离物所制成的防水卷材。

APP 防水卷材的性能接近 SBS 防水卷材。其最突出的特点是耐高温性能好，130 ℃高温下不流淌，特别适合高温地区或太阳辐射强烈地区使用。另外，APP 改性沥青防水卷材热熔性非常好，特别适合热熔法施工，也可用冷粘法施工。

二、防水涂料

防水涂料是以沥青、高分子合成材料等为主体，在常温下呈无定形流态或半流态，经涂布能在结构物表面结成坚韧防水膜的物料的总称。

防水涂料按成膜物质主要成分分为沥青基涂料、高聚物改性沥青基涂料和合成高分子涂料三类；按液态类型可分为溶剂型、水乳型、反应型。

(一)沥青基防水涂料

1.冷底子油

冷底子油是用汽油、煤油、柴油、工业苯等有机溶剂与沥青材料溶合制得的沥青涂料。它的黏度小，具有良好的流动性，涂刷在混凝土、砂浆、木材等材料基面上，能很快渗入材料的毛细孔隙中，待溶剂挥发后，便与基材牢固结合，使基面具有一定的憎水性，在常温下用作打底材料。施工时在基层上先涂刷一道冷底子油，再刷沥青防水涂料或铺防水卷材。冷底子油一般随配随用。

2.沥青胶

沥青胶是在熔化的沥青中加大粉状或纤维状的填充料，如滑石粉、石灰石粉、白云石粉、云母粉、木纤维等，经均匀混合而成，有冷用和热用两种。前者称为冷沥青胶或冷玛琋脂，后者称熟沥青胶或热玛琋脂，施工时，一般采用热用。冷用时，需加入稀释剂将其稀释，在常温下施工，涂刷成均匀的薄层。

3.乳化沥青

乳化沥青是将沥青热熔，经高速机械剪切后，沥青以细小的微粒状分散于含有乳化剂的水溶液中，形成水包油型的沥青乳液。其在常温下具有良好的流动性。乳化沥青可以冷施工，以增强沥青与骨料的黏附性及拌和均匀性，气温在5～10 ℃时仍可施工，可扩大沥青的用途。除了广泛地应用在道路工程中，还应用于建筑屋面及洞库防水、金属材料表面防腐、农业土壤改良及植物养生，铁路的整体道床、沙漠的固沙等方面。

(二)高聚物改性沥青基防水涂料

高聚物改性沥青基防水涂料又称橡胶沥青类防水涂料，是以石油沥青为基料，用高分子聚合物进行改性而配制成的防水涂料。常用再生橡胶或氯丁橡胶进行改性。该类涂料有溶剂型和水乳型两种。

溶剂型涂料能在各种复杂表面形成无接缝的防水膜，具有较好的韧性和耐久性，涂料成膜较快，同时具备良好的耐水性和抗腐蚀剂，能在常温或较低温度下冷施工；但其一次成膜较薄，以汽油或苯为溶剂，在生产、储运和使用过程中有燃爆危险。氯丁橡胶价格较贵，生产成本较高。水乳型涂料能在复杂表面形成无接缝的防水膜，具有一定的柔韧性和耐久性，无毒、无味、不燃，安全可靠，可在常温下冷施工，不污染环境，操作简单，维修方便，可在稍潮湿但无积水的表面施工；但需多次涂刷才能达到厚度要求，稳定性较差，气温低于5 ℃时不宜施工。

(三)合成高分子涂料

合成高分子涂料是以合成橡胶或合成树脂为主要成膜物质，加入其他辅助材料配制而成的。它强度高，延伸大，柔韧性好，耐高、低温性能好，耐紫外线和酸、碱、盐老化能力强，使用寿命长。合成高分子防水涂料按成膜机制和溶剂种类分为溶剂型、水乳型和反应型三种。常用的有聚氨酯防水涂料、聚合物水泥防水涂料。

第七节　建筑节能材料

我国人口众多，经济发展迅速，能源的消耗也极为巨大。建筑耗能一般包括建筑采暖、降温、电气照明、炊事、热水供应等所使用的能源，其中以采暖和降温能耗数量最多，所以建筑节能主要还是建筑物维护结构、门窗等的保温隔热。其中建筑维护结构、门窗的节能潜力在所有建筑节能途径中最大，达50%～80%。因此，选用合适的主墙体材料、外墙保温材料和门窗材料，加强围护结构的保温隔热，提高门窗的保温隔热性和气密性是建筑节能的根本途径。

一、常用建筑节能材料的品种及应用

（一）建筑节能主墙体材料

1. 加气混凝土砌块

加气混凝土砌块是以水泥、石灰等钙质材料，石英砂、粉煤灰等硅质材料和铝粉、锌粉等发气剂为原料，经磨细、配料、搅拌、浇筑、发气、切割、压蒸等工序生产而成的轻质混凝土材料。该类产品材料强度较高、质轻、易加工、施工方便、造价较低，而且保温、隔热、隔声、耐火性能好，是能够同时满足墙材革新和节能要求的墙体材料。

2. EPS 砌块

EPS 砌块是用阻燃型聚苯乙烯泡沫塑料模块作模板和保温隔热层，而中心浇筑混凝土的一种新型复合墙体。该类砌块具有构造灵活、结构牢固、施工快捷方便、综合造价低、节能效果好等优点，常用于3～4层以下民用建筑、游泳池、高速公路隔离墙、旅馆建筑等。

3. 混凝土空心砌块

混凝土空心砌块是由水泥作胶结料，砂、石作骨料，经搅拌、振动成型、养护等工艺过程制成的空心砌块，可用于多层建筑的内墙和外墙。对用于承重墙和外墙的砌块，要求其干缩率小于0.5 mm/m，非承重墙或内墙用的砌块，其干缩率应小于0.6 mm/m。这种砌块在砌筑时一般不宜浇水，但在气候特别干燥时，可在砌筑前稍喷水湿润。

4. 模网混凝土

模网混凝土是由蛇皮网、加劲肋、折钩拉筋构成的开敞式空间网架结构，网架内浇筑混凝土制成，可广泛用于工业及民用建筑、水工建筑物、市政工程以及基础工程等。常用的建筑模网主要有钢筋网、钢丝网、钢板网和纤维网等，由高强钢丝焊接的三维空间钢丝网架中填充阻燃型聚苯乙烯泡沫塑料芯板制成的网架板，既有木结构的灵活性，又有混凝土结构的高强和耐久性。其具有轻质、保温、隔热、隔声等多种优良性能，而且便于运输、组装方便、施工速度快，并能有效地减轻建筑物负荷、增大使用面积，是理想的轻质节能承重墙体材料网。

5. 纳土塔（RASTRA）空心墙板承重墙体

纳土塔板是由聚苯乙烯、水泥、添加剂和水制成的隔热吸声水泥聚苯乙烯空心板构件经黏合组装成墙体。整个墙体的内部构成纵横、上下、左右相互贯通的孔槽，孔槽浇灌混凝土或穿插钢筋后再浇筑混凝土，在墙内形成刚性骨架。纳土塔板只是同体积混凝土重量的1/6～1/7，可减少基础的荷载，节约投资，在同样的地基承载能力下，可增加建筑物的层数；而且纳土塔板导热系数小，保温隔热性能好，耐火性较好，满足防火规范对防火墙耐火极限的要求。

（二）建筑节能外墙保温材料

1. 岩棉

岩棉纤维细长柔软，纤维直径4～7 μm，绝热、绝冷性能优良且具有良好的隔声性能，不燃、耐腐、不蛀，经憎水剂处理后其制品几乎不吸水。它的缺点是密度低、性脆、抗压强度不高、耐长期潮湿性比较差、手感不好、施工时有刺痒感。目前，通过提高生产技术水平，产品性能已有很大改进，虽可直接应用，但更多地用于制造复合制品。

2. 玻璃棉

玻璃棉是建筑业中应用较早且常见的绝热、吸声材料，它是采用石灰石、石英砂、白云石、蜡石等天然矿石为主要原料，配合一些纯碱、硼砂等化工原料经加工制成的极细的絮状纤维材料。按化学成分可分为无碱、中碱和高碱玻璃棉。其与岩棉在性能上有很多相似之处，但其手感好于岩棉，渣球含量低，不刺激皮肤，在潮湿条件下吸湿率小，线性膨胀系数小，价格较岩棉高。

3. 聚苯乙烯泡沫塑料

聚苯乙烯泡沫塑料是以聚苯乙烯树脂为主要原料，经发泡剂发泡制成的，内部具有无数封闭微孔的材料。其表观密度小，导热系数小，吸水率低，保温、隔热、吸声、防震性能好，耐酸碱，机械强度高，而且尺寸精度高，结构均匀。因此，在外墙保温中其占有率很高。但是聚苯乙烯在高温下易软化变形，防火性能差，不能应用于防火要求较高的外墙内保温，并且吸水率较高。现已开发出新的聚苯乙烯复合保温材料，如水泥聚苯乙烯板及聚苯乙烯保温砂浆等。

4. 硬质聚氨酯泡沫塑料

硬质聚氨酯泡沫塑料是以聚合物多元醇（聚醚或聚酯）和异氰酸酯为主体材料，在催化剂、稳定剂、发泡剂等助剂的作用下，经混合后发泡反应而制成的各类软质、半软半硬、硬质的塑料，具有非常优越的绝热性能。它的导热系数很低（$0.025\ W/(m\cdot K)$），是其他材料所无法比拟的。同时，其特有的闭孔结构使其具有更优越的耐水汽性能，由于不需要额外的绝缘防潮，简化了施工程序，降低了工程造价。但其价格较高，而且易燃。

5. 水泥聚苯板（块）

水泥聚苯板是近年开发的轻质高强保温材料，是采用聚苯乙烯泡沫颗粒、水泥、发泡剂等搅拌浇筑成型的一种新型保温板材，这种材料容量轻、强度高、破损少、施工方便，有韧性、抗冲击，还具有耐水、抗冻性能，保温性能优良。该类防火、阻燃材料效果好，能达到国家相关规定标准。但这种材料的容量、强度和导热系数之间存在着相互制约的关系，配比中各成分量的变化对板材的性能都有显著的影响。由于板材的收缩变形，易出现板裂缝问题。

二、门窗材料

（一）门窗框扇材料

1. 塑钢型材框扇

塑钢型材框扇是以聚氯乙烯（PVC）树脂为主要原料，加上一定比例的高分子改性剂、发泡剂、热稳定剂、紫外线吸收剂和增塑剂等挤出成型，然后通过切割、焊接或螺接的方式制成，再配装上密封胶条、毛条、五金件等。超过一定长度的型材空腔内需要用钢衬（加强筋或细钢条)增强。该类框扇比重轻、导热系数低、保温性能好,耐腐蚀、隔声、防震、阻燃性能优良。但 PVC 塑料线膨胀系数高,窗体尺寸不稳定,影响气密性,冷脆性高,不耐高温,使得该类门窗材料在严寒和高温地区使用受到限制;而且其刚性差,弯曲模量低,不适于大尺寸窗及高风压场合 。

2. 塑铝型材门窗框扇

塑铝型材框扇是在铝合金型材内注入一条聚酰胺塑料隔板,以此将铝合金型材分离形成断桥,来阻止热量的传递。此种节能框扇由于聚酰胺塑料隔板将铝合金型材隔断,形成冷桥,从而在一定程度上降低了窗体的导热系数,因而具有较好的保温性能;而且铝合金型材弯曲模量高,刚性好,适宜大尺寸窗及高风压场合使用;铝合金型材耐寒热性能好,使得塑铝框扇可用在严寒和高温地区,而且在冬季温差 50 ℃时门窗也不会产生结露现象,隔声性能较好。但其线膨胀系数较高,窗体尺寸不稳定,对窗户的气密性能有一定影响;耐腐蚀性能差,适用环境范围受到限制。目前该类型材价格较高。

3. 玻璃钢型材框扇

玻璃钢是将玻璃纤维浸渍了树脂的液态原料后,经过模压法预成型,然后将树脂固化而成。玻璃钢型材同时具有铝合金型材的刚度和 PVC 型材较低的热传导性,具有低的线膨胀系数,且和玻璃及建筑主体的线膨胀系数相近,窗体尺寸稳定,门窗的气密性能好;玻璃钢型材导热系数低,玻璃钢窗体保温性能好;玻璃钢型材对热辐射和太阳辐射具有隔断性,隔热性能好;耐腐蚀,适用环境范围广泛;弯曲模量较高,刚性较好,适宜较大尺寸窗或较高风压场合使用;耐寒热,使得玻璃钢门窗可以广泛应用在严寒和高温地区;而且重量轻,比强度高,隔声性能好,可随意着色,使用寿命长,普通 PVC 寿命为 15 年,而玻璃钢寿命为 50 年,是国家重点鼓励发展的节能产品。

(二)玻璃

1. 热反射膜玻璃

热反射膜玻璃主要指阳光控制玻璃和透明反热膜玻璃等,该类玻璃具有较高的热反射性,较好的光学控制性,对近红外光有良好的反射和吸收能力,所以能够明显减少太阳的光辐射能向室内的传递,保持室内温度稳定。一般情况下,热反射膜玻璃已能满足一般节能窗的需要。

2. 中空玻璃

中空玻璃是由两片或多片玻璃通过填充干燥剂的铝框或塑胶条隔开,周边密封而成的。在玻璃之间充入干燥空气或惰性气体以降低导热系数。中空玻璃不仅具有单层玻璃的采光性能,同时具有隔热、保温、隔声、防结露等优点。中空玻璃具有优良的隔热性能,在某些条件下其隔热性能可优于一般混凝土墙。

3. 低辐射镀膜玻璃

低辐射镀膜玻璃又称 Low-E 玻璃。其主要特点是对可见光具有良好的透过性,同时能阻挠红外线辐射。严寒及寒冷地区,选用高透光、低辐射膜玻璃可阻止室内中红外波辐射,可见光透过率高且无反射光污染,对太阳辐射中的近红外波具有高透过性,降低传热系数和提高阳光得热系数,从而降低取暖能源消耗。在炎热时其能阻挡太阳光中的大部分近红外波辐射和室外中红外波辐射,选择性透过可见光,降低遮阳系数和阳光得热系数,从而降低空调能耗。

小 结

1. 气硬性胶凝材料的种类、技术性质、特性和应用。
2. 通用硅酸盐水泥及其他水泥的种类、特性、技术性质、选用及储存。
3. 普通混凝土的组成、技术性质、配合比设计。
4. 砌筑砂浆的组成材料、技术性质、配合比设计以及应用。
5. 砌墙砖、砌块的种类、技术要求、应用。
6. 钢的分类、力学性质、工艺性能、冷加工及时效。
7. 碳素结构钢和低合金钢的牌号、技术要求及应用。
8. 钢筋混凝土和钢结构用钢的种类、规格、技术要求及应用。
9. 防水卷材、防水涂料的种类、技术性能及应用。
10. 建筑节能材料的特性及应用。

第二章　施工图识读基本知识

【学习目标】

1. 掌握民用建筑的基本组成。
2. 掌握建筑工程施工图的基本组成。
3. 掌握建筑工程施工图的图示特点。
4. 掌握建筑工程施工图的常用符号。
5. 掌握建筑平面图的用途、形成和内容及识图要点。
6. 掌握建筑立面图的用途、形成和内容及识图要点。
7. 掌握建筑剖面图的用途、形成和内容及识图要点。
8. 掌握建筑详图的用途、形成和内容及识图要点。
9. 了解结构施工图的作用,掌握结构施工图的组成,掌握常用构件的代号。
10. 会识读基础施工图。
11. 会识读楼层结构平面布置图。
12. 掌握建筑工程施工图的绘图步骤和方法。
13. 掌握安装施工图的图例,会识读安装施工图。

第一节　施工图的基本知识

一、房屋建筑工程施工图的组成及表达的内容

(一)建筑的组成

建筑的主要部分包括基础、墙、柱、梁、楼板及屋面;附属部分包括门、窗、楼梯、地面、走道、台阶、花池、散水、勒脚、屋檐、雨篷、天沟、踢脚板等细部构造。

由于专业分工不同,根据其内容和作用,一套完整的房屋建筑施工图应该包括总说明、总平面图、建筑施工图、结构施工图、给排水施工图、采暖施工图、通风空调施工图、电气施工图、设备施工图等。

(二)房屋建筑工程施工图表达的内容

1. 建筑施工图

建筑施工图简称建施图,主要反映建筑物的规划位置、形状与内外装修,构造及施工要求等。建筑施工图包括首页(图纸目录、设计总说明等)、总平面图、建筑平面图、建筑立面图、建筑剖面图和建筑详图。

2. 结构施工图

结构施工图简称结施图,主要反映建筑物承重结构位置、构件类型、材料、尺寸和构造做法等。结构施工图包括结构设计说明、基础图、结构平面布置图和各种结构构件详图。

3. 给排水施工图

室内给排水施工图表示一幢建筑物的给水、排水系统，由文字部分和图示部分组成，其中文字部分包括设计施工说明、图纸目录、设备和材料明细表及图例；图示部分包括平面图、系统图和详图。

施工图文字部分：

(1)设计施工说明。

主要有设计依据、设计范围、技术指标、采用管材及接口方式、管道防腐和防冻防结露的方法、施工注意事项、施工验收标准等内容。

(2)图纸目录。

图纸目录显示设计人员绘制图纸的装订顺序，便于查阅图纸。

(3)设备及材料明细表。

设备及材料明细表包括编号、名称、型号规格、单位、数量、备注等项目。施工图中涉及的管材、阀门、仪表、设备等均应列入表中。

(4)图例。

施工图中的管道及附件、管道连接、卫生器具、设备及仪表灯，一般采用统一的图例表示。

施工图图示部分：

(1)平面图。

平面图是给排水施工图纸中最基本和最重要的图纸，常用比例有1∶100和1∶50两种。主要内容有建筑平面的形式、用水设备及卫生器具的平面位置及排水系统出、入口位置和编号、地沟位置及尺寸、干管走向、立管编号、横支管走向等。

(2)系统图。

系统图，也称轴测图，系统图中应表达管道的管径、坡向、坡度，标出支管和立管的连接处、管道的安装标高。在系统图中，卫生器具不画出来，只表示水龙头、冲洗水箱、排水系统卫生器具的存水弯等符号。

(3)详图。

当某些设备的构造和管道之间的连接情况在平面图或系统图上表示不清楚又无法用文字说明时，将这些部位进行放人的图称为详图。

4. 采暖施工图

室内采暖施工图由文字部分和图示部分组成，其中文字部分包括设计施工说明、图纸目录、设备及材料明细表和图例等；图示部分包括平面图、系统图和详图。

施工图文字部分：

(1)设计施工说明。

采暖系统设计施工说明主要内容有热媒及参数、建筑物总负荷、热媒流量、系统形式、进出口压力差、各房间设计温度、管材和散热器类型、管材连接方式、管道防腐保温的做法、施工注意事项、施工验收标准、系统试压压力等不易用图示表述清楚的问题。

(2)图纸目录。

图纸目录包括设计人员绘制部分和所选用的标准图部分。

(3)设备及材料明细表。

为了使施工准备的材料和设备符合图纸要求，并且便于备料，设计人员应编制主要设备材料明细表,包括序号、名称、型号规格、单位、数量、备注等项目。

(4)图例。

建筑采暖施工图中的管道及附件、管道连接、阀门、采暖设备及仪表等,采用《暖通空调制图标准》(GB/T 50114—2001)中统一的图例表示,未列者,在图纸上应专门画出图例并加以说明。

施工图图示部分:

(1)平面图。

平面图是施工图的主要部分,常用比例有1∶100、1∶200。平面图中主要内容包括与采暖系统有关的建筑物轮廓,采暖系统主要设备的平面位置,干管、立管、支管的位置和立管编号,散热器的位置和片数,地沟的位置,热力入口及编号等。

(2)系统图。

系统图主要表达采暖系统中管道、附件和散热器的空间位置及走向、管道之间的连接方式、立管编号、管道管径和坡度坡向、散热器片数、供回水干管标高、附件位置等。系统图中管道编号与平面图一一对应,所用比例也与平面图一致。为了将空间关系表达清楚,避免管道和设备的重叠,可将系统图在适当位置断开,断开处标注相同的小写字母或数字,以便互相查找。

(3)详图。

采暖平面图和系统图难以表达清楚而又无法用文字加以说明的问题,可以用详图表示。

5.通风及空调工程施工图

通风及空调工程施工图由文字部分和图示部分组成。其中,文字部分包括设计施工说明、图纸目录、设备及材料明细表和图例;图示部分由平面图、系统图、详图、原理图、剖面图等组成。

施工图文字部分:

(1)设计施工说明。

设计施工说明内容有建筑物概况、通风空调系统设计参数、空调系统设计条件、空调系统的划分与组成、风系统相关内容、水系统相关内容、施工注意事项、验收标准等。

(2)图纸目录。

图纸目录包括设计人员绘制部分和所选用的标准图部分。

(3)设备及材料明细表。

设备及材料明细表包括序号、名称、型号规格、单位、数量、备注等项目。

(4)图例。

通风空调系统的风管、水管和主要设备等应使用同一图例。

施工图图示部分:

(1)平面图。

平面图包括建筑物各层通风空调系统平面图、空调机房平面图、制冷机房平面图等。图中表述的主要内容有风管、部件及设备在建筑物内的平面坐标位置。

(2)系统图。

通风空调系统管路纵横交错,采用系统图可以完整表达风系统和水系统的空间位置关系。系统图需注明风管、部件及设备的标高、断面尺寸、风口形式和数量等。

(3)详图。

详图包括制作加工详图和安装详图。如是国家通用标准图,则只标明图号,需要时可直接查标准图集。如果没有标准图,则须设计人员画出大样图。详图中表明风管、部件和设备制作安装的具体尺寸、方法等。

(4)原理图。

空调原理图主要包括系统的原理和流程,空调房间的设计参数,冷热源,空气处理和输送方法,控制系统的相互关系,系统中管道、部件、设备和仪表,系统控制点与测点间的联系,控制方案及控制点参数等。

(5)剖面图。

6. 电气施工图

电气工程施工图由文字部分和图示部分组成。其中,文字部分包括图纸目录、设计说明、主要设备材料表及预算;图示部分有平面图、系统图、安装详图等。

施工图文字部分:

(1)图纸目录。

图纸目录内容有序号、图纸名称、编号、张数等。

(2)设计说明。

设计说明主要阐述电气工程设计依据、工程的要求和施工原则、建筑特点、电气安装标准、电源概况,导线、照明器、开关及插座选型,电气保安措施,自编图形符号,施工安装要求和注意事项等。电气施工图设计以图样为主、设计说明为辅。设计说明主要说明那些在图样上不易表达的与电气施工有关的其他部分。

(3)主要设备材料表及预算。

电气材料表是把某一电气工程所需主要设备、元件、材料和有关数据列成表格,表示其名称、符号、型号、规格、数量、备注(生产厂家)等内容。它一般置于图中某一位置,应与图联系起来阅读。将电气施工图编制的主要设备材料表和预算,作为施工图设计文件提供给建设单位。

施工图图示部分:

(1)平面图。

电气照明平面图可表明进户点、配电箱、配电线路、灯具、开关及插座等的平面位置及安装要求。每层都应有平面图,但有标准层时,可以用一张标准的平面图来表示相同各层的平面布置。

常用的电气平面图有变配电所平面图、动力平面图、照明平面图、防雷平面图、接地平面图、弱电平面图等。

(2)系统图。

电气照明系统图又称配电系统图,是表示电气工程的供电方式、电能输送、分配控制关系和设备运行情况的图纸。

电气系统图有变配电系统图、动力系统图、照明系统图、弱电系统图等。电气系统图只表示电气回路中各元器件的连接关系,不表示元器件的具体情况、安装位置和接线方法。

大型工程的每个配电盘、配电箱应单独绘制其系统图。一般工程设计,可将几个系统图绘制到同一张图上,以便查阅。小型工程或较简单的设计,可将系统图和平面图绘制在同一张图上。

(3)安装详图(接线图)。

安装详图又称大样图,多以国家标准图集或各设计单位自编的图集作为选用的依据。仅对个别非标准工程项目,才进行安装详图设计。

(三)建筑工程施工图的编排顺序

一套建筑工程施工图按图纸目录、总说明、总平面图、建筑图、结构图、给水排水图、暖通空调图、电气图等施工图顺序编排。

二、房屋建筑工程施工图的作用

建筑工程施工图是进行工程施工、编制施工图预算和施工组织设计、竣工验收的依据,也是进行施工技术管理的重要技术文件。

第二节　施工图的图示方法

一、施工图的图示特点

施工图中的各图样是采用正投影法绘制的。

建筑物的体形较大,房屋施工图一般采用缩小的比例绘制,如1:100、1:200。

在施工图中常用图例(国家标准规定了一系列的图例)表示建筑构配件、卫生设备、建筑材料等,以简化作图。

二、施工图中常用的符号

(一)尺寸和标高

施工图中一律不注尺寸单位,施工图中的尺寸除标高和总平面图以m(米)为单位外,其余均以mm(毫米)为单位。

在建筑工程图中,用标高表示建筑物各细部装饰部位的上下表面高度。

标高分为相对标高和绝对标高两种,以建筑物底层室内主要地面为零点的标高称为相对标高;以青岛黄海平均海平面的高度为零点的标高称为绝对标高。

相对标高又可分为建筑标高和结构标高,装饰完工后的表面高度,称为建筑标高;结构梁、板上下表面的高度,称为结构标高。

总平面图室外地坪标高符号,宜用涂黑的三角形表示。

标高应当注写到小数点后第三位。在总平面图中,可以只注写到小数点后第二位。

在不同楼层的同一个位置表示不同几个标高时,标高数字可以按照如图2-1形式注写。

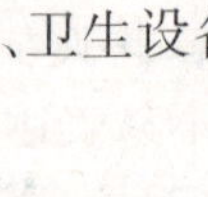

图2-1　标高数字的标注

(二)定位轴线

1. 定位轴线的编号顺序

制图标准规定,平面图定位轴线的编号,宜标注在下方与左方。横向编号应用阿拉伯数字从左至右顺序编写,竖向编号应用大写拉丁字母,从下至上编写。

2. 附加定位轴线的编号

附加定位轴线的编号,应以分数形式表示,并按下列规定编写。

(1)两根轴线间的附加轴线,应以分母表示前一轴线的编号,分子表示附加轴线的编号,编号宜用阿拉伯数字顺序书写。

(2)若为 1 号轴线或 A 号轴线之前的附加轴线时,分母应以 01 或 0A 表示。

3. 一个详图适用于几根定位轴线的表示方法

一个详图适用于几根定位轴线时,应同时注明各有关轴线的编号。通用详图中的定位轴线,应画圆,不注写轴线编号。

(三)索引符号与详图符号

1. 索引符号

索引符号是由直径为 8 ~ 10 mm 的圆和水平直径组成的,圆及水平直径均应以细实线绘制。当索引的详图与被索引的图在同一张图纸内时,在上半圆中用阿拉伯数字注出该详图的编号,在下半圆中间画一段水平细实线;当索引的详图与被索引的图不在同一张图纸内时,在下半圆中用阿拉伯数字注出该详图所在图纸的编号;当索引的详图采用标准图集时,在圆的水平直径的延长线上加注标准图册的编号。

当索引的详图是局部剖视详图时,索引符号在引出线的一侧加画一剖切位置线,引出线在剖切位置的哪一侧,表示该剖面向哪个方向作的剖视。

2. 详图符号

详图位置或剖面详图位置和编号应以详图符号表示。详图符号的圆应以直径为 14 mm 的粗实线绘制。

当详图与被索引的图样在同一张图纸内时,应在详图符号内用阿拉伯数字注明详图的编号。

当详图与被索引的图样不在同一张图纸内时,应用细实线在详图符号内画一水平直径,在上半圆中注明详图编号,在下半圆中注明被索引的图纸编号。

3. 引出线

引出线应以细实线绘制,宜采用水平方向的直线或与水平方向成 30°、45°、60°、90°的直线,或经上述角度再折为水平线。文字说明宜写在水平线的上方,也可注写在水平线的端部。

同时引出几个相同部分的引出线,宜互相平行,也可画成集中于一点的放射线。

多层构造或多层管道共用引出线,应通过被引出的各层。

4. 指北针和风玫瑰

指北针用 24 mm 直径画圆,内部过圆心并对称画一瘦长形箭头,箭头尾宽取直径的 1/8,即 3 mm,圆用细实线绘制,箭头涂黑。通常只画在首层平面图旁边适当位置。

风玫瑰是风向频率玫瑰图的简称,表明各风向的频率,频率最高,表示该风向的吹风次数最多。

三、施工图的图示内容

（一）建筑施工图的图示内容

1. 建筑设计总说明

建筑设计总说明主要用来对图上未能详细标注的地方注写具体的作业文字说明。设计总说明主要介绍设计依据、项目概况、设计标高、装修做法及施工图未用图形表达的内容等。

2. 建筑总平面图

建筑总平面图主要表示新建、拟建建筑物的实体位置、标高、道路系统，构筑物及附属建筑的位置、管线、电缆走向以及绿化、原始地形、地貌等情况。

3. 建筑平面图

建筑平面图的图示特点：

（1）比例：常用比例有1∶50、1∶100、1∶200，一般用1∶100。

（2）图线：剖到的墙身用粗实线，看到的墙轮廓线、构配件轮廓线、窗洞、窗台及门扇图为中粗线，窗扇及其他细部为细实线。

（3）定位轴线与编号：承重的柱或墙体均应画出它们的轴线，称定位轴线。定位轴线采用细点划线表示。

（4）门窗图例及编号：建筑平面图均以图例表示，并在图例旁注上相应的代号及编号。门的代号为“M”；窗的代号为“C”。同一类型的门或窗，编号应相同，如M－1、M－2、C－1、C－2等。最后再将所有的门、窗列成“门窗表”，门窗表内容有门窗规格、材料、代号、统计数量等。

（5）尺寸的标注与标高：建筑平面图中一般应在图形的四周沿横向—竖向分别标注互相平行的三道尺寸——细部尺寸，由内向外依次如下：

第一道尺寸，门窗定位尺寸及门窗洞口尺寸。

第二道尺寸，轴线尺寸，标注轴线之间的距离（开间或进深尺寸）。

第三道尺寸，外包尺寸，即总长和总宽。

除三道尺寸外还有台阶、花池、散水等尺寸，房间的净长和净宽、地面标高、内墙上门窗洞口的大小及其定位尺寸等。

（6）文字与索引：凡在平面图中无法用图表示的内容，都要注写文字说明。

4. 建筑立面图

建筑立面图的图示特点：

（1）比例：立面图的比例一般和平面图采用同样的比例，常用1∶200、1∶100、1∶50。

（2）图线：外包轮廓线用粗实线，主要轮廓线用中粗线，细部图形轮廓线用细实线，房屋下方的室外地坪线用特粗实线。

（3）标高：建筑立面图的标高是相对标高。应在室外地面、入口处地面、勒脚、窗台、门窗洞顶、檐口等注明标高。

5. 建筑剖面图

建筑剖面图的图示特点：

(1)建筑底层平面图中,需要剖切的位置上应标注出剖切符号及编号;绘出的剖面图下方写上相应的剖面编号名称及比例。

(2)标高:凡是剖面图上不同的高度(如各层楼面、顶棚、层面、楼梯休息平台、地下室地面等)都应标注相对标高。

尺寸标注:主要标注高度尺寸,分内部尺寸与外部尺寸。

(3)外部高度尺寸一般注三道:

第一道尺寸,接近图形的一道尺寸,以层高为基准标注窗台、窗洞顶(或门)以及门窗洞口的高度尺寸;

第二道尺寸,标注两楼层间的高度尺寸(即层高);

第三道尺寸,标注总高度尺寸。

6. 建筑详图

1)外墙详图的图示特点

(1)外墙详图要和平面图中的剖切位置或立面图上的详图索引标志、朝向、轴线编号完全一致,并用较大比例画图。常用比例为1:20。

(2)表明外墙厚度与轴线的关系。

(3)表明室内、外地面处的节点构造。

(4)表明楼层处节点详细做法。

(5)表明屋顶檐口处节点细部做法。

(6)各个部位的尺寸与标高的标注,原则上与立面图和剖面图标注法一致,此外还应加注挑出构件的挑出长度的细部尺寸和挑出构件结构下皮标高尺寸。

(7)此外,还应表达清楚室内、外装修各个构造部位的详细做法。

2)楼梯详图的图示特点

楼梯建筑详图需要画平面图、剖面图和详图。除首层和顶层平面图外,中间无论有多少层,只要各层楼梯做法完全相同,可只画一个平面图,称为标准层平面图。剖面图也类似,若中间各层做法完全相同,也可用一标准层剖面代替,但该剖面图上下要加画水平折断线。详图包括踏步详图、栏板或栏杆详图和扶手详图等。

(1)楼梯平面图。

楼梯平面图的剖切位置,一般选在本层地面到休息平台之间,或者说是第一梯段中间,水平剖切以后向下作的全部投影,称为本层的楼梯平面图。

(2)楼梯剖面图。

楼梯剖面图重点表明楼梯间的竖向关系,如各个楼层和各层休息平台的标高,楼梯段数和每个楼梯段的踏步数,有关各构件的构造做法,楼梯栏杆(栏板)及扶手的高度与式样,楼梯间门窗洞口的位置和尺寸等。

(3)楼梯踏步、栏杆及扶手详图。

踏步详图表明踏步截面形状及大小、材料与面层做法。

栏杆与扶手是为上下行人安全而设的,靠梯段和平台悬空一侧设置栏杆或栏板,上面做扶手,扶手形式与大小及所用材料要满足一般手握适度弯曲情况。由于踏步与栏杆、扶手是详图中的详图，所以要用详图索引标志画出详图。

（二）结构施工图的图示内容

1. 结构施工图概述

1）建筑的常用结构形式

（1）按结构受力形式划分。

常见的有砖混结构（混合结构）、框架结构、桁架结构等结构形式。

（2）按建筑的材料划分。

按材料不同，建筑结构可分为砌体结构、钢筋混凝土结构、钢结构和木结构等。

2）结构施工图的作用

建筑结构施工图是用来指导施工的，如放灰线、开挖基槽、模板放样、钢筋骨架绑扎、浇灌混凝土等，同时也是编制建筑预算和施工组织进度计划的主要依据，是不可缺少的施工图纸。

3）结构施工图的组成

结构施工图主要包括结构设计说明、结构平面布置图、结构构件详图。

（1）结构设计说明。

结构设计说明包括建筑的结构类型、耐久年限、地震设防烈度、防火要求、地基状况，钢筋混凝土各种构件、砖砌体、施工缝等部分选用的材料类型、规格、强度等级，施工注意事项，选用的标准图集，新结构与新工艺及特殊部位的施工顺序、方法及质量验收标准等。

（2）结构平面布置图。

结构平面布置图通常包括基础平面布置图（含基础断面详图）、楼层结构构件平面布置图、屋面结构构件平面布置图。

（3）结构构件详图。

结构构件详图主要有基础详图，梁类、板类、柱类等构件详图（包括预制构件、现浇结构构件等）。

2. 结构施工图的图示特点

1）国家《建筑结构制图标准》（GB/T 50105—2010）对结构施工图的绘制有明确的规定

结构施工图常需注明结构的名称，一般采用代号表示。构件的代号，一般用该构件名称的汉语拼音第一个字母的大写表示。预应力混凝土构件代号，应在前面加 Y，如 YKB 表示预应力空心板，见表 2-1。

表 2-1 常用结构构件的代号

序号	名称	代号	序号	名称	代号	序号	名称	代号
1	板	B	7	楼梯板	TB	13	梁	L
2	屋面板	WB	8	盖板或沟盖板	GB	14	屋面梁	WL
3	空心板	KB	9	挡雨板或檐口板	YB	15	吊车梁	DL
4	槽形板	CB	10	吊车安全走道板	DB	16	圈梁	QL
5	折板	ZB	11	墙板	QB	17	过梁	GL
6	密肋板	MB	12	天沟板	TGB	18	连系梁	LL

续表 2-1

序号	名称	代号	序号	名称	代号	序号	名称	代号
19	基础梁	JL	27	屋架	WJ	35	梯	T
20	楼梯梁	TL	28	柱	Z	36	雨篷	YP
21	檩条	LT	29	基础	J	37	阳台	YT
22	托架	TJ	30	设备基础	SJ	38	梁垫	LD
23	天窗架	CJ	31	桩	ZH	39	预埋件	M
24	框架	KJ	32	柱间支撑	ZC	40	天窗端壁	TD
25	钢架	GJ	33	垂直支撑	CC	41	钢筋网	W
26	支架	ZJ	34	水平支撑	SC	42	钢筋骨架	G

2）结构施工图图线的选用

《建筑结构制图标准》（GB/T 50105—2010）中规定建筑结构制图图线的选用。

3）结构施工图比例

结构平面图、基础平面图的比例与建筑平面图、建筑立面图相一致，结构详图一般选用1∶10、1∶20。

4）钢筋的图示方法

在结构施工图中，为了标注钢筋的位置、形状、数量，《建筑结构制图标准》（GB/T 50105—2010）中规定了钢筋的一般表示方法，如表 2-2 所示。

表 2-2　钢筋的表示方法

序号	名称	图例	说明
1	钢筋横断面		
2	无弯钩的钢筋端部		表示长、短钢筋投影重叠时，短钢筋的端部用45°斜线表示
3	带半圆形弯钩的钢筋端部	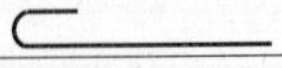	
4	带直钩的钢筋端部		
5	带丝扣的钢筋端部	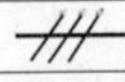	
6	无弯钩的钢筋搭接		
7	带半圆弯钩的钢筋搭接		
8	带直钩的钢筋搭接		
9	花篮螺纹钢筋接头	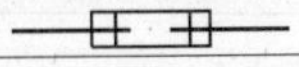	
10	机械连接的钢筋	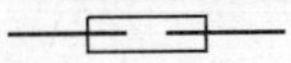	用文字说明机械连接的方式(冷挤压或锥螺纹等)

5）钢筋的画法

《建筑结构制图标准》（GB/T 50105—2010）中规定了钢筋的画法，如表 2-3 所示。

表 2-3　钢筋的画法

序号	说明	图例
1	在结构平面图中配置双层钢筋时，底层钢筋的弯钩应向上或向左，顶层钢筋的弯钩则向下或向右	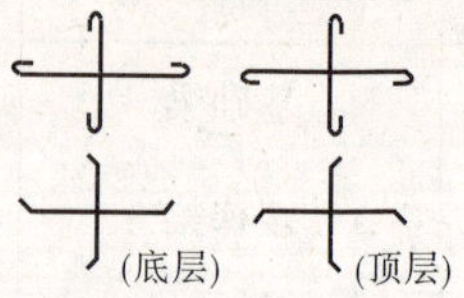
2	钢筋混凝土墙体配双层钢筋时，在配筋立面图中，远面钢筋的弯钩应向上或向左，而近面钢筋的弯钩向下或向右(JM近面、YM远面)	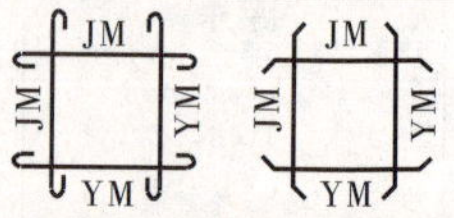
3	若在断面图中不能表达清楚钢筋的布置，应在断面图外增加钢筋大样图(如钢筋混凝土墙、楼梯等)	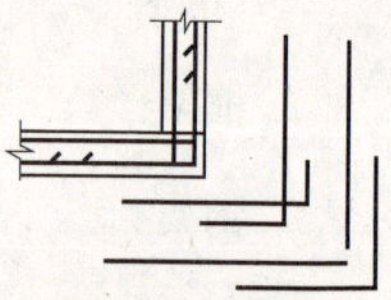
4	图中所表示的箍筋、环筋等若布置复杂，可加画钢筋大样及说明	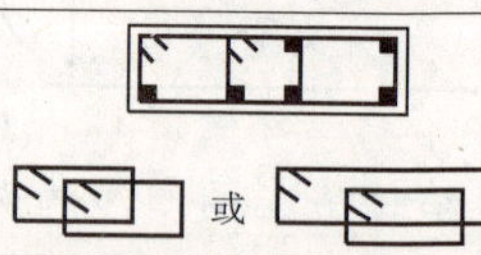
5	每组相同的钢筋、箍筋或环筋，可用一根粗实线表示，同时用一条两端带斜短划线的横穿细线表示其余钢筋及起止范围	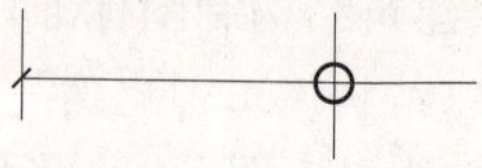

6)常用钢筋的符号和分类

钢筋有光圆钢筋和带肋钢筋之分，热轧光圆钢筋的牌号为 HPB300，常用带肋钢筋的牌号有 HRB335、HRB400 和 RRB400 等几种。

7)钢筋混凝土构件的生产方法

钢筋混凝土构件的生产方法有两种：预制构件和现浇构件。

8)钢筋

配置在钢筋混凝土构件中的钢筋，按其所起的作用可分为：①受力筋；②架立筋；③箍筋；④分布筋；⑤构造筋。

9)基础平面图

(1)基础平面图的形成和作用。

基础平面图是假想用一水平剖切平面，沿房屋底层室内地面把整幢房屋剖开，移去剖切平面以上的房屋和基础回填土后，向下做正投影所得到的水平投影图。

基础平面图主要表示基础的平面布置以及墙、柱与轴线的关系，为施工放线、开挖基槽或基坑和砌筑基础提供依据。

(2)基础平面图的图示特点。

①基础平面图中的比例、定位轴线的编号、轴线尺寸与建筑平面图要保持一致。

②在基础平面图中，用粗实线画出剖切到的基础墙、柱等的轮廓线，用细实线画出投影可见的基础底边线，其他细部如大放脚、垫层的轮廓线均省略不画。

③在基础平面图中，凡基础的宽度、墙的厚度、大放脚的形式、基础底面标高、基础底面尺寸不同时，要在不同处标出断面符号，表示详图的剖切位置和编号。

④基础平面图的外部尺寸一般只注两道,即开间、进深等轴线间的尺寸和首尾轴线间的总尺寸。

⑤在基础平面图中用虚线表示地沟或孔洞的位置,并注明大小及洞底标高。

10)结构平面布置图的形成和作用

结构平面布置图是假想沿楼板面将房屋水平剖切后所作的水平投影图。

结构平面图主要表示该楼层的梁、板、柱的位置,预埋件、预留洞的位置。除了能选用标准图,还要增加必要的剖面来表示节点和配筋以及具体的尺寸。

11)结构详图的图示方法

在构件详图中,应详细表达构件的标高、截面尺寸、材料规格、数量和形状、构件的连接方式、材料用量等。

第三节　施工图的识读与绘制

一、建筑施工图的识图步骤

建筑施工图的图纸一般较多,读图时要按照一定的步骤:看图前要了解建筑施工的制图方法及有关的标准,看图时应按一定的顺序进行,然后按图纸目录对照各类图纸是否齐全,再细读图纸内容。

(一)初步识读建筑整体概况

1. 看工程的名称、设计总说明

了解建筑物的大小、建筑物的类型。

2. 看总平面图

了解拟建建筑物的具体位置,以及与四周的关系。具体内容有周围的地形、道路、绿化率、建筑密度、日照间距或退缩间距等。

3. 看立面图

初步了解建筑物的高度、层数及外装饰等。

4. 看平面图

初步了解各层的平面图布置、房间布置等。

5. 看剖面图

初步了解建筑物各层的层高、室内外高差等。

(二)进一步识读建筑图详细情况

1. 识读各层平面图

要从轴线开始,从所注尺寸看房间的开间和进深;看墙的厚度或柱子的尺寸,还要看清楚轴线是处于墙厚的中央位置还是偏心位置;看门、窗的位置和尺寸,在平面图中可以表明门、窗是在轴线上还是在靠墙的内皮或外皮设置的,并可以表明门的开启方向;沿轴线两边如果遇有墙面凹进或凸出、墙垛或壁柱等,均应尽可能记住。轴线就是控制线,它对整个建筑起控制作用。要读出底层平面图、标准层平面图、顶层平面图在房间的用途、楼梯间、电梯间、走道、门厅入口等方面有哪些变化和相似之处。

2. 识读屋顶平面图

读出分水线、排水方向和突出屋顶的通风孔、屋顶爬梯具体位置和檐部排水与落水管具体位置。根据索引符号和详图符号读出外楼梯、人孔、烟道、通风道、檐口等部位的做法以及屋面材料防水、保温材料、防火等做法。

3. 识读立面图

从立面图上,了解建筑的外形、外墙装饰(如所用材料,色彩)、门窗、阳台、台阶、檐口等形状,了解建筑物的总高度和各部位的标高。

4. 识读剖面图

识读剖面图,首先要知道剖切位置。剖面图的剖切位置一般都是在房间布局比较复杂的地方,如门厅、楼梯等,可以看出各层的层高、总高、室内外高差以及了解空间关系。

5. 识读建筑详图

识读建筑详图要看和平面图中的剖切位置或立面图上的详图索引标志、朝向、轴线编号是否完全一致。

(1)看外墙厚度与轴线的关系,轴线在墙中央还是偏向一侧,墙上哪儿有凸出变化,均应分别标注清楚。

(2)查看室内、外地面处的节点构造。这部分包括基础墙厚度、室外地面高程、散水或明沟做法、台阶或坡道做法、墙身防潮层做法、首层地面与暖气沟和暖气槽以及暖气管件的做法、室外勒脚以及室内踢脚板或墙裙做法、首层室内外窗台做法等。

(3)查看楼层处节点详细做法。此处包括下层窗过梁到本层窗台范围里的全部内容。有门过梁、雨篷或遮阳板、楼板、圈梁、阳台板及阳台栏杆或栏板、楼地面、踢脚板或墙裙、楼层内外窗台、窗帘盒或窗帘杆、顶棚和内外墙面做法等。当楼层为若干层而节点又完全相同时,可用一个图样表示,但需标注若干层的楼面标高。

(4)查看屋顶檐口处节点细部做法。从顶层窗过梁到檐口(或到女儿墙上皮)之间全部属此范围,包括门、窗过梁、雨篷或遮阳板、顶层屋顶板或屋架、圈梁、屋面以及室内顶棚或吊顶、檐口或女儿墙、屋面排水的天沟、下水口、雨水斗和雨水管、窗帘盒或窗帘杆等。

(5)查看各个部位的尺寸与标高的标注,是否与立面图和剖面图标注法一致。查看室内、外装修各个构造部位的详细做法。

6. 识读楼梯详图

楼梯详图包括楼梯平面图、楼梯剖面图和详图。

1)楼梯平面图

查看楼梯各层平面图楼梯间的轴线和编号是否与建筑平面图一致,查看楼梯段的宽度,上下两段之间的水平距离,休息板和楼层平台板的宽度,楼梯段的水平投影长度。另外,还应查看楼梯间墙厚、门和窗的具体位置及尺寸等。根据楼梯段的中部的“上或下”字的箭头查看以本层地面和上层楼面为起点上、下楼梯的走向,查看地面、各层楼面和休息平台面的标高是否与建筑平面图一致。查看首层楼梯间平面图的楼梯剖面图的剖切符号是否与楼梯剖面图一致。

2)楼梯剖面图

查看各楼层和各层休息平台的标高是否与楼梯平面图一致,楼梯段数和每个楼梯段的踏步数,楼梯间门窗洞口的位置和尺寸等。

3)楼梯踏步、栏杆及扶手详图

查看踏步截面形状及大小、材料与面层做法。楼梯详图若分别画有建筑、结构专业图纸,注意核对楼梯梁、板交接处的尺寸与标高,结构与建筑装修关系是否互相吻合。若有矛盾,要以结构尺寸为主,再定表面装修建筑尺寸。

(三)深入掌握具体做法

经过对施工图的识读以后,还需对建筑图上的具体做法进行深入掌握。如卫生间详细分隔做法、装修做法、门厅的详细装修、细部构造等。

二、施工图的识读方法

(一)建筑施工图的识读方法

1. 总平面图的识读方法

(1)总平面图中的内容,多数是用符号表示的,看图之前要先熟悉图例符号的意义。

(2)从总平面图查看工程性质,不但要看图,还要看文字说明。

(3)查看总平面图的比例,以了解工程规模。一般常用比例是1:300、1:500、1:1 000、1:2 000。

(4)看清用地范围内新建、原有、拟建、拆除建筑物或构筑物的位置及相互之间的关系,新、旧道路布局,周围环境和建设地段内的地形、地貌情况。

(5)查看新建建筑物的室内、外地面高差和道路标高,地面坡度及排水走向。

(6)根据风向频率玫瑰图看清楚朝向。

(7)查看图中尺寸的表现形式。

(8)总平面图中的各种管线要细致阅读,管线上的窨井、检查井要看清编号和数目,要看清管径、中心距离、坡度,从何处引进到建筑物或构筑物,要看准具体位置。

(9)了解绿化布置。

(10)以上全部内容还要查清定位依据。

2. 建筑平面图的识读方法

(1)看图名、比例、指北针,了解是哪一层平面图,房屋的朝向如何。

(2)房屋平面外形和内部墙的分割情况,了解房屋总长度、总宽度,房间的开间、进深尺寸,房间分布、用途、数量及相互间的联系,入口、楼梯的位置,室外台阶、花池、散水的位置。

(3)细看图中定位轴线编号及间距尺寸,墙柱与轴线的关系,内外墙上开洞位置及尺寸,门的开启方向,各房间开间、进深尺寸,楼里面标高。

(4)查看框架柱、墙体与轴线的关系。

(5)查看平面图上的剖切符号、部位及编号,以便于与剖面图对照着读;查看平面图中的索引符号、详图的位置以及选用的图集。

(6)查看标高,每个标高平面均是一个封闭的区域,注意室内地面标高、室外地面标高、卫生间地面标高、楼梯平台标高,尤其是屋顶标高编号较多,要与立面、剖面图对照着读。

(7)注意门窗类型及编号,查看是否与门窗表内容相一致。

(8)注意屋面排水方向和坡度,查看建筑物是平屋顶还是坡屋顶。

(9)看图纸说明。

3. 建筑立面图的识读方法

(1)看图名、比例、立面外形、外墙表面装修做法与分割形式、粉刷材料的类型和颜色。

(2)要根据建筑平面图上的指北针和定位轴线编号,查看立面图的朝向。

(3)看立面图中各标高和尺寸,与建筑平、剖面图对照,核对各部分的标高数值和高度尺寸,如室内外高差、出入口地面、大门、勒脚、窗台、女儿墙顶标高、门窗的高度以及总高尺寸等。

(4)查看门窗的位置与数量,与建筑平面图及门窗表相核对。

(5)注意建筑立面所选用的材料、颜色和施工要求,与材料做法表相核对。

4. 建筑剖面图的识读方法

(1)看图名、轴线编号、绘图比例。

(2)识读剖面图的重点应该放在了解高度尺寸、标高、构造关系及做法上。

(3)要依照建筑平面图上剖切位置线核对剖面图的内容,以及与剖切位置是否一致。

(4)查看室外部分内容。

(5)查看室内部分内容。

(6)查看图中有关部分的坡度的标注,如屋面、散水、坡道等。

(7)查看剖面图中的详图索引符号,与施工详图对照。

5. 建筑详图的识图方法

(1)看详图名称、比例、各部位尺寸。

(2)阅读外墙详图时,由于外墙详图比较明确、清楚地表现出每项工程中绝大部分的主体与装修做法,所以,除读懂图面上表达的全部内容外,还应认真、仔细地与其他图纸联系阅读。

(3)阅读楼梯详图时,注意平面图中每一楼段画出的踏面数,应比实际踏面数少一个。

(4)看构造做法所用材料、规格,由外向内各层做法。

(二)结构施工图的识读方法

1. 看图纸说明

从图纸说明上可以看出结构类型,结构构件使用的材料和细部做法等。

2. 看基础平面图

(1)查阅建筑图,核对所有的轴线是否和基础一一对应,了解是否有的墙下无基础而用基础梁替代,基础的形式有无变化,有无设备基础。

(2)从基础施工图上可以看出基础类型。

(3)从基础平面图上查阅轴线的编号、位置、间距是否与建筑平面图一致。

(4)从基础详图上可以看出基础的具体做法。

(5)对照基础的平面和剖面,了解基底标高和基础顶面标高有无变化,有变化时是如何处理的。

(6)了解基础中预留洞和预埋件的平面位置、标高、数量。

(7)了解基础的形式和做法。

(8)了解各个部位的尺寸和配筋。

(9)重复以上的过程,解决没有看清楚的问题。对遗留问题整理好记录。

3. 看结构平面图

(1)了解结构的类型,了解主要构件的平面位置与标高,并与建筑图结合,了解各构件的位置和标高的对应情况。

(2)结合剖面图、标准图和详图对主要构件进行分类,了解它们的相同之处和不同点。

(3)了解各构件节点构造与预埋件的相同之处和不同点。

(4)了解整个平面内,洞口、预埋件的做法及与相关专业的连接要求。

(5)了解各主要构件的细部要求和做法。

(6)了解其他构件的细部要求和做法。

4. 看结构详图

(1)应将构件对号入座,即核对结构平面上构件的位置、标高、数量是否与详图相吻合,有无位置、标高和尺寸的矛盾。

(2)了解构件与主要构件的连接方法,看能否保证其位置或标高,是否存在与其他构件相抵触的情况。

(3)了解构件中配件或钢筋的细部情况,掌握其主要内容。

(4)结合材料表核实以上内容。

(三)给排水工程施工图的识读方法

阅读施工图之前,应当先仔细阅读设计施工说明、图例和设备材料明细表,然后将系统图、平面图和详图结合在一起,相互对照着看。

先看系统图,对整个系统有所了解。系统图中主要体现给排水管道的立体走向和空间位置关系。看给水系统图时,由建筑物的给水引入管开始,沿水流方向经干管、立管、支管到用水设备;看排水系统图时,由排水设备开始,沿排水方向经支管、横管、立管、干管到排出管。再看平面图,它主要体现建筑物内给排水管道及卫生器具和用水设备的平面布置。同时,对应着识读详图,注意图纸比例。

(四)采暖工程施工图的识读方法

识读建筑采暖系统图时,首先了解建筑物的基本情况,然后阅读采暖施工图中的设计施工说明,熟悉有关设计的资料、规范、采暖方式等。平面图和系统图是采暖施工图中的主要图纸,看图时要相互对照,一般按照热水流动的方向阅读,即供水干管→供水立管→供水支管→散热器→回水支管→回水立管→回水干管。

(五)通风及空调工程施工图的识读方法

阅读通风空调工程施工图,要从平面图开始,将平面图、系统图和剖面图结合起来对照阅读。一般可顺着气流流动方向阅读。对于排风系统,从吸风口看起,沿着管路直到室外排风口。

(六)电气工程施工图的识读方法

1. 阅读建筑电气工程图的一般程序

阅读建筑电气工程图,一般可按以下顺序阅读(浏览),而后再重点阅读。

(1)看标题栏及图纸目录。了解工程名称、项目内容、设计日期及图纸数量和内容等。

(2)看总说明。了解工程总体概况及设计依据,了解图纸中未能表达清楚的各有关事项。

(3)看系统图。了解系统的基本组成,主要电气设备、元件等连接关系及它们的规格、型号、参数等,掌握该系统的组成概况。

(4)看平面布置图。了解设备安装位置、线路敷设部位、敷设方法及所用导线型号、规格、数量、电线管的管径大小等。

(5)看电路图。了解各系统中用电设备的电气自动控制原理。

(6)看安装接线图。了解设备或电器的布置与接线,与电路图对应阅读。

(7)看安装大样图。安装大样图是用来详细表示设备安装方法的图纸。

(8)看设备材料表。它是编制购置设备、材料计划的重要依据之一。

阅读图纸的顺序,可以根据需要灵活掌握,还应阅读有关施工及验收规范、质量检验评定标准,以详细了解安装技术要求,保证施工质量。

2. 电气照明识图

1)常用电气照明图例符号和文字标注

在电气照明系统图和平面图中都以单线形式来表示电气线路,即每一回路仅画一根线,4 根以下一般以斜短线的数目表示;超过 4 根导线的回路仅打一斜短线,并在旁边用阿拉伯数字注明导线的根数即可。常用电气照明图例和文字标注见表 2-4 和表 2-5。表 2-6 为民用建筑照明负荷的需用系数,以供进行照明负荷计算时参考。

表 2-4　常用电气照明图例符号

图形符号	名称	图形符号	名称
	多种电源配电箱(屏)		灯或信号灯
	动力或动力—照明配电箱		防水防尘灯
	信号板信号箱(屏)		壁灯
	照明配电箱(屏)		球形灯
	单相插座(明装)		花灯
	单相插座(暗装)		局部照明灯
	单相插座(密闭、防水)		天棚灯
	单相插座(防爆)	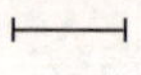	荧光灯
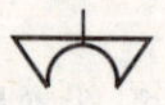	带接地插孔的三相插座(明装)	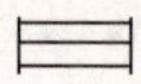	三管荧光灯

续表 2-4

图形符号	名称	图形符号	名称
	带接地插孔的三相插座(暗装)		避雷器
	带接地插孔的三相插座(密闭、防水)		避雷针
	带接地插孔的三相插座(防爆)	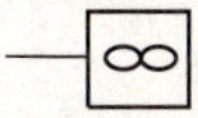	风扇
	单极开关(明装)		接地
	单极开关(暗装)		多极开关(单线表示)
	单极开关(密闭、防水)	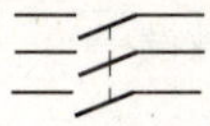	多极开关(多线表示)
	单极开关(防爆)		分线盒
	开关		室内分线盒
	单极拉线开关	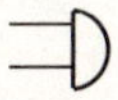	电铃
	动合(常开)触点 注：本符号也可用作开关一般符号		电度表

2)电气照明施工图

电气照明施工图主要有系统图和平面图,还有设计说明、材料表等。现举一例(一幢三层三单元居民住宅楼)进行分析、介绍。图 2-2 为该楼的电气照明系统图。图 2-3 为该楼一单元二层的电气照明平面图。

a. 电气照明系统图

电气照明系统图用来表明照明工程的供电系统、配电线路的规格、采用管径、敷设方式及部位,线路的分布情况,计算负荷和计算电流,配电箱的型号及其主要设备的规格等。通过系统图具体可表明以下几点:

(1)供电电源的种类及表示方法。

应表明本照明工程是由单相供电还是由三相供电、电源的电压及频率。表示方法除在进户线上用打撇表示外,在图上还用文字按下述格式标注:

表 2-5　常用电气照明文字标注

表达线路		
相序		交流系统：
	L_1	电源第一相
	L_2	电源第二相
	L_3	电源第三相
	U	设备端第一相
	V	设备端第二相
	W	设备端第三相
	N	中性线
线路敷设方式	M	明敷设
	A	暗敷设
	CP	瓷瓶瓷柱敷设
	CJ	瓷夹板敷设
	S	钢索敷设
	QD	铝皮卡钉敷设
	CB	槽板敷设
	GG	穿钢管敷设
	DG	穿电线管敷设
	VG	穿硬塑料管敷设
线路敷设部位	L	沿梁
	Z	沿柱
	Q	沿墙
	P	沿天棚
	D	沿地板或埋地

表达灯具		
常用灯具	J	水晶底罩灯
	S	搪瓷伞型罩灯
	T	圆筒型罩灯
	W	碗形罩灯
	P	玻璃平盘罩灯
灯具安装方式	X	吊线式
	L	吊链式
	G	管吊式(吊杆式)
	B	壁式
	D	吸顶式
	R	嵌入式
	Z	柱上安装
灯具标注		$a-\mathrm{b}\dfrac{c\times d\times \mathrm{L}}{e}\mathrm{f}$
	a	灯具数
	b	灯具型号
	c	每盏灯灯泡(灯管)数
	d	灯泡(灯管)容量(W)
	e	悬挂高度(m)
	f	安装方式
	L	光源种类

表 2-6　民用建筑照明负荷的需用系数

建筑类别	需用系数	备注
住宅楼	0.4～0.6	单元式住宅，每户两室，6～8 个插座，户装电表
单宿楼	0.6～0.7	标准单间，1～2 灯，2～3 个插座
办公楼	0.7～0.8	标准单间，2 灯，2～3 个插座
科研楼	0.8～0.9	标准单间，2 灯，2～3 个插座
教学楼	0.8～0.9	标准教室，6～8 灯，1～2 个插座
商店	0.85～0.95	有举办展销会可能时
餐厅	0.8～0.9	
社会旅馆	0.7～0.8	标准客房，1 灯，2～3 个插座
	0.8～0.9	附有对外餐厅时
旅游旅馆	0.35～0.45	标准客房，4～5 灯，4～6 个插座
门诊楼	0.6～0.7	
病房楼	0.5～0.6	
影院	0.7～0.8	
剧院	0.6～0.7	
体育馆	0.65～0.75	

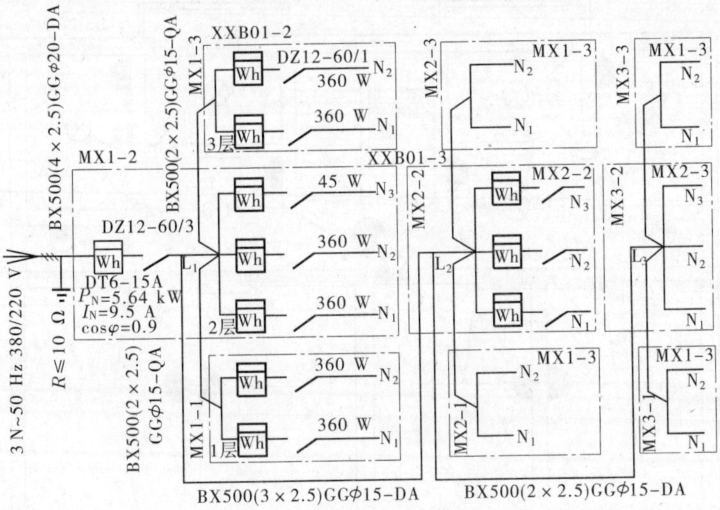

图 2-2　电气照明系统图

$$m \sim fV$$

式中　m——相数；

f——电源频率；

V——电源电压。

(2) 干线的接线方式。

从图面上可以直接表示出从总配电箱到各分配电箱的接线方式是放射式、树干式或混合式。一般多层建筑中，多采用混合式。

(3) 进户线、干线及支线的标注方式。

在系统图中要标注进户线、干线、支线的型号、规格、敷设方式和部位等，而支线一般均用 1.5 mm² 的单芯铜线或 2.5 mm² 的单芯铝线，故可在设计说明中作统一说明。但干线、支线采用三相电源的相线应在导线旁用 L_1、L_2、L_3 明确标注。本例因支线与干线采用同一相线，故支线标注省略。支线上标注的计算负荷需用系数见表 2 9。

配电线路的表示方式为

$$a - b(c \times d)e - f$$

或

$$a - b(c \times d + c \times d)e - f \quad (7-13)$$

式中　a——回路编号(回路少时可省略)；

b——导线型号；

c——导线根数；

d——导线规格(截面)；

e——导线保护管型号(包括管材、管径)；

f——敷设方式和部位。

例如，系统图中的进户线标注为

BX500(4 ×2.5)GG ϕ15 - DA

表示采用电压等级为 500 V 的铜芯橡皮绝缘线 4 根(三根相线，一根零线)，每根导线截

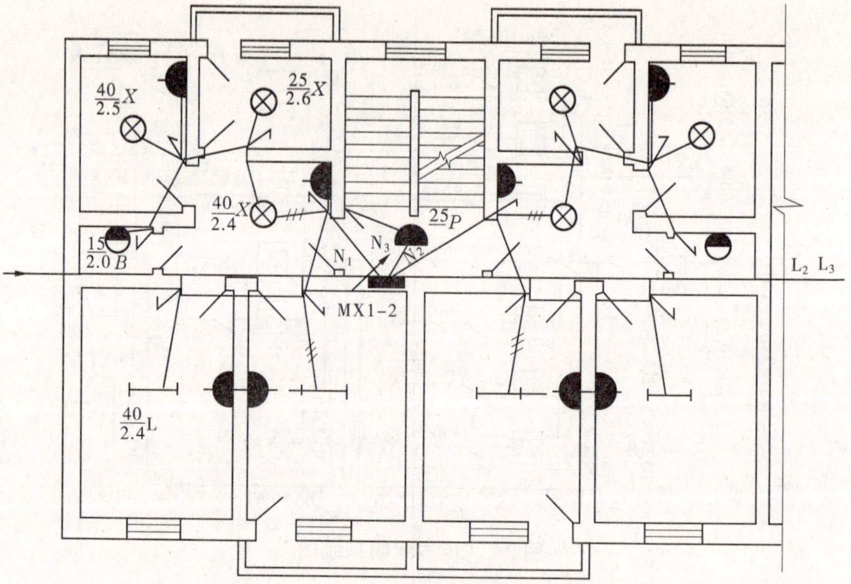

图 2-3　一单元二层电气照明平面图

面面积为 2.5 mm^2，穿管径为 15 mm 的钢管沿地板暗敷。

（4）配电箱中的控制、保护设备及计量仪表。

在平面图上只能表示配电箱的位置和安装方式，但配电箱中有些设备表示不出来，必须在系统图中表明。系统图用单线绘制，图中虚线所框的范围为一个配电盘或配电箱。

对于用电量较小的建筑物可只安装一个配电箱，对于多层建筑可在某层（二层）设总配电箱，再由此引至各楼层设置的层间配电箱。配电箱较多时应编号，如 MX1－1、MX1－2 等。选用定型产品时，应在旁边标明型号，自制配电箱应画出箱内电气元件布置图。

在系统图中应注明配电箱内开关、保护和计量装置的型号、规格。本例中总配电箱内装设 DZ12－60/3 三极自动开关、DT6－15A 三相四线制电度表，分配电箱（即用户配电箱，向每单元每层的两个用户供电，中间单元还有一回路向楼梯间照明供电）内装有 DZ12－60/1 单极自动开关、DD28－2A 单相电度表（图中未标）。XXB01－2 和 XXB01－3 为配电箱的型号。

民用建筑中的插座，在无具体设备连接时，每个插座可按 100 W 计算；住宅建筑中的插座，每个可按 50 W 计算。在每一单相支路中，灯和插座的总数一般不宜超过 25 个，但花灯、彩灯、大面积照明等回路除外。

b. 电气照明平面图

电气照明平面图是用来表示进户点、配电箱、灯具、开关、插座等电气设备平面位置和安装要求的，同时还表明配电线路的走向和导线根数。当建筑为多层时，应逐层画出照明平面图。当各层或各单元均相同时，可只画出标准层的照明平面图。

在平面图中应表明：

（1）进户线、配电箱位置。

进户线沿二层地板从建筑物侧面引至一单元二层的总配电箱，且配电箱为暗装。

（2）干线、支线的走向。

从电气照明平面图中可以看出，L_1 相干线向一单元供电，不仅供给二层，还要垂直穿管引至一层和三层。

(3)灯具、开关、插座的位置。

各种电气元件、设备的平面安装位置可在平面图中得到很好的体现,但要反映安装要求,还需以文字标注的形式作进一步说明。灯具的表示方式为

$$a-\mathrm{b}\frac{c\times d\times \mathrm{L}}{e}\mathrm{f}$$

式中 a——灯具数;

b——灯具型号或编号;

c——每盏灯的灯泡个数;

d——每个灯泡的额定功率;

e——安装高度;

f——安装方式;

L———光源种类。

如图 2-3 中标注为$\frac{40}{2.4}$L。根据图形符号和标注可知其为单管 40 W 荧光灯,悬挂高度 2.4 m,链吊式安装。

在一项工程的系统图和平面图中,各个电气产品的编号标注必须一致。例如,前述的建筑物内有数个配电箱,MX1－2 不同于 MX1－1,也不同于 MX2－2,而 MX1－1 与 MX1－3 的型号虽然相同,但安装位置不同,前者在一层,后者在三层。配电箱的外形尺寸一般写在设计说明中,以便与土建工程配合,做好配电箱的预留洞工作。

3. 设计说明

在系统图和平面图中未能表明而又与施工有关的问题,可在设计说明中予以补充。

本例说明如下:

(1)本工程采用交流 50 Hz,380/220 V 三相四线制电源供电,架空引入。进户线沿一单元二层地板穿钢管暗敷引至总配电箱。进户线距室外地面高度≥3.6 m(在设计中是根据工程立面图的层高确定的)。进户线重复接地电阻 $R\leqslant 10\ \Omega$。

(2)配电箱外形尺寸为宽×高×厚(mm),如:

MX1－1:350×400×125

MX2－2:500×400×125

它们均为定型产品。箱内元件见系统图 2-2。箱底边距地 1.4 m,应在土建施工时预留孔洞。

(3)开关距地 1.3 m,距门框 0.3 m。

(4)插座距地 1.8 m。

(5)支线均采用 BX－500 V－2.5 mm^2 的导线穿直径为 15 mm 的钢管暗敷。

(6)施工做法参见《电气装置安装工程施工及验收规范》。

4. 材料表

材料表应将电气照明施工图中各电气设备、元件的图例、名称、型号及规格、数量、生产厂家等表示清楚。它是保证电气照明施工质量的基本措施之一,也是电气工程预算的主要依据。本例的设备部分材料表见表 2-7。

表 2-7　图 2-2、图 2-3 住宅楼部分材料表

材料表							
序号	图例	名称	型号及规格	数量	单位	生产厂家	说明
1		白炽灯(螺灯头)	220V40W	36	个		当地购买
2		盏灯(螺口灯座)	220V15W	18	个		当地购买
3		防水防尘白炽灯	220V25W	18	个		当地购买
4		天棚白炽灯	220V40W	9	个		当地购买
5		带罩日光灯	220V40W	36	套		当地购买
6		单相插座	220V10A	72	个		当地购买
7		单极开关	220V6A	117	个		当地购买
8		总配电箱		1	套		
9		分配电箱	XXB01-2	6	套	北京光明电器开关厂	
10		分配电箱	XXB01-3	2	套	北京光明电器开关厂	
11	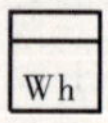	三相电度表		1	块		装于配电箱内
12		单相电度表		21	块		装于配电箱内
13		三相自动开关		1	个		装于配电箱内
14	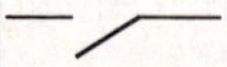	单相自动开关		21	个		装于配电箱内
15	——	铜芯橡皮绝缘线	BX500V-2.5mm^2		m		
16	——	铝芯橡皮绝缘线	BLX500V-2.5mm^2		m		
17	——	水、煤气钢管	ϕ20ϕ15		m		

三、施工图的绘制方法和步骤

(一)绘制建筑施工图的步骤和方法

1. 概述

1)确定绘制图样的数量

根据房屋的外形、层数、平面布置和构造内容的复杂程度,以及施工的具体要求,确定图样的数量,做到表达内容既不重复也不遗漏。图样的数量在满足施工要求的条件下以少为好。

2)选择适当的比例

一般总平面图选用比例为1∶500、1∶1 000、1∶2 000。平面图、立面图、剖面图选用比例为1∶100、1∶200。详图选用比例为1∶50、1∶20、1∶10。

3)进行合理的图面布置

图面布置(包括图样、图名、尺寸、文字说明及表格等)要主次分明,排列均匀紧凑,表达清楚,尽可能保持各图之间的投影关系。同类型的、内容关系密切的图样,集中在一张或图号连续的几张图纸上,以便对照查阅。

4)施工图的绘制方法

绘制建筑施工图一般是按平面图→立面图→剖面图→详图顺序来进行的。先用铅笔画底稿,经检查无误后,按国标规定的线型加深图线。铅笔加深或描图上墨时,一般顺序是:先画上部,后画下部;先画左边,后画右边;先画水平线,后画垂直线或倾斜线;先画曲线,后画直线。

2. 绘制建筑平面图的步骤

(1)画所有定位轴线(画得略长一些)的轴线网。

(2)画墙身厚度、柱轮廓线,定门窗洞的位置,画细部,如楼梯、台阶、卫生间、散水、花池等。

(3)经检查无误后,擦去多余的图线,按规定线型加深。

(4)标注轴线编号、标高尺寸、内外部尺寸、门窗编号、索引符号以及书写其他文字说明。在底层平面图中,还应画剖切符号以及在图外适当的位置画上指北针图例,以表明方位。最后,在平面图下方写出图名及比例等。

3. 立面图绘图方法与步骤

(1)画室外地坪线、首尾定位轴线、室内地坪线、楼面线、屋顶线和建筑物外轮廓线。

(2)画各层门窗洞口线、墙面细部,如阳台、窗台、楣线、门窗细部分格、壁柱、室外台阶、花池等。

(3)检查无误后,按立面图的线型要求进行图线加深;标注标高、首尾轴线,书写墙面装修文字、图名、比例等,说明文字一般用5号字,图名用10~14号字。

4. 建筑剖面图的绘图步骤

(1)定轴线、室内外地坪线、楼面线和顶棚线;定墙厚、楼板厚,画出天棚、屋面坡度和屋面厚度。

(2)定门窗、楼梯位置,画门窗、楼梯、阳台、檐口、台阶、梁板等细部。

(3)经检查无误后,擦去多余的线条,按要求加深加粗线型。画尺寸线、标高符号并注写尺寸和文字,完成全图。剖面图上线型:剖到的室外、室内地坪、墙身、楼面、屋面用粗实线,看到的门窗洞、构配件用中实线、窗扇及其他细部用细实线。

5. 画楼梯平面图步骤

(1)将各层平面图对齐,根据楼梯间的开间、进深画定位轴线;

(2)画墙身厚度、门窗洞位置线及门的开启线;

(3)画楼梯平台宽度、梯段长度及梯井宽度等位置线;

(4)用等分平行线间距的几何作图方法,画楼梯的踏面线:$(n-1)$等分梯段长度,画出踏面,注意踏面步数为$(n-1)$,n为楼梯步级数,并画出上下行箭头线;

(5)画出梯井:注意底层平面、标准层平面、顶层平面中梯井的区别;

(6)检查底稿并进行标注(尺寸标注及标高标注);

(7)加深及加粗图线,标注剖切位置符号及名称;

(8)书写图上所有的文字,完成全图。

(二)结构施工图的绘制方法

1. 钢筋混凝土结构构件配筋图的表示方法

(1)详图法。它通过平、立、剖面图将各构件(梁、柱、墙等)的结构尺寸、配筋规格等"逼真"地表示出来。用详图法绘图的工作量非常大。

(2)梁柱表法。它采用表格填写方法将结构构件的结构尺寸和配筋规格用数字符号表达。此法比详图法要简单方便得多,手工绘图时,深受设计人员的欢迎。其不足之处是:同类构件的许多数据需多次填写,容易出现错漏,图纸数量多。

(3)结构施工图平面整体设计方法(以下简称平法)。它把结构构件的截面型式、尺寸及所配钢筋规格在构件的平面位置用数字和符号直接表示,再与相应的"结构设计总说明"和梁、柱、墙等构件的"构造通用图及说明"配合使用。平法的优点是图面简洁、清楚、直观性强,图纸数量少,很受设计和施工人员欢迎。

为了保证按平法设计的结构施工图实现全国统一,建设部已将平法的制图规则纳入国家建筑标准设计图集,详见《混凝土结构施工图平面整体表示方法制图规则和构造详图》(GJBT—518 00G101)(以下简称《平法规则》)。

详图法能加强绘图基本功的训练;梁柱表法目前还在广泛应用;而平法则代表了一种发展方向。

2. 结构施工图绘制的具体内容

1)基本内容

(1)图纸目录。

全部图纸都应在图纸目录上列出。结构施工图的"图别"为"结施"。

(2)结构总说明。

结构总说明应包含以下内容:

①本工程结构设计的主要依据;

②本工程结构设计所采用的主要标准及法规;

③相应的工程地质勘察报告及其主要内容;

④甲方提供的设计荷载,建设方对设计提出的符合有关标准、法规的与结构有关的工艺、设备、特殊环境等书面要求;

⑤设计 ±0.000 标高所对应的绝对标高值,图纸中标高、尺寸的单位;

⑥建筑结构的安全等级和设计使用年限,混凝土结构的耐久性和砌体结构施工质量控制等级,建筑场地类别、地基的液化等级、建筑抗震设防类别、抗震设防烈度(设计基本地震加速度及设计地震分组)和钢筋混凝土结构的抗震等级;

⑦扼要说明有关地基概况,对不良地基的处理措施及技术要求、抗液化措施及要求,地基土的冰冻深度,地基基础的设计等级,采用的设计荷载,包括风荷载、雪荷载、楼屋面允许使用荷载、特殊部位的最大使用荷载标准值;

⑧所选用结构材料的品种、规格、性能及相应的产品标准,当为钢筋混凝土结构时,应说明受力钢筋的保护层厚度、锚固长度、搭接长度、接长方法,预应力构件的锚具种类、预留孔道做法、施工要求及锚具防腐措施等,并对某些构件或部位的材料提出特殊要求;

⑨所采用的通用做法和标准构件图集,如有特殊构件需作结构性能检验,应指出检验的方法和要求以及施工中应遵循的施工规范和注意事项。

(3)基础平面布置图。

①绘出定位轴线、基础构件(承台、基础梁等)的位置、尺寸、底标高、构件编号,基础底标高不同时,应绘出放坡示意图。

②标明结构承重墙与墙垛,柱的位置与尺寸、编号,当为混凝土结构时,此项可另绘平面图,并注明断面变化关系尺寸。

③桩基应绘出桩位平面位置及定位尺寸,说明桩的类型和桩顶标高、入土深度、桩端持力层的深度、成桩的施工要求、试桩要求和桩基的检测要求(若先做试桩,应单独先绘制试桩定位平面图),注明单桩的允许极限承载力值。

(4)基础大样。

①无筋扩展基础应绘出剖面、基础圈梁、防潮层位置,并标注总尺寸、分尺寸、标高及定位尺寸。

②扩展基础应绘出平面、剖面及配筋、基础垫层,标注总尺寸、分尺寸、标高及定位尺寸等。

③桩基应绘出承台梁剖面或承台板平面、剖面、垫层、配筋,标注总尺寸、分尺寸、标高及定位尺寸、桩构造详图(可另图绘制)及桩与承台的连接构造详图。

④筏基、箱基可参照现浇楼面梁、板详图的方法表示,但应绘出承重墙、柱的位置。

⑤基础梁可参照现浇楼面梁详图方法表示。

⑥附加说明基础材料的品种、规格、性能、抗渗等级、垫层材料、杯口填充材料、钢筋保护层厚度及其他对施工的要求。

对形状简单、规则的无筋扩展基础、基础梁和承台板,也可用列表方法表示。

(5)基础说明应包括:

①结构总说明和桩基础统一说明中没有提及的基础做法;

②桩台面标高、桩顶设计标高、桩的施工方法及施工要求等;

③柱与轴线、基础梁与轴线以及基础与柱的位置关系;

④与基础定位有关的柱、剪力墙的截面尺寸。

(6)各层结构平面布置图。

①绘出定位轴线及梁、柱、承重墙、抗震构造柱等定位尺寸,并注明其编号和楼层标高;

②现浇板应注明板厚、板面标高、配筋(亦可另绘放大比例的配筋图,必要时应将现浇楼面模板图和配筋图分别绘制),标高或板厚变化处绘局部剖面,有预留孔、埋件、已定设备基础时应示出规格与位置、洞边加强措施,当预留孔、埋件、设备基础复杂时亦可放大重绘;

③楼梯间可绘斜线注明编号与所在详图号;

④屋面结构平面布置图内容与楼层平面类同,当结构找坡时应标注屋面板的坡度、坡向及坡向起、终点处的板面标高,当屋面上有留洞或其他设施时应绘出其位置、尺寸与详图,女儿墙构造柱的位置、编号及详图。

2)结构平面图绘制的步骤

(1)选比例和布图。一般采用1∶100或1∶200。先画出两边轴线。

(2)定墙、柱、梁的大小及位置。用中实线表示剖到或可见的构件轮廓线。用中虚线表示不可见构件的轮廓线。门、窗洞口一般不画出。

(3)画板的投影。除了画出楼层中梁、柱或墙的平面布置,还要画出板的钢筋详图,表达受力筋的形状和配置,并注明其编号、尺寸等。在结构平面图中,分布钢筋可不画出,用文字说明。配筋相同的板,只需画出其中一块板的配筋。

(4)如有圈梁或其他过梁,在其中心位置,用粗点画线画出。

(5)标注出与建筑平面图相一致的轴线间尺寸及总尺寸。

(6)注说明,写文字。

小 结

本章主要阐述施工图识读的基本知识。

1.房屋一般由基础,墙、柱,楼地面,楼梯,门窗和屋顶六大部分组成。

2.建筑工程施工图一般包括图纸目录和设计总说明、建筑施工图、结构施工图、设备施工图等内容。

3.一套建筑工程施工图按图纸目录、总说明、总平面、建筑、结构、水、暖、电等施工图顺序编排。各工种图纸的编排,一般是全局性图纸在前,表明局部的图纸在后;先施工的在前,后施工的在后;重要图纸在前,次要图纸在后。为了图纸的保存和查阅,必须对每张图纸进行编号。

4.房屋中的承重墙或柱都有定位轴线,不同位置的墙有不同的编号,定位轴线是施工时定位放线和查阅图纸的依据。

5.标高是尺寸注写的一种形式。读图时要弄清是绝对标高还是相对标高,它的零点基准设在何处。

6.索引符号和详图符号,要熟悉它的编号规定,弄清圆圈中上下数字所代表的内容,以便读图时能很快将图样联系起来。

7.总平面图主要用来确定新建房屋的位置及朝向,以及新建房屋与原有房屋周围地物的关系等内容。

8.根据平面图,可看出每一层房屋的平面形状、大小和房间布置、楼梯走廊位置、墙柱的位置、厚度和材料、门窗的类型和位置等情况。

9.根据立面图和剖面图,可了解房屋立面上建筑装饰的材料和颜色、屋顶的构造形式

（有时把楼面、屋顶的构造用引出线表示在剖面图上，还在剖面图上画上屋面的排水坡度）、房屋的分层及高度、屋檐的形式以及室内外地面的高差等。

10. 无论在建筑基本图上还是在建筑详图上，都会遇到剖切符号、索引符号和详图符号，熟记这些符号的内容及查对方法对顺利而正确地识读建筑施工图样是十分重要的。

11. 结构施工图是表达建筑物的结构形式及构件布置等的图样，是建筑结构施工的依据。

12. 结构施工图一般包括基础平面图、楼层结构平面图、构件详图等。基础平面图、结构平面图都是从整体上反映承重构件的平面布置情况，是结构施工图的基本图样。构件详图表达了构件的形状、尺寸、配筋及与其他构件的关系。

13. 基础施工图是用来反映建筑物的基础形式、基础构件布置及构件详图的图样。在识读基础施工图时，应重点了解基础的形式、布置位置、基础地面宽度、基础埋置深度等。

14. 楼层结构平面图主要反映了墙、柱、梁、板等构件的型号、布置位置、现浇及预制板装配情况。

15. 构件详图主要反映构件的形状、尺寸、配筋、预埋件设置等情况。

16. 施工图的绘制一般是按平面图→立面图→剖面图→详图顺序来进行的。先用铅笔画底稿，经检查无误后，按国标规定的线型加深图线。铅笔加深或描图上墨时，一般顺序是：先画上部，后画下部；先画左边，后画右边；先画水平线，后画垂直线或倾斜线；先画曲线，后画直线。

17. 结构施工图的绘制方法有详图法、梁柱表法、结构施工图平面整体设计方法。

18. 在识读结构施工图时，要与建筑施工图对照阅读，因为结构施工图是在建筑施工图的基础上设计的，与建筑施工图存在内在的联系。识读结构施工图时，应注意将有关图纸对照阅读。

19. 识读安装工程施工图时应根据图例符号、平面图、系统图对照阅读。

第三章　工程施工工艺和方法

【学习目标】

1. 熟悉土的工程性质、分类。
2. 了解土方工程施工的主要内容、土方施工准备工作的内容。
3. 掌握土方工程量、井点降水的计算方法。
4. 熟悉常见的基坑支护的方法。
5. 熟悉常用土方施工机械的特点、性能、适用范围及提高生产率的方法。
6. 掌握基坑(槽)开挖、回填的工艺流程和施工要点及质量检验标准。
7. 了解地基的加固处理方法、适用范围、施工要点。
8. 掌握浅基础的施工工艺、施工技术要求。
9. 掌握钢筋混凝土预制桩和混凝土灌注桩的常用施工方法。
10. 掌握大体积混凝土浇筑技术、养护方法及要求。
11. 了解脚手架的种类、作用。
12. 掌握脚手架的搭设要求、安全防护措施。
13. 掌握砌筑前准备工作的内容和要求。
14. 掌握砖墙的构造和砌筑工艺。
15. 掌握中型砌块的砌筑方法和砌筑工艺。
16. 掌握砌筑工程的质量标准和安全防护措施。
17. 了解模板工程、钢筋工程及混凝土工程的基本概念。
18. 了解模板配板设计,掌握模板安装及拆除。
19. 掌握钢筋加工及配料计算、钢筋代换方法。
20. 掌握施工配合比的概念,掌握混凝土的搅拌、浇筑、养护。
21. 掌握施工缝留设及处理方法。
22. 掌握钢筋混凝土结构构件的施工工艺和质量标准。
23. 了解钢结构的连接方法。
24. 掌握高强螺栓的施工要点。
25. 了解建筑防水的分类和等级,熟悉防水材料的种类、基本性能及适用范围。
26. 掌握屋面防水工程施工的技术。
27. 掌握地下防水工程施工的技术。
28. 掌握一般抹灰及常见装饰抹灰的施工工艺。
29. 掌握楼地面整体面层、板块面层的施工工艺,了解其他面层的施工方法。
30. 掌握木门窗、铝合金门窗、塑料门窗的施工方法。
31. 掌握常见涂料的施工方法。

第一节　地基与基础工程

一、岩土的工程分类

土是地壳表层的岩石长期受自然界的风化作用,大块岩体不断破碎与发生成分变化,再经搬运、沉积而成为大小、形状和成分都不相同的松散颗粒集合体。

(一)土的组成

在天然状态下,土是由固相、液相和气相所组成的三相系。固相即为矿物颗粒,是构成土的骨架部分;液相即为水;气相即为空气,也叫空隙。骨架间有许多孔隙可被水和空气所填充。

(二)土的结构

土的结构是指土颗粒之间的相互排列和联结形式。土的结构分为单粒结构、蜂窝结构和絮状结构三种。

在工程上,以密实的单粒结构的土质为最好,蜂窝结构与絮状结构如被扰动(如开挖土方)破坏了天然结构,则强度低,压缩性高,不可作为天然地基。

(三)土的工程分类

在建筑工程施工中常根据土石方施工时土(石)的开挖难易程度,将土分为8类,称为土的工程分类。前4类属一般土,后4类属岩石,土的分类方法及其现场鉴别方法见表3-1。

表3-1　土的工程分类

土的分类	土的名称	开挖方法	可松性系数	
			K_s	K'_s
一类土(松软土)	砂、亚砂土、冲积砂土、种植土、泥炭(淤泥)	能用锹、锄头挖掘	1.08~1.17	1.01~1.04
二类土(普通土)	亚黏土,潮湿的黄土,夹有碎石、卵石的砂,种植土,填筑土,亚砂土	用锹、锄头挖掘少许,用镐翻松	1.14~1.28	1.02~1.05
三类土(坚土)	软及中等密实黏土,重亚黏土,粗砾石,干黄土及含碎石、卵石的黄土,亚黏土,压实的填筑土	主要用镐,少许用锹、锄头,部分用撬棍	1.24~1.30	1.04~1.07
四类土(砂砾坚土)	重黏土及含碎石、卵石的黏土,粗卵石,密实的黄土,天然级配砂石,软的泥灰岩及蛋白石	用镐、撬棍,然后用锹挖掘,部分用楔子及大锤	1.26~1.37	1.06~1.09
五类土(软石)	硬石炭纪黏土,中等密实的页岩、泥灰岩,白垩土,胶结不紧的砾岩,软的石灰岩	用镐或撬棍、大锤,部分使用爆破	1.30~1.45	1.10~1.20
六类土(次坚石)	泥岩,砂岩,砾岩,坚实的页岩、泥灰岩,密实的石灰岩,风化花岗岩、片麻岩	用爆破方法,部分用风镐	1.30~1.45	1.10~1.20

续表 3-1

土的分类	土的名称	开挖方法	可松性系数	
			K_s	K'_s
七类土（坚石）	大理岩，辉绿岩，粗、中粒花岗岩，坚实的白云岩、砂岩、砾岩、片麻岩、石灰岩	用爆破方法	1.30～1.45	1.10～1.20
八类土（特坚石）	玄武岩，花岗片麻岩，坚实的细粒花岗岩、闪长岩、石英岩、辉绿岩	用爆破方法	1.45～1.50	1.20～1.30

土的开挖难易程度不同，影响着土方开挖的方法、劳动量的消耗、工期的长短、工程的费用。

(四)土的工程性质

为了阐述和标记方便，通常把自然界中土的三相混合分布的情况分别集中起来，固相集中于下部，液相集中于中部，气相集中于上部，并按一定的比例画出草图。图的左边标出各相的体积 V(单位 m^3)，图的右边标出各相的质量 m(单位 kg)或重量 W(单位 kN)，这种表示方法称为土的三相图，如图 3-1 所示。

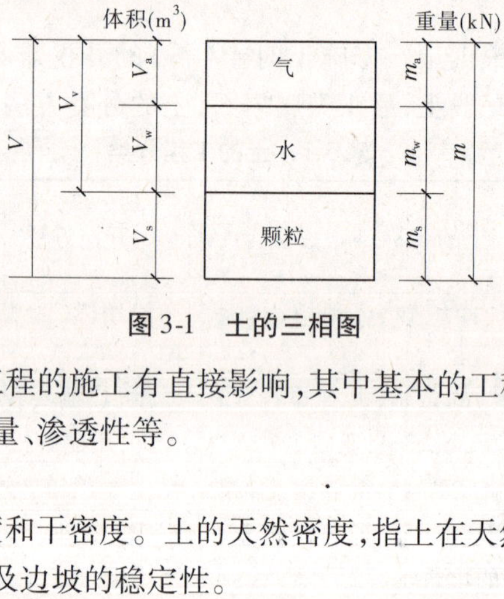

图 3-1　土的三相图

土的工程性质对土方工程的施工有直接影响，其中基本的工程性质有土的密度、土的密实度、可松性、压缩性、含水量、渗透性等。

1. 土的密度

土的密度分为天然密度和干密度。土的天然密度，指土在天然状态下单位体积的质量；它影响土的承载力、土压力及边坡的稳定性。

$$\rho = m/V \tag{3-1}$$

式中　ρ——土的天然密度，g/cm^3；

m——土的总质量，g；

V——土的天然体积，m^3。

土的干密度，指单位体积土中固体颗粒的质量；土的干密度越大，表示土越密实。工程上常把干密度作为检验填土压实质量的控制指标。

$$\rho_d = m_s/V \tag{3-2}$$

式中　ρ_d——土的干密度，g/cm^3；

m_s——土中固体颗粒的质量，g；

V——土的天然体积，m^3。

2. 土的密实度

土的密实度即土的密实程度,通常用土的实际干密度与最大干密度的比值表示,即

$$D_y = \rho_d / \rho_{dmax} \tag{3-3}$$

式中 D_y——密实度(即压实系数);

ρ_d——土的实际干密度,g/cm^3;

ρ_{dmax}——土的最大干密度,g/cm^3。

土的密实度对填土的施工质量有很大影响,它是衡量回填土施工质量的重要指标。

3. 土的可松性

土的可松性是指在自然状态下的土经开挖后,其体积因松散而增大,以后虽经回填压实,也不能恢复其原来的体积。由于土方工程量是以自然状态的体积来计算的,所以在土方调配、计算土方机械生产率及运输工具数量等的时候,必须考虑土的可松性。土的可松性程度用可松性系数表示,即

$$K_s = \frac{V_2}{V_1}$$

$$K'_s = \frac{V_3}{V_1} \tag{3-4}$$

式中 K_s——最初可松性系数;

K'_s——最终可松性系数;

V_1——土在天然状态下的体积,m^3;

V_2——土经开挖后的松散体积,m^3;

V_3——土经回填压实后的体积,m^3。

在土方工程中,K_s 是计算土方施工机械及运土车辆等的重要参数,K'_s 是计算场地平整标高及填方时所需挖土量等的重要参数。不同类型土的可松性系数可参照表 3-1。

4. 土的压缩性

移挖做填或取土回填,松土经填压后会压缩。在松土回填时应考虑土的压缩率,一般可按填方断面增加 10% ~20% 计算松土方数量。

5. 土的含水量

土的含水量 ω 是土中所含水的质量与土的固体颗粒的质量之比,以百分数表示,即

$$\omega = \frac{G_1 - G_2}{G_2} \times 100\% \tag{3-5}$$

式中 G_1——含水状态时土的质量;

G_2——土烘干后的质量。

土的含水量影响土方施工方法的选择、边坡的稳定和回填土的夯实质量,如土的含水量超过 25% ~30%,则机械化施工就困难,容易打滑、陷车;回填土则需有最佳含水量,方能夯压密实,获得最大干密度。土的最佳含水量和最大干密度参考值见表 3-2。

6. 土的渗透性

土的渗透性是指水在土体中渗流的性能,一般以渗透系数 K 表示。渗透系数 K 值将直接影响降水方案的选择和涌水量计算的准确性,一般应通过扬水试验确定,表 3-3 所列数据可供参考。

表 3-2　土的最佳含水量和最大干密度

土的种类	最佳含水量（质量比,%）	最大干密度（g/cm^3）	土的种类	最佳含水量（质量比,%）	最大干密度（g/cm^3）
砂土	8 ~ 12	1.80 ~ 1.88	重亚黏土	16 ~ 20	1.67 ~ 1.79
粉土	16 ~ 22	1.61 ~ 1.80	粉质亚黏土	18 ~ 21	1.65 ~ 1.74
亚砂土	9 ~ 15	1.85 ~ 2.08	黏土	19 ~ 23	1.58 ~ 1.70
亚黏土	12 ~ 15	1.85 ~ 1.95			

表 3-3　土的渗透系数参考值

土的种类	K(m/d)	土的种类	K(m/d)
亚黏土、黏土	<0.1	含黏土的中砂及纯细砂	20 ~ 25
亚黏土	0.1 ~ 0.5	含黏土的细砂及纯中砂	35 ~ 50
含亚黏土的粉砂	0.5 ~ 1.0	纯粗砂	50 ~ 75
纯粉砂	1.5 ~ 5.0	粗砂夹砾石	50 ~ 100
含黏土的细砂	10 ~ 15	砾石	100 ~ 200

二、常用地基处理方法

当地基强度与稳定性不足或压缩变形很大,不能满足设计要求时,常采取各种地基加固、补强等技术措施,改善地基土的工程性状,增加地基的强度和稳定性,减少地基变形,以满足工程要求。这些措施统称为地基处理。经过处理后的地基称为人工地基。

(一)软弱地基与不良地基

通常将不能满足建筑物要求的地基(包括承载力、稳定变形和渗流三方面的要求)统称为软弱地基或不良地基。软弱地基主要是由淤泥、淤泥质土、冲填土、杂填土或其他高压缩性土层构成的地基。在建筑地基的局部范围内有高压缩性土层时,应按局部软弱土层考虑。

工程上常需要处理的土类主要包括淤泥及淤泥质土(软土)、杂填土、冲填土、粉质黏土、饱和细粉砂土、泥炭土、砂砾石类土、膨胀土、湿陷性黄土、多年冻土以及岩溶等。

(二)地基处理的目的

地基处理的目的主要是改善地基的工程性质,达到满足建筑物对地基稳定和变形的要求,包括改善地基土的变形特性和渗透性,提高其抗剪强度,消除其不利影响。地基处理的主要目的与内容应包括:①提高地基土的抗剪强度,以满足设计对地基承载力和稳定性的要求;②改善地基的变形性质,防止建筑物产生过大的沉降和不均匀沉降以及侧向变形等;③改善地基的渗透性和渗透稳定,防止渗流过大和渗透破坏等;④提高地基土的抗振(震)性能,防止液化,隔振和减小振动波的振幅等;⑤消除黄土的湿陷性、膨胀土的胀缩性等。

(三)常用的地基处理方法

《建筑地基处理技术规范》(JGJ 79—2012)将常用的地基处理方法按其原理和做法主

要分为 13 类,见表 3-4。

表 3-4　软弱土地基处理方法分类表

编号	分类	处理方法	原理及作用	适用范围
1	换填垫层法	砂石垫层,素土垫层,灰土垫层,工业废渣垫层,加筋土垫层	以砂石、素土、灰土和矿渣等强度较高的材料,置换地基表层软弱土,提高持力层的承载力,扩散应力,减少沉降量	适用于处理淤泥、淤泥质土、湿陷性黄土、素填土、杂填土地基及暗沟、暗塘等的浅层
2	预压法	天然地基预压,砂井预压,塑料排水带预压,真空预压,降水预压	在地基中增设竖向排水体,加速地基的固结和强度增长,提高地基的稳定性,加速沉降发展,使基础沉降提前完成	适用于处理淤泥、淤泥质土和冲填土等饱和黏性土地基
3	强夯法和强夯置换法	强力夯实	利用强夯的夯击能在地基中产生强烈的冲击能和动应力,迫使土动力固结密实。强夯置换墩兼具挤密、置换和加快土层固结的作用	适用于碎石土、砂土、低饱和度的粉土、黏性土、湿陷性黄土、杂填土等地基。强夯置换墩可应用于淤泥等黏性软弱土层,但墩底应穿透软土层到达较硬土层
4	振冲法	加填料振冲法、不加填料振冲法	采用专门的技术措施,以砂、碎石等置换软弱土地基中部分软弱土,对桩间土进行挤密,与未处理部分土组成复合地基,从而提高地基承载力,减少沉降量	适用于处理砂土、粉土、粉质黏土、素填土和杂填土等地基。不加填料振冲加密适用于处理粉粒含量不大于 10% 的中砂、粗砂地基
5	砂石桩法	振动成桩法、锤击成桩法	通过振动成桩或锤击成桩,减小松散砂土的孔隙比,或在黏性土中形成桩土复合地基,从而提高地基承载力,减少沉降量或部分消除土的液化性	适用于挤密松散砂土、素填土和杂填土等地基
6	水泥粉煤灰碎石桩法	长螺旋钻孔灌注成桩,长螺旋钻孔、管内泵压混合料成桩,振动沉管灌注成桩	水泥、粉煤灰及碎石拌和形成混合料,成孔后灌入形成桩体,与桩间土形成复合地基。采用振动沉管成孔时对桩间土具有挤密作用,桩体强度高,相当于刚性桩	适用于黏性土、粉土、黄土、砂土、素填土等地基。对淤泥质土应通过现场试验确定其适用性
7	夯实水泥土桩法	人工洛阳铲成孔、螺旋钻机成孔、沉管成孔、冲击成孔	采用各种成孔机械成孔,向孔中填入水泥与土混合料夯实形成桩体,构成桩土复合地基。采用沉管和冲击成孔时对桩间土有挤密作用	适用于处理地下水位以上的粉土、素填土、杂填土、黏性土等地基。处理深度不超过 10 m

续表 3-4

编号	分类	处理方法	原理及作用	适用范围
8	水泥土搅拌法	用水泥或其他固化剂、外掺剂进行深层搅拌形成桩体，分为干法和湿法	深层搅拌法是利用深层搅拌机，将水泥浆或水泥粉与土在原位拌和，搅拌后形成柱状水泥土体，可提高地基承载力，减少沉降量，增加稳定性和防止渗漏，建成防渗帷幕	适用于处理淤泥、淤泥质土、粉土、饱和黄土、素填土、黏性土以及无流动地下水的饱和松散砂土等地基
9	柱锤冲扩法	冲击成孔、填料冲击成孔、复打成孔	采用柱状锤冲击成孔，分层灌入填料、分层夯实成桩，并对桩间土进行挤密，通过挤密和置换提高地基承载力，形成复合地基	适用于处理杂填土、素填土、粉土、黏性土、黄土等地基。对地下水位以下饱和松软土层应通过现场试验确定其适用性
10	高压喷射注浆法	单管法、二重管法、三重管法	将带有特殊喷嘴的注浆管，通过钻孔置入到处理土层的预定深度，然后将浆液（常用水泥浆）以高压冲切土体。在喷射浆液的同时，以一定速度旋转、提升，即形成水泥土圆柱体；若喷嘴提升而不旋转，则形成墙状固结体，加固后可用以提高地基承载力，减少沉降，防止砂土液化、管涌和基坑隆起，形成防渗帷幕	适用于处理淤泥、淤泥质黏土、黏性土、粉土、黄土、砂土、人工填土等地基。当土中含有较多的大粒径块石、坚硬黏性土、大量植物根茎或有过多的有机质时，应根据现场试验结果确定其适用程度，对既有建筑物可进行托换工程
11	石灰桩法	人工洛阳铲成孔、螺旋钻机成孔、沉管成孔	人工或机械在土体中成孔，然后灌入生石灰块，经夯压形成的一根桩体。通过挤密、吸水、反应热、离子交换、胶凝及置换作用，形成复合地基，提高承载力，减少沉降量	适用于处理饱和黏性土、淤泥、淤泥质土、素填土、杂填土等地基
12	土或灰土挤密桩法	沉管（振动、锤击）成孔、冲击成孔	采用沉管、冲击或爆扩等方法挤土成孔，分层夯填素土或灰土成桩。对桩间土挤密，与地基土组成复合地基，从而提高地基承载力，减少沉降量。部分或全部消除地基土湿陷性	适用于处理地下水位以上的湿陷性黄土、素填土和杂填土等地基
13	单液硅化法和碱液法	主要用于既有建筑物下地基加固	在沉降不均匀、地基受水浸湿引起湿陷的建（构）筑物下地基中，通过压力灌注或溶液自渗方式灌入硅酸钠溶液或氢氧化钠溶液，使土颗粒之间胶结，提高水稳性，消除湿陷性，提高承载力	适用于地下水位以上渗透系数为 0.1～2.0 m/d 的湿陷性黄土等地基。在自重湿陷性黄土场地，对Ⅱ级湿陷性地基，当采用碱液法时，应通过试验确定其适用性

三、基坑(槽)开挖、支护及回填方法

(一)基坑(槽)开挖

土方开挖分为人工开挖和机械开挖两种,目前一般使用机械开挖方式。

土方开挖应根据基础形式、工程规模、开挖深度、地质条件、地下水情况、土方量、运距、现场和机具设备条件、工期要求以及土方机械的特点等合理选择挖土机械,以充分发挥机械效率,节省机械费用,加快工程进度。

1. 一般规定

(1)土方工程施工前应进行挖、填方的平衡计算,综合考虑土方运距最短、运程合理和各个工程项目的合理施工程序等,做好土方平衡调配,减少重复挖运。

土方平衡调配应尽可能与城市规划和农田水利相结合,将余土一次性运到指定弃土场,做到文明施工。

(2)当土方工程挖方较深时,施工单位应采取措施,防止基坑底部土的隆起并避免危害周边环境。

(3)在挖方前,应做好地面排水和降低地下水位工作。

(4)平整场地的表面坡度应符合设计要求,如无设计要求,排水沟方向的坡度不应小于2‰。平整后的场地表面应逐点检查。检查点为每100~400 m^2 取1点,但不应少于10点;长度、宽度和边坡均为每20 m取1点,每边不应少于1点。

(5)土方工程施工时,应经常测量和校核其平面位置、水平标高和边坡坡度。平面控制桩和水准控制点应采取可靠的保护措施,定期复测和检查。土方不应堆在基坑边缘。

(6)对雨季和冬季施工还应遵守国家现行有关标准。

2. 土方开挖

为了土方施工时的稳定,防止坍塌,保证施工安全,当挖土深度超过一定的数值时,需进行放坡。

土方边坡坡度用土方边坡深度 H 与底面宽度 B 之比来表示,即

$$土方边坡坡度\ i = \frac{H}{B} \tag{3-6}$$

反映十方边坡坡度的指标称为土方边坡系数,记为 m,公式为

$$m = \frac{B}{H} = \frac{1}{土方边坡坡度} \tag{3-7}$$

土的边坡可做成直线形、折线形和阶梯形,如图3-2所示。

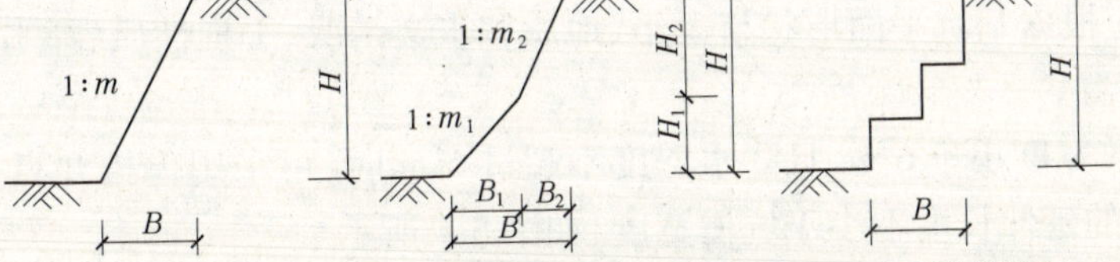

(a)直线形　(b)折线形　(c)阶梯形

图3-2　土方边坡及边坡系数

(二)人工降水

在地下水位较高地区开挖基坑,会遇到地下水问题。如涌入基坑内的地下水不能及时排除,不但土方开挖困难,边坡易于塌方,而且会使地基被水浸泡,扰动地基土,造成竣工后的建筑物产生不均匀沉降。为此,在基坑开挖时要及时排除涌入的地下水,使基坑底部保持干燥,以确保工程质量和施工安全。

降低地下水位的常用方法有集水明排法和井点降水法。

1. 集水明排法

当基坑开挖深度不是很大,基坑涌水量不大时,集水明排法是应用最广泛,亦是最简单、最经济的方法,即在基坑的两侧或四周设置排水明沟,在基坑四角或每隔 30 ~ 40 m 设置集水井,使基坑渗出的地下水通过排水明沟汇集于集水井内,然后用水泵将其排出基坑外。

2. 井点降水法

井点降水即在基坑土方开挖之前,在基坑四周预先埋设一定数量的滤水管(井),在基坑开挖前和开挖过程中,利用抽水设备不断抽出地下水,使地下水位降低到坑底以下,直至土方和基础工程施工结束,如图 3-3 所示。

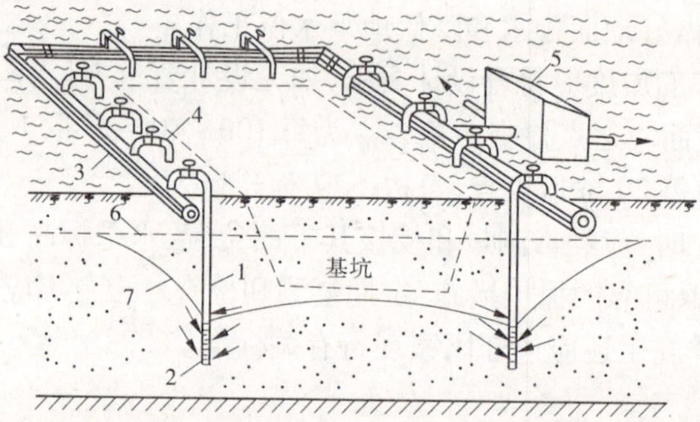

1—井点管;2—滤管;3—集水总管;4—弯联管;
5—水泵房;6—原地下水位线;7—降低后地下水位线

图 3-3　轻型井点法

井点降水可使基坑始终保持干燥状态,从根本上消除了流砂现象;降低地下水位后,由于土体固结,密实度提高,增加了地基土的承载能力,同时基坑边坡也可陡些,减少土方量的开挖。

对不同的土质应采用不同的降水形式,其中轻型井点应用最为广泛。

1)轻型井点的设备

井点系统由滤管、井点管、连接管、集水总管和抽水设备等组成。

2)轻型井点的布置

井点布置应根据基坑平面形状与大小、地质和水文情况、工程性质、降水深度等而定。

(1)平面布置。

当基坑(槽)宽度小于 6 m,且降水深度不超过 6 m 时,可采用单排井点,布置在地下水上游一侧,两侧的延伸长度不小于坑槽宽度,如图 3-4 所示。

当基坑(槽)宽度大于 6 m,或土质不良,渗透系数较大时,宜采用双排井点,布置在基坑(槽)的两侧。

当基坑面积较大时,宜采用环形井点,如图 3-5 所示。挖土运输设备出入道可不封闭,

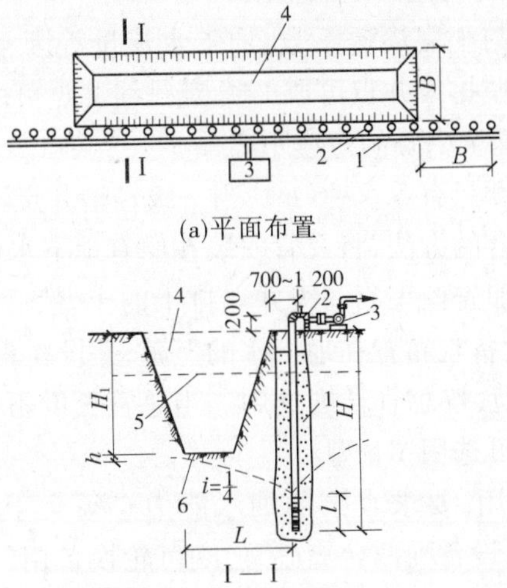

(a)平面布置

(b)高程布置

1—井点管;2—集水总管;3—抽水设备;4—基坑;

5—原地下水位线;6—降低后地下水位线;B—开挖基坑上口宽度

图 3-4　单排线井点布置

间距可达 4 m,一般留在地下水下游方向。

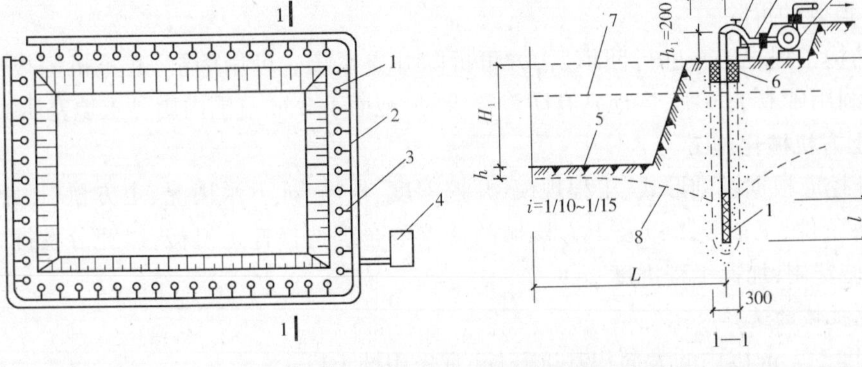

1—井点管;2—集水总管;3—弯联管;4—抽水设备;

5—基坑;6—填黏土;7—原地下水位线;8—降低后地下水位线

图 3-5　环形井点布置

井点管距坑壁不应小于 1.0 ~1.5 m,距离太小,易漏气。井点间距一般为 0.8 ~2.0 m。集水总管标高宜尽量接近地下水位线并沿抽水水流方向有 0.25% ~0.5% 的上仰坡度。

(2)高程布置。

井点管露出地面高度,一般取 0.2 ~0.3 m。井点管的入土深度应根据降水深度及储水层位置决定,但必须将滤水管埋入含水层内,井点管的埋置深度亦可按下式计算:

$$H \geqslant H_1 + h + iL \tag{3-8}$$

式中　H ——井点管的埋置深度,m;

H_1 ——井点管埋设面至基坑底面的距离,m;

h ——基坑中央最深挖掘面至降水曲线最高点的安全距离,m,一般为 0.5 ~1.0 m,

人工开挖取下限，机械开挖取上限；

i——降水曲线坡度，与土层渗透系数、地下水流量等因素有关，根据扬水试验和工程实测确定，对单排线井点可取 1/4，双排线井点可取 1/7，环状井点取 1/10；

L——井点管中心至基坑中心的短边距离，m。

一般轻型井点的降水深度只有 5.5 ~ 6 m。当一级轻型井点不能满足降水深度要求时，可采用明沟排水与井点相结合的方法，将总管安装在原有地下水位线以下，或采用二级井点（降水深度可达 7 ~ 10 m）。即先挖去第一级井点排干的土，然后在坑内布置埋设第二级井点，以增加降水深度。抽水设备宜布置在地下水的上游，并设在总管的中部。

真空泵主要有 W5、W6 型，按总管长度选用。当总管长度不大于 100 m 时，可选用 W5 型，总管长度大于 100 m 时，可选用 W6 型。

水泵按涌水量的大小选用，要求水泵的抽水能力必须大于井点系统的涌水量（增大 10% ~ 20%）。通常一套抽水设备配两台离心泵，既可轮换备用，又可在地下水较大时同时使用。

3）轻型井点的施工

轻型井点的施工主要包括准备工作、井点系统的安装、井点管使用及拆除。

（1）井点管的使用。

井点管使用时，应保持连续不断地抽水，并配以双电源以防漏电。正常出水规律是“先大后小，先浑后清”。抽水时要经常观测真空度，以判断井点系统是否正常。

（2）井点管的拆除。

地下结构工程竣工并进行回填后，方可拆除井点系统。可用倒链、起重机等拔出井点管，所留孔洞用砂或土填实，当地基有防渗要求时，地面下 2 m 范围内用黏土填塞压实。

（三）土方机械化施工

土方开挖应根据基础形式、工程规模、开挖深度、地质、地下水情况、土方量、运距、现场和机具设备条件、工期要求以及土方机械的特点等合理选择挖土机械，以充分发挥机械效率，节省机械费用，加速工程进度。

1. 开挖机械的选择

（1）深度 1.5 m 以内的大面积基坑开挖，宜采用推土机。

为提高推土机的生产效率，常采用下坡推土、槽形推土、并列推土、多刀松土等。

（2）对于面积大、深，且基坑土干燥的基础，多采用正铲挖掘机，自卸汽车配合使用。

根据开挖路线与运输汽车相对位置的不同，正铲挖掘机的开挖方式一般有两种：一种是正向挖土，侧向卸土，即挖掘机沿前进方向挖土，运土汽车停在挖掘机的侧面装土；另一种是正向挖土，后方卸土，即挖掘机沿前进方向挖土，运土汽车停在挖掘机的后方装土。

2. 开挖方式

挖土应遵循“开槽支撑，先撑后挖，分层开挖，严禁超挖”的原则，由上至下，逐层开挖。将基坑按深度分为多层进行逐层开挖，可以从一边到另一边，也可从两头对称开挖。

1）分段开挖

分段开挖为一边至另一边，逐块开挖，将基坑分成几段或几块分别进行开挖，开挖一块浇筑一块混凝土垫层或基础。

2)盆式开挖

盆式开挖为先中心后四周,适合于基坑面积大、支撑或拉锚作业困难且无法放坡的基坑,先分层开挖基坑中间部分的土方,基坑周边的土暂不开挖,待中间部分的混凝土垫层、基础或地下室结构施工完成之后,再用水平支撑或斜撑对四周结构进行支撑,边支撑边开挖,直至坑底,最后浇筑该部分结构混凝土。但这种施工方法对地下结构需设置后浇带或施工中留设施工缝,将地下结构分两阶段施工,对结构整体性及防水性有一定的影响。

3)岛式开挖

岛式开挖为先四周后中心。当基坑面积较大,而且地下室底板设计有后浇带或可以留设施工缝时,可采用岛式开挖的方法。先开挖基坑周边土方,在中间留土墩作为支点搭设栈桥,挖土机可利用栈桥下到基坑挖土,运土的汽车也可以利用栈桥进入基坑运土,可有效加快挖土和运土的速度。

(四)基坑(槽)支护

基坑支护是一种采用比较广泛的施工方法。当基坑开挖深度过大,基础埋深过深时,用简单的放坡方法来控制土体的滑坡和稳定性,是远远不能满足要求的,均要进行较深的开挖。为了在基坑开挖和地下室施工过程中,保证基坑相邻建筑物、构筑物和地下管线的安全和正常使用,应对边坡采取适当措施,保证土体不向坑内坍塌,保持边坡稳定,限制基坑四周土体的变形,使其不会对相邻建筑物、构筑物和地下管线以及主体结构产生损害,常常使用简便易行、经济快捷的基坑支护类型。

基坑支护结构的类型可分为如下几类。

(1)横撑式支撑。

开挖较窄的沟槽,多用横撑式土壁支撑。横撑式土壁支撑根据挡土板的不同,分为水平挡土板式和垂直挡土板式两类,前者挡土板的布置又分为间断式和连续式两种,如图3-6所示。湿度小的黏性土挖土深度小于3 m时,可用间断式水平挡土板支撑;对松散、湿度大的土壤可用连续式水平挡土板支撑,挖土深度可达5 m。对松散和湿度很高的土可用垂直挡土板支撑,挖土深度不限。

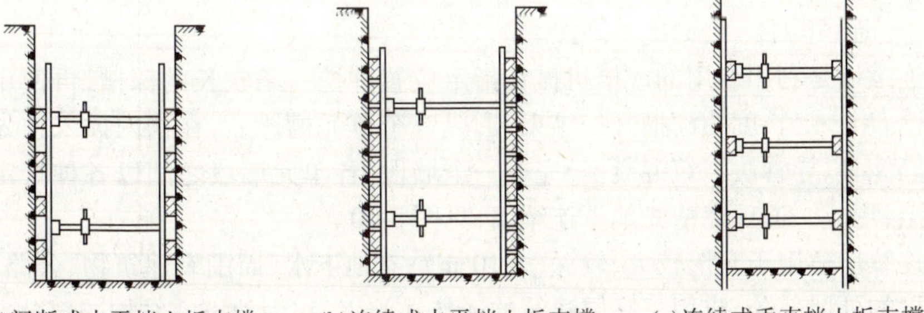

(a)间断式水平挡土板支撑　(b)连续式水平挡土板支撑　(c)连续式垂直挡土板支撑

图3-6　横撑式支撑

挡土板、立柱及横撑的强度、变形及稳定等可根据实际布置情况进行结构计算。

(2)排桩墙支护工程。

排桩根据混凝土的浇筑方式可以分为灌注和预制以及板桩,适用于基坑开挖深度在10 m以内的黏性土、粉土和砂土类。根据土质不同可分为三排桩和四排桩,如图3-7所示。

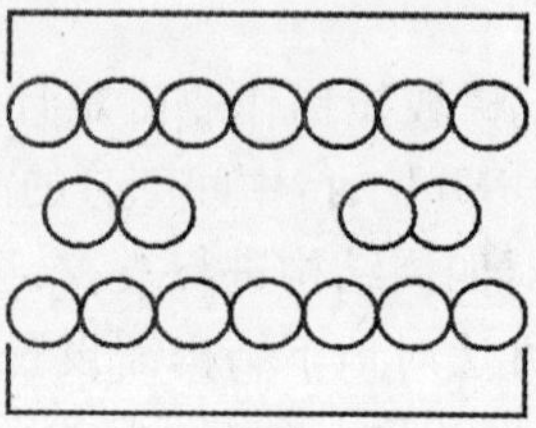
(a)三排桩

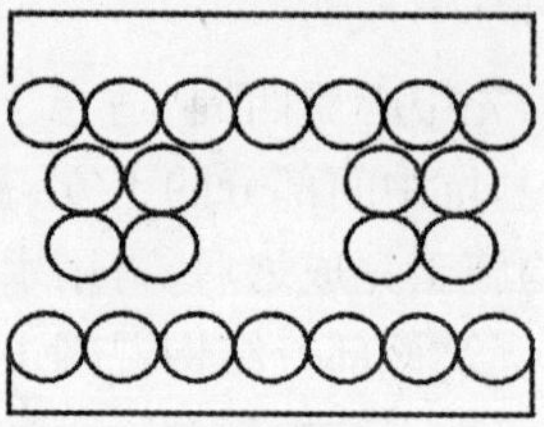
(b)四排桩

图 3-7　排桩墙

(3)水泥土桩墙支护工程。

水泥重力式支护结构目前在工程中用得较多,是采用水泥搅拌桩组成的,有时也采用高压喷射注浆法形成。它适用于黏性土、砂土和地下水位以上的基坑支护。

(4)锚杆及土钉墙支护工程。

沿开挖基坑、边坡每 2 ~4 m 设置一层水平土层锚杆,直到挖土至要求深度,见图 3-8。

它适用于较硬土层或破碎岩石中开挖较大、较深的基坑,邻近有建筑物,必须保证边坡稳定时采用。

(5)钢板桩或混凝土支撑系统。

通常在开挖基坑的周围打钢板桩或混凝土板桩。板桩入土深度及悬臂长度,应经计算确定。如基坑宽度很大,可加水平支撑,见图 3-9。

它适用于一般地下水、深度和宽度不很大的黏性砂土层中。

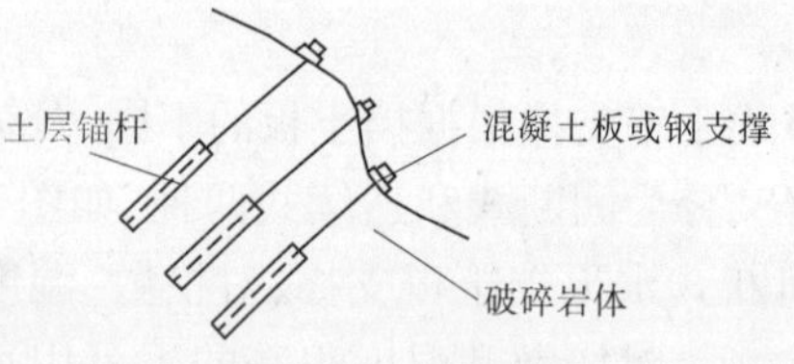

图 3-8　锚杆及土钉墙支护工程

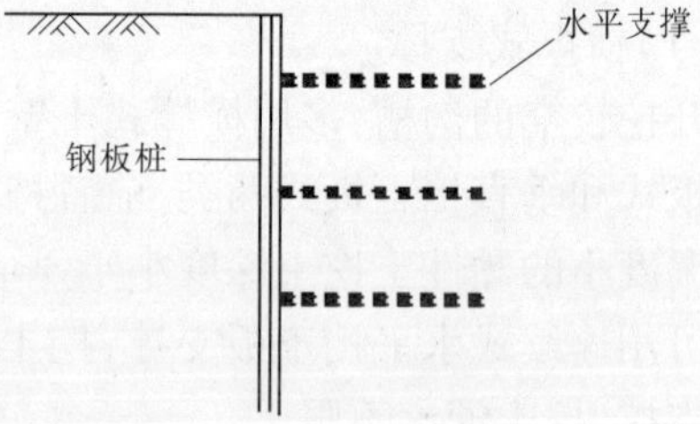

图 3-9　钢板桩或混凝土支撑

(6)地下连续墙。

地下连续墙是利用专用的成槽机械在指定位置开挖一条狭长的深槽,再使用膨润土泥浆进行护壁;当一定长度的深槽开挖结束,形成一个单元槽段后,在槽内插入预先在地面上制作的钢筋笼,以导管法浇筑混凝土,完成一个墙段,各单元墙段之间以各种特定的接头方式相互联结,形成一道现浇壁式地下连续墙,见图 3-10。

地下连续墙适用于开挖较大、较深(>10 m)、有地下水、周围有建筑物、公路的基坑,作为地下结构的外墙部分,或用于高层建筑的逆作法施工,作为地下室结构的部分。

(7)沉井。

井一般是一个由混凝土或钢筋混凝土做成的井筒,井筒分筒身和刃脚两部分,如图 3-11所示。按其横断面形状分,有圆形、方形或椭圆形等规则形状。根据井孔的布置方式又可分为单孔、双孔和多孔,如图 3-12 所示。

沉井适用于地基深层土的承载力不大,而上部土层比较松软、易于开挖的土层;或由于建筑物使用上的要求,需要把基础埋入地下深处的情况。有时由于施工上的因素,如要在已

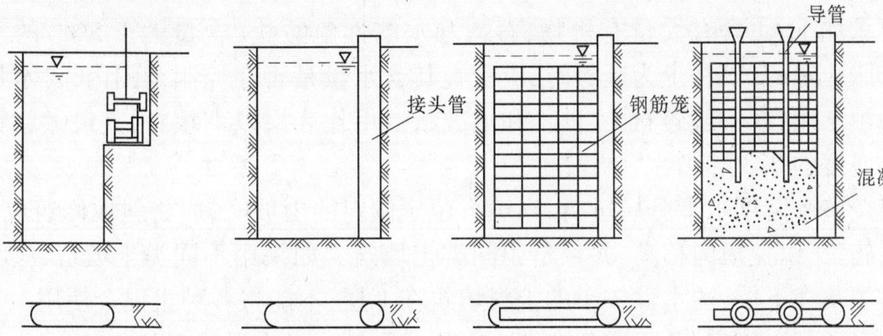

(a)成槽　(b)放入接头管　(c)放入钢筋笼　(d)浇筑混凝土

图 3-10　地下连续墙施工程序示意图

有的浅基础邻近修建深埋的设备基础,为了避免开挖基坑对已有基础的影响,也可采用沉井方法施工。

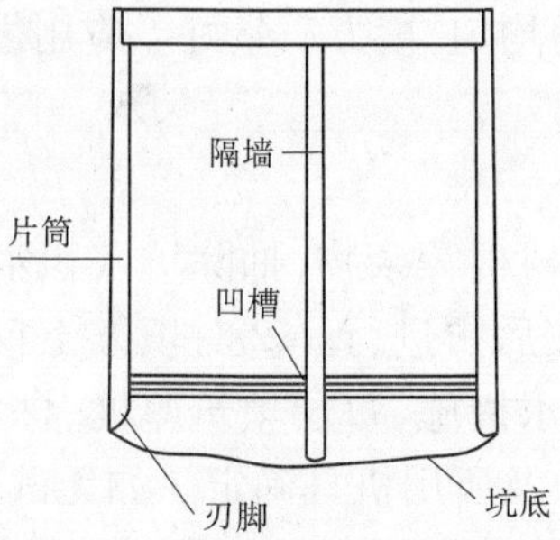

图 3-11　沉井示意图

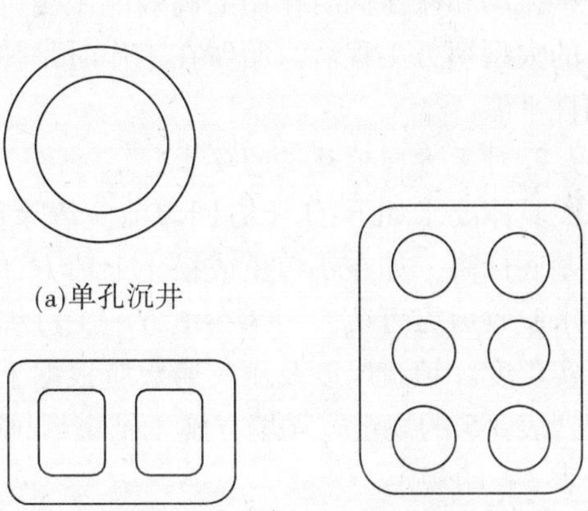

(a)单孔沉井　(b)双孔沉井　(c)多孔沉井

图 3-12　沉井的横断面形状

(五)土方回填

土在天然状态下的密实程度不同,为了能够准确地表达土的密实程度,通常用土的密实度来表示。土的实际干密度 ρ_d 与土的最大干密度 ρ_{dmax} 的比值称为土的压实系数,记为 λ,公式表达为

$$\lambda = \frac{\rho_d}{\rho_{dmax}} \tag{3-9}$$

式中　λ——土的压实系数;

ρ_d——土的实际干密度;

ρ_{dmax}——土的最大干密度,即土在最密实状态下的干密度。

土的实际干密度可用“环刀法”测定。先用环刀取样,测出土的天然密度 ρ,再烘干测得含水量 ω,用下式计算出土的实际干密度

$$\rho_d = \frac{\rho}{1 + 0.01\omega} \tag{3-10}$$

为了保证填方工程的强度和稳定性的要求,必须正确选择土料和填筑方法。

1. 对填土土料的要求

具体要求如下：①含有大量有机物、石膏和水溶性硫酸盐（含量大于5%）的土以及淤泥、冻土、膨胀土等；②以黏土为土料时，应检查其含水量是否在控制范围内，含水量大的黏土不宜作为填土用；③一般碎石土、砂土和爆破石渣可作表层以下填料，其最大粒径不得超过每层铺垫厚度的2/3。

填土应按整个宽度水平分层进行，当填方位于倾斜的山坡时，应将斜坡修筑成1:2阶梯形的边坡后施工，以免横向移动，并尽量用同类土填筑。如采用不同类土填筑，应将透水性较大的土料填筑在下层，透水性较小的土料填筑在上层，不能将各种土混合使用。这样有利于水分的排出和基土稳定，并可避免在填方内形成水囊和发生滑移现象。

土方的压实方法有碾压、夯实、振动压实等几种。碾压法是靠沿筑面滚动的鼓筒或轮子的压力压实填土的，适用于大面积填土工程。碾压机械有平碾机（压路机）、羊足碾、振动碾和汽胎碾。平碾（8～12 t）对砂类土和黏性土均可压实，羊足碾只宜压实黏性土。振动碾是一种振动和碾压同时作用的高效能压实机械，适用于爆破石渣、碎石类土、杂填土及轻亚黏土的大型填方工程。汽胎碾在工作时是弹性体，其压力均匀，填方质量好。应用最普遍的是刚性平碾。

2. 对土方回填施工的要求

具体要求如下：①土方回填前应清除基底的垃圾、树根等杂物，抽除坑穴积水、淤泥，验收基底标高。如在耕植土或松土上填方，应在基底压实后再进行。②对填方土料应按设计要求验收后方可填入。③在填方施工过程中应检查排水措施，每层填筑厚度、含水量控制、压实程度。填筑厚度及压实遍数应根据土质、压实系数及所用机具确定。如无试验依据，应符合表3-5的规定。④填方施工结束后，应检查标高、边坡坡度、压实程度等，检验标准应符合表3-6的规定。

表3-5　填土施工时的分层厚度及压实遍数

压实机械	分层厚度（mm）	每层压实遍数
平碾	250～300	6～8
振动压实机	250～350	3～4
柴油打夯机	200～250	3～4
人工打夯机	<200	3～4

（六）土方工程量的计算

1. 基坑土方工程量计算

基坑土方量可按几何中的拟柱体（由两个平行的平面做底的一种多面体）体积公式计算，如图3-13（a）所示，即

$$V = \frac{H}{6}(A_1 + 4A_0 + A_2) \tag{3-11}$$

式中　H——基坑深度，m；

A_1、A_2——基坑上、下底的面积，m^2；

A_0——基坑的中截面面积,m^2。

表 3-6　填土工程质量检验标准　（单位:mm）

项目	序号	检查项目	允许偏差或允许值					检验方法
			柱基、基坑、基槽	场地平整		管沟	地(路)面基础层	
				人工	机械			
主控项目	1	标高	-50	±30	±50	-50	-50	水准仪
	2	分层压实系数	设计要求					按规定方法
一般项目	1	回填土料	设计要求					取样检查或直接鉴别
	2	分层厚度及含水量	设计要求					水准仪及抽样检查
	3	表面平整度	20	20	30	20	20	用靠尺或水准仪

2.基槽土方工程量计算

基槽和路堤的土方量可以沿长度方向分段后,再用同样的方法计算,如图 3-13(b)所示,即

$$V_1 = \frac{L_1}{6}(A_1 + 4A_0 + A_2) \tag{3-12}$$

式中　V_1——第一段的土方量,m^3;

L_1——第一段的长度,m。

将各段土方量相加,即得总土方量

$$V = V_1 + V_2 + \cdots + V_n$$

式中　$V_1,V_2,\cdots,V_n$——各分段的土方量,m^3。

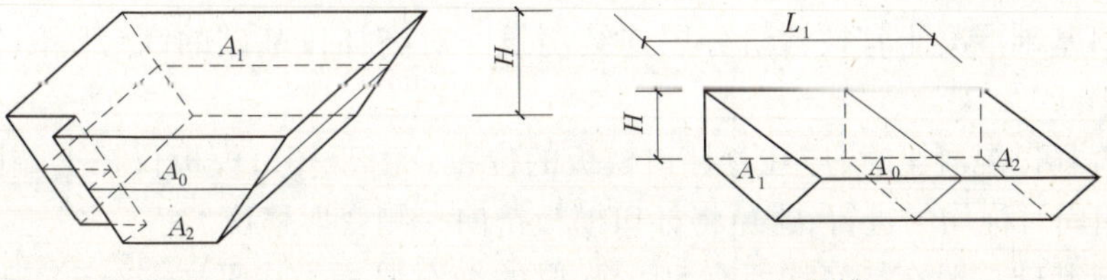

(a)基坑　(b)基槽

图 3-13　基坑土方工程量计算示意图

四、混凝土基础施工工艺流程及施工要点

(一)钢筋混凝土基础分类

钢筋混凝土基础是指采用钢筋、混凝土等材料建造的柱下独立基础或条形基础、墙下条形基础以及筏板基础和箱形基础。钢筋混凝土基础与无筋扩展基础(即刚性基础)相比,具有良好的抗弯和抗剪能力,基础尺寸不受限制。在荷载较大,且存在弯矩和水平力等荷载组合作用下,地基承载力又较低时,应选用钢筋混凝土基础,由此可扩大基础底面积而不必增

加基础埋深,以满足地基承载力要求。

(二)柱下独立基础施工要点

1.现浇柱下独立基础施工要点

(1)在混凝土浇灌前应先进行验槽,轴线、基坑尺寸和土质应符合设计规定。坑内浮土、水、淤泥、杂物应清除干净。局部软弱土层应挖去,用灰土或砂砾回填并夯实基底设计标高。

(2)在基坑验槽后应立即浇灌垫层混凝土,以保护地基,混凝土宜用表面振动器进行振捣,要求表面平整。当垫层达到一定强度后,在其上弹线、支模、铺放钢筋网片,底部用与混凝土保护层同厚度的水泥砂浆块垫塞,以保证钢筋位置正确。

(3)基础上有插筋时,要按轴线位置校核后,将插筋加以固定,以保证其位置的正确,以防浇捣混凝土时产生位移。

(4)在基础混凝土浇筑前,应将模板和钢筋上的垃圾、泥土和油污等杂物清除干净;堵塞模板的缝隙和孔洞;木模板表面要浇水湿润,但不得积水。

(5)基础混凝土宜分层连续浇筑完成。对于阶梯形基础,每个台阶高度的混凝土一次浇筑完毕,每浇完一台阶应稍停0.5~1.0 h,以便使混凝土获得初步沉实,然后浇筑上一层,以防止下面台阶混凝土溢出。每一台阶浇完,表面应基本抹平。

(6)对于锥形基础,应注意锥体斜面坡度的正确,斜面部分的模板应随混凝土浇捣分段支设并顶压实、压紧,以防模板上浮变形,边角处的混凝土必须注意捣实。严禁斜面部分不支模,用铁锹拍实。

(7)基础混凝土浇灌完,应用草帘等覆盖并浇水加以养护。

2.预制柱杯口基础施工要点

预制柱杯口基础的施工,除按上述施工要求外,还应注意以下几点:

(1)杯口模板可采用木模板或钢制定型模板,可做成整体的,也可做成两半形式,中间各加楔形板一块,拆模时,先取出楔形板,然后分别将两半杯口模取出。为拆模方便,杯口模板外侧可包一层薄铁皮。支模时杯口模板要固定牢固并加压重,防止杯口模板上浮。

(2)杯口基础混凝土宜按台阶分层连续浇筑。对高杯口基础的高台阶部分,按整段分层浇灌混凝土。

(3)浇捣杯口混凝土时,应注意杯口模板的位置。由于杯口模板仅在上端固定,浇捣混凝土时,应四周对称均匀进行,避免将杯口模板挤向一侧变形移位。

(4)杯口基础一般在杯底均留有50 mm厚的细石混凝土找平层,在浇灌基础混凝土时要仔细控制标高,留出找平层厚度。基础浇捣完,在混凝土初凝后终凝前,用倒链将杯口模板取出,并将杯口内侧表面混凝土凿毛。

(5)在浇灌高杯口基础混凝土时,由于其最上一台阶较高,施工不方便,可采用后安装杯口模板的方法施工。也就是说,当混凝土浇捣接近杯口底时,再安装杯口模板,然后浇灌杯口混凝土。

(三)条形基础施工要点

(1)进行验槽,清除基槽(坑)内松散软弱土层及杂物,基坑尺寸应符合设计要求。对局部软弱土层应挖去,用灰土或砂砾回填夯实。

(2)验槽后应立即浇灌混凝土垫层,以保护地基。当垫层素混凝土达到一定强度后,在其上弹线、支模、铺放钢筋，底层钢筋下设水泥砂浆垫块。

(3)清除钢筋和模板上的泥土、油污、杂物。木模板应浇水湿润，缝隙应堵严，基坑积水应排除干净。

(4)混凝土浇筑高度在 2 m 以内，混凝土可直接卸入基槽(坑)；浇筑高度在 2 m 以上时，应通过漏斗、串筒或溜槽下料，以防止混凝土产生分层离析。浇筑时注意先使混凝土充满模板边角，然后浇灌中间部分。

(5)混凝土宜分段分层灌筑，每层厚度 200 ~ 250 mm，每段长 2 ~ 3 m，各段各层间应互相衔接，使逐段逐层呈阶梯形推进。

(6)混凝土应连续浇灌，以保证结构良好的整体性，如必须间歇，间歇时间不应超过规范规定。如时间超过规定，应设置施工缝，并应待混凝土的抗压强度达到 1.2 N/mm^2 以上时，才允许继续灌注。继续浇筑混凝土前，应清除施工缝处松动石子，并用水冲洗干净，充分湿润，且不得积水，然后铺一层 15 ~ 25 mm 厚的水泥砂浆，再继续浇筑混凝土，并仔细捣实，使其紧密结合。

(7)混凝土浇筑完，覆盖、洒水、养护；养护达到设计要求的强度后及时分层回填土方并夯实。

(四)筏板基础施工要点

筏板基础的施工准备、材料要求、质量标准、环保安全措施等与钢筋混凝土独立基础基本相似，可参考前面的内容。下面主要介绍筏板基础的施工要点。

(1)基坑开挖时，若地下水位较高，应采取明沟排水、人工降水等措施，使地下水位降至基坑底下不小于 500 mm，保证基坑在无水情况下进行开挖和基础结构施工。

(2)开挖基坑时应注意保持基坑底土的原状结构，尽可能不要扰动。当采用机械开挖基坑时，在基坑底面设计标高以上保留 200 ~ 400 mm 厚的土层，采用人工挖除并清理平整，如不能立即进行下道工序施工应预留 100 ~ 200 mm 厚的土层，在下道工序进行前挖除，以防止地基土被扰动。在基坑验槽后，应立即浇筑垫层。

(3)当垫层达到一定强度后，在其上弹线、支模、铺放钢筋，连接柱的插筋。

(4)在浇筑混凝土前，清除模板和钢筋上的垃圾、泥土和油污等杂物，对木模板浇水加以润湿。

(5)混凝土浇筑方向应平行于次梁长度方向，对于平板式片筏基础则应平行于基础长边方向。

混凝土应一次浇灌完成，若不能整体浇灌完成，则应留设垂直施工缝，并用木板挡住。施工缝留设位置：当平行于次梁长度方向浇筑时，应留在次梁中部 1/3 跨度范围内；对平板式可留设在任何位置，但施工缝应平行于底板短边且不应在柱脚范围内，如图 3-14 所示。

在施工缝处继续浇灌混凝土时，应将施工缝表面清扫干净，清除水泥薄层和松动石子等，并浇水湿润，铺上一层水泥浆或与混凝土成分相同的水泥砂浆，再继续浇筑混凝土。

对于梁板式片筏基础，梁高出底板部分应分层浇筑，每层浇灌厚度不宜超过 200 mm。

当底板上或梁上有立柱时，混凝土应浇筑到柱脚顶面，留设水平施工缝，并预埋连接立柱的插筋。水平施工缝处理与垂直施工缝相同。

(6)混凝土浇灌完毕，在基础表面应覆盖草帘和洒水养护，并不少于 7 d。待混凝土强度达到设计强度的 25% 以上时，即可拆除梁的侧模。

(7)当混凝土基础达到设计强度的30%时，应进行基坑回填。基坑回填应在四周同时进行，并按基底排水方向由高到低分层进行。

(8)在基础底板上埋设好沉降观测点，定期进行观测、分析，作好记录。

(五)箱形基础施工要点

筏板基础的施工准备、材料要求、质量标准、环保安全措施等参见钢筋混凝土独立基础，可参考前面章节。下面主要介绍箱形基础的施工要点。

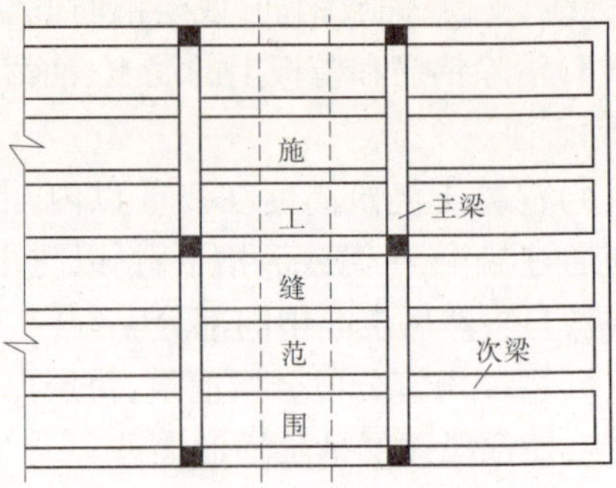

图 3-14　筏板基础施工缝位置

在箱形基础工程施工前应认真调查研究建筑场地工程地质和水文地质资料，在此基础上编制施工组织设计，包括土方开挖、地基处理、深基坑降水和支护以及对邻近建筑物的保护等方面的具体施工方案。施工操作必须遵照有关规范执行。

(1)在箱形基础施工中，首先是基坑开挖。基坑开挖前应验算边坡稳定性，并注意对基坑邻近建筑物的影响。验算时，应考虑坡顶堆载、地表积水和邻近建筑物影响等不利因素，必要时要采取支护。如设钢板桩、灌注桩、深层搅拌桩、地下连续墙等挡土支护结构。

(2)基坑开挖如有地下水，应采用明沟排水或井点降水等方法，保持作业现场的干燥。当地下水量很丰富、地下水位很高，且基坑土质为粉土、粉砂或细砂时，采用明沟排水易造成流砂或涌土，甚至产生边坡坍塌、基坑周围地面下沉等严重后果，此时宜采取井点降水措施。

井点类型的选择、井点系统的布置及深度、间距、滤层质量和机械配套等关键问题应符合规定，并宜设置水位降低观测孔。在箱形基础基坑开挖前地下水位应降至设计坑底标高以下至少500 mm。停止降水时应验算箱形基础的抗浮稳定性。

地下水对箱形基础的浮力，不考虑折减，抗浮安全系数宜取1.2。停止降水阶段的抗浮力包括已建成的箱形基础自重、当时的上层结构自重以及箱基上的施工材料堆重。水浮力应考虑相应施工阶段的最高地下水位，当不能满足时，必须采取有效措施。

(3)箱基的基底直接承受全部建筑物的荷载，必须是土质良好的持力层。因此，要保护好地基土的原状结构，尽可能不要扰动它。在采用机械挖土时，应根据土的软硬程度，在基坑底面设计标高以上保留200～400 mm厚的土层，采用人工挖除。基坑不得长期暴露，更不得积水。在基坑验槽后，应立即进行基础施工。

(4)基础底板及顶板钢筋接头优先采用焊接接头；钢筋绑扎、安装应注意形状、位置和数量准确；埋设件位置应准确固定，当有管道穿过箱形基础外墙时，应加焊止水片防渗漏。模板宜采用大块模板，用穿墙对接螺栓固定。混凝土浇筑前须进行隐蔽工程验收。

(5)箱形基础的底板、顶板及内外墙的支模和浇筑一般分块进行，其施工缝的留设位置按有关规定执行。外墙水平施工缝应留在底板面上部300～500 mm和无梁顶板下部30～50 mm处，并应做成企口形式。防水要求高时，应在企口中部设镀锌钢板或塑料止水带，外墙的垂直施工缝宜用凹缝，内墙的水平和垂直施工缝多采用平缝，内墙与外墙之间可留垂直缝，如图3-15所示。

(6)箱基的底板、顶板及内外墙宜连续浇灌完毕。对于大型箱基工程，当基础长度较大时，宜设置一道不小于700 mm的后浇带，以防产生温度收缩裂缝。后浇带处顶板、底板和

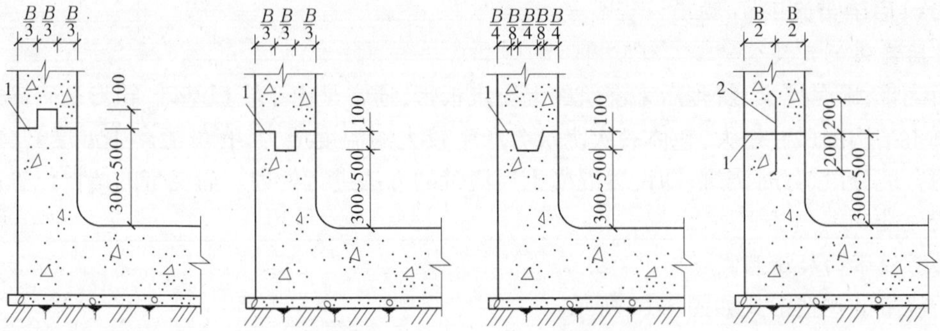

1—施工缝；2—厚 3 ~ 4 mm 镀锌钢板或塑料止水片

图 3-15　外墙水平施工缝形式

墙体的钢筋断开，不贯通。施工 40 d 后(以设计要求为准)可浇筑后浇带混凝土。采用比设计强度等级提高一级的无收缩混凝土浇筑密实。在混凝土继续浇筑前，应将混凝土表面凿毛，清除杂物，表面冲洗干净，然后浇筑混凝土，并加强养护。

当采用刚性防水方案时，同一建筑的箱形基础应避免设置变形缝。可沿基础长度每隔 20 ~ 40 m 留一道贯通顶板、底板及墙体的沉降施工后浇带。后浇带处顶板、底板和墙体的钢筋可以贯通，不断开。

(7)箱基底板的厚度一般都超过 1.0 m，其整个箱基的混凝土体积常达数千立方米。因此，箱形基础的混凝土浇筑属于大体积钢筋混凝土的浇灌问题。由于混凝土体积大，浇筑时积聚在内部的水泥水化热不易散发，混凝土内部的温度将显著上升，产生较大的温度变化和收缩作用，导致混凝土产生表面裂缝和贯穿性或深进裂缝，影响结构的整体性、耐久性和防水性，影响正常使用。对大体积混凝土，在施工前要经过一定的理论计算，采取有效的技术措施，以防止温差对结构的破坏。

一般采取的措施有：

①对混凝土结构进行温度应力计算，用以决定是否可以分块浇捣，以减少混凝土的收缩、徐变、内应力。

②采用水化热较低的矿渣硅酸盐水泥和掺磨细粉煤灰的掺合料，以减少水泥水化热、增加和易性及减少泌水性。

③加强混凝土表面的保温养护，延缓降温速度，控制混凝土内外温差。

④降低混凝土的入仓温度。

⑤在应力集中部位设置变形缝。

⑥在适当部位设置后浇带。

(8)箱形基础施工完毕，应抓紧做好基坑土方回填工作，尽量缩短基坑暴露时间。回填前要做好排水工作，使基坑内始终保持干燥状态。回填土方，应用经脱水的干土，并对称均匀进行，通常采取相对的两侧或四周同时进行，填土厚度也要同步，并分层夯实。拆除支护结构时，应采取有效措施，尽量减少地基土的破坏。

(9)高层建筑进行沉降观测，水准点及观测点应根据设计要求及时埋设，并注意保护。

(六)后浇带施工

1. 后浇带的定义

后浇带,顾名思义,就是后来浇筑的混凝土板带,通常是由于筏板基础、箱形基础等大体积混凝土结构的尺寸过大,整体一次浇筑会产生较大的温度应力,有可能产生温度裂缝时,可采用合理分段、分时浇筑,即设置混凝土后浇带的方法进行处理。后浇带的留设位置以设计图纸为准。

2. 后浇带的构造形式

后浇带的构造形式如图 3-16 所示。

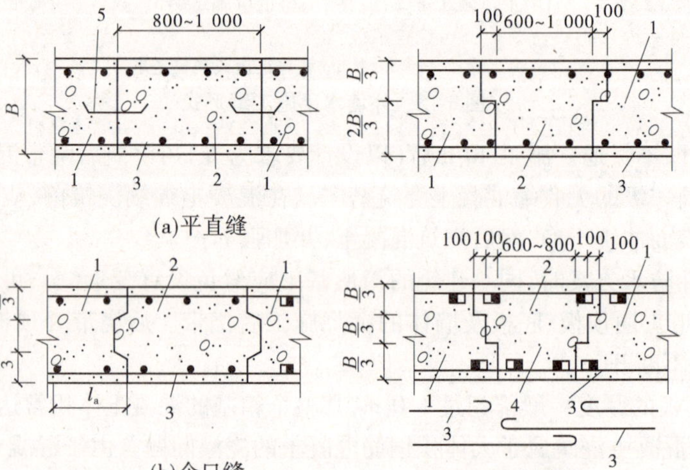

(a)平直缝

(b)企口缝

(c)阶梯缝

1—先浇混凝土;2—后浇混凝土;3—主筋;4—附加钢筋;5—金属止水带

图 3-16 后浇带的构造形式

3. 后浇带施工要点

后浇带的间距,在正常情况下为 20 ~ 30 m,一般设在柱距三等分中间范围内,宜贯通整个底板。后浇带带宽以 700 ~ 1 000 mm 为宜,以设计要求为准。后浇带处的钢筋原则上不断开,如设计要求断开,则应按照设计进行处理,以保证后浇带质量

施工至少 40 d 后(以设计要求为准),才可浇筑后浇带混凝土,使用比原设计强度等级高一级的无收缩混凝土浇筑密实。在混凝土继续浇筑前,应将后浇带的混凝土表面凿毛,清除杂物,表面冲洗干净,注意接浆质量,然后浇筑混凝土,并加强养护,一般湿养护不得少于 15 个昼夜。

五、砖基础施工工艺流程及施工要点

(一)砖基础施工工艺流程

砖基础施工工艺流程:拌制砂浆→确定组砌方式→摆砖撂底→砖基础砌筑→抹防潮层→基础回填土。

(二)砖基础施工

砖基础是由垫层、大放脚和基础墙身三部分组成的,一般适用于土质较好、地下水位较低(在基础底面以下)的地基上。

基础大放脚有两皮一收的等高式和一皮一收与两皮一收相间的不等高式两种砌法。

施工时先在垫层上找出墙的轴线和基础大放脚的外边线,然后在转角处、丁字交接处、十字交接处及高低踏步处立基础皮数杆(在皮数杆上画出砖的皮数、大放脚退台情况及防潮层位置等)。基础皮数杆应立在规定的标高处,因此立基础皮数杆时要利用水准仪进行抄平。砌筑前,应先用干砖试摆,以确定排砖方法和错缝的位置。砖砌体的水平灰缝厚度和竖向灰缝宽度一般控制在 8 ~ 12 mm。

砌筑时,砖基础的砌筑高度是用皮数杆来控制的。如发现垫层表面水平标高有高低偏差,可用砂浆或 C10 细石混凝土找平后再开始砌筑。如果偏差不大,也可在砌筑过程中逐步调整。砌大放脚时,先砌好转角端头,然后以两端为标准拉好线绳进行砌筑。砌筑不同深度的基础时,应先砌深处,后砌浅处,在基础高低处要砌成踏步式。踏步长度不小于 1 m,高度不大于 0.5 m。基础中若有洞口、管道等,砌筑时应及时按设计要求留出或预埋,并留出一定的沉降空间。砌完砖基础,应立即进行回填,回填土要在基础两侧同时进行,并分层夯实。

(三)砖基础施工的质量要求

(1)砌体砂浆必须密实饱满,水平灰缝的砂浆饱满度不得低于 80%。

(2)砂浆试块的平均强度不得低于设计的强度等级,任意一组试块的最低值不得低于设计强度等级的 75%。

(3)组砌方法应正确,不应有通缝,转角处和交接处的斜槎和直槎应通顺密实。直槎应按规定加拉结条。

(4)预埋件、预留洞应按设计要求留置。

(5)砖基础的容许偏差见表 3-7。

表 3-7　砖基础的容许偏差

序号	项目	容许偏差(mm)
1	基础顶面标高	±15
2	轴线位移	10
3	表面平整(2 m)	8
4	水平灰缝平直(10 m)	10

六、桩基础施工工艺流程及施工要点

桩基础是深基础的一种,由沉入土中的桩和连接支承于桩顶的承台共同组成,以承受上部结构传来荷载的一种基础型式(见图 3-17)。其具有承载能力高、稳定性好、沉降量小、便于机械化施工、适应性强等突出优点。与其他深基础相比,桩基础的适用范围较为广泛。

桩按材料分为木桩、素混凝土桩、钢筋混凝土桩、钢桩、组合材料桩(指用两种材料组合的桩,如钢管桩内填充混凝土等)。

按承载方式分为端承桩(这种桩穿过浅层软弱土层,打入深层坚实土层或岩层中,主要或完全依靠桩端阻力来承担荷载)、摩擦桩(这种桩打入较好的土层中,依靠桩侧摩阻力和桩端阻力共同来承担荷载)、纯摩擦桩(这种桩打入较厚的软弱土层中,主要或完全依靠桩侧摩阻力来承担荷载)。

桩按施工方法分为预制桩和灌注桩。

(一)钢筋混凝土预制桩施工

1. 概述

钢筋混凝土预制桩是目前应用最广泛的一种桩基施工方式。钢筋混凝土预制桩分实心桩和空心管桩两种。为了便于施工,实心桩大多做成方形断面,截面边长以200~550 mm较为常见。现场预制桩的单根桩的最大长度主要取决于运输条件和打桩架的高度,一般不超过30 m,如桩长超过30 m,可将桩分成几段预制,在打桩过程中进行接桩处理。管桩系在工厂内采用离心法制成,有$\phi400$、$\phi500$(外径)等数种。

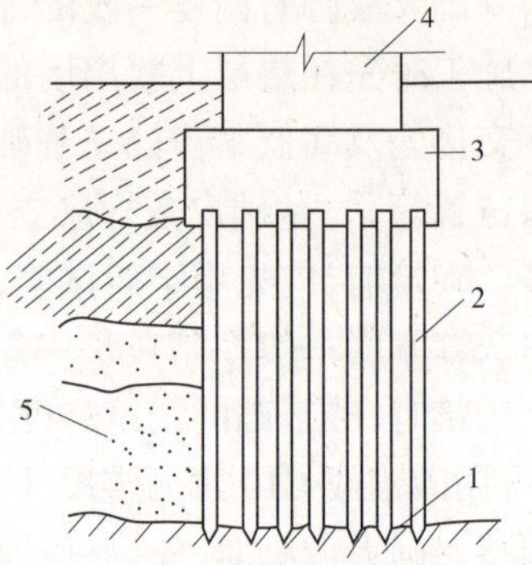

1—持力层;2—桩;3—桩基承台;
4—上部建筑物;5—软弱层

图3-17　桩基础示意图

1)桩的预制

短桩(10 m以内)多在预制厂生产。长桩一般在打桩现场附近或现场预制。

制桩时,桩与桩之间应刷隔离剂,使接触面不黏结,桩的混凝土应由桩顶向桩尖连续浇筑,严禁中断,及时养护。

制造完的每根桩上应标明编号、制作日期,如不预埋吊环,则应标明绑扎位置。预制桩制作的允许偏差如下:横截面边长±5 mm,保护层厚度±5 mm,桩顶对角线之差10 mm,桩尖对中心线的位移10 mm,桩身弯曲矢高不大于1‰桩长,且不大于20 mm;桩顶平面对桩中心线的倾斜≤3 mm。

此外,桩的制作质量还应符合下列规定:

(1)桩的表面应平整、密实,掉角的深度不应超过10 mm,且局部蜂窝和掉角的缺损总面积不得超过该桩表面全部面积的0.5%,并不得过分集中。

(2)由于混凝土收缩产生的裂缝,深度不得大于20 mm,宽度不得大于0.25 mm,横向裂缝长度不得超过边长的一半(管桩、多角形桩不得超过直径或对角线的1/2)。

(3)桩顶和桩尖处不得有蜂窝、麻面、裂缝和掉角。

2)桩的起吊、运输和堆放

混凝土预制桩达到设计强度75%方可起吊,达到100%后方可运输。桩堆放时,地面必须平整、坚实,垫木位置应与吊点位置相一致,各层垫木应位于同一垂直线上,堆放层数不宜超过4层。不同规格的桩,应分垛堆放。

3)试桩

目前常见的试桩方法有单桩竖向静荷载试验、高应变动力试桩两种方法。试桩数量不少于总桩数的1%,且不应少于3根,当总桩数少于50根时,不应少于2根。

2. 锤击沉桩(打入法)施工

1)概述

锤击沉桩也称打入桩。它是利用桩锤下落产生的冲击能量将桩沉入土中,锤击沉桩是混凝土预制桩最常用的沉桩方法,该法施工速度快,机械化程度高,适用范围广,但施工时噪声污染和振动较大。

2）施工准备

a. 技术准备

（1）核对工程地质勘察资料与现场情况。

（2）进行桩基工程施工图纸绘制及图纸会审记录。

（3）编制施工方案，经审批后进行技术交底。

（4）提供建筑场地和邻近区域内的地下管线（管道、电缆）、地下构筑物等的调查资料。

（5）提供主要施工机械及其配套设备的技术性能资料。

（6）进行施工现场场地平整、定位放线、供水、供电、道路、排水、集水坑的定位及开挖等。

b. 材料准备

材料准备包括钢筋混凝土预制桩、焊条、钢板以及其他辅助机具的准备。

c. 施工机具准备

（1）桩锤选择。

桩锤有落锤、单动汽锤、双动汽锤、柴油桩锤和振动桩锤等。

（2）桩架的选择。

桩架种类较多，有多功能柴油锤桩架、履带式桩架等。

3）材料要求

①钢筋混凝土预制桩：规格、质量必须符合设计要求和施工规范的规定，并有出厂合格证明，强度要求达到100%，且无断裂等情况。②焊条（接桩用）：牌号、性能必须符合设计要求和有关标准的规定，一般宜用E43牌号。③钢板（焊接接桩用）：材质、规格符合设计要求，宜用Q235钢。④其他辅助机具有电焊机、氧割工具、索具、扳手、撬棍和钢丝刷等。

4）施工流程图

施工流程为确定打桩顺序→测量桩位→桩机就位→起吊预制桩、插桩→桩身对中调直→打桩。

5）施工工艺

（1）打桩顺序的确定。

打桩顺序是否合理直接影响打桩进度和施工质量。在确定打桩顺序时，应考虑桩对土体的挤压位移及对施工本身和附近建筑物的影响。打桩时，由于桩对土体的挤密作用，先打入的桩水平推挤而造成偏移和变位，或被垂直挤拔造成浮桩；而后打入的桩难以达到设计标高或入土深度，造成土体隆起和挤压，截桩过大。所以，群桩施打时，为了保证质量和进度，防止周围建筑物破坏，打桩前应根据桩的密集程度、桩的规格、长短和桩架移动方便程度来正确选择打桩顺序。

一般情况下，桩的中心距小于桩径或边长的4倍时就要拟定打桩顺序，桩距大于4倍桩径或边长时，打桩顺序与土壤挤压情况关系不大。打桩顺序一般分为逐排打、由中央向边缘打、由边缘向中间打和分段打等，如图3-18所示。当桩规格、埋深、长度不同时，宜先大后小，先深后浅，先长后短施打。当一侧毗邻建筑物时，由毗邻建筑物处向另一方向施打。当桩头高出地面时，桩机宜采用往后退打，否则可采用往前顶打。

（2）打桩。

打桩过程包括桩架移动和就位、吊桩和定桩、打桩、截桩和接桩等。桩机就位时桩架应

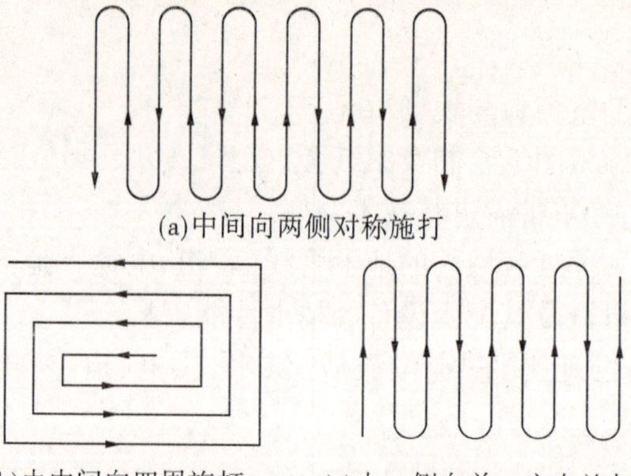

(a)中间向两侧对称施打

(b)由中间向四周施打　　(c)由一侧向单一方向施打

图 3-18　打桩顺序

垂直，导桩中心线与打桩方向一致，校核无误后将其固定，然后将桩锤和桩帽吊升起来，其高度超过桩顶再吊起桩身，送至导杆内，对准桩位，调整垂直偏差，合格后，将桩帽或桩箍在桩顶固定，并将锤缓落到桩顶上，在桩锤的作用下，桩沉入土中一定深度，达到稳定，再校正桩位及垂直度，此谓定桩。然后，打桩开始，用短落距轻击数锤至桩入土一定深度，观察桩身与桩架、桩锤是否在同一垂直线上，再以全落距施打。

桩的施打原则是“重锤低击”，这样可以使桩锤对桩头的冲击小、回弹小，桩头不易损坏，大部分能量用于沉桩。

桩开始打入时，桩锤落距宜小，一般为 0.5 ~ 0.8 m，以便使桩能正常沉入土中，待桩入土到一定深度后，桩尖不易发生偏移时，可适当增加落距逐渐提高到规定数值，继续锤击。打混凝土管桩，最大落距不得大于 1.5 m。打混凝土实心桩不得大于 1.8 m。桩尖遇到孤石或穿过硬夹层时，为了把孤石挤开和防止桩顶开裂，桩锤落距不得大于 0.8 m。

桩的入土深度的控制，对于承受轴向荷载的摩擦桩，以标高为主，以贯入度作为参考；端承桩则以贯入度为主，以标高作为参考。

(3)打桩测量和记录。

打桩系隐蔽工程施工，应作好打桩记录，作为分析和处理打桩过程中出现的质量事故和工程验收时鉴定桩的质量的重要依据。

开始打桩时需统计桩身每沉入 1 m 所需的锤击数。当桩下沉接近设计标高时，则应实测其贯入度，贯入度值指的是每 10 击(一阵)或者 1 min 桩入土深度的平均值(mm)。合格的桩除了满足贯入度和标高的要求，没有断裂，还应保证桩的垂直偏差不大于 1%，水平位移偏差不大于 100 ~ 150 mm。

打桩时要用水准仪测量控制桩顶水平标高，水准仪位置以能观测较多的桩位为宜。各种预制桩打桩完毕后，为使桩顶符合设计高程，应将桩头或无法打入的桩身截去。

6)质量标准

打桩质量包括两个方面的内容：一是能否满足贯入度或标高的设计要求，二是打入后的偏差是否在施工及验收规范允许范围以内(见表 3-8)。

表 3-8　预制桩(钢桩)桩位的允许偏差

序号	项目	允许偏差
1	盖有基础梁的桩： (1)垂直基础梁的中心线； (2)沿基础梁的中心线	 $100+0.01H$ $150+0.01H$
2	桩数为 1~3 根桩基中的桩	100
3	桩数为 4~16 根桩基中的桩	1/2 桩径或边长
4	桩数大于 16 根桩基中的桩： (1)最外边的桩； (2)中间桩	 1/3 桩径或边长 1/2 桩径或边长

注：H 为施工现场地面标高与桩顶设计标高的距离。

3. 静力压桩施工

静力压桩特别适合于软弱土地基，是在均匀软弱土中利用压桩架的自重和配重通过卷扬机的牵引传至桩顶，将桩逐节压入土中的一种施工方法。其优点为无噪声、无振动，对邻近建筑及周围环境影响小，适合于在城市，尤其是居民密集区施工。

静力压桩施工流程如下：测量放线→桩机就位→起吊预制桩(提前进行预制桩检验)→桩身对中调直→压桩→接桩→送桩→检查验收→转移桩机。

(二)混凝土灌注桩施工

混凝土灌注桩是直接在施工现场桩位上成孔，然后在孔内灌注混凝土或钢筋混凝土的一种成桩方法。

与预制桩相比避免了锤击应力，桩的混凝土强度和配筋只要满足使用要求即可，因而具有节约材料、成本低廉、施工不受地层变化的限制、无须接桩与截桩等优点。但也存在着技术间歇时间长，不能立即承受荷载，操作要求严，在软弱土层中易产生断桩、缩径，冬季施工困难等不足。

灌注桩按成孔方法分为泥浆护壁成孔灌注桩、沉管成孔灌注桩、螺旋钻成孔灌注桩、人工挖孔灌注桩、爆扩成孔灌注桩等。

灌注桩适用范围如表 3-9 所示。

表 3-9　灌注桩适用范围

序号	项目		适用范围
1	泥浆护壁成孔	冲击、冲抓、回转钻	碎石土、砂土、黏性土及风化岩
		潜水钻	黏性土、淤泥、淤泥质土及砂土
2	螺旋钻成孔	螺旋钻	地下水位以上的黏性土、砂土及人工填土
		钻孔扩底	地下水位以上的坚硬、硬塑的黏性土及中密以上的砂土
		机动洛阳铲(人工)	地下水位以上的黏性土、黄土及人工填土
3	套管成孔	锤击 振动	可塑、软塑、流塑的黏性土，稍密及松散的砂土
4	人工挖孔		黏土、粉质黏土及含少量砂、石黏土层，且地下水位低
5	爆扩成孔		地下水位以上的黏性土、黄土、碎石土及风化岩

注：d 为桩的直径，H 为桩长。

泥浆护壁成孔灌注桩是在成孔过程中采用泥浆护壁防止孔壁坍塌，机械成孔，在孔内灌注混凝土或钢筋混凝土的一种成桩方法。

1. 施工流程图

施工工艺流程如下：测量放线定好桩位→埋设护筒→钻孔机就位、调平、拌制泥浆→成孔→第一次清孔→质量检测→吊放钢筋笼→放导管→第二次清孔→灌注水下混凝土→成桩。

施工工艺流程如图3-19所示。

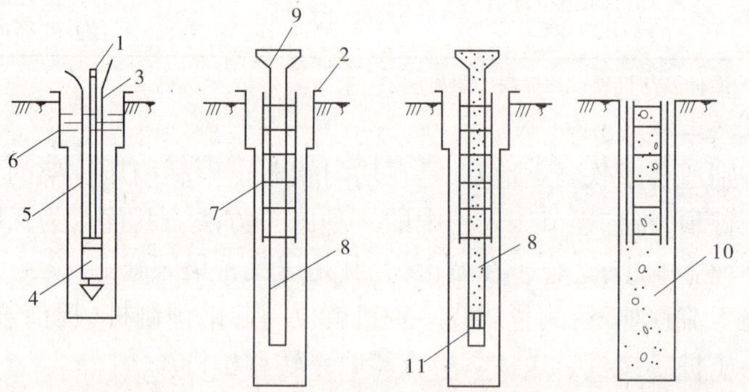

(a)埋护筒、注泥浆、水下钻孔　(b)下钢筋笼及导管　(c)水下浇筑混凝土　(d)成桩

1—钻杆；2—护筒；3—电缆；4—潜水电钻；5—输水胶管；6—泥浆；7—钢筋骨架；8—导管；9—料斗；10—混凝土；11—隔水栓

图3-19　泥浆护壁成孔灌注桩施工程序

2. 施工工艺

(1)一般要求。

①埋设护筒：护筒钢板厚度视孔径大小采用4～8 mm，内径比设计桩径大100 mm，上部开设两个溢流孔。埋置深度黏土中不小于1 m，砂土中不小于1.5 m，软弱土层宜进一步增加埋深。护筒顶面宜高出地面300 mm。护筒中心与桩定位中心重合，误差不大于50 mm。

②护壁泥浆的调制及使用：泥浆一般用水、黏土或膨润土、添加剂按一定比例配制而成，通过机械在泥浆池、钻孔中搅拌均匀。黏性土塑性指数应大于25，如采用膨润土则为用水量的8%～12%(视钻孔土质情况)。外加剂有很多种类，作用及用量另见有关规程。泥浆调制各种材料的配比及掺量要经过计算确定，并达到性能指标的要求。泥浆池一般分循环池、沉淀池、废浆池三种，从钻孔中排出的泥浆先流入沉淀池沉淀，再通过循环池重新流入钻孔，沉淀池中的泥浆超标时，由泥浆泵排至废浆池集中排放。泥浆池的容量不宜小于桩体积的3倍。在混凝土浇筑过程中，孔内泥浆应直接排入废浆池，防止沉淀池和循环池中的泥浆受到污染。

③钻孔施工：钻机就位，钻具中心与钻孔定位中心偏差不应超过20 mm，钻机应平整、稳固，保证在钻孔过程中不发生位移和晃动。钻孔时认真做好有关记录，经常对钻孔泥浆进行检测和试验。注意土层变化情况，变化时均应捞取土样，鉴定后做好记录并与地质勘察报告中的地质剖面图进行对比分析。在钻孔、停钻和排渣时应始终保持孔内规定的水位和泥浆

质量。

(2)钻机成孔。

潜水钻机是一种旋转式钻孔机,防水电机和钻头密封在一起,由桩架和钻杆定位后可潜入水、泥浆中钻孔。机架轻便灵活,钻进速度快,深度可达50 m。潜水钻机适用于小直径桩、软弱土层。

此外还有回转钻机成孔、冲击钻成孔、冲抓锥成孔等方法。

(3)清孔。

清孔分两次进行,钻孔深度达到要求后,对孔深、孔径、孔的垂直度进行检查,符合要求后进行第一次清孔;钢筋骨架、导管安放完毕,浇筑混凝土之前,进行第二次清孔。第一次清孔时利用施工机械,采用换浆、抽浆、掏渣等方法进行;第二次清孔采用正循环、泵吸反循环、气举反循环等方法进行。清孔完成后沉渣厚度:纯摩擦桩≤300 mm,端承桩≤50 mm,摩擦桩≤100 mm;泥浆性能指标:在浇筑混凝土前,孔底500 mm以内的相对密度≤1.25,黏度≤28,含砂率≤8%。不管采用何种方式进行清孔排渣,清孔时必须保证孔内水头高度,防止塌孔。不许采取加深钻孔的方式代替清孔。

(4)钢筋骨架制作安装。

钢筋骨架制作应符合设计要求。确保钢筋骨架在移动、起吊时不发生大的变形。钢筋笼四周沿长度方向每2 m设置不少于4个控制保护层厚度的垫块。骨架顶端设置吊环。

钢筋骨架的制作允许偏差为:主筋间距±10 mm,箍筋间距±20 mm,骨架外径±10 mm,骨架长度±50 mm。

钢筋骨架吊装允许偏差:倾斜度±0.5%,水下灌注混凝土保护层厚度±20 mm,非水下灌注混凝土保护层厚度±10 mm,骨架中心±20 mm,骨架顶端高程±20 mm,骨架底端高程±50 mm。钢筋笼较长时宜采用分段制作,接头时宜采用焊接。主筋净距必须为混凝土粗骨料粒径的3倍以上。钢筋笼的内径比导管接头处外径大100 mm以上。吊放时应防止碰撞孔壁,吊放后应采取措施进行固定,并保证在安放导管、清孔及灌注混凝土的过程中不发生位移。

(5)水下混凝土的配制。

水下混凝土应有良好的和易性,在运输、浇筑过程中无明显离析、泌水现象。配合比通过试验确定,在选择施工配合比时,混凝土的试配强度应比设计强度提高10%~15%,坍落度宜为180~220 mm。混凝土配合比的含砂率宜采用40%~50%,水灰比宜采用0.5~0.6。水泥用量不小于360 kg/m^3,当掺有适量缓凝剂或粉煤灰时可不小于300 kg/m^3。

(6)灌注水下混凝土。

灌注水下混凝土时,混凝土必须保证连续灌注,且灌注时间不得长于首批混凝土初凝时间。灌注方法一般采用钢制导管回顶法施工,导管内径一般为200~250 mm,壁厚不小于3 mm,直径制作偏差不超过2 mm。导管使用前应进行水密承压和接头抗拉试验,首次灌注混凝土插入导管时,导管底部应用预制混凝土塞、木塞或充气气球封堵管底。开始灌注时,应先搅拌0.5~1.0 m^3 同混凝土强度的水泥砂浆,放于料斗的底部。导管底端应始终埋入混凝土0.8~1.3 m,导管的第一节底管长度应不小于4 m。

在灌注过程中随时探测孔内混凝土的高度,调整导管埋入深度,绝对禁止导管拔出混凝土面。注意观察孔内泥浆返出和混凝土下落情况,发现问题及时处理。导管应在一定范围内上下反插，以捣固混凝土并防止混凝土的凝固和加快灌注速度。为防止钢筋骨架上浮，在灌注至钢筋骨架下方1 m左右时，应降低灌注速度；当灌注至钢筋骨架底口以上4 m时，提升导管，使其底口高于骨架底部2 m以上，此时可以恢复正常灌注。灌注桩的桩顶标高应比设计标高高出0.5～1.0 m，以保证桩头混凝土强度，多余部分进行上部承台施工时凿除，并保证桩头无松散层。灌注结束，应核对混凝土灌注数量是否正确。同一配比的试块，每班不得少于1组，每根桩不得少于1组。

第二节 砌体工程

一、常见脚手架的搭设施工要点

（一）脚手架工程基本知识

脚手架是建筑施工中堆放材料、工人进行操作及进行材料短距离水平运送的一种临时设施。

当砌筑到一定高度后，不搭设脚手架就无法进行正常的施工操作。为此，考虑到工作效率和施工组织等因素，每次脚手架的搭设高度以1.2 m为宜，称为“一步架高”，又叫砌体的可砌高度。

（二）外脚手架

1. 多立杆钢管式外脚手架的搭设与拆除

1）搭设前准备

（1）在搭设脚手架前应做好准备工作，单位工程各级负责人应按施工组织设计中有关脚手架的要求，逐级向架设和使用人员进行技术交底。

（2）搭设前应对搭设材料（钢管、扣件、脚手板等）进行检查和验收，不合格的构配件不得使用，合格的构配件按品种、规格堆放整齐。

（3）清理搭设现场、平整场地、做好排水。

2）放线、定位及铺垫板、放底座

根据脚手架的搭设高度、搭设场地土质情况进行地基处理。脚手架的柱距、排距要求进行放线、定位，垫板应准确地放在定位线上，垫板必须铺放平稳，不得悬空，双管立杆应采用双管底座或点焊在一根槽钢上。

3）杆件搭设

（1）脚手架搭设顺序：放置纵向扫地杆→竖立柱→横向扫地杆→第一步纵向水平杆→第一步横向水平杆→连墙杆（或跑撑）→第二步纵向水平杆→第二步横向水平杆……

在搭双排脚手架时，搭设扫地杆和第一步架杆件一般应多人相互配合操作。竖立杆时，一人拿起立杆并插入底座中，另一人用左脚将底座的底端踩住，并用双手将立杆竖起，准确插入底座内，要求内外排的立杆同时竖起，及时拿起纵、横向杆用直角扣件与立杆连接扣件固定，然后按规定的间距绑上临时抛撑。在竖立第一步架时，必须注意立杆的垂直度和横杆的水平度，第一步安装完成后再按上述安装上层纵、横向杆件。

（2）搭设立杆的注意事项：外径48 mm与51 mm的钢管严禁混合使用；相邻立杆的对接

扣件不得在同一高度内,应错开500 mm;开始搭设立杆时,应每隔6跨设置一根抛撑,直至连墙杆件稳定后,方可根据情况拆除;当搭设至有连墙杆的构造层时,搭设完该处的立杆、纵向水平杆、横向水平杆后,应立即设置连墙杆。

(3)搭设纵、横向水平杆的注意事项:封闭型脚手架的同一步纵向水平杆必须四周交圈,用直角扣件与内外角柱固定;双排脚手架的横向水平杆靠墙一端至墙装饰面的距离不应大于100 mm。

(4)安装扣件的注意事项:扣件规格必须与钢管外径相同,扣件螺栓拧紧力矩不应小于40 N·m,并不大于主节点处的65 N·m,固定横向水平杆(或纵向水平杆)、剪刀撑、横向斜撑等扣件中心线距主节点的距离不应大于150 mm,对接扣件的开口应朝上或朝内,各杆件端头伸出盖板边缘的长度不应小于100 mm。

4)铺脚手板

脚手板一般设置在三根横向水平杆上,当脚手板长度小于2 m时,可采用两根横向水平杆,并应将脚手板两端与其他结构可靠固定,以防倾翻。

自顶层操作层的脚手板往下计,宜每隔12 m满铺一层脚手板。

铺设脚手板的注意事项:应铺满、铺稳,靠墙一侧离墙面距离不应小于150 mm。采用对接或搭接,脚手板的探头应用直径为3.2 mm的镀锌钢丝固定在支承杆上。在拐角、斜道平台口处的脚手板,应与横向水平杆可靠连接,以防滑动。

5)安置横向斜撑和剪刀撑

双排脚手架应设置剪刀撑与横向斜撑,单排脚手架应设置剪刀撑。

剪刀撑和横向斜撑设置要求如下:

(1)每道剪刀撑跨越立柱的根数宜为5~7根,每道剪刀撑的宽度不应小于4跨,且不小于6 m,斜杆与地面的倾角宜为45°~60°。

(2)24 m以下的单排、双排脚手架,均必须在外侧立面的两端各设置一道剪刀撑,由底至顶连续设置,中间每道剪刀撑的净距不应大于15 m。

(3)24 m以上的双排脚手架应在外侧立面整个长度和高度上连续设置剪刀撑。剪刀撑斜杆的接头除顶层可以采用搭接外,其余各接头必须采用对接扣件连接。

(4)剪刀撑斜杆应用旋转扣件固定在与之相交的横向水平杆的伸出端或立柱上,旋转扣件中心线距主接点不应大于150 mm。

(5)横向斜撑的斜杆应在1~2步内,由底至顶层呈“之”字形连续布置,斜杆应采用旋转扣件固定在与之相交的立柱或横向水平杆的伸出端上。

(6)横向斜撑的间距不得超过6根立柱,与地面夹角为45°~60°,并在下脚处垫木板或金属板墩。

6)绑扎封顶杆、护身栏,安装挡脚板

在每一操作层都要设护身栏杆,安装挡脚板,在脚手架顶部设置封顶杆。

7)挂安全网

多层、高层建筑用外脚手架时,均需要设置安全网,安全网应随楼层施工进度逐步上升,高层建筑除这一道逐步的安全网外,尚应在下面间隔3~4层的部位设置一道安全网,施工过程中要经常对安全网进行检查和维修。

2. 碗扣式脚手架的搭设与拆除

1)组成与杆配件

碗扣式钢管脚手架也称多功能碗扣型脚手架。这种新型脚手架的核心部件是碗扣接头,由上下碗扣、横杆接头和上碗扣的限位销等组成,如图 3-20 所示。它具有结构简单,杆件全部轴向连接,力学性能好,接头构造合理,工作安全可靠,拆装方便,操作容易,零部件损耗率低等特点。

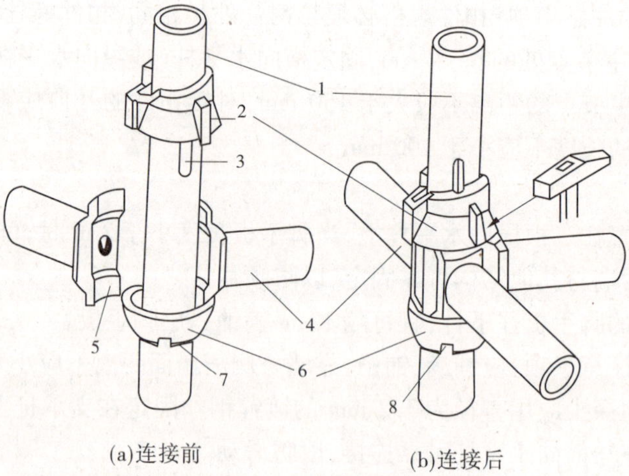

1—立柱;2—上碗扣;3—限位销;4—横杆;5—横杆接头;6—下碗扣;7—焊缝;8—流水槽

图 3-20 碗扣接头构造

上、下碗扣和限位销按 600 mm 间距设置在钢管立柱上,其中下碗扣和限位销直接焊在立柱上。将上碗扣的缺口对准限位销后,即可将上碗扣向上拉起(沿立柱向上滑动),把横杆接头插入下碗扣圆槽内,随后将上碗扣沿限位销滑下,并顺时针旋转以扣紧横杆接头(用锤敲击几下即可达到扣紧要求),碗扣式接头可同时连接 4 根横杆,横杆可相互垂直或偏转一定角度。正是由于这一点,碗扣式钢管脚手架的部件可用以搭设多种形式的脚手架,特别适合于搭设扇形表面及高层建筑施工和装饰作业两用外脚手架,还可作为模板的支撑。

碗扣式钢管脚手架的设计杆配件,按其用途可分为主构件、辅助构件、专用构件三类。主构件用以构成脚手架主体的杆部件。

2)搭设要求

碗扣式脚手架用于构件双排外脚手架时,一般立杆横向间距取 1.2 m,横杆步距取 1.8 m,立杆纵向间距根据建筑物结构、脚手架搭设高度及作业荷载等具体要求确定,可选用0.9 m、1.2 m、1.5 m、1.8 m、2.4 m 等多种尺寸,并选用相应的横杆。

(1)斜杆设置:斜杆可增强脚手架的稳定性,斜杆与横杆和立杆的连接相同。对于不同尺寸的框架应配备相应长度的斜杆。斜杆可装成节点斜杆(即斜杆接头和横杆接头装在同一碗扣接头内)或非节点斜杆(即斜杆接头和横杆接头不装在同一碗扣接头内)。

斜杆应尽量布置在框架节点上,对于高度在 30 m 以上的脚手架,可根据荷载情况,设置斜杆的面积为整架立面面积的 1/5 ~ 1/2;对于高度不超过 30 m 的高层脚手架,设置斜杆的框架面积要不小于整架面积的 1/2。在拐角边缘及端部必须设置斜杆,中间可均匀间隔布置。

横向框架内设置斜杆即廊道斜杆，对于提高脚手架的稳定强度尤为重要。对于一字形及开口形脚手架，应在两端横向框架内沿全高连续设置节点斜杆；对于30 m以下的脚手架，中间可不设廊道斜杆；对于30 m以上的脚手架，中间应每隔5 ~6跨设置一道沿全高连续搭设的廊道斜杆；对于高层和重载脚手架，除按上述构造要求设置廊道斜杆外，当横向平面框架所承受的总荷载达到或超过25 kN时，该框架应增设廊道斜杆。

当设置高层卸荷拉结杆时，须在拉节点以上第一层加设廊道水平斜杆，以防止卸荷时水平框架变形。斜杆既可用碗扣脚手架系列斜杆，也可用钢管和扣件代替。

(2)剪刀撑：竖向剪刀撑的设置应与碗扣式斜杆的设置相配合，一般高度在30 m以下的脚手架，可每隔4 ~6跨设置一组沿全高连续搭设的剪刀撑，每道剪刀撑跨越5 ~7根立杆，设剪刀撑的跨内不再设碗扣式斜杆；对于高度在30 m以上的高层脚手架，应沿脚手架外侧的全高方向连续设置，两组剪刀撑之间用碗扣式斜杆。纵向水平剪刀撑对于增强水平框架的整体性，均匀传递连墙撑的作用具有重要意义。对于30 m以上的高层脚手架，应每隔3 ~5步架设置一层连续的闭合的纵向水平剪刀撑。

(3)连墙撑：是脚手架与建筑物之间的连接件，对提高脚手架的横向稳定性、承受偏心荷载和水平荷载等具有重要作用。一般情况下，对于高度在30 m以下的脚手架，可四跨三步设置一个(约40 m^2)；对于高层及重载脚手架，则要适当加密，50 m以下的脚手架至少应三跨三步布置一个(约25 m^2)；50 m以上的脚手架至少应三跨二步布置一个(约20 m^2)。连墙杆设置应尽量采用梅花形布置方式。另外，当设置宽挑架、提升滑轮、安全网支架、高层卸荷拉结杆等构件时，应增设连墙撑，对于物料提升架也相应地增设连墙撑数目。

连墙撑应尽量连接在横杆层碗扣接头内，同脚手架、墙体保持垂直，并随建筑物及架子的升高及时设置。其他搭设要求同扣件式钢管脚手架。

高层卸荷拉结杆主要是为减轻脚手架荷载而设计的一种构件。高层卸荷拉结杆的设置要根据脚手架的高度和作业荷载而定，一般每30 m卸荷一次，但总高度在50 m以下的脚手架可不用卸荷。卸荷层应将拉结杆同每一根立杆连接卸荷，设置时，将拉结杆一端用预埋件固定在墙体上，另一端固定在脚手架横杆层下碗扣底下，中间用索具螺旋调节拉杆，以达到悬吊卸荷的目的。卸荷层要设置水平廊道斜杆，以增强水平框架刚度。另外，要用横托撑将建筑物顶紧，以平衡水平力。上、下两层增设连墙撑。

对一般方形建筑物的外脚手架，在拐角处两直角交叉的排架要连在一起，以增强脚手架的整体稳定性。连接形式可以采用直接拼接法和直角撑搭接法两种，直角撑搭接可实现任意部位直角交叉。

碗扣式脚手架还可搭设为单排脚手架、满堂脚手架、支撑架、移动式脚手架、提升井架和悬挑脚手架等。

3)拆除

当脚手架使用完成后，制订拆除方案，拆除前应对脚手架作一次全面检查，清除所有多余物件，并设立拆除区，严禁人员进入。

拆除顺序为自上而下逐层拆除，不容许上、下两层同时拆除。连墙撑只能在拆到该层时才许拆除，严禁在拆架前先拆连墙撑。

拆除的构件应用吊具吊下，或人工递下，严禁抛掷。拆除的构件应及时分类堆放，以便运输、保管。

3. 门式脚手架的搭设与拆除

1）基本结构和主要构件

门式脚手架又称多功能门式脚手架，是目前国际上应用最普遍的脚手架之一。它是由门式框架、剪刀撑和水平梁或脚手板构成的基本单元。将基本单元连接起来（或增加梯子、栏杆等部件）即构成整片脚手架。

门式脚手架部件之间的连接采用方便可靠的自锚结构，如图 3-21 所示，常用形式为：

（1）制动片式。

如图 3-21（a）所示，在挂扣的固定片上，铆有主制动片和被制动片，安装前二者脱开，开口尺寸大于门架横梁直径，就位后，将被制动片按逆时针方向转动卡住横梁，主制动片即自行落下将被动片卡住，使脚手板（或水平梁架）自锚于门架横梁上。

（2）偏重片式。

如图 3-21（b）所示，用于门架与剪刀撑的偏重片式连接。它是在门架竖管上焊一段端头开柄的Φ 12 圆钢，槽呈坡形，上口长 23 mm，下口长 20 mm，槽内设一偏重片（用Φ 10 圆钢制成，厚 2 mm，一端保持原直径），在其近端处开一椭圆形孔，安装时置于虚线位置，其端部斜面与槽内斜面相合，不会转动，而后装入剪刀撑，就位后将偏重片稍向外拉，自然旋转到实线位置，达到自锁。

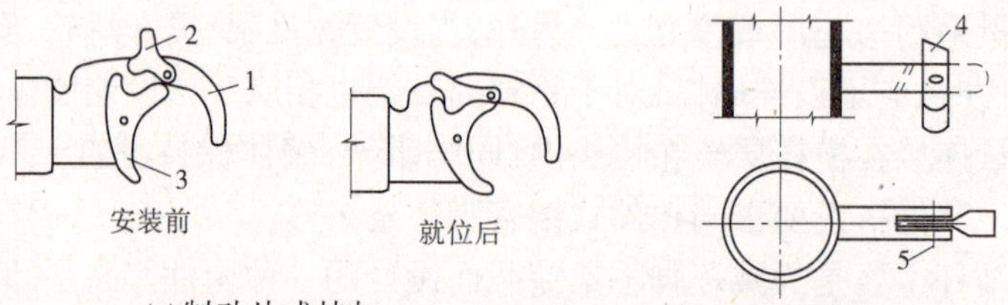

(a)制动片式挂扣　　(b)偏重片式锚扣

1—固定片；2—主制动片；3—被制动片；4—Φ 10 圆钢偏重片；5—铆钉

图 3-21　门式脚手架连接形式

2）搭设与拆除要求

门式脚手架一般按以下程序搭设：铺放垫木（板）→拉线、放底座→自一端起立门架并随即装剪刀撑→装水平梁架（或脚手板）→装梯子→（需要时，装设常用的纵向水平杆）→装设连墙杆→照上述步骤，逐层向上安装→装加强整体刚度的长剪刀撑→装设顶部栏杆。

搭设门式脚手架时，基底必须严格夯实抄平，并铺可调底座，以免发生塌陷和不均匀沉降。首层门式脚手架垂直度（门架竖管轴线的偏移）偏差不大于 2 mm，水平度（门架平面方向和水平方向的偏移）偏差不大于 5 mm。门架的顶部和底部用纵向水平杆和扫地杆固定。门架之间必须设置剪刀撑和水平梁架（或脚手板），其间连接应可靠，以确保脚手架的整体刚度。因进行作业需要临时拆除脚手架内侧剪刀撑时，应先在该层里侧上部加设纵向水平杆，以后再拆除剪刀撑。作业完毕后立即将剪刀撑重新装上，并将纵向水平杆移到下或上一作业层上。整片脚手架必须适量放置水平加固杆（纵向水平杆），前三层要每层设置，三层以上则每隔三层设一道。在架子外侧面设置长剪刀撑（Φ 48 脚手钢管，长 6 ~ 8 m），其高度和宽度为 3 ~ 4 个步距和柱距，与地面夹角为 45° ~ 60°，相邻长剪刀撑之间相隔 3 ~ 5 个柱距，沿全高设置。使用连墙管或连墙器将脚手架和建筑结构紧密连接，连墙点的最大间距，在垂直方向上为6 m,在水平方向上为8 m。高层脚手架应增加连墙点布设密度。脚手架在转角处必须作好连接和与墙拉结,并利用钢管和回转扣件把处于相交方向的门架连接起来。

拆除架子时应自上而下进行,部件拆除顺序与安装顺序相反。不允许将拆除的部件直接从高空掷下。应将拆下的部件分品种捆绑后,使用垂直吊运设备将其运至地面,集中堆放保管。

(三)里脚手架

里脚手架用于在楼层上砌墙、装饰和砌筑围墙等。

脚手架检查与验收标准见表3-10。

表3-10 脚手架检查与验收标准

序号	项目		容许偏差	检查方法
1	立杆垂直度		≤H/200 且≤100	吊线
2	间距(mm)	步距偏差	±20	钢卷尺
		柱距偏差	±50	
		排距偏差	±20	
3	大横杆高差(mm)	一根杆两端	±20	水平仪、水平尺
		同跨内、外大横杆高差	±10	
4	扣件螺栓拧紧扭力矩(N·m)		40~65	扭力扳手
5	剪刀撑与地面倾角		45°~60°	角尺
6	脚手板外伸长度	对接	100≤a≤150	卷尺
		搭接	a≥100	卷尺

二、砖、石砌体施工工艺流程及施工要点

(一)砖砌体砌筑

1. *砖砌体砌筑工艺*

抄平→放(弹)线→摆砖样(排脚、铺底)→立皮数杆→盘角(砌头角)→挂线→砌筑→勾缝→楼层轴线标高引测及检查等。

1) *抄平、放线*

为了保证建筑物平面尺寸和各层标高的正确,砌筑前,必须准确地定出各层楼面的标高和墙柱的轴线位置,以作为砌筑时的控制依据。

砌墙前应在基础防潮层或楼层上定出各层标高,并用M7.5水泥砂浆或C10细石混凝土找平,使各段砖墙底部标高符合设计要求。找平时,需使上、下两层外墙之间不致出现明显的接缝。

根据龙门板上给定的轴线及图纸上标注的墙体尺寸,在基础顶面上用墨线弹出墙的轴线和宽度线,并分出门洞口位置线。二楼以上墙的轴线可以用经纬仪或垂球将轴线引上,并弹出各宽度线,划出门洞口位置线。

2) *摆砖样*

摆砖样是指在基础墙顶面上,按墙身长度和组砌方式先用砖块试摆。摆砖的目的是使

每层砖的砖块排列和灰缝均匀，并尽可能减少砍砖，组砌得当。在砌清水墙时尤其重要。

3）立皮数杆

皮数杆是一种方木标志杆。皮数杆是指在其上划有每皮砖和砖缝厚度，以及门窗洞口、过梁、楼板、梁底、预埋件等标高位置的一种木制标杆。它是砌筑时控制砌体竖向尺寸的标志。

4）盘角（砌头角）、挂线

皮数杆立好后，通常是先按皮数杆砌墙角（盘角），每次盘角不得超过五皮砖，在砌筑过程中应勤靠勤吊，一般三皮一吊，五皮一靠，把砌筑误差消灭在操作过程中，以保证墙面垂直、平整。砌一砖半厚以上的砖墙必须双面挂线，然后将准线挂在墙角上，拉线砌中间墙身。一般三七厚以下的墙身，砌筑单面挂线即可，更厚的墙身砌筑则应双面挂线。墙角是确定墙身的主要依据，其砌筑的好坏，对整个建筑物的砌筑质量有很大影响。

5）墙体砌筑、勾缝

砖砌体的砌筑方法有“三一砌法”、挤浆法、刮浆法和满口灰法等。一般采用一块砖、一铲灰、一挤揉的“三一砌法”。清水墙砌完后，应进行勾缝，勾缝是砌清水墙的最后一道工序。

勾缝的方法有两种：一种是原浆勾缝，即利用砌墙的砂浆随砌随勾，多用于内墙面；另一种是加浆勾缝，即待墙体砌筑完毕，利用1∶1的水泥砂浆或加色砂浆进行勾缝。勾缝要求横平竖直，深浅一致，搭接平整并压实抹光。勾缝完毕应清扫墙面。

2. 砖砌体的技术要求

砖砌体砌筑时砖和砂浆的强度等级必须符合设计要求。

砌筑时水平灰缝的厚度一般为8～12 mm，竖缝宽一般为10 mm。为了保证砌筑质量，墙体在砌筑过程中应随时检查垂直度，一般要求做到三皮一吊线、五皮一靠尺。为减少灰缝变形引起砌体沉降，一般每日砌筑高度以不超过1.5 m为宜。当施工过程中可能遇到大风时，应遵守规范所允许自由高度的限制。

砖砌体相邻工作段的高度差，不得超过一个楼层的高度，也不宜大于4 m。工作段的分段位置宜设在伸缩缝、沉降缝、防震缝或门窗洞口处。砌体临时间断处的高度差不得超过一步架高。

当砌砖工程采用铺浆法砌筑时，铺浆长度不得超过750 mm；施工期间气温超过30 ℃时，铺浆长度不得超过500 mm。

（1）墙体的接槎。接槎是指先砌砌体和后砌砌体之间的接合方式。砖墙转角处和交接处应同时砌筑，严禁无可靠措施的内外墙分砌施工。对不能同时砌筑而又必须留置的临时间断处，应砌成斜槎，斜槎水平投影长度不应小于高度的2/3，多孔砖不小于1/2高度。若临时间断处留斜槎确有困难，除转角处外，可留直槎，但直槎必须做成阳槎，并应加设拉结钢筋，拉结钢筋的数量为每120 mm墙厚放置1 Φ 6拉结钢筋（120 mm厚墙放置2 Φ 6拉结钢筋），间距沿墙高不应超过500 mm，埋入长度从留槎处算起每边均不应小于500 mm，对抗震设防烈度6度、7度地区，不应小于1 000 mm；末端应有90°弯钩。

隔墙与墙或柱如不同时砌筑而又不留成斜槎，可于墙或柱中引出阳槎，并于墙的立缝处预埋拉结筋，其构造要求同上，但每道不少于2根钢筋。

施工时需在砖墙中留置的临时孔洞，其侧边离交接处的墙面不应小于500 mm；洞口净宽度不应超过 1 m 且顶部应设置过梁。抗震设防烈度为 9 度地区的建筑物,临时孔洞的留置应会同设计单位研究决定。

不得在下列墙体或部位中留设脚手眼:①空斗墙、半砖墙和砖柱;②砖过梁上与过梁成 60°的三角形范围及过梁净跨度 1/2 的高度范围内;③宽度小于 1 m 的窗间墙;④梁或梁垫下及其左右各 500 mm 的范围内;⑤砖砌体门窗洞口两侧 200 mm 和转角 450 mm 的范围内,石砌体门窗洞口两侧 300 mm 和转角 600 mm 的范围内;⑥设计不允许设置脚手眼的部位,如不大于 80 mm×140 mm,可不受③、④、⑤规定的限制。

(2)混凝土构造柱的施工。设混凝土构造柱的墙体,混凝土构造柱的截面一般为 240 mm×240 mm,钢筋采用Ⅰ级钢筋,竖向受力钢筋一般采用 4 根,直径为 12 mm。箍筋采用直径为 6 mm,其间距为 200 mm,楼层上下 500 mm 范围内应适当地加密箍筋,其间距为 100 mm。构造柱的竖向受力钢筋应在基础梁和楼层圈梁中锚固,并应符合受拉钢筋的锚固长度要求。砖墙与构造柱应沿墙高每隔 500 mm 设置 2 根直径 6 mm 的水平拉结筋,拉结筋每边伸入墙内不应小于 1 m。当墙上门窗洞边到构造柱边的长度小于 1 m 时,水平拉结筋伸到洞口边为止。

砖墙与构造柱相接处,应砌成马牙槎,每个马牙槎高度方向的尺寸不宜超过 300 mm(或五皮砖砖高);每个马牙槎应退进 60 mm。每个楼层面应先退槎、后进槎。

(二)石砌体施工

砌筑用的石料分为毛石、料石两类。

毛石又分为乱毛石和平毛石。乱毛石指形状不规则的石块;平毛石指形状不规则,但有两个平面大致平行的石块。毛石的中部厚度不应小于 150 mm。

料石按其加工面的平整程度分为细料石、粗料石和毛料石三种。料石的宽度、厚度均不宜小于 200 mm,长度不宜大于厚度的 4 倍。石材的强度等级分为 MU100、MU80、MU60、MU50、MU40、MU30 和 MU20、MU15 和 MU10。

石砌体一般用于两层以下的居住房屋及挡土墙等,一般采用水泥砂浆或混合砂浆砌筑,砂浆稠度 30~50 mm,二层以上石墙的砂浆标号不小于 M2.5。

1.料石砌体施工

1)料石砌体砌筑要点

料石砌体应采用铺浆法砌筑,砌筑料石砌体时,料石应放置平稳,砂浆必须饱满。砂浆铺设厚度应略高于规定灰缝厚度,其高出厚度:细料石宜为 3~5 mm;粗料石、毛料石宜为 6~8 mm。

料石砌体的灰缝厚度:细料石砌体不宜大于 5 mm;粗料石和毛料石砌体不宜大于 20 mm。料石砌体的水平灰缝和竖向灰缝的砂浆饱满度均应大于 80%。料石砌体上、下皮料石的竖向灰缝应相互错开,错开长度应不小于料石宽度的 1/2。

2)料石基础

料石基础的第一皮料石应坐浆丁砌,以上各层料石可按一顺一丁进行砌筑,阶梯形料石基础,上级阶梯的料石至少压砌下级阶梯料石的 1/3,如图 3-22 所示。

3)料石墙

料石墙厚度等于一块料石宽度时,可采用全顺砌筑形式。料石墙厚度等于两块料石宽度时,可采用两顺一丁或丁顺组砌的砌筑形式。两顺一丁是两皮顺石与一皮丁石相间。丁顺组砌是同皮内侧顺石与丁石相间，可一块顺石与顶石相间或两块顺石与一块丁石相间，丁石应交错设置，其中距不应大于 2.0 m，如图 3-23 所示。

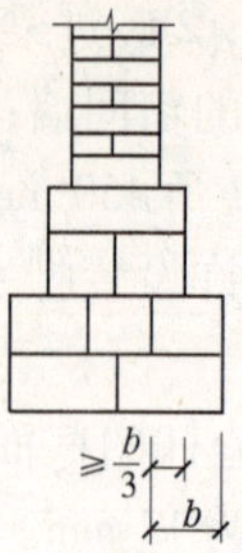

图 3-22　阶梯形料石基础

(a)两顺一丁　　(b)丁顺组砌

图 3-23　料石墙组砌形式

2. 毛石砌体施工

1)毛石砌体砌筑要点

毛石砌体应采用铺浆法砌筑。砂浆必须饱满，砂浆饱满度应大于 80%。

毛石砌体应分皮卧砌，上下错缝，内外搭砌，不得采用外面侧立毛石中间填心的砌筑方法；中间不得有铲口石（尖石倾斜向外的石块）、斧刃石（尖石向下的石块）和过桥石（仅在两端搭砌的石块），如图 3-24 所示。

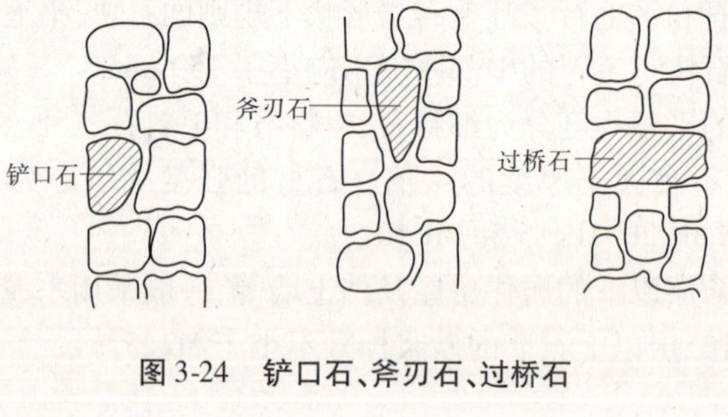

图 3-24　铲口石、斧刃石、过桥石

毛石砌体的灰缝厚度宜为 20 ~ 30 mm，石块间不得有相互接触现象。石块间较大的空隙应填塞砂浆后用碎石块嵌实，不得采用先放碎石后填塞砂浆或干填碎石块的方法。

2)毛石基础施工

砌筑毛石基础所用的毛石应质地坚硬、无裂纹，尺寸为 200 ~ 400 mm，质量为 20 ~ 30 kg，强度等级一般为 MU20 以上，采用 M2.5 或 M5.0 水泥砂浆砌筑，灰缝厚度一般为 20 ~ 30 mm，稠度为 5 ~ 7 cm，但不宜采用混合砂浆。

砌筑毛石基础的第一皮石块应坐浆，选大石块并将大面向下，转角处、交接处用较大的平毛石砌筑，然后分皮卧砌，上下错缝，内外搭砌；每皮高度为 300 mm，搭接不小于 80 mm；毛石基础扩大部分，如做成阶梯形，上级阶梯的石块应至少压砌下级阶梯的 1/2，每阶内至少砌两皮，扩大部分每边比墙宽出 100 mm，二层以上应采用铺浆砌法；毛石每日可砌高为 1.2 m，为增加整体性和稳定性，应大、中、小毛石搭配使用，并按规定设置拉结石，拉结石应分布均匀，毛石基础同皮内每隔 2 m 左右设置一块。拉结石长度应超过基础宽度的 2/3，毛石砌到室内地坪以下 5 cm，应设置防潮层，一般用 1∶2.5 的水泥砂浆加适量防水剂铺设，厚度为 20 mm,如图 3-25 所示。

3)毛石墙施工

毛石墙是用乱毛石或平毛石与水泥砂浆或混合砂浆砌筑而成的。毛石墙的转角可用平毛石或料石砌筑。毛石墙的厚度不应小于 350 mm。

施工时根据轴线放出墙身里外两边线,挂线每皮(层)卧砌,每层高度为 200 ~ 300 mm。砌筑时应采用铺浆法,先铺灰后摆石。毛石墙的第一皮、每一楼层最上一皮、转角处、交接处及门窗洞口处用较大的平毛石砌筑,转角处最好用加工过的方整石。毛石墙砌筑时应先砌筑转角处和交接处,再砌中间墙身,石砌体的转角处和交接处应同时砌筑。对不能同时砌筑而又必须留置的临时间断处,应砌成斜槎。砌筑时石料大小搭配,大面朝下,外面平齐,上下错缝,内外交错搭砌,逐块卧砌坐浆。灰缝厚度不宜大于 20 mm,保证砂浆饱满,不得有干接现象。石块间较大的空隙应先堵塞砂浆,后用碎石块嵌实。为增加砌体的整体性,石墙面每 0.7 m^2 内,应设置一块拉结石,同皮的水平中距不得大于 2.0 m,拉结长度为墙厚。

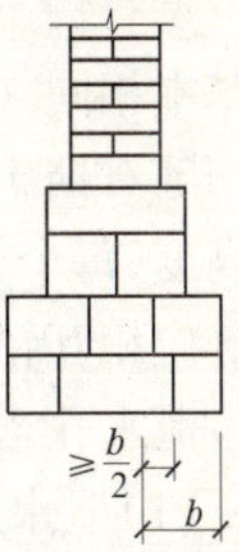

图 3-25　阶梯形毛石基础

石墙砌体每日砌筑高度不应超过 1.2 m,但室外温度在 20 ℃以上时停歇 4 h 后可继续砌筑。石墙砌至楼板底时要用水泥砂浆找平。门窗洞口可用黏土砖作砖砌平拱或放置钢筋混凝土过梁。

石墙与实心砖的组合墙中,石与砖应同时砌筑,并每隔 4 ~ 6 皮砖用 2 ~ 3 皮砖与石砌体拉结砌合,毛石墙与砖墙相接的转角处和交接处应同时砌筑(见图 3-26)。

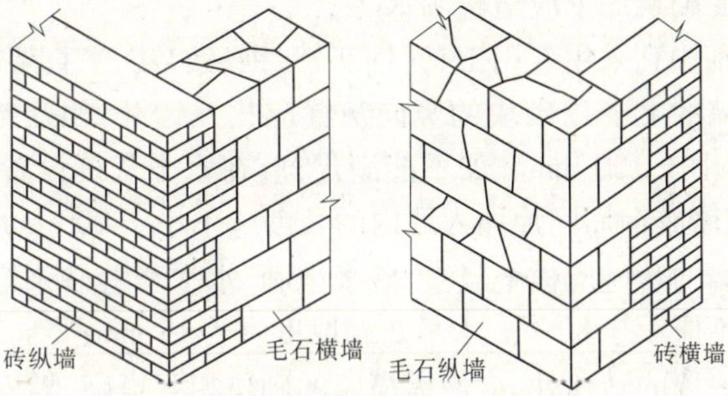

(a)转角处毛石墙和砖墙相接

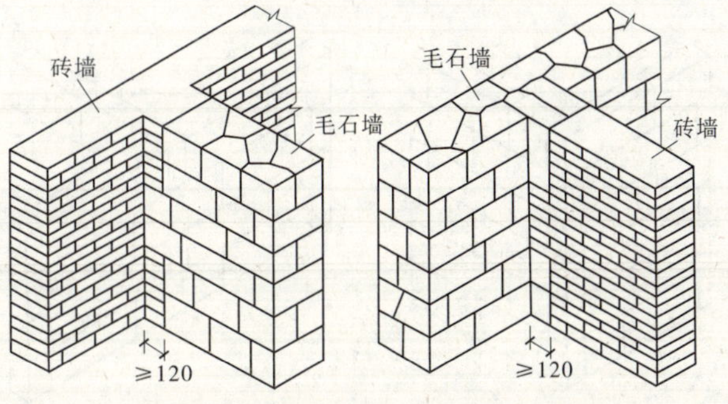

(b)交接处毛石墙和砖墙相接

图 3-26　毛石墙和砖墙相接的转角处和交接处同时砌筑

4)毛石挡土墙

毛石挡土墙是用平毛石或乱毛石与水泥砂浆砌成的。毛石挡土墙的砌筑要点与毛石基础基本相同。石砌挡土墙除按石墙规定砌筑外还需满足下列要求：

毛石挡土墙的砌筑，要求毛石的中部厚度不宜小于 20 cm；每砌 3～4 皮毛石为一个分层高度，每个分层高度应找平一次；外露面的灰缝宽度不得大于 40 mm，上下皮毛石的竖向灰缝应相互错开 80 mm 以上；应按照设计要求收坡或退台，并设置泄水孔。

泄水孔当设计无规定时，施工中应符合下列规定：

(1)泄水孔应均匀布置，在每米高度上间隔 2 m 左右设置一个泄水孔；

(2)泄水孔与土体间铺设长宽各为 300 mm、厚 200 mm 的卵石或碎石作疏水层，在砌筑挡土墙时，还应按规定留设伸缩缝。料石挡土墙宜采用同皮内丁顺相间的砌筑形式。

当中间部分用毛石填砌时，丁砌料石伸入毛石部分的长度不应小于 200 mm。

三、砌块砌体施工工艺流程及施工要点

(一)加气混凝土砌块砌筑

1. 加气混凝土砌块砌体施工

承重加气混凝土砌块砌体所用砌块强度等级应不低于 A.5，砂浆强度不低于 M5。

加气混凝土砌块砌筑前，应根据建筑物的平面、立面图绘制砌块排列图。在墙体转角处设置皮数杆，皮数杆上画出砌块皮数及砌块高度，并在相对砌块上边线间拉准线，依准线砌筑。

加气混凝土砌块的砌筑面上应适量洒水。

砌筑加气混凝土砌块宜采用专用工具(铺灰铲、锯、钻、镂、平直架等)。

加气混凝土砌块墙的上下皮砌块的竖向灰缝应相互错开，相互错开长度宜为 300 mm (1/3 砌块长度)，并不小于 150 mm。如不能满足，应在水平灰缝设置 2 Φ 6 的拉结钢筋或 Φ 4 钢筋网片，拉结钢筋或钢筋网片伸入墙内的长度应不小于 700 mm。

加气混凝土砌块墙的灰缝应横平竖直，砂浆饱满，水平灰缝砂浆饱满度不应小于 90%；竖向灰缝砂浆饱满度不应小于 80%。水平灰缝厚度宜为 15 mm；竖向灰缝宽度宜为 20 mm。

在加气混凝土砌块墙的转角处，应使纵横墙的砌块相互搭砌，隔皮砌块露端面。在加气混凝土砌块墙的 T 字交接处，应使横墙砌块隔皮露端面，并坐中于纵墙砌块(见图 3-27)。

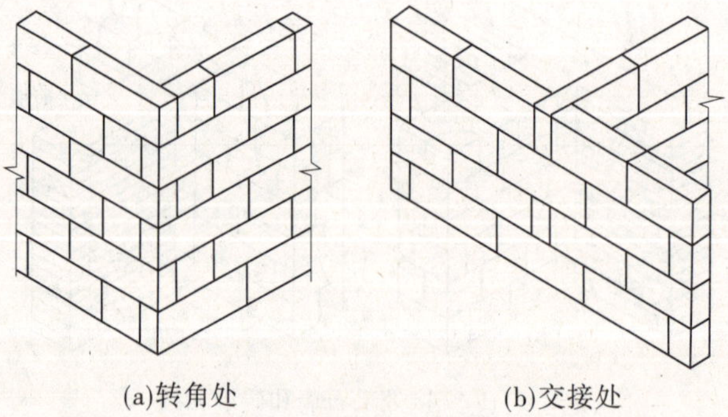

(a)转角处　　(b)交接处

图 3-27　加气混凝土砌块墙的转角处、交接处砌法

2.加气混凝土砌块砌体质量

加气混凝土砌块砌体质量分为合格和不合格两个等级。

(1)加气混凝土砌块砌体质量合格应符合以下规定:

①主控项目应全部符合规定。

②一般项目应有80%及以上的抽检处符合规定,或偏差值在允许偏差范围以内。

(2)加气混凝土砌块砌体主控项目:

砌块和砌筑砂浆的强度等级应符合设计要求。

检验方法:检查砌块的产品合格证书、产品性能检测报告和砂浆试块试验报告。

(3)加气混凝土砌块砌体一般项目:

①砌体一般尺寸的允许偏差应符合表3-11的规定。

抽检数量:对表中1、2项,在检验批的标准间中随机抽查10%,且不应少于3间;大面积房间和楼道接两个轴线或每10延长米按一标准间计数。每间检验不应少于3处。对表中3、4项,在检验批中抽检10%,且不应少于5处。

表3-11 加气混凝土砌体一般尺寸允许偏差

项次	项目		允许偏差(mm)	检验方法
1	轴线位移		10	用尺检查
	垂直度	小于或等于3 m	5	用2 m托线板或吊线、尺检查
		大于3 m	10	
2	表面平整度		8	用2 m靠尺和楔形塞尺检查
3	门窗洞口高、宽(后塞口)		±5	用尺检查
4	外墙上、下窗口偏移		20	用经纬仪或吊线检查

②加气混凝土砌块不应与其他块材混砌。

抽检数量:在检验批中抽检20%,且不应少于5处。

检验方法:外观检查。

③加气混凝土砌块砌体的灰缝砂浆饱满度不应小丁80%。

抽检数量:每步架子不少于3处,且每处不应少于3块。

检验方法:用百格网检查砌块底面砂浆的黏结痕迹面积。

④加气混凝土砌块砌体留置的拉结钢筋或网片的位置与砌块皮数相符合。拉结钢筋或网片应置于灰缝中,埋置长度应符合设计要求,竖向位置偏差不应超过一皮砌块高度。

抽检数量:在检验批中抽检20%,且不应少于5处。

检验方法:观察和用尺量检查。

⑤砌块砌筑时应错缝搭接,搭接长度不应小于砌块长度的1/3;竖向通缝不应大于2皮。

抽检数量:在检验批的标准间中抽查10%,且不应少于3间。

检验方法:观察和用尺检查。

⑥加气混凝土砌块砌体的水平灰缝厚度及竖向灰缝宽度分别宜为15 mm和20 mm。

抽检数量:在检验批的标准间中抽查10%,且不应少于3间。

检验方法:用尺量 5 皮砌块的高度和 2 m 砌体长度。

⑦加气混凝土砌块墙砌至接近梁、板底时,应留一定空隙,待墙体砌筑完并应至少间隔 7 d 后,再将其补砌挤紧。

抽检数量:每验收批抽 10% 墙片(每两柱间的填充墙为 1 墙片),且不应少于 3 墙片。

检验方法:观察检查。

(二)混凝土空心砌块施工

1.一般构造要求

混凝土小型空心砌块砌体所用的材料,除满足强度计算要求外,尚应符合下列要求:

(1)对室内地面以下的砌体,应采用普通混凝土小砌块和不低于 M5 的水泥砂浆。

(2)五层及五层以上民用建筑的底层墙体,应采用不低于 MU5 的混凝土小砌块和 M5 的砌筑砂浆。

(3)在墙体的下列部位,应用 C20 混凝土灌实砌块的孔洞:①底层室内地面以下或防潮层以下的砌体。②无圈梁的楼板支承面下的一皮砌块。③没有设置混凝土垫块的屋架、梁等构件支承面下,高度不应小于 600 mm,长度不应小于 600 mm 的砌体。④挑梁支承面下,距墙中心线每边不应小于 300 mm,高度不应小于 600 mm 的砌体。

砌块墙与后砌隔墙交接处,应沿墙高每隔 400 mm 在水平灰缝内设置不少于 2 Φ 4、横筋间距不大于 200 mm 的焊接钢筋网片,钢筋网片伸入后砌隔墙内不应小于 600 mm。

2.施工工艺要点

1)小砌块施工

普通混凝土小砌块不宜浇水;当天气干燥炎热时,可在砌块上稍加喷水润湿;轻集料混凝土小砌块施工前可洒水,但不宜过多。龄期不足 28 d 及潮湿的小砌块不得进行砌筑。应尽量采用主规格小砌块,小砌块的强度等级应符合设计要求,并应清除小砌块表面污物和芯柱用小砌块孔洞底部的毛边。

在房屋四角或楼梯间转角处设立皮数杆,皮数杆间距不得超过 15 m。皮数杆上应画出各皮小砌块的高度及灰缝厚度。在皮数杆上相对小砌块上边线之间拉准线,小砌块依准线砌筑。小砌块砌筑应从转角或定位处开始,内外墙同时砌筑,纵横墙交错搭接。外墙转角处应使小砌块隔皮露端面;T 字交接处应使横墙小砌块隔皮露端面,纵墙在交接处改砌两块辅助规格小砌块(尺寸为 290 mm × 190 mm × 190 mm,一头开口),所有出露端面用水泥砂浆抹平(见图 3-28)。

(a)转角处

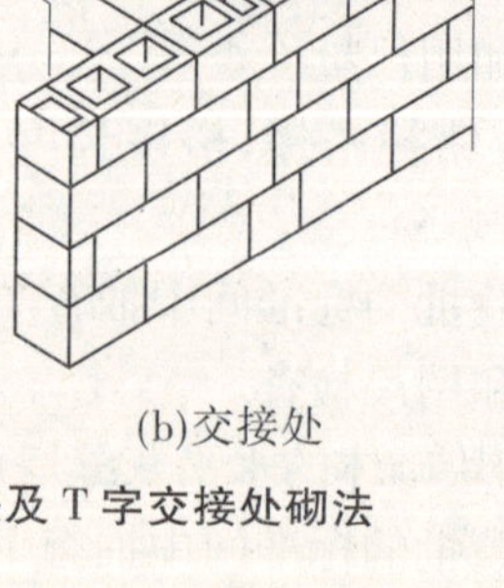

(b)交接处

图 3-28　小砌块墙转角处及 T 字交接处砌法

小砌块应对孔错缝搭砌。上、下皮小砌块竖向灰缝相互错开190 mm。个别情况下,当无法对孔砌筑时,普通混凝土小砌块错缝长度不应小于90 mm,轻骨料混凝土小砌块错缝长度不应小于120 mm;当不能保证此规定时,应在水平灰缝中设置2 Φ 4 钢筋网片,钢筋网片每端均应超过该垂直灰缝,其长度不得小于300 mm(见图3-29)。

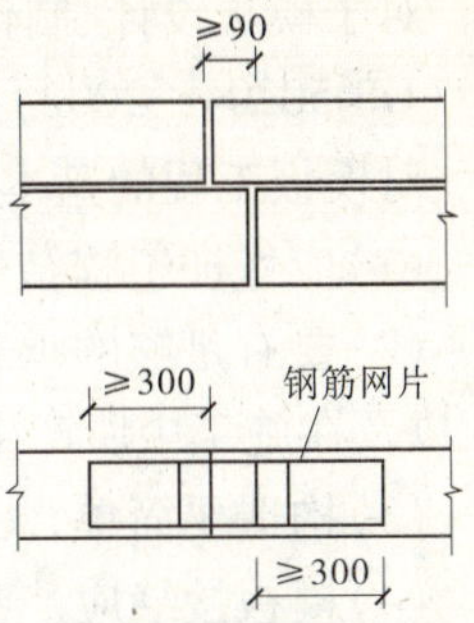

图3-29　水平灰缝中的拉结筋

小砌块砌体的灰缝应横平竖直,全部灰缝均应铺填砂浆;水平灰缝的砂浆饱满度不得低于90%;竖向灰缝的砂浆饱满度不得低于80%;砌筑中不得出现瞎缝、透明缝。水平灰缝厚度和竖向灰缝宽度应控制在8～12 mm。当缺少辅助规格小砌块时,砌体通缝不应超过两皮砌块。

小砌块砌体临时间断处应砌成斜槎,斜槎长度不应小于斜槎高度的2/3(一般按一步脚手架高度控制);如留斜槎有困难,除外墙转角处及抗震设防地区,砌体临时间断处不应留直槎外,可从砌体面伸出200 mm砌成阴阳槎,并沿砌体高每三皮砌块(600 mm),设拉结筋或钢筋网片,接槎部位宜延至门窗洞口。

承重砌体严禁使用断裂小砌块或壁肋中有竖向凹形裂缝的小砌块砌筑,也不得采用小砌块与烧结普通砖等其他块体材料混合砌筑。

小砌块砌体相邻工作段的高度差不得大于一个楼层高度或4 m。

在常温条件下,普通混凝土小砌块的日砌筑高度应控制在1.8 m内;轻骨料混凝土小砌块的日砌筑高度应控制在2.4 m内。

对砌体表面的平整度和垂直度、灰缝的厚度和砂浆饱满度应随时检查,校正偏差。在砌完每一楼层后,应校核砌体的轴线尺寸和标高,对在允许范围内的轴线及标高的偏差,可在楼板面上予以校正。

2)芯柱施工

芯柱部位宜采用不封底的通孔小砌块,当采用半封底小砌块时,砌筑前必须打掉孔洞毛边。

在楼(地)面砌筑第一皮小砌块时,在芯柱部位,应用开口砌块(或U形砌块)砌出操作孔,在操作孔侧面宜预留连通孔,必须清除芯柱孔洞内的杂物及削掉孔内凸出的砂浆,用水冲洗干净,校正钢筋位置并绑扎或焊接固定后,方可浇灌混凝土。

芯柱钢筋应与基础或基础梁中的预埋钢筋连接,上下楼层的钢筋可在楼板面上搭接,搭接长度不应小于40d(d为钢筋直径)。

第三节　钢筋混凝土工程

一、常见模板的种类、特性及安拆施工要点

(一)模板作用及要求

模板作用:成型混凝土。模板又称模型板,是使新浇混凝土结构和构件按所要求的几何尺寸成型的模型板。

对于模板设计、制作和施工等方面的要求，应符合《混凝土结构工程施工质量验收规范》(GB 50204—2002)中关于模板工程的规定。

对模板工程的基本要求如下：

(1)应保证工程结构和构件各部分形状、尺寸和相互位置的正确。

(2)要有足够的承载能力、刚度和稳定性，并能可靠地承受新浇筑混凝土的重量和侧压力，以及在施工中所产生的其他荷载。

(3)构造要简单，装拆要方便，并便于钢筋的绑扎与安装，有利于混凝土的浇筑及养护。

(4)模板接缝应严密，不得漏浆。

(二)模板分类

按模板所用的材料不同，分为木模板、钢模板、胶合板模板、钢木模板、钢竹模板、塑料模板、玻璃模板、铝合金模板等。

按模板的形状不同，分为平面模板和曲面模板。

按施工工艺不同，分为组合式模板(如木模板、组合钢模板)、工具模板(如大模板、滑模、爬模、飞模、模壳等)、胶合板模板和永久性模板。

按模板规格型式不同，分为定型模板(即定型组合模板、如小钢模板)和非定型模板(散装模板)。

按其结构的类型不同分为基础模板、柱模板、楼板模板、墙模板、壳模板和烟囱模板等。

按模板使用特点分为固定式、拆移式、移动式和滑动式。固定式用于现浇特殊部位，不能重复使用，后三种都能重复使用。

(三)现浇混凝土结构构件的模板构造

1. 基础模板

基础模板的特点是一般高度不高，但体积较大，当土质良好时，可以不用侧模，采取原槽灌注，这样比较经济，但通常需要支模板。

阶梯形基础模板，每一台阶模板由四块侧板拼钉而成，四块侧板用木档拼成方框。上台阶模板通过轿杠木，支撑在下台阶上，下层台阶模板的四周要设斜撑及平撑。杯口形基础模板在杯口位置要装设杯芯模，如图3-30所示。

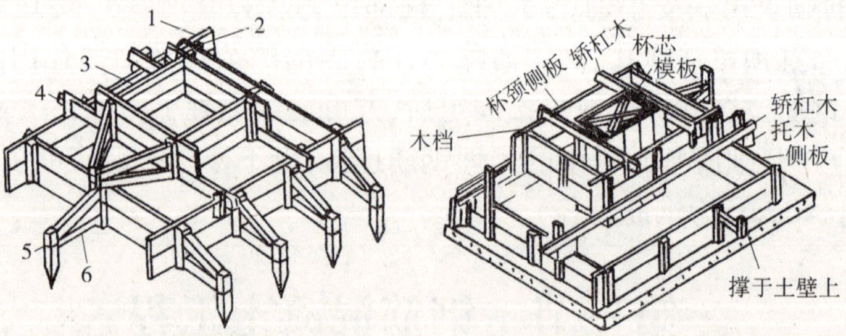

(a)阶梯形基础模板　　(b)杯口形基础模板

1—第一阶侧模；2—木档；3—第二阶侧模；4—轿杠木；5—木桩；6—斜撑

图3-30　阶梯形、杯口形基础模板

2. 柱模板

柱模板的特点是断面、尺寸不大而比较高。因此，柱模主要解决垂直度、在施工时的侧向稳定及抵抗混凝土的侧压力的问题。同时也应考虑方便灌注混凝土、清理垃圾与钢筋绑扎配合等问题。

柱模板的底部开有清理孔，以便清理模板内的垃圾，沿高度每隔约 2 m 开有灌注口（亦是振捣口），柱底一般采用一个木框，以固定柱子的水平位置。

同在一条直线上的柱，应先校正两头的柱模，再在柱模上口中心线拉一铁丝来校正中间的柱模。在柱模之间，还要用水平撑及剪刀撑相互牵搭住。

3. 梁模板

梁模板的特点是跨度较大而宽度一般不大，因此混凝土对梁模板既有横向侧压力，又有垂直压力。梁模板主要由底模、夹木及支架部分组成，梁的下面一般是架空的，梁模板及其支架系统要能承受这些荷载而不致发生超过规范允许的过大变形，如图 3-31 所示。

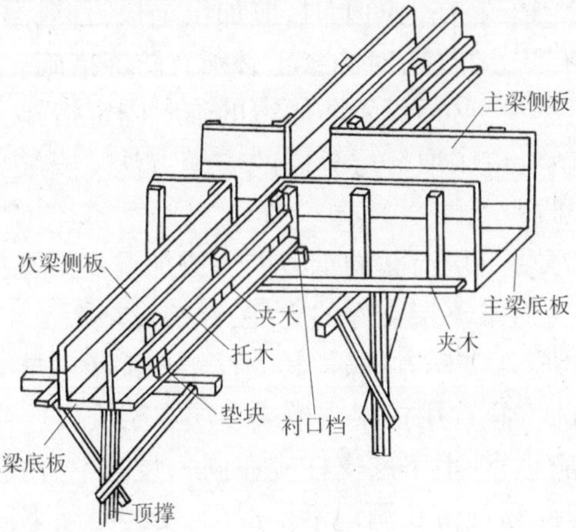

图 3-31　梁模板

单梁的侧模板一般拆除较早，因此侧板应包在底模的外面。柱的模板与梁的侧板一样，也可早拆除，梁的模板不应伸到柱模板的开口里面，次梁模板也不应伸到主梁侧模板开口里面。

如梁的跨度在 4 m 及以上，应使梁横中部略为起拱，防止由于浇筑混凝土后跨中梁底下垂。如设计无规定，起拱高度宜为全跨长度的 1‰～3‰。

4. 墙模板

墙模板的特点是竖向面积大而厚度一般不大。因此，墙模板主要应能保持自身稳定，并能承受浇筑混凝土时产生的水平侧压力。墙模板主要由侧模、主肋、次肋、斜撑、对拉螺栓和撑块等组成。

5. 楼板模板

楼板模板的特点是面积大而厚度一般不大。因此，横向侧压力很小，楼板模板及其支架系统主要用于抵抗混凝土的垂直荷载和其他施工荷载，保证楼板不变形下垂。

楼板模板的安装顺序是，在主次梁模板安装完毕后，首先安托板，然后安楞木，铺定型模板。铺好后核对楼板标高、预留孔洞及预埋铁等的部位和尺寸。

6. 楼梯模板

楼梯模板的构造与楼板模板相似，不同点是其倾斜和做成踏步。

楼梯段楼梯模板安装时,特别要注意每层楼梯第一级与最后一级踏步的高度,不要疏忽装饰面层的厚度,造成高低不同的现象。

7. 圈梁模板

圈梁的特点是断面小但很长,一般除窗洞口及其他个别地方架空外,其他均搁在墙上。因此,圈梁模板主要是由侧板和固定侧板用的卡具所组成的。底模仅在架空部分使用。

8. 雨篷模板

雨篷包括过梁和雨篷板两部分,它的模板构造、安装,与梁及楼板的模板基本相同。

(四)模板安装与拆除

模板工程施工工艺流程:模板的选材→选型→设计→制作→安装→拆除→周转。

1. 模板的安装

竖向模板和支撑部分当安装在地面上时,应加设垫板,且地面土层必须坚实并有排水措施。对湿陷性黄土,必须有防水措施;对冻胀土必须有防冻措施。

在模板及支撑安装过程中,必须设置防倾覆的临时固定措施。

现浇多层房屋和构筑物,应采取分层分段的支模方法。安装上层模板及支撑应符合以下规定:

(1)下层模板应具有承受上层荷载的承载能力或加设支架支撑。

(2)上层支撑的立柱应对准下层支撑的立柱,并铺设垫板。

(3)当采用悬吊模板、桁架支模方法时,其支撑结构的承载能力和刚度必须符合要求。

当层间高度大于5 m时,宜选用桁架支模或多层支架支模。当采用多层支架支模时,支架的横垫板应平整,支柱应垂直,上下层支柱应在同一竖向中心线上。

固定在模板上的预埋件和预留孔洞均不得遗漏,安装必须牢固,位置准确。

现浇混凝土结构模板安装的允许偏差及检验方法应符合表3-12的规定。

表3-12　现浇混凝土结构模板安装的允许偏差及检验方法

项目		允许偏差(mm)	检验方法
轴线位置		5	钢尺检查
底模上表面标高		±5	水准仪或拉线、钢尺检查
截面内部尺寸	基础	+10	钢尺检查
	柱、墙、梁	+4, -5	钢尺检查
层高垂直度	不大于5	6	经纬仪或吊线、钢尺检查
	大于5	8	经纬仪或吊线、钢尺检查
相邻两板表面高低差		2	钢尺检查
表面平整度		5	2 m靠尺和塞尺检查

2. 模板的拆除

现浇结构的模板及支架拆除时的混凝土强度,应符合设计要求,当设计无要求时,侧模应在混凝土强度能保证其表面及棱角不因拆除而受损坏时拆除;底模板拆除应符合表3-13的规定。

表 3-13　底模板拆除时的混凝土强度要求

构件类型	构件跨度(m)	达到设计的混凝土立方体抗压强度标准值的百分比(%)
板	≤2	≥50
	>2,≤8	≥75
	>8	≥100
梁、拱、壳	≤8	≥75
	>8	≥100
悬臂构件	—	≥100

拆模顺序一般是先支后拆,后支先拆,先拆除侧模板,后拆除底模板。重大复杂模板的拆除,事前应先制订拆模方案。

肋形楼板的拆模顺序为:柱模板→楼板底模板→梁侧模板→梁底模板。

多层楼板模板支架的拆除应按下列要求进行:上层楼板正在浇筑混凝土时,下一层楼板的模板支架不得拆除,再下一层楼板模板的支架仅可拆除一部分;跨度≥4 m 的梁下均应保留支架,其间距不得小于 3 m。

在拆除模板过程中,如发现混凝土影响结构安全,应暂停拆除。经过处理后,方可继续拆除。

已拆除模板及支撑结构的混凝土,应在其强度达到设计强度标准值后才允许承受全部使用荷载。当承受施工荷载大于计算荷载时,必须通过核算加设临时支撑。

二、钢筋工程施工工艺流程及施工要点

(一)钢筋验收

钢筋进场时,应按现行国家标准《钢筋混凝土用钢 第 2 部分:热轧带肋钢筋》(GB 1499.2—2007)的规定抽取试件做力学性能检验,其质量必须符合有关标准的规定。

验收内容:查对标牌(钢筋进场时应具有出厂证明书或试验报告单,每捆/盘钢筋应有标牌)。检查外观,并按有关标准的规定抽取试样进行力学性能试验。

钢筋的外观检查包括:钢筋应平直、无损伤,表面不得有裂纹、油污、颗粒状或片状锈蚀。钢筋表面凸块不允许超过螺纹的高度;钢筋的外形尺寸应符合有关规定。《混凝土结构工程施工质量验收规范》(GB 50204—2002)(2011 年版)第 5.2.1 条规定"对有抗震设防要求的结构,其纵向受力钢筋的性能应满足设计要求;当设计无具体要求时,对按一、二、三级抗震等级设计的框架和斜撑构建(含楼梯)中的纵向受力钢筋应采用 HRB335E、HRB400E、HRB500E、HRBF335E、HRBF400E、HRBF500E 钢筋"。即钢筋进场时,三级以上抗震等级设计的框架和斜撑构件中的纵向受力钢筋表面必须加有"E"专用标志。

加"E"的钢筋,除了应满足特殊的要求,其他要求与相对应的已有牌号钢筋相同。这种牌号钢筋的特殊要求就是指标准中规定的特殊技术要求,即钢筋抗拉强度实测值与屈服强度实测值之比(简称强屈比)不小于 1.25;钢筋屈服强度实测值与规定的屈服强度标准值之比(简称超强比)不大于 1.30;钢筋最大力下总伸长率不应小于 9%。

《混凝土结构工程施工质量验收规范》(GB 50204—2002)(2011 年版)自 2011 年 8 月 1 日起实施。强制性条文第 5.2.1 条规定“钢筋进场时,应按国家现行相关标准的规定抽取试件作力学性能和质量偏差检验,检验结果必须符合有关标准的规定”,钢筋进场质量检验应增加质量偏差检验(主要是防止瘦身钢筋的出现)。

对于每批钢筋的检验数量,应按相关产品标准执行,《钢筋混凝土用钢 第 1 部分:热轧光圆钢筋》(GB 1499.1—2008)和《钢筋混凝土用钢 第 2 部分:热轧带肋钢筋》(GB 1499.2—2007)中规定每批抽取 5 个试件,先进行质量偏差检验,再取其中 2 个试件进行力学性能检验。钢筋内在指标(如屈服点、抗拉强度、伸长率和冷弯性能),通过力学性能试验检验。

(二)钢筋配料和代换

1. 钢筋的配料

钢筋配料是根据《混凝土结构设计规范》(GB 50010—2010)及《混凝土结构工程施工质量验收规范》(GB 50204—2002)中对混凝土保护层、钢筋弯曲和弯钩等的规定,按照结构施工图计算构件各钢筋的直线下料长度、根数及质量,然后编制钢筋配料单,作为钢筋备料加工的依据。具体指识读工程图→计算钢筋下料长度→编制钢筋表→申请加工。

结构施工图中注明的尺寸一般是钢筋外轮廓尺寸,即从钢筋外皮到外皮量得的尺寸,称为外包尺寸。在钢筋加工时,一般也按外包尺寸进行验收。

钢筋下料时应按轴线长度尺寸下料加工,才能使加工后的钢筋形状、尺寸符合设计要求。对弯曲的钢筋或端部有弯钩的钢筋,按外包尺寸总和下料是不准确的。这是由于钢筋弯曲时外皮伸长,内皮缩短。钢筋的外包尺寸和轴线长度之间存在一个差值,称为“量度差值”。计算下料长度时,量度差值应减去。对于端部有弯钩的钢筋,计算下料长度时应加上端部弯钩增长值。

钢筋的下料长度应为:

钢筋下料长度 = ∑(各段外包尺寸) - 弯曲处的量度差值 + 两端弯钩的增长值

1)弯曲量度差值

根据理论推理和实践经验,弯曲量度差值列于表 3-14。

表 3-14 常用弯曲角度的量度差值

弯曲角度	量度差值	经验取值	弯曲角度	量度差值	经验取值
30°	$0.306d$	$0.35d$	90°	$2.29d$	$2d$
45°	$0.543d$	$0.5d$	135°	$2.83d$	$2.5d$
60°	$0.9d$	$0.9d$			

2)钢筋末端弯钩或弯折时

规范规定:HPB300 级钢筋的末端需要做 180°弯钩,其圆弧内弯曲直径 $D \geqslant 2.5d$;平直段长度 $\geqslant 3d$,如图 3-32 所示。受力钢筋的弯钩和弯折应符合下列要求:

(1)HPB300 钢筋末端应做 180°弯钩,其弯弧内直径不应小于钢筋直径的 2.5 倍,弯钩的弯后平直部分长度不应小于钢筋直径的 3 倍。

(2)当设计要求钢筋末端做 135°弯钩时,HRB335、HRB400 钢筋的弯弧内直径不应小于钢筋直径的4倍,弯钩的弯后平直部分长度应符合设计要求。

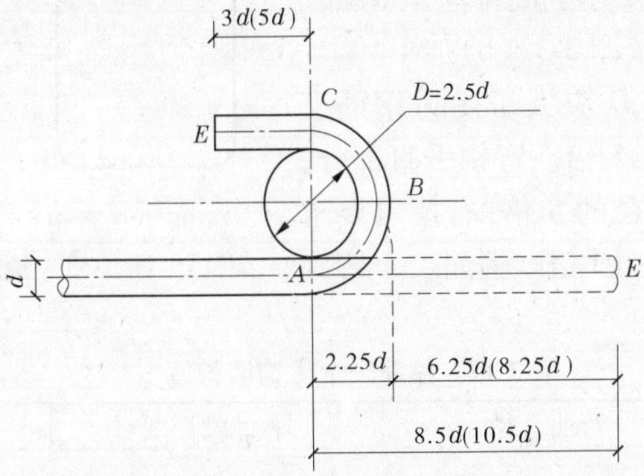

图3-32 钢筋的末端180°弯钩示意图

(3)钢筋做不大于90°的弯折时,弯折处的弯弧内直径不应小于钢筋直径的5倍。

钢筋末端弯钩或弯折时增长值见表3-15。

表3-15 钢筋末端弯钩或弯折时增长值

钢筋级别	弯钩角度	弯曲最小直径 D	平直段长度 l_p	增加尺寸
HPB235	180°	$2.5d$	$3d$	$6.25d$
HRB335、HRB400	135°	$4d$	按设计(或规范)	$3d+l_p$
HRB335、HRB400	90°	$4d$	按设计(或规范)	$d+l_p$

箍筋的下料长度计算分为不考虑抗震和考虑抗震两种情况。在结构设计中,抗震设计越来越普遍,因此在实际施工中,箍筋下料长度计算以抗震为主。

不考虑抗震时,普通箍筋的下料长度可按内包和外包两种形式计算:

外包尺寸:箍筋下料长度=箍筋外包尺寸周长+箍筋外包调整值

内包尺寸:箍筋下料长度=箍筋内包尺寸周长+箍筋内包调整值

表3-16为不考虑抗震时箍筋调整值。

表3-16 不考虑抗震时箍筋调整值

箍筋量度方法	箍筋直径(mm)			
	4~5	6	8	10~12
量外包尺寸	40	50	60	70
量内包尺寸	80	100	120	150~170

考虑抗震时:

内包尺寸:箍筋下料长度=箍筋内包尺寸周长$+26d$

外包尺寸:箍筋下料长度=箍筋外包尺寸周长$-3\times90°$量度差值$+2\times11.9d$

注:d为箍筋直径。

3）箍筋弯钩增长值

一般结构如设计无要求则可按图 3-33（a）加工；有抗震要求的结构，应按图 3-33（b）加工。

箍筋弯钩的弯曲直径 D 应大于受力钢筋直径，且不小于箍筋直径的 2.5 倍。弯钩平直部分，一般结构不宜小于箍筋直径的 5 倍；有抗震要求的结构，不小于箍筋直径的 10 倍。箍筋一个弯钩增长值见表 3-17。

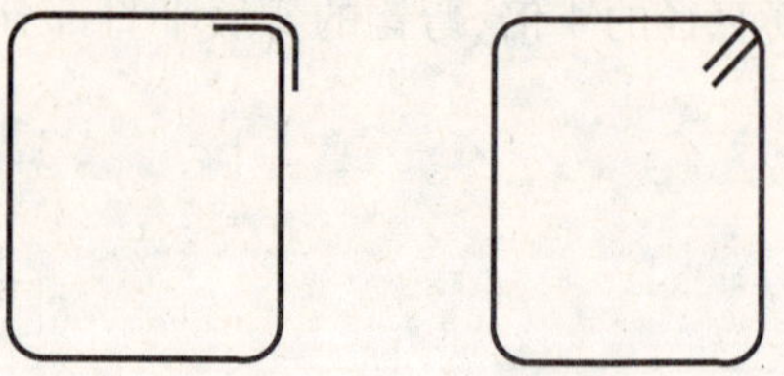

(a)90°/90°弯钩　　(b)135°/135°弯钩

图 3-33　箍筋加工示意图

表 3-17　箍筋一个弯钩增长值

箍筋弯钩	弯曲直径	平直段长度	增长值
90°/90°弯钩	2.5d	5d	5.5d
		10d	10.5d
135°/135°弯钩	2.5d	5d	6.5d
		10d	11.9d

2. 钢筋的代换

钢筋施工时应尽量按照施工图要求的钢筋的种类、级别和规格使用。但确实没有施工图中所要求的钢筋种类、级别或规格时，可以进行代换。代换时，必须充分了解设计意图和代换钢材的性能，严格依据规范的各项规定；必须满足构造要求（如钢筋的直径、根数、间距、锚固长度等）；对抗裂性要求高的构件，不宜采用光圆钢筋代换螺纹钢筋；凡属重要的结构和预应力钢筋，在代换时应征得设计单位的同意；钢筋代换后，其用量不宜大于原设计用量的 5%。

钢筋代换的方法有以下两种：

（1）等强度代换。

构件配筋受强度控制时或不同种类的钢筋代换，按代换前后强度相等的原则进行代换，称为等强度代换。代换时应满足下式要求：

$$A_{s2}f_{y2} \geqslant A_{s1}f_{y1}$$

即

$$A_{s2} \geqslant A_{s1}f_{y1}/f_{y2} \tag{3-13}$$

式中　A_{s1}——原设计钢筋总面积；

A_{s2}——代换后钢筋总面积；

f_{y1}——原设计钢筋的设计强度；

f_{y2}——代换后钢筋的设计强度。

在设计图纸上钢筋都是以根数表示的，由于 $A_{s1}=n_1d_1{}^2\pi/4$，$A_{s2}=n_2d_2{}^2\pi/4$，所以

$$n_2 \geqslant n_1d_1{}^2f_{y1}/(d_2{}^2f_{y2})$$

式中　n_1——原设计钢筋根数；

d_1——原设计钢筋直径；

n_2——代换后钢筋根数；

d_2——代换后钢筋直径。

（2）等面积代换。

构件按最小配筋率配筋或相同种类和级别的钢筋代换时，按代换前后面积相等的原则

进行代换,称为等面积代换,即

$$A_{s2} \geqslant A_{s1}$$
$$n_2 \geqslant n_1 {d_1}^2 / {d_2}^2 \tag{3-14}$$

(3)钢筋代换应注意的问题。

①钢筋代换后,应满足《混凝土结构设计规范》(GB 50010—2010)中所规定的钢筋间距、锚固长度、最小钢筋直径、根数的要求。

②对重要受力构件如吊车梁、薄腹梁、屋架下弦等,不宜用 HPB300 级光面钢筋代换变形钢筋。

③梁的纵向受力钢筋与弯起钢筋应分别进行代换。

④当构件配筋受抗裂裂缝宽度或挠度控制时,钢筋代换后应进行抗裂裂缝宽度或挠度验算。

⑤有抗震要求的框架,不宜以强度等级较高的钢筋代替原设计中的钢筋。当必须代换时,其代换的钢筋检验所得的实际强度,尚应符合下列要求:

钢筋的实际抗拉强度与实际屈服强度的比值应大于 1.25。

钢筋的实际屈服强度与钢筋标准强度的比值:当按 HPB300 级抗震等级设计时不应大于 1.25,当按 HRB335 级抗震等级设计时不应大于 1.4。

⑥预制构件吊环,必须采用未经冷拉的 HPB235 级热轧钢筋制作,严禁以其他钢筋代换。

⑦不同种类钢筋的代换,应按钢筋受拉承载力设计值相等的原则进行。

(三)钢筋场内加工

1.钢筋的冷加工

为了提高钢筋的强度,节约钢材,满足预应力钢筋的需要,工程上常采用冷拉、冷拔的方法对钢筋进行冷加工,用以获得冷拉钢筋和冷拔钢丝。冷拉Ⅰ级钢筋用于结构中的受拉钢筋,冷拉Ⅱ、Ⅲ、Ⅳ级钢筋用作预应力筋。

2.钢筋的除锈

钢筋锈蚀程度可由锈迹分布状况、色泽变化以及钢筋表面平滑或粗糙程度等,凭肉眼外观确定,根据锈蚀轻重的具体情况采用除锈措施。常用除锈方法有手动钢丝刷除锈、电动机除锈等。

一般钢筋锈蚀现象有三种:

(1)浮锈。钢筋表面附着较均匀的细粉末,呈黄色或淡红色。

(2)陈锈。锈迹粉末较粗,用手捻略有微粒感,颜色转红,有的呈红褐色。

(3)老锈。锈斑明显,有麻坑,出现起层的片状分离现象,锈斑几乎遍及整根钢筋表面;颜色变暗,深褐色,严重的接近黑色。

浮锈一般可不作处理,陈锈和老锈必须清除。

3.钢筋的调直

钢筋在使用前必须经过调直,否则会影响钢筋受力,甚至会使混凝土提前产生裂缝,如未调直钢筋直接下料,会影响钢筋的下料长度,并影响后续工序的质量。

钢筋调直可采用钢筋调直机、弯筋机、卷扬机等机械调直方法,也可采用冷拉方法。当采用冷拉方法调直钢筋时,HPB300 级钢筋的冷拉率不宜大于 4%,HRB335 级、HRB400 级和 RRB400 级钢筋的冷拉率不宜大于 1%。

目前常用的钢筋调直机有 GT16/4、GT3/8、GT6/12、GT10/16。此外,还有一种数控钢筋调直机,它具有自动调直、定位切断、除锈清垢等多种功能。

4. 钢筋切断

钢筋切断有人工切断、机械切断、氧气切割等三种方法。钢筋切断可采用手工切断器或钢筋切断机。手工切断器只用于切断直径小于 16 mm 的钢筋,钢筋切断机可切断直径 16 ~ 40 mm 的钢筋。直径大于 40 mm 的钢筋一般用氧气切割。

钢筋切断机的主要类型有机械式、液压式和手持式等。机械式钢筋切断机有偏心轴立式、凸轮式和曲柄连杆式等形式。

5. 钢筋弯曲成型

钢筋的弯曲成型是将已切断、配好的钢筋,按图纸规定的要求,准确地加工成规定的形状尺寸。弯曲成型的顺序是:划线→试弯→弯曲成型。

弯曲钢筋有手工和机械两种弯曲方法。手工弯曲钢筋的设备简单,使用方便,工地经常采用。机械弯曲采用钢筋弯曲机,可将钢筋弯曲成各种形状和角度,成型准确、效率高。

6. 钢筋加工的允许偏差

钢筋加工的形状、尺寸应符合设计要求,其偏差应符合表 3-18 的规定。

表 3-18　钢筋加工的允许偏差

项目	允许偏差(mm)
受力钢筋顺长度方向全长的净尺寸	±10
弯起钢筋的弯折位置	±20
箍筋内净尺寸	±5

(四)钢筋连接

施工中钢筋往往因长度不足或施工工艺上的要求等必须连接。钢筋的连接方式可分为三类:绑扎连接、焊接和机械连接。纵向受力钢筋的连接方式应符合设计要求。机械连接接头和焊接连接接头的类型及质量应符合国家现行标准的规定。

1. 钢筋绑扎连接

钢筋绑扎安装前,应先熟悉施工图纸,核对钢筋配料单和料牌,研究钢筋安装和与有关工种配合的顺序,准备绑扎用的铁丝、绑扎工具、绑扎架等。

钢筋的绑扎连接就是将相互搭接的钢筋,用 18 ~ 22 号镀锌铁丝(其中 22 号铁丝只用于绑扎直径 12 mm 以下的钢筋)扎牢它的中心和两端,将其绑扎在一起。HPB235 级光面钢筋绑扎接头的末端应做 180°弯钩,弯钩平直段长度不应小于 $3d$,但作受压钢筋时可不做弯钩。图 3-34 为钢筋绑扎连接示意图。

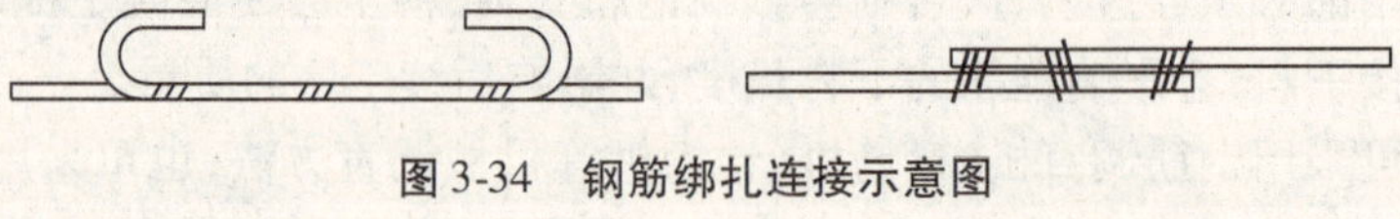

图 3-34　钢筋绑扎连接示意图

绑扎连接位置和搭接长度按《混凝土结构设计规范》(GB 50010—2010)的规定执行。

为确保结构的安全度,钢筋绑扎接头应符合如下规定:

(1)轴心受拉及小偏心受拉杆件(如桁架和拱的拉杆)的纵向受力钢筋不得采用绑扎搭接接头;当受拉钢筋的直径 $d>28$ mm 及受压钢筋的直径 $d>32$ mm 时,不宜采用绑扎搭接接头。

(2)绑扎接头中的钢筋的横向净距不应小于钢筋直径且不小于25 mm。

(3)受力钢筋的接头宜设置在受力较小处。在同一根钢筋上宜少设接头。不宜设置两个或两个以上接头。接头末端至钢筋弯起点的距离不应小于钢筋直径的10倍。

(4)同一构件中相邻纵向受力钢筋的绑扎搭接接头宜相互错开。钢筋绑扎搭接接头连接区段的长度为1.3倍搭接长度,凡搭接接头中点位于该连接区段长度内的搭接接头均属于同一连接区段,如图3-35所示。

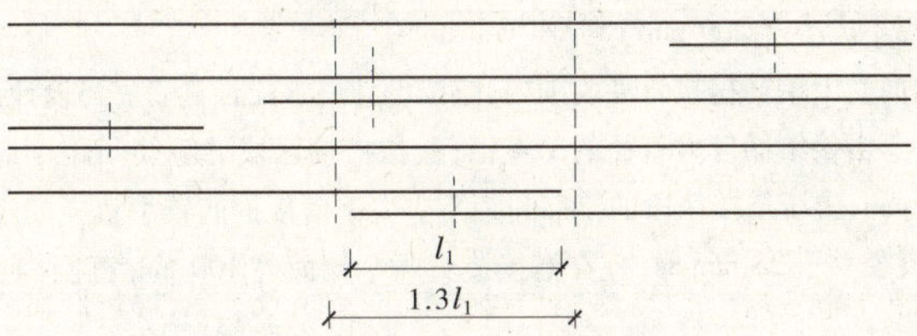

图3-35 钢筋绑扎搭接接头

(5)同一连接区段内纵向钢筋搭接接头面积百分率为该区段内有搭接接头的纵向受力钢筋截面面积与全部纵向受力钢筋截面面积的比值。位于同一连接区段内的受拉钢筋搭接接头面积百分率应符合设计要求,无设计要求时,应符合下列规定:

对梁类、板类及墙类构件,不宜大于25%;对柱类构件,不宜大于50%。当工程中确有必要增大受拉钢筋搭接接头面积百分率时,对梁类构件,不应大于50%;对板类、墙类及柱类构件,可根据实际情况放宽。

(6)纵向受拉钢筋绑扎搭接接头的最小搭接长度应符合表3-19的规定。

2. 钢筋焊接

《混凝土结构设计规范》(GB 50010—2010)规定,钢筋连接宜优先采用焊接连接。钢筋的焊接质量与钢材的可焊性、焊接工艺有关。钢材可焊性受钢材所含化学元素种类及含量影响很大。含碳、锰数量增加,则可焊性差,而含适量的钛,可改善可焊性。焊接工艺(焊接工艺与操作水平)也影响焊接质量,即使可焊性差的钢材,若焊接工艺合适,亦可获得良好的焊接质量。

常用的焊接方法有闪光对焊、电阻点焊、电弧焊、电渣压力焊、埋弧压力焊、气压焊等。

1)闪光对焊

闪光对焊属于焊接中的压焊(焊接过程中必须对焊件施加压力完成的焊接方法)。钢筋的闪光对焊是利用对焊机,将两段钢筋端面接触,通过在钢筋接头处施加低电压强电流,产生高温,钢筋熔化,产生强烈的金属蒸汽飞溅,形成闪光,施加压力顶锻,使两根钢筋焊接在一起,形成对焊接头。它是钢筋焊接中常用的方法。图3-36为钢筋闪光对焊原理图。

表 3-19　纵向受拉钢筋的最小搭接长度

钢筋类型		混凝土强度等级			
		C15	C20 ~ C25	C30 ~ C35	≥C40
光圆钢筋	HPB235 级	45d	35d	30d	25d
带肋钢筋	HRB335 级	55d	45d	35d	30d
	HRB400 级、RRB400 级	—	55d	40d	35d

注：①当纵向受拉钢筋的绑扎搭接接头面积百分率≤25%时，其最小搭接长度应符合表 3-32 的规定。

②当纵向受拉钢筋搭接接头面积百分率>25%，但≤50%时，其最小搭接长度应按表 3-32 中的数值乘以系数 1.2 取用；当接头面积百分率>50%时，应按表 3-32 中的数值乘以系数 1.35 取用。

③在任何情况下，受拉钢筋的搭接长度都不应小于 300 mm。

④纵向受压钢筋搭接时，其最小搭接长度应根据以上规定确定相应数值后，乘以系数 0.7 取用。在任何情况下，受压钢筋的搭接长度都不应小于 200 mm。

⑤在梁、柱类构件的纵向受力钢筋搭接长度范围内，应按设计要求配置箍筋。当设计无具体要求时，应符合下列规定：箍筋直径不应小于搭接钢筋较大直径的 1/4 倍；受拉搭接区段的箍筋间距不应大于搭接钢筋较小直径的 5 倍，且不应大于 100 mm；受压搭接区段的箍筋间距不应大于搭接钢筋较小直径的 10 倍，且不应大于 200 mm；当柱中纵向受力钢筋直径大于 25 mm 时，应在搭接接头两个端面外 100 mm 范围内各设置两个箍筋，其间距宜为 50 mm。

⑥两根直径不同钢筋的搭接长度，以较细钢筋的直径计算。

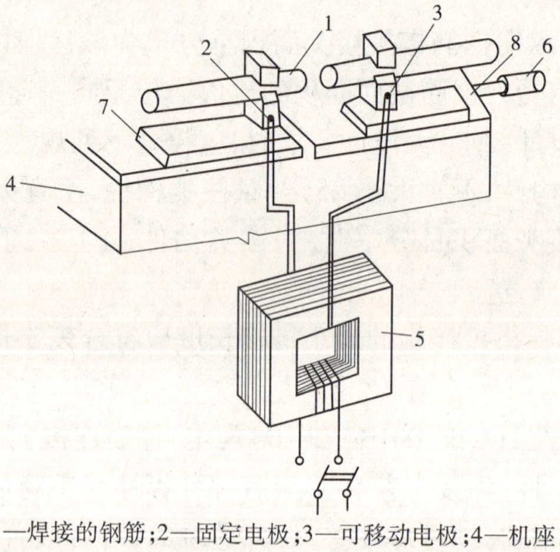

1—焊接的钢筋；2—固定电极；3—可移动电极；4—机座；
5—变压器；6—手动顶压机构；7—固定支座；8—滑动支座

图 3-36　钢筋闪光对焊原理

根据钢筋的品种、直径和选用的对焊机功率，闪光对焊分为连续闪光焊、预热闪光焊和闪光－预热－闪光焊三种工艺。对可焊性差的钢筋，对焊后采取通电热处理的方法，以改善对焊接头的塑性。

(1)连续闪光焊。

连续闪光焊是自闪光一开始，就徐徐移动钢筋，形成连续闪光，接头处逐步被加热，形成对焊接头。连续闪光焊的工艺简单，适用于焊接直径 25 mm 以下的 HPB235、HRB335 和 HRB400 级钢筋。

(2)预热闪光焊。

预热闪光焊是在连续闪光焊前增加一次预热过程,以使钢筋均匀加热。其工艺过程为预热—闪光—顶锻,即先闭合电源,使两根钢筋端面交替轻微接触和分开,发出断续闪光使钢筋预热,当钢筋烧化到规定的预热留量后,连续闪光,最后进行顶锻,适用于直径 25 mm 以上端部平整的钢筋。

(3)闪光—预热—闪光焊。

闪光—预热—闪光焊是在预热闪光焊前加一次闪光过程,使钢筋端面烧化平整,预热均匀,适用于直径 25 mm 以上端部不平整的钢筋。

(4)焊后通电热处理。

对于 RRB400 级钢筋对焊接头拉伸试验结果发生脆性断裂,或弯曲试验不能达到规范要求时,为改善其焊接接头的塑性,可在焊后进行通电热处理。焊后通电热处理在对焊机上进行。钢筋对焊完毕,当焊接接头温度降低至其呈暗黑色(300 ℃以下),松开夹具将电极钳口调至最大距离,重新夹紧。然后进行脉冲式通电加热,钢筋加热至表面呈橘红色(750 ~ 850 ℃)时,通电结束。松开夹具,待钢筋稍冷后取下,在空气中自然冷却。

2)电阻点焊

电阻点焊是将钢筋的交叉点放入点焊机两极之间,通电使钢筋加热到一定温度后,加压使焊点处钢筋互相压入一定的深度(压入深度为两钢筋中较细者直径的 1/4 ~ 2/5),将焊点焊牢。

点焊机主要由加压机构、焊接回路、电极组成。

混凝土结构中的钢筋骨架和钢筋网成型时优先采用电阻点焊。采用点焊代替绑扎,可以提高工效,便于运输。

3)电弧焊

电弧焊是利用电弧焊机使焊条和焊件之间产生高温电弧,熔化焊条和高温电弧范围内的焊件金属,熔化的金属凝固后形成焊接接头。

电弧焊广泛用于钢筋的接长、钢筋骨架的焊接、装配式结构钢筋接头焊接及钢筋与钢板、钢板与钢板的焊接等。

电弧焊的主要设备是弧焊机,分为交流弧焊机和直流弧焊机两类。工地常用交流弧焊机。

钢筋电弧焊接头主要有三种形式:搭接焊、帮条焊和坡口焊。

(1)搭接焊。

搭接焊是把钢筋端部弯曲一定角度叠合起来,在钢筋接触面上焊接形成焊缝,它分为双面焊缝和单面焊缝。图 3-37(a)为搭接焊接头。搭接焊宜采用双面焊缝,不能进行双面焊时,也可采用单面焊。

搭接焊适用于焊接直径为 10 ~ 40 mm 的 HPB235、HPB335 级钢筋。

(2)帮条焊。

帮条焊是用两根一定长度的帮条,将受力主筋夹在中间,用两端电焊定位,然后焊接一面或两面。帮条焊宜采用与主筋同级别、同直径的钢筋制作。它分为单面焊缝和双面焊缝,若采用双面焊,接头中应力传递对称、平衡,受力性能好;若采用单面焊,则受力情况差。因此,当不能进行双面焊时,才采用单面焊。

帮条焊适用于直径 10 ~ 40 mm 的 HPB235、HRB400 级钢筋和 10 ~ 25 mm 的余热处理 HRB400 级钢筋,如图 3-37(b)所示。

(3)坡口焊。

钢筋坡口焊接头可分为坡口立焊接头和坡口平焊接头两种，如图 3-37(c)、(d)所示。它适用于直径 16 ~ 40 mm 的 HPB235、HRB335、HRB400 级钢筋及 RRB400 级钢筋。

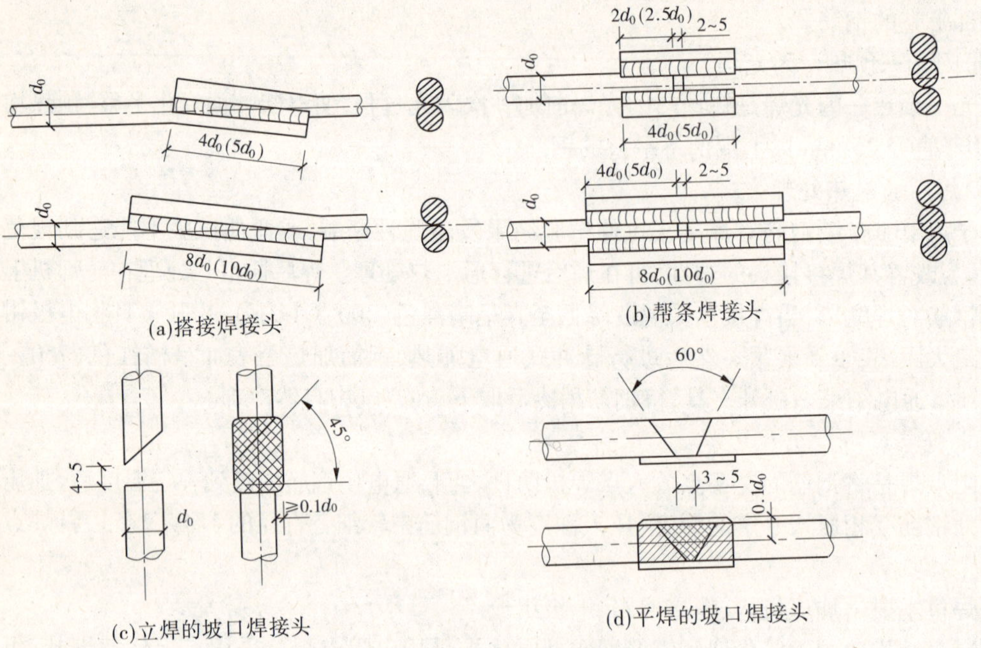

图 3-37　钢筋电弧焊的接头形式

4)电渣压力焊

电渣压力焊是将钢筋安放成竖向对接形式，利用电流通过渣池所产生的热量来熔化母材，待到一定程度后施加压力，完成钢筋连接，电渣压力焊示意图见图 3-38。这种钢筋接头的焊接方法与电弧焊相比，焊接效率高 5 ~ 6 倍，且接头成本较低，质量易保证。

它适用于直径为 14 ~ 40 mm 的 HPB300、HRB335 级竖向或斜向钢筋的连接。

电渣压力焊可用手动电渣压力焊机或自动压力焊机。

5)埋弧压力焊

埋弧压力焊是利用焊剂层下的电弧燃烧将两焊件相邻部位熔化，然后加压顶锻使两焊件焊合，埋弧压力焊示意图见图 3-39。这种焊接方法工艺简单，比电弧焊工效高、质量好(焊后钢板变形小、抗拉强度高)、成本低(不用焊条)。

它适用于钢筋与钢板作丁字形接头焊接。埋弧压力焊可用手工埋弧压力焊机和自动埋弧压力焊机。

6)气压焊

钢筋气压焊是采用氧、乙炔火焰对钢筋接缝处进行加热，使钢筋端部加热达到高温状态，并施加足够的轴向压力而形成牢固的对焊接头。钢筋气压焊接方法具有设备简单、焊接质量高、效果好，且不需要大功率电源等优点。当两钢筋直径不同时，其直径之差不得大于 7 mm，钢筋气压焊设备主要有氧、乙炔供气设备、加热器、加压器及钢筋卡具等，气压焊装置系统图见图 3-40。

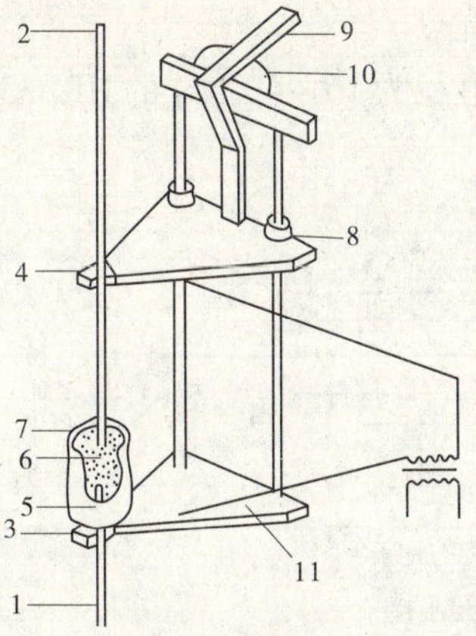

1、2—钢筋；3—固定电极；4—活动电极；
5—药盒；6—导电剂；7—焊药；8—滑动架；
9—手柄；10—支架；11—固定架

图 3-38　电渣压力焊示意图

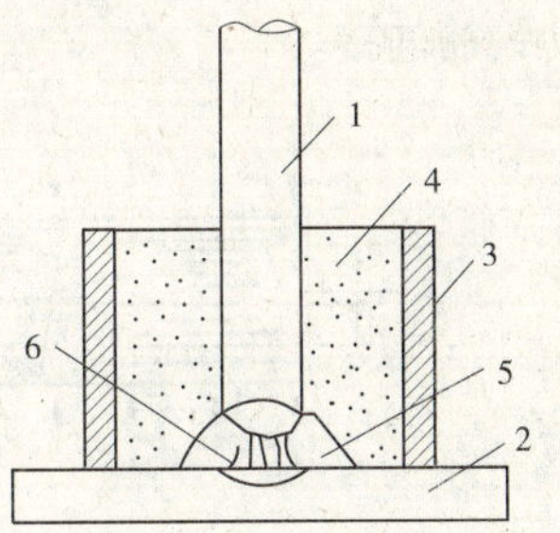

1—钢筋；2—钢板；3—焊剂盒；
4—431 自动焊剂；5—电弧柱；6—弧焰

图 3-39　埋弧压力焊示意图

钢筋气压焊可用于直径 40 mm 以下的 HPB300 级、HRB335 级钢筋的纵向连接。

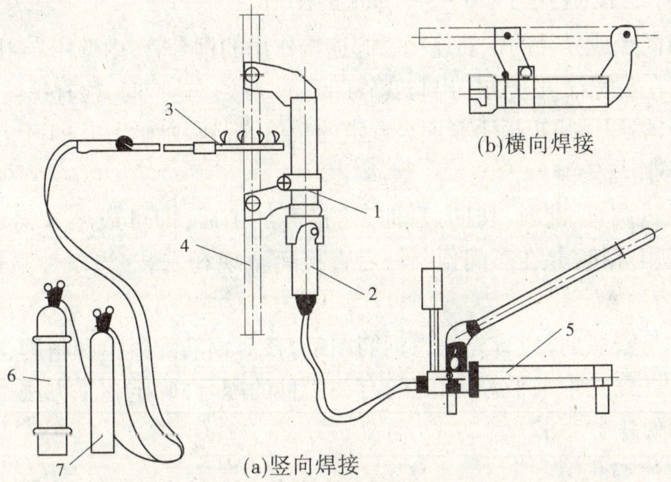

(b)横向焊接

(a)竖向焊接

1—压接器；2—顶头注缸；3—加热器；4—钢筋；5—手动加压器；6—氧气；7—乙炔

图 3-40　气压焊装置系统图

3. 钢筋机械连接

机械连接是指通过机械手段将两根钢筋端头连接在一起。这种连接方法的接头区变形能力与母材基本相同，工效高，连接可靠，能全天候作业。

机械连接主要有套筒挤压连接、直螺纹套筒连接。

1）套筒挤压连接

套筒挤压连接是把两根待接钢筋的端头先插入一个优质钢套管，然后用挤压机在侧向加压数道，套筒塑性变形后即与带肋钢筋紧密咬合达到连接的目的（见图 3-41）。压接顺序、压接力、压接道数为其三参数。它适用于竖向、横向及其他方向的较大直径变形钢筋的连接。由于它是在常温下挤压连接，所以也称为钢筋冷挤压连接，这种连接方法具有性能可靠、操作简便、施工速度快、不受气候影响、省电等优点。

套筒挤压连接适用于钢筋混凝土结构中钢筋直径为16～40 mm 的 HRB335 级、HRB400 级带肋钢筋连接。

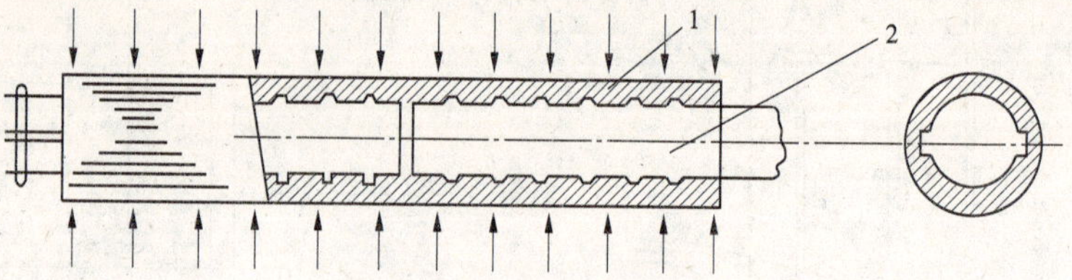

1—钢套筒;2—被连接的钢筋

图 3-41 套筒挤压连接

2)直螺纹套筒连接

直螺纹套筒连接是把两根待连接的钢筋端加工制成直螺纹,然后旋入带有直螺纹的套筒中,从而将两根钢筋连接成一体的钢筋接头。图 3-42 为直螺纹套筒连接示意图。它施工速度快、不受气候影响。

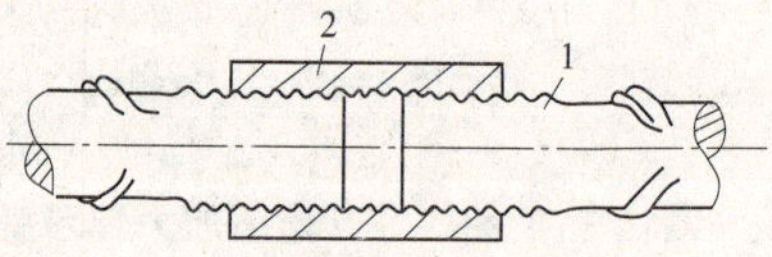

1—待接钢筋;2—套筒

图 3-42 直螺纹套筒连接

直螺纹套筒连接适用于 16～40 mm 的 HPB 235～HRB400 级同径或异径的钢筋连接。起连接作用的钢套管,内壁用专用机床加工螺纹,钢筋的连接端头亦在套螺纹机上加工出与套管匹配的螺纹。连接时,检查螺纹无油污和损伤后,先用手旋入钢筋,然后用扭矩扳手紧固至规定的数值,听到“哒哒”声,即可完成连接。

(五)钢筋绑扎与安装

单根钢筋经过调直、配料、切断、弯曲、连接等加工后,即可成型为钢筋骨架或钢筋网。钢筋成型最好采用焊接,并在车间预制好后直接运至现场安装,当条件不具备时,可在施工现场绑扎成型。

钢筋在绑扎与安装前,应首先熟悉钢筋图纸,核对钢筋配料单和料牌,根据工程特点、工作量大小、施工进度、技术水平等,研究与有关工种的配合,确定施工方法。

1. 钢筋绑扎的基本要求

1)钢筋网片的绑扎

钢筋网片的交叉点应采用铁丝扎牢。对于板和墙的钢筋网,除靠近外围两行钢筋的相交点应全部扎牢外,中间部分交叉点可间隔交替扎牢,但必须保证受力钢筋不产生位置偏移。双向受力的钢筋网片须将所有相交点全部扎牢。

2)梁和柱的箍筋

对于梁和柱的箍筋,除设计有特殊要求(例如用于桁架端部节点采用斜向箍筋)外,箍筋应与受力钢筋保持垂直;箍筋弯钩叠合处应沿受力钢筋方向错开放置。其中梁的箍筋弯钩应放在受压区,即不放在受力钢筋这一面,在个别情况下,例如连续梁支座处,受压区在截面下部,若箍筋弯钩位于下面,有可能被钢筋压“开”,这时,只好将箍筋弯钩放在受拉区(截面上部,即受力钢筋那一面),但应绑牢,必要时用电弧焊点焊几处。

3)弯钩朝向

绑扎矩形柱的钢筋时,角部钢筋的弯钩平面应与模板面成45°角(多边形柱角部钢筋的弯钩平面应位于模板内角的平分线上；圆形柱钢筋的弯钩平面应朝向圆心）；矩形柱和多边形柱的中间钢筋（即不在角部的钢筋）的弯钩平面应与模板面垂直；当采用插入式振捣器浇筑截面很小的柱时，弯钩平面与模板面的夹角不得小于15°。

4）构件交叉点钢筋处理

在构件交叉点，例如柱与梁、梁与梁以及框架和桁架节点处杆件交会点，钢筋纵横交错，大部分在同一位置上发生碰撞，无法安装。在高层建筑中，这种情况尤为普遍，例如有的框架节点或基础底板，甚至有三四个方向的梁集聚在柱上，钢筋布置复杂，顺畅地安排几乎不可能。

遇到这种情况，必须在施工前的审图过程中就予以解决。处理办法一般是使一个方向的钢筋设置在规定的位置（按规定取保护层厚度），而另一个方向的钢筋则去避开它（常通过调整保护层厚度来实现）。特别要注意对有关工人和质量检查员进行方案交底。

（1）主梁与次梁交叉。

对于肋形楼板结构，在板、次梁与主梁交叉处，纵横钢筋密集，在这种情况下，钢筋的安装顺序自下至上应该为主梁钢筋、次梁钢筋、板的钢筋。

（2）杆件交叉。

框架、桁架的杆件交叉点（节点）是钢筋交叠密集的部位，如果交叉件的截面高度（或宽度）一样，而按照同样的混凝土保护层厚度取用，两杆件的主筋就会碰触到一起，这种现象通常发生在桁架的交叉杆、柱的牛腿与柱身交接处、框架节点处等。

纠正方法一般是将横杆（梁）的纵向钢筋弯折，插入竖杆（柱）的钢筋骨架内；也可以征得技术人员同意，将梁钢筋的保护层厚度加大，即将相应箍筋宽度改小（比原设计箍筋小两个柱筋的直径），使纵向钢筋能够直接插入柱的钢筋骨架内。

5）钢筋位置的固定

为了使安装好的钢筋，不致因施工过程中被人踩、放置工具、混凝土浇捣等而影响位移，必要时需准备一些相应的支架、撑件或垫筋备用。

（1）支架和撑件。

支架和撑件都可用钢筋弯折制成，上部钢筋使用支架，双层钢筋网上层使用撑件，如图3-43所示。

（2）垫筋。

梁的纵向钢筋布置两层时，为使上层钢筋保持准确位置，可在下层钢筋上放短钢筋头，以作为上层钢筋的垫筋（垫筋直径应符合设计要求的两层钢筋间的净距），如图3-44所示。

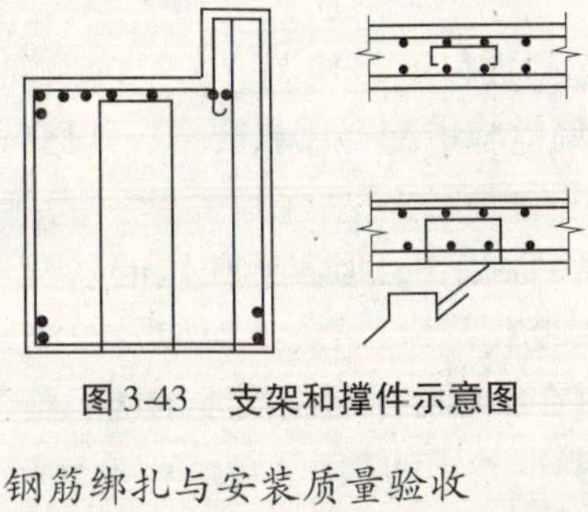

图3-43　支架和撑件示意图

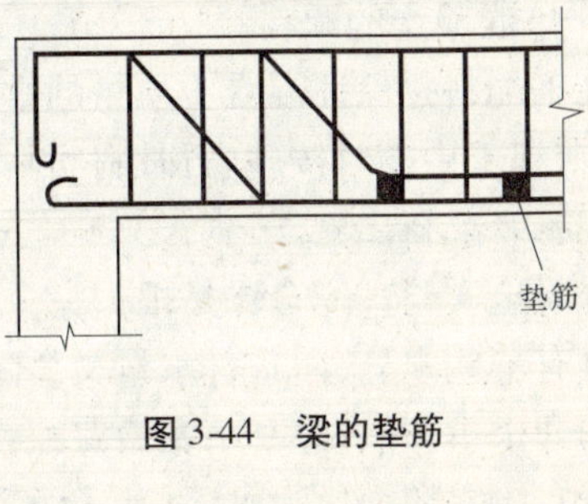

图3-44　梁的垫筋

2. 钢筋绑扎与安装质量验收

钢筋安装完毕后，浇筑混凝土之前，应根据施工质量验收规范对钢筋分项工程进行隐蔽工程验收，主要内容如下：

(1)钢筋的品种、级别、规格和数量必须符合设计要求。

(2)钢筋的连接方式、接头位置、接头数量、接头面积百分率等必须符合规定。

(3)钢筋连接应牢固，无松动、移位和变形现象，钢筋骨架里无杂物等。

(4)预埋件的规格、数量、位置等要符合要求。

钢筋绑扎要求位置正确、绑扎牢固，钢筋安装位置的允许偏差应符合表3-20的规定。

表3-20　钢筋安装位置的允许偏差和检验方法

项目			允许偏差(mm)	检验方法
绑扎钢筋网	长、宽		±10	钢尺检查
	网眼尺寸		±20	钢尺量连续三挡，取最大值
绑扎钢筋骨架	长		±10	钢尺检查
	宽、高		±5	钢尺检查
受力钢筋	间距		±10	钢尺量两端、中间各一点，取最大值
	排距		±5	
	保护层厚度	基础	±10	钢尺检查
		柱、梁	±5	钢尺检查
		板、墙、壳	±3	钢尺检查
绑扎箍筋、横向钢筋间距			±20	钢尺量连续三挡，取最大值
钢筋弯起点位置			20	钢尺检查
预埋件	中心线位置		5	钢尺检查
	水平高差		+3.0	钢尺和塞尺检查

注：①检查预埋件中心线位置时，应沿纵、横两个方向量测，并取其中的较大值；

②表中梁类、板类构件上部纵向受力钢筋保护层厚度的合格点率应达到90%及以上，且不得有超过表中数值1.5倍的尺寸偏差。

三、混凝土工程施工工艺流程及施工要点

混凝土是以胶凝材料、水、细骨料、粗骨料，需要时掺入外加剂和矿物掺合料，按适当比例配合，经过均匀拌制、密实成型及养护硬化而成的人工石材。

混凝土工程施工工艺包括配料、搅拌、运输、浇筑、振捣和养护等施工过程。在整个混凝土工程施工过程中，各工序之间是紧密联系和相互影响的，必须保证每一工序的施工质量，以确保混凝土结构的强度、刚度、密实性和整体性。

（一）混凝土的配料

施工配料是保证混凝土质量的重要环节之一，必须加以严格控制。为了确保混凝土的质量，在施工中随时按砂、石骨料实际含水量的变化调整施工配合比和严格控制称量。

1. 施工配合比换算

混凝土实验室配合比是根据完全干燥的砂、石骨料制定的，但实际使用的砂、石骨料一般都含有一些水分，而且含水量又会随气候条件发生变化。所以，施工时应及时测定砂、石骨料的含水量，并将混凝土实验室配合比换算成骨料在实际含水量情况下的施工配合比。

设实验室配合比为水泥∶砂子∶石子 $=1:x:y$，并测得砂子的含水量为 ω_x，石子的含水量为 ω_y，则施工配合比应为 $1:x(1+\omega_x):y(1+\omega_y)$。

按实验室配合比 1 m^3 混凝土水泥用量为 C(kg)，计算时确保混凝土水灰比(W/C)(W 为用水量)不变，则换算后材料用量为：

水泥：$C' = C$

砂子：$C_{砂} = C_x(1+\omega_x)$

石子：$C_{石} = C_y(1+\omega_y)$

水：$W' = W - C_x\omega_x - C_y\omega_y$

2. 施工配料

求出每立方米混凝土材料用量后，还必须根据工地现有搅拌机出料容量确定每次需用几袋水泥，然后按水泥用量来计算砂石的每次拌用量。

为严格控制混凝土的配合比，搅拌混凝土时应根据计算出的各组成材料的质量准确投料。其质量偏差不得超过以下规定：水泥、外掺混合材料为 ±2%；粗、细骨料为 ±3%；水、外加剂溶液 ±2%。各种衡量器应定期校验，保持准确。骨料含水量应经常测定，雨天施工时，应增加测定次数。

3. 掺合外加剂和混合料

在混凝土施工过程中，经常掺入一定量的外加剂或混合料，以改善混凝土某些方面的性能。混凝土外加剂有：

(1)改善新拌混凝土流动性能的外加剂，包括减水剂(如木质素类、萘类、糖蜜类、水溶性树脂类)和引气剂(如松香热聚物、松香皂)。

(2)调节混凝土凝结硬化性能的外加剂，包括早强剂(如氯盐类、硫酸盐类、三乙醇胺)、缓凝剂和促凝剂等。

(3)改善混凝土耐久性的外加剂，包括引气剂、防水剂和阻锈剂等。

(4)为混凝土提供其他特殊性能的外加剂，包括加气剂、发泡剂、膨胀剂、胶粘剂、抗冻剂和着色剂等。

常用的混凝土混合料有粉煤灰、炉渣等。

由于外加剂或混合料的形态不同，使用方法也不相同，因此在混凝土配料中，要采用合理的掺合方法，保证掺合均匀，掺量准确，才能达到预期的效果。

(二)混凝土的搅拌

混凝土的搅拌，就是将水、水泥和粗、细骨料进行均匀拌和及混合的过程。同时，通过搅拌还可以使材料达到强化、塑化的作用。

1. 搅拌方法

混凝土搅拌方法主要有人工搅拌和机械搅拌两种。人工搅拌拌和质量差，水泥耗量多，只有在工程量很少时采用。目前工程中一般采用机械搅拌。

2. 混凝土搅拌机

混凝土搅拌机按搅拌原理分为自落式搅拌机和强制式搅拌机两类。自落式搅拌机多用于搅拌塑性混凝土和低流动性混凝土，适用于施工现场。强制式搅拌机主要用以搅拌干硬性混凝土和轻骨料混凝土，一般用于预制厂或混凝土集中搅拌站。

我国规定混凝土搅拌机以其出料容量(m^3)×1 000 为标定规格，故国内混凝土搅拌机的系列为 50，150，250，350，500，700，1 000，1 500 和 3 000。

3. 搅拌制度

为拌制出均匀优质的混凝土，除正确地选择搅拌机的类型外，还必须正确地确定搅拌制度，其内容包括进料容量、搅拌时间与投料顺序等。

1）进料容量

搅拌机的容量有三种表示方式，即出料容量、几何容量和进料容量。出料容量也即公称容量，是搅拌机每次从搅拌筒内可卸出的最大混凝土体积，几何容量则是指搅拌筒内的几何容积，而进料容量是指搅拌前搅拌筒可容纳的各种原材料的累计体积。

2）搅拌时间

搅拌时间应为全部材料投入搅拌筒到开始卸料所经历的时间。它是影响混凝土质量及搅拌机生产率的一个主要因素。混凝土搅拌的最短时间可按表 3-21 确定。

表 3-21　混凝土搅拌的最短时间

（单位：s）

混凝土坍落度（mm）	搅拌机类型	搅拌机出料量（L）		
		<250	250～500	>500
≤30	强制式	60	90	120
	自落式	90	120	150
>30	强制式	60	60	90
	自落式	90	90	120

3）投料顺序

常用的方法有一次投料法、二次投料法和水泥裹砂法等。

（1）一次投料法，是在料斗中先装入石子，再加入水泥和砂子，然后一次投入搅拌机。

这种投料顺序是把水泥夹在石子和砂子之间，上料时水泥不致飞扬，而且水泥也不致粘在料斗底和鼓筒上。上料时水泥和砂先进入筒内形成水泥浆，缩短了包裹石子的过程，能提高搅拌机生产率。

（2）二次投料法，分为预拌水泥砂浆法和预拌水泥净浆法。

预拌水泥砂浆法是先将水泥、砂和水加入搅拌筒内进行充分搅拌，成为均匀的水泥砂浆后，再加入石子搅拌成均匀的混凝土。

预拌水泥净浆法是将水泥和水充分搅拌成均匀的水泥净浆后，再加入砂和石子搅拌成混凝土。

国内外的试验表明，二次投料法搅拌的混凝土与一次投料法相比，混凝土强度可提高约 15%，在强度等级相同的情况下，可节约水泥 15%～20%。

（3）水泥裹砂法，又称为 SEC 法。它是先将砂子表面进行处理，将湿度控制在一定范围内，然后将处理过的砂子、水泥和部分水进行搅拌，使砂子周围形成黏着性很强的水泥糊包裹层。第二次加入水和石子，经搅拌，部分水泥浆便均匀地分散在已经被造壳的砂子及石子周围，最后形成混凝土。

采用该法制备的混凝土与一次投料法相比，强度可提高 20%～30%，混凝土不易产生离析现象，泌水少，工作性好。

（三）混凝土的运输

1. 对混凝土运输的要求

混凝土自搅拌机中卸出后，应及时运至浇筑地点，为保证混凝土的质量，对混凝土运输

的基本要求是:

(1)混凝土运输过程中要能保持良好的均匀性、不离析、不漏浆。

(2)保证混凝土具有设计配合比所规定的坍落度。

(3)使混凝土在初凝前浇入模板并捣实完毕。

(4)保证混凝土浇筑能连续进行。

2. 混凝土运输工具

混凝土运输分为地面运输、垂直运输、楼面运输和泵送混凝土。

1)地面运输

地面水平运输的工具主要有搅拌运输车、自卸汽车、机动翻斗车和手推车。混凝土运距较远时宜采用搅拌运输车,也可用自卸汽车;运距较近的场内运输宜用机动翻斗车,也可用手推车。

2)垂直运输

混凝土垂直运输工具有井架运输机、塔式起重机及混凝土提升机等。

(1)井架运输机适用于多层工业与民用建筑施工时的混凝土运输。井架装有平台或混凝土自动倾卸料斗(翻斗)。混凝土搅拌机一般设在井架附近,当用升降平台时,手推车可直接推到平台上;用料斗时,混凝土可倾卸在料斗内。

(2)塔式起重机作为混凝土垂直运输的工具,一般均配有料斗。料斗的容积一般为 0.3 m^3,上部开口装料,下部安装扇形手动闸门,可直接把混凝土卸入模板中。当搅拌站设在起重机工作半径范围内时,起重机可完成地面水平、垂直及楼面运输而不需要二次搬运。

(3)混凝土提升机是高层建筑混凝土垂直运输的最佳提升设备。它是由钢井架、混凝土提升斗、高速卷扬机等组成的。提升速度可达 50 ~ 100 m/min。一般每台容量为 0.5 m^3 ×2的双斗提升机,以 75 m/min 的速度提升 120 m 高度时的输送能力可达 20 m^3/h。

3)楼面运输

楼面运输工具有手推车、皮带运输机,也可用塔式起重机、混凝土泵等。楼面运输应采取措施保证模板和钢筋位置,防止混凝土离析等。

4)泵送混凝土

泵送混凝土是利用混凝土泵通过管道将混凝土输送到浇筑地点,一次完成地面水平运输、垂直运输及楼面水平运输。泵送混凝土具有输送能力大、速度快、效率高、节省人力、能连续作业的特点。因此,它已成为施工现场运输混凝土的一种重要的方法。当前,泵送混凝土的最大水平输送距离可达 800 m,最大垂直输送高度可达 300 m。

3. 运输时间

混凝土应以最少的转运次数和最短的时间,从搅拌点运至浇筑地点,并在初凝前浇筑完毕。混凝土从搅拌机中卸出后到浇筑完毕的延续时间不宜超过表 3-22 的规定。

表 3-22　混凝土从搅拌机中卸出后到浇筑完毕的延续时间　（单位:min）

混凝土强度等级	气温		混凝土强度等级	气温	
	<25 ℃	≥25 ℃		<25 ℃	≥25 ℃
≤C30	120	90	>C30	90	60

注:①对于掺用外加剂或采用快硬水泥拌制的混凝土,延续时间应按试验确定;

②对于轻骨料混凝土,其延续时间应适当缩短。

(四)混凝土的浇筑与振捣

混凝土的浇筑成型工作包括布料、摊平、捣实和抹面修整等工序。它对混凝土的密实性和耐久性、结构的整体性和外形的正确性等都有重要影响。

1. 混凝土浇筑前的准备工作

(1)检查模板的位置、标高、尺寸、强度、刚度是否符合设计要求,接缝是否严密;钢筋及预埋件应对照图纸校核其数量、直径、位置及保护层厚度,并作好隐蔽工程记录。

(2)模板内的垃圾、泥土和钢筋油污应加以清除,木模板应浇水湿润,但不得有积水。

(3)准备和检查材料、机具等。

(4)做好施工组织工作和安全技术交底。

2. 混凝土浇筑

混凝土浇筑的一般规定如下:

(1)混凝土浇筑前不应发生初凝和离析现象。混凝土运至现场后,其坍落度应满足表 3-23 的要求。

表 3-23　混凝土浇筑时的坍落度　　(单位:mm)

序号	结构种类	坍落度
1	基础或地面等的垫层、无配筋的大体积结构(挡土墙、基础等)或配筋稀疏的结构	10 ~ 30
2	板、梁板、梁和大型及中型截面的柱子等	30 ~ 50
3	配筋密列的结构(薄壁、斗仓、筒仓、细柱等)	50 ~ 70
4	配筋特密的结构	70 ~ 90

(2)控制混凝土自由倾落高度以防离析:混凝土倾落高度一般不宜超过 2 m;竖向结构(如墙、柱)不宜超过 3 m,否则,应采用溜槽、串筒或振捣串筒下料。

(3)浇筑竖向结构混凝土前,应先在底部填筑一层 50 ~ 100 mm 厚与混凝土成分相同的水泥砂浆,然后再浇筑混凝土。

(4)为了使混凝土振捣密实,必须分层浇筑,每层浇筑厚度与振捣方法、结构配筋有关,应符合表 3-24 的规定。

表 3-24　混凝土浇筑层厚度　　(单位:mm)

项次	捣实混凝土的方法		浇筑层的厚度
1	插入式振捣器		振捣器作用部分长度的 1.25 倍
2	表面式振捣器		200
3	人工捣固	在基础、无配筋混凝土或配筋稀疏的结构中	250
		在梁、墙板、柱结构中	200
		在配筋密集的结构中	150
4	插入式振捣器		300
	表面振动(振动时需加压)		200

(5)混凝土应连续浇筑。当必须间歇时,间歇时间宜缩短,并应在下层混凝土初凝前,将上层混凝土浇筑完毕。混凝土从搅拌机中卸出,经运输、浇筑及间歇的全部时间不得超过有关规范的规定,否则应留置施工缝。

3. 施工缝的留设与处理

由于技术上的因素或设备、人力的限制，混凝土的浇筑不能连续进行，中间的间歇时间需超过混凝土的初凝时间，且应留置施工缝。所谓施工缝，是指先浇的混凝土与后浇的混凝土之间的薄弱接触面。施工缝宜留在结构受力(剪力)较小且便于施工的部位。

1)施工缝留设位置

根据施工缝留设的原则，一般柱应留水平缝，梁、板和墙应留垂直缝。施工缝留设具体位置如下：

(1)柱子的施工缝宜留在基础顶面、梁或吊车梁牛腿的下面、吊车梁的上面和无梁楼盖柱帽下面。

(2)与板连为一体的大截面梁，施工缝应留在板底面以下 20 ~ 30 mm 处。

(3)单向板留在平行于板短边的任何位置。

(4)有主次梁的楼盖，宜顺次梁方向浇筑，施工缝留在次梁跨度中间 1/3 范围内。

(5)楼梯的施工缝应留置在楼梯长度中间 1/3 范围内。

(6)墙的施工缝应留置在门洞过梁跨中的 1/3 范围内，也可留在纵横墙的交接处。

双向受力楼板、大体积混凝土结构、拱、薄壳、蓄水池等复杂结构工程的施工缝应按设计要求留置。

2)施工缝的处理

在施工缝处继续浇筑混凝土时，已浇筑的混凝土抗压强度应不小于 1.2 MPa，以抵抗继续浇筑混凝土时的扰动。

施工缝处浇筑混凝土前，应除去施工缝表面的浮浆、松动的石子和软弱的混凝土层，凿毛、洒水湿润、冲刷干净；然后浇一层 10 ~ 15 mm 厚的水泥浆(水泥: 水 =1: 0.4)或与混凝土成分相同的水泥砂浆，以保证接缝的质量。混凝土浇筑过程中，施工缝处应细致捣实，使其紧密结合。

4. 后浇带的施工

后浇带是在现浇混凝土结构施工过程中，克服由于温度收缩而可能产生有害裂缝而设置的临时施工缝。该缝需根据设计要求保留一段时间后再浇筑混凝土，将整个结构连成整体。

后浇带的留置位置应按设计要求和施工技术方案确定。在正常的施工条件下，有关规范对此的规定是：如混凝土置于室内和土中，后浇带的设置距离为 30 m，露天为 20 m。

后浇带的保留时间应根据设计确定，当设计无要求时，一般至少保留 40 d 以上。

后浇带的宽度应考虑施工简便，避免应力集中。一般其宽度为 700 ~ 1 000 mm。后浇带内的钢筋应保存完好。后浇带的构造如图 3-45 所示。

后浇带混凝土浇筑应严格按照施工技术方案进行。在浇筑混凝土前，必须将整个混凝土表面按照施工缝的要求进行处理。填充后浇带混凝土可采用微膨胀或无收缩水泥，也可采用普通水泥加入相应的外加剂拌制，但要求填筑混凝土的强度等级要比原来结构强度提高一级，并保持至少 14 d 的湿润养护。

5. 大体积混凝土浇筑

大体积混凝土指的是最小断面尺寸大于 1 m 的混凝土结构，其尺寸已经大到必须采取相应的技术措施妥善处理温度差值，合理解决温度应力并控制裂缝开展的混凝土结构。

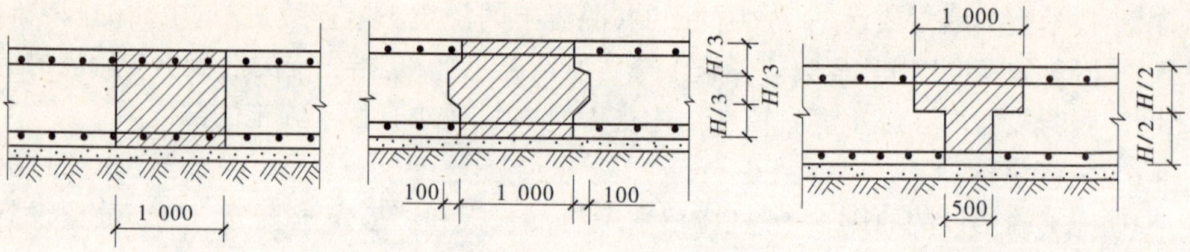

(a)平接式　　(b)企口式　　(c)台阶式

图 3-45　后浇带构造图

大体积混凝土结构在工业建筑中多为设备基础，在高层建筑中多为桩基承台或厚大基础底板等。其施工特点有：结构整体性要求高，一般不留施工缝，要求整体浇筑；结构体积大，水泥水化热大，温度应力大，要预防混凝土早期开裂；混凝土体积大，泌水多，施工中对泌水应采取有效措施。

1）整体浇筑方案

大体积混凝土的浇筑，应根据整体连续浇筑的要求，结合结构实际尺寸的大小、钢筋疏密、混凝土供应条件等具体情况，分别选用不同的浇筑方案，以保证结构的整体性。常用的混凝土浇筑方案有以下三种：

（1）全面分层（见图 3-46（a））。即将整个结构浇筑层分为数层浇筑，在已浇筑的下层混凝土尚未凝结时，即开始浇筑第二层，如此逐层进行，直至浇筑完毕。这种浇筑方案一般适用于结构平面尺寸不大的工程。施工时宜从短边开始，沿长边方向进行。

（2）分段分层（见图 3-46（b））。即将基础划分为几个施工段，施工时从底层一端开始浇筑混凝土，进行到一定距离后就回头浇筑该区段的第二层混凝土，如此依次向前浇筑其他各段（层）。这种浇筑方案适用于厚度较薄而面积或长度较大的结构。

（3）斜面分层（见图 3-46（c））。即混凝土浇筑时，不再水平分层，由底一次浇筑到结构面。这种浇筑方案适用于长度大大超过厚度的结构，也是大体积混凝土底板浇筑时应用较多的一种方案。

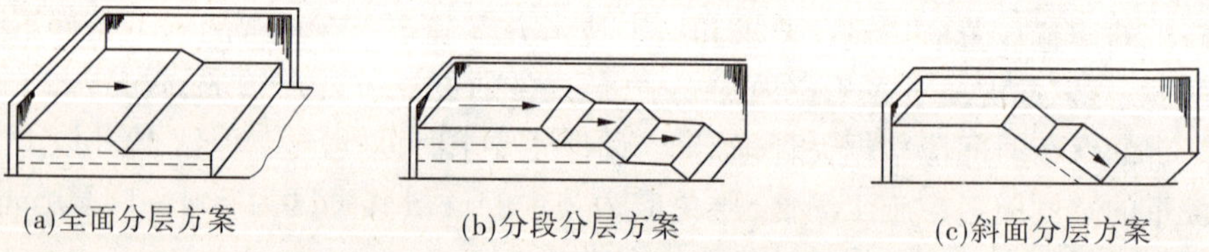

(a)全面分层方案　　(b)分段分层方案　　(c)斜面分层方案

图 3-46　大体积混凝土浇筑方案

2）早期温度裂缝预防

要防止大体积混凝土产生温度裂缝就要避免水泥水化热的积聚，使混凝土内外温差不超过 25 ℃。为此，要优先采用水化热小的水泥（如矿渣硅酸盐水泥），降低水泥用量，掺入适量的粉煤灰，降低浇筑速度或减小浇筑厚度。

第四节　钢结构工程

一、钢结构的连接方法

钢结构连接方法通常有三种:焊接、铆接和螺栓连接。钢构件的连接接头应经检查合格后方可紧固或焊接。焊接和高强度螺栓并用的连接,当设计无特殊要求时,应按先栓后焊的顺序施工。

(一)焊接施工

1.焊接方法选择

焊接是钢结构最主要的连接方式之一,优点是任何形状的结构都可以用焊缝连接,构造简单,省工省料,而且大部分工作能实现自动化操作,生产效率高。在钢结构制作和安装领域中,广泛使用的是电弧焊。在电弧焊中又以药皮焊条、手工焊条、自动埋弧焊、半自动与自动 CO_2 气体保护焊为主。在某些特殊场合,则必须使用电渣焊。焊接的类型、特点和适用范围见表 3-25。

表 3-25　钢结构焊接方法选择

<table>
<tr><th colspan="3">焊接的类型</th><th>特点</th><th>适用范围</th></tr>
<tr><td rowspan="5">电弧焊</td><td rowspan="2">手工焊</td><td>交流焊机</td><td>利用焊条与焊件之间产生的电弧热焊接,设备简单,操作灵活,可进行各种位置的焊接,是建筑工地应用最广泛的焊接方法</td><td>焊接普通钢结构</td></tr>
<tr><td>直流焊机</td><td>焊接技术与交流焊机相同,成本比交流焊机高,但焊接时电弧稳定</td><td>焊接要求较高的钢结构</td></tr>
<tr><td colspan="2">埋弧自动焊</td><td>利用埋在焊剂层下的电弧热焊接,效率高,质量好,操作技术要求低,劳动条件好,是大型构件制作中应用最广的高效焊接方法</td><td>焊接长度较大的对接、贴角焊缝,一般是有规律的直焊缝</td></tr>
<tr><td colspan="2">半自动焊</td><td>与埋弧自动焊基本相同,操作灵活,但使用不够方便</td><td>焊接较短的或弯曲的对接、贴角焊缝</td></tr>
<tr><td colspan="2">CO_2 气体保护焊</td><td>用 CO_2 或惰性气体保护的实芯焊丝或药芯焊接,设备简单,操作简便,焊接效率高,质量好</td><td>用于构件长焊缝的自动焊</td></tr>
<tr><td colspan="3">电渣焊</td><td>利用电流通过液态熔渣所产生的电阻热焊接,能焊大厚度焊缝</td><td>用于箱型梁及柱隔板与面板全焊透连接</td></tr>
</table>

2.焊接工艺要点

(1)焊接工艺设计。确定焊接方式、焊接参数及焊条、焊丝、焊剂的规格型号等。

(2)焊条烘烤。焊条和粉芯焊丝使用前必须按质量要求进行烘焙,低氢型焊条经过烘焙后,应放在保温箱内随用随取。

(3)定位点焊。焊接结构在拼接、组装时要确定零件的准确位置,要先进行定位点焊。定位点焊的长度、厚度应由计算确定。电流要比正式焊接提高 10% ~15%,定位点焊的位置应尽量避开构件的端部、边角等应力集中的地方。

(4)焊前预热。钢构件预热可降低热影响区冷却速度,防止焊接延迟裂纹的产生。预热区在焊缝两侧,每侧宽度均应为焊件厚度的 1.5 倍以上,且不应小于 100 mm。在钢结构安装过程中,为防止焊接时夹渣、未焊透、咬肉,焊条应在 300 ℃下烘 2 h。

(5)焊接顺序确定。一般从焊件的中心开始向四周扩展;先焊收缩量大的焊缝,后焊收缩量小的焊缝;尽量对称施焊;焊缝相交时,先焊纵向焊缝,待冷却至常温后,再焊横向焊缝;钢板较厚时分层施焊。

常见焊缝位置见图 3-47。

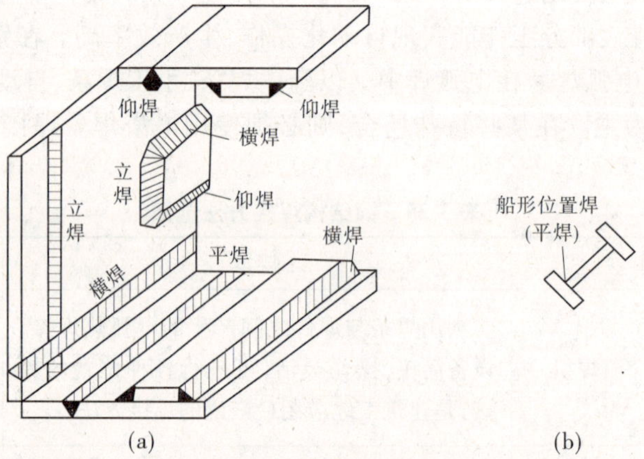

图 3-47　焊缝位置示意图

(二)高强度螺栓连接施工

高强度螺栓连接是目前与焊接并举的钢结构主要连接方法之一。其特点是施工方便、可拆可换、传力均匀、接头刚性好、承载能力大、疲劳强度高、螺母不易松动、结构安全可靠。高强度螺栓从外形上可分为大六角头高强度螺栓(即扭矩型高强度螺栓)和扭剪型高强度螺栓两种。高强度螺栓和与之配套的螺母、垫圈总称为高强度螺栓连接副。在用高强度螺栓进行钢结构安装中,摩擦型连接是目前广泛采用的基本连接形式。

1. 一般要求

高强度螺栓使用前,应按有关规定对高强度螺栓的各项性能进行检验。在运输过程中应轻装轻卸,防止损坏。当包装破损,螺栓有污染等异常现象时,应用煤油清洗,并按高强度螺栓验收规程进行复验,经复验扭矩系数合格后方能使用。工地储存高强度螺栓时,应放在干燥、通风、防雨、防潮的仓库内,并不得沾染脏物。安装时,应按当天需用量领取,当天没有用完的螺栓,必须装回容器内,妥善保管,不得乱扔、乱放。安装高强度螺栓时接头摩擦面上不允许有毛刺、铁屑、油污、焊接飞溅物。摩擦面应干燥,没有结露、积霜、积雪,并不得在雨天进行安装。使用定扭矩扳子紧固高强度螺栓时,每天上班前应对定扭矩扳子进行校核,合格后方能使用。

2. 安装工艺

一个接头上的高强度螺栓连接,必须从螺栓群中间开始对称向两边进行,同时还要求先松后紧向四周扩展,逐个拧紧。扭矩型高强度螺栓的初拧、复拧、终拧,每完成一次应涂上相应的颜色或标记,以防漏拧。接头如有高强度螺栓连接,又有焊接连接,宜按"先栓后焊"的方式施工,先终拧完高强度螺栓,再焊接焊缝。高强度螺栓应自由穿入螺栓孔内,当板层发生错孔时,允许用铰刀扩孔。扩孔时,铁屑不得掉入板层间。扩孔数量不得超过一个接头螺栓数量的1/3,扩孔后的孔径不应大于1.2d(d为螺栓直径)。严禁使用气割进行高强度螺栓孔的扩孔。一个接头的多个高强度螺栓穿入方向应一致。垫圈有倒角的一侧应朝向螺栓头和螺母,螺母有圆台的一面应朝向垫圈,螺母和垫圈不应装反。高强度螺栓连接副在终拧以后,螺栓丝扣外露应为2~3扣,其中允许有10%的螺栓丝扣外露1扣或4扣。

3. 紧固方法

1)大六角头高强度螺栓连接副紧固

大六角头高强度螺栓连接副一般采用扭矩法和转角法紧固。

(1)扭矩法。使用可直接显示扭矩值的专用扳手,分初拧和终拧两次拧紧。初拧扭矩为终拧扭矩的60%~80%,其目的是通过初拧,使接头各层钢板达到充分密贴,终拧扭矩把螺栓拧紧。一般常用规格的大六角头高强度螺栓的初拧扭距应为200~300 N · m。

(2)转角法。根据构件紧密接触后,螺母的旋转角度与螺栓的预拉力成正比的关系确定的一种方法。操作时分初拧和终拧两次施拧。初拧可用短扳手将螺母拧至使构件靠拢,并作标记。终拧用长扳手将螺母从标记位置拧至规定的终拧位置。转动角度的大小在施工前由试验确定。

2)扭剪型高强度螺栓紧固

扭剪型高强度螺栓有一特制尾部,采用带有两个套筒的专用电动扳手紧固。紧固时用专用扳手的两个套筒分别套住螺母和螺栓尾部的梅花头,接通电源后,两个套筒按反向旋转,拧断尾部后即达相应的扭矩值。一般用定扭矩扳手初拧,用专用电动扳手终拧。

二、钢结构安装施工工艺流程及施工要点

(一)吊装前的准备工作

1. 基础的准备

钢柱基础的顶面通常设计为一平面,通过地脚螺栓将钢柱与基础连成整体。施工时应保证基础顶面标高及地脚螺栓位置准确。其允许偏差:基础顶面高差为±2 mm,倾斜度1/1 000;地脚螺栓位置允许偏差,在支座范围内为5 mm。施工时可用角钢做成固定架,将地脚螺栓安置在与基础模板分开的固定架上。

为保证基础顶面标高的准确,施工时可采用一次浇筑法或二次浇筑法进行。

(1)一次浇筑法。

先将基础混凝土浇灌到低于设计标高40~60 mm处,然后用细石混凝土精确找平至设计标高,以保证基础顶面标高的准确。这种方法要求钢柱制作尺寸十分准确,且要保证细石混凝土与下层混凝土的紧密黏结,如图3-48所示。

(2)二次浇筑法。

钢柱基础分两次浇筑。第一次浇筑到比设计标高低40~60 mm处,待混凝土有一定强度后,上面放钢垫板,精确校正钢板标高,然后吊装钢柱。当钢柱校正完毕后,在柱脚钢板下浇灌细石混凝土,如图3-49所示。这种方法校正柱子比较容易,多用于重型钢柱吊装。

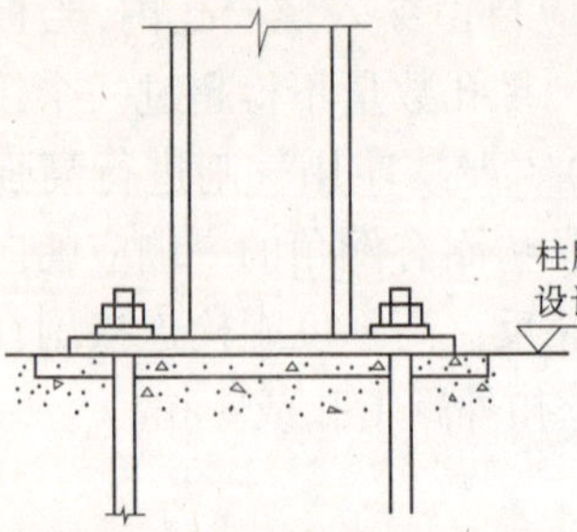

图 3-48　钢柱基础的一次浇筑法

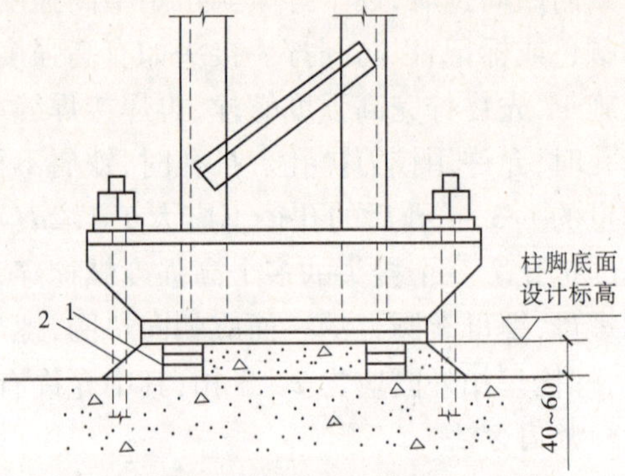

1—钢垫板;2—后浇的细石混凝土

图 3-49　钢柱基础的二次浇筑法

当基础采用二次浇筑混凝土施工时,钢柱脚应采用钢垫板或坐浆垫板作支承。垫板应设置在靠近地脚螺栓的柱脚底板加劲板或柱脚下,每根地脚螺栓侧应设 1 ~2 组垫块,每组垫板不得多于 5 块。垫板与基础面和柱底面的接触应平整、紧密。当采用成对斜垫板时,其叠合长度不应小于垫板长度的 2/3。采用坐浆垫板时,应采用无收缩砂浆。柱子吊装前砂浆试块强度应高于基础混凝土强度一个等级。

2. 构件的检查与弹线

在吊装钢构件之前,应检查构件的外形和几何尺寸,如有偏差应在吊装前设法消除。

在钢柱的底部和上部标出两个方向的轴线,在底部适当高度标出标高准线,以便校正钢柱的平面位置、垂直度、屋架和吊车梁的标高等。

对不易辨别上下、左右的构件,应在构件上加以标明,以免吊装时搞错。

3. 构件的运输、堆放

钢构件应根据施工组织设计要求的施工顺序,分单元成套供应。运输时,应根据构件的长度、重量选择车辆;钢构件在运输车辆上的支点、两端伸出的长度及绑扎方法均应保证构件不产生变形,不损伤涂层。

钢构件堆放的场地应平整坚实,无积水。堆放时应按构件的种类、型号、安装顺序分区存放。钢结构底层应设有垫枕,并且应有足够的支承面,以防支点下沉。相同型号的钢构件叠放时,各层钢构件的支点应在同一垂直线上,并应防止钢构件被压坏和变形。

(二)钢柱的吊装工艺

1)钢柱的吊升

钢柱的吊升可采用自行式或塔式起重机,用旋转法或滑行法吊升。当钢柱较重时,可采用双机抬吊,用一台起重机抬柱的上吊点,一台起重机抬下吊点,采用双机并立相对旋转法进行吊装。

2)钢柱的校正与固定

钢柱的校正包括平面位置、标高、垂直度的校正。平面位置的校正应用经纬仪从两个方向检查钢柱的安装准线。在吊升前应安放标高控制块以控制钢柱底部标高。垂直度的校正用经纬仪检验,如超过允许偏差,用千斤顶进行校正。在校正过程中,随时观察柱底部和标高控制块之间是否脱空,以防校正过程中造成水平标高的误差。

为防止钢柱校正后的轴线位移，应在柱底板四边用 10 mm 厚钢板定位，并电焊牢固。钢柱复校后，紧固地脚螺栓，并将承重块上下点焊固定，防止走动。

第五节　防水工程

一、防水砂浆防水工程施工工艺流程及施工要点

（一）防水砂浆分类

水泥砂浆防水层按使用的材料不同可分为普通水泥砂浆防水层和掺外加剂的水泥砂浆防水层。

普通水泥砂浆防水层是利用素灰和水泥砂浆交替抹压、后一层砂浆（素灰）将上一层砂浆（素灰）产生的毛细孔堵塞的原理来进行防水的，因此对施工质量要求极高，目前较少采用。

由于水泥砂浆属于刚性材料，对结构变形较为敏感，在温度、湿度变化的情况下易产生空鼓开裂，因此水泥砂浆防水层对施工质量有着较高的要求。为克服水泥砂浆防水层的这一缺陷，目前一般采用在水泥砂浆中掺加聚合物的方法对水泥砂浆进行改性处理，掺加聚合物以后的砂浆提高了水密性，抗折、抗拉及黏结强度都得到提高，砂浆硬化过程中的干缩值也明显减小，从而提高了其防水能力，故后一种方法目前使用较多。

这类水泥防水砂浆目前较常用的有以下 3 类：

（1）掺小分子防水剂的防水砂浆：防水剂主要包括氯化钙、无机铝盐、有机硅、脂肪酸等。

（2）掺塑化膨胀剂的防水砂浆：防水剂主要包括硫铝酸盐、木钙萘系减水剂等。

（3）聚合物防水砂浆：防水剂主要包括氯丁橡胶、丙烯酸酯乳液等。

下面以掺小分子防水剂防水砂浆施工为例介绍其施工方法。

氯化物类防水剂配合比见表 3-26，掺氯化物类防水剂的防水净浆、砂浆配合比见表 3-27。

表 3-26　氯化物类防水剂配合比

材料名称	质量比（%）	说明
氯化铝	4	固体
氯化钙	46	氯化钙含量不小于 70%
水	50	自来水

表 3-27　掺氯化物类防水剂的防水净浆、砂浆配合比（质量比）

材料名称	水泥	砂	水	防水剂
防水净浆	8		6	1
防水砂浆	8	3	6	1

(二)基层处理

基层处理可以保证防水层与基层表面结合牢固,是防水层不空鼓和密实不透水的关键,处理后的基层,应洁净、平整、坚实、粗糙,抹防水材料前适当浇水湿润。

(三)防水层操作要点

(1)在处理好的基层上抹防水净浆层,厚度 1 mm,施工时要求用铁抹子往返用力刮抹,使防水净浆填实基层表面的孔隙,随即再抹第二层防水净浆,厚度 1 mm,抹完后,用湿的毛刷在防水净浆表面涂刷一遍,便于和后抹的防水砂浆结合。

(2)在防水净浆初凝时抹第一层防水砂浆层,厚度 6 ~ 8 mm,配制的砂浆要注意软硬适度,过硬不利于与防水净浆层的结合,过软可能在用力抹压时破坏防水净浆层,故还要注意抹压的力度合适,以防水砂浆压入净浆层的 1/4 为宜。抹完以后,在砂浆初凝之前用扫帚在砂浆层上扫出横向条纹。接着抹第二层防水砂浆层,厚度也为 6 ~ 8 mm,把防水砂浆抹平,在初凝之前把砂浆压实,终凝前压光。

浇水养护时间不少于 14 d。

二、防水涂料防水工程施工工艺流程及施工要点

由于防水涂料种类较多,施工方法各有一定差别,下面以聚氨酯防水涂料为例介绍其施工方法。

(一)基层处理

处理后的基层要求表面平整、光滑,不得有疏松、砂眼等缺陷存在;有穿墙套管的位置,要求套管必须安装牢固,套管与基层接触处圆滑;要求基层洁净、干燥。

(二)施工工艺

1. 清理基层

施工前将基层表面认真清扫干净。

2. 涂刷基层处理剂

基层处理剂配合比为聚氨酯甲组分: 聚氨酯乙组分: 二甲苯 =1:1.5:2(质量比)。

使用时将以上材料拌和均匀,用长滚刷均匀涂刷在基层上,涂刷量以控制在 0.3 kg/m^2 左右为宜,干燥 5 h 以上,方能进行下一道工序。

3. 涂膜防水层施工

防水涂膜配合比为聚氨酯甲组分: 聚氨酯乙组分 =1:1.5(质量比)。

用电动搅拌器搅拌均匀备用,一般配制好的防水材料宜随用随配制,放置时间不宜超过 2 h。

施工时采用刮板或滚刷来刮涂防水涂膜材料,一般平面防水层涂刮(刷)2 ~ 3 遍,材料用量为 0.8 ~1.0 kg/m^2;立面防水层涂刮(刷)3 ~ 4 遍,材料用量为 0.5 ~0.6 kg/m^2。

防水涂膜的总厚度一般不宜小于 2 mm。

每遍涂膜材料涂刮(刷)后,需要固化 5 h 以上(以手指触摸不粘手作为固化完成的参考标准),再进行下一道涂膜材料的涂刮(刷)。

在底板与立面围护结构交接部位,应加铺聚酯纤维无纺布进行加强处理,一般在第二遍涂膜材料涂刮(刷)后立即铺贴,要求铺设牢固,无折叠、空鼓现象存在,铺贴好以后立即在无纺布上涂刮(刷)涂膜材料,要求涂抹材料浸透无纺布内部。

涂膜施工完毕，在其表面虚铺一层纸胎石油沥青油毡隔离层，再在隔离层上做保护层，平面位置一般采用现浇混凝土 40 ~ 50 mm 作为保护层，立面保护层则采用粘贴聚乙烯泡沫塑料的方法。

保护层完成后，接着应尽快进行回填土工作。

三、卷材防水工程施工工艺流程及施工要点

（一）屋面卷材防水施工

施工过程：屋面基层施工→隔汽层施工→保温层施工→找平层施工→刷冷底子油→铺贴卷材附加层→铺贴卷材防水层→保护层施工。

1. 基层施工

现浇钢筋混凝土屋面板应连续浇筑，不宜留施工缝，要求振捣密实，表面平整，并符合规定的排水坡度；预制楼板则要求安放平稳牢固，板缝间应嵌填密实。结构层表面应清理干净并平整。

2. 隔汽层施工

隔汽层可采用气密性好的卷材或防水涂料。一般在结构层（或找平层）上涂刷冷底子油一道和热沥青两道，或铺设一毡两油。

隔汽层必须是整体连续的。在屋面与垂直面衔接的地方，隔汽层还应延伸到保温层顶部并高出 150 mm，以便与防水层相接。采用油毡隔汽层时，油毡的搭接宽度不得小于 70 mm。采用沥青基防水涂料时，其耐热度应比室内或室外的最高温度高出 20 ~ 25 ℃。

3. 保温层施工

根据所使用的材料，保温层可分为松散、板状和整体三种形式。

1）松散保温层施工

施工前应对松散保温材料的粒径、堆积密度、含水率等主要指标抽样复查，符合设计或规范要求时方可使用。施工时，松散保温材料应分层铺设，每层虚铺厚度不宜大于 150 mm，边铺边适当压实，使表面平整。压实程度与厚度应经试验确定；压实后不得直接在保温层上行车或堆放重物。保温层施工完成后应及时进行下道工序——铺抹找平层。铺抹找平层时，可在松散保温层上铺一层塑料薄膜等隔水物，以阻止找平层砂浆中水分被保温材料所吸收。

2）板状保温层施工

板状保温材料的外形应整齐，其厚度允许偏差为 ±5%，且不大于 4 mm，其表观密度、导热系数以及抗压强度也应符合规范规定的质量要求。板状保温材料可以干铺，应紧靠基层表面铺平、垫稳，接缝处应用同类材料碎屑填嵌饱满；也可用胶粘剂粘贴形成整体。多层铺设或粘贴时，板材的上、下层接缝要错开，表面要平整。

3）整体保温层施工

常用的有水泥或沥青膨胀珍珠岩及膨胀蛭石，分别选用强度等级不低于 32.5 级的水泥或 10 号建筑石油沥青作胶结料。水泥膨胀珍珠岩、水泥膨胀蛭石宜采用人工搅拌，避免颗粒破碎，并应拌和均匀，随拌随铺，虚铺厚度应根据试验确定，铺后拍实抹平至设计厚度，压实抹平后应立即抹找平层；沥青膨胀珍珠岩、沥青膨胀蛭石宜采用机械搅拌，拌至色泽一致、无沥青团，沥青的加热温度不高于 240 ℃，使用温度不低于 190 ℃，膨胀珍珠岩、膨胀蛭石的

预热温度宜为 100 ~ 120 ℃。

4. 找平层施工

找平层在屋面结构层或保温层上表面施工，为使卷材铺贴平整，找平层与屋面结构层或保温层上表面应黏结牢固并具有一定强度。找平层一般采用1∶3水泥砂浆、细石混凝土或1∶8沥青砂浆，其表面应平整、粗糙，按设计留置坡度，屋面转角处设半径不小于 100 mm 的圆角或斜边长 100 ~ 150 mm 的钝角垫坡。为了防止由于温差和结构层的伸缩而造成防水层开裂，顺屋架或承重墙方向留设宽度 20 mm 左右的分格缝，缝的最大间距不宜大于 4 ~ 5 mm。

水泥砂浆找平层的铺设应由远而近，由高到低；每个分格范围内应一次连续铺成，用 2 m左右长的木条找平；待砂浆稍收水后，用抹子压实抹平。完工后尽量避免踩踏。

沥青砂浆找平层施工时，基层必须干燥，然后满涂冷底子油 1 ~ 2 道，待冷底子油干燥后，可铺设沥青砂浆，其虚铺厚度为压实后厚度的 1.3 ~ 1.4 倍，刮平后，用火滚进行滚压至平整、密实、表面不出现蜂窝和压痕为止。滚筒应保持清洁，表面可涂刷柴油。滚压不到之处，可用烙铁烫压平整，沥青砂浆铺设后，当天应铺第一层卷材，否则要用卷材盖好，防止雨水、露水浸入。

5. 刷冷底子油

冷底子油是利用 30% ~ 40% 的石油沥青加入 70% 的汽油或者 60% 的煤油熔融而成的。冷底子油渗透性强，喷涂在表面上，可使基层表面具有憎水性并增强沥青胶结材料与基层表面的黏结力。

刷冷底子油之前，先检查找平层的表面。冷底子油可以采用涂刷或喷涂方法施工，涂刷应薄而均匀，不得有空白、麻点或气泡。涂刷时间应待找平层干燥、铺卷材前 1 ~ 2 d 进行，使油层干燥而又不沾染灰尘。

6. 铺贴卷材附加层

屋面防水层施工时应对屋面排水比较集中的檐沟墙、女儿墙、天墙壁、变形缝、烟囱根、管道根与屋面交接处及檐口、天沟、斜沟、雨水口、屋脊等部位按设计要求先做附加层。附加层在排汽屋面排汽道、排汽帽等处必须单面点贴，以保证排汽道畅通。

7. 铺贴卷材防水层

1) 施工前的准备工作

卷材防水层施工应在屋面上其他工程完工后进行。施工前应先在阴凉干燥处将油毡打开，清除卷材表面的云母片或滑石粉，然后卷好直立放于干净、通风、阴凉处待用；准备好熬制、拌和、运输、刷油、清扫、铺贴油毡等施工操作工具以及安全和灭火器材；设置水平和垂直运输的工具、机具和脚手架等，并检查是否符合安全要求。

2) 卷材铺贴的一般要求

铺贴多跨和高、低跨的房屋卷材防水层时，应按先高后低、先远后近的顺序进行；铺贴同一跨房屋防水层时，应先铺排水比较集中的水落口、檐口、斜沟、天沟等部位及卷材附加层，按标高由低到高向上施工；坡面与立面的油毡，应由下开始向上铺贴，使油毡按流水方向搭接。

油毡铺贴的方向应根据屋面坡度或屋面在使用时是否存在振动而确定。当坡度小于 3% 时，油毡宜平行于屋脊方向铺贴；坡度在 3% ~ 5% 时，油毡可平行或垂直于屋脊方向铺贴;坡度大于15%或屋面受振动时,应垂直屋脊铺贴。卷材防水屋面坡度不宜超过25%。当油毡平行于屋脊铺贴时,长边搭接不小于70 mm;短边搭接平屋顶不应小于100 mm,坡屋顶不宜小于150 mm。当第一层油毡采用条粘、点粘或空铺时,长边搭接不应小于100 mm,短边不应小于150 mm,相邻两幅毡短边搭接缝应错开不小于500 mm,上、下两层油毡应错开1/3或1/2幅宽;上、下两层油毡不宜相互垂直铺贴;垂直于屋脊的搭接缝应顺主导风向搭接;接头顺水流方向,每幅油毡铺过屋脊的长度应不小于200 mm。为保证油毡搭接宽度和铺贴顺直,铺贴油毡时应弹出标线。油毡铺贴前,找平层应干燥。现场检验找平层干燥程度的简易方法是:将1 m^2 卷材平坦地干铺在找平层上,静置3~4 h后掀开卷材,检查找平层覆盖部位与卷材上有无水印,如果未见水印即可铺设隔汽层或防水层。

3)沥青防水卷材施工

沥青防水卷材一般为叠层铺设,采用热铺贴法施工。该法分为满贴法、条铺法、空铺法和点粘法四种。满贴法是将油毡下满涂玛琋脂(即沥青胶结材料),使油毡与基层全部黏结。铺贴油毡时,当保温层和找平层干燥有困难,需在潮湿的基层上铺贴油毡时,常采用空铺法、条铺法、点粘法与排气屋面相结合。空铺法是指铺贴防水卷材时,卷材与基层仅四周一定宽度内黏结、其余部分不黏结的施工方法。点粘法是铺贴防水卷材时,卷材或打孔卷材与基层采用点状黏结的施工方法,每1 m^2 黏结不少于5个点,每点面积为100 mm×100 mm。采用条粘法铺贴卷材时,卷材与基层黏结面不少于2条,每条宽度不少于150 mm。

排汽屋面的施工:卷材应铺设在干燥的基层上。当屋面保温层或找平层干燥有困难而又急需铺设屋面卷材时,则应采用排汽屋面。排汽屋面是整体连续的,在屋面与垂直面连接的地方,隔汽层应延伸到保温层顶部,并高出150 mm,以便与防水层相连,要防止房间内的水蒸气进入保温层,造成防水层起鼓破坏,保温层的含水量必须符合设计要求。在铺贴第一层卷材时,采用条粘、点粘、空铺等方法使卷材与基层之间留有纵横相互贯通的空隙作排汽道,排汽道的宽度30~40 mm,深度一直到结构层。对于有保温层的屋面,也可在保温层上的找平层上留槽作排汽道,并在屋面或屋脊上设置一定的排汽孔(每36 m^2 左右一个)与大气相通,这样就能使潮湿基层中的水分蒸发排出,防止了油毡起鼓。排汽屋面适用于气候潮湿、雨量充沛、夏季阵雨多、保温层或找平层含水量较大,且干燥有困难的地区。

4)高聚物改性沥青防水卷材施工

依据高聚物改性沥青防水卷材的特性,其施工方法有冷粘法、热熔法和自粘法。在立面或大坡面铺贴高聚物改性沥青防水卷材时,应采用满粘法,并宜减少短边搭接。

5)合成高分子防水卷材施工

施工方法一般有冷粘法、自粘法和热风焊接法三种。

冷粘法、自粘法施工要求与高聚物改性沥青防水卷材基本相同,但冷粘法施工时搭接部位应采用与卷材配套的接缝专用胶粘剂,在搭接缝黏合面上涂刷均匀,并控制涂刷与黏合的间隔时间,排除空气,辊压黏结牢固。

热风焊接法是利用热空气焊枪进行防水卷材搭接黏合的方法。焊接前卷材铺放应平整顺直,搭接尺寸正确;施工时焊接缝的结合面应清扫干净,无水滴、油污及附着物。先焊长边搭接缝,后焊短边搭接缝,焊接处不得有漏焊、缺焊、焊焦或焊接不牢的现象,也不得损害非焊接部位的卷材。

8. 保护层施工

为了减少阳光辐射对沥青老化的影响，降低沥青表面的温度，防止暴雨和冰雪对防水层的侵蚀，卷材铺设完毕，经检查合格后，应立即进行保护层的施工，常用的保护层做法有如下两种。

1）绿豆砂保护层

在卷材铺设完毕，经检查合格后，应立即进行绿豆砂保护层施工，以免油毡表面遭受损坏。施工时，应选用色浅、耐风化、清洁、干燥，粒径为 3～5 mm 的绿豆砂，在锅内或钢板上加热至 100 ℃左右，均匀撒铺在涂刷过 2～3 mm 厚的沥青胶结材料的油毡防水层上，并使其 1/2 的粒径嵌入到沥青中，未黏结的绿豆砂应随时清扫干净。

2）预制板块保护层

预制板块保护层一般采用砂或水泥砂浆作为结合层。当采用砂结合层时，铺砌块体前应将砂洒水压实刮平；块体应对接铺砌，缝隙宽度为 10 mm 左右；板缝用 1∶2水泥砂浆勾成凹缝；为防止砂子流失，保护层四周 500 mm 范围内，应改用低强度等级水泥砂浆做结合层。

（二）地下工程卷材防水层施工

地下工程的卷材附加防水层铺贴在地下结构的围护结构表面，要求围护结构必须具有一定的强度，只有这样，卷材防水层同围护结构粘贴在一起才具有可靠的防水作用。

因此，卷材防水层适合于铺贴在整体的混凝土结构基层上或铺贴在整体的水泥砂浆、沥青砂浆等找平层上。

要求铺贴卷材的基层表面必须牢固、平整、清洁干净，用 2 m 长直尺检查，基面与直尺间的最大空隙不应超过 5 mm，且每米长度内不得多于 1 处，凹陷处只允许有平缓的变化。转角处应做成圆弧形（高聚物改性沥青防水卷材圆弧半径不小于 50 mm；合成高分子防水卷材圆弧半径不小于 20 mm）。卷材铺贴前基层应表面干燥（含水量≤9%）。

在垂直面层上铺贴卷材时，为提高卷材与基层的黏结力，应涂满与所铺卷材相容的基层处理剂。在平面面层上铺贴卷材时，由于卷材防水层上面压有底板或保护层，不会产生滑脱或流淌现象，因此可以不涂刷基层处理剂。

将卷材防水层铺贴在地下维护结构的外侧（迎水面）称为外防水。这种防水层的铺贴法可以借助回填土的压力压紧卷材，并与结构一起抵抗有压地下水的渗透和侵蚀作用，防水效果良好，采用比较广泛。

按照卷材的铺贴位置，卷材铺贴施工分为外防外贴法（简称外贴法）与外防内贴法（简称内贴法）两种。

1. 外贴法

外贴法的施工步骤如下：浇筑底板垫层→砌筑永久保护墙→做 1∶3水泥砂浆找平层→铺贴垫层防水卷材→铺贴保护墙防水卷材→浇筑底板及围护结构的墙体→铺贴围护结构防水卷材→砌筑临时性保护墙（或者抹水泥砂浆、贴塑料板）。

外贴法详见图 3-50。

外贴法的优点是防水卷材直接铺贴在结构外表面上，与结构形成一体，较少受结构沉降的影响，且由于混凝土结构施工在前，所以浇捣混凝土不会损坏防水层；缺点是施工工序多，需要较大的工作面，浇筑混凝土需要的模板相对较多。

外贴法施工时，先浇筑底板的垫层，在垫层周围砌筑保护墙，保护墙下干铺油毡条，永久

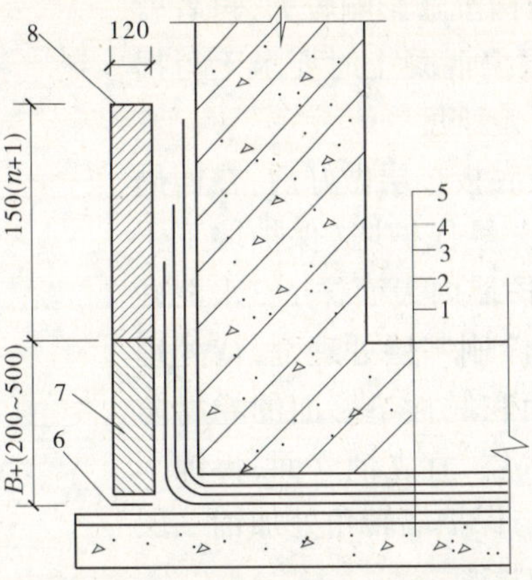

1—混凝土垫层;2—找平层;3—卷材防水层;4—保护层;5—构筑物;
6—油毡条;7—永久性保护墙;8—临时性保护墙

图 3-50 外贴法

性保护墙采用水泥砂浆砌筑,保护墙的高度应比底板厚度高 100 mm,其上接着砌临时性保护墙,采用石灰砂浆砌筑,墙高 300 mm,垫层上面及永久性保护墙内侧抹 1∶3水泥砂浆找平层,临时性保护墙内侧抹石灰砂浆找平层,并刷一道石灰浆。

在找平层干燥后,按照要求铺贴防水卷材。铺贴大面之前,在垫层与保护墙转角处加铺一层卷材附加层,铺贴时先铺平面,再铺立面。在垫层和永久性保护墙上应将卷材空铺。在临时性保护墙上则采取措施将卷材临时贴服,分层临时固定在保护墙顶部。

浇筑混凝土底板和墙体时不得损坏已经做好的防水卷材。

墙体施工完毕,铺贴立面卷材之前,应将保护墙顶部的卷材整理好,将其表面清理干净,接着铺贴里面的防水卷材,采用高聚物改性沥青卷材时搭接长度不小于 150 mm,采用合成高分子卷材时不小于 100 mm。

卷材铺贴完毕,经验收合格后,应尽快在卷材防水层的外侧做保护结构,一般采用砌筑永久性保护墙、抹水泥砂浆、贴塑料板等方法。

砌筑永久性保护墙的时候,墙体沿长度每隔 5 ~ 6 m 或转角处应断开,断开的缝隙中填满沥青麻丝,保护墙与防水卷材的缝隙应随砌随用砌筑砂浆填满,保护墙砌筑完毕即可进行土方回填。

抹水泥砂浆是在涂抹卷材防水层最后一道沥青胶结材料时,趁热在其表面撒上干净的热砂或散麻丝,冷却后在其上抹一层 10 ~ 20 mm 厚的 1∶3水泥砂浆,养护到一定强度后可进行土方回填。

贴塑料是在防水层外侧直接用氯丁系列的胶粘剂采用花粘方法固定 5 ~ 6 mm 厚的聚乙烯泡沫塑料板,随即可进行土方回填。

2. 内贴法

内贴法的施工步骤如下:浇筑底板垫层→砌筑永久保护墙→做 1∶3水泥砂浆找平层→铺贴防水卷材→做保护层。

内贴法详见图 3-51。

内贴法的优点是可以利用保护墙作为围护结构浇筑的模板,减少了模板用量;缺点是防水层铺贴在保护墙内侧，受结构沉降影响较大，再者就是由于利用防水层做模板，振捣混凝土时要求不得损坏防水层，内侧模板支模有一定难度。

内贴法施工时，在混凝土底板垫层做好后，在四周砌筑铺贴卷材防水层用的永久性保护墙（保护墙下干铺油毡条），在底板垫层和保护墙内表面抹1∶3水泥砂浆找平层，待找平层干燥后，涂刷基层处理剂，待处理剂干燥后，铺贴保护墙内表面和底板垫层面的卷材防水层，为保护已经铺好的防水层，宜先铺立面，再铺平面，在铺贴大面之前，在垫层与保护墙转角处加铺一层卷材附加层，要求附加层粘贴紧密。

卷材铺贴完毕，经验收合格后，应尽快在卷材防水层上面做保护层，内侧立面保护层一般采用抹水泥砂浆，贴塑料板、石油沥青纸胎油毡等方法，平面保护层可抹水泥砂浆、浇筑厚度50 mm以上的细石混凝土。

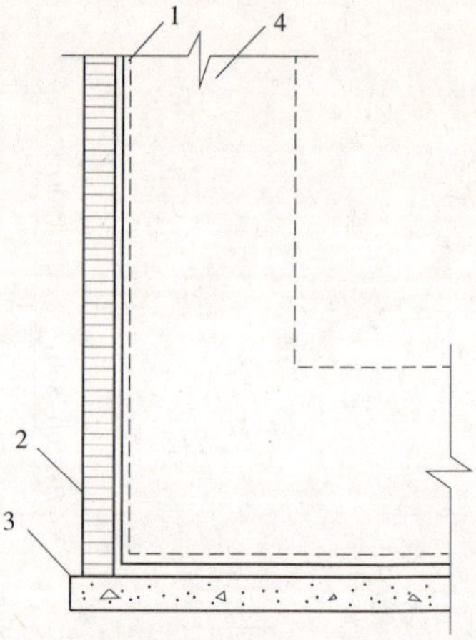

1—卷材防水层；2—保护墙；
3—垫层；4—围护结构

图3-51　内贴法

第六节　装饰装修工程

一、楼地面工程施工工艺流程及施工要点

楼地面工程是建筑物底层地面和楼层地面（楼面）工程的总称，包括室外散水、明沟、踏步、台阶、坡道等附属工程。

建筑地面的构成层次及其作用如下：

面层：直接承受各种物理和化学作用的表面层；

结合层：面层与下一构造层相联结的中间层，也可作为面层的弹性基层；

找平层：在垫层上、楼板上或填充层上起整平、找坡或加强作用的构造层；

隔离层：防止地面上各种液体或地下水、潮气渗透地面作用的构造层，也称作防水（潮）层；

垫层：承受并传递地面荷载于基土上的构造层；

基土：地面垫层下的土层。

（一）垫层、找平层、隔离层等施工

1. 垫层

1）灰土垫层

灰土垫层是用石灰和黏土拌和均匀，然后分层夯实而成的，施工时应分层随铺随夯，夯实的密实度应符合设计要求。灰土的土料，宜采用就地挖出的土，但不得含有有机杂质，使用前应过筛，其粒径不得大于15 mm。用作灰土的熟石灰应过筛，其粒径不得大于5 mm。灰土的体积配合比是3∶7或2∶8，常用3∶7（一般称为“三七灰土”）。三七灰土垫层具有就地取材、造价低廉、施工简便等优点，一般适用于地下水位较低处。灰土垫层的厚度不应小于100 mm。

灰土垫层施工完毕，应及时进行后续工序施工，并迅速回填土，或作临时遮盖，防止日晒雨淋。

2）砂垫层和砂石垫层

砂垫层厚度不得小于 60 mm，砂石垫层厚度不宜小于 100 mm。砂垫层和砂石垫层材料，宜采用颗粒级配良好、质地坚硬的中砂、粗砂、砾砂、卵石和碎石，也可采用细砂，但宜掺入一定数量的卵石或碎石，其掺量应符合有关规定。所用砂石材料都不应含有草根、垃圾等杂质；含泥量要低于 3%；砂应采用中砂；石子最大粒径不得大于垫层厚度的 2/3。压实前应洒水湿润，并宜采用机械碾压。砂石垫层应注意级配必须良好，人工级配的砂、石（体积比为 1:1～1:2）拌和均匀后方可铺填捣实。

垫层底面宜铺设在同一标高上，如深度不同，基底土层的面应挖成踏步搭接，施工时，应先深后浅，搭接处应注意捣实。分段施工接头也应做成斜坡，每层错开 0.5～1.0 m，并充分捣实。砂石垫层捣实方法根据不同条件，可选用振实、夯实、压实或水冲等方法。砂、石垫层具有施工简便、压缩模量较大、变形小、造价较低等优点。

3）混凝土垫层

混凝土垫层厚度不得小于 60 mm，混凝土强度等级不应小于 C10。水泥混凝土垫层应分区段进行浇筑，浇筑前，垫层的下一层表面应浇水湿润。垫层混凝土浇筑时宜采用平板振动器进行捣实，表面整平。

此外还有碎石垫层、碎砖垫层、三合土垫层和炉渣垫层等，应根据当地情况由设计选用。

2. 找平层

找平层应采用水泥砂浆或水泥混凝土铺设而成，其厚度应符合设计要求。水泥砂浆体积比不宜小于 1:3；水泥混凝土强度等级不应小于 C15。

在铺设找平层前，应将下一基层表面清理干净，当找平层下有松散填充料时，应予铺平振实。在预制楼板上铺设找平层前，必须认真做好板缝间的灌缝填嵌这一重要工序，并确保灌缝的施工质量。

3. 隔离层

隔离层也称防潮层。厕浴间和有防水（潮）要求的楼地面必须铺设防水隔离层。在铺设隔离层时，其下一层的表面应平整、干燥。防水材料铺设应粘实、平整，不得有皱折、空鼓、翘边和封口不严等缺陷。在穿过楼板面管道四周处，防水材料应向上铺涂，并应超过套管的上口；在靠近墙面处，防水材料应向上铺涂，并应高出面层 200～300 mm。铺设完毕后，应做蓄水试验，蓄水深宜为 20～30 mm，24 h 内无渗漏为合格，并应做好记录。

4. 填充层

当地面、垫层和基土（或结构层）尚不能满足使用上或构造上的要求而增设的填充层，在建筑地面上起隔声、保温、找坡或敷设暗线等作用的构造层。

填充层采用松散、板块、整体保温材料和吸声材料等铺设而成。填充层厚度应按设计要求确定。松散保温材料可采用膨胀蛭石、膨胀珍珠岩、炉渣等。整体保温材料可用膨胀蛭石、膨胀珍珠岩等材料加水泥、沥青等胶凝材料混合而成。板状保温材料可采用泡沫塑料板、膨胀珍珠岩板、膨胀蛭石板和加气混凝土板等。材料的密度和导热系数、强度等级均应符合设计要求。

采用松散保温材料作填充层时，应分层铺平拍实。采用整体保温材料作填充层时，应用机械搅拌，色泽均匀，分层铺平压实。板状保温材料应分层错缝铺贴，每层应选用同一厚度的板。铺设厚度应符合要求。

(二)整体面层施工

面层的铺设宜在室内装饰工程基本完成后进行，并做好楼地面工程的基层处理工作。面层的种类很多，概括起来有以下两类：

整体面层：
- 水泥混凝土面层
- 水泥砂浆面层
- 水磨石面层
- 防油渗面层
- 水泥钢(铁)屑面层
- 不发火(防爆的)面层

块料面层：
- 砖面层
- 大理石和花岗石面层
- 预制板块面层
- 料石面层
- 塑料板面层
- 活动地板面层
- 地毯面层

下面介绍几种常用面层的施工方法。

1. 水泥砂浆面层

水泥砂浆面层厚度不应小于 20 mm。水泥砂浆面层所用的砂，一般应采用中砂或粗砂，含泥量不应大于3%，水泥强度等级不应低于42.5级，不同强度等级的水泥严禁混用。水泥砂浆的体积比应为1∶2(水泥∶砂)，要求使用干硬性砂浆，强度等级不应小于M15。水泥砂浆应随铺随拍实，抹平工作应在初凝前完成，压光工作应在终凝前完成。终凝后要立即洒水养护，以防面层开裂。面层的压光工作不应少于两次，并做好养护工作，其强度达到5 MPa 时才允许上人行走。

2. 水磨石面层

水磨石面层是采用水泥与石粒的拌和料在1∶3水泥砂浆基层上铺设而成的。其制作过程是：在基层上洒水湿润，刮水泥素浆一层(厚1～1.5 mm)作为黏结层，找平后按设计的图案镶嵌条，如图3-52所示。嵌条有铜条、铝条或玻璃条，安设时两侧用水泥砂浆黏结，抹成八字形镶嵌固定。分格条对缝应严密，表面要平直。分格条镶嵌后应经过适当的养护(3～4 d)，将不同色彩的水泥石子浆(水泥∶石粒＝1∶1～1∶2.5(体积比))填入分格网中，石粒粒径为6～15 mm，面层铺设厚度一般为12～18 mm。铺设面层前应在基层表面上刷一遍与面层颜色相同的水泥浆(水灰比为0.4～0.5)做结合层，随刷随铺。按设计要求将水泥石子浆摊铺在分格网中，抹平压实，使石子大面外露，厚度要比嵌条稍高1～2 mm。为使表面石子均匀，可补撒一些小石子，待收水后用滚筒滚压，再浇水养护。根据气温和水泥品种，一般养护2～5 d后可以开磨，开磨前应先试磨，以石子不松动、不脱落，表面不过硬为宜，然后用磨石机正式浇水磨平，直至露出嵌条，表面光滑。磨石由粗至细，普通水磨石面层磨光不应少于3遍，高级水磨石面层应适当增加磨光遍数。每次研磨后用同色水泥浆擦一遍，以填补砂眼，并养护2 d。磨光后用草酸清洗，使石子表面残存

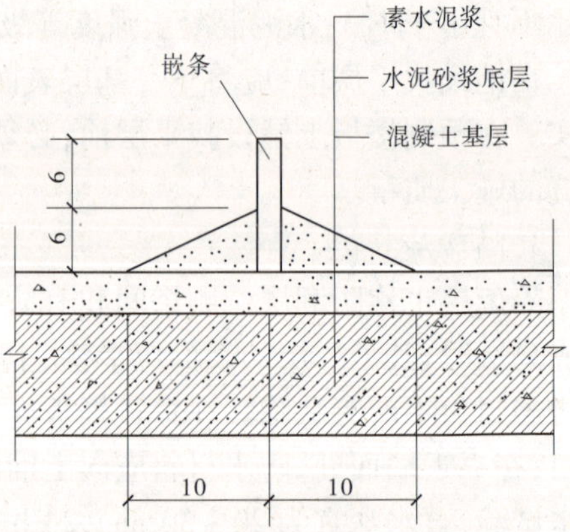

图3-52　水磨石镶嵌条示意图

的水泥浆全部分解，石子显露清晰。面层干燥后打蜡，使其光亮如镜。

现浇水磨石面层的质量要求是表面平整光滑；无明显裂纹、砂眼和磨纹；石粒密实，显露均匀；颜色图案一致，不混色；分格条牢固、顺直和清晰。

3. 细石混凝土面层

细石混凝土地面可以克服水泥砂浆地面干缩较大的弱点。这种地面强度高，干缩值小。与水泥砂浆面层相比，它的耐久性更好，但厚度较大，一般为 30 ~ 40 mm。混凝土强度等级不低于 C20，所用粗骨料要求级配适当，粒径不大于 15 mm，且不大于面层厚度的 2/3，用干净的中砂或粗砂配制。

细石混凝土面层施工的基层处理和找规矩的方法与水泥砂浆面层施工相同。

铺细石混凝土时，应先刷水泥浆一道，然后由里向门口方向进行铺设，按标志筋厚度刮平拍实后，稍待收水，即用钢抹子预压一遍，待进一步收水，即用铁滚筒滚压 3 ~ 5 遍后用表面振动器振捣密实，直到表面泛浆，然后进行抹平压光。细石混凝土面层与水泥砂浆基本相同，必须在水泥初凝前完成抹平工作，终凝前完成压光工作。要求其表面色泽一致，光滑，无抹子印痕。

钢筋混凝土现浇楼板或强度等级不低于 C15 的混凝土垫层兼作面层时，可用随捣随抹的方法施工，在混凝土楼地面浇捣完毕，表面略有吸水后即进行抹平压光。混凝土面层的压光、养护时间和方法与水泥砂浆面层相同。

（三）板块面层施工

板块地面面层是在基层上用水泥砂浆铺设块料面层（如花岗岩板、大理石板、地板砖、陶瓷马赛克等）形成的地面。

1. 花岗岩板、大理石板面层铺贴

1）铺贴前准备工作

铺贴前，应先挂线检查地面垫层的平整度，弹出房间中心十字线，然后由中央向四周弹出分块线，同时在四周墙壁上弹出水平控制线。按照设计要求进行试拼试排，并在块材背面编号，以便安装时对号入座。根据试排结果，在房间的主要部位弹上互相垂直的控制线并引至墙上，用以检查和控制板块的位置。

2）施工程序

施工程序为基层处理→做找平层→弹线→抹结合层→铺贴→灌缝→打蜡。

（1）板材准备：板材的技术等级、光泽度和外观质量等应符合设计要求，板材不应有裂缝、掉角、翘曲和表面缺陷。大理石板和花岗岩板应根据石材的颜色、花纹、图案、纹理等试拼编号。施工前应将板材（特别是预制水磨石板）浸水湿润，并阴干码好备用，铺贴时，板材的底面以内潮外干为宜。大理石不得用于室外地面面层。

（2）摊铺结合层：先在找平层上刷水灰比为 0.4 ~ 0.5 的水泥浆一道。随刷随铺 1∶2 水泥砂浆结合层，厚度 10 ~ 15 mm。每次以铺 2 ~ 3 块板材的面积为宜，并对照拉线将砂浆刮平。

（3）铺贴：铺贴时，要将板块四角同时着浆，四角平稳下落，对准纵横缝后，用木槌敲击中部使其密实、平整、准确就位。大理石、花岗岩的板缝宽度不大于 1 mm，预制水磨石板的缝宽不大于 2 mm。铺砌的板材应平整，线路顺直，镶嵌正确；板材间、板材与结合层以及在墙角、镶边和靠墙处均应紧密砌合，不得有空隙。

(4)灌缝:要求嵌铜条的地面板材铺贴,应先将相邻两块板铺贴平整,留出嵌条缝隙,然后向缝内灌水泥砂浆,将铜条敲入缝隙内,使其外露部分略高于板面即可,然后擦净挤出的砂浆。

对于不设嵌条的地面,应在铺完 24 h 后洒水养护,2 d 后进行灌缝,灌缝力求达到紧密。

(5)打蜡:板块铺贴完工,待结合层砂浆强度达到60% ~70%即可打蜡抛光,3 d 内禁止上人走动。

2. 地板砖面层铺贴

1)基层清理

将基层(找平层)上的杂物清理干净,并用扁铲剔除楼地面超高部分及落地灰,用钢丝刷刷净浮层。

2)排砖弹线

根据施工铺砖大样图结合房间具体尺寸,在房间中弹十字控制线,从纵横两个方向排尺寸,并尽量避免使用非整砖。当尺寸不足整砖倍数时,将非整砖用于边角处,横向平行于门口的第一排应为整砖,纵向(垂直门口)应在房间内分中,非整砖对称排放在两墙边处,尺寸不小于整砖边长的1/4。

3)铺砖

(1)选砖。在铺砌前应对砖的规格尺寸、外观质量、色泽等进行预选。陶瓷地砖还应浸水湿润,晾干后表面无明水时方可使用。

(2)涂素水泥浆。找平层上洒水湿润,均匀涂刷素水泥浆(水灰比为0.4~0.5),涂刷面积不要过大,铺多少刷多少。

(3)铺结合层。铺设20~30 mm厚半干硬性水泥砂浆,水泥砂浆结合层配合比宜为1:2.5(水泥:砂)。用木抹子找平、拍实,将地板砖先铺在水泥砂浆结合层上,用橡皮锤均匀敲实,手搬开地板砖检查结合层是否完全符实,如不符实应重新找平。

半干硬性水泥砂浆应随拌随用,初凝前用完,防止影响黏结质量。

(4)铺贴地板砖。在干硬性水泥砂浆结合层上浇素水泥浆,浇透浇匀(水灰比为0.4~0.5),用铁抹子轻划数道划痕,将地板砖原位铺回。用橡胶锤均匀敲实即可,边敲击边检查砖边是否符线,地板砖四角是否平齐。

4)勾缝擦缝

面层铺贴应在24 h内进行擦缝、勾缝工作,并应采用同品种、同强度等级、同颜色的水泥,先用浆壶往缝内浇水泥浆,然后用干水泥撒在缝上,再用棉纱团擦揉,将缝隙擦满,最后将面层上的水泥浆擦干净。

5)养护

铺完砖24 h后,洒水养护,时间不应少于7 d。

(四)木地板面层施工

木地板面层按其施工方法分为两种:一种是钉固法施工,即先在地面上固定木搁栅,然后用钉子将硬木地板固定在搁栅或搁栅上的毛地板上;另一种是胶粘法施工,即将硬木地板直接粘牢于混凝土或水泥砂浆的基层上。图3-53为常见的拼接形式。

1. 钉固法施工

木地板面层有单层和双层两种。单层木地板面层是在木搁栅上直接铺钉直条企口板

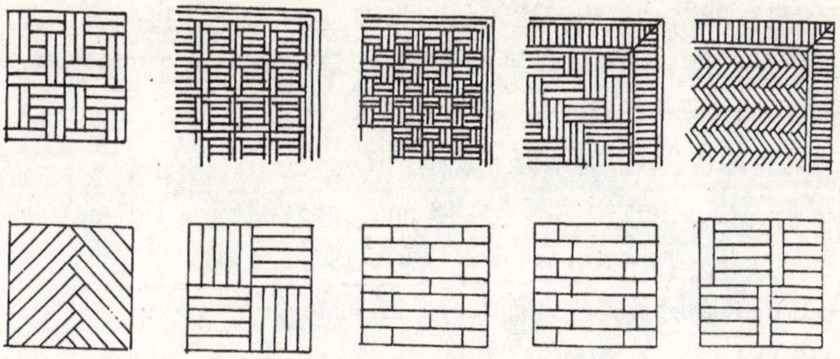

图 3-53　木、竹地面拼接形式

（宽度不大于 120 mm）；双层木地板面层是在木搁栅上先钉一层毛地板，再钉一层企口板。木搁栅有空铺和实铺两种形式，空铺式是将搁栅两头搁于墙内的垫木上，木搁栅之间加设剪刀撑；实铺式是将木搁栅铺于钢筋混凝土楼板上或混凝土垫层上，木搁栅之间填以炉渣混凝土窝牢，并加钢筋或铁丝固定。

1）材料要求

木搁栅要求采用含水量在 15% 以内变形小的木材，常用红松和白松等，呈梯形，上面要刨平，规格和间距按设计图纸规定，要涂刷防腐剂（通常采用刷 1 ~ 2 道水柏油）。毛地板常用红松、白松和杉木等，宽度 100 ~ 150 mm，厚度 15 ~ 20 mm，侧边有企口，底面要涂刷防腐剂。硬木地板常用水曲柳、核桃木、柞木等质地优良、不易腐朽开裂的木材，其含水量不大于 12%，木条板厚 18 ~ 25 mm，宽 40 ~ 50 mm，侧边做成企口，要求板条的厚度、宽度、企口尺寸均相同。

施工工艺

安装木搁栅→固定木搁栅→铺毛地板→铺钉硬木地板→刨平、刨光、磨光硬木地板→刷料、打蜡。

2. 胶粘法施工

胶粘剂应采用具有耐老化、防水和防菌、无毒等性能的材料。

木地板铺贴前，拼花木地板应根据设计图案和尺寸进行弹线；成块制作好的木地板块材，应按所弹施工线试铺，以检查其拼缝高低、平整度和对缝等，符合要求后进行编号。

木地板铺贴时，先将基层表面清扫干净，用棕刷在基层上涂刷一层薄而匀的底层胶（底层胶应采用原胶粘剂配制），待底层胶干燥后，按施工线位置沿轴线由中央向四面铺贴。其方法是按预排编号顺序在基层上涂刷一层厚 1 mm 左右的胶粘剂，再在木地板背面涂刷一层厚约 0.5 mm 的胶粘剂，待表面不粘手时，即可铺贴。铺贴时，人员随铺贴随往后退，要用力推紧压平，并立即用砂袋等重物压在上面 4 ~ 6 h。对于板缝中挤出的胶粘剂要及时擦除。

（五）地面工程的质量验收

地面工程的施工质量应符合《建筑地面工程施工质量验收规范》（GB 50209—2010）的规定。

二、一般抹灰施工

抹灰一般分为三层：底层、中层和面层（或罩面）。

底层主要起与基层黏结的作用，厚度一般为 5 ~ 9 mm。底层砂浆的强度不能高于基层强度，以免抹灰砂浆在凝结过程中产生较强的收缩应力，破坏强度较低的基层，从而产生空鼓、裂缝、脱落等质量问题；中层起找平的作用，中层应分层施工，每层厚度应控制在 5 ~ 9 mm；面层起装饰作用，要求涂抹光滑、洁净。

抹灰层的平均总厚度，不得大于以下规定：

（1）顶棚：板条、空心砖、现浇混凝土 – 15 mm，预制混凝土 – 18 mm，金属网 – 20 mm。

（2）内墙：普通抹灰 – 18 ~ 20 mm，高级抹灰 – 25 mm。

（3）外墙 – 20 mm，勒脚及突出墙面部分 – 25 mm。

（4）石墙 – 35 mm。

（5）当抹灰厚度≥35 mm 时，应采取加强措施。

涂抹水泥砂浆每遍厚度宜为 5 ~ 7 mm；涂抹石灰砂浆和水泥混合砂浆每遍厚度宜为 7 ~ 9 mm。面层抹灰经赶平压实后的厚度，麻刀石灰不得大于 3 mm；纸筋石灰、石膏灰不得大于 2 mm。

（一）组成及质量要求

一般抹灰按质量要求分为普通抹灰和高级抹灰两个等级。

普通抹灰为一道底层和一道面层或一道底层、一道中层和一道面层，要求表面光滑、洁净、接槎平整、分隔缝清晰。

高级抹灰由一道底层、数层中层和一道面层组成。要求表面光滑、洁净、颜色均匀无抹纹、分隔缝和灰线清晰美观。

抹灰层与基层之间及各抹灰层之间必须黏结牢固，抹灰层应无脱层、空鼓，面层应无爆灰和裂缝。

（二）抹灰材料要求

一般抹灰所用材料的品种和性能应符合设计要求。水泥的凝结时间和安定性复[illegible]格。石灰浆应在储灰池中常温熟化不少于 15 d，罩面用的磨细石灰粉的熟化期不应少[illegible] 3 d。同时应防止冻结和污染。生石灰不宜长期存放，保质期不宜超过一个月。

（三）抹灰用的工具

抹灰用的工具包括各种抹子及木制工具等。

（四）抹灰前基层处理

抹灰前应检查门、窗框位置是否正确，与墙连接是否牢固。连接处的缝隙应用水泥砂浆或水泥混合砂浆（加少量麻刀）分层嵌塞密实。

为了使抹灰砂浆与基体表面黏结牢固，防止抹灰层产生空鼓现象，抹灰前对凹凸不平的基层表面应剔平，或用 1∶3水泥砂浆补平。孔、洞及缝隙处均应用 1∶3水泥砂浆或水泥混合砂浆（加少量麻刀）分层嵌塞密实。基层表面的尘土、污垢、油渍等应清除干净，并应洒水润湿。过光的墙面应予以凿毛，或涂刷一层界面剂，以加强抹灰层与基层的黏结力。凡室内管道穿越的墙洞和楼板洞，凿剔墙后安装的管道，墙面的脚手孔洞均应用 1∶3水泥砂浆填嵌密实。

在内墙的阳角和门洞口侧壁的阳角、柱角等易于碰撞之处，应按设计要求施工，设计无要求时，应采用 1∶2水泥砂浆制作护角，其高度应不低于 2 m，每侧宽度不小于 50 mm。

对外墙窗台、窗楣、雨篷、阳台、压顶和突出腰线等，上面应做成流水坡度，下面应做滴水线或滴水槽，滴水槽的深度和宽度均不应小于 10 mm，要求整齐一致。

为控制抹灰层的厚度和墙面的平整度，在抹灰前应先检查基层表面的平整度，并用与抹灰层相同砂浆设置50 mm×50 mm的标志或宽约100 mm的标筋。

不同材料基体交接处表面的抹灰，如砖墙与木隔墙、混凝土墙与轻质隔墙等表面，应采取加强措施，当采用加强金属网时，搭接宽度从缝边起两侧均不小于100 mm，以防抹灰层因基体温度变化胀缩不一而产生裂缝。

顶棚抹灰的基层处理：预制混凝土楼板顶棚在抹灰前应检查其板缝大小，若板缝较大，应用细石混凝土灌实；若板缝较小，可用1∶0.3∶3的水泥石灰混合砂浆勾实，否则抹灰后将顺缝产生裂缝。预制混凝土板或钢模现浇混凝土顶棚拆模后，构件表面较为光滑、平整，并常黏附一层隔离剂。当隔离剂为滑石粉或其他粉状物时，应先用钢丝刷刷除，再用清水冲干净，当隔离剂为油脂类时，先用浓度为10%的火碱溶液洗刷干净，再用清水冲洗干净。

板条顶棚（单层板条）抹灰前，应检查板条缝是否合适，一般要求间隙为7～10 mm。

（五）抹灰施工

抹灰一般遵循先外墙后内墙，先上面后下面，先顶棚、墙面后地面的顺序，也可根据具体工程的不同而调整抹灰先后顺序。

一般抹灰施工过程为：浇水湿润基层→做灰饼→设置标筋→阳角护角→抹底层灰→抹中层灰→抹面层灰→清理。

1. 墙面抹灰

为控制抹灰层厚度和墙面平直度，用与抹灰层相同的砂浆先做出灰饼和标筋，待标筋砂浆有七八成干后，就可以进行底层砂浆抹灰。

中层砂浆抹灰应待水泥砂浆（或水泥混合砂浆）底层凝结后或石灰砂浆底层灰七八成干后，方可进行。中层砂浆凝固前，可在层面上交叉划出斜痕，以增强与面层的黏结。如用水泥砂浆或混合砂浆，应待前一抹灰层凝结后再抹后一层。如用石灰砂浆，则应待前一层达到七八成干后，方可抹后一层。

面层灰应待中层灰凝固后才能进行。

两墙面相交的阴角、阳角抹灰方法，一般按下述步骤进行：

（1）用阴角方尺检查阴角的直角度，用阳角方尺检查阳角的直角度。用线锤检查阴角或阳角的垂直度。根据直角度及垂直度的误差，确定抹灰层的厚薄。阴、阳角处洒水湿润。

（2）将底层抹于阴角处，用木阴角器压住抹灰层并上下搓动，使阴角的抹灰基本上达到直角。如靠近阴角处有已结硬的标筋，则木阴角器应沿着标筋上下搓动，基本搓平后，再用阴角抹子上下抹压，使阴角线垂直。

（3）将底层灰抹于阳角处，用木阳角器压住抹灰层并上下搓动，使阳角处抹灰基本上达到直角。再用阳角抹子上下抹压，使阳角线垂直。

（4）在阴、阳角处底层灰凝结后，洒水湿润，将面层灰抹于阴、阳角处，分别用阴角抹、阳角抹上下抹压，使中层灰达到平整光滑。

阴、阳角找方应与墙面抹灰同时进行，即墙面抹底层灰时，阴、阳角抹底层找方。

2. 顶棚抹灰

顶棚抹灰不用作标志、标筋，只要在顶棚周围的墙面（梁）上弹出顶棚抹灰层的面层标高控制线，此控制线应从已弹的+50 cm线量起，不得从顶棚底向下量。

顶棚抹灰宜从房间里面开始，向门口进行，最后从门口退出。

顶棚抹灰应搭设满堂脚手架，脚手板面至顶棚的距离以操作方便为准。

抹底层灰前，应扫尽钢筋混凝土楼板底的浮灰、砂浆残渣，去除油污及隔离剂剩料，并喷水湿润楼板底。

在钢筋混凝土楼板底抹底层灰时，铁抹子抹压方向应与模板纹路或预制板拼缝相垂直；板条、金属网顶棚上抹底层灰，铁抹子抹压方向应与板条长度方向相垂直，在板条缝处要用力压抹，使底层灰压入板条缝或网眼内，形成转脚以使结合牢固。底层灰要求表面平整。

抹中层灰时，铁抹子抹压方向宜与底层灰抹压方向相垂直。高级顶棚抹灰，应加钉长度350～450 mm的麻束，间距为400 mm，并交错布置，分别按放射状梳理抹进中层灰内。中层灰要求表面平整、光洁。

抹面层灰时，铁抹子抹压方向宜平行于房间进光方向。面层灰表面要求平整、光滑，不显抹痕。顶棚抹灰应待前两层灰凝结后才能抹上后一层灰，不可紧接进行。顶棚面积较小时，整个顶棚抹上灰后再进行压平、压光，顶棚面积较大时，可分段分块进行抹灰、压平、压光，但结合处必须理顺；底层灰全部抹压后，才能抹中层灰，中层灰全部抹压后，才能抹面层灰。

三、门窗工程施工工艺流程及施工要点

（一）木门窗的安装

1. 木门窗

木门窗的使用比较普遍，而且有悠久的历史。木门窗施工的主要内容是在施工现场安装木门窗框及内扇。安装前应按设计图纸检查、校核门窗型号，安装门框前，要用对角线相等的方法复核其兜方程度。

2. 安装工艺流程

立框安装→塞框安装→门窗扇的安装→玻璃安装。

（二）铝合金门窗的安装

1. 铝合金门窗加工和组装

铝合金门窗是用经过表面处理的型材，通过下料、打孔、铣槽、攻丝和制窗等加工过程而制成的门窗框料构件，再与连接件、密封件和五金配件一起组装而成的。

2. 安装工艺流程

弹线→门窗框就位和固定→填缝→门、窗扇安装→安装玻璃→清理。

四、涂饰工程施工工艺流程及施工要点

（一）乳胶漆施工

1. 乳胶漆种类

按照使用位置分为内墙乳胶漆、外墙乳胶漆两类。

内墙乳胶漆、外墙乳胶漆又可分为哑光漆、丝光漆、有光漆、高光漆几类。

2. 工艺流程

工艺流程为：基层处理→满刮腻子两遍→底层涂料→中层涂料两遍→乳胶漆面层喷涂→清扫。

(二)外墙涂料施工

1. 作业条件

(1)基层抹灰完成后进行检查,合格后方可进行施工。

(2)基层涂刷涂料时,含水量不得大于10%。在施工时若没有测含水量的手段,可以在基层表面放一块1 m^2 的卷材,静置3 ~4 h后掀开检查,基层覆盖部位与卷材上未见水印即可铺设。

(3)门窗安装已完成,经检查合格,门窗框四周与墙之间的缝隙堵抹应符合规范要求。

(4)墙面的设备管洞已处理完毕,为确保墙干燥,各种穿墙孔洞应提前抹灰补齐,墙面基层及女儿墙处出水口防水节点应处理完毕,雨落水管卡、设备穿墙管道等安装预埋件工作已完成,并将洞口用水泥砂浆堵实、抹平、晾干。

(5)外用吊篮已安装调试完毕。

(6)根据工程量及施工进度计划安排,已准备好相应的机械设备,并接通电源试机。

(7)正式施工前要求根据设计要求先做样板墙,经监理人员确认,质量符合设计要求和施工规范规定后,方可进行大面积的施工。

(8)施工现场环境温度不得低于5 ℃,也不能在阴雨霏霏的天气情况下进行施工。

2. 操作工艺

施工工艺流程:基层修补、清扫处理→填补缝隙→腻子打底找平→打磨→封底漆→第一遍面涂→细部处理→第二遍面涂→检查验收→涂料清理。

小　结

本章内容包括土(石)的开挖、运输、填筑、平整和压实等施工过程,以及为保证土方开挖安全顺利进行而采取的排水、降水和土壁支护等准备工作与辅助工作;常用地基处理方法;混凝土基础、砖基础、桩基础施工工艺流程及施工要点;脚手架工程、砖砌体工程,加气混凝土小型砌块施工、混凝土空心砌块施工等内容;钢筋混凝土模板工程、钢筋工程、混凝土工程施工;钢结构的连接方法、钢结构安装施工工艺流程及施工要点;屋面防水、地下工程防水的施工方法、施工工艺及质量控制要求;抹灰工程、楼地面工程、饰面工程、门窗工程、涂料工程。

学习重点:掌握土的分类、土方开挖、回填;混凝土基础、砖基础、桩基础的施工要点;脚手架工程包括脚手架的种类、作用、搭设要求,安全防护措施;砖墙的构造和砌筑工艺、中型砌块的砌筑方法和砌筑工艺、砌筑工程的质量标准和安全防护措施;模板作用及要求、模板分类、模板构造、模板配板设计、模板安装与拆除、模板工程质量控制;钢筋工程包括钢筋种类和性能、钢筋验收和存放、钢筋配料和代换、钢筋场内加工、钢筋连接、钢筋绑扎与安装;混凝土工程包括混凝土的制备、混凝土运输、混凝土浇筑等;钢结构安装施工要点;防水屋面采用防水卷材的施工方法和地下防水的施工方法;理解一般抹灰的质量要求;掌握一般抹灰、装饰抹灰的施工要点与施工质量验收标准及检测方法;掌握饰面工程、地面工程、门窗工程、涂料工程的施工要点与施工质量检验标准及检验方法。

第四章　工程项目管理的基本知识

【学习目标】

1. 掌握项目管理的基本内容。
2. 掌握施工项目管理的组织形式。
3. 掌握项目经理部的基本概念。
4. 掌握进度计划的检查和调整方法。
5. 掌握质量管理统计的方法。
6. 掌握质量控制的方法。
7. 掌握施工项目控制的方法。
8. 掌握施工成本分析的方法和考核的内容。
9. 掌握人力资源的优化配置与动态管理。
10. 掌握施工现场文明施工管理。
11. 熟悉施工项目管理组织的基本理论。
12. 熟悉施工项目进度计划的编制。
13. 熟悉施工项目成本计划的原则和预测的过程与方法。
14. 熟悉机械设备使用方法。
15. 熟悉施工现场管理的内容。
16. 了解施工项目成本管理的目的、任务和作用。
17. 了解施工项目资源管理的主要内容。

第一节　施工项目管理的内容及组织

一、施工项目管理的内容

项目管理的核心任务是项目的目标控制,因此按项目管理学的基本理论,没有明确目标的建设工程不能成为项目管理的对象。

(一)建设工程项目管理的概念

建设工程项目管理的内涵是:自项目开始至项目完成,通过项目的策划和项目控制,使项目的费用目标、进度目标和质量目标得以实现。

“自项目开始至项目完成”指的是项目的实施期;“项目的策划”指的是目标控制前的一系列筹划和准备工作;“费用目标”对业主而言是投资目标,对施工方而言是成本目标。项目决策期管理工作的主要任务是确定项目的目标,而项目实施期管理的主要任务是通过管理使项目的目标得以实现。

(二)建设工程项目管理类型

按照建设工程生产组织特点,一个项目往往由众多单位承担不同的建设任务,而各参与单位的工作性质、工作任务和利益不同,因此就形成了不同类型的项目管理。由于业主方是建设工程项目生产过程的总集成者——人力资源、物资资源和知识的集成,也是建设工程项目生产过程中的总组织者,因此对于一个建设工程项目而言,虽有代表不同利益方的项目管理,但是,业主方的项目管理是管理的核心。

按建设工程项目不同参与方的工作性质和组织特征划分,项目管理有如下几种类型:

(1)业主方的项目管理。

(2)设计方的项目管理。

(3)施工方的项目管理。

(4)供货方的项目管理。

(5)建设项目工程总承包方的项目管理等。

投资方、开发方和由咨询公司提供的代表业主方利益的项目管理服务都属于业主方的项目管理。施工总承包方和分包方的项目管理都属于施工方的项目管理。材料和设备供应方的项目管理都属于供货方的项目管理。建设项目总承包有多种形式,如设计和施工任务综合承包,设计、采购和施工任务综合承包(简称 EPC)等,它们的项目管理都属于建设项目总承包方的项目管理。

(三)业主方项目管理的目标和任务

业主方项目管理服务于业主方的利益,其项目管理的目标包括投资目标、进度目标和质量目标。其中投资目标是指项目的总投资目标。进度目标指的是项目动用的时间目标,即项目交付使用的时间目标。项目的质量目标不仅涉及施工的质量,还包括设计质量、材料质量、设备质量和影响项目运行或运营的环境质量等。质量目标包括满足相应的技术规范和技术标准的规定,以及满足业主方相应的质量要求。

项目的投资目标、进度目标和质量目标之间既有矛盾的一面,也有统一的一面,它们之间的关系是对立统一的关系。要加快进度往往需要增加投资,欲提高质量往往也需要增加投资,过度地缩短进度会影响质量目标的实现,这都表明了各目标之间关系矛盾的一面;但通过有效的管理,在不增加投资的前提下,也可以缩短工期和提高工程质量,这反映各目标之间关系统一的一面。

建设工程项目的全寿命周期包括项目的决策阶段、实施阶段和使用阶段。

业主方的项目管理工作涉及项目实施阶段的全过程,即设计前准备阶段、设计阶段、施工阶段、动用前的准备阶段和保修阶段。

项目管理的具体工作包括:

(1)安全管理。

(2)投资控制。

(3)进度控制。

(4)质量控制。

(5)合同管理。

(6)信息管理。

(7)组织与协调。

其中安全管理是项目管理中最重要的工作,因为安全管理关系到人身的健康与安全,而投资控制、进度控制、质量控制和合同管理等则主要涉及物质利益。

(四)设计方项目管理的目标与任务

设计方作为建设项目的一个参与方,其项目管理主要服务于项目的整体利益和设计方本身的利益。其项目的管理目标包括设计的成本目标、设计的进度目标和设计的质量目标,以及项目的投资目标。

设计方的项目管理工作主要在设计阶段进行,但它也涉及设计前的准备阶段、施工阶段、动用前准备阶段和保修阶段。其管理任务包括:

(1)与设计工作有关的安全管理。

(2)设计成本控制和与设计工作有关的工程造价控制。

(3)设计进度控制。

(4)设计质量控制。

(5)设计合同管理。

(6)设计信息管理。

(7)与设计工作有关的组织和协调。

(五)供货方项目管理的目标与任务

供货方作为项目建设的一个参与方,其项目管理主要服务于项目的整体利益和供货方的本身利益。其项目管理的目标包括供货方的成本目标、供货方的进度目标和供货方的质量目标。

供货方的项目管理工作主要在施工阶段进行,但它也涉及设计准备阶段、设计阶段、动用前的准备阶段和保修阶段。其主要任务包括:

(1)供货方的安全管理。

(2)供货方的成本控制。

(3)供货方的进度控制。

(4)供货方的质量控制。

(5)供货合同管理。

(6)供货信息管理。

(7)与供货有关的组织与协调。

(六)建设项目工程总承包方项目管理的目标和任务

建设项目工程总承包方作为项目建设的一个参与方,其项目管理主要服务于项目的利益和建设项目总承包方本身的利益。其项目管理的目标包括项目的总投资目标和总承包方的成本目标、项目的进度目标和项目的质量目标。

建设项目工程总承包方项目管理工作涉及项目实施阶段的全过程,即设计前的准备阶段、设计阶段、施工阶段、动用前的准备阶段和保修阶段。其项目管理主要任务包括:

(1)安全管理。

(2)投资控制和总承包方的成本控制。

(3)进度控制。

(4)质量控制。

(5)合同管理。

(6)信息管理。

(7)与建设项目总承包方有关的组织和协调。

二、施工项目管理的组织机构

(一)常用的组织结构模式

它包括职能组织结构(见图4-1)、线性组织结构(见图4-2)和矩阵组织结构(见图4-3)等。这几种常用的组织结构模式既可以在企业管理中运用,也可以在建设项目管理中运用。

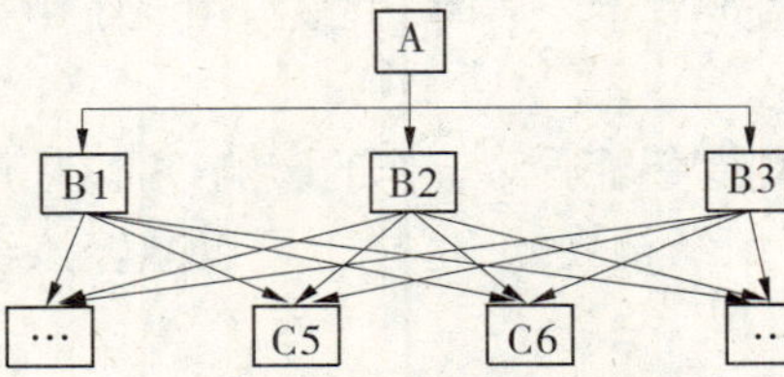

图4-1　职能组织结构

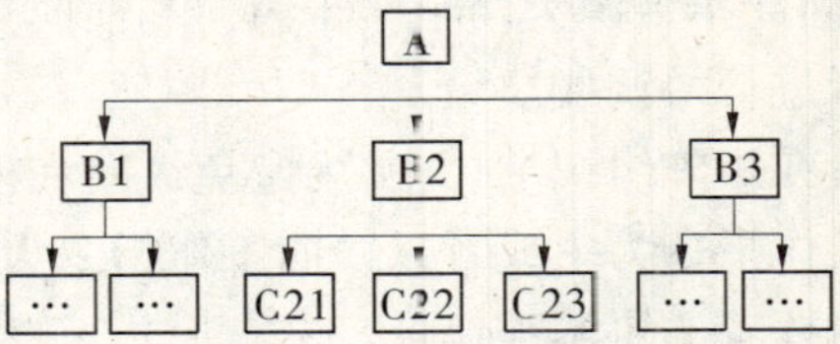

图4-2　线性组织结构

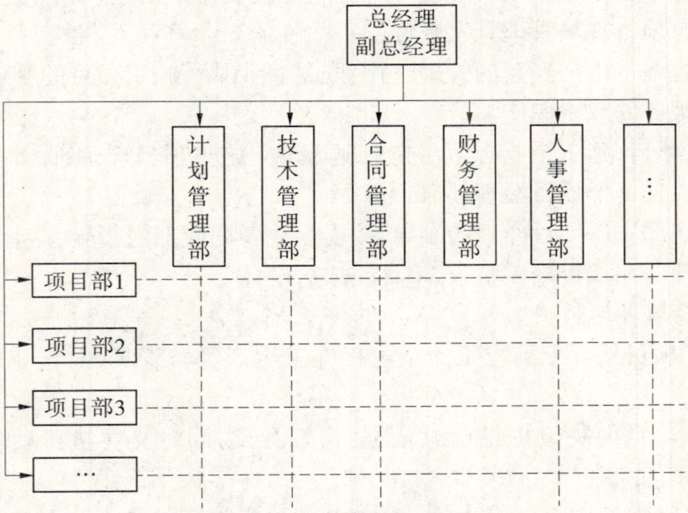

图4-3　施工企业矩阵组织结构模式

1)职能组织结构的特点及应用

在职能组织结构中,每一个职能部门可根据它的管理职能对其直接和非直接的下属工作部门下达工作指令,因此每一个工作部门可能得到其直接和非直接的上级工作部门下达的工作指令,它就会有多个指令源。我国多数的企业、学校、事业单位目前还沿用这种传统的组织结构模式。许多建设项目目前也还用这种传统的组织结构模式。其缺点是在工作中常出现交叉和矛盾的工作指令关系,严重影响了项目管理机制的运行和项目目标的实现。

2)线性组织结构的特点及应用

在线性组织结构中,每一个工作部门只能对其直接下属部门下达工作指令,每一个工作部门也只有一个直接的上级部门,因此每一个工作部门只有唯一一个指令源,避免了由于矛盾的指令而影响组织系统的运行。

在国际上,线性组织结构模式是建设项目管理组织系统的一种常用模式,线性组织结构模式可确保工作指令的唯一性。但是在一个特大组织系统中,由于线性组织结构模式指令路径过长，有可能造成组织系统在一定程度上运行困难。

3）矩阵组织结构的特点及应用

矩阵组织结构是一种较新型的组织结构模式，在矩阵组织结构最高指挥者（部门）下设纵向和横向两种不同类型的工作部门。

在矩阵组织结构中，每一项纵向和横向的工作，指令都来源于纵向和横向两个工作部门，因此指令源为两个。当纵向和横向工作部门的指令发生矛盾时，由该组织系统中最高指挥者进行协调或决策。

在矩阵组织结构中，为避免纵向和横向工作部门指令矛盾对工作的影响，可以采用以纵向工作指令为主或者以横向工作指令为主的矩阵组织结构模式，这样也可以减轻该组织最高指挥者的协调工作量。

（二）施工项目经理部

1. 施工项目经理部定义

施工项目经理部是由施工项目经理在施工企业的支持下组建并领导进行项目管理的组织机构。它是施工项目现场管理具有弹性的一次性施工生产组织机构，负责施工项目从开工到竣工的全过程施工生产经营的管理工作，既是企业某一施工项目的管理层，又对劳务作业层负有管理与服务的双重职能。

大、中型施工项目，施工企业必须在施工现场设立施工项目经理部，小型施工项目可由企业法定代表人委托一个项目经理部兼管。

施工项目经理部直属项目经理的领导，接受企业各职能部门指导、监督、检查和考核。

施工项目经理部在项目竣工验收、审计完成后解体。

2. 施工项目经理部的作用

（1）负责施工项目从开工到竣工的全过程施工生产经营管理，对作业层负有管理与服务的双重职能。

（2）为施工项目经理决策提供信息依据，当好参谋，同时又要执行项目经理的决策意图，对项目经理全面负责。

（3）施工项目经理部作为组织主体，应完成企业所赋予的基本任务——施工项目管理任务；凝聚管理人员的力量，调动其积极性，促进管理人员的合作，建立为事业献身的精神；协调部门之间、管理人员之间的关系，发挥每个人的岗位作用，为共同目标进行工作。

（4）施工项目经理部是代表企业履行工程承包合同的主体，对生产全过程负责。

3. 施工项目经理部的设立

施工项目经理部的设立应根据施工项目管理的实际需要进行。施工项目经理部的组织机构可繁可简，可大可小，其复杂程度和职能范围完全取决于组织管理体制、规模和人员素质。

（三）施工项目经理责任制

1. 施工项目经理的概念

施工项目经理是指由建筑业企业法定代表人委托和授权，在建设工程施工项目中担任项目经理责任岗位职务，直接负责施工项目的组织实施，对建设工程施工项目实施全过程全面负责的项目管理者。他是建设工程施工项目的责任主体，是建筑业企业法定代表人在承包建设工程施工项目上的委托代理人。

2. 施工项目经理的地位

一个施工项目是一项一次性的整体任务，在完成这个任务的过程中，现场必须有一个最高的责任者和组织者，这就是施工项目经理。

施工项目经理是对施工项目实施阶段全面负责的管理者，在整个施工活动中占有举足轻重的地位，确立施工项目经理的地位是搞好施工项目管理的关键。

(1)施工项目经理是建筑施工企业法定代表人在施工项目上负责管理和合同履行的委托代理人，是施工项目实施阶段的第一责任人。施工项目经理是项目目标的全面实现者，既要对项目业主的成果性目标负责，又要对企业效益目标负责。

(2)施工项目经理是协调各方面关系，使之相互协作、密切配合的桥梁和纽带。施工项目经理对项目管理目标的实现承担着全部责任，即合同责任，履行合同义务，执行合同条款，处理合同纠纷。

(3)施工项目经理对施工项目的实施进行控制，是各种信息的集聚地和处理中心。

(4)施工项目经理是施工项目责、权、利的主体。

3. 施工项目经理的职责

施工项目经理的职责主要包括两个方面：一方面要保证施工项目按照规定的目标高速、优质、低耗地全面完成，另一方面要保证各生产要素在授权范围内最大限度地优化配置。

4. 施工项目经理的权限

赋予施工项目经理一定的权限是确保项目经理承担相应责任的先决条件。为了履行项目经理的职责，施工项目经理必须具有一定的权限，这些权限应由企业法人代表授权，并用制度和目标责任书的形式具体确定下来。施工项目经理在授权和企业规章制度范围内，应具有以下权限：

(1)用人决策权。

(2)财务支付权。

(3)进度计划控制权。

(4)技术质量管理权。

(5)物资采购管理权。

(6)现场管理协调权。

5. 施工项目经理的利益

施工项目经理最终的利益是项目经理行使权力和承担责任的结果，也是市场经济条件下，责、权、利、效(经济效益和社会效益)相互统一的具体体现。利益可分为两大类：一是物资兑现，二是精神奖励。施工项目经理应享有以下利益：

(1)获得基本工资、岗位工资和绩效工资。

(2)在全面完成《施工项目管理目标责任书》确定的各种责任目标，工程交工验收并结算后，接受企业的考核和审计，除按规定获得物资奖励外，还可获得表彰、记功、优秀项目经理等荣誉称号及其他精神奖励。

(3)经考核和审计，未完成《施工项目管理目标责任书》确定的责任目标或造成亏损的，按有关条款承担责任，并接受经济或行政处罚。

6. 施工企业项目经理的地位、作用及特征

(1)项目经理是企业任命的一个项目的项目管理班子的负责人(领导人)，但它并不一

定是(多数不是)一个企业法定代表人在工程项目上的代表人,因为一个企业法定代表人在工程项目上的代表人在法律上赋予其的权限范围太大。

(2)他的任务权限在于支持项目管理工作,其主要任务是项目目标的控制和组织协调。

(3)在有些文献中明确界定,项目管理不是一个技术岗位,而是一个管理岗位。

(4)他是一个组织系统中的管理者,至于他是否有人事权、财务权和物资采购权等管理权限,则由其上级确定。

第二节 施工项目目标控制

一、施工成本控制

施工成本管理应从工程投标报价开始,直至项目竣工结算,贯穿于项目实施的全过程。成本作为项目管理的一个关键性目标,施工成本管理就是要在保证工期和质量满足要求的情况下,采取相应的管理措施、经济措施、技术措施、合同措施把成本控制在计划范围之内,并进一步寻求最大程度的成本节约。

(一)建筑安装工程费项目组成

建筑安装工程费由直接费、间接费、利润和税金组成,直接费由直接工程费和措施费组成,间接费由规费和企业管理费组成。

(二)施工成本管理的任务

施工成本管理的主要任务包括施工成本预测、施工成本计划、施工成本控制、施工成本核算、施工成本分析以及施工成本考核六项内容。

(三)施工成本管理的措施

为了取得施工成本管理的理想效果,应当从多方面采取措施实施管理,通常可以将这些措施归纳为组织措施、技术措施、经济措施、合同措施。

1.组织措施

组织措施是从施工成本管理的组织方面采取的措施。施工成本控制是全员的活动,如实行项目经理责任制,落实施工成本管理的组织结构和人员,明确各级施工成本管理人员的任务和职能分工、权力和责任。施工成本管理不仅是专业成本管理人员的工作,各级项目管理人员都负有成本控制的责任。

2.技术措施

施工过程中降低成本的技术措施如下:进行技术经济分析,确定最佳的施工方案;结合施工方法,进行材料的使用比选;在满足功能要求的前提下,通过代用、改变配合比、使用添加剂等方法降低材料消耗的费用;确定最合适的施工机械、设备使用方案;结合项目的施工组织设计及自然地理条件,降低材料的库存成本和运输成本;先进的施工技术的应用,新材料的运用,新开发机械设备的使用等。在实践中,也要避免仅从技术角度选定方案而忽视对其经济效果的分析论证。

3.经济措施

经济措施是最易为人们所接受和采取的措施。管理人员应编制资金使用计划,确定、分解施工成本管理目标。对施工成本管理目标进行风险分析,并制定防范性对策;对各种支出，应认真做好资金的使用计划，并在施工中严格控制各项开支；及时准确地记录、收集、整理、核算实际发生的成本；对各种变更，及时做好增减账，及时落实业主签证，及时结算工程款；通过偏差分析和未完工工程预测，可发现一些潜在的问题将引起未完工程施工成本增加，对这些问题应以主动控制为出发点，及时采取预防措施。

4.合同措施

采取合同措施控制施工成本，应贯穿整个合同周期，包括从合同谈判开始到合同终结的全过程。首先是选用合适的合同结构，对各种合同结构模式进行分析、比较，在合同谈判时，要争取选用适合于工程规模、性质和特点的合同结构模式。其次，在合同条款中应仔细考虑一切影响成本和效益的因素，特别是潜在的风险因素。通过对引起成本变化的风险因素的识别和分析，采取必要的风险对策。如通过合理的方式，增加承担风险的个体数量，降低损失发生的比例，并最终使这些策略反映在合同的具体条款中。在合同执行期间，合同管理的措施既要密切注意对方合同执行的情况，以寻求合同索赔的机会；同时也要密切关注自己履行合同的情况，以防止被对方索赔。

（四）施工成本控制

施工成本控制是指在项目生产成本形成过程中，采用各种行之有效的措施和方法，对生产经营的消耗和支出进行指导、监督、调节和限制，使项目的实际成本控制在预定的计划目标范围内，及时纠正将要发生和已经发生的偏差，以保证计划成本得以实现。

1.施工项目成本控制的原则

1)效益原则

在工程项目施工中控制成本的目的在于追求经济效益及社会效益，只有两者同时兼顾，才能杜绝顾此失彼的现象，在使施工项目费用能够降低的同时，企业的信誉也能不断提高。

2)“三全”原则

“三全”原则即全面、全员、全过程的控制，其目的是将施工项目中所有经济方面的内容都纳入控制的范围之内，并使所有的项目成员都来参与工程项目成本的控制，从而增强项目管理人员对工程项目成本控制的观念和参与意识。

3)责、权、利相结合的原则

建筑工程项目施工中的责、权、利是施工项目成本控制的重要内容。为此，要按照经济责任制的要求贯彻责、权、利相结合的原则，使施工项目成本控制真正发挥效益，达到预期目的。

4)分级控制的原则

分级控制原则也称目标管理原则，即将施工项目成本的指标层层分解，分级落实到各部门，做到层层控制，分级负责。只有这样才能使成本控制落到实处，达到行之有效的目的。

5)动态控制的原则

施工中的成本控制重点要放在施工项目各个主要施工段上，及时发现偏差、及时纠正，在生产过程中进行动态控制。

2.施工项目成本控制的内容

1)成本控制的组织工作

在施工项目经理部，应以项目经理为主，下设专职的成本核算员，全面负责项目成本管理工作，并在其他各管理职能人员协助配合下，负责日常控制的组织管理工作，制定有关的成本控制制度，把日常控制工作落实到各有关部门和人员，使他们都明确自己在成本控制中应承担的具体任务与相应的经济责任。

2）成本开支的控制工作

为了控制施工过程中的消耗和支出，首先必须按照一定的原则和方法制订出各项开支的计划、标准和定额，然后严格控制一切开支，以达到节约开支、降低工程成本的目标。

3）加强施工项目实际成本的日常核算工作

施工项目成本的日常核算工作是通过记账和算账等手段，对施工耗费和施工成本进行价格核算，及时提供成本开支和成本信息资料，以随时掌握和控制成本支出，促使项目成本的降低。

4）加强项目成本控制偏差的分析工作

项目成本控制偏差一般有两种，即实际成本小于计划成本的有利偏差和实际成本超过计划成本的不利偏差。偏差分析是运用一定方法研究偏差产生的原因，用以总结经验，不断提高成本控制的水平。

3. 施工项目成本控制的步骤

在确定了项目施工成本计划后，必须定期地进行施工成本计划值与实际值的比较，当实际值偏离计划值时，分析产生偏差的原因，采取适当的纠偏措施，以确保施工成本控制目标的实现。其步骤如下。

1）比较

按照某种确定的方式将施工成本计划值与实际值逐项进行比较以发现施工成本是否已超支。

2）分析

在比较的基础上，对比较的结果进行分析，根据偏差的严重性及偏差的原因，从而采取有针对性的措施，减少或避免相同原因的再次发生或减少由此造成的损失。

3）预测

根据项目实施情况估算整个项目完成时的施工成本。预测的目的在于为决策提供支持。

4）纠偏

当施工项目的实际施工成本出现偏差时，应当根据施工项目的具体情况、偏差分析和预测的结果，采取适当的措施，以期达到使施工成本偏差尽可能小的目的。纠偏是施工成本控制中最具实质性的一步，只有通过纠偏，才能最终达到有效控制施工成本的目的。

5）检查

它是指对工程的进展进行跟踪和检查，及时了解工程进展状况以及纠偏措施的执行情况和效果，为今后的工作积累经验。

（五）施工项目成本分析

施工项目成本分析，是根据会计核算、业务核算和统计核算提供的资料，对施工成本的形成过程和影响成本升降的因素进行分析。为了实现项目的成本控制目标，保质、保量地完成施工任务，项目管理人员必须进行施工成本分析。

1. 施工项目成本分析的作用

（1）有助于恰当评价成本计划的执行结果。

(2)揭示成本节约和超支的原因,进一步提高企业管理水平。

(3)寻求进一步降低成本的途径和方法,不断提高企业的经济效益。

2. 施工项目成本分析应遵守的原则

(1)实事求是的原则。成本分析一定要有充分的事实依据,对事物进行实事求是的评价,并要尽可能做到措辞恰当,能为绝大多数人所接受。

(2)用数据说话的原则。成本分析要充分利用会计核算、业务核算、统计核算和有关台账的数据进行定量分析,尽量避免抽象的定性分析。

(3)时效性原则。成本分析要做到分析及时,发现问题及时,解决问题及时。

(4)为生产经营服务的原则。成本分析不仅要揭露矛盾,而且要分析产生矛盾的原因,提出积极有效的解决矛盾的合理化建议。

3. 施工项目成本分析的方法

1)比较法

比较法又称"指数对比分析法",就是通过技术经济指标的对比,检查目标的完成情况,分析产生差异的原因,进而挖掘内部潜力的方法。这种方法具有通俗易懂、简单易行、便于掌握的特点,因而得到了广泛的应用。

2)因素分析法

因素分析法又称"连环置换法",这种方法可用来分析各种因素对成本的影响程度。在进行分析时,首先要假定众多因素中的一个因素发生了变化,而其他因素则不变,然后逐个替换,分别比较其计算结果,以确定各个因素的变化对成本的影响程度。

3)差额计算法

差额计算法是因素分析法的一种简化形式,它利用各个因素的目标与实际的差额来计算其对成本的影响程度。

4)比率法

比率法是指用两个以上的指标的比例进行分析的方法。它的基本特点是:先把对比分析的数值变成相对数,再观察其相互之间的关系。

二、施工进度控制

(一)施工进度管理的任务与措施

1. 进度管理的定义

施工项目进度管理是为实现预定的进度目标而进行的计划、组织、指挥、协调和控制等活动,即在限定的工期内,确定进度目标,编制出最佳的施工进度计划,在执行进度计划的施工过程中,经常检查实际施工进度,并不断地用实际进度与计划进度相比较,确定实际进度是否与计划进度相符,若出现偏差,分析产生的原因和对工期的影响程度,找出必要的调整措施,修改原计划,如此不断地循环,直至工程竣工验收。

2. 进度管理过程

施工进度管理过程是一个动态的循环过程。它包括进度目标的确定、编制进度计划和进度计划的跟踪检查与调整。其基本过程如图 4-4 所示。

3. 进度管理的措施

施工进度管理的措施主要有组织措施、管理措施、经济措施和技术措施。

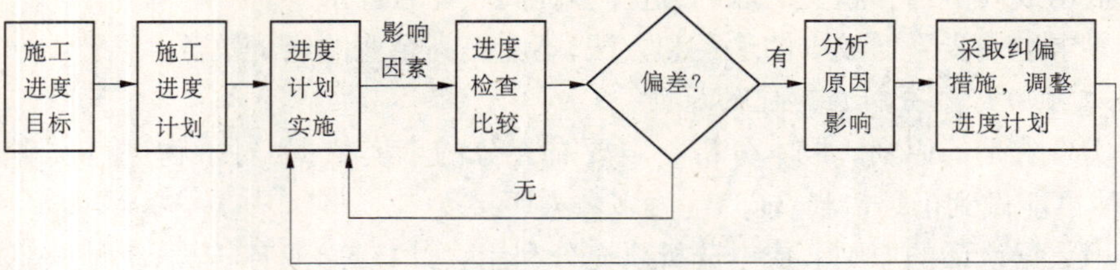

图 4-4 施工进度管理过程

1)组织措施

组织是目标能否实现的决定性因素,为实现项目的进度目标,应健全项目管理的组织体系;在项目组织结构中应由专门的工作部门和符合进度管理岗位资格的专人负责进度管理工作;进度管理的工作任务和相应的管理职能应在项目管理组织设计的任务分工表和管理职能分工表中标示并落实;应编制施工进度的工作流程,如确定施工进度计划系统的组成,各类进度计划的编制程序、审批程序和计划调整程序等;应进行有关进度管理会议的组织设计,以明确会议的类型,各类会议的主持人和参加单位及人员,各类会议的召开时间,各类会议文件的整理、分发和确认等。

2)管理措施

管理措施涉及管理的思想、管理的方法、承发包模式、合同管理和风险管理等。树立正确的管理观念,包括进度计划系统观念、动态管理的观念、进度计划多方案比较和选优的观念;运用科学的管理方法,工程网络计划的方法有利于实现进度管理的科学化;选择合适的承发包模式;重视合同管理在进度管理中的应用;采取风险管理措施。

3)经济措施

经济措施涉及编制与进度计划相适应的资源需求计划和采取加快施工进度的经济激励措施。

4)技术措施

技术措施涉及对实现施工进度目标有利的设计技术和施工技术的选用。

4.施工进度目标

1)施工进度管理的总目标

施工进度管理以实现施工合同约定的竣工日期为最终目标。作为一个施工项目,总有一个时间限制,即为施工项目的竣工时间。而施工项目的竣工时间就是施工阶段的进度目标。有了这个明确的目标以后,才能进行针对性的进度管理。

在确定施工进度目标时,应考虑的因素有:项目总进度计划对项目施工工期的要求、项目建设的特殊要求、已建成的同类或类似工程项目的施工期限、建设单位提供资金的保证程度、施工单位可能投入的施工力量、物资供应的保证程度、自然条件及运输条件等。

2)进度目标体系

施工项目进度管理的总目标确定后,还应对其进行层层分解,形成相互制约、相互关联的目标体系。施工项目进度的目标是从总的方面对项目建设提出的工期要求,但在施工活动中,是通过对最基础的分部分项工程的施工进度管理,来保证各单位工程、单项工程或阶段工程进度管理目标的完成,进而实现施工项目进度管理总目标的完成。

施工阶段进度目标可根据施工阶段、施工单位、专业工种和时间进行分解。

(1)按施工阶段分解。

根据工程特点，将施工过程分为几个施工阶段，如基础、主体、屋面、装饰。根据总体网络计划，以网络计划中表示这些施工阶段起止的节点为控制，明确提出若干阶段目标，并对每个施工阶段的施工条件和问题进行更加具体的分析研究和综合平衡，制定各阶段的施工规划，以阶段目标的实现来保证总目标的实现。

(2)按施工单位分解。

若项目由多个施工单位参加施工，则要以总进度计划为依据，确定各单位的分包目标，并通过分包合同落实各单位的分包责任，以各分包目标的实现来保证总目标的实现。

(3)按专业工种分解。

只有控制好每个施工过程完成的质量和时间，才能保证各分部工程进度的实现。因此，既要对同专业、同工种的任务进行综合平衡，又要强调不同专业工种间的衔接配合，明确相互间的交接日期。

(4)按时间分解。

将施工总进度计划分解成逐年、逐季、逐月的进度计划。

(二)流水施工的应用

工程项目组织实施的管理形式有三种：依次施工、平行施工和流水施工等方式。

依次施工又叫顺序施工，是将拟建工程划分为若干个施工过程，每个施工过程按施工工艺流程顺次进行施工，前一个施工过程完成后，后一个施工过程才开始。

平行施工是全部工程任务的各施工段同时开工、同时完成的一种施工组织方式，在拟建工程十分紧迫，工作面、资源供应允许的条件下，采用平行施工。

流水施工是将拟建工程划分为若干个施工段，并将施工对象分解为若干个施工过程，按施工过程成立相应工作队，各工作队按照一定的时间间隔依次投入施工，各个施工过程陆续开工、陆续竣工，使同一施工过程的施工班组保持连续、均衡施工，不同施工过程实现最大限度的搭接施工。

1. 横道图进度计划的编制方法

横道图是一种最简单并运用最传统的计划方法，尽管有许多新的计划技术，横道图在建设领域中的应用还是非常普遍的。

横道图用于小型项目或大型项目子项目上，或用于计算资源需用量、概要预示进度，也可以用于其他计划技术的表示结果。

横道图计划表中的进度线与时间坐标对应，这种表达方式比较直观，容易看懂计划编制的意图。但是横道图计划法也存在一些问题，如：

(1)工序之间的逻辑关系可以设法表达，但不易表达清楚。

(2)没有通过严谨的进度计划时间参数计算，不能确定计划的关键工作、关键线路与时差。

(3)计划调整只能以手工方式进行，其工作量较大。

(4)难以适应大的进度计划系统。

2. 工程网络计划

网络图是指由箭线和节点组成，用来表示工作流程的有向、有序的网状图形。这种表达方式具有以下优点：①能正确地反映工序(工作)之间的逻辑关系；②进行各种时间参数计算，确定关键工作、关键线路与时差；③可以用电子计算机对复杂的计划进行计算、调整与优化。网络图的种类很多，较常用的是双代号网络图。双代号网络图是以箭线及其两端节点的编号表示工作的网络图。

建筑施工进度既可以用横道图表示，也可以用网络图表示，从发展的角度讲，网络图更有优势，因为它具有以下几个特点：

(1)组成有机的整体，能全面明确反映各工序间的制约与依赖关系。

(2)通过计算，能找出关键工作和关键线路，便于管理人员抓主要矛盾。

(3)便于资源调整及利用计算机管理和优化。

网络图也存在一些缺点，如表达不直观，难掌握；不能清晰地反映流水情况、资源需要量的变化情况等。

(三)施工项目进度计划的实施

施工项目进度计划的实施就是落实施工进度计划，按施工进度计划开展施工活动并完成施工项目进度计划。施工项目进度计划逐步实施的过程就是项目施工逐步完成的过程。为保证项目各项施工活动按施工进度计划所确定的顺序和时间进行，以及保证各阶段进度目标和总进度目标的实现，应做好下面的工作。

1. 检查各层次的计划，并进一步编制月(旬)作业计划

施工项目的施工总进度计划、单位工程施工进度计划、分部分项工程施工进度计划，都是为了实现项目总目标而编制的，其中高层次计划是低层次计划编制和控制的依据，低层次计划是高层次计划的深入和具体化。在贯彻执行时，要检查各层次计划间是否紧密配合、协调一致，计划目标是否层层分解、互相衔接，检查在施工顺序、空间及时间安排、资源供应等方面有无矛盾，以组成一个可靠的计划体系。

2. 综合平衡，做好主要资源的优化配置

施工项目不是孤立完成的，它必须由人、财、物(材料、机具、设备等)诸资源在特定地点有机结合才能完成。同时，项目对诸资源的需要又是错落起伏的，因此施工企业应在各项目进度计划的基础上进行综合平衡，编制企业的年度、季度、月旬计划，将各项资源在项目间动态组合，优化配置，以保证满足项目在不同时间对诸资源的需求，从而保证施工项目进度计划的顺利实施。

3. 层层签订承包合同，并签发施工任务书

按前面已检查过的各层次计划，以承包合同和施工任务书的形式，分别向分包单位、承包队和施工班组下达施工进度任务，其中，总承包单位与分包单位、施工企业与项目经理部、项目经理部与各承包队和职能部门、承包队与各作业班组间应分别签订承包合同，按计划目标明确规定合同工期、相互承担的经济责任、权限和利益。

4. 全面实行层层计划交底，保证全体人员共同参与计划实施

在施工进度计划实施前，必须根据任务进度文件的要求进行层层交底落实，使有关人员都明确各项计划的目标、任务、实施方案、预控措施、开始日期、结束日期、有关保证条件、协作配合要求等，使项目管理层和作业层能协调一致工作，从而保证施工生产按计划、有步骤、连续均衡地进行。

5. 做好施工记录，掌握现场实际情况

在计划任务完成的过程中，各级施工进度计划的执行者都要跟踪做好施工记录。在施工中,如实记载每项工作的开始日期、工作进程和完成日期,记录每日完成数量、施工现场发生的情况和干扰因素的排除情况,可为施工项目进度计划实施的检查、分析、调整、总结提供真实、准确的原始资料。

6. 做好施工中的调度工作

施工中的调度即是在施工过程中针对出现的不平衡和不协调情况进行调整,以不断组织新的平衡,建立和维护正常的施工秩序。它是组织施工中各阶段、环节、专业和工种的互相配合、进度协调的指挥核心,也是保证施工进度计划顺利实施的重要手段。其主要任务是监督和检查计划实施情况,定期组织调度会,协调各方协作配合关系,采取措施,消除施工中出现的各种矛盾,加强薄弱环节,实现动态平衡,保证作业计划及进度控制目标的实现。

7. 预测干扰因素,采取预控措施

在项目实施前和实施过程中,应经常根据所掌握的各种数据资料,对可能致使项目实施结果偏离进度计划的各种干扰因素进行预测,并分析这些干扰因素所带来的风险程度的大小,预先采取一些有效的控制措施,将可能出现的偏离尽可能消灭于萌芽状态。

(四)施工项目进度计划的检查与调整

1. 施工项目进度计划的检查

在施工项目的实施过程中,为了进行施工进度管理,进度管理人员应经常性地、定期地跟踪检查施工实际进度情况,主要是收集施工项目进度材料,进行统计整理和对比分析,确定实际进度与计划进度之间的关系。其主要工作包括如下内容。

(1)跟踪检查施工实际进度。

(2)整理统计检查数据。

(3)将实际进度与计划进度进行对比分析。

将收集的资料整理和统计成具有与计划进度可比性的数据后,用施工项目实际进度与计划进度的比较方法进行比较。通常采用的比较方法有横道图比较法、S形曲线比较法、香蕉形曲线比较法、前锋线比较法等。

①横道图比较法。横道图比较法是把项目施工中检查实际进度收集的信息,经整理后直接用横道线并列标于原计划的横道线处,进行直观比较的一种方法。这种方法简明直观,编制方法简单,使用方便,是人们常用的方法。

②S形曲线比较法。S形曲线比较法是在一个以横坐标表示进度时间,纵坐标表示累计完成任务量的坐标体系上,首先按计划时间和任务量绘制一条累计完成任务量的曲线(即S形曲线),然后将施工进度中各检查时间时的实际完成任务量也绘在此坐标系上,并与S形曲线进行比较的一种方法。

对于大多数工程项目来说,从整个施工全过程来看,其单位时间消耗的资源量,通常是中间多而两头少,即资源的投入开始阶段较少,随着时间的增加而逐渐增多,在施工中的某一时期达到高峰后又逐渐减少直至项目完成,其变化过程可用图4-5(a)表示。而随着时间进展累计完成的任务量便形成一条中间陡而两头平缓的S形变化曲线,故称S形曲线,如图4-5(b)所示。

③香蕉形曲线比较法。香蕉形曲线实际上是两条S形曲线组合成的闭合曲线,如图4-6所示。一般情况下,任何一个施工项目的网络计划,都可以绘制出两条具有同一开始时间和同一结束时间的S形曲线:其一是计划以各项工作的最早开始时间安排进度所绘制

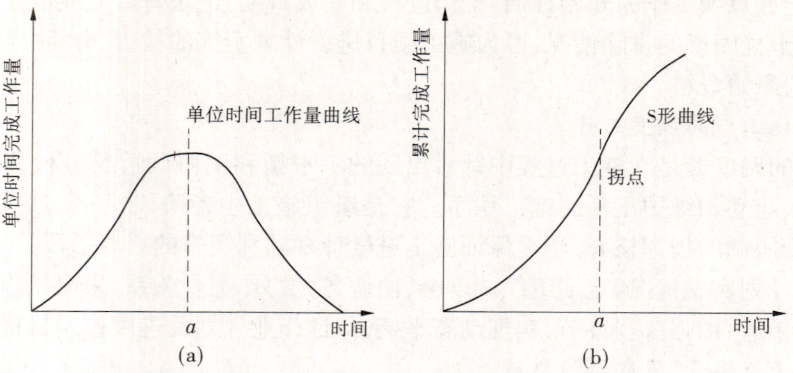

图 4-5　时间与完成任务量关系曲线

的S形曲线，简称ES曲线；其二是计划以各项工作的最迟开始时间安排进度所绘制的S形曲线，简称LS曲线。由于两条S形曲线都有相同的开始点和结束点，因此两条曲线是封闭的。除此之外，ES曲线上各点均落在LS曲线相应时间对应点的左侧，由于这两条曲线形成一个形如香蕉的曲线，故称为香蕉形曲线。只要实际完成量曲线在两条曲线之间，则不影响总的进度。

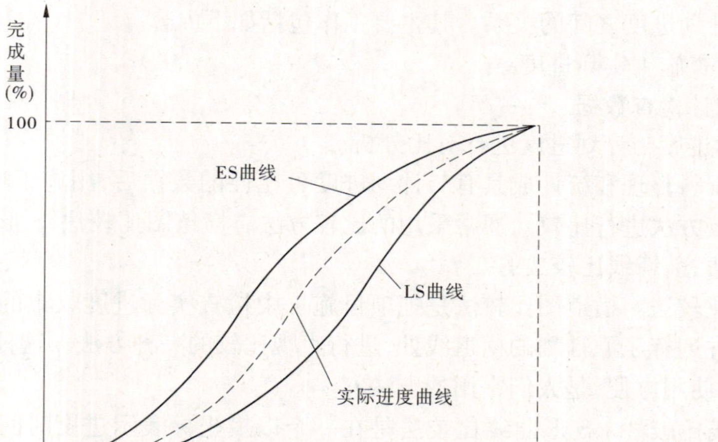

图 4-6　香蕉形曲线比较图

④前锋线比较法。前锋线比较法是通过某检查时刻施工项目实际进度前锋线，进行施工项目实际进度与计划进度比较的方法，它主要适用于时标网络计划。所谓前锋线，是指在原时标网络计划上，从检查时刻的时标点出发，用点划线依次将各项工作实际进展位置点连接而成的折线。前锋线比较法就是按前锋线与工作箭线交点的位置判定施工实际进度与计划进度的偏差。若前锋线与工作箭线的交点在检查日期的右方，表示提前完成计划进度；若其点在检查日期的左方，表示进度拖后；若其点与检查日期重合，表明该工作实际进度与计划进度一致。

(4)施工进度检查结果的处理。

施工进度检查的结果要形成进度报告,把检查比较的结果及有关施工进度现状和发展趋势提供给项目经理及各级业务职能负责人。进度报告的内容包括:进度执行情况的综合描述,实际进度与计划进度的对比资料,进度计划的实施问题及原因分析,进度执行情况对质量、安全和成本等的影响情况,采取的措施和对未来计划进度的预测。进度报告可以单独编制,也可以根据需要与质量、成本、安全和其他报告合并编制,提出综合进展报告。

2. 施工项目进度计划的调整

1)分析进度偏差产生的影响

当实际进度与计划进度进行比较,判断出现偏差时,首先应分析该偏差对后续工作和总工期的影响程度,然后才能决定是否调整以及调整的方法与措施。具体分析步骤如下所述:

(1)分析出现进度偏差的工作是否为关键工作。

(2)分析进度偏差时间是否大于总时差。

(3)分析进度偏差时间是否大于自由时差。

2)施工项目进度计划的调整方法

在对实施的进度计划分析的基础上,应确定调整原计划的方法,一般主要有以下几种:

(1)改变某些工作间的逻辑关系。

(2)缩短某些工作的持续时间。

(3)资源供应的调整。

(4)增减工程量。

增减工程量主要是指改变施工方案、施工方法,从而导致工程量的增加或减少。

(5)起止时间的改变。

三、施工质量控制

(一)施工项目质量管理概述

1. 质量的概念

质量有广义与狭义之分,狭义的质量是指产品的自身质量,广义的质量指除产品自身质量外,还包括形成产品全过程的工序质量和工作质量。

产品质量是指满足相应设计和使用的各项要求所具备的特性。

工序质量是人、机具设备、材料、方法和环境对产品质量综合起作用的过程中所体现的产品质量。

工作质量是指所有工作对工程达到和超过质量标准、减少不合格品、满足用户需要所起到保证作用的程度。

2. 影响工程质量的主要因素

影响工程质量的因素很多,但归纳起来主要有五个方面,即人(Man)、材料(Material)、机械(Machine)、方法(Method)、环境(Environment),简称4M1E因素。

1)人员素质

人员素质即人的文化水平、技术水平、决策能力、管理能力、组织能力、作业能力、控制能力、身体素质及职业道德等,都将直接或间接地对规划、决策、勘察、设计和施工的质量产生影响,所以人员因素是影响工程质量的一个重要因素。因此,建筑业企业实行经营资质管理和各类专业人员持证上岗制度是保证人员素质的重要管理措施。

2)工程材料

工程材料是指构成工程实体的各类建筑材料、构配件、半成品等,工程材料选用是否合理、产品是否合格、材质是否经过检验、保管是否得当等,都将直接影响建设工程实体的结构强度和刚度、工程的外表及观感、工程的适用性和安全性。

3)机械设备

机械设备可分为两种:一是组成工程实体及配套的工艺设备和各类机具,如电梯、泵机、通风设备等,它们构成了建筑设备安装工程,形成完整的使用功能;二是指施工过程中使用的各类机具设备,如大型垂直与水平运输设备、各类操作工具、各类施工安全设施、各类测量仪器和计量器具等,它们是施工生产的手段。工程用机具设备及其产品质量的优劣,直接影响工程使用功能质量;施工机具设备的类型是否符合施工特点,性能是否先进稳定,操作是否方便安全等,都将影响工程项目的质量。

4)方法

方法是指工艺方法、操作方法和施工方案。在施工过程中,施工工艺是否先进,施工操作是否正确,施工方案是否合理,都将对工程质量产生重大的影响。因此,大力推广新工艺、新方法、新技术,不断提高工艺技术水平,是保证工程质量稳定提高的重要途径。

5)环境条件

环境条件是指对工程质量特性起重要作用的环境因素,包括工程技术环境、工程作业环境、工程管理环境、周边环境、自然环境等。加强环境管理,改进作业环境,把握技术环境,辅以必要的措施,是控制环境对质量影响的重要保证。

3.质量管理的概念

质量管理是指企业为保证和提高产品质量,为用户提供满意的产品而进行的一系列管理活动。

一般认为质量管理的发展经历了三个阶段,即质量检验阶段、统计质量管理阶段和全面质量管理阶段。

1)质量检验阶段(1920~1940年)

质量检验是一种专门的工序,是从生产过程中独立出来的以对产品进行严格的质量检验为主要特征的工序。其目的是通过对最终产品的测试与质量对比,剔除次品,保证出厂产品的质量是合格的。

质量检验的特点:事后控制,缺乏预防和控制废品的产生,无法把质量问题消灭在产品设计和生产过程中,是一种功能很差的"事后验尸"的管理方法。

2)统计质量管理阶段(1941~1950年)

统计质量管理阶段是第二次世界大战初期发展起来的,主要是运用数理统计的方法,对生产过程中影响质量的各种因素实施质量控制,从而保证产品质量。

统计质量管理的特点:事中控制,即对产品生产的过程控制,从单纯的"事后验尸"发展到"预防为主",将预防与检验相结合,但统计质量管理过分强调统计工具,忽视了人的因素和管理工作对质量的影响。

3)全面质量管理阶段(从20世纪60年代起到现在)

全面质量管理是在质量检验和统计质量管理的基础上,按照现代生产技术发展的需要,以系统的观点来看待产品质量，注重产品的设计、生产、售后服务全过程的质量管理。

全面质量管理的特点：事前控制，预防为主，能对影响质量的各类因素进行综合分析并进行有效控制。

以上三个阶段的本质区别是：质量检验阶段靠的是事后把关，是一种防守型的质量管理；统计质量管理阶段主要靠在生产过程中对产品质量进行控制，把可能发生的质量问题消灭在生产过程之中，是一种预防型的质量管理；全面质量管理阶段保留了前两者的长处，对整个系统采取措施，不断提高质量，是一种进攻型或全攻全守型的质量管理。

4. 质量管理常用的统计方法

(1)调查表法：又称统计调查分析法，是收集和整理数据用的统计表，利用这些统计表对数据进行整理，并可粗略地进行原因分析。常用的检查表有工序分布检查表、缺陷位置检查表、不良项目检查表、不良因素检查表等。

(2)分层法：又称分类法，是将调查收集的原始数据，根据不同的目的和要求，按某一性质进行分组、整理的分析方法。

(3)排列图法：又称主次因素分析图法或巴列特图法，它是由两个纵坐标、一个横坐标、几个直方图和一条曲线所组成的。利用排列图寻找影响质量主次因素的方法叫排列图法。

(4)直方图法：又称频数分布直方图法，是将收集到的质量数据进行分组整理，绘制成频数分布直方图，用以描述质量分布状态的一种分析方法。根据直方图可掌握产品质量的波动情况，了解质量特征的分布规律，以便对质量状况进行分析判断。

(5)因果分析图法：又称特性要因图法，是用因果分析图来整理分析质量问题(结果)与其产生原因之间关系的有效工具。

(6)控制图法：又称管理图法，是在直角坐标系内画有控制界限，描述生产过程中产品质量波动状态的图形。利用控制图区分质量波动原因，判断生产工序是否处于稳定状态的方法即为控制图法。

(7)散布图法：又称相关图法，在质量管理中它是用来显示两种质量数据之间关系的一种图形。质量数据之间的关系多属相关关系。一般有三种类型：一是质量特性和影响因素之间的关系；二是质量特性和质量特性之间的关系；三是影响因素和影响因素之间的关系。

5. 施工项目质量管理的概念和特点

施工项目质量管理是指围绕项目施工阶段的质量管理目标进行的策划、组织、控制、协调、监督等一系列管理活动。

施工项目质量管理的工作核心是保证工程达到相应的技术要求，工作的依据是相应的技术规范和标准，工作的效果取决于工程符合设计质量要求的程度，工作的目的是提高工程质量，使用户和企业都满意。

6. 施工项目质量控制的原则

(1)坚持“质量第一，用户至上”的原则。

(2)以人为核心的原则。

(3)预防为主的原则。

(4)坚持质量标准，一切用数据说话的原则。

(5)贯彻科学、公正、守法的职业规范。

7. 质量管理的基本原理

质量管理的基本方法是 PDCA 循环。这种循环能使任何一项活动有效地进行合乎逻辑的工作程序，是现场质量保证体系运行的基本方式，是一种科学有效的质量管理方法。

PDCA 循环包括四个阶段和八个步骤，如图 4-7、图 4-8 所示。

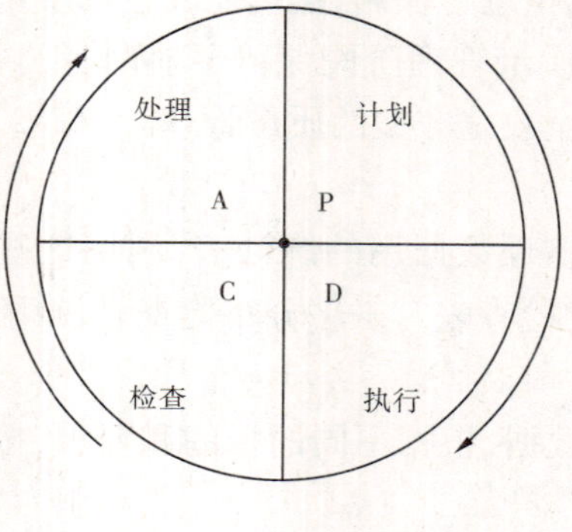

图 4-7　PDCA 循环的四个阶段

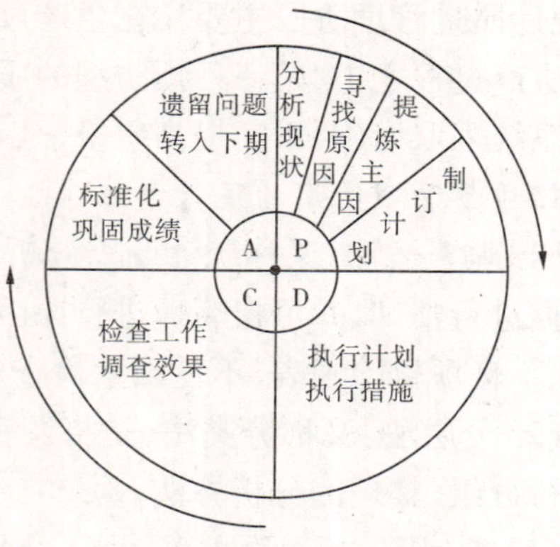

图 4-8　PDCA 的八大步骤

(1)计划阶段：在开始进行持续改善的时候，首先要进行的工作是计划。计划包括制订质量目标、活动计划、管理项目和措施方案。计划阶段需要检讨企业目前的工作效率、追踪流程和收集流程过程中出现的问题点，根据收集到的资料，进行分析并制订初步的解决方案，提交公司高层批准。

计划阶段包括四个工作步骤：

①分析现状：通过现状的分析，找出存在的主要质量问题，并尽可能以数字说明。

②寻找原因：在所收集到的资料的基础上，分析产生质量问题的各种原因或影响因素。

③提炼主因：从各种原因中找出影响质量的主要原因。

④制订计划：针对影响质量的主要原因，制订技术组织措施方案，并具体落实到执行者。

(2)执行阶段：在执行阶段，就是将制订的计划和措施具体组织实施和执行。

(3)检查阶段：检查就是将执行的结果与预定目标进行对比，检查计划执行情况，看是否达到了预期的效果。按照检查的结果，来验证生产的运作是否按照原来的标准进行，或者原来的标准规范是否合理等。

生产按照标准规范运作后，分析所得到的检查结果，寻找标准化本身是否存在偏移。如果发生偏移现象，重新策划，重新执行。这样，通过暂时性生产对策的实施，检验方案的有效性，进而保留有效的部分。检查阶段可以使用的工具主要有排列图、直方图和控制图。

(4)处理阶段：第四阶段是对总结的检查结果进行处理，对成功的经验加以肯定，并予以标准化或制定作业指导书，便于以后工作时遵循；对于失败的教训也要总结，以免重现。对于没有解决的问题，应提到下一个 PDCA 循环中去解决。

处理阶段包括两方面的内容：①总结经验，进行标准化。总结经验教训，把成功的经验肯定下来，制定成标准；把差错记录在案，作为借鉴，防止今后再度发生。②转入下一个循环。

(二)施工项目质量计划

1.施工项目质量计划的主要内容

施工项目质量计划是指确定施工项目的质量目标和如何达到这些质量目标所规定必要的作业过程、专门的质量措施和资源等工作。

施工项目质量计划的主要内容包括：

(1)编制依据。

(2)项目概述。

(3)质量目标。

(4)组织机构。

(5)质量控制及管理组织协调的系统描述。

(6)必要的质量控制手段,施工过程、服务、检验和试验程序及与其有关的支持性文件。

(7)确定关键过程和特殊过程及作业指导书。

(8)与施工阶段相适应的检验、试验、测量、验证要求。

(9)更改和完善质量计划的程序。

2.施工项目质量计划编制的依据

施工项目质量计划编制的主要依据有：

(1)工程承包合同、设计文件。

(2)施工企业的《质量手册》及相应的程序文件。

(3)施工操作规程及作业指导书。

(4)各专业工程施工质量验收规范。

(5)《建筑法》、《建设工程质量管理条例》、《环境保护条例》及相关法规。

(6)《安全施工管理条例》等。

3.施工项目质量计划编制的要求

施工项目质量计划应由项目经理编制。质量计划作为对外质量保证和对内质量控制的依据文件,应体现施工项目从分项工程、分部工程到单位工程的工程控制,同时也要体现从资源投入到完成工程质量最终检验和试验的全过程控制。

(三)施工准备阶段的质量管理

施工准备是为保证施工生产正常进行而事先做好的工作。施工准备二作不仅是在工程开工前要做好,而且要贯穿整个施工过程。施工准备的基本任务就是为施工项目建立一切必要的施工条件,确保施工生产顺利进行,确保工程质量符合要求。

1.技术资料、文件准备的管理

1)施工项目所在地的自然条件及技术经济条件的调查资料

对施工项目所在地的自然条件及技术经济条件的调查,是为选择施工技术和组织方案收集基础资料,并以此作为施工准备工作的依据。因此,要尽可能详细,并能为工程施工服务。

2)施工组织设计

施工组织设计是指导施工准备和组织施工的全面性技术经济文件。对施工组织设计的控制要进行两方面的控制:一是选定施工方案后,制定施工进度时,必须考虑施工顺序、施工流向,主要分部分项工程的施工方法,特殊项目的施工方法和技术措施能否保证工程质量;二是制订施工方案时,必须进行技术经济比较,使工程项目满足符合性、有效性和可靠性要求，取得工期短、成本低、安全生产、效益好的经济质量。做到现场的三通一平、临时设施的搭建满足施工需要，保证工程顺利进行。

3）有关质量管理方面的法律、法规性文件及质量验收标准

质量管理方面的法律、法规，规定了工程建设参与各方的质量责任和义务，质量管理体系建立的要求、标准，质量问题的处理要求、质量验收标准等，都是进行质量控制的重要依据。

4）工程测量控制资料

施工现场的原始基准点、基准线、标高及施工控制网等数据资料，是施工之前进行质量控制的一项基础工作，这些数据是进行工程测量控制的重要内容。

2. 设计交底和图纸审核的管理

设计图纸是进行质量控制的重要依据。为使施工单位熟悉有关图纸，充分了解项目工程的特点、设计意图和工艺与质量要求，减少图纸差错，消除图纸中的质量隐患，要做好设计交底和图纸审核工作。

1）设计交底

设计交底是由设计单位向施工单位有关人员进行设计交底，主要包括地形、地质、水文等自然条件，设计依据，设计意图，施工注意事项等。交底后，由施工单位提出图纸中的问题和疑问，以及要解决的技术难题。经各方协商研究，拟订出解决方案。

2）图纸审核

通过图纸审核，可以广泛听取使用人员、施工人员的正确意见，弥补设计上的不足，提高设计质量；使得施工人员更了解设计意图、技术要求、施工难点，为保证工程质量打好基础。其主要内容包括：

（1）设计是否满足抗震、防火、环境卫生等要求。

（2）图纸与说明是否齐全。

（3）图纸中有无遗漏、差错或相互矛盾之处，图纸表示方法是否清楚并符合标准要求。

（4）所需材料来源有无保证，能否代替。

（5）施工工艺、方法是否合理，是否切合实际，是否便于施工，能否保证质量要求。

（6）施工图及说明书中涉及的各种标准、图册、规范、规程等，施工单位是否具备。

3. 现场勘察与三通一平、临时设施搭建

掌握现场地质、水文等勘察资料，检查三通一平、临时设施搭建能否满足施工需要，保证工程顺利进行。

4. 物资和劳动力的准备

检查原材料、构配件是否符合质量要求，施工机具是否可以正常运行；施工力量的集结能否进入正常的作业状态，特殊工种及缺门工种的培训是否具备应有的操作技术和资格，劳动力的调配、工种间的搭接能否为后续工种创造合理的、足够的工作条件。

5. 质量教育与培训

通过质量教育培训和其他措施提高员工的能力，增强质量和顾客意识，使员工达到所从事的质量工作对能力的要求。

项目领导班子应着重以下几方面的培训：质量意识教育；充分理解和掌握质量方针与目标；质量管理体系有关方面的内容；质量保持和质量改进意识。

(四)施工阶段的质量管理

按照施工组织设计总进度计划,编制具体的月度和分项工程施工作业计划与相应的质量计划。对操作人员、材料、机具设备、施工工艺、生产环境等影响质量的因素进行控制,以保持建筑产品总体质量处于稳定状态。

1. 施工工艺的质量控制

工程项目施工应编制“施工工艺技术标准”,规定各项作业活动和各道工序的操作规程、作业规范要点、工作顺序、质量要求。上述内容应预先向操作者进行交底,并要求认真贯彻执行。对关键环节的质量、工序、材料和环境应进行验证,使施工工艺的质量控制符合标准化、规范化、制度化的要求。

2. 施工工序的质量控制

1)工序质量控制的概念

工序质量控制是为把工序质量的波动限制在要求的界限内所进行的质量控制活动。其目的是要保证稳定地生产合格产品。具体地说,工序质量控制是使工序质量的波动处于允许的范围之内,一旦超出允许范围,立即对影响工序质量波动的因素进行分析和处理。

2)工序质量控制点的设置和管理

(1)质量控制点。

质量控制点是指为了保证(工序)施工质量而对某些施工内容、施工项目、工程的重点和关键部位、薄弱环节等,在一定时间和条件下进行重点控制和管理,以使其施工过程处于良好的控制状态。

(2)质量控制点设置的原则。

质量控制点的设置,应根据工程的特点、质量的要求、施工工艺的难易程度、施工队伍的素质和技术操作水平等因素,进行全面分析后确定。在一般情况下,选择质量控制点的基本原则有:

①重要的和关键性的施工环节和部位。

②质量不稳定、施工质量没有把握的施工工序和环节。

③施工技术难度大的、施工条件困难的施工工序和环节。

④质量标准或质量精度要求高的施工内容和项目。

⑤对后续施工或后续工序质量或安全有重要影响的施工工序或部位。

⑥采用新技术、新工艺、新材料施工的部位或环节。

对于一个分部分项工程,究竟应该设置多少个质量控制点,应根据施工的工艺、施工的难度、质量标准和施工单位的情况来决定。一般来说,施工工艺复杂时可多设,施工工艺简单时可少设;施工难度较大时可多设,施工难度不大时可少设;质量标准要求较高时应多设,质量标准不高时可少设;施工单位信誉不高时应多设,施工单位信誉较高时可少设。表4-1列举出某些分部分项工程质量控制点设置的一般位置,可供参考。

(3)工序质量控制点的管理。

在操作人员上岗前,施工员、技术员做好交底及记录工作,在明确工艺要求、质量要求、操作要求的基础上方能上岗。施工中发现问题,及时向技术人员反映,由有关技术人员指导后,操作人员方可继续施工。

表 4-1　质量控制点的设置位置

分项工程	质量控制点
工程测量定位	标准轴线桩、水平桩、龙门桩、定位轴线、标高
地基、基础（含设备基础）	基坑（槽）尺寸、标高、土质、地基承载力、基础垫层标高，基础位置、尺寸、标高，预留洞孔、预埋件的位置、规格、数量，基础墙皮数杆及标高、杯底弹线
砌体	砌体轴线，皮数杆，砂浆配合比，预留洞孔、预埋件位置、数量，砌块排列
模板	位置、尺寸、标高，预埋件位置，预留洞孔尺寸、位置，模板承载力及稳定性，模板内部清理及润湿情况
钢筋混凝土	水泥品种、强度等级，砂石质量，混凝土配合比，外加剂比例，混凝土振捣，钢筋品种、规格、尺寸、搭接长度，钢筋焊接，预留洞、孔及预埋件规格、数量、尺寸、位置，预制构件吊装或出场（脱模）强度，吊装位置、标高、支承长度、焊缝长度
吊装	吊装设备起重能力、吊具、索具、地锚
钢结构	翻样图、放大样
焊接	焊接条件、焊接工艺
装修	视具体情况而定

3. 人员素质的控制

定期对职工进行规程、规范、工序工艺、标准、计量、检验等基础知识的培训，开展质量管理和质量意识教育。

4. 设计变更与技术复核的控制

加强对施工过程中提出的设计变更的控制。重大问题须经业主、设计单位、施工单位三方同意，由设计单位负责修改，并向施工单位签发设计变更通知书。对建设规模、投资方案等有较大影响的变更，须经原批准初步设计单位同意，方可进行修改。所有设计变更资料，均需有文字记录，并按要求归档。

对重要的或影响全局的技术工作，必须加强复核，避免发生重大差错，影响工程质量和使用。

5. 成品保护

加强成品保护，要从两个方面着手，首先加强教育，提高全体员工的成品保护意识；其次要合理安排施工顺序，采取有效的保护措施。具体如下：

（1）防护。

（2）包裹。

（3）覆盖。

（4）封闭。

（5）合理安排施工顺序。

(五)竣工验收阶段的质量管理

1. 工序间交工验收工作的质量管理

工程施工中往往上道工序的质量成果被下道工序所覆盖,分项或分部工程质量成果被后续的分项或分部工程所掩盖,因此要对施工全过程的分项与分部施工的各工序进行质量控制。要求班组实行保证本工序、监督前工序、服务后工序的自检、互检、交接检和专业性的"中间"质量检查,保证不合格工序不转入下道工序。出现不合格工序时,做到"三不放过"(原因未查清楚不放过、责任未明确不放过、措施未落实不放过),防止此类现象再发生。

2. 竣工交付使用阶段的质量管理

单位工程或单项工程竣工后,由施工项目的上级部门严格按照设计图纸、施工说明书及竣工验收标准,对工程的施工质量进行全面鉴定,评定等级,作为竣工交付的依据。

工程进入交工验收阶段,应有计划、有步骤、有重点地进行扫尾工程的清理工作,通过交工前的预验收,找出漏项项目和需要补修的工程,并及早安排施工。除此之外,还应做好竣工工程成品保护,以提高工程的一次成优及减少竣工后的返工整修。工程项目经自检、互检后,与业主、设计单位和上级有关部门进行正式的交工验收工作。

第三节　施工资源与现场管理

一、施工项目生产要素管理概述

施工项目生产要素是指生产力作用于施工项目的各种要素,即形成生产力的各种要素,也可以说是投入施工项目的劳动力、材料、机械设备、技术和资金等诸要素。加强施工项目管理,必须对施工项目的生产要素进行认真研究,强化其管理。

二、项目资源管理的主要内容

(一)人力资源管理

人力资源泛指能够从事生产活动的体力和脑力劳动者,在项目管理中包括不同层次的管理人员和参加作业的各种工人。人是生产力中最活跃的因素,人具有能动性、再生性和社会性等。项目人力资源管理的任务是根据项目目标,不断获取项目所需人员,并将其整合到项目组织之中,使之与项目团队融为一体。项目中人力资源的使用,关键在于明确责任、调动职工的劳动积极性、提高工作效率。从劳动者个人的需要和行为科学的观点出发,则是要责、权、利相结合,采取激励措施,并在使用中重视对他们的培训,提高他们的综合素质。

(二)材料管理

建筑材料分为主要材料、辅助材料和周转材料等。主要材料指在施工中被直接加工,构成工程实体的各种材料,如钢材、水泥、砂子、石子等。辅助材料指在施工中有助于产品的形成,但不构成工程实体的材料,如外加剂、脱模剂等。周转材料指不构成工程实体,但在施工中反复周转使用的材料,如模板、架管等。建筑材料还可以按其自然属性分类,包括金属材料、硅酸盐材料、电器材料、化工材料等。一般工程中,建筑材料占工程造价的70%左右,加强材料管理对于保证工程质量、降低工程成本都起到积极的作用。项目材料管理的重点在现场、在使用、在节约和核算,尤其是节约,其潜力巨大。

(三)机械设备管理

机械设备主要是指作为大中型工程使用的各类型施工机械。机械设备管理往往实行集中管理与分散管理相结合的办法,主要任务在于正确选择机械设备,保证机械设备在使用中处于良好状态,减少机械设备闲置、损坏,提高施工机械化水平,提高使用效率。提高机械使用效率必须提高利用率和完好率,利用率的提高靠人,完好率的提高在于保养和维修。

(四)技术管理

技术是指人们在改造自然、改造社会的生产和科学实践中积累的知识、技能、经验及体现它们的劳动资料。技术包括操作技能、劳动手段、生产工艺、检验试验、管理程序和方法等。任何物质生产活动都是建立在一定的技术基础上的,也是在一定技术要求和技术标准的控制下进行的。随着生产的发展,技术水平也在不断提高,由于施工的单件性、复杂性、受自然条件的影响等,技术管理在工程项目管理中的作用更加重要。

(五)资金管理

工程项目的资金,从流动过程来讲,首先是投入,即将筹集到的资金投入到工程项目的实施上;其次是使用,也就是支出。资金管理应以保证收入、节约支出、防范风险为目的,重点是收入与支出问题,收支之差涉及核算、筹资、利息、利润、税收等问题。

(六)项目资源管理的过程

项目资源管理非常重要,而且比较复杂,全过程包括如下 4 个环节。

1. 编制资源计划

项目实施时,其目标和工作范围是明确的。资源管理的首要工作是编制计划。计划是优化配置和组合的手段,目的是对资源投入时间及投入量作出合理安排。

2. 资源配置

配置是按编制的计划,从资源的供应到投入项目实施,保证项目需要。

3. 资源控制

控制是根据每种资源的特性,制定科学合理的措施,进行动态配置和组合,协调投入,合理使用,不断纠正偏差,以尽可能少的资源满足项目要求,达到节约资源、降低成本的目的。

4. 资源处置

处置是根据各种资源投入、使用与核算,进行使用效果分析,实现节约使用的目的。一方面是对管理效果的总结,找出经验和问题,评价管理活动;另一方面又为管理提供储备与反馈信息,以指导下一阶段的管理工作,并持续改进。

三、施工现场管理的主要内容

现代化建筑施工是一项多工种、多专业的复杂的系统工程,要使施工全过程顺利进行,以期达到预定的目标,就必须运用科学的方法进行建筑施工管理。特别是施工项目现场管理,要正确利用管理手段,科学地组织施工现场的各项管理工作,在建立正常的现场施工秩序,进行文明施工,保证质量和安全生产,提高劳动生产率,降低工程成本,促进施工管理现代化等方面奠定良好的基础。

(一)施工项目现场管理概述

施工项目现场管理是指项目经理部按照有关施工现场管理的规定和城市建设管理的有关法规,科学、合理地安排、使用施工现场,协调各专业管理和各项施工活动,控制污染,创造文明、安全的施工环境及人流、物流、资金流、信息流畅通的施工秩序所进行的一系列管理工作。

1. 施工项目现场管理的基本任务

建筑产品的施工是一项非常复杂的生产活动，其生产经营管理既包括计划、质量、成本和安全等目标管理，又包括劳动力、建筑材料、工程机械设备、财务资金、工程技术、建设环境等要素管理，以及为完成施工目标和合理组织施工要素而进行的生产事务管理。其目的是充分利用施工条件，发挥各个生产要素的作用，协调各方面的工作，保证施工正常进行，按时提供优质的建筑产品。

施工项目现场管理的基本任务是按照生产管理的普遍规律和施工生产的特殊规律，以每一个具体工程（建筑物和构筑物）和相应的施工现场（施工项目）为对象，妥善处理施工过程中的劳动力、劳动对象和劳动手段的相互关系，使其在时间安排上和空间布置上达到最佳配合，尽量做到人尽其才、物尽其用，多快好省地完成施工任务，为国家提供更多更好的建筑产品，并达到更好的经济效益。

2. 施工项目现场管理的原则

施工项目现场管理是全部施工管理活动的主体，应遵照下述原则进行：

（1）讲求经济效益；

（2）讲究科学管理；

（3）组织均衡施工；

（4）组织连续施工。

3. 施工项目现场管理的内容

1）规划及报批施工用地

（1）根据施工项目建筑用地的特点科学规划，充分、合理地使用施工现场场内占地。

（2）当场地内空间不足时，应会同建设单位按规定向城市规划部门、公安交通部门申请施工用地，经批准后方可使用场外临时用地。

2）设计施工现场平面图

（1）根据建筑总平面图、单位工程施工图、拟订的施工方案、现场地理位置和环境及政府部门的管理规定，充分考虑现场布置的科学性、合理性、可行性，设计施工总平面图、单位工程施工平面图。

（2）单位工程施工平面图应根据施工内容和分包单位的变化，设计出阶段性施工平面图，并在阶段性进度目标开始实施前通过协调会议确认后实施。这样就能按照施工部署、施工方案和施工总进度计划的要求，将施工现场的交通道路、材料仓库、附属生产或加工企业、临时建筑以及临时水、电管线等合理规划和部署，用图纸的形式表达施工现场施工期间所需各项设施与永久建筑、拟建工程之间的空间关系，正确指导施工现场进行有组织、有计划的文明施工。

4. 建立施工现场管理组织

项目经理全面负责施工过程的现场管理，并建立施工项目现场管理组织体系，包括土建、设备安装、质量技术、进度控制、成本管理、要素管理、行政管理在内的各种职能管理部门。

5. 建立文明施工现场

一个工地的文明施工水平是该工地乃至所在企业各项管理工作水平的综合体现。文明施工水平的高低从侧面反映了建设者的文化素质和精神风貌。

6. 及时清场转移

(1)施工结束后,应及时组织清场,向新工地转移。

(2)组织剩余物资退场,拆除临时设施,清除建筑垃圾,按市容管理要求,恢复临时占用土地。

(二)现场文明施工管理

文明施工是指保持施工场地整洁卫生、施工组织科学、施工程序合理的一种施工现象,是现代施工生产管理的一个重要组成部分。通过加强现场文明施工管理,可提高施工生产管理水平,促进劳动生产率的提高和工程成本的降低,促进安全生产,杜绝各种事故的发生,保证各项经济、技术指标的实现。

1. 现场文明施工管理的内容和措施

1)现场文明施工管理的内容

实现文明施工不仅要着重做好现场的场容管理工作,而且还要做好现场材料、机械、安全、技术、保卫、消防和生活卫生等管理工作。现场文明施工管理的主要内容包括以下几点:

(1)场容管理。包括现场的平面布置,现场的材料、机械设备和现场施工用水、用电管理。

(2)安全生产管理。包括工程项目的内外防护、个体劳保用品的使用、施工用电以及施工机械的安全保护。

(3)环境卫生管理。包括生活区、办公区、现场厕所的管理。

(4)环境保护管理。主要指现场防止水源、大气和噪声污染。

(5)消防保卫管理。包括现场的治安保卫、防火救火管理。

2)现场文明施工管理的具体措施

(1)遵循国务院及地方建设行政主管部门颁布的施工现场管理法规和规章,认真管理施工现场,并制定《施工现场创文明安全工地实施细则》、《施工现场文明安全工地管理检查办法》等。

(2)按审核批准的施工总平面图布置和管理施工现场,规范场容。

(3)项目经理应对施工现场场容、文明形象管理作出总体策划和部署,分包人应在项目经理部的指导和协调下,按照分区划块原则,做好分包人施工用地场容、文明形象管理的规划。

(4)经常检查施工项目现场管理的落实情况,听取社会公众、近邻单位的意见,发现问题,及时解决,不留隐患,避免事故发生并实施奖惩措施。

(5)接受政府建设行政主管部门的考评机构和企业对建设工程施工现场管理的定期抽查、日常检查、考评和指导。

(6)对施工项目现场的文明施工进行检查和评定,检查评比应贯彻精神鼓励与物质奖励相结合的原则,对优秀的工地授予“文明工地”的称号,对不合格的工地,令其限期整改,甚至予以适当的经济处罚。文明施工的检查、评定一般是按文明施工的要求,按其内容的性质分解为场容、材料、技术、机械、安全、保卫消防和生活卫生等管理分项,分别由有关业务部门列出具体项目,列出检查评分表,逐项检查、评分,根据检查评分结果,确定工地文明施工等级,如文明工地、合格工地或不合格工地等。

(7)加强施工现场文明建设,展示和宣传企业文化,塑造企业及项目经理部的良好形象。

2. 场容管理

场容是指施工现场特别是主现场的现场面貌,包括入口、围护、场内道路、堆场的整齐清洁,也应包括办公室内环境甚至现场人员的行为。施工项目的场容管理,实际上是根据施工组织设计的施工总平面图,对施工现场的平面管理。它是保持良好的施工现场秩序,保证交通道路和水电畅通,实现文明施工的前提。它不仅关系到工程质量的优劣,人工材料消耗的多少,而且还关系到生命财产的安全与否,因此场容管理体现了建筑工地的管理水平和精神状态。

施工项目场容管理的要求如下:

(1)设置现场标志牌。施工项目现场要有明显的标志,原则上所有施工现场均应设置围墙,凡设出入口的地方均应设门,以利于管理。在施工现场门头应设置企业名称标志,如"某某市第一建筑公司第二项目部检察院办公楼工地"。在门口旁边明显的地方应设立标牌,标明工程名称、建设单位、施工单位和现场负责人姓名等。在施工现场主要进出口处醒目位置设置施工现场公示牌和施工总平面图,主要有:①工程概况牌,包括工程规模、性质、用途、发包人、设计人、承包人和监理单位的名称,施工起止年月等;②施工总平面图;③安全无重大事故记时牌;④安全生产、文明施工牌;⑤项目主要管理人员名单及项目经理部组织机构图;⑥防火须知牌及防火标志(设在施工现场重点防火区域和场所);⑦安全纪律牌(设在相应的施工部位、作业点、高空施工区及主要通道口)。

(2)依法管理。遵守有关规划、市政、供电、供水、交通、市容、安全、消防、绿化、环保、环卫等部门的法规和政策,接受其监督和管理,尽力避免和降低施工作业对环境的污染及对社会生活正常秩序的干扰。

(3)按施工总平面图管理。严格按照已批准的施工总平面图或单位工程施工平面图划定的位置,井然有序地布置下列设施:施工项目的主要机械设备、脚手架、模板;各种加工厂、棚,如钢筋加工厂、木材加工厂、混凝土搅拌棚等;施工临时道路及进出口;水、汽、电气管线;材料制品堆场及仓库;土方及建筑垃圾;变配电间、消防设施;警卫室、现场办公室;生产、生活和办公用房等临时设施、加工场地、周转使用场地等。

(4)实行现场封闭管理。施工现场实行封闭管理,在现场周边应设置临时围护设施(市区内高度不低于1.8 m),围护材料要符合市容要求;在建工程应采用密闭式安全网全封闭。

(5)实行物料分类管理。

(6)利于现场给水、排水。施工现场的排水工作十分重要,尤其是在雨季,场地排水不畅,会影响施工和运输的顺利进行。

(7)采用流水作业管理。

(8)现场场地管理。

3. 环境保护

施工现场的环境保护工作是非常重要的。随着环境的日益恶化,施工现场的环境保护问题日益突出,故应从大局出发,做好施工现场的环境保护工作。

废弃物处理如下:

(1)施工现场泥浆、污水未经处理不得直接排入城市排水设施和河流、湖泊、池塘等。

(2)除有符合规定的装置外,不得在施工现场熔化沥青和焚烧油毡、油漆等,亦不得焚烧其他可产生有毒有害烟尘和恶臭气味的废弃物,禁止将有毒有害废弃物做土方回填。

(3)建筑垃圾、渣土应在指定地点堆放,及时运到指定地点清理;高空施工的垃圾和废弃物应采取密闭或其他措施清理搬运;装载建筑材料、垃圾、渣土等散碎物料的车辆应有严密遮挡措施,防止飞扬、撒漏或流溢;进出施工现场的车辆应经常冲洗,保持清洁。

4.施工障碍物处理要求

(1)在居民区和单位密集区进行爆破作业、打桩作业等施工前,项目经理部除应按规定报告申请批准外,还应将作业计划、影响范围、程度及有关措施等情况,向当地有关的居民和单位通报说明,取得协作和配合。

(2)经过施工现场的地下管线应由发包人(建设单位)在施工前通知承包人(施工单位),标出位置,加以保护。

(3)施工中若发现文物、古迹、爆炸物、电缆等,应当停止施工,保护好现场并及时向有关部门报告,按照有关规定处理后方可继续施工。

(4)施工中需要停水、停电、封路而影响环境时,必须经有关部门批准,事先告示并设标志。

5.防火保安要求

(1)做好施工现场的保卫工作,采取必要的防盗措施。现场应设立门卫,根据需要设置警卫;施工现场的主要管理人员应佩戴证明其身份的证卡,应采用现场工人人员标志,有条件时可对进出场人员使用磁卡管理。

(2)承包人必须严格按照《中华人民共和国消防条例》的规定,在施工现场建立和执行防火管理制度,现场必须安排消防车出入口和消防道路,设置符合要求的消防设施,保持完好的备用状态。在容易发生火灾的地区或储存、使用易燃易爆器材时,承包人应当采取特殊的消防安全措施。施工现场严禁吸烟,必要时可设吸烟室。

(3)施工现场的通道、消防入口、紧急疏散楼道等,均应有明显标志或指示牌。有高度限制的地点应有限高标志;临街脚手架、高压电缆、起重把杆回转半径伸至街道的,均应设安全隔离棚;在行人、车辆通行的地方施工,应当设置沟、井、坎、穴覆盖物和标志,夜间设置灯光警示标志;危险品库附近应有明显标志及围挡措施,并设专人管理。

(4)施工中需要进行爆破作业的必须经上级主管部门审查批准,并持说明爆破器材的地点、品名、数量、用途和相关的文件、安全操作规程,向所在地县、市公安局申领"爆破物使用许可证",由具备爆破资质的专业人员按有关规定进行施工。

(5)关键岗位和有危险作业活动的人员必须按有关部门规定,经培训、考核持证上岗。

(6)承包人应考虑规避施工过程中的一些风险因素,向保险公司投施工保险和第三者责任险。

6.卫生防疫及其他

施工现场应准备必要的医疗保健设施,在办公室内显著地点张贴急救车和有关医院的电话号码;施工现场不宜设置职工宿舍,当须设置时应尽量和施工现场分开;现场应设置饮水设施,食堂、厕所要符合卫生要求,根据需要制定防暑降温措施,进行消毒、防毒和注意食品卫生等;施工现场应进行节能节水管理,必要时下达使用指标;参加施工的各类人员都要保持个人卫生,仪表整洁,同时还应注意精神文明,遵守公民社会道德规范,不打架、赌博、酗酒等。

小 结

本章主要阐述工程项目管理的基本知识。

1. 工程项目管理的主要内容包括业主方的项目管理目标和任务、设计方的项目管理目标与任务、施工方的项目管理目标与任务以及监理方的项目管理目标与任务。

2. 常用的组织结构模式包括职能组织结构、线性组织结构和矩阵组织结构等。这几种组织结构模式既可以在企业管理中运用,也可以在建设项目管理中运用。

3. 施工项目经理部是由施工项目经理在施工企业的支持下组建并领导进行项目管理的组织机构。它是施工项目现场管理的一次性具有弹性的施工生产组织机构,负责施工项目从开工到竣工的全过程施工生产经营的管理工作,既是企业某一施工项目的管理层,又对劳务作业层负有管理与服务的双重职能。

4. 施工项目经理是指由建筑业企业法定代表人委托和授权,在建设工程施工项目中担任项目经理责任岗位职务,直接负责施工项目的组织实施,对建设工程施工项目实施全过程全面负责的项目管理者。他是建设工程施工项目的责任主体,是建筑业企业法定代表人在承包建设工程施工项目上的委托代理人。

5. 施工成本管理的主要任务包括施工成本预测、施工成本计划、施工成本控制、施工成本核算、施工成本分析以及施工成本考核六项内容。

6. 施工成本管理的措施有组织措施、技术措施、经济措施、合同措施。

7. 工程项目组织实施的管理形式有三种:依次施工、平行施工和流水施工。

8. 施工进度检查通常采用的比较方法有横道图比较法、S形曲线比较法、香蕉形曲线比较法、前锋线比较法等。

9. 影响工程质量的因素很多,但归纳起来主要有五个方面,即人(Man)、材料(Material)、机械(Machine)、方法(Method)、环境(Environment),简称4M1E因素。

10. 质量统计的常用方法有调查表法、分层法、排列图法、直方图法、因果分析图法、控制图法、散布图法 。

11. 施工项目生产要素是指生产力作用于施工项目的各种要素,即形成生产力的各种要素,也可以说是投入施工项目的劳动力、材料、机械设备、技术和资金等诸要素。

12. 施工项目现场管理是指项目经理部按照有关施工现场管理的规定和城市建设管理的有关法规,科学、合理地安排使用施工现场,协调各专业管理和各项施工活动,控制污染,创造文明、安全的施工环境及人流、物流、资金流、信息流畅通的施工秩序所进行的一系列管理工作。

13. 文明施工是指保持施工场地整洁卫生、施工组织科学、施工程序合理的一种施工现象,是现代施工生产管理的一个重要组成部分。通过加强现场文明施工管理,可提高施工生产管理水平,促进劳动生产率的提高和工程成本的降低,促进安全生产,杜绝各种事故的发生,保证各项经济、技术指标的实现。

14. 现场文明施工管理的主要内容包括场容管理、安全生产管理、环境卫生管理、环境保护管理、消防保卫管理。

第二篇 基础知识

第五章 土建施工相关的力学知识

【学习目标】

1. 掌握力的基本性质，了解静力学公理，会进行力矩、力偶的计算，熟练利用平面力系的平衡方程进行计算。

2. 掌握单跨静定梁的内力计算，会利用截面法确定杆件指定截面的内力。了解多跨静定梁的内力分析过程。

3. 掌握桁架组成特点，熟练掌握节点法、截面法计算杆件内力。

4. 掌握杆件变形的基本形式，掌握强度、刚度的概念。

5. 了解压杆稳定性的概念，熟练掌握压杆临界力的计算。

建筑物中支承和传递荷载而起骨架作用的部分称为结构。结构由构件按一定形式组成，结构和构件受荷载作用将产生内力和变形，结构和构件本身具有一定的抵抗变形和破坏的能力，在施工和使用过程中应满足下列两个方面的基本要求：①结构和构件在荷载作用下不能破坏，同时也不能产生过大的形变，即保证结构安全正常使用。②结构和构件所用的材料应节约，降低工程造价，做到经济节约。

讨论以下几方面的内容：

(1)力系的简化和力系平衡问题。

(2)承载力问题。

(3)压杆稳定问题。

第一节 平面力系

一、力的基本性质

(一)力和力系的概念

1. 力的概念

力是我们在日常生活和工程实践中经常遇到的一个概念，学习力学从了解力的概念开始。

力是指物体间的相互机械作用。

应该从以下 4 个方面来把握这个定义的内涵:

(1)力存在于相互作用的物体之间。只有在两个物体之间产生的相互作用才是力学中所研究的力,如用绳子拉车子,绳子与车子之间的相互作用就是力学中要研究的力 F,如图 5-1所示。

(2)力是可以通过其表现形式被人们观测到的。力的表现形式是力的运动效果和力的变形效果。

(3)力产生的形式有直接接触和场的作用两种。

(4)要定量地确定一个力,也就是定量地确定一个力的效果,我们只要确定力的大小、方向、作用点即可,这称为力的三要素,如图 5-2 所示。

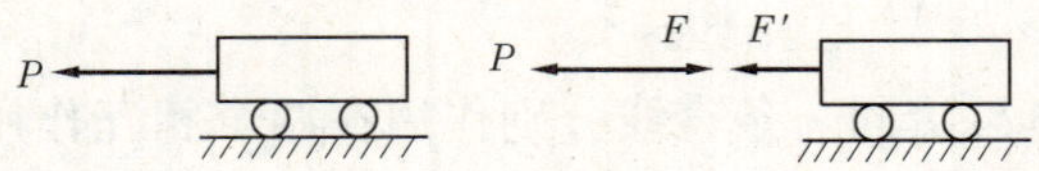

图 5-1　力的图示

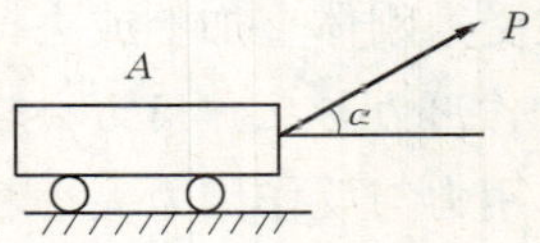

图 5-2　力的三要素

力的大小是衡量力作用效果的物理量,通常用数值或代数量表示。有时也采用几何形式用比例长度表示力的大小。在国际单位制里,力的常用单位为牛顿(N)或千牛(kN),1 kN = 1 000 N。

力的方向是确定物体运动方向的物理量。力的方向包含两个指标,一个指标是力的指向,也就是图 5-2 中力 P 的箭头方向。力的指向表示了这个力是拉力(箭头离开物体),还是压力(箭头指向物体)。另一个指标是力的方位,通常用力的作用线与水平线间的夹角"α"表示,定量地表示力的方位。

力的作用点是指物体间接触点或物体的重心,力的作用点是影响物体变形的特殊点。

2. 力系的概念

力系是作用在一个物体上的多个(两个以上)力的总称。

根据力系中各个力作用线位置特点,我们把力系分为:①平面力系,力系中各个力作用线位于同一平面内;②空间力系,力系中各个力作用线不在同一平面内。

根据力作用线间相互关系的特点,我们把力系分为:①共线力系,力系中各个力作用线均在一条直线上,如作用在灯上两个力的作用线在同一条直线上,所以作用于灯上的力系是共线力系;②汇交力系,力系中各个力作用线或其延长线汇交于一点,如图 5-3(a)所示,力

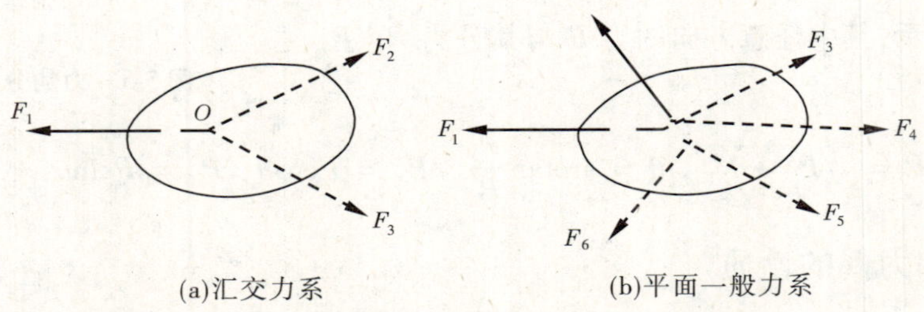

图 5-3　汇交力系和平面一般力系

系中各个力的作用线汇交于一点 O,故该力系是汇交力系;③平面一般力系,力系中各个力作用线无特殊规律,如图 5-3(b)所示,力系中各个力的作用线无规律,故该力系是平面一般力系。实际上,我们可以认为,共线力系和汇交力系均为平面一般力系中的特例,所以在学习力学计算理论时,我们主要注重平面一般力系的计算方法。

(二)静力学公理

1. 二力平衡公理

作用在同一物体上的两个力,使刚体平衡的必要和充分条件是:这两个力大小相等、方向相反,作用在同一条直线上。

2. 加减平衡力系

在受力刚体上加上或去掉任何一个平衡力系,并不改变原力系对刚体的作用效果。

3. 作用力与反作用力公理

作用力与反作用力大小相等、方向相反,沿同一条直线分别作用在两个相互作用的物体上。

(三)力的合成与分解

1. 力的平行四边形法则

作用在物体同一点的两个分力可以合成为一个合力,合力的作用点与分力的作用点在同一点上,合力的大小和方向由以两个分力为边构成的平行四边形的对角线所确定。即由分力 F_1、F_2 为两个边构成的一个平行四边形,该平行四边形的对角线的大小就是合力 F 的大小,同时还可根据 F_1、F_2 的指向确定出合力 F 的指向,如图 5-4 所示。

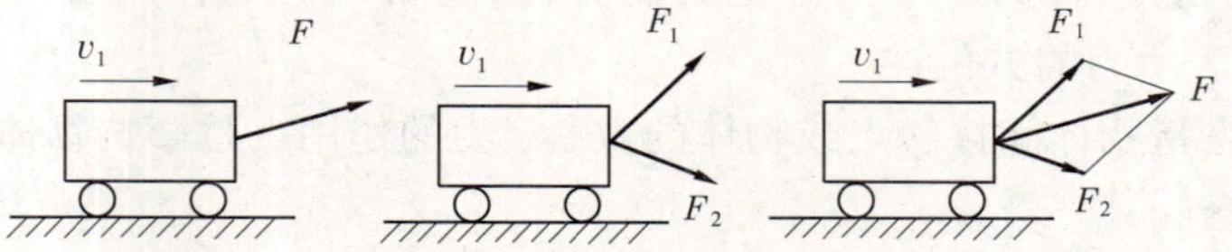

图 5-4　力的合成

2. 力的投影

根据力的平行四边形法则,一个合力可用两个分力来等效,且这两个力的组合有很多种。为了计算的方便,在力学分析中,一个任意方向的力 P,通常分解为水平方向分量 P_X 和竖直方向分量 P_Y 后,再进行相关的力学计算。

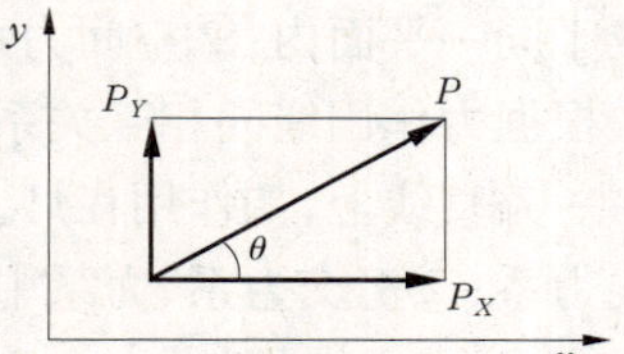

图 5-5　力的分图解

如图 5-5 所示,其中任意方向的力 P 与其分力 P_X、P_Y 之间的关系为:

$$P = \sqrt{P_X^2 + P_Y^2} \quad \theta = \arctan \frac{P_Y}{P_X} \quad P_X = P\cos\theta \quad P_Y = P\sin\theta \tag{5-1}$$

二、力矩和力偶的性质

(一)力矩

一个物体受力后,如果不考虑其变形效应,则物体必定会发生运动效应。如果力的作用线通过物体中心，将使物体在力的方向上产生水平移动；如果力的作用线不通过物体中心，物体将在产生向前移动的同时，还将产生转动。因此，力可以使物体移动，也可以使物体发生转动。

力矩是描述一个力转动效应大小的物理量。描述一个力的转动效应（即力矩）主要是确定：①力矩的转动平面；②力矩的转动方向；③力矩转动能力的大小。转动平面一般就是计算平面。一个物体在平面内的转动方向只有两种（顺时针转动和逆时针转动），为了区分这两种转动方向，力学上规定顺时针转动的力矩为负号，逆时针转动的力矩为正号。实践证明，力 F 对物体产生的绕 O 点转动效应的大小与力 F 的大小成正比，与 O 点（转动中心）到力作用线的垂直距离（称为力臂）h 成正比。

综合上述概念，可用一个代数量来准确地描述一个力 F 对点 O 的力矩

$$M_O(F) = \pm F \times h \tag{5-2}$$

式中 $M_O(F)$——力 F 对 O 点产生的力矩；

F——产生力矩的力；

h——力臂，它是一条线段，特点为：①垂直于力的作用线，②通过转动中心；

O——力矩的转动中心。

力矩转动方向用正、负号表示，力矩转动方向的判断方法：四个手指从转动中心出发，沿力臂及力的箭头指向转动的方向，即为该力矩的转动方向。

（二）力偶

力偶是指同一个平面内两个大小相等、方向相反，不作用在同一条直线上的两个平行力。力偶产生的运动效果是纯转动，与力矩产生的运动效果（同时发生移动和转动）是不一样的。

1. 力偶

力偶产生的转动效应由以下三个要素确定：①力偶作用平面；②力偶转动方向；③力偶矩的大小，称为力偶三要素。力偶作用平面就是计算平面；与力矩转动方向一样，用正、负号来区别逆、顺时针转向；力偶矩是表示一个力偶转动效应大小的物理量，力偶矩的大小与产生力偶的力 F 及力偶臂 h 成正比。综合上述概念，可用一个代数量来准确地描述力偶的转动效应：

$$M = \pm F \times h \tag{5-3}$$

式中 M——力偶矩；

F——产生力偶的力；

h——力偶臂。

力偶方向的判别方法：右手四个手指沿力偶方向转动，大拇指方向为力偶方向。

2. 力偶的性质

力偶具有如下性质（这些性质体现了力偶与力矩的区别）：

（1）力偶不能与一个力等效。

（2）只要保持力偶的转向和大小不变，则不会改变力偶的运动效应。

（3）力偶无转动中心。这条性质是力偶与力矩的主要区别之一。

（4）合力偶矩等于各分力偶的代数和。当一个物体受到力偶系 m_1、m_2、…、m_n 作用时，各个分力偶的作用最终可合成为一个合力偶矩 M。即多个力偶作用在同一个物体上，只会

使物体产生一个转动效应,也就是合力偶的效应。合力偶与各分力偶的关系为:

$$M = m_1 + m_2 + \cdots + m_n = \sum_{i=1}^{n} m_i \tag{5-4}$$

式中 M——力偶系的合力偶矩;

m_1、m_2、…、m_n——力偶系中的第 1 个、第 2 个、…、第 n 个分力偶矩。

(三)力的平移原理

作用在刚体上的力可以平移到刚体上任一指定点,但必须同时附加一个力偶,此附加力偶的力偶矩等于原力对指定点之矩。

上述即为力的平移原理。

三、平面力系的平衡方程

(一)平衡力系的平衡条件

平衡力系的平衡条件为:

$$\sum F_X = 0 \quad \sum F_Y = 0 \quad \sum M_O(F) = 0 \tag{5-5}$$

上述三式称为平面一般力系的平衡方程。表示力系中所有各力在两个坐标轴上投影的代数和分别等于零,所有各力对于力作用面内任一点之矩的代数和也等于零。

这里应该强调的是:

(1)力系平衡要求这三个平衡条件必须同时成立。有任何一个条件不满足都意味着受力系作用的物体会发生运动,处于不平衡状态。

(2)三个平衡条件是平衡力系的充分必要条件。

(3)由于建筑构件都是受平衡力系作用的,所以每个建筑构件的受力均必须满足这三个平衡条件。实际上这三个平衡条件是计算建筑构件未知力的主要依据。

(二)平面一般力系的平衡及简单结构平衡计算

平衡条件中的二矩式表达形式:

$$\sum F_X = 0\ (\text{或} \sum F_Y = 0) \quad \sum M_A = 0 \quad \sum M_B = 0 \tag{5-6}$$

注意:平衡条件二矩式的应用前提是 X 轴(或 Y 轴)不垂直于 AB 连线。

平衡条件中的三矩式表达形式:

$$\sum M_A = 0 \quad \sum M_B = 0 \quad \sum M_C = 0 \tag{5-7}$$

注意:平衡条件三矩式的应用前提是 A、B、C 三点不共线。

第二节 静定结构的杆件内力

根据前面的概念,我们知道,当一根杆件受到力的作用时,一定会产生力的效果,即杆件受力后会产生运动和变形,由于在建筑力学范围内,杆件都是平衡的,也就是说研究的杆件运动效应为零,所以我们可以肯定,平衡力系作用下的杆件虽然不会产生运动,但一定会产生变形。

在平面力系中,主要讨论平面杆件体系,即所有杆轴线在同一平面内。在平面杆件体系中,尽管外力作用形式不同,但是在杆件内部产生的应力和内力种类是固定的。杆件应力种类只有两种：一种是正应力 σ，一种是剪应力 τ。杆件的内力种类总共是四种，它们分别是截面法线方向内力——轴力 F_N，截面切线方向内力——剪力 F_S，在杆轴线和截面对称轴确定的平面内的力偶形式内力——弯矩 M，以及横截面内的力偶形式内力——扭矩 T。

一、单跨静定梁的内力计算

(一)外力特征

平面弯曲变形是建筑工程实践中遇到最多的一种基本变形形式，以平面弯曲变形为主的工程构件称为梁。力学分析中常见的悬臂梁、简支梁、外伸梁(见图 5-6)都是产生平面弯曲变形的计算简图。房屋建筑中的楼面梁和阳台挑梁(见图 5-7)是日常生活中常见的梁的工程实例。

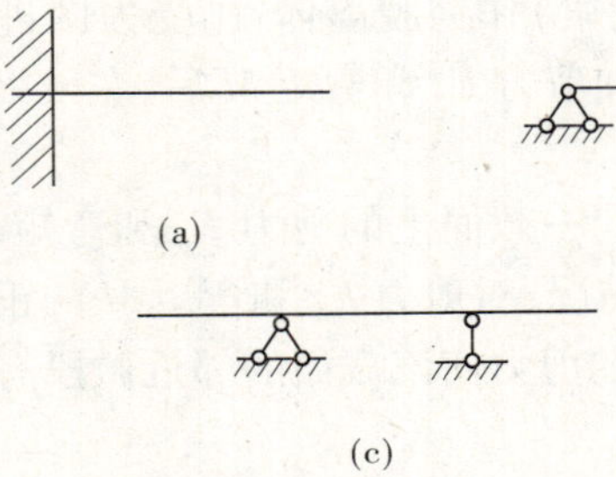

图 5-6　常见梁的示意图

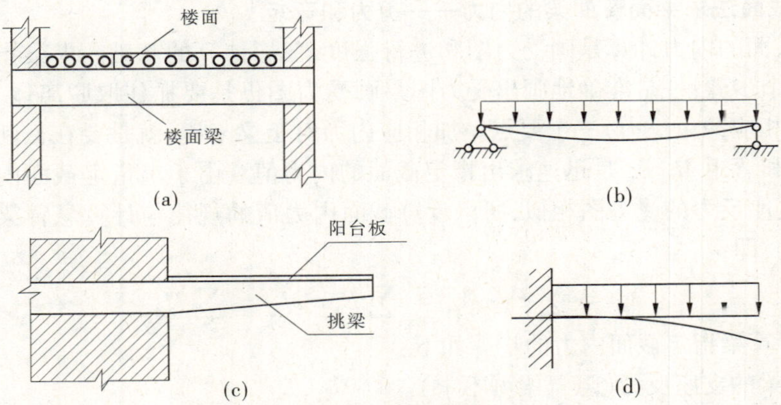

图 5-7　梁的工程实例

产生平面弯曲变形的外力有两个特征：

(1)平面弯曲变形的外力必须作用在纵向对称平面内。纵向对称平面是指由梁的纵向轴线和梁横截面的对称轴所决定的平面。工程中常见的梁截面特点是至少有一根对称轴，因此具有这些截面形状的梁也至少具有一个通过梁轴的纵向对称平面，所以说平面弯曲变形是工程中常见的情况。

(2)产生平面弯曲变形的外力必须垂直于杆轴线。无论外力形式是集中力、均布力还是力偶，如果作用在梁上的外力全部垂直于杆轴线，才会产生平面弯曲变形。若有不垂直于杆轴线的外力作用在梁上，则该梁产生的就是组合变形，而不是基本变形的平面弯曲变形形式。

在分析梁的受力和变形时,通常用纵向对称平面内的梁轴线来表示梁的受力情况和变形情况。梁在变形时,其轴线由直变曲,弯曲后的杆轴线称为挠曲线,梁的变形一般都是用挠曲线来描述的。挠曲线所在的平面称为梁的弯曲平面。平面弯曲变形的特点是外力作用平面与弯曲平面重合,都作用在纵向对称平面内。

(二)内力种类

梁受到外力作用后,各个横截面上将产生内力,由理论分析可知,尽管在不同的外力作用下,梁不同的横截面上有不同的内力值,但所有产生平面弯曲梁横截面上的内力种类是相同的。那么梁的内力种类是怎样划分的呢?

在平面弯曲梁的任一截面上,存在着两种形式的内力:一种是剪力 F_S,一种是弯矩 M。知道了梁的内力种类后,在分析梁任意截面的内力时,可在该截面将杆件截断成左、右两段梁,然后取其中的左段梁(也可是右段梁)作为脱离体,画受力图进行受力分析和计算。画受力图时,在截断的脱离体横截面上加剪力 F_S 和弯矩 M 后,左段梁的受力情形就与原简支梁(截断前)的受力情形等效。

为了使从左、右两段梁上求得的同一截面上的剪力 F_S 和弯矩 M 具有相同的正、负号,并由它们的正、负号来反映梁的变形情况,对剪力 F_S 和弯矩 M 的正、负号作出如下规定:

(1)剪力的正、负号规定:截面上的剪力使该截面的邻近微段有作顺时针转动趋势时取正号,有作逆时针转动趋势时取负号。

(2)弯矩的正、负号规定:截面上的弯矩使该截面的邻近微段向下凸时取正号,向上凸时取负号。

(三)用截面法求平面弯曲梁的内力——剪力和弯矩

梁指定截面的内力计算是画受力图和进行强度、变形计算的基础。求梁指定截面内力时,主要有两个步骤:一是准确地画出受力图。画受力图仍是要抓住取脱离体、加已知力和加相应内力(相应约束反力)三个要点。加相应内力对于梁来说,就是要在截断的横截面上加上剪力 F_S 和弯矩 M。二是迅速求出指定截面的内力值。由于求指定截面内力的受力图与求悬臂梁支座反力的受力图相似,所以计算截面内力值的规律与计算悬臂梁支座反力的规律是相同的,即:

$$X_A = \sum F_X \quad Y_A = \sum F_Y \quad M_A = \sum M_A \tag{5-8}$$

截面法计算梁指定截面内力的步骤如下:

(1)计算梁的支座反力(悬臂梁可不求)。

(2)在需要计算内力的横截面处,将梁假想切开,并任选一段为研究对象。

(3)画所选梁段的受力图,这时剪力与弯矩的方向均按正方向假设标出。

当由平衡方程解得内力为正号时,表示实际方向与假设方向相同,即内力为正值。若解得内力为负号,表示实际方向与假设方向相反,即内力为负值。

(四)梁的内力图

从上面的讨论可以看出,在一般情况下,梁横截面上的剪力和弯矩都是随截面位置不同而变化的。若沿梁的轴线建立 x 坐标轴,即以 x 坐标表示梁的横截面位置,则 x 截面处的剪力 $F_S(x)$ 和弯矩 $M(x)$ 都是 x 的函数,即

$$\left.\begin{aligned} F_S &= F_S(x) \\ M &= M(x) \end{aligned}\right\} \tag{5-9}$$

以上两式分别称为梁的剪力方程和弯矩方程。它表示剪力、弯矩随梁轴线变化的情况。

与轴力图和扭矩图相类似，以平行于梁轴线的横坐标轴 x 表示各横截面位置，以垂直于 x 轴的纵坐标表示剪力 F_S 或弯矩 M，把各纵坐标的端点连接起来，这样绘出的图就是剪力图（F_S 图）或弯矩图（M 图）。

房屋建筑工程中用的弯矩图，都应把各截面处的弯矩画在该处受拉的一侧。由于已规定使梁下部受拉的弯矩为正弯矩，因此正弯矩应画在该处的下方，而负弯矩则画在该处的上方，弯矩图上可不必标正、负号。在剪力图中习惯将正剪力画在梁轴的上方，负剪力画在梁轴的下方，同时剪力图中还要标明正、负号。

下图所示简支梁为受均布荷载作用的剪力图、弯矩图。

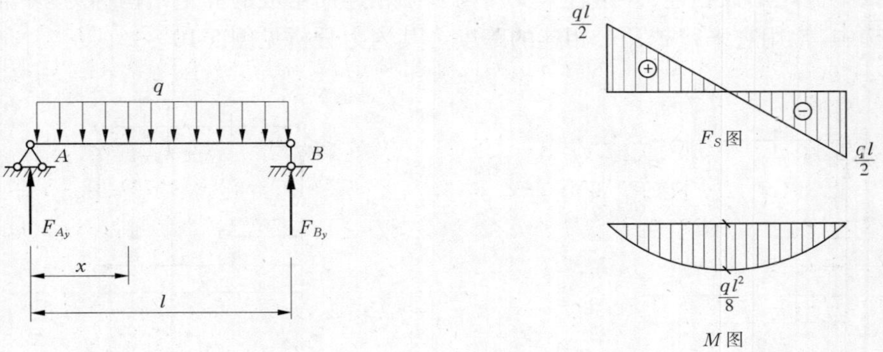

悬臂梁受集中荷载和均布荷载内力图，如下图所示。

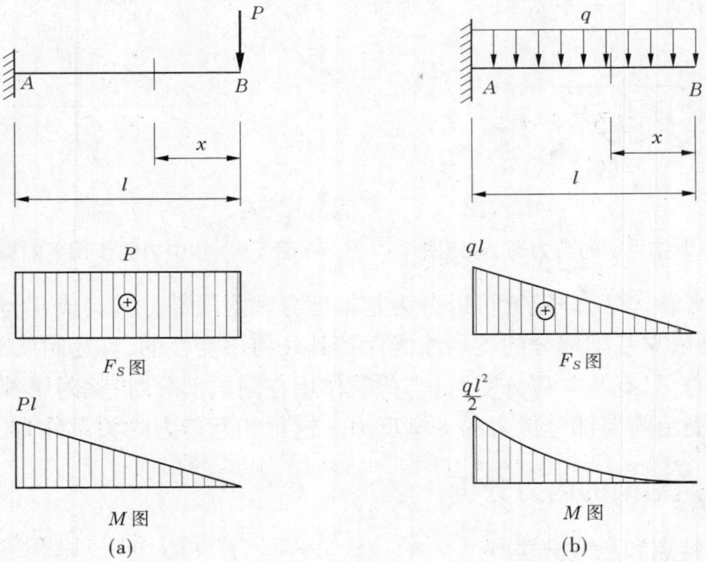

从以上的例子可以看到，在梁的集中荷载及支座处，截面的内力有下述几个特点：

（1）在有集中力作用的横截面处，剪力 F_S 无定值，左右两侧发生突变。突变值的大小就是该处集中力的数值。从左往右画剪力图时，F_S 图突变的方向与集中力 P 的指向一致。

(2)在有集中力偶作用的横截面处,弯矩 M 无定值,左右两侧发生突变。突变值的大小就是该处集中力偶矩的值。从左往右画弯矩图时,当集中力偶 M 为逆时针方向时,弯矩图由下向上突变;集中力偶 M 为顺时针方向时,弯矩图由上向下突变。

(3)在梁端的铰支座处,只要该处无集中力偶作用,则梁端铰内侧截面的弯矩 M 一定等于0;若该处有集中力偶作用,则 M 值一定等于这个集中外力偶矩。

应注意,外伸梁外伸处的铰支座与梁端铰不同,无此特点。

简支梁在集中力、集中力偶作用下的剪力图、弯矩图如图 5-8、图 5-9 所示。

二、多跨静定梁的内力分析

若干根梁彼此用铰相连,并用若干支座与基础相连而组成的静定结构称为多跨静定梁。在工程结构中,常用它来跨越几个相连的跨度。其内力分析见图 5-10。

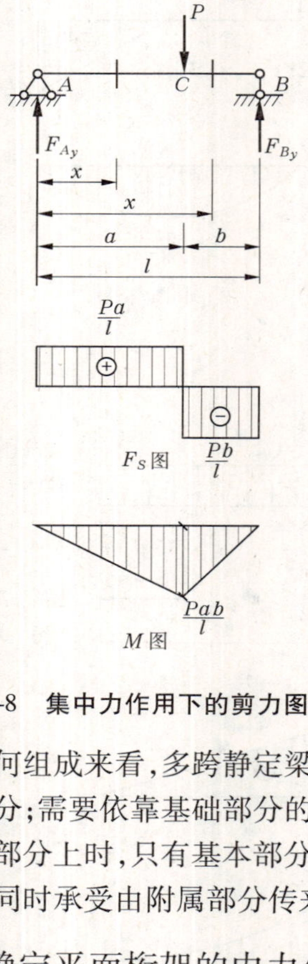

图 5-8　集中力作用下的剪力图、弯矩图

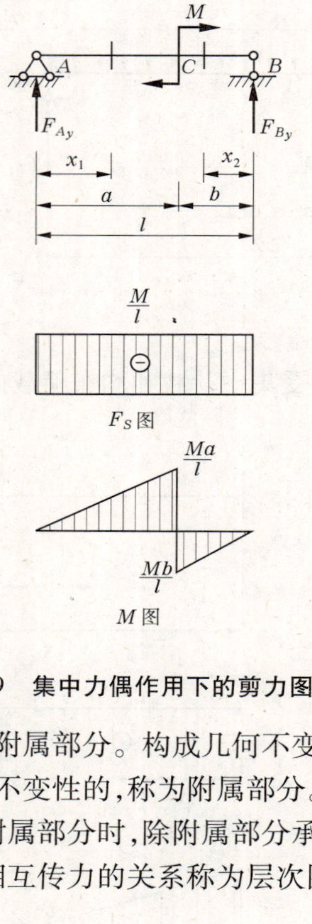

图 5-9　集中力偶作用下的剪力图、弯矩图

从几何组成来看,多跨静定梁可以分为基本部分和附属部分。构成几何不变体系的,称为基本部分;需要依靠基础部分的支承才能保持其几何不变性的,称为附属部分。当荷载作用于基本部分上时,只有基本部分受力;当荷载作用在附属部分时,除附属部分承受力外,基本部分也同时承受由附属部分传来的支座反力。这种相互传力的关系称为层次图。

三、静定平面桁架的内力分析

(一)桁架的特点和组成分类

1. 概述

桁架是由直杆组成的所有节点均为铰节点的结构。

桁架是若干直杆两端用铰连接而成的几何不变体系,如图 5-11(a)所示。在桁架的计算简图中,通常作下述三条假定:

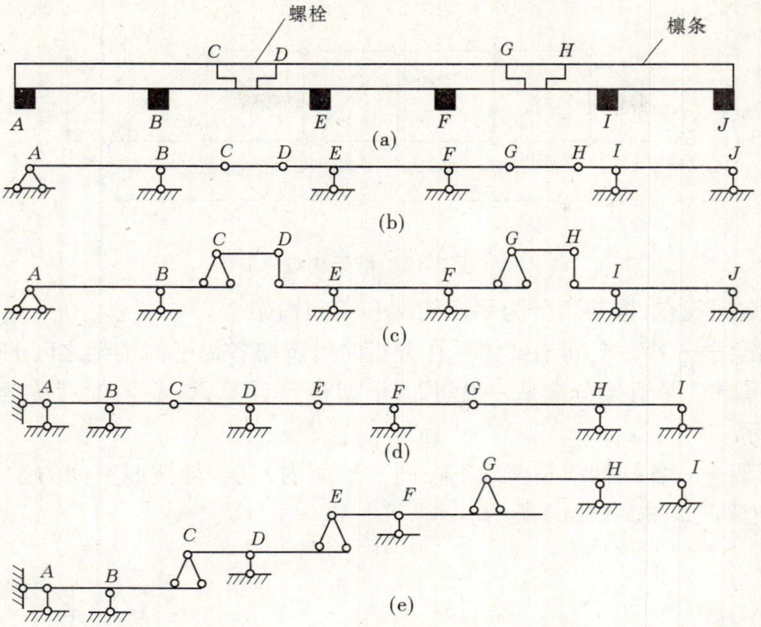

图 5-10　多跨静定梁内力分析

(1)各杆在节点处都是用光滑、无摩擦的理想铰连接的。

(2)各杆轴线均为直线,并通过轴心。

(3)荷载和支座反力都作用在节点上,并通过铰心。

凡是符合上述假定的桁架称为理想桁架,理想桁架的各杆内力只有轴力。从图 5-11(a)中任取一杆如图 5-11(b)所示,由于杆件只在两端受力,因此要使杆件平衡,此二力就必须平衡,即大小相等、方向相反,并共同作用于杆轴线,故杆件只产生轴力。

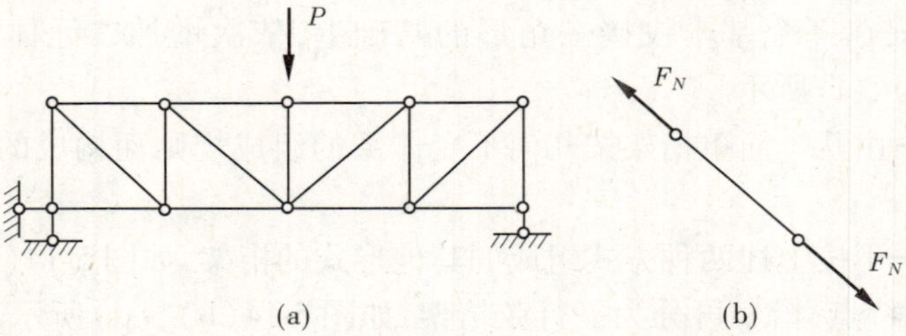

图 5-11　桁架内力分析

在实际工程中,将桁架考虑成只受轴力的杆件,经实践检验,可以满足实际工程的要求。

2. 桁架的几何组成及分类

桁架的杆件包括弦杆和腹杆两类。弦杆分为上弦杆和下弦杆。腹杆则分为竖杆和斜杆。弦杆上相邻两节点的距离 d 称为节间距离。两支座间的水平距离 l 称为跨度。支座连线至桁架最高点的距离 H 称为桁架高度,或称桁架高,如图 5-12 所示。桁高与跨度之比称为高跨比,屋架常用高跨比在 1/2 ~ 1/6 之间,桥梁的高跨比常在 1/6 ~ 1/10 之间。

在实际工程中,桁架的种类很多,按照不同特征可以有不同的分类。

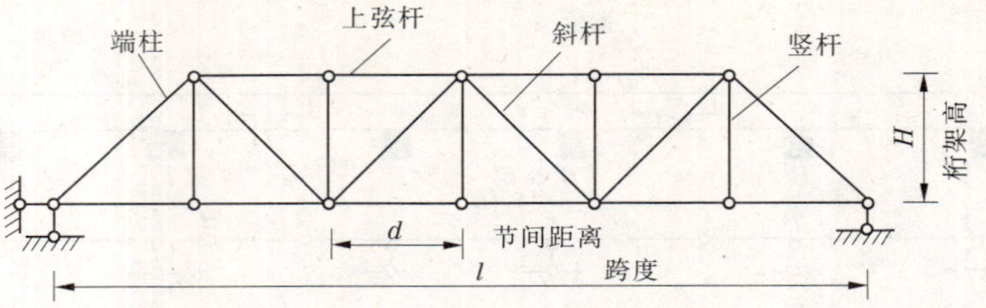

图 5-12　桁架构成

(1)按照空间观点,桁架可分为平面桁架和空间桁架。

①平面桁架——若一空间桁架体系在分析时可忽略各榀平面桁架之间的连系杆件的空间受力作用,将原空间桁架分离成一榀平面桁架进行计算,该榀桁架就称为平面桁架,如图 5-13(a)所示。

②空间桁架——各杆轴线及荷载不在同一平面内,且必须按照空间力系进行计算的桁架,称为空间桁架,如图 5-13(b)所示。

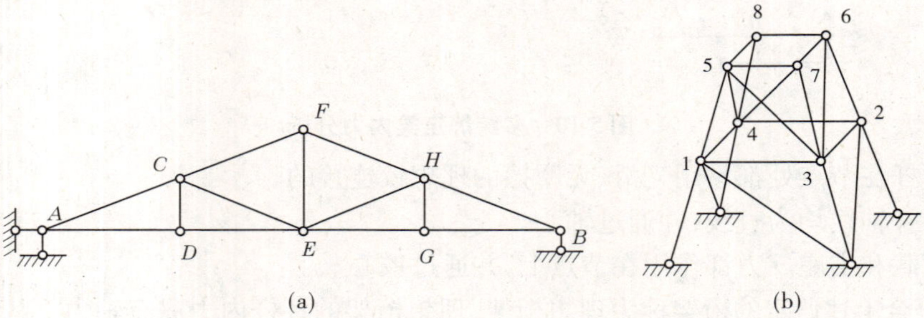

图 5-13　桁架分类(一)

(2)按几何组成方式,桁架可分为简单桁架、联合桁架和复杂桁架。

①简单桁架——在一个基本铰接三角形的基础上,依次增加二元体形成的桁架,如图 5-14(a)、(b)、(e)、(f)所示。

②联合桁架——由几个简单桁架按几何不变体系的组成规则而构成的桁架,如图 5-14(c)、(g)所示。

③复杂桁架——不按上述两种方式组成的其他形式的桁架,如图 5-14(d)所示。

(3)按其外形的特点,桁架可分为平行弦桁架,如图 5-14(b)、(d)所示,三角形桁架,如图 5-14(a)、(c)所示,抛物线或折曲弦桁架,如图 5-14(e)、(f)、(g)所示。

(4)按支座反力的性质,桁架可分为梁式桁架或称无推力桁架,如图 5-14(a)、(b)、(c)、(d)、(e)、(f)所示,拱式桁架或称有推力桁架,如图 5-14(g)所示。

(二)平面桁架的数解法内力分析

用数解法对桁架进行内力分析,通常先求出桁架的支反力(悬臂梁、桁架可除外),然后用假想的截面将桁架截开,并取出一部分作为隔离体,最后考虑隔离体的静力平衡条件求解杆件轴力。由于所截取的隔离体可能形成两类力系,因此桁架内力求解法有节点法和截面法之分,下面分别进行介绍。

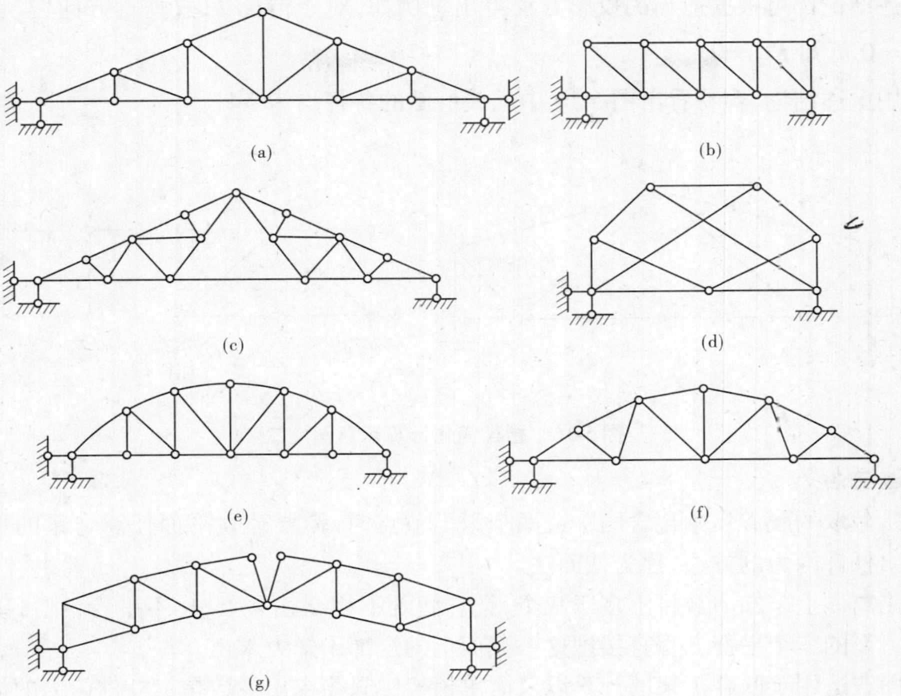

图 5-14　桁架分类(二)

1. 节点法

所谓节点法就是用一闭合截面截取桁架的某一节点为隔离体,然后根据该节点的平衡条件建立平衡方程,从而求出未知的杆件轴力。

利用某些节点平衡的特殊情况,常可使计算简化。现列举几种特殊节点如下:

(1)两杆节点上无荷载作用时如图 5-15(a)所示,两杆的内力都等于零。凡内力等于零的杆件即简称为零杆。

(2)两杆节点上有荷载,且荷载沿某个杆件方向作用时如图 5-15(b)所示,则另一杆件为零杆。

(3)三杆节点上无荷载作用时,若其中有两杆在一直线上,如图 5-15(c)所示,则另一杆必为零杆,而在同一直线上的两杆内力相等,且性质相同。

(4)四杆节点无荷载作用,且杆件两两共线,则共线杆件的轴力两两相同,如图 5-15(d)所示。

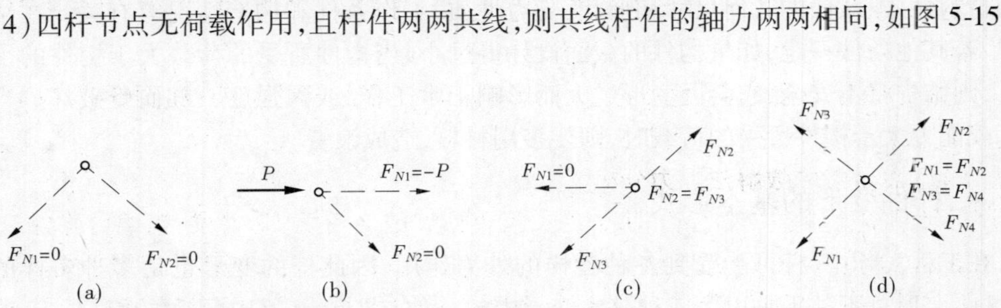

图 5-15　桁架简化计算示意图之一

上述结论都可根据适当的投影方程得出。例如，对于情况 2，取垂直方向作 y 轴，则由 $\sum F_Y = 0$ 可知 $F_{N2} = 0$。

应用上述结论，容易看出图 5-16 中虚线所示的各杆均为零杆。

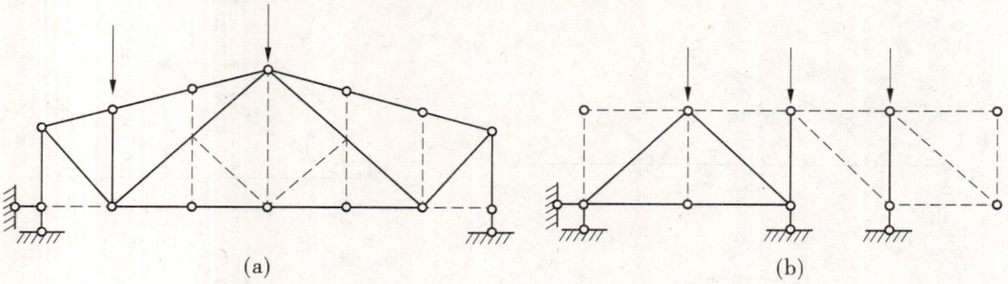

图 5-16 桁架简化计算示意图之二

2. 截面法

当所截取的脱离体中包含两个或两个以上节点时，需要建立平面任意力系的平衡方程才能求出杆件内力的方法，称为截面法。

当隔离体上未知力数目不多于三个，且它们既不相交于一点，也不平行，则可以利用平面一般力系的三个平衡方程直接把这一截面上的全部未知力求出。

截面法适用于联合桁架的计算以及简单桁架中只需求出少数指定杆件内力的情况。

3. 组合结构

组合结构是由只承受轴力的二力杆即链杆和承受弯矩、剪力、轴力的梁式杆件组合而成的。它常用于房屋建筑中的屋架、吊车梁以及桥梁的承重结构。下撑式五角形屋架就是较为常见的静定组合结构。其上弦杆由钢筋混凝土制成，主要承受弯矩和剪力；下弦杆和腹杆则用型钢做成，主要承受轴力。

第三节 杆件强度、刚度和稳定性的概念

在荷载作用下，承受荷载和传递荷载的建筑结构和构件会引起周围物体对它们的反作用；同时构件本身因受荷载作用而将产生变形，并且存在着发生破坏的可能性。但结构本身具有一定的抵抗变形和破坏的能力，即具有一定的承载能力，而构件的承载能力的大小与构件的材料性质、截面的几何尺寸和形状、受力性质、工作条件和构造情况等有关。在结构设计中，若其他条件一定，如果构件的截面设计得过小，当构件所受的荷载大于构件的承载能力时，则结构将不安全，它会因变形过大而影响正常工作，或因强度不够而受破坏。当构件的承载能力大于构件所受的荷载时，则要多用材料，造成浪费。

一、杆件变形的基本形式

在工程实际中，杆可能受到各种各样的外力作用，因此杆的变形也是多种多样的。但是，这些变形总不外乎是以下四种基本变形中的一种，或者是它们中几种的组合。

(1)轴向拉伸或轴向压缩。在一对大小相等、方向相反、作用线与杆件轴线相重合的轴向外力作用下，使杆件在长度方向发生伸长变形的称为轴向拉伸(见图 5-17(a))，在长度方

向发生缩短变形的称为轴向压缩(见图5-17(b))。

(2)剪切。在一对大小相等、方向相反、作用线相距很近的横向力作用下,杆件的主要变形是横截面沿外力作用方向发生错动(见图5-17(c)),此称作剪切变形。

(3)扭转。如图5-17(d)所示,在一对大小相等、转向相反、作用平面与杆件轴线垂直的外力偶矩 T 作用下,直杆的相邻横截面将绕着轴线发生相对转动,而杆件轴线仍保持直线,这种变形形式称为扭转。

(4)弯曲。在一对方向相反、位于杆的纵向对称平面内的力偶作用下,杆件的轴线变为曲线,这种变形形式称为弯曲,如图5-17(e)所示。

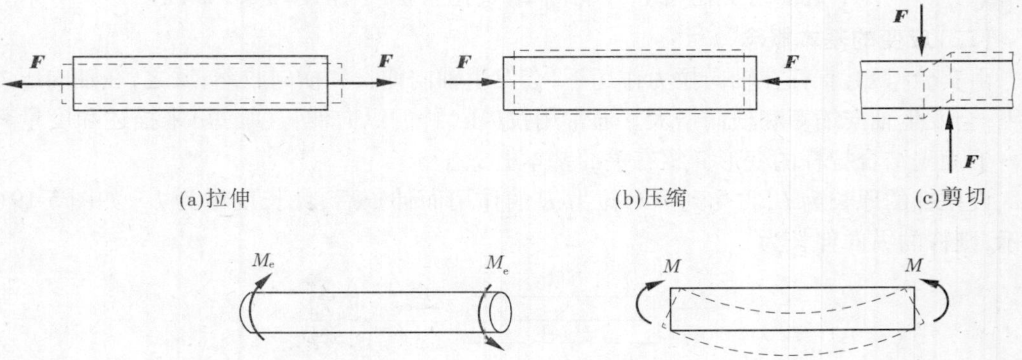

(a)拉伸　(b)压缩　(c)剪切

(d)扭转　(e)弯曲

图5-17　杆件变形的基本形式

二、应力、应变的基本概念

(一)应力的基本概念

杆件在轴向拉伸或压缩时,除引起内力和应力外,还会发生变形。

定义构件某截面上的内力在该截面上某一点处的集度为应力。

如图5-18(a)所示,在某截面上 a 点处取一微小面积 ΔA,作用在微小面积 ΔA 上的内力为 ΔF,那么比值

$$P_m = \frac{\Delta F}{\Delta A} \tag{5-10}$$

称为 a 点在 ΔA 上的平均应力。当内力分布不均匀时,平均应力的值随 ΔA 的大小而变化,它不能确切地反映 a 点处的内力集度。只有当 ΔA 无限趋近于零时,平均应力的极限值才能准确地代表 a 点处的内力集度,即为 a 点的应力

$$p = \lim_{\Delta A \to 0} \frac{\Delta P}{\Delta A} = \frac{\mathrm{d}P}{\mathrm{d}A} \tag{5-11}$$

一般 a 点处的应力与截面既不垂直也不相切,通常将它分解为垂直于截面和相切于截面的两个分量,见图5-18(b),垂直于截面的应力分量称为正应力,用 σ 表示,相切于截面的应力分量称为切应力(又叫剪应力),用 τ 表示。

应力是矢量。应力的量纲是[力/长度^2],其单位是 $\mathrm{N/m^2}$,或写作 Pa,读作帕。

$$1\ \mathrm{Pa} = 1\ \mathrm{N/m^2}$$

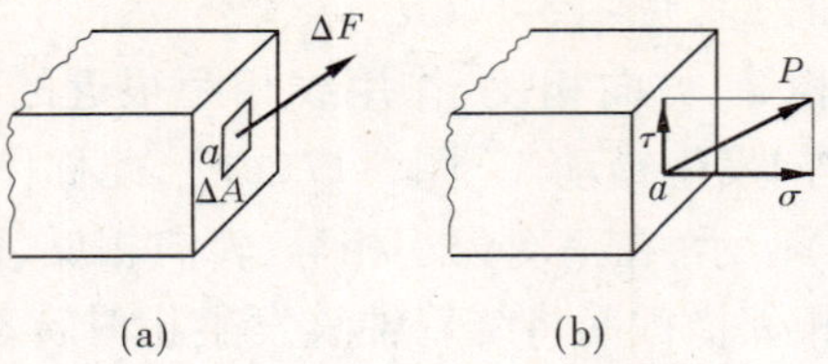

图 5-18　应力的概念

工程实际中应力的数值较大，常用千帕(kPa)、兆帕(MPa)或吉帕(GPa)作单位。

$$1\ \text{kPa} = 1 \times 10^3\ \text{Pa} \quad 1\ \text{MPa} = 1 \times 10^6\ \text{Pa} \quad 1\ \text{GPa} = 1 \times 10^9\ \text{Pa}$$

(二)应变的基本概念

由实验得知，直杆在轴向拉力作用下，会发生轴向伸长和横向收缩；反之，在轴向压力作用下，会发生轴向缩短和横向增大。通常用拉(压)杆的纵向伸长(缩短)来描述和度量其变形。下面先结合拉杆的变形介绍有关的基本概念。

设拉杆的原长为 L，它受到一对拉力 F 的作用而伸长后，其长度增为 L_1，如图 5-19(a)所示，则杆的纵向伸长为

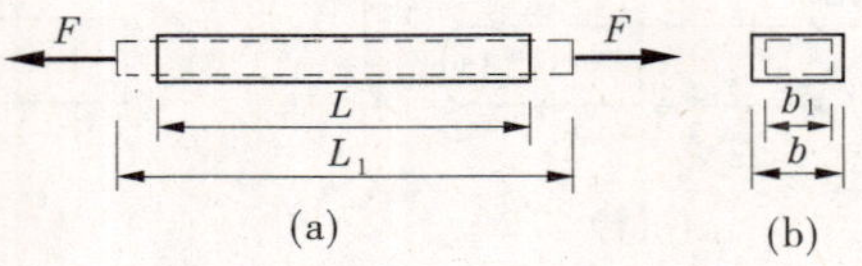

图 5-19　应变的概念

$$\Delta L = L_1 - L$$

它反映杆的总变形量，同时，杆横向将发生缩短，如杆横向原尺寸为 b，变形后尺寸为 b_1(见图 5-19(b))，则杆的横向缩小为

$$\Delta b = b_1 - b$$

Δb 为负值。

如杆受轴向压力作用，杆纵向将发生缩短变形，ΔL 为负，横向将发生伸长变形，Δb 为正值。

(三)胡克定律

杆在拉伸(压缩)变形时，杆的纵向或横向变形 $\Delta L(\Delta b)$ 反映的是杆的总的变形量，而无法说明杆的变形程度。由于杆的各段变形是均匀的，所以反映杆的变形程度的量可采用每单位长度杆的纵向伸长来表示，即

$$\varepsilon = \frac{\Delta L}{L}$$

其中，ε 称为轴向相对变形或轴向线应变。轴向拉伸时 ΔL 和 ε 均为正值(轴向拉伸变形)，而在轴向压缩时均为负值(轴向压缩变形)。

$$\varepsilon' = \frac{\Delta b}{b}$$

其中，ε' 称为横向线应变。轴向拉伸时为负值，轴向压缩时为正值。

由实验知，当杆内正应力不超过材料的比例极限时，纵向线应变 ε 与横向线应变 ε' 成

正比关系

$$\varepsilon' = -\mu\varepsilon \quad 或 \quad \mu = \left|\frac{\varepsilon'}{\varepsilon}\right|$$

比例常数 μ 是个无量纲的量，称泊松比或横向变形系数，它是反映材料弹性的一个常数，其数值随材料而异，可通过实验测定，式中负号是考虑到两应变的正、负号相反。一般钢材的 μ 在 0.25～0.33 之间。

现在来研究上述一些描述拉杆变形的量与其所受力之间的关系，这种关系与材料的性能有关。工程上常用低碳钢或合金材料制成拉（压）杆，实验证明，当杆内的应力不超过材料的比例极限（即正应力 σ 与线应变 ε 成正比的最高限度的应力）时，则杆的伸长（或缩短）ΔL 与轴力 N、杆长 L 成正比，而与杆横截面面积 A 成反比，即

$$\Delta L \propto \frac{NL}{A}$$

引进比例常数 E，则

$$\Delta L = \frac{NL}{EA} \tag{5-12}$$

式(5-12)就是等直杆的轴向拉伸或压缩轴向变形计算公式，它首先由英国科学家胡克(R. Hooke)于 1678 年发现，通常称为胡克定律。

式(5-12)中的比例常数 E 是表示材料弹性的一个常数，称为拉压弹性模量，其数值随材料而异。EA 称为抗拉（或抗压）刚度，反映杆件抵抗变形的能力，其值越大，表示杆件越不易变形。

三、杆件强度和刚度的概念

（一）杆件强度的概念

强度是指材料或由材料所做成的构件抵抗破坏的能力。强度视材料而异，如果说某种材料的强度高，就是指这种材料牢固而不易破坏。通常不允许构件的强度不足，如房屋的横梁在受力弯曲时不能被折断，起重机钢丝绳在起吊重物时不能被拉断等。

材料的破坏主要有两种形式：一种是脆性断裂，另一种是塑性流动。前者破坏时，材料无明显的塑性变形，断口粗糙。实验表明，脆性断裂是由拉应力所引起的。例如，铸铁试件在简单拉伸时沿横截面被拉断，铸铁试件受扭时沿 45°方向破裂均属这类形式。后者破坏时，材料有显著的塑性变形，即屈服现象，最大剪应力作用面间相互平行滑移，构件丧失了正常的工作能力。因此，从工程意义上来说，塑性流动（屈服）也是材料破坏的一种标志。实验表明，塑性流动主要是由剪应力所引起的。例如，低碳钢试件在简单拉伸时，在与轴线成 45°方向上出现滑移线就属这类形式。

构件的最大工作应力值超过其许可应力值，则称之为结构或构件发生了强度失效。要使结构或构件不出现强度失效，就必须满足下列条件：

构件的最大工作应力值≤构件的许可应力值

即

$$\sigma \leqslant [\sigma]$$

其中，σ 是工作应力，$[\sigma]$ 是许可应力。该不等式称为构件的强度条件。

工程上使用的构件必须保证安全、可靠，不允许构件材料发生破坏，同时考虑到计算的

可靠程度、计算公式的近似性、构件尺寸制造的准确性等因素，结构物与构件必要的强度储备，故将材料的极限应力除以一个大于1的安全系数 n，作为材料的许可应力：

脆性材料时：

$$[\sigma]=\frac{\sigma_b}{n_b}$$

塑性材料时：

$$[\sigma]=\frac{\sigma_s}{n_s}$$

如何合理选择安全系数 n，是一个复杂而又重要的问题，其数值的大小，直接影响许用应力的高低。安全系数取得过小，会导致结构物偏于危险，甚至造成工程事故；反之，安全系数取得过大，又会使材料的强度得不到充分发挥，造成物质的浪费、结构物笨重。可见，安全系数的合理确定成为解决结构物构件工作时安全与经济这对矛盾的关键。因此，它通常由国家有关部门规定，可在有关规范中查到。在土建工程中，在常温静载作用下，塑性材料的安全系数为 n_s，一般 n_s 值取1.4～1.7，脆性材料的安全系数为 n_b，n_b 值取2～3。取 $n_b>n_s$ 的理由是，一方面考虑到脆性材料的均匀性较差，另一方面是由于到达强度极限 σ_b 比屈服极限 σ_s 更危险。

（二）杆件刚度的概念

结构在荷载作用下会产生内力，同时结构也发生变形。变形是指结构及构件的形状发生变化。由于变形，结构上各点位置将发生移动，各截面将发生转动。通常用构件轴线上各点位置的变化表示移动，称为线位移；用横截面绕中性轴的转角表示转动，称为角位移。线位移和角位移统称为结构的位移。

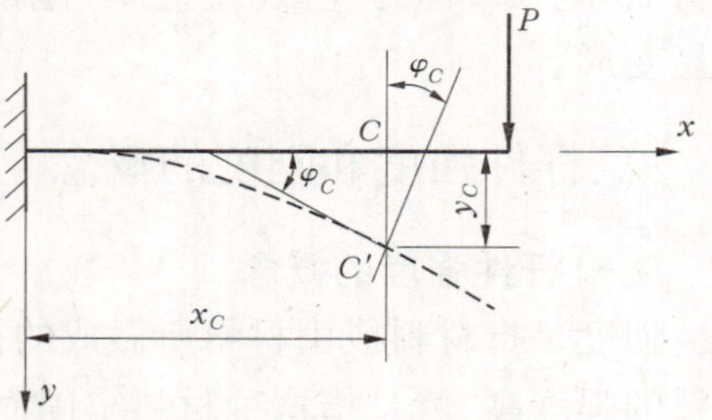

图5-20　悬臂梁位移示意图

例如图5-20所示的悬臂梁，在荷载 P 作用下发生了变形，梁的轴线由图中的直线变成曲线，同时梁中的各截面位置也发生了变化。如截面 C 移动到了 C'，将 CC' 的连线称为 C 截面的线位移；同时截面 C 绕中性轴转过了一个角度 φ_C，称为 C 截面的转角或角位移。

除荷载外，还有其他一些因素如温度变化、支座移动、材料膨缩、制造误差等，也会使结构产生变形和位移。

为了保证结构的正常工作，除满足强度要求外，结构还需满足刚度要求。刚度要求就是控制结构的变形和位移，使之不能过大。例如，楼板变形过大，会使下面的灰层开裂、脱落；吊车梁的变形过大，将影响吊车的正常运行；桥梁的变形过大，会影响行车安全并引起很大的振动。因此，在工程中，根据不同的用途，对结构的变形和位移给以一定的限制，使之不能超过一定的容许值，即要对结构刚度进行校核。

四、压杆稳定性

（一）压杆稳定性的概念

受轴向压力作用的杆件在工程上称为压杆，如桁架中的受压上弦杆、厂房的柱子等。

实践表明，对承受轴向压力的细长杆，杆内的应力在没有达到材料的许用应力时，就可能在任意外界的扰动下发生突然弯曲甚至导致破坏，致使杆件或由其组成的结构丧失正常功能。杆件的破坏不是由于强度不够，这类问题就是压杆稳定性问题。因此，在设计杆件（特别是受压杆件）时，除了进行强度计算，还必须进行稳定性计算，以满足其稳定条件。

轴向受压杆的承载能力是依据强度条件 $\sigma = \dfrac{F_N}{A} \leqslant [\sigma]$ 确定的。但在实际工程中发现，许多细长的受压杆件的破坏是在没有发生强度破坏条件下发生的。

细长受压杆突然破坏，与强度问题完全不同，它是由于杆件丧失了保持直线形状的稳定而造成的，这类破坏称为丧失稳定。杆件发生丧失稳定破坏的压力比发生强度不足破坏的压力要小得多。因此，对细长压杆必须进行稳定性的计算。

一细长直杆如图 5-21 所示，在杆端施加一个逐渐增大的轴向压力 F。

（1）当压力 F 小于某一临界值 F_{cr} 时，压杆可始终保持直线形式的平衡，即在任意小的横向干扰力作用下，压杆发生了微小的弯曲变形而偏离其直线平衡位置，但当干扰力除去后，压杆将在直线平衡位置左右摆动，最终又回到原来的直线平衡位置（见图 5-21（a））。这表明，压杆原来的直线平衡状态是稳定的，称压杆此时处于稳定平衡状态。

（2）当压力 F 增加到临界值 F_{cr} 时，压杆在横向力干扰下发生弯曲，但当除去干扰力后，杆就不能再恢复到原来的直线平衡位置，而保持为微弯状态下新的平衡（见图 5-21（b）），其原有的平衡就称为随遇平衡或临界平衡。

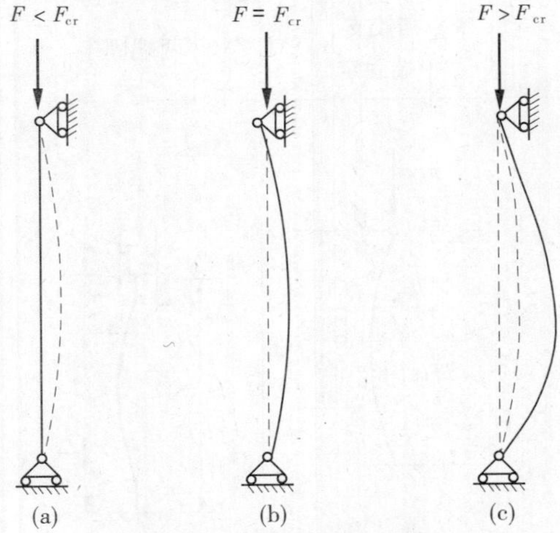

图 5-21　压杆受力的状态

（3）若继续增大 F 值，使 $F > F_{cr}$，只要受到轻微的横向干扰，压杆就会屈曲，将横向干扰力去掉后，压杆不仅不能恢复到原来的直线状态，还将在弯曲的基础上继续弯曲，从而失去承载能力（见图 5-21（c））。因此，称原来的直线形状的平衡状态是非稳定平衡。压杆从稳定平衡状态转变为非稳定平衡状态，称为丧失稳定性，简称失稳。

通过上述分析可知，压杆能否保持稳定平衡，取决于压力 F 的大小。随着压力 F 的逐渐增大，压杆就会由稳定平衡状态过渡到非稳定平衡状态。压杆从稳定平衡过渡到非稳定平衡时的压力称为临界力，以 F_{cr} 表示。临界力是判别压杆是否会失稳的重要指标。

细长压杆的轴向压力达到临界值时，杆内应力往往不高，远低于强度极限（或屈服极限），也就是说，压杆因强度不足而破坏之前就会因失稳而丧失工作能力。失稳造成的破坏是突然性的，往往会造成严重的事故。应该指出，不仅压杆会出现失稳现象，其他类型的构件，如梁、拱、薄壁筒、圆环等也存在稳定性问题。这些构件的稳定性问题比较复杂，这里不予讨论。

（二）细长压杆的临界力公式

稳定计算的关键是确定临界力 F_{cr}，当轴向压力达到临界值 F_{cr}时，在轻微的横向干扰解除之后，压杆将保持其微弯状态下的平衡。下面就从压杆的微弯状态入手，讨论两端铰支细长压杆的临界力计算公式。

1. 两端铰支压杆的临界力

$$F_{cr}=\frac{\pi^2 EI}{l^2} \tag{5-13}$$

该式即为两端铰支细长杆的临界压力计算公式，又称为欧拉公式。

应注意的是，杆的弯曲必然发生在抗弯能力最小的平面内，所以式（5-13）中的惯性矩 I 应为压杆横截面的最小惯性矩。

2. 其他支承形式压杆的临界力

对于其他支承形式压杆，也可用同样的方法导出其临界力的计算公式。根据杆端约束的情况，工程上常将压杆抽象为四种模型，如表 5-1 所示，它们的临界力在这里就不再一一推导，只给出结果。

表 5-1　压杆的长度因数

杆端约束	两端铰支	一端铰支、一端固定	两端固定	一端固定、一端自由
失稳时挠曲线形状	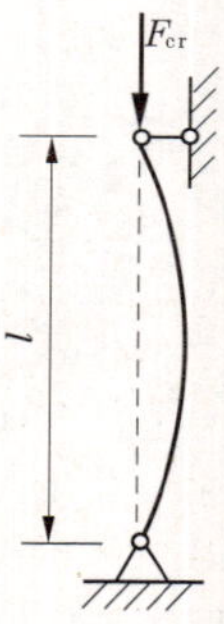	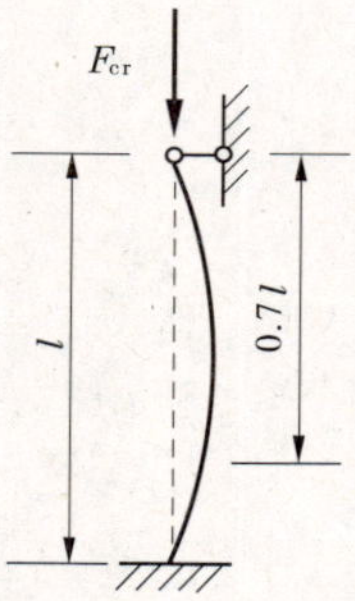	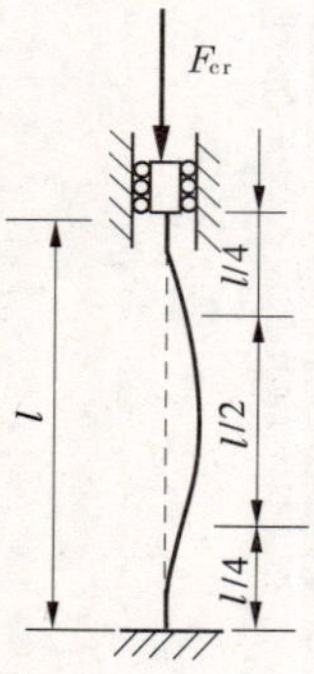	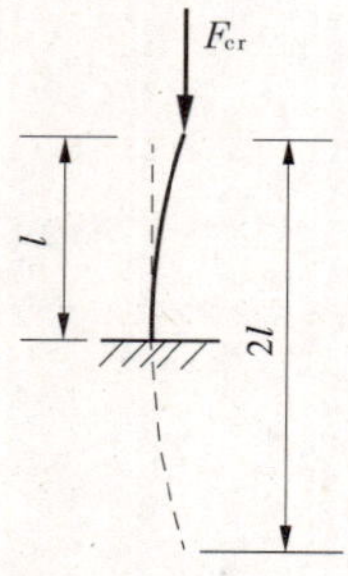
临界力	$F_{cr}=\frac{\pi^2 EI}{l^2}$	$F_{cr}=\frac{\pi^2 EI}{(0.7l)^2}$	$F_{cr}=\frac{\pi^2 EI}{(0.5l)^2}$	$F_{cr}=\frac{\pi^2 EI}{(2l)^2}$
长度因数	$\mu=1$	$\mu=0.7$	$\mu=0.5$	$\mu=2$

应当指出：工程实际中压杆的杆端约束情况往往比较复杂，应对杆端支承情况作具体分析，或查阅有关的设计规范，定出合适的长度因数。

将表 5-1 中的 4 个临界压力计算公式作比较，可以看出，它们的形式相似，只是分母中 l

前的系数不同,因此可以写成统一形式的欧拉公式

$$F_{cr} = \frac{\pi^2 EI}{(\mu l)^2} \tag{5-14}$$

式中 l——压杆的实际长度;

μ——长度因数,反映了杆端支承对临界力的影响;

μl——计算长度或相当长度。

小 结

1. 力是指物体间的相互机械作用。

应该从以下四个方面来把握这个定义的内涵:①力存在于相互作用的物体之间;②力的表现形式是力的运动效果和力的变形效果;③力产生的形式有直接接触和场的作用两种;④要定量地确定一个力,也就是定量地确定一个力的效果,我们只要确定力的大小、方向、作用点,这称为力的三要素。

2. 力学中所讲的材料都是理想材料,各种材料都是连续、均匀、各向同性的变形固体,且建筑力学主要研究弹性体在弹性范围内的小变形问题。

3. 力 P 与其分力 P_X、P_Y 之间的关系为:$P = \sqrt{P_X^2 + P_Y^2}$,$\theta = \arctan \frac{P_Y}{P_X}$,$P_X = P\cos\theta$,$P_Y = P\sin\theta$。

4. 力系合力 F 的大小为:$F = \sqrt{F_X^2 + F_Y^2}$,力系合力 F 与 X 轴的夹角 θ 为:$\theta = \arctan \frac{F_Y}{F_X}$;其中:$F_X = \sum X_i$,$F_Y = \sum Y_i$。

5. 力 F 对点 O 的力矩为:$M_O(F) = \pm F \times h$。

6. 力偶具有如下性质:①力偶不能与一个力等效,这条性质还可以表述为力偶无合力,或者说力偶在任何坐标轴上均无投影(投影为0);②只要保持力偶的转向和力偶的大小不变,则不会改变力偶的运动效应,同一平面内如果两个力偶的转向和大小相同,则此两个力偶为等效;③力偶无转动中心;④合力偶矩等于各分力偶的代数和。当一个物体受到力偶系 m_1、m_2、…、m_n 作用时,各个分力偶的作用最终可合成为一个合力偶矩 M。合力偶与各分力偶的关系为:$M = m_1 + m_2 + \cdots + m_n = \sum m_i$。

7. 平衡力系的平衡条件为:$\sum F_X = 0$,$\sum F_Y = 0$,$\sum M_O = 0$(一矩式);或 $\sum F_X = 0$(或 $\sum F_Y = 0$),$\sum M_A = 0$,$\sum M_B = 0$(二矩式);或 $\sum M_A = 0$,$\sum M_B = 0$,$\sum M_C = 0$(三矩式)。

8. 平衡条件表达式选择原则:①计算的力系中有几个未知力作用线汇交点,取几矩式;②力矩表达式中的转动中心应取未知力的汇交点。

9. 结构或外伸结构支座反力计算规律是:$X_A = \sum F_X$,$Y_A = \frac{\sum M_B}{l}$。

10. 支座的支座反力及杆件内力计算规律是:$X_A = \sum F_X$,$Y_A = \sum F_Y$,$M_A = \sum M_A$。

11. 平面弯曲是弯曲变形中最简单的一种,也是最常见的一种情况。梁是工程中发生平面弯曲最典型的构件,其变形特点是在位于纵向对称面内的横力作用下,梁的轴线变成纵向对称面内的一条平面曲线。其内力形式为弯矩 M 和剪力 F_S,求解内力的方法还是截面法。

12. 绘制梁的 M 图时,可利用内力方程法、微分关系法(即内力图的特点)、叠加法等,其中为简便起见,应熟练掌握内力图特点和叠加的方法,分区段绘制;绘制 F_S 图时,可利用内力方程法、微分关系法(即内力图的特点),同样应熟练掌握利用内力图特点分区段绘制的方法。同时要注意 F_S 值的正负并在图上标明,M 图画在梁的受拉侧不标正负即可。

13. 轴力计算。在轴向拉伸或轴向压缩的杆件中,由于外力的作用,在横截面上将产生的内力是轴向力(简称轴力),一般用 N 表示。轴力的作用线与杆轴一致(即垂直于横截面,并且通过形心)。当杆件受拉伸时,轴力方向背离横截面,称为轴向拉力;当杆件受压缩时,轴力方向指向横截面,称为轴向压力。拉力为正,压力为负。

14. 应熟练掌握截面法计算截面上的内力,应遵循预设为正的原则。当杆件受到多个轴向外力作用时,在杆件的不同段内将有不同的轴力,为了表明杆内的轴力随截面位置的改变而变化的情况,最好画出轴力图。

15. 所谓轴力图,就是用平行于杆件轴线的坐标表示横截面的位置,并用垂直于杆件轴线的坐标表示横截面上轴力的数值,从而绘出表示轴力沿杆轴变化规律的图线。由轴力图可确定杆件中的最大轴力及其所在截面,如果再结合杆件横截面的变化情况,便可以确定杆件的危险截面,从而进行杆件的强度计算;另外,还可以利用轴力图作杆件变形和位移的计算。

16. 桁架分简单桁架、联合桁架和复杂桁架,无论哪一类桁架,在节点力作用下桁架杆件都只承受轴力。凡是只有两个未知力的节点或有单杆的节点,都可以用节点法计算;凡是能取 1 个截面,只含 3 个未知量,或除 1 个未知量外,其他未知量均平行或相交于一点,都可用截面法计算;有零杆的要先去掉零杆。

17. 准确地理解强度、刚度、稳定性的概念。

18. 四种基本变形:轴向拉伸或轴向压缩、剪切、扭转、弯曲。

19. 要准确地理解压杆稳定性的概念,弄清压杆“稳定”和“失稳”是指压杆直线形式的平衡状态是稳定的还是不稳定的。

20. 压杆临界力 F_{cr} 的计算是本章的重点,欧拉公式是计算细长杆临界力的基本公式。应用此公式时,需注意它的适用范围,可用欧拉公式计算临界力

临界力:
$$F_{cr}=\frac{\pi^2 EI}{(\mu l)^2}$$

式中,μ 为长度因数,反映了杆端支承对压杆临界力的影响。在计算压杆的临界力时,应根据支承情况选用相应的长度因数。

第六章　建筑构造、建筑结构的基本知识

【学习目标(一)】

1. 掌握民用建筑的组成、各组成部分的作用。
2. 掌握基础与地基的作用及分类。
3. 了解墙体的组成、承重方案。
4. 掌握砖墙的细部构造,地下室的组成及其防潮、防水处理。
5. 掌握楼地层的作用、组成和类型,楼地面的构造,顶棚的构造,阳台和雨篷的构造。
6. 了解楼梯的作用、组成及分类、室外台阶及坡道的构造要求。
7. 掌握楼梯的尺度要求,钢筋混凝土楼梯的构造要求。
8. 了解门窗的作用及分类。
9. 掌握门窗的组成及安装。
10. 了解屋顶的作用及类型。
11. 掌握平屋顶、坡屋顶的构造做法。
12. 了解变形缝的概念和设置原则,掌握变形缝的构造做法。
13. 了解饰面装修的作用、类型,掌握不同饰面装修的构造要求。
14. 了解工业建筑的概念、特点和分类。
15. 熟悉单层工业厂房的定位轴线及构件组成,单层工业厂房的构造。

【学习目标(二)】

1. 熟悉建筑结构的概念和建筑结构的分类情况。
2. 理解结构的作用、作用效应以及结构的抗力的概念。
3. 掌握荷载的分类情况。
4. 理解建筑结构的基本设计原则。
5. 理解建筑结构的功能要求、极限状态以及可靠度的基本概念。
6. 掌握钢筋的品种和级别。
7. 理解混凝土的各种强度指标的概念。
8. 理解钢筋和混凝土共同工作的原理。
9. 掌握钢筋混凝土梁与板的基本构造要求。
10. 掌握钢筋混凝土受压构件——钢筋混凝土柱的相关构造要求。
11. 了解钢筋混凝土构件受拉和受扭的基本构造要求。
12. 理解单向板和双向板的划分方法。
13. 掌握单向板肋梁楼盖的结构平面布置及构造要求。
14. 了解框架结构的优缺点、框架结构的组成及框架结构的分类。
15. 掌握框架梁、框架柱和框架节点的抗震构造要求。
16. 掌握砌体结构所用的材料。
17. 理解砌体结构的布置方案。

18. 掌握基础的类型及埋置深度。
19. 掌握基础相关构造要求。
20. 熟悉钢筋混凝土楼盖的分类及构造特点。
21. 了解钢结构的优点和缺点。
22. 掌握钢结构的连接情况。
23. 理解钢结构的基本受力构件。
24. 了解地震的基本概念。
25. 了解抗震设防分类及设防标准。
26. 理解抗震设计的重要性。

第一节　建筑构造的基本知识

民用建筑通常由基础、墙体或柱、楼地层、屋顶、楼梯、门窗等6个基本部分,以及阳台、雨篷、台阶、散水、雨水管、勒脚等其他细部组成。图6-1为建筑物的构造组成示意图。

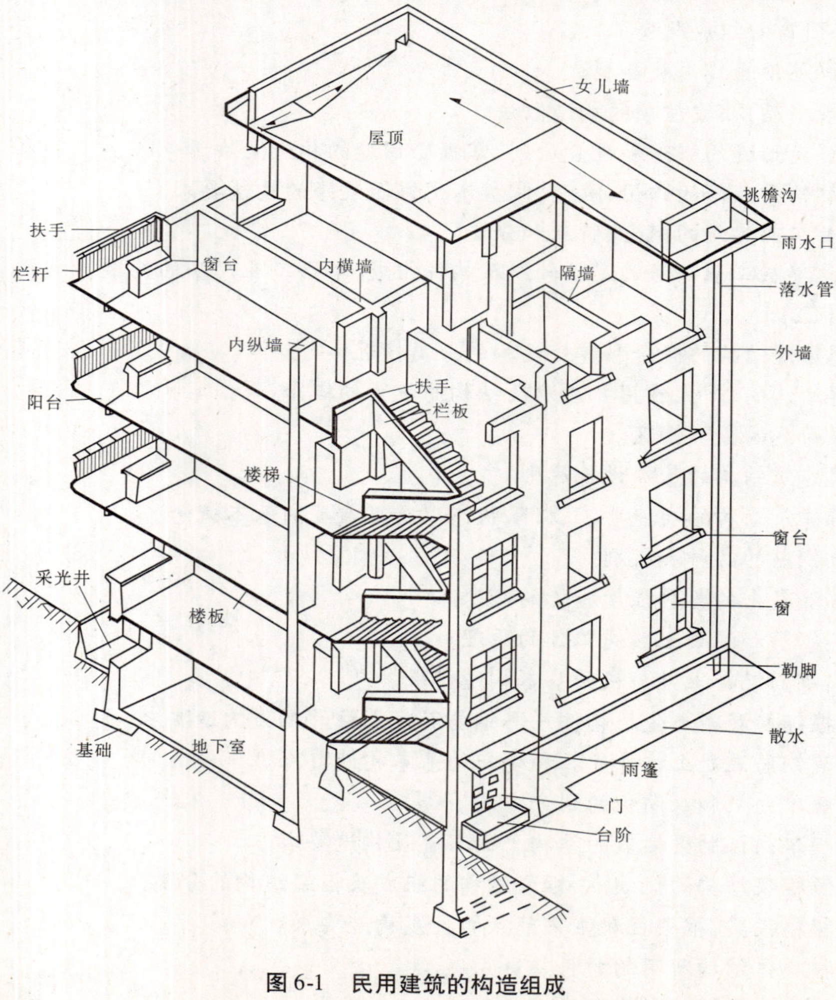

图6-1　民用建筑的构造组成

一、基础

基础是建筑物最下部的承重构件，它埋在地下，承受建筑物的全部荷载，并将这些荷载传递给地基。因此，基础应具有足够的强度、刚度和稳定性，并能抵御地下水、冰冻等各种有害因素的侵蚀。

二、墙体或柱

墙体或柱都是建筑物的竖向承重构件，它承受屋顶、楼层传下来的各种荷载，并将这些荷载传递给基础。因此，墙体或柱应具有足够的强度、刚度和稳定性。

外墙还具有围护功能，抵御风、霜、雨、雪及寒暑等自然界各种因素对室内的侵袭；内墙起到分隔建筑内部空间的作用，同时墙体还应具有保温、隔热、防火、防水、隔声等性能，以及一定的耐久性、经济性。

三、楼地层

楼地层指楼板层和地坪层。

楼板层是建筑物水平方向的承重构件，起水平分割、水平承重和水平支撑的作用。楼板层应具有足够的强度、刚度和隔声性能，防火、防水能力。

地坪层是建筑物底层房间与地基土层相接的构件，它承担着底层房间的地面荷载，应具有一定的强度、防潮、防水的能力。

楼地层还应满足耐磨损、防尘、保温和地面装饰等要求。

四、屋顶

屋顶是建筑物最上部的承重和围护构件，用来抵御自然界风、霜、雨、雪等的侵袭及施工、检修等荷载，并将这些荷载传给竖向承重构件。屋顶应具有足够的强度、刚度及保温、隔热、防水等性能。

五、楼梯

楼梯是楼房建筑中联系上下各层的垂直交通设施，供人们上下或搬运家具、设备和发生紧急事故时使用。

六、门窗

门窗均属于非承重构件。门的主要作用是供人们出入建筑物和房间；窗的主要作用是采光、通风和供人眺望。门和窗应满足保温、隔热、隔声、防火等性能。

第二节　基础构造

一、地基与基础

地基是基础下面承受荷载的岩石或土层，承受着基础传来的全部荷载。地基不属于建筑物的组成部分，应满足强度、变形及稳定性要求。

基础是建筑物地面以下的承重构件，它承受建筑物上部结构传来的全部荷载，并把这些荷载连同本身的重量一起传给地基。基础是建筑物的重要组成部分，应具有足够的强度和刚度，在选择基础材料和构造形式时，应考虑其耐久性与上部结构相适应。

地基与基础的构成如图 6-2 所示。

基础的埋置深度（简称埋深）是指从室外设计地坪到基础底面的垂直距离。基础的埋深应不小于 0.5 m。

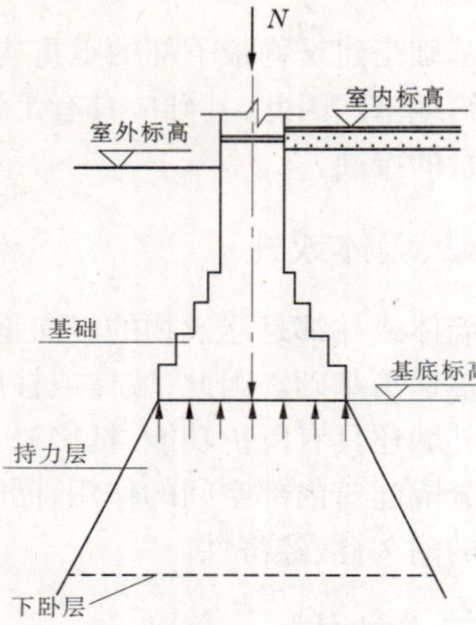

图 6-2　地基与基础的构成

二、基础的构造

按基础所用材料，可分为砖基础、毛石基础、混凝土基础、钢筋混凝土基础；按基础的受力特点，可分为刚性基础和柔性基础；按基础的构造形式，可分为条形基础、独立基础、筏板基础、箱形基础、桩基础等。

（一）砖基础

砖基础的大放脚有等高式和不等高式两种，如图 6-3 所示。

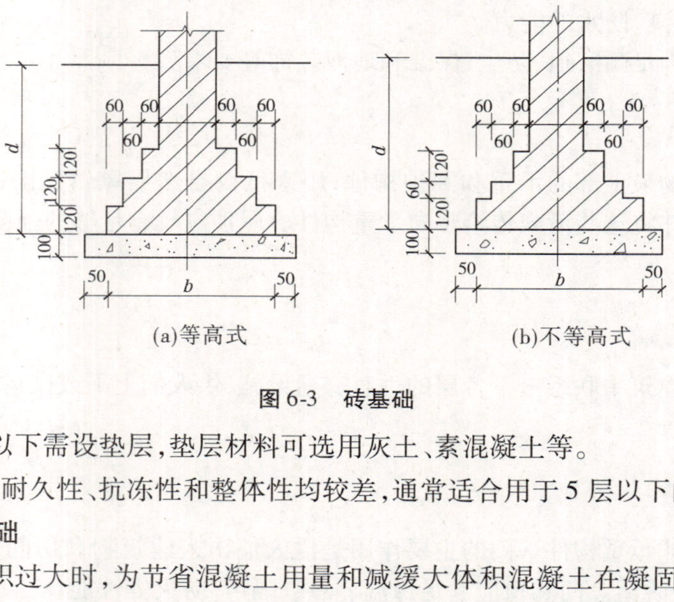

图 6-3　砖基础

砖基础底面以下需设垫层，垫层材料可选用灰土、素混凝土等。

砖基础强度、耐久性、抗冻性和整体性均较差，通常适合用于 5 层以下的砖混结构房屋。

（二）毛石基础

当基础的体积过大时，为节省混凝土用量和减缓大体积混凝土在凝固过程中产生大量热量不易散发而引起开裂，可加入毛石，称为毛石基础。它是用强度等级不低于 MU30 的毛石，不低于 M5 的砂浆砌筑而成的，加入的毛石粒径不得超过 300 mm，也不得大于每台阶宽度或高度的 1/3，毛石的体积为总体积的 20% ~30%，且应分布均匀。

毛石基础的剖面形式有矩形、阶梯形，如图 6-4（a）、（b）所示。毛石基础的构造如图 6-4（c）所示。

毛石基础的抗冻性较好，在寒冷潮湿地区可用于 6 层以下建筑物基础。

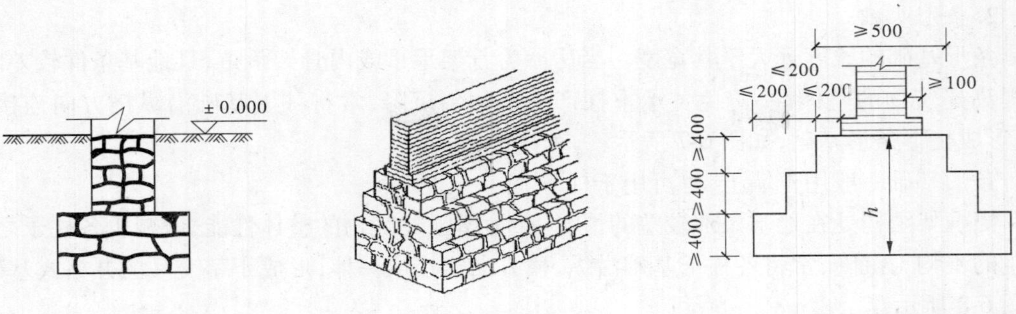

(a)矩形截面　　(b)阶梯形截面　　(c)毛石基础的构造

图 6-4　毛石基础

毛石基础体积大、自重大，运输堆放不方便，多用于邻近山区石材丰富的地区。

（三）混凝土基础

混凝土基础是采用低强度等级的混凝土浇捣而成的，其剖面形式有锥形和阶梯形，如图 6-5所示。基础的断面应保证两侧有不小于 200 mm 的垂直面，混凝土基础在施工中不能出现锐角，以防因石子堵塞影响浇筑质量，从而减少基底的有效面积。基础底面下可设置垫层，垫层常用低强度等级的混凝土或三合土等。

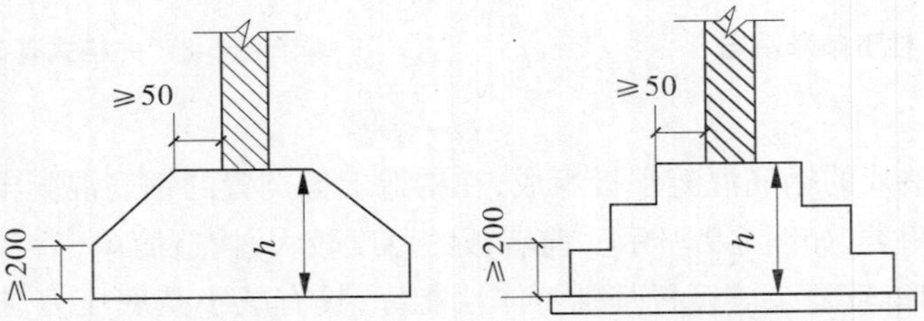

(a)锥形截面　　(b)阶梯形截面

图 6-5　混凝土基础

（四）钢筋混凝土基础

常见的钢筋混凝土基础有独立基础、条形基础、筏板基础、箱形基础、桩基础等。

1. 独立基础

独立基础呈独立的块状，常用的断面形式有阶梯形、锥形、杯形，如图 6-6 所示。

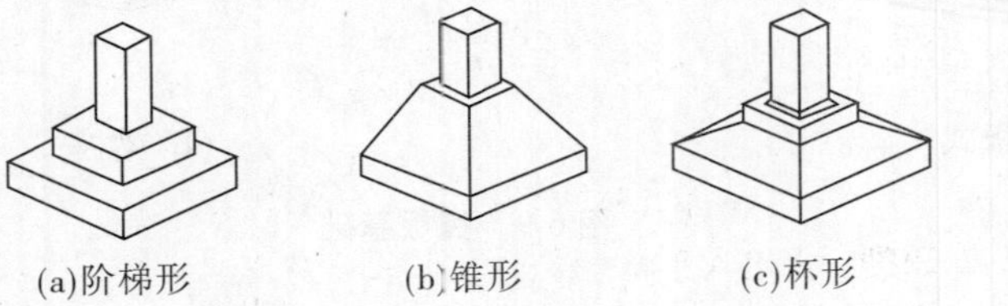

(a)阶梯形　　(b)锥形　　(c)杯形

图 6-6　混凝土基础断面形式

独立基础是柱下基础的基本形式，当建筑物上部为框架结构时，多采用现浇独立基础。当厂房排架中的柱采用预制混凝土构件时，通常采用杯形基础。

2. 条形基础

条形基础的长度远大于其宽度。当房屋为骨架承重或内骨架承重，且地基条件较差时，为提高建筑物的整体性，避免各承重柱产生不均匀沉降，常将柱下基础沿纵横方向连接起来，形成柱下条形基础，如图 6-7 所示。

条形基础一般用于墙下，也可用于柱下。

当框架结构处在地基条件较差的情况下，为增强建筑物的整体性能，以减少各柱子之间产生的不均匀沉降，常将各柱下基础沿纵、横方向连接成一体，形成十字交叉的井格式基础，如图 6-8 所示。

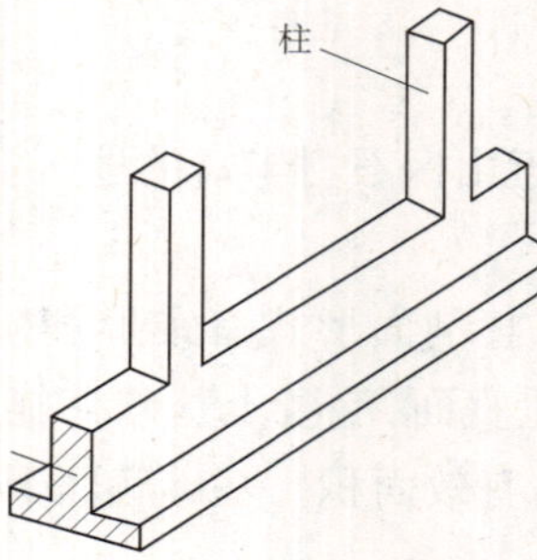

图 6-7　柱下条形基础

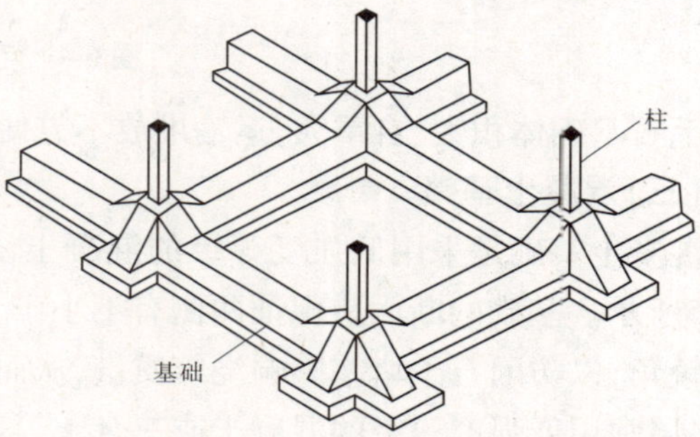

图 6-8　井格式基础

3. 筏板基础

筏板基础由整片的钢筋混凝土板组成，在构造上像倒置的钢筋混凝土楼盖，其结构形式有板式和梁板式两类，如图 6-9 所示。前者板的厚度较大，构造简单，后者板的厚度较小，但增加了双向梁，构造较复杂。筏板基础整体性能好，具有减小基底压力、提高地基承载能力和调整地基不均匀沉降的能力。

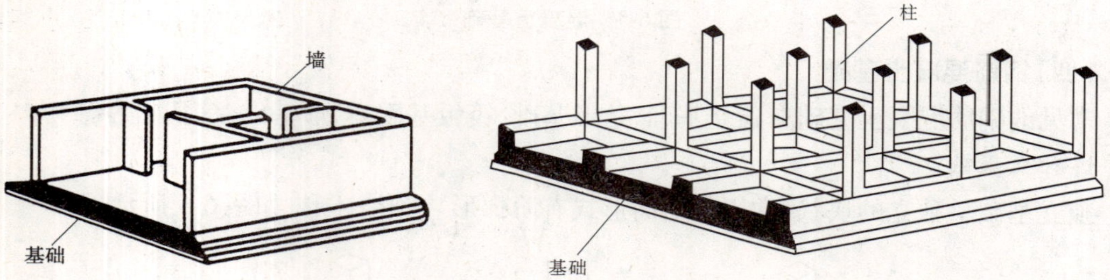

(a)板式　　(b)梁板式

图 6-9　筏板基础

4. 箱形基础

箱形基础由钢筋混凝土顶板、底板和纵、横墙组成。若在纵、横内墙上开门洞，则可做成地下室。箱形基础的整体空间刚度大，能有效地调整基底压力，且埋深大、稳定性和抗震性好。

它适用于地基软弱土层厚、建筑上部荷载大、对地基不均匀沉降要求严格的高层建筑、重型建筑等，如图 6-10 所示。

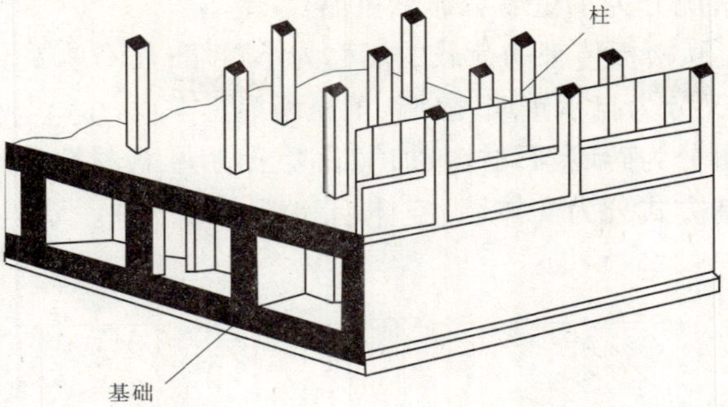

图 6-10　箱形基础

5. 桩基础

桩基础由桩身和承台组成。桩身伸入土中，承受上部荷载，承台是在柱顶现浇的钢筋混凝土梁或板，用来连接上部结构和桩身，如图 6-11 所示。

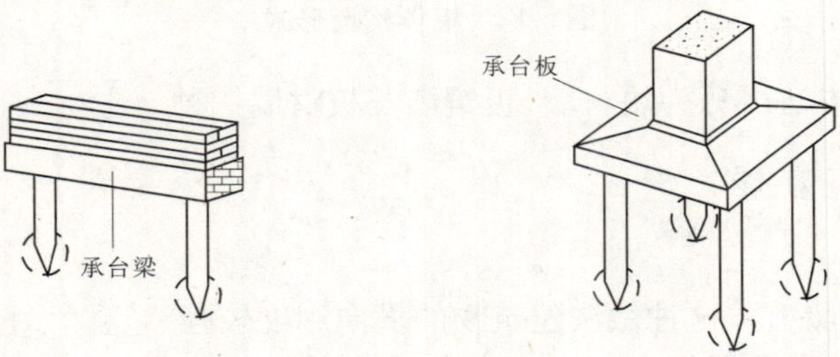

(a)墙下桩基础　　(b)柱下桩基础

图 6-11　桩基础

当浅层地基不能满足建筑物对地基承载力和变形的要求，而又不适宜采取地基处理措施时，就要考虑以下部坚实土层或岩层作为持力层的深基础，其中桩基础应用最为广泛。

桩基础的类型较多，按桩的制作方式分为预制桩和灌注桩。按桩的竖向受力情况分为端承桩和摩擦桩。

第三节　墙体、地下室的构造

墙体是建筑物中重要的构件，它的主要作用有承重、维护、分隔。因此，墙体应具有足够的强度、稳定性，满足保温、隔热、隔声、防火等的要求。

一、墙体的类型

(1)按墙体位置分为内墙和外墙。

(2)按墙体方向分为横墙和纵墙。与建筑物长边方向平行的墙称为纵墙，与建筑物短边方向平行的墙称为横墙。

外横墙也称为山墙，外纵墙称为檐墙，窗与窗、窗与门之间的墙称为窗间墙。窗洞口下部的墙称为窗下墙，屋顶上部的墙称为女儿墙。

（3）按墙的受力情况分为承重墙和非承重墙。

凡是直接承受屋顶、楼板传来的荷载的墙称为承重墙；凡不承受上部传来荷载的墙均是非承重墙。非承重墙又分为自承重墙、隔墙、填充墙等。

（4）按材料不同可分为砖墙、石材墙、加气混凝土砌块、板材墙等。

（5）按墙体的构造方式分为实体墙、空体墙和组合墙三种。墙体的构造形式如图6-12所示。

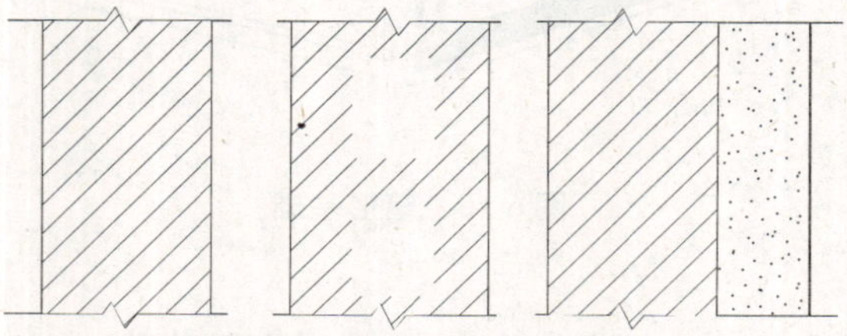

(a)实体墙　(b)空体墙　(c)组合墙

图6-12　墙体构造形式

（6）按墙体施工方法可分为块材墙、板筑墙及板材墙三种。

二、墙体的承重方案

（一）横墙承重

楼板支承在横向墙上。这种做法建筑物的横向刚度较强、整体性好，多用于横墙较多的建筑中，如住宅、宿舍、办公楼等。

（二）纵墙承重

楼板支承在纵向墙体上。这种做法开间布置灵活，但横向刚度弱，而且承重纵墙上开设门窗洞口有时受到限制，多用于使用上要求有较大空间的建筑，如办公楼、商店、教学楼、阅览室等。

（三）纵横墙混合承重

一部分楼板支承在纵向墙上，另一部分楼板支承在横向墙上。这种做法多用于中间有走廊或一侧有走廊的办公楼，以及开间、进深变化较多的建筑，如幼儿园、医院等。

（四）内框架承重

房屋内部采用柱、梁组成的内框架承重，四周采用墙承重，由墙和柱共同承受水平承重构件传来的荷载，适用于室内需要大空间的建筑，如大型商店、餐厅等。

墙体的承重方式如图6-13所示。

三、墙体的组成

（一）墙体材料

墙体材料主要有砖、砌块、砂浆（详见第一篇（一）工程材料）。

（二）墙体的组砌方式

1.砖墙的厚度及组砌方式

用普通砖砌筑的实心墙体厚度尺寸见表6-1。

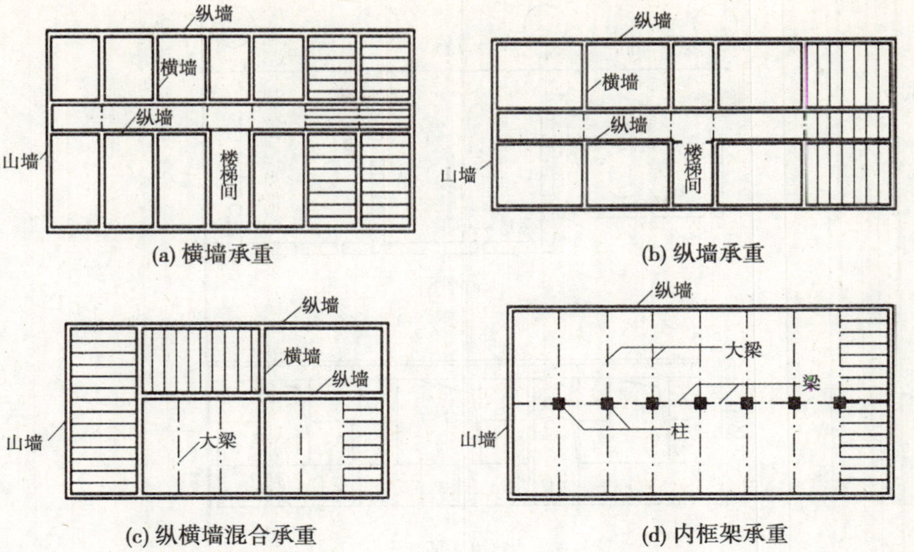

图 6-13　墙体的承重方式

表 6-1　砖墙的厚度尺寸

墙厚名称	1/4 砖	1/2 砖	3/4 砖	1 砖	3/2 砖	2 砖
标志尺寸	60	120	180	240	370	490
构造尺寸	53	115	178	240	365	490
习惯称呼	60 墙	12 墙	18 墙	24 墙	37 墙	49 墙

砖墙在砌筑时应满足横平竖直、砂浆饱满、内外搭砌、上下错缝等基本要求，以保证砖在砌筑时能相互咬合，不出现连续的垂直通缝，增加墙体的整体性，保证墙体的刚度和稳定性。常见砖墙的组砌方式有一顺一丁、三顺一丁、梅花丁、全顺式、全丁式、两平一侧等，如图 6-14所示。

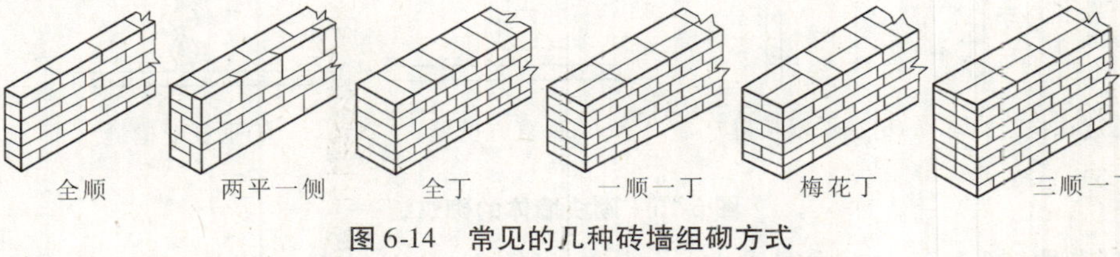

图 6-14　常见的几种砖墙组砌方式

2. 砌块墙体的组砌方式

砌块需要在建筑平面图和立面图上进行砌块的排列，并注明每一砌块的型号，排列设计的原则：砌块排列应正确选择砌块的规格尺寸，减少砌块的规格类型；优先选用大规格的砌块做主砌块，以加快施工进度，如图 6-15 所示。

砌块墙体的砌筑缝包括水平缝和垂直缝。水平缝有平缝和槽口缝，垂直缝有平缝、错口

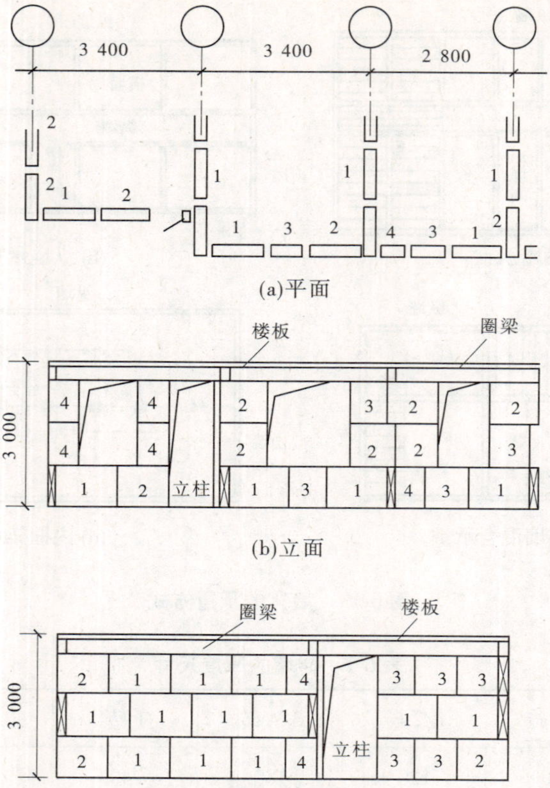

图 6-15　砌块排列示意图

缝和槽口缝，如图 6-16 所示。水平和垂直灰缝的宽度不仅要考虑到安装方便、易于灌浆捣实，以保证足够的强度和刚度，而且还要考虑隔声、保温、防渗等问题。

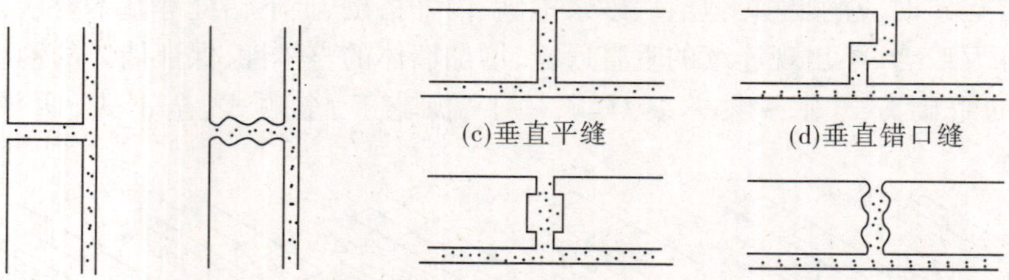

图 6-16　砌块墙体的砌筑缝

砌筑砌块时，上下皮应错缝搭接，内外墙和转角处砌块应彼此搭接，搭接长度为砌块长度的 1/4，高度的 1/3，并不应小于 150 mm。当无法满足搭接长度要求时，应沿墙高每 400 mm 在水平灰缝内设置 2 Φ 4、横筋间距不大于 200 mm 的焊接钢筋网片，如图 6-17、图 6-18 所示。空心砌块上下皮应孔对孔、肋对肋，错缝搭接。

砌块隔墙厚由砌块尺寸决定，一般为 90 ~ 120 mm。砌块墙吸水性强，故在砌筑时应先在墙下部实砌 3 ~5 皮黏土砖，再砌砌块。砌块不够整块时宜用普通黏土砖填补。

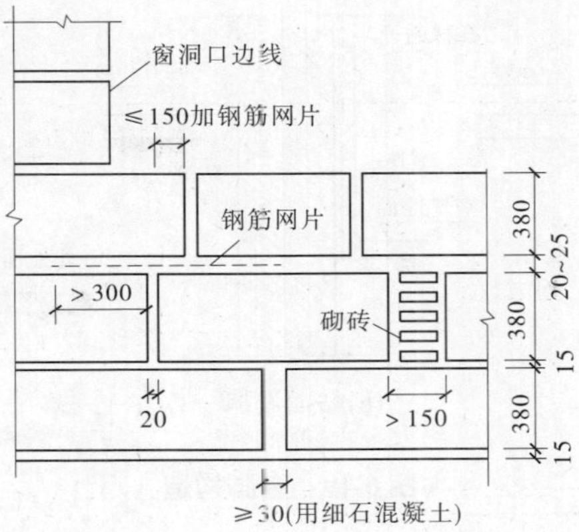

图 6-17　砌块排列

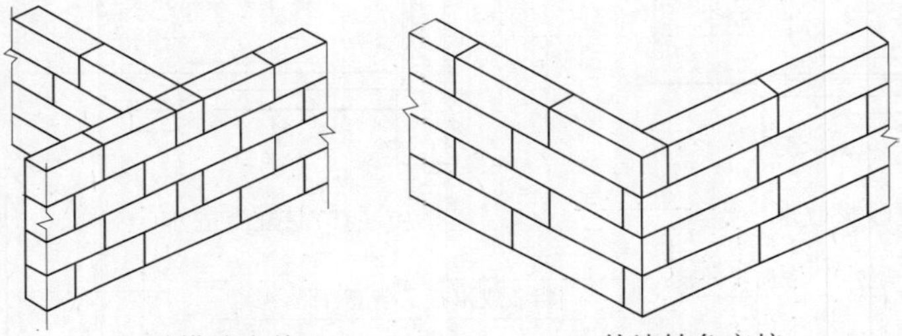

(a)纵横墙交接　　(b)外墙转角交接

图 6-18　砌块的咬接

四、墙体的细部构造

(一)勒脚

勒脚是外墙身接近室外地面处的表面保护和饰面处理部分。

自室外地面算起,勒脚的高度一般应在 500 mm 以上,也可根据立面的需要,把勒脚的高度提高至首层窗台处。

勒脚的做法是在勒脚的外表面作水泥砂浆或其他强度较高且有一定防水能力的抹灰处理,也可用石块砌筑,或用天然石板、人造石板贴面,如图 6-19 所示。

(二)散水和明沟

1. 散水

散水是沿建筑物外墙四周设置的向外倾斜的坡面。

设置散水的目的是使建筑物外墙四周的地面积水迅速排走,保护墙基免受雨水的侵蚀。

散水的宽度一般为 600 ~ 1 000 mm,当屋面为自由落水时,其宽度应比屋檐挑出宽度大 200 mm。为保证排水通畅,散水的坡度一般在 3% ~ 5% 左右,外缘高出室外地坪 20 ~ 50 mm 较好。

散水可用水泥砂浆、混凝土、砖块、石块等材料做面层,由于建筑物的沉降、勒脚与散水施工时间的差异,在勒脚与散水交接处应留有 20 mm 左右的缝隙,在缝内填粗砂或米石子,上嵌沥青胶盖缝,以防渗水和保证沉降的需要,如图 6-20 所示。

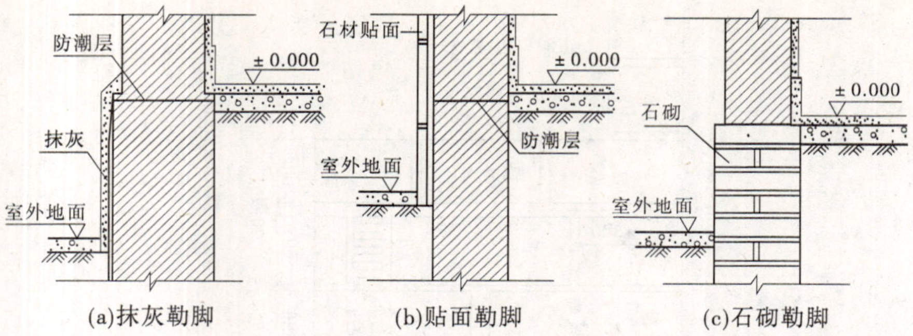

图 6-19　勒脚构造

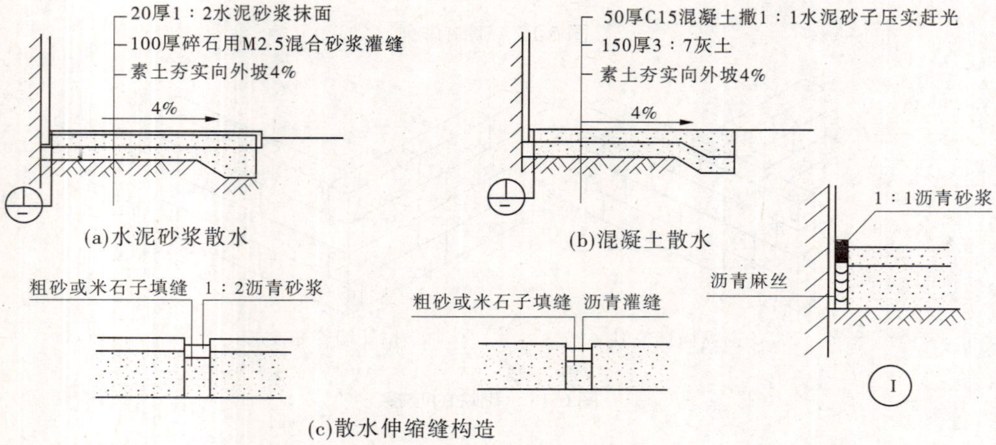

图 6-20　散水构造

2. 明沟

明沟是靠近勒脚下部设置的排水沟。明沟一般在降雨量较大的地区采用，布置在建筑物的四周。其作用是把屋面下落的雨水引到集水井里，进入排水管道。明沟可用混凝土浇筑，也可用砖、石砌筑，并用水泥砂浆抹面，如图 6-21 所示。

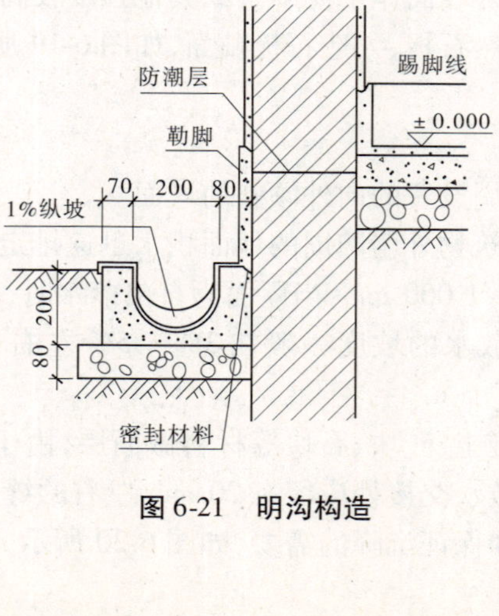

图 6-21　明沟构造

明沟的断面尺寸一般为宽不小于 180 mm,深不小于 150 mm,沟底应有不小于 1% 的纵向坡度。为了防止堵塞及行人安全,许多明沟的上部覆盖透空铁箅子。

(三)墙体防潮层

为了防止土壤中的潮气和水分由于毛细管作用沿墙面上升,提高墙身的坚固性与耐久性,保持室内干燥卫生,应当在墙体中设置防潮层,防潮层分为水平防潮层和垂直防潮层。

1. 防潮层的位置

当室内地面采用不透水垫层(如混凝土)时,水平防潮层通常设在室内地面标高以下 60 mm 左右,即 -0.060 m 处,而且至少要高于室外地坪 150 mm,以防雨水溅湿墙身。当室内地面垫层为透水材料(如碎石、炉渣等)时,水平防潮层的位置应平齐或高于室内地面一皮砖,即在 +0.060 m 处。当两相邻房间之间室内地面有高差时,应在墙身内设置高低两道水平防潮层,并在靠土壤一侧设置垂直防潮层,将两道水平防潮层连接起来,以避免回填土中的潮气侵入墙身。墙身防潮层的位置如图 6-22 所示。

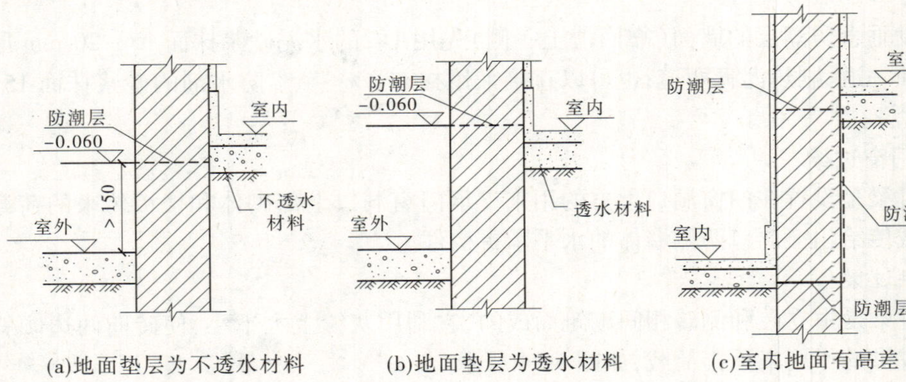

图 6-22　墙身防潮层的位置

2. 水平防潮层

1)油毡防潮层

油毡防潮层分为干铺和粘贴两种。干铺是在防潮层部位的墙体上用 20 mm 厚 1∶3 水泥砂浆找平,然后干铺一层油毡;粘贴法是在找平层上做一毡二油防潮层,油毡的宽度应比墙体宽 20 mm,搭接长度不小于 100 mm,如图 6-23(a)所示。

油毡防潮层的防潮性能较好。但油毡会把上下墙体分隔开,破坏了建筑的整体性,对抗震不利,因此不能用于有抗震要求的建筑;同时,油毡的使用寿命往往低于建筑的耐久年限,失效后将无法起到防潮的作用,因此目前油毡防潮层在建筑中使用得较少。

2)防水水泥砂浆防潮层

在防潮部位抹 20 ~ 30 mm 厚掺入防水剂的 1∶2 水泥砂浆,防水剂的掺入一般为水泥重量的 5%,如图 6-23(b)所示。也可以在防潮层部位用防水砂浆砌 3 ~ 5 皮砖,同样可以达到防潮效果。

该方法适用于抗震地区、独立砖柱和震动较大的砖砌体中,其整体性较好,抗震能力强,但砂浆是脆性易开裂材料,在地基发生不均匀沉降而导致墙体开裂或因砂浆铺贴不饱满时会影响防潮效果。

3）细石混凝土防潮层

细石混凝土防潮层是在防潮层部位设置不小于 60 mm 厚与墙体宽度相同的细石混凝土带，内配 3 Φ 6 或 3 Φ 8 钢筋，如图 6-23（c）所示。也可用钢筋混凝土圈梁代替防潮层。

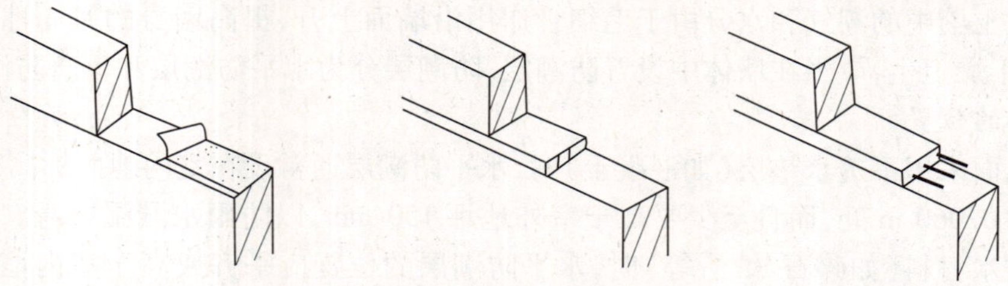

(a)油毡防潮层　　(b)防水水泥砂浆防潮层　　(c)细石混凝土防潮层

图 6-23　墙身防潮层的位置

3. 垂直防潮层

在需设垂直防潮层的墙面（靠回填土一侧）先用 1∶2的水泥砂浆抹面 15 ~ 20 mm 厚，再刷冷底子油一道，刷热沥青两道；也可以直接采用掺有 3% ~ 5% 防水剂的砂浆抹面 15 ~ 20 mm 厚的做法。

（四）门窗过梁

门窗过梁是设置在门窗洞口上方的用来支承门窗洞口上部砌体和楼板传来的荷载，并把这些荷载传给门窗洞口两侧墙体的水平承重构件。

1. 砖拱过梁

砖拱过梁是由立砖和侧砖相间砌筑而成的，它利用灰缝上大下小，使砖向两边倾斜，相互挤压形成拱的作用来承担荷载，如图 6-24 所示。

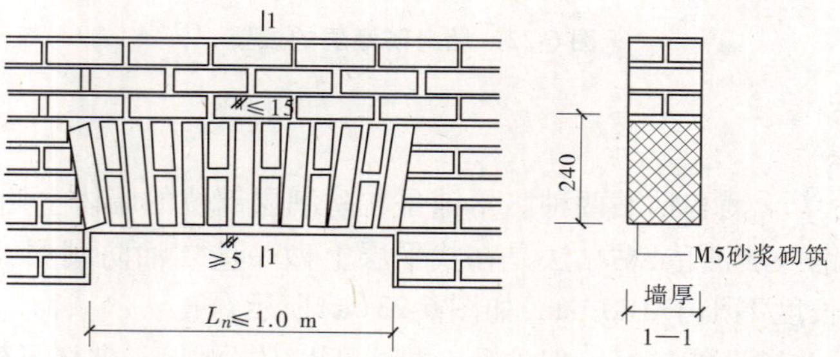

注：≤15 表示砖平拱过梁上部灰缝的尺寸要求，≥5 表示砖平拱过梁下部灰缝的尺寸要求。

图 6-24　砖砌平拱过梁

砖拱过梁有平拱和弧拱两种。平拱的适宜跨度为 1.0 ~ 1.8 m，弧拱高度不小于 120 mm，跨度不宜大于 3 m。砖拱过梁不宜用于上部有集中荷载或有较大振动荷载，或可能产生不均匀沉降和有抗震设防要求的建筑中。

2. 钢筋砖过梁

钢筋砖过梁是配置了钢筋的平砌砖过梁。通常将间距小于 120 mm 的 Φ 6 钢筋埋在梁底部 30 mm 厚 1∶2.5 的水泥砂浆层内，钢筋伸入洞口两侧墙内的长度不应小于 240 mm，并设 90°直弯钩，埋在墙体的竖缝内。在洞口上部不小于 1/4 洞口跨度的高度范围内（且不应小于 5 皮砖),用不低于 M5 的水泥砂浆砌筑。钢筋砖过梁净跨宜≤1.5 m,不应超过 2 m。

钢筋砖过梁适用于跨度不大、上部无集中荷载的洞口上。

3. 钢筋混凝土过梁

钢筋混凝土过梁适用于门窗洞口较大或洞口上部有集中荷载时,承载力强,一般不受跨度的限制。按照施工方式的不同,钢筋混凝土过梁分为现浇和预制梁两种。

一般过梁宽度同墙厚,高度及配筋应由计算确定,但为了施工方便,梁高应与砖的皮数相适应,如 120 mm、180 mm、240 mm 等。过梁在洞口两侧伸入墙内的长度应不小于 240 mm。

过梁的断面形式有矩形和 L 形,矩形多用于内墙和混水墙,L 形多用于外墙和清水墙,如图 6-25 所示。

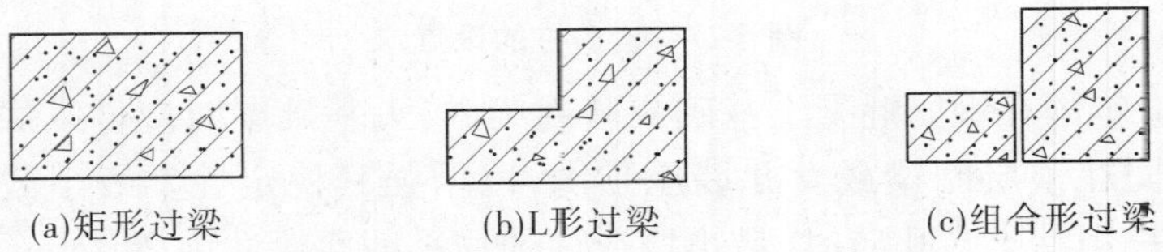

图 6-25　钢筋混凝土过梁的断面形式

(五)圈梁

圈梁是沿建筑物外墙四周及部分内墙的水平方向设置的连续闭合的梁。圈梁可以增强楼层平面的空间刚度和整体性,减少因地基不均匀沉降而引起的墙身开裂,并与构造柱组合在一起形成骨架,提高抗震能力。

圈梁一般采用钢筋混凝土材料。其宽度宜与墙厚相同,当墙厚大于 240 mm 时,圈梁的宽度可略小于墙厚,但不应小于 $2d/3$,圈梁的高度一般不小于 120 mm,通常与砖的皮数尺寸相配合。圈梁一般按构造配置钢筋。

按照构造要求,圈梁应当连续、闭合地设置在同一水平面上。当圈梁被门窗洞口(如楼梯间窗洞口)截断时,应在洞口上方或下方设置附加圈梁。附加圈梁与圈梁的搭接长度不应小于两者垂直净距的 2 倍,且不应小于 1 m,如图 6-26 所示。但对有抗震要求的建筑物,圈梁不宜被洞口截断。

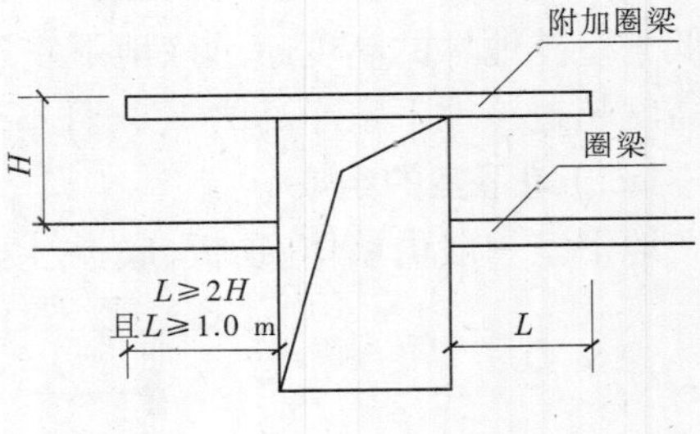

图 6-26　附加圈梁

圈梁在建筑中往往不止设置一道,其数量应根据房屋的层高、层数、墙厚、地基条件、地震等因素来综合考虑。当只设一道圈梁时,应设在屋面檐口下面;当设几道圈梁时,可分别设在屋面檐口下面、楼板底面或基础顶面;当屋面板、楼板与窗洞口间距较小,且抗震等级较低时,也可以把圈梁设在窗洞口上皮,兼做过梁使用。

(六)构造柱

构造柱一般设置在建筑物的四角、内外墙交接处、楼梯间、电梯间的四角及部分较长墙体的中部。构造柱的设置如图 6-27 所示。

构造柱应与圈梁紧密连接,使建筑物形成一个空间骨架,从而提高建筑物的整体刚度,提高墙体抗变形的能力。

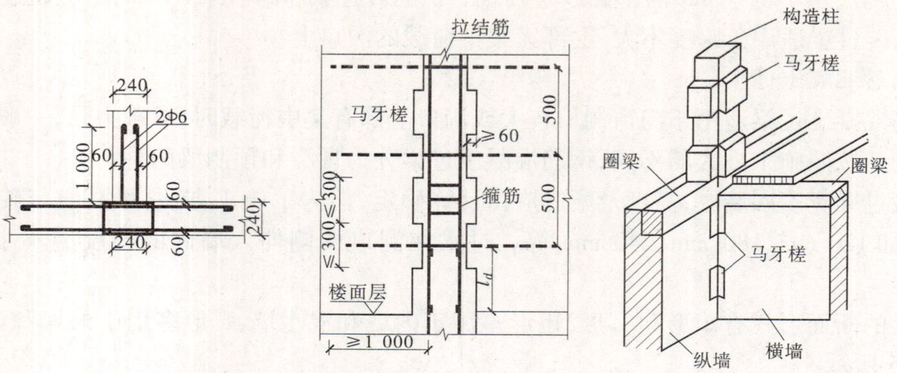

图 6-27 构造柱的设置

构造柱下端应锚固在钢筋混凝土基础或基础梁内,无基础梁时应伸入底层地坪下 500 mm 处,上端应锚固在顶层圈梁或女儿墙压顶内,以增强其稳定性。最小截面尺寸为 240 mm×180 mm,当采用黏土多孔砖时,最小构造柱的最小截面尺寸为 240 mm×240 mm。为加强构造柱与墙体的连接,构造柱处的墙体宜砌成"马牙槎",并沿墙高每隔 500 mm 设 2 Φ 6 拉结钢筋,每边伸入墙内不少于 1 000 mm。构造柱施工时,先放置构造柱钢筋骨架,后砌墙,并随着墙体的升高而逐段现浇混凝土构造柱身,以保证墙柱形成整体。

五、地下室

地下室是建筑物底层下面的房间,它是在有限的占地面积内争取到的使用空间。

(一)地下室的分类

按使用功能分普通地下室和防空地下室;按结构材料分为砖混结构地下室和钢筋混凝土结构地下室;按埋入地下深度的不同分为全地下室和半地下室。全地下室是指地下室地面低于室外地坪的高度超过该地下室净高的 1/2,半地下室是指地下室地面低于室外地坪的高度超过该地下室净高的 1/3,且不超过 1/2。

(二)地下室的组成

地下室一般由墙体、顶板、底板、楼梯、门窗等几部分组成,如图 6-28 所示。

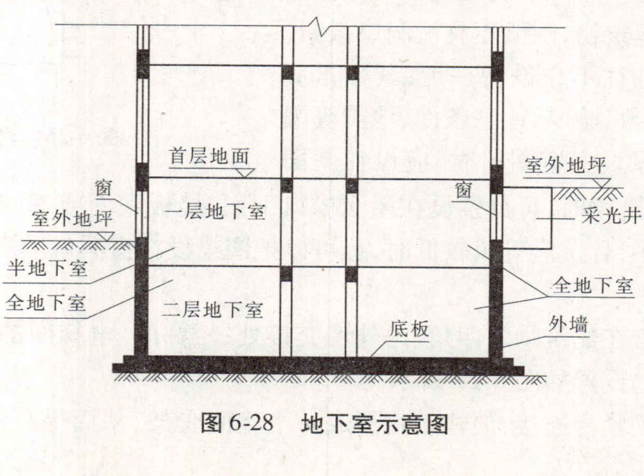

图 6-28 地下室示意图

1. 墙体

地下室的外墙不仅承受上部荷载,还要承受外侧土、地下水及土壤冻结时产生的侧压力,因此地下室的墙体要求具有足够的强度与稳定性。同时,地下室处于潮湿环境,根据实际情况,外墙应做防潮或防水处理。

2. 顶板

地下室顶板主要承受首层地面荷载,可用预制板、现浇板或在预制板上做现浇层,地下室顶板要求有足够的强度和刚度。如为防空地下室,其顶板厚度应按相应防护等级的荷载计算。

3. 底板

在地下水位高于地下室地面时,地下室的底板不仅承受作用在它上面的垂直荷载,还承受地下水的浮力,因此必须具有足够的强度、刚度及抗渗透能力和抗浮力的能力。

4. 楼梯

地下室楼梯可与地面上房间的楼梯结合设置,层高小或用作辅助房间的地下室,可只设置单跑楼梯。有防空要求的地下室至少要设置两部楼梯通向地面的安全出口,并且必须有一个是独立的安全出口,这个安全出口与地面以上建筑物的距离要求不小于地面建筑物高度的一半,以防空袭时建筑物倒塌,堵塞出口,影响疏散。

5. 门窗

普通地下室的门窗与地上房间门窗相同。当地下室的窗台低于室外地面时,为了保证采光和通风,应设采光井。采光井由侧墙、底板、遮雨设施组成,一般每个窗户设一个,当与窗户的距离很近时,也可将采光井连在一起,如图 6-29 所示。防空地下室一般不允许设窗,如果开设窗户,应设置战时封闭的措施。

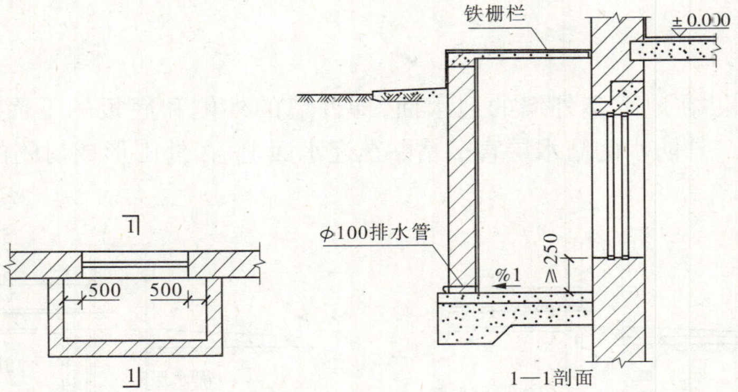

图 6-29　地下室采光井

(三)地下室的防潮

当设计最高地下水位低于地下室底板 500 mm,且地基范围内的土壤及回填土无形成上层滞水的可能时,墙和底板仅受到土壤中毛细管水和地表水下渗而造成的无压水的影响,只需做防潮处理。

对于现浇混凝土外墙,一般可起到自防潮效果,不必再做防潮处理。对于砖墙,必须用水泥砂浆砌筑,墙外侧在做好水泥砂浆抹面后,涂冷底子油及热沥青两道,然后回填低渗透的土，如黏土、灰土等。

底板的防潮做法是在灰土或三合土垫层上浇筑 100 mm 厚 C10 或 C15 混凝土，然后再做防潮层和细石混凝土保护层，最后做地面面层。

此外，在墙身与地下室地坪及室内外地坪之间设墙身水平防潮层，以防止土中的潮气和地面雨水因毛细管沿墙体上升而影响结构，如图 6-30 所示。

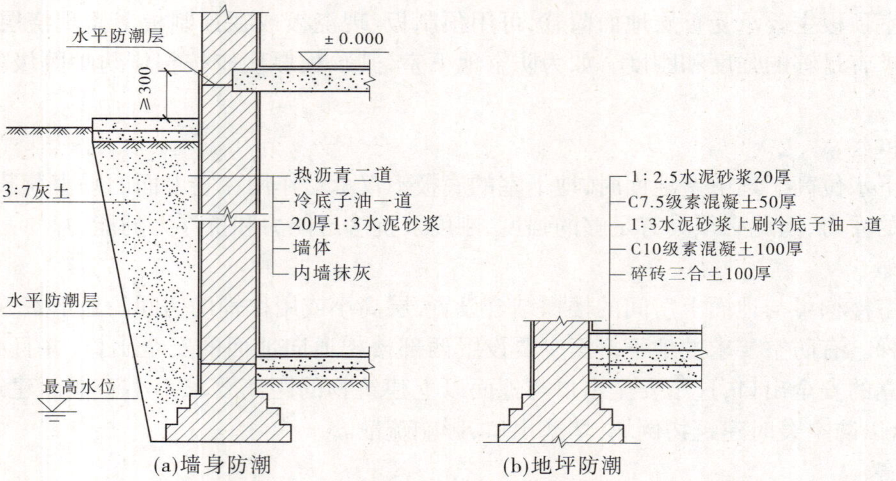

图 6-30　地下室防潮构造

(四)地下室的防水

当设计最高地下水位高于地下室底板顶面时，地下室的外墙受到地下水侧压力的影响，底板受到地下水浮力的影响，因此必须做防水处理。

1. 卷材防水

1)外防水

防水卷材粘贴在地下室外墙的迎水面，即外墙的外侧和底板的下面，称为外防水，如图 6-31(a)所示。外防水的防水层直接粘贴在迎水面上，在外围形成封闭的防水层，防水效果较好。

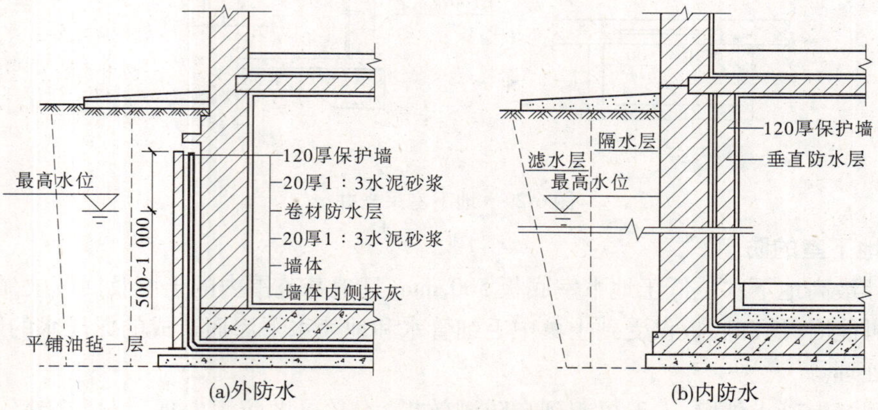

图 6-31　地下室防水构造

2）内防水

防水卷材粘贴在地下室外墙的背水面，即外墙内侧和底板的上面，称为内防水。内防水粘贴在背水面上，防水效果较差，但施工简便，便于维修，常用于建筑物的维修，如图6-31（b）所示。

2. 混凝土构件自防水

当建筑的高度较大或地下室层数较多时，地下室的墙体往往采用钢筋混凝土结构，通过调整混凝土的配合比或在混凝土中掺入外加剂等手段，改善混凝土构件的密实性，提高其抗渗性能。

为防止地下水对混凝土的侵蚀，在墙外侧应抹一道冷底子油和二道热沥青，然后涂抹水泥砂浆。防水混凝土自防水构造如图6-32所示。

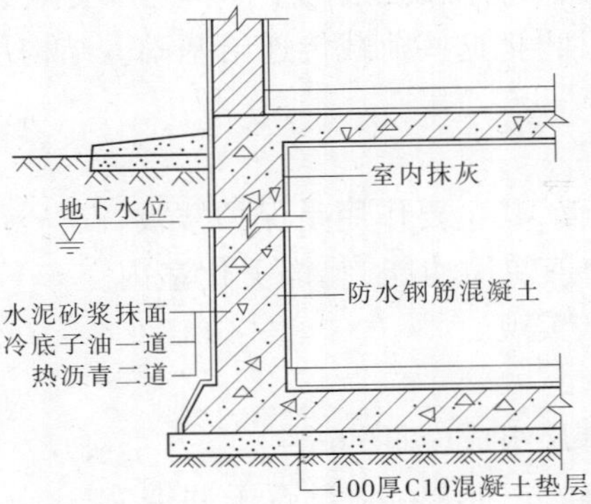

图6-32 地下室混凝土构件自防水构造

第四节 楼地层

楼地层是楼板层和地层的总称。

楼板层是建筑物中分隔上下楼层的水平构件，它不仅承受自重和其上的使用荷载，将其传递给墙或柱，而且对墙体也起着水平支撑的作用，增加建筑物的整体刚度。地层是建筑物中与土壤直接接触的水平构件，承受作用在它上面的各种荷载，并将其传给地基。

因此，楼地层应具有足够的强度和刚度，以保证结构的安全及变形的要求；根据建筑物的需要，满足隔声、防火、防水、防潮、保温和隔热等要求；便于楼板层或地层中各种管道、线路的敷设，同时应尽量采用建筑工业化手段，提高建筑施工质量和速度。

一、楼地层的组成

（一）楼板层的组成

楼板层主要由面层、结构层和顶棚三部分组成，根据功能及构造要求还可以增加防水层、隔声层等附加层，如图6-33所示。

1. 面层

面层是楼板层最上面的层次，通常又称为楼面。面层直接与人和家具、设备接触，是经受摩擦的部分，起着保护楼板结构层、传递荷载的作用，同时可以美化建筑的室内空间。

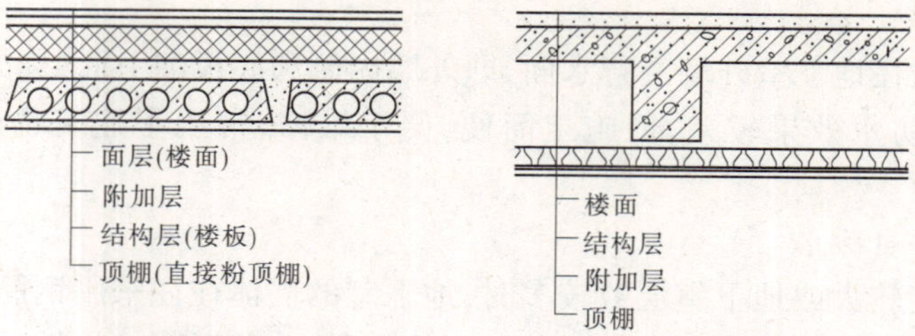

(a)多孔板　　(b)现浇板

图 6-33　楼板层的组成

2. 结构层

结构层是楼板层的承重构件,位于楼板层的中部。它承受本身自重及楼面上的荷载,并把这些荷载传给墙或柱,墙和柱再把这些荷载传递给基础。结构层一般采用钢筋混凝土现浇板或预制板。

3. 顶棚

顶棚设置在结构层的下表面,其主要作用是保护楼板、安装灯具、遮挡各种水平管线,改善使用功能、装饰美化室内空间,因此顶棚表面应平整、光洁、美观。

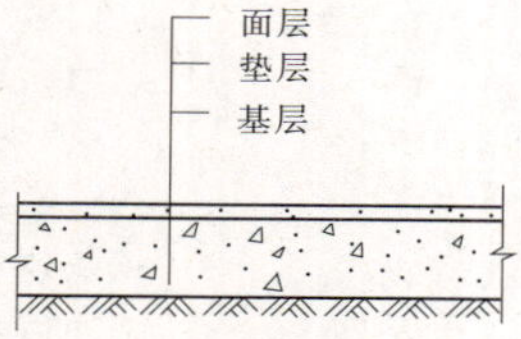

图 6-34　地层的组成

(二)地层的组成

地层主要由面层、垫层和基层组成(见图 6-34)。

基层为夯实土层,若土质较差,可掺碎砖、石子并夯实。

垫层是承受面层的荷载并均匀传递给基层的构造层,分为刚性垫层和柔性垫层两类。刚性垫层有足够的整体刚度,受力后变形很小,常用的有低强度的素混凝土、碎砖三合土等;柔性垫层整体刚度很小,受力后易产生塑性变形,常用的有砂、碎石、炉渣等。

(三)楼板层的类型

楼板层根据结构层使用的材料可分为木楼板、砖拱楼板、钢筋混凝土楼板、压型钢板组合楼板,如图 6-35 所示。

钢筋混凝土楼板按施工方式可分为现浇钢筋混凝土楼板、预制装配式钢筋混凝土楼板和装配整体式钢筋混凝土楼板三种。

二、现浇钢筋混凝土楼板

现浇钢筋混凝土楼板整体性好,刚度大,有利于抗震,但需要大量模板,现场湿作业量大,施工速度较慢,受气候条件影响较大,施工工期较长,适用于平面布置不规则、结构复杂的建筑物。

现浇钢筋混凝土楼板根据受力和传力情况可分为板式楼板、梁板式楼板、无梁楼板、压型钢板组合楼板等形式。如图 6-36、图 6-37、图 6-38、图 6-39 所示。

梁板式楼板又可分为单梁式楼板、复梁式楼板(如图 6-36、图 6-37 所示)和井梁式楼板。

三、预制装配式钢筋混凝土楼板

预制装配式钢筋混凝土楼板是指用预制厂生产或现场预制的梁、板构件,现场安装拼合

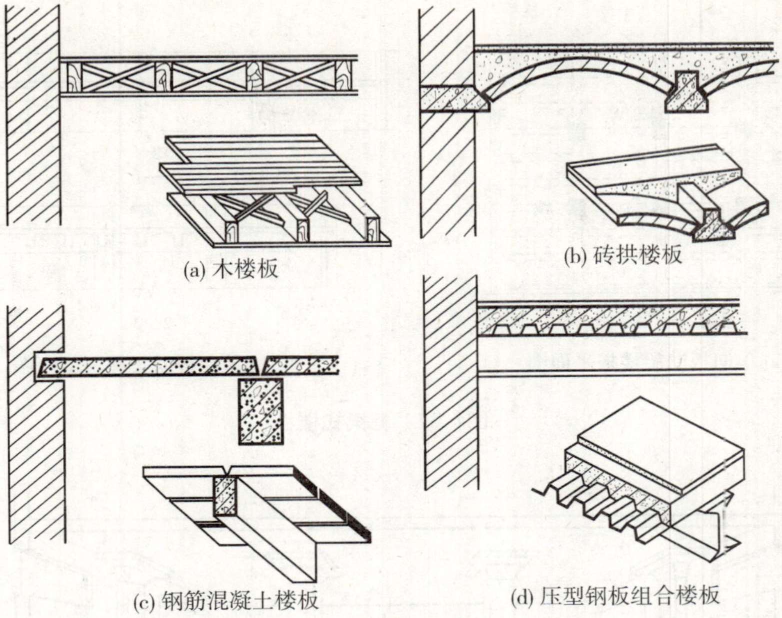

图 6-35　楼板的种类

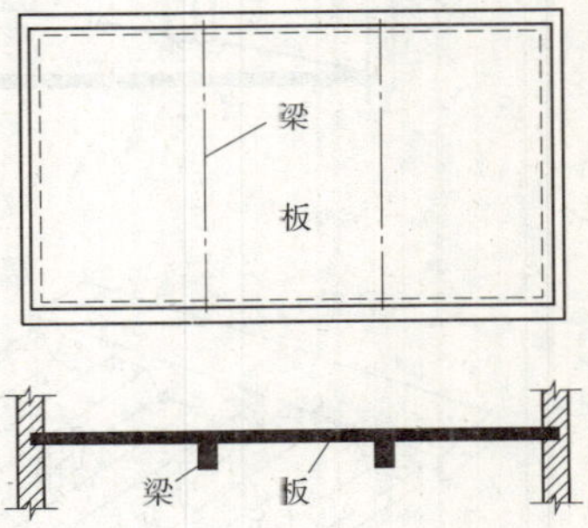

图 6-36　单梁式楼板

而成的楼板。这种楼板可以大大节约模板的用量，提高劳动生产效率，同时施工不受季节限制，有利于实现建筑的工业化，缺点是楼板的整体性较差，不宜用于抗震设防要求较高的地区和建筑中。

（一）预制板的类型

预制钢筋混凝土板常用的类型有实心平板、槽形板等，如图 6-40、图 6-41 所示。

（二）预制板的结构布置与细部构造

1. 板的布置

板的支承方式有板式和梁板式两种。预制板直接搁置在墙上的称为板式结构布置；若先搁梁，再将板搁置在梁上的称为梁板式布置。

板式结构用于房间的开间和进深尺寸都不大的建筑，如住宅、宿舍等。梁板式结构布置多用于房间的开间、进深尺寸比较大的建筑，如教学楼等。

在布置楼板时，一般要求板的规格和类型越少越好，以简化板的制作和安装。

2. 板的细部构造

1）预制板的搁置要求

预制板安装时，应先在墙上或梁上铺 10 ~ 20 mm 厚的 M5 水泥砂浆进行坐浆，然后再铺预制板，以使板与墙或梁有较好的连接，也能保证墙或梁受力均匀。

预制板直接搁置在砖墙上或梁上时，均应有足够的支承长度。板端伸进外墙的长度不应小于 120 mm，伸进内墙的长度不应小于 100 mm，支承于钢筋混凝土梁上时不应小于 80 mm。在使用预制板作为楼层结构构件时，为了减小结构的高度，必要时可以把梁的截面做

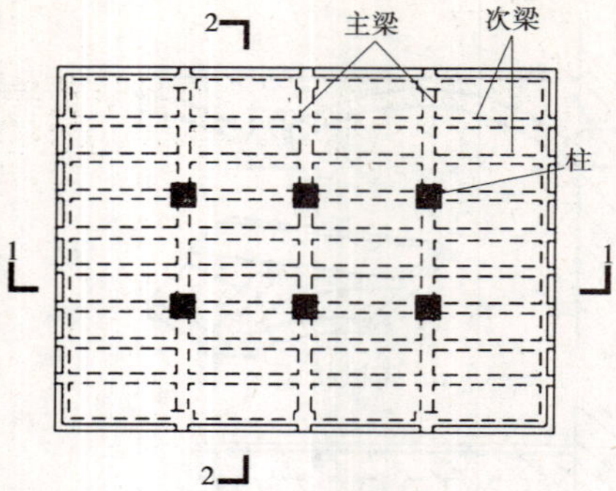

(a) 单向板肋梁楼板平面图

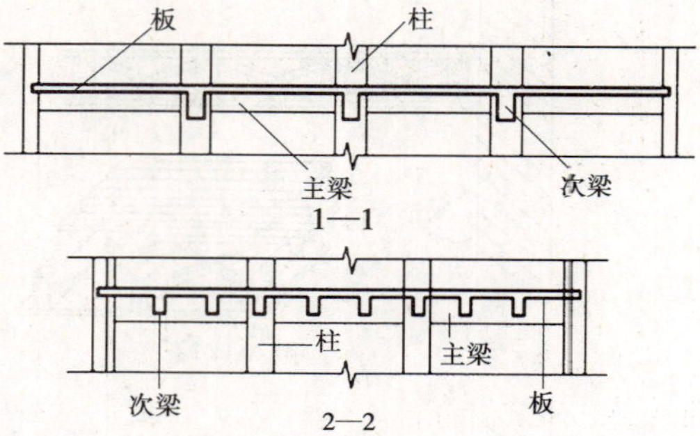

(b) 单向板肋梁楼板剖面图

图 6-37　复梁式楼板

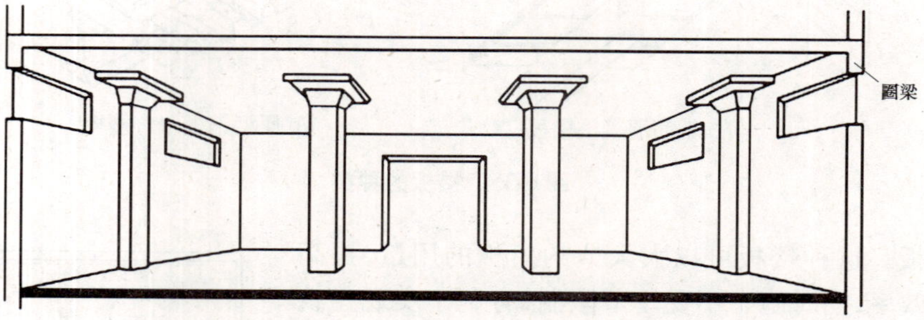

图 6-38　无梁楼板

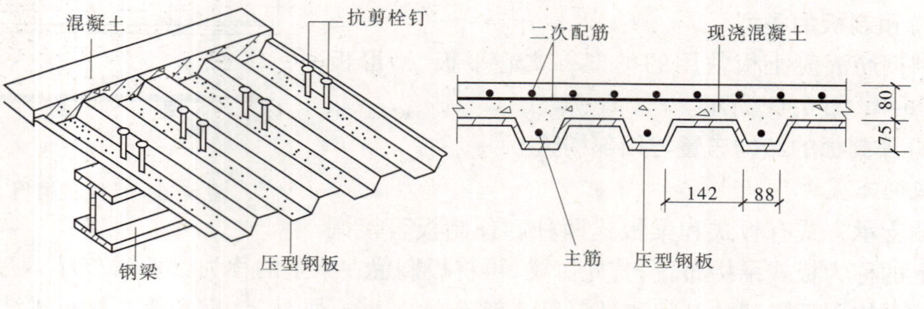

图 6-39　压型钢板组合楼板

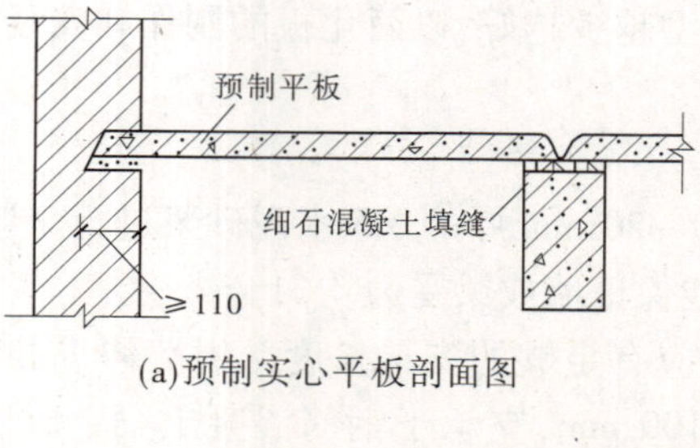

(a)预制实心平板剖面图

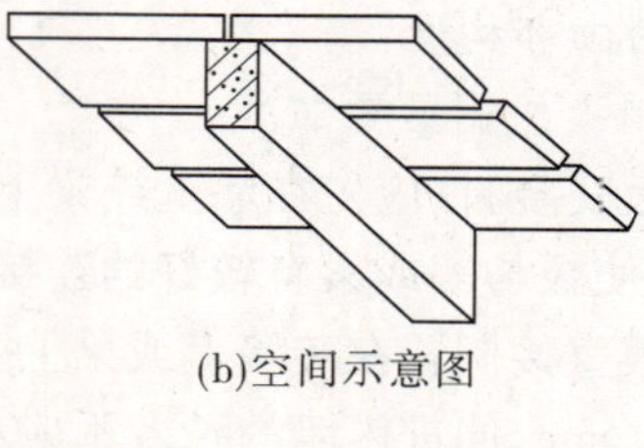

(b)空间示意图

图 6-40　实心平板

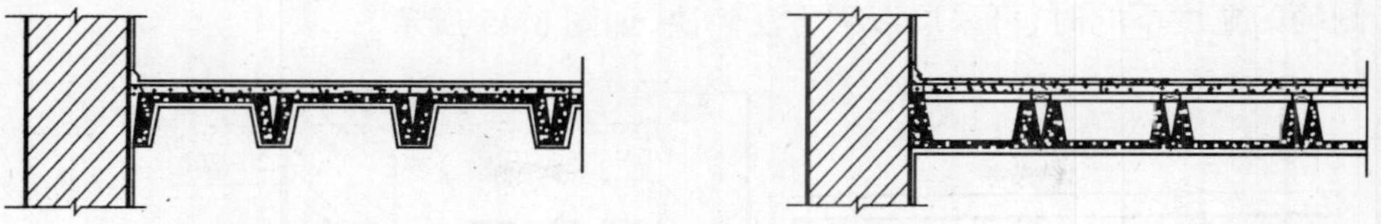

图 6-41　槽形板

成花篮梁的形式，如图 6-42 所示。

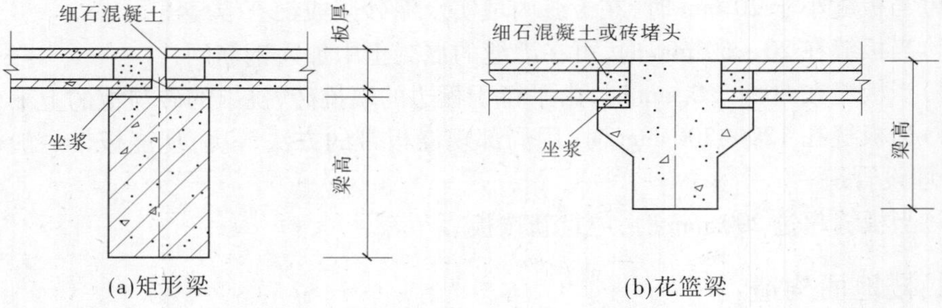

图 6-42　预制板在墙上、梁上的搁置

为增强建筑物的整体刚度，板与墙、梁之间及板与板之间应设置拉结锚固筋，如图 6-43 所示。

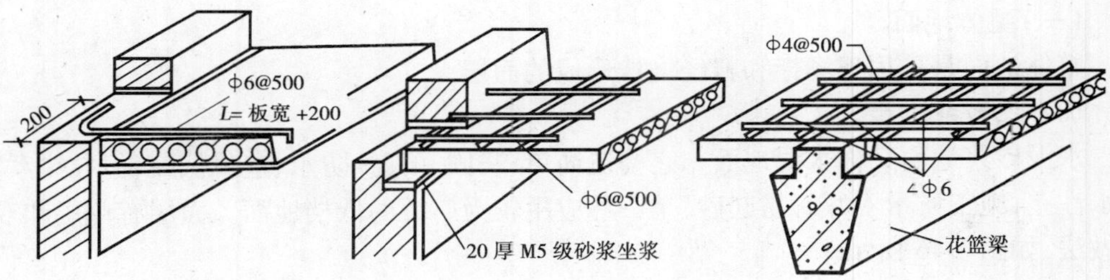

图 6-43　锚固筋的配置

2）板缝构造

板间的接缝有端缝和侧缝两种。

端缝一般以细石混凝土灌注，必要时可将板端留出的钢筋交错搭接在一起，或加钢筋网片后再灌注细石混凝土，以加强连接。

侧缝一般有 V 形缝、U 形缝和凹槽缝三种形式，如图 6-44 所示。

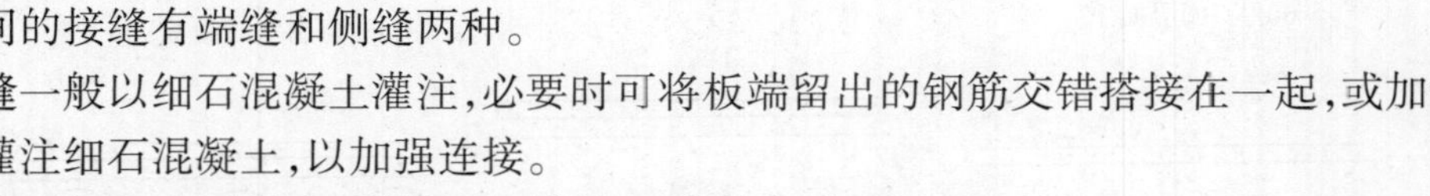

图 6-44　楼板侧缝的接缝形式

侧缝的宽度不同时，可采取以下方法解决，如图 6-45 所示。

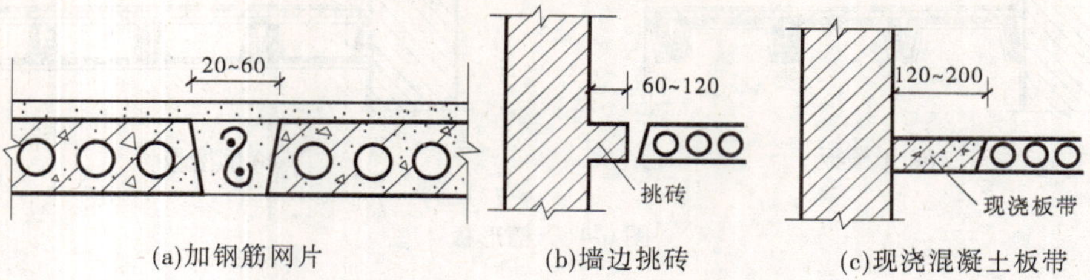

图 6-45　板缝构造

(1)当板缝小于 20 mm 时，在板缝内填实水泥砂浆或细石混凝土。

(2)当板缝在 20 ~ 60 mm 时，可在灌缝的混凝土中加入钢筋网片。

(3)当板缝在 60 ~ 120 mm 时，由平行于板边的墙挑砖，挑出的砖与板的上下表面平齐。

(4)当板缝在 120 ~ 200 mm 时，用局部现浇板带的方法解决，现浇板带一般位于墙边，以便于埋设管道。

(5)当板缝超过 200 mm 时，应重新选板。

四、楼地面构造

地面是指楼板层和地层的面层部分，它直接承受上部荷载的作用，并将荷载传给下部的结构层和垫层。一般要求坚固耐久、防水、隔声、导热系数小、经济适用，同时对室内又有一定的装饰作用。

(一)整体地面

整体地面是采用现场拌和料经浇抹形成的面层。

1. 水泥砂浆地面

水泥砂浆地面又称水泥地面。它构造简单、坚固、耐磨、防水、造价低廉，但导热系数大，吸水性差，施工质量不好时易起砂，是一种应用较为广泛的低档地面。面层有单层和双层两种做法，如图 6-46 所示。

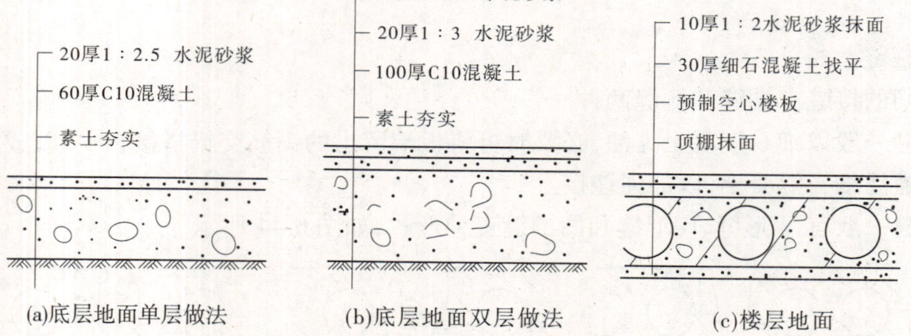

图 6-46　水泥砂浆地面

2. 现浇水磨石地面

现浇水磨石地面是用天然石渣、水泥、颜料加水拌和，摊铺抹面，经压光、打蜡而成的，如

图 6-47 所示。水磨石地面整体性好，平整光滑，不起尘，坚固耐久，但施工时湿作业工序多，工期长。

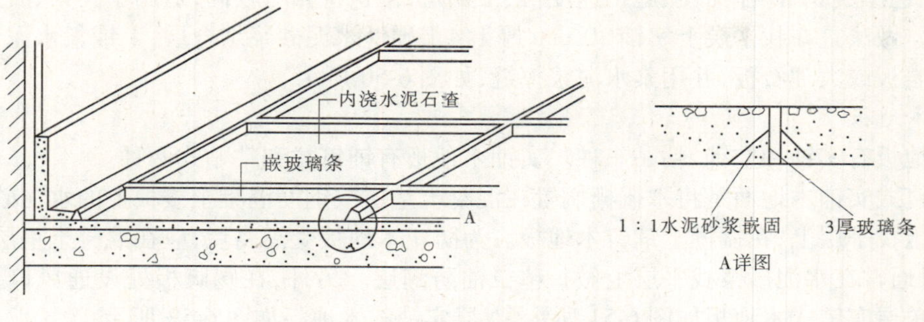

图 6-47　现浇水磨石地面

现浇水磨石地面常用 10 ~ 15 mm 厚 1∶3水泥砂浆打底、找平，按设计图纸用 1∶1水泥砂浆在找平层上固定分格条（铜条、铝条或玻璃条）；再用 1∶1.5 ~ 1∶2.5 的水泥石子浆抹面，石子粒径多为 4 ~ 12 mm，养护一周后，等石子不松动时，用水磨机磨光，通常采取“二浆三磨”，清洗后打蜡保护。

（二）块材地面

块材地面是在基层上用水泥砂浆、水泥浆或胶粘剂铺设装饰块材所形成的楼地面。常用的板材有以下几类。

1. 缸砖、地面砖地面

缸砖、地面砖地面做法为 20 mm 1∶3水泥砂浆找平，5 mm 厚水泥胶粘贴缸砖，用素水泥浆擦缝，如图 6-48 所示。其质地坚硬，强度较高，耐磨、耐水、耐酸碱，易清洁，施工简单，广泛用于室外公共场所、实验室及有腐蚀性液体的房间地面。

2. 陶瓷锦砖地面

陶瓷锦砖又称马赛克，以优质瓷土烧制而成，其常用规格有 19 mm × 19 mm、39 mm × 39 mm 的正方形和 39 mm × 19 mm 的长方形以及边长为 25 mm 的六角形等多种，厚度 4 ~ 5 mm，可拼成各种新颖、美观的图案，反贴于牛皮纸上以便使用，如图 6-49 所示。

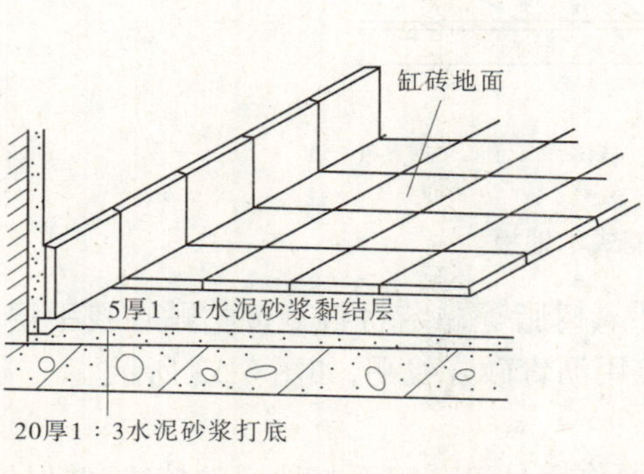

图 6-48　水泥砂浆地面

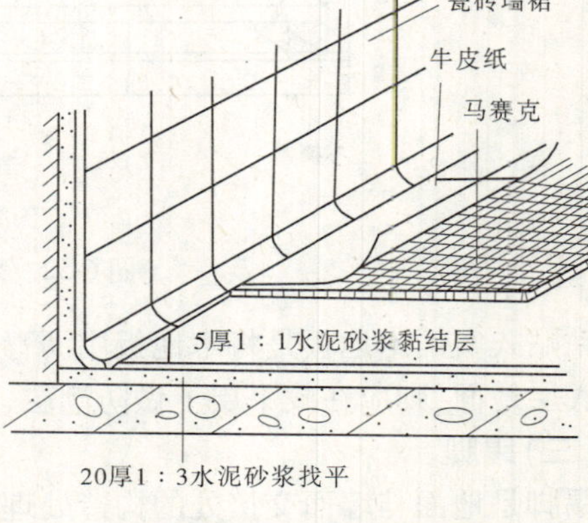

图 6-49　陶瓷锦砖地面

陶瓷锦砖多用于工业与民用建筑的洁净车间，门厅、走廊、餐厅、卫生间、游泳池等地面工程。

3. 天然石材地面

天然石材地面是指各种花岗岩、大理石地面，其特点是强度高，耐磨性好，光滑明亮、柔和典雅、色泽美观、操作简便、施工速度快、工期短，但造价相对较高，适用于宾馆、展览馆、影剧院等。做法是在找平层上实铺 30 mm 厚 1∶4干硬性水泥砂浆结合层，上铺素水泥浆，再粘贴花岗岩板或大理石板，并用素水泥浆擦缝，如图 6-50 所示。

4. 木地板

木地板有实铺和空铺、粘贴三种。实铺木地板有铺钉式和粘贴式两种。

铺钉式实铺木地面是将木搁栅搁置在混凝土垫层或钢筋混凝土楼板上的水泥砂浆或细石混凝土找平层上，在搁栅上铺钉木地板。为防止木地板受潮腐烂，应在混凝土垫层上做防潮处理，通常在水泥砂浆找平层上做一毡二油防潮层。另外，在踢脚板处设通风口，以保持干燥。单层实铺式木地板如图 6-51 所示，双层实铺式木地板如图 6-52 所示。

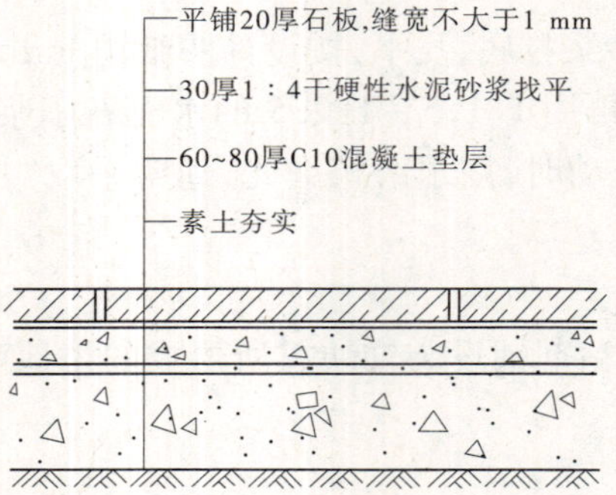

图 6-50　石材地面

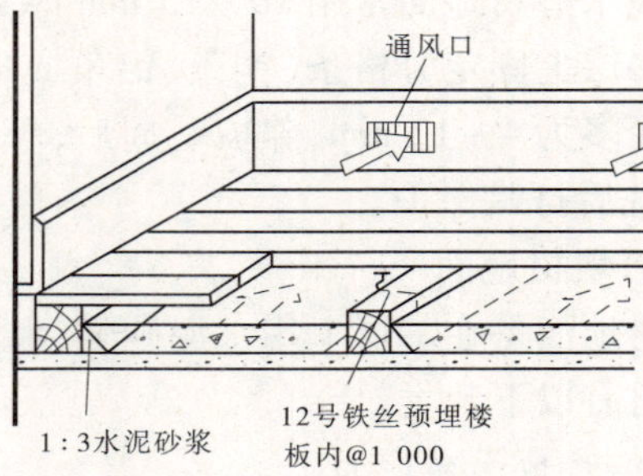

图 6-51　单层实铺式木地板

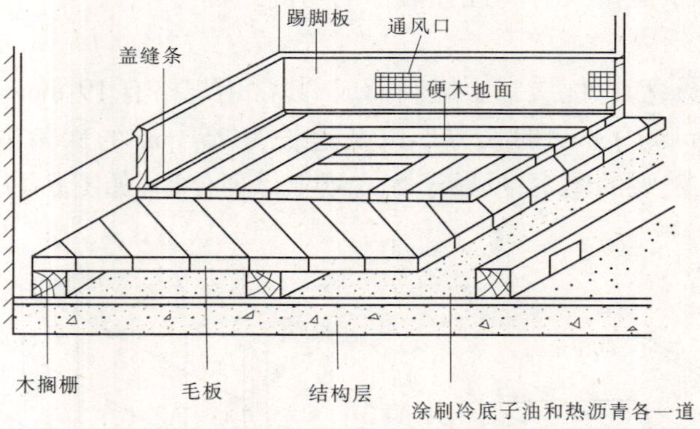

图 6-52　双层实铺式木地板

粘贴式实铺木地板是将木地板用沥青胶或环氧树脂等黏结材料直接粘贴在找平层上，若为底层地面，则应在找平层上做防潮层，或直接用沥青砂浆找平，如图 6-53 所示。

(三) 踢脚

踢脚是地面与墙面交接处的构造处理，其主要作用是遮盖墙面与地面的接缝，并保护墙面，防止外界的碰撞损坏和清洗地面时的污染。常用的踢脚板有水泥砂浆、水磨石、釉面砖、木板等，如图 6-54 所示。

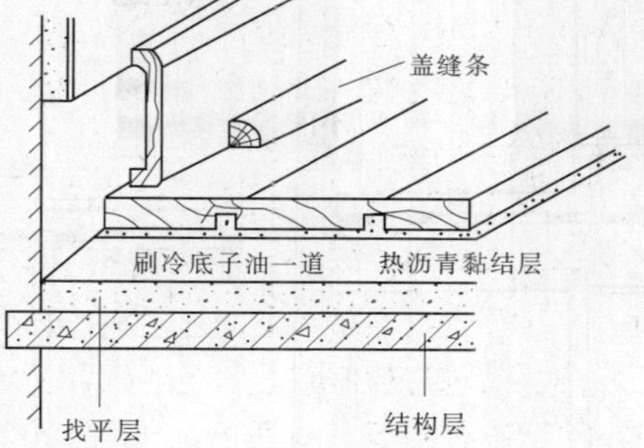

图 6-53　粘贴式实铺木地板

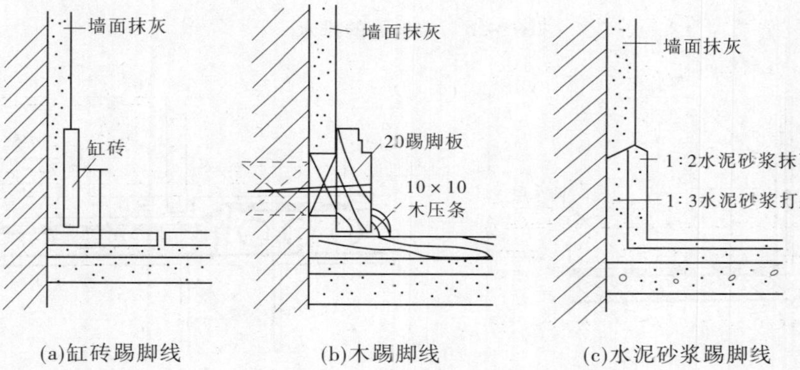

图 6-54　踢脚线构造

五、楼地面防潮与防水

(一)楼地面防潮

在地面垫层和面层之间加设防潮层的做法称为防潮地面。其一般构造为:先刷冷底子油一道,再铺设热沥青、油毡等防水材料,阻止潮气上升;也可在垫层下均匀铺设卵石、碎石或粗砂等,切断毛细管的通路。

(二)楼地面防水

建筑物内的厕所、盥洗室、淋浴间,应做好楼地层的排水和防水构造。

1. 楼面排水

将楼地面设置一定的坡度,一般为 1% ~1.5%,并在最低处设置地漏。

为防止积水外溢,用水房间的地面应比相邻房间或走道的地面低 20 ~30 mm,或在门口做 20 ~30 mm 高的挡水门槛,如图 6-55 所示。

2. 楼板墙身防水处理

现浇楼板是楼面防水的最佳选择,面层也应选择防水性能较好的材料。对防水要求较高的房间,还需在结构层与面层之间增设一道防水层。常用材料有防水砂浆、防水涂料、防水卷材等。同时,将防水层沿四周墙身上升 150 ~200 mm,如图 6-56 所示。

3. 管道处防水

当有竖向设备管道穿越楼板层时,应在管线周围做好防水密封处理。一般在管道周围

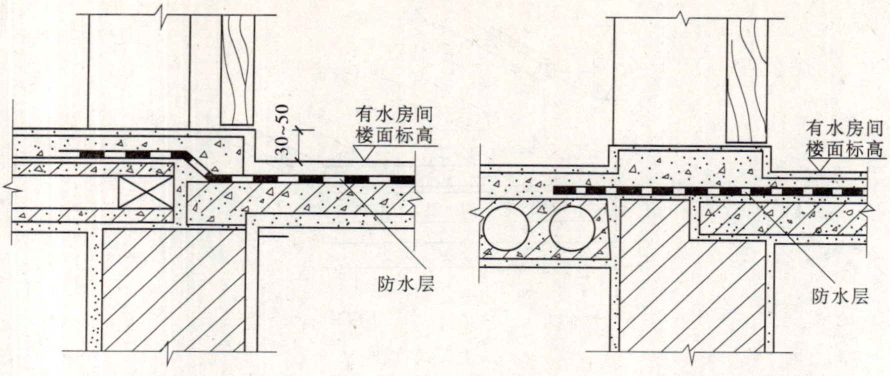

(a)地面降低　　　　(b)设置门槛

图 6-55　楼地面的排水

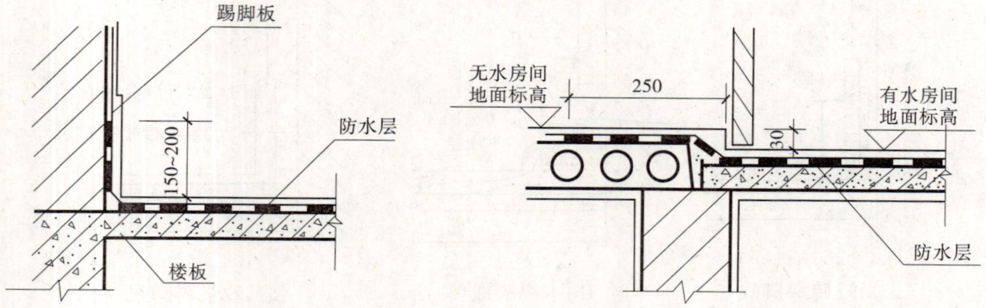

图 6-56　墙身、楼板的防水

用 C20 干硬性细石混凝土密实填充，再用二布二油橡胶酸性沥青防水涂料做密封处理。热力管道穿越楼板时，应在穿越处埋设套管（管径比热力管道稍大），套管高出地面约 30 mm，如图 6-57 所示。

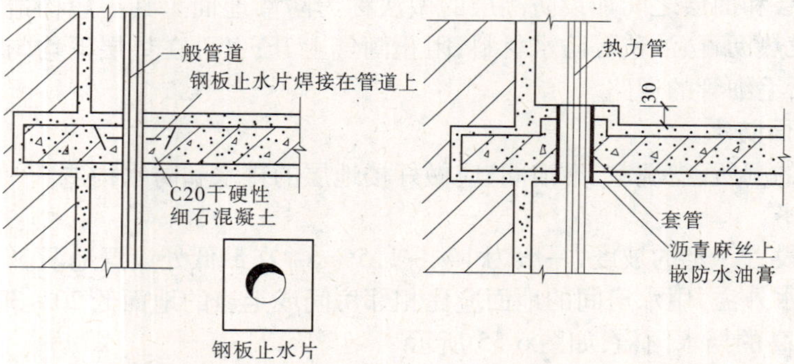

(a)普通管道处的处理　　　　(b)热力管道处的处理

图 6-57　管道处的防水

六、顶棚

顶棚是楼板层最下面的部分，一般有直接式顶棚和悬吊式顶棚两种。

(一)直接式顶棚

直接式顶棚是指在屋面板、楼板等的底面直接喷浆、抹灰、粘贴壁纸或面砖等饰面材料，如图 6-58 所示。

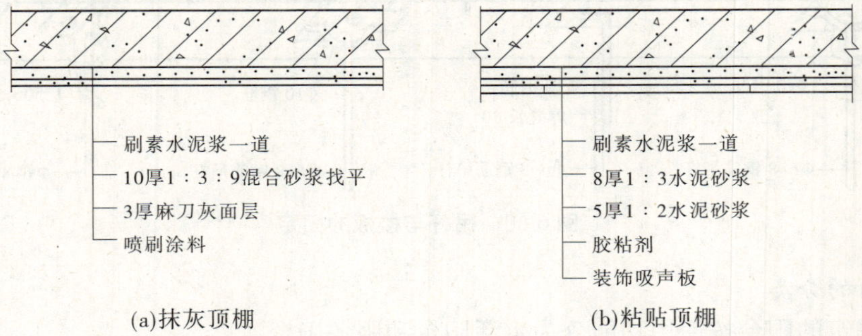

图 6-58　直接式顶棚

直接式顶棚构造简单，厚度小，施工方便，造价较低。当板底平整时，可直接喷、刷大白浆或涂料；当楼板结构层为钢筋混凝土预制板时，可用 1:3水泥砂浆填缝刮平，再喷刷涂料。

(二)悬吊式顶棚

悬吊式顶棚简称吊顶，是指顶棚的装修表面与屋面板或楼板之间留有一定距离，这段距离形成的空腔可以将设备管线和结构隐藏起来。

吊顶一般由吊杆、骨架和面层三部分组成，如图 6-59 所示。

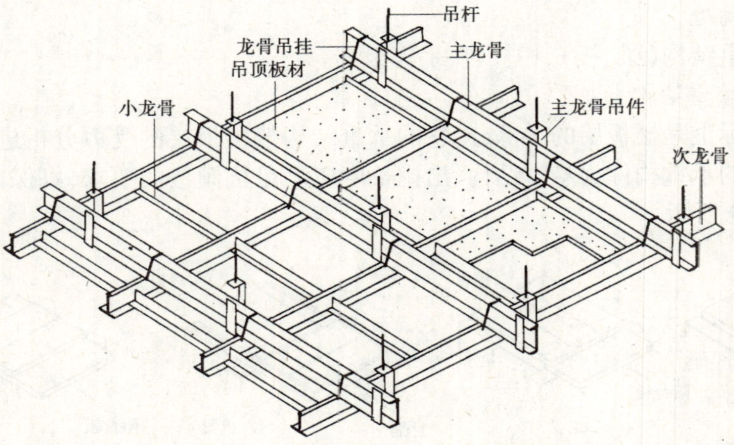

图 6-59　悬吊式顶棚

吊杆与钢筋混凝土楼板的固定方法有预埋件锚固、预埋筋锚固、膨胀螺栓锚固和射钉锚固，如图 6-60 所示。

七、阳台与雨篷

(一)阳台

阳台是多层及高层建筑中供人们室外活动的平台。

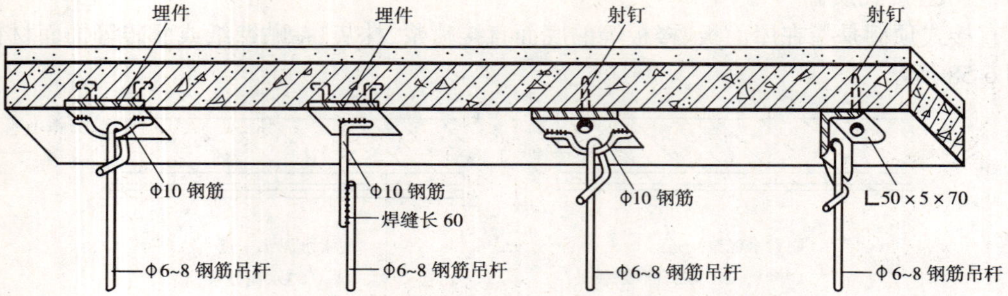

图 6-60　吊杆与楼板的固定

1. 阳台的分类

居住建筑的阳台按使用功能分为生活阳台和服务阳台。

按阳台与建筑外墙的相对位置分为凸阳台、半凸半凹阳台、凹阳台，如图 6-61 所示。

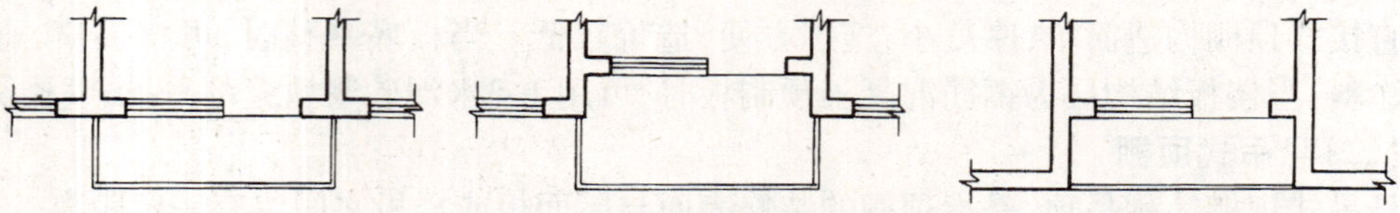

图 6-61　阳台类型

2. 阳台的构造

阳台由承重结构（梁、板）、栏杆、扶手等组成。

1) 阳台的承重结构

凹阳台实际上是楼板层的一部分，它的承重结构按楼板层的受力分析进行。凸阳台及半凸半凹阳台的承重构件为悬臂结构，出挑长度应满足抗倾覆的要求，以保证结构安全，如图 6-62、图 6-63 所示。

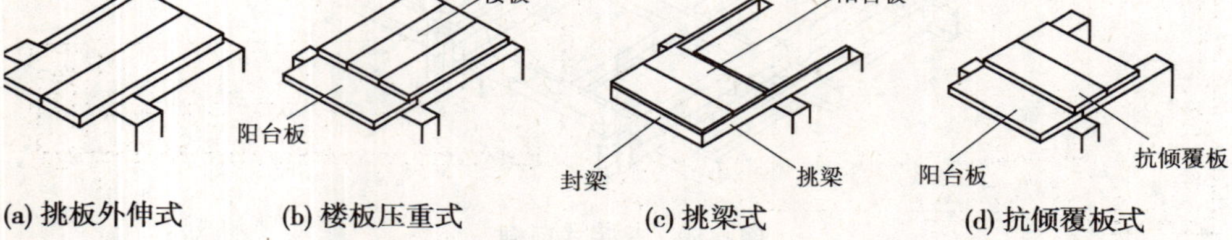

图 6-62　预制钢筋混凝土凸阳台

2) 阳台排水

为了防止雨水流入室内，要求开敞式阳台地面低于室内地面 20 ~ 30 mm，并设排水孔，抹出 1% 的排水坡度，将水由排水孔排走，如图 6-64 所示。

（二）雨篷

雨篷位于建筑出入口的上方，用来遮挡雨雪，保护外门免受侵蚀，给人们一个从室外到室内的过渡空间，并起到保护门和丰富建筑立面的作用。

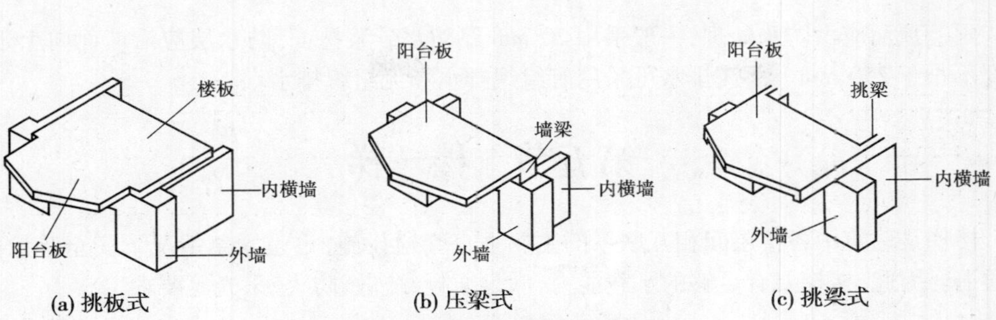

图 6-63　现浇钢筋混凝土凸阳台

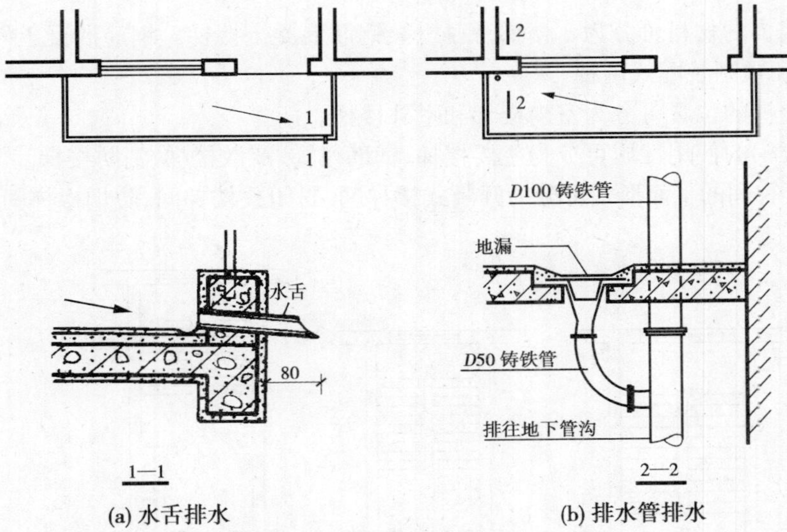

图 6-64　阳台排水

根据雨篷的支承方式不同，钢筋混凝土雨篷分为板式和梁板式两种，如图 6-65 所示。

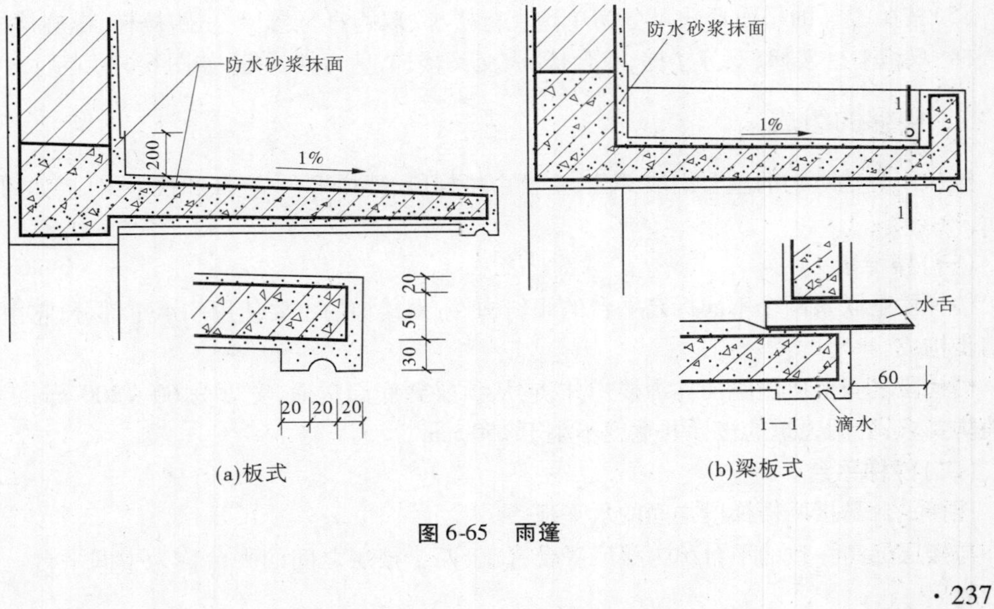

图 6-65　雨篷

雨篷顶面应做防水处理，一般采用20 mm厚防水砂浆抹面，防水层应沿墙面向上延伸，高度不小于250 mm。雨篷排水可采用有组织排水和无组织排水。

第五节　楼　梯

楼梯是建筑中各楼层间相互联系的主要垂直交通设施，也是紧急情况下安全疏散的主要通道。因此，楼梯要有足够的承载能力，满足通行、疏散、防火、采光等要求。

一、楼梯的类型

(1)按照楼梯的材料可分为木楼梯、钢楼梯、钢筋混凝土楼梯。钢筋混凝土楼梯按施工方式有现浇式和预制装配式两种。

(2)按照楼梯的位置可分为室内楼梯和室外楼梯。

(3)按照楼梯的使用性质可分为主要楼梯、辅助楼梯、疏散楼梯、消防楼梯。

(4)按照楼梯间的平面形式可分为开敞式楼梯间、封闭式楼梯间、防烟楼梯间，如图6-66所示。

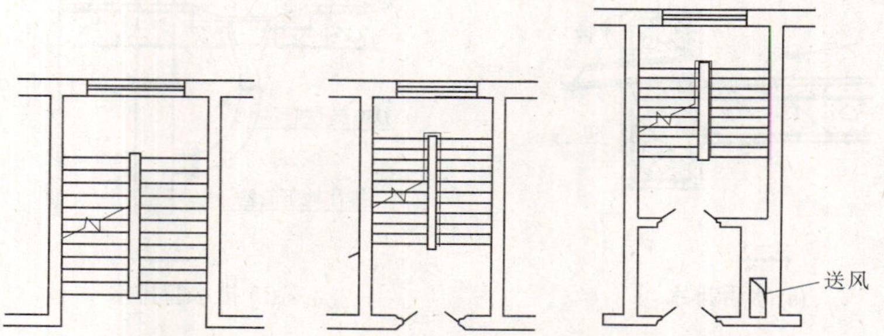

(a)开敞式楼梯间　(b)封闭式楼梯间　(c)防烟楼梯间

图6-66　楼梯间的平面形式

(5)按照楼梯的平面形式可分为单跑直行楼梯、双跑直行楼梯、三跑楼梯、螺旋楼梯、弧形楼梯、双跑平行楼梯、双分楼梯、双合楼梯、交叉楼梯、剪刀楼梯等，如图6-67所示。

二、楼梯的组成

楼梯作为建筑物的重要组成部分，主要由楼梯段、楼梯平台、栏杆和扶手组成，如图6-68所示。

(一)楼梯段

楼梯段是联系两个不同标高平台的倾斜构件，是楼梯的主要使用和承重部分，它由若干个踏步构成。

楼梯段之间形成的空档称为楼梯井，它从顶层到底层贯通，宽度为60～200 mm。为满足消防要求，公用建筑的楼梯井宽度不小于150 mm。

(二)楼梯平台

楼梯平台是指两楼梯段之间的水平板。

与楼层标高一致的平台称为楼层平台；位于两个楼层之间的平台称为中间平台。中间

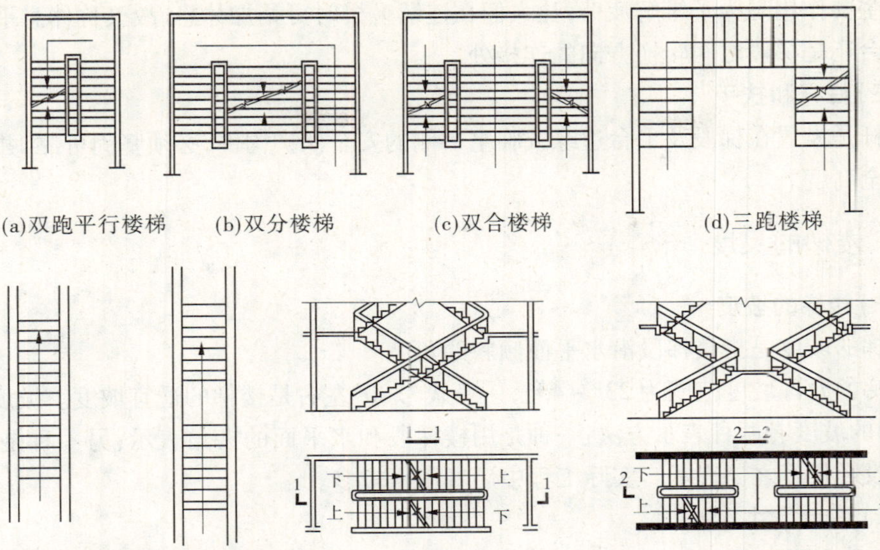

(a)双跑平行楼梯 (b)双分楼梯 (c)双合楼梯 (d)三跑楼梯

(e)单跑直行楼梯 (f)双跑直行楼梯 (g)剪刀楼梯 (h)交叉楼梯

图 6-67 楼梯形式

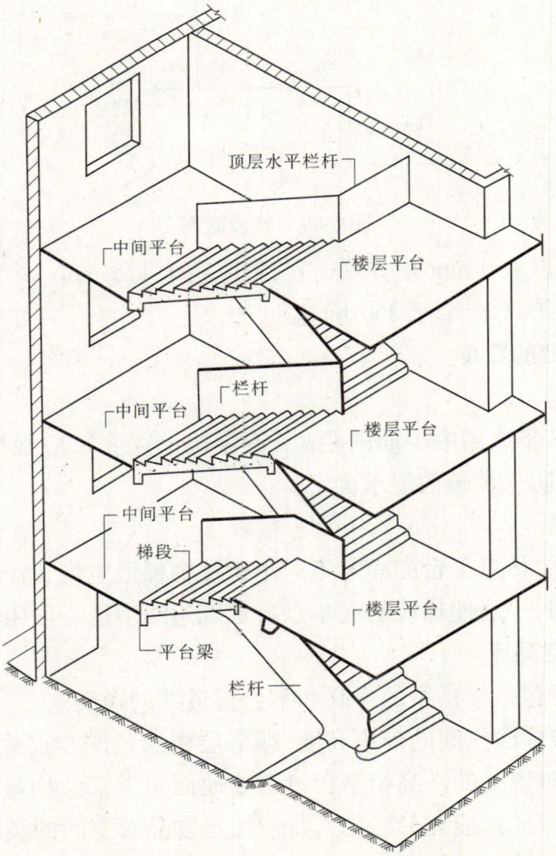

图 6-68 楼梯的组成

平台的主要作用是为了缓解疲劳，让人们在连续上楼时可稍加休息，故又称休息平台，同时，中间平台还是梯段之间转换方向的连接处。

（三）栏杆和扶手

栏杆是设置在梯段及平台边缘或临空一侧的安全保护构件，必须坚固可靠，并保证有足够的安全高度。

三、楼梯的尺度

（一）楼梯的坡度

楼梯的坡度是指楼梯段沿水平面倾斜的角度。

楼梯的允许坡度范围为23°~45°，一般认为30°左右是楼梯的适宜坡度。坡度大于45°时，楼梯的坡度有两种表示方法：一种是用楼梯段和水平面的夹角表示；另一种是用踏面和踢面的投影长度之比表示。实际工程中后者用得较多。

（二）踏步尺寸

踏步由踏面和踢面组成，踏面宽以 b 表示，踢面高以 h 表示，如图6-69所示。

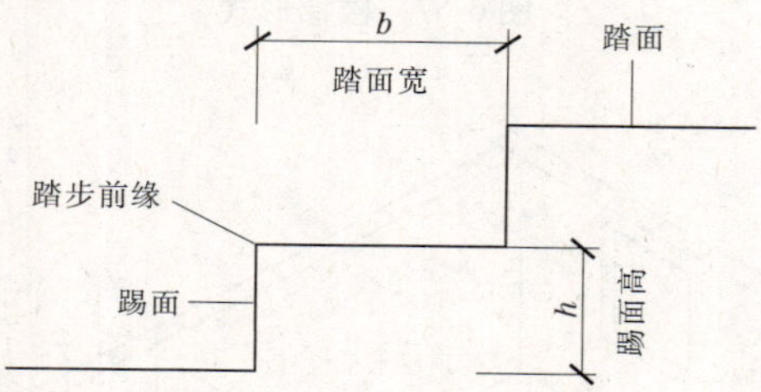

图6-69　踏步截面

踏步的宽度，成人以150 mm左右较适宜，不应高于175 mm。踢面的宽度（水平投影宽度）以300 mm左右为宜，不应窄于260 mm。

（三）楼梯段及平台的宽度

1. 楼梯段的宽度

楼梯段的宽度指踏步边到内墙面的距离（不含扶手宽度），应根据通行人数的多少（设计人流股数）和建筑的防火及疏散要求确定。

2. 楼梯平台的宽度

对于平行多跑楼梯，休息平台的净宽不应小于楼梯梯段宽度，且不得小于1 200 mm。

对于开敞式楼梯间，一般使梯段的起步点自走廊边线后退一段距离（≥500 mm）即可。

（四）楼梯段的净空高度

楼梯段的净空高度包括楼梯段的净高和平台过道处的净高。

楼梯段的净高指楼梯段空间的最小高度，即下层楼梯段踏步前缘至其正上方楼梯段下表面的垂直距离，平台过道处的净高指平台过道处地面至上部结构最低点（通常为平台梁）的垂直距离。在确定净高时，应充分考虑人行或搬运物品对空间的实际需要。我国规定，楼梯段的净高不应小于2.2 m，平台过道处的净高不应小于2 m，如图6-70所示。

(五)栏杆、扶手的高度

楼梯扶手的高度是指踏步前缘线至扶手顶部的垂直高度。

一般建筑室内楼梯扶手高度不宜小于 900 mm。托幼建筑应符合儿童身材,其高度一般为 600 mm 左右。平台的水平安全栏杆扶手高度应适当加高一些,一般不宜小于 1 000 mm,见图 6-71。

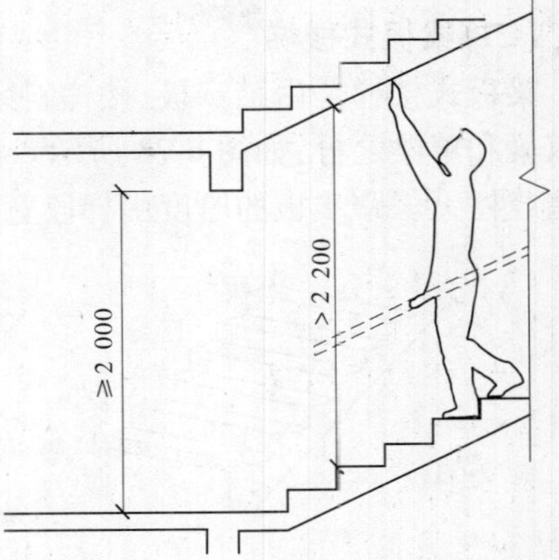

图 6-70 楼梯净空高度

四、现浇钢筋混凝土楼梯

现浇钢筋混凝土楼梯是指楼梯段和平台整体浇筑在一起,其整体性好、刚度大、抗震性好,应用较广泛。现浇钢筋混凝土楼梯根据楼梯段的传力和结构形式的不同,可分为板式楼梯和梁板式楼梯两种。

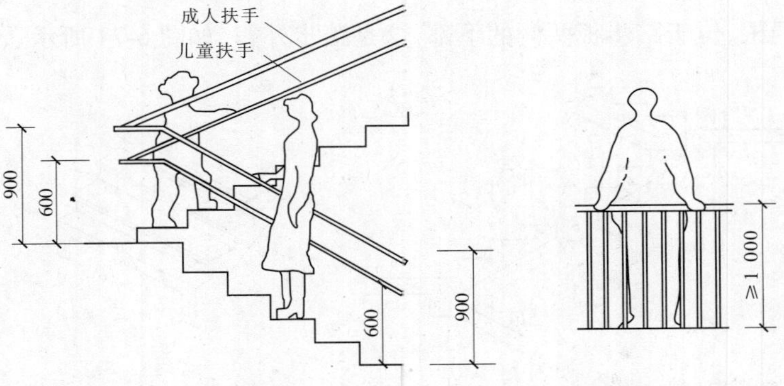

(a)楼梯段 (b)顶层平台处安全栏杆

图 6-71 楼梯栏杆和扶手的高度

(一)板式楼梯

板式楼梯的楼梯段作为一块整浇板,两端搁置支承在上、下平台梁上,如图 6-72(a)所示。楼梯段相当于一块斜放的板,平台梁之间的间距即为板的跨度,楼梯段应沿跨度方向布置受力钢筋。有时为了保证平台过道处的净空高度,可以在板式楼梯的局部取消平台梁,即把平台板和楼梯段组合成一块折板。折板楼梯的跨度应为梯段水平投影长度与平台深度之

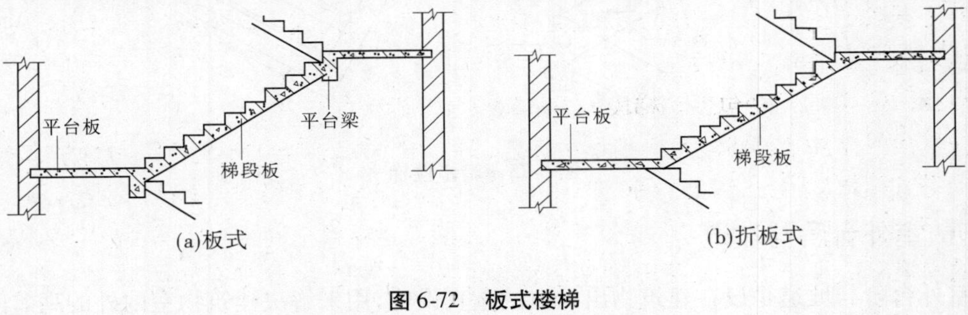

(a)板式 (b)折板式

图 6-72 板式楼梯

和，如图 6-72(b)所示。

(二)梁板式楼梯

梁板式楼梯是由踏步板、楼梯斜梁、平台梁和平台板组成的。梁板式楼梯在结构布置上有双梁和单梁之分，如图 6-73 所示。荷载由踏步板传给斜梁，再由斜梁传给平台板，而后传到墙或柱上。踏步板的厚度由梯段宽度决定。

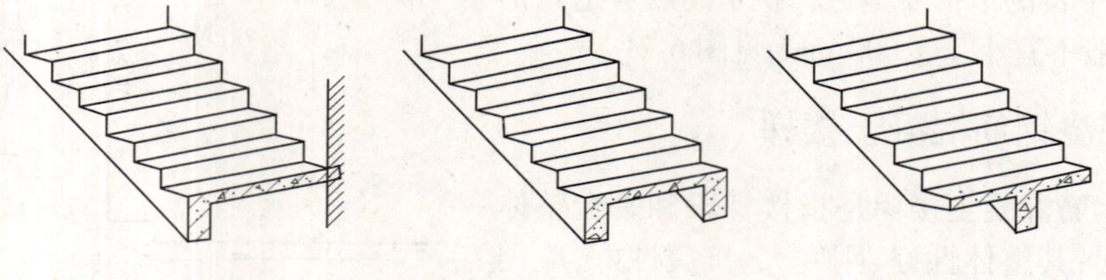

(a)梯段一侧设斜梁　　(b)梯段两侧设斜梁　　(c)梯段中间设斜梁

图 6-73　**斜梁的布置**

1. 明步楼梯

斜梁一般设两根，位于踏步板两侧的下部，这是踏步外露，如图 6-74 所示。

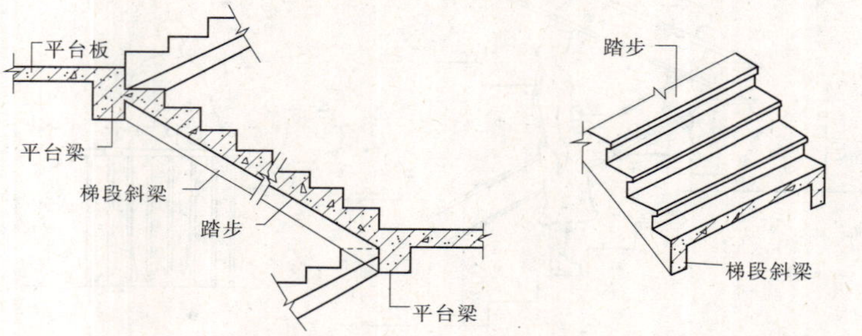

图 6-74　**明步楼梯**

2. 暗步楼梯

斜梁位于踏步板两侧的上部，这时踏步被斜梁包在里面，如图 6-75 所示。

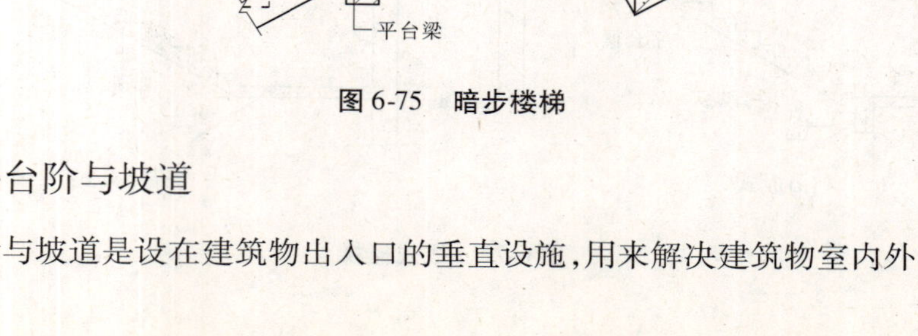

图 6-75　**暗步楼梯**

五、室外台阶与坡道

室外台阶与坡道是设在建筑物出入口的垂直设施，用来解决建筑物室内外的高差问题。

室外台阶和坡道的形式如图 6-76 所示。

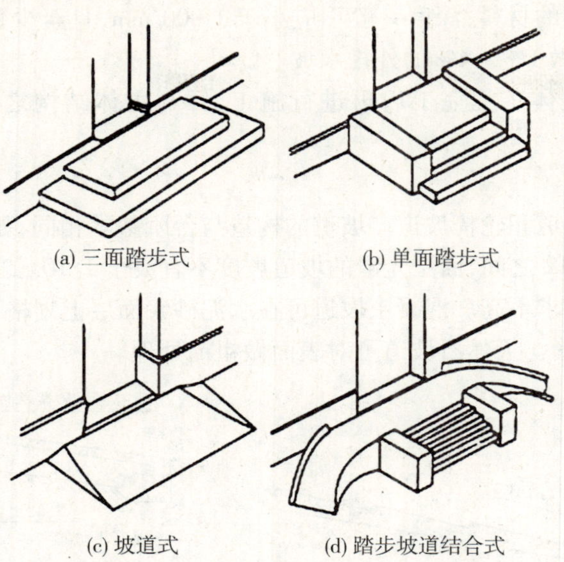

(a) 三面踏步式　(b) 单面踏步式

(c) 坡道式　(d) 踏步坡道结合式

图 6-76　台阶与坡道的形式

(一)室外台阶

室外台阶由平台和踏步组成,如图 6-77 所示。

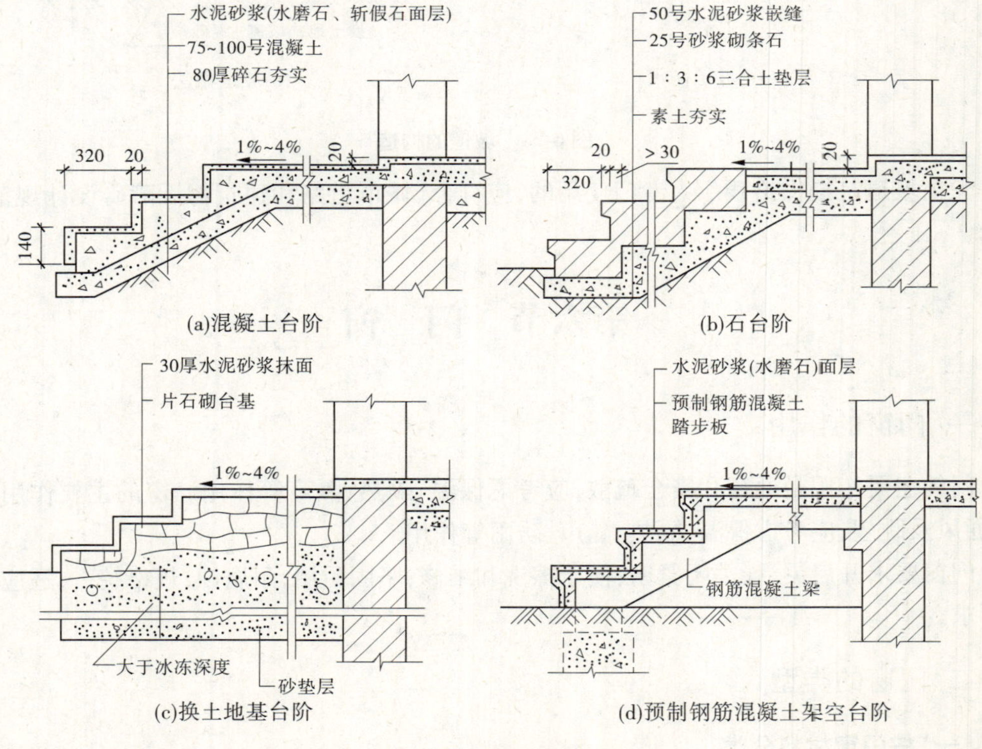

(a)混凝土台阶　(b)石台阶

(c)换土地基台阶　(d)预制钢筋混凝土架空台阶

图 6-77　室外台阶的构造

台阶由面层、垫层、基层等构造层组成，面层应采用水泥砂浆、混凝土、水磨石、缸砖、天然石材等耐气候作用的材料，深度一般不应小于1 000 mm，且至少每边宽出500 mm，为防止雨水倒流，表面应做1% ~4%的外排水坡。

台阶应等建筑主体工程完工后再进行施工，并与主体结构之间留出约10 mm的沉降缝。

(二)坡道

坡道分为行车坡道和轮椅坡道。坡道的构造与台阶基本相同，如图6-78所示。坡道的坡度一般在1:6 ~1:12之间，面层光滑的坡道坡度不宜大于1:10。当坡道坡度大于1:8时，由于平缓故对防滑要求不高。混凝土坡道可在水泥砂浆面层上划格，以增加摩擦力，亦可设防滑条，或做成锯齿形。天然石坡道可对表面做粗糙处理。

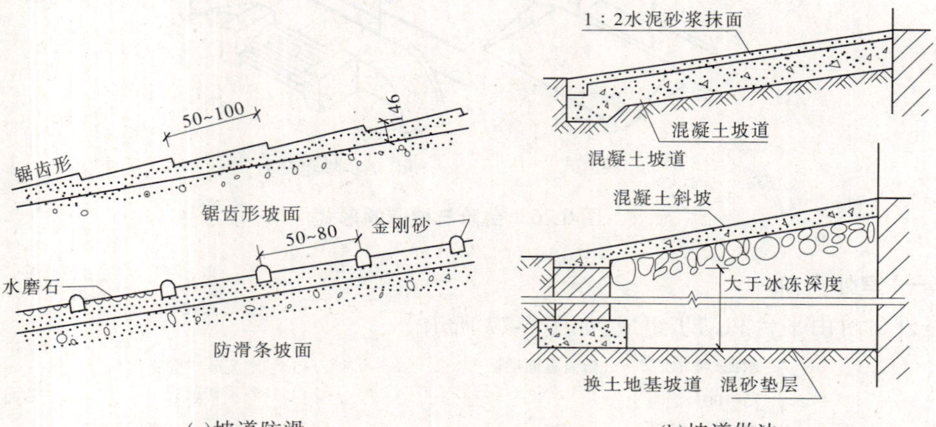

(a)坡道防滑 (b)坡道做法

图6-78 坡道的构造

轮椅坡道是提供给残疾人专门使用的，应符合《城市道路和建筑物无障碍设计规范》的要求。

第六节 门 窗

一、门窗的作用

门的主要作用是通行和安全疏散，应考虑保温、隔热、隔声等作用。窗的主要作用是采光、通风及眺望，应考虑保温、隔热、隔声、防雨等作用。

门窗要求开启灵活、关闭紧密；便于擦洗和维修；坚固耐用，耐腐蚀；规格统一；适应工业化要求。

二、门窗的类型

(一)按门窗材料分类

按门窗材料分类可分为木门窗、塑钢门窗、铝合金门窗、钢门窗、玻璃钢门窗、钢筋混凝土门窗等。

(二)按开启方式分类

门按开启方式可分为平开门、推拉门、弹簧门、折叠门、转门、卷帘门、升降门等,如图6-79所示。窗按开启方式可分为平开窗、固定窗、推拉窗、上悬窗、中悬窗、下悬窗、立转窗等,如图6-80所示。

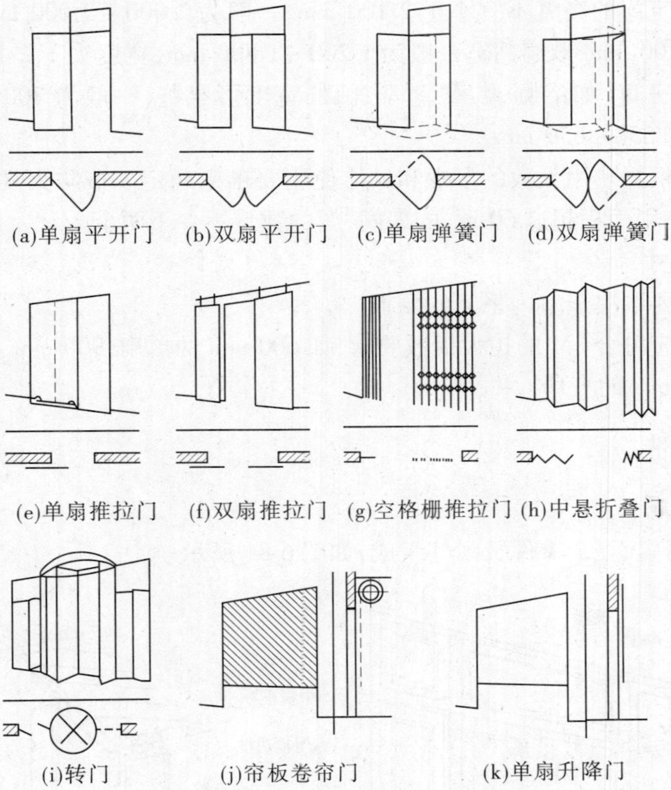

图6-79 门的开启方式

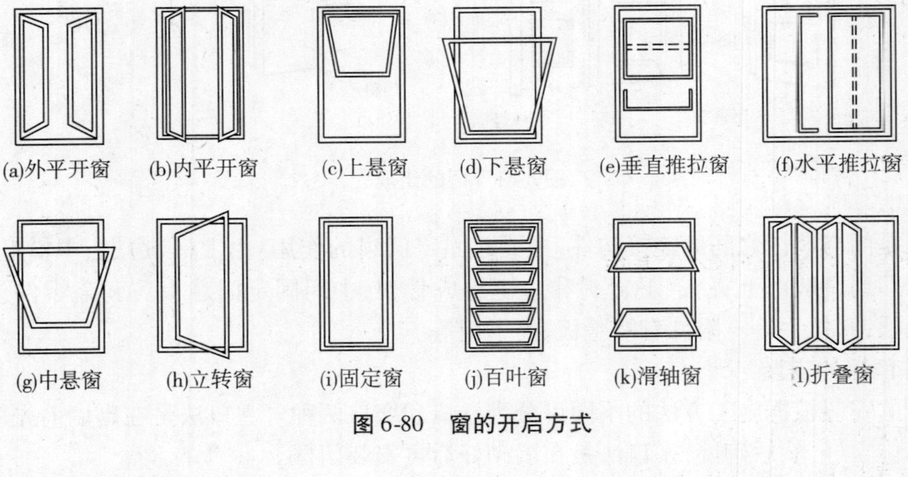

图6-80 窗的开启方式

三、门窗的尺寸

（一）门的尺寸和数量

门洞的尺寸通常是指门洞的高、宽尺寸。门的尺寸取决于交通疏散、家具器械的搬运以及对建筑物的美观要求，通常有单扇、双扇、多扇组合几种。

一般民用建筑门的高度不宜小于2 100 mm，一般为2 400～3 000 mm。单扇门宽一般为900、1 000、1 200 mm，双扇门宽一般为1 200～1 800 mm，宽度大于2 100 mm时，一般以3M为模数，辅助房间（如浴厕、贮藏室等）门的宽度可窄些，一般为700、750、800、850 mm等，检修门一般为550～650 mm。

门的数量要根据使用人数的多少和具体使用要求来确定。按防火规范规定，使用人数超过50人以及使用面积超过60 m^2 的房间，门的数量不少于两个。

（二）窗的尺寸

窗的尺寸主要取决于室内采光的要求。

一般标准窗应符合3M的扩大模数要求，如600 mm的单扇，900 mm、1 200 mm的双扇，1 500 mm、1 800 mm的三扇。

四、门的构造

（一）门的组成

门由门框、门扇、五金零件及附件组成，如图6-81所示。

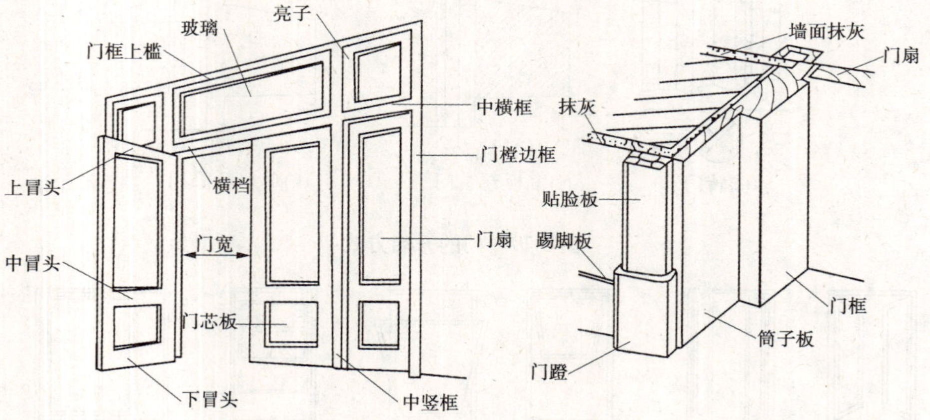

图6-81　门的组成

门框是门与墙体之间的连接构件，主要起固定门扇的作用，由上框、边框、中横框、中竖框组成。门扇一般由上冒头、下冒头和边梃组成骨架，中间固定门芯板。五金零件包括铰链、插销、门锁、拉手等。附件有贴脸板、筒子板等。

（二）门框的安装

门框的安装根据施工方法的不同可分为立口和塞口两种。立口法是在砌墙前先用支撑将门框原位立好，然后砌墙；塞口法是在墙砌好后再安装门框。

门框与墙的相对位置有内平、外平、居中和内外平四种，如图 6-82 所示。门框靠墙一边为防止受潮应设置背槽，门框外侧的内外角做灰口，缝内填弹性密封材料。

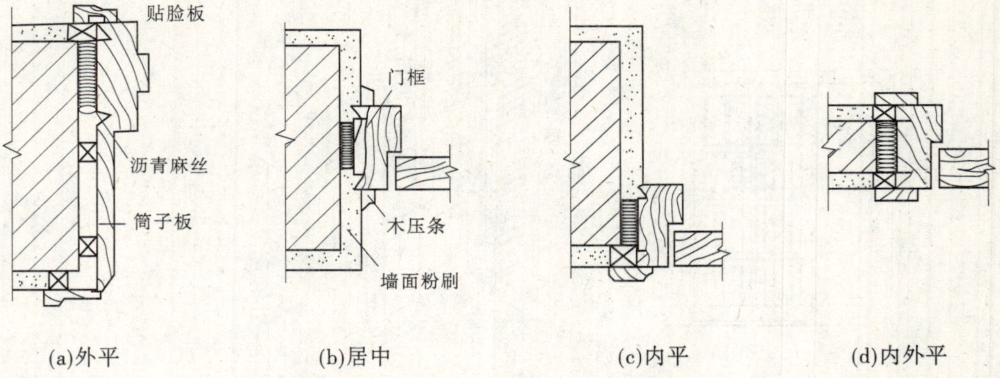

图 6-82　门框的位置

(三)木门的构造

1. 镶板门

镶板门由上冒头、中冒头、下冒头和边梃等组成骨架，中间镶嵌门芯板。门芯板可采用 10～15 mm 厚的木板拼接而成，也可采用胶合板、硬质纤维板或玻璃等，门芯板若换成玻璃，则成为玻璃门，玻璃门、百叶门、纱门等均属镶板门之列。

2. 夹板门

夹板门用小界面的木条组成骨架，在骨架的两面铺钉胶合板或纤维板等，如图 6-83 所示。

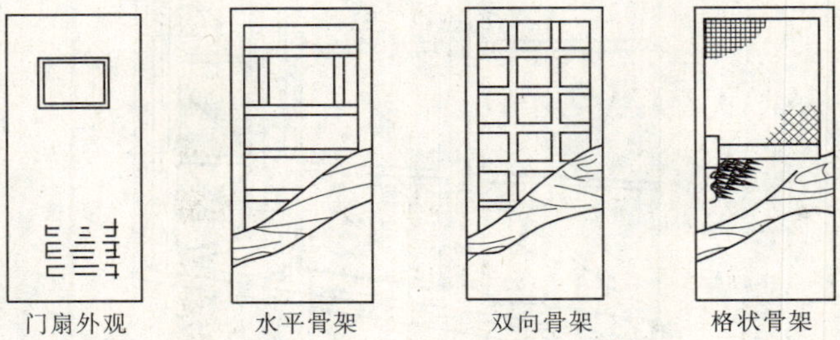

图 6-83　夹板门

3. 拼板门

拼板门构造与镶板门相同，由骨架和拼板组成，只是拼板门的拼板用 35～45 mm 厚的木板拼接而成，因而自重较大，但坚固耐久，多用于库房、车间的外门，如图 6-84 所示。

(四)特殊用途门的分类

特殊用途的门包括防火门、防盗门、防辐射门、隔声门等。

五、窗的构造

(一)木窗的组成

窗由窗框、窗扇、五金零件及贴脸板、窗台板、窗帘等附件组成，如图 6-85 所示。

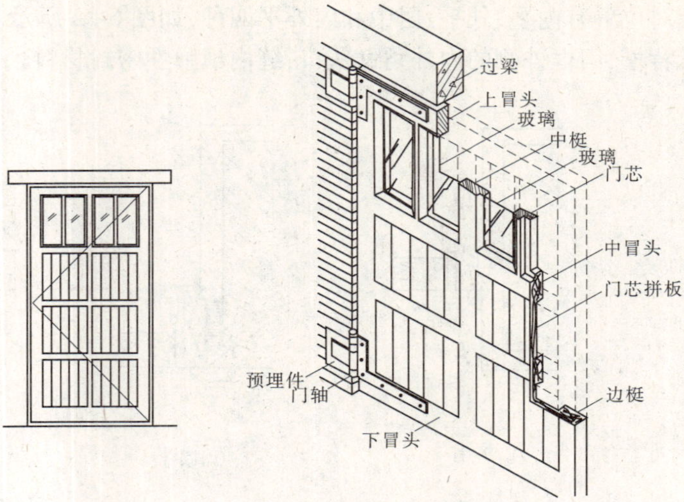

图 6-84　拼板门

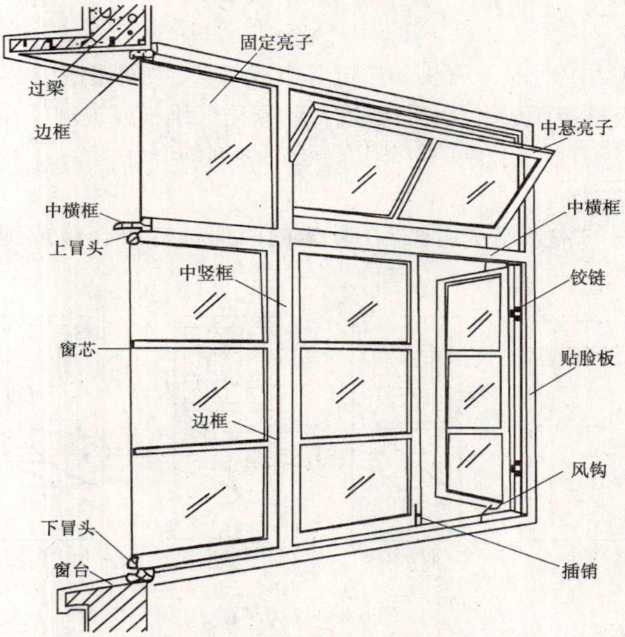

图 6-85　窗的组成

窗框是窗与墙体的连接部分，由上框、下框、边框、中横框、中竖框等组成，窗扇是窗的主体部分，分为活动窗扇和固定窗扇，一般由上冒头、下冒头、边梃和窗芯（又叫窗棂）组成骨架，中间固定玻璃、窗纱或百叶。五金零件包括窗锁、插销、铰链、风钩等。

窗框的安装分立口和塞口两种，如图 6-86 所示。窗框和墙的固定方法视墙体材料而异。砖墙常用预埋木砖固定，混凝土墙常用预埋木砖或预埋螺栓、铁件固定。

立口是当墙砌至窗台标高时，把窗框立在相应位置，而后砌墙。窗框上、下框伸出的长度（羊角）砌入墙内。在边框外侧每隔 500 ~ 700 mm 设一块木砖，它可以用鸽尾榫与窗框拉结，如图 6-86（a）所示，也可以用铁钉钉在窗框上。所有砌入墙内的木砖和与墙接触的木材面，均应涂刷沥青进行防腐处理。

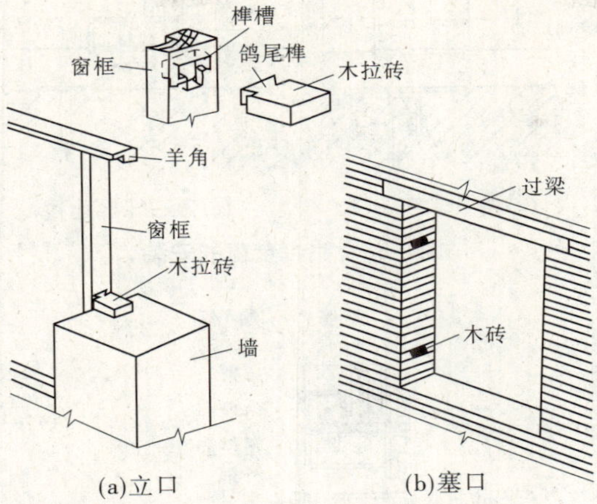

图 6-86　窗框与墙的连接

塞口是在砌墙时先留出比窗框两侧沿高度每隔 500 ~ 700 mm 砌入一块经过防腐处理的木砖，用铁钉将窗框固定在木砖上，周围缝隙用毛毡和灰浆填塞，窗框与墙体的位置关系有内平、居中和外平三种情况，如图 6-87 所示。

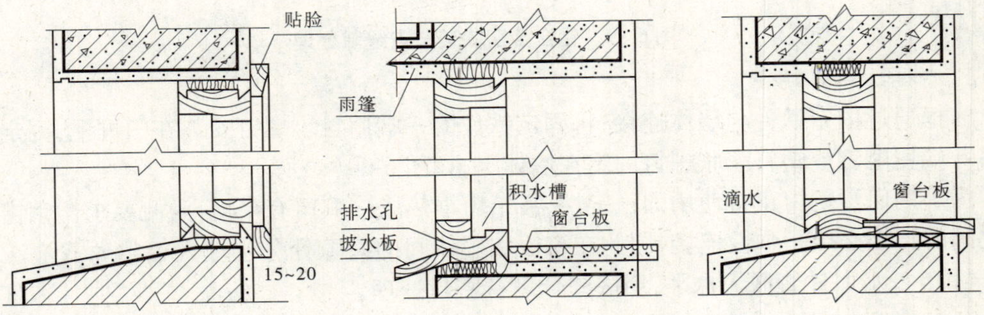

图 6-87　窗框与墙体的位置关系

(二)铝合金窗

铝合金窗多采用水平推拉的开启方式，窗扇在窗框的轨道上滑动开启。窗翦与窗框之间用尼龙密封条进行密封，以避免金属材料之间相互摩擦。玻璃卡在铝合金窗框料的凹槽内，并用橡胶压条固定。

铝合金窗一般采用塞口的方法安装。固定时，窗框与墙体之间采用预埋铁件、燕尾铁脚、膨胀螺栓、射钉固定等方式连接，如图 6-88 所示。铝合金窗安装节点处缝隙处理如图 6-89所示。

(三)塑钢窗

塑钢窗是以 PVC 为主要原料制成的空腹多腔异型材，中间设置薄壁加强型钢，经加热焊接而成窗框料。其特点是导热系数低，耐弱酸碱，无需油漆，并具有良好的气密性、水密性、隔声性等优点。

塑钢窗的安装采用塞口法，窗框与墙体的连接可采取连接铁件固定法和直接固定法。

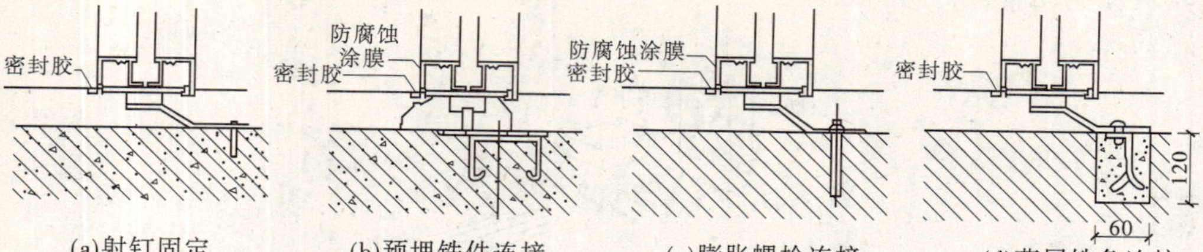

(a)射钉固定　(b)预埋铁件连接　(c)膨胀螺栓连接　(d)燕尾铁角连接

图 6-88　铝合金窗的安装

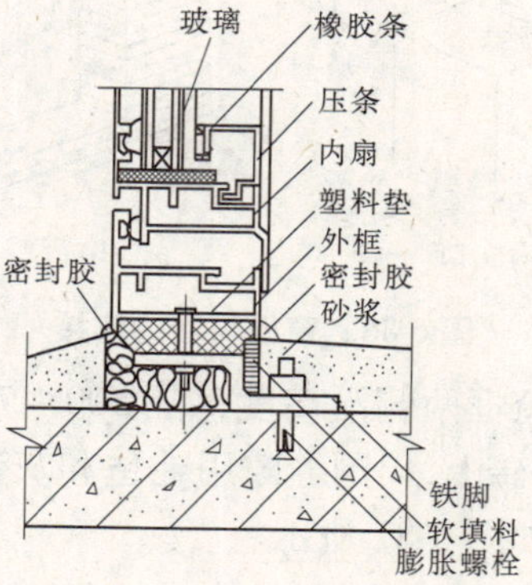

图 6-89　铝合金窗安装节点缝隙处理

1. 连接铁件固定法

窗框通过固定铁件与墙体连接，将固定铁件的一端用自攻螺钉安装在门框上，固定铁件的另一端用射钉或塑料膨胀螺钉固定在墙体上，如图 6-90(a)所示。

为了确保塑钢窗正常使用的稳定性，需给窗框热胀冷缩留有余地，为此要求塑钢窗与墙体之间的连接必须是弹性连接，因此在窗框和墙体间的缝隙处分层填入毛毡卷或泡沫塑料等，再用 1:2水泥砂浆嵌入抹平，用嵌缝膏进行密封处理。

2. 直接固定法

用木螺钉直接穿过窗框型材与墙体内预埋木砖相连接，如图 6-90(b)所示，或者用塑料膨胀螺钉直接穿过窗框将其固定在墙体上。

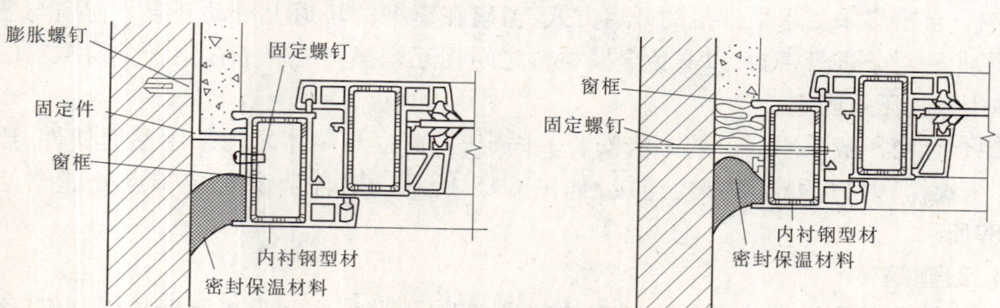

(a)连接铁件固定法　(b)直接固定法

图 6-90　塑钢窗框与墙体的连接节点

第七节　屋　顶

屋顶是房屋最上层的覆盖构件，应满足坚固耐久、具有足够的强度和刚度要求，具备良好的保温隔热、防水排水性能，以满足建筑物的使用要求，同时还应做到自重轻、构造简单、施工方便、造价经济，并与建筑整体形象相协调。

一、屋顶的形式

屋顶的形式与建筑的使用功能、屋面材料、结构类型以及建筑造型要求有关。

屋顶按其使用功能可分为保温屋顶、隔热屋顶、采光屋顶、蓄水屋顶、种植屋顶等。按屋面材料可分为钢筋混凝土屋顶、瓦屋顶、卷材屋顶、金属屋顶、玻璃屋顶等。按结构类型可分为平面结构、空间结构等。按外形可分为平屋顶、坡屋顶和其他形式的屋顶，如图 6-91 所示。

（一）平屋顶

屋面坡度小于 5% 的屋顶称为平屋顶，最常用的排水坡度为 2% ~3% 。

（二）坡屋顶

坡屋顶坡度一般在 10% 以上，坡屋顶按其坡面的数目可分为单坡顶、双坡顶、四坡顶。双坡屋顶有硬山和悬山之分。硬山是指房屋两端山墙高出屋面，山墙封住屋面；悬山是指屋顶的两端超过山墙。

（三）其他形式的屋顶

随着建筑科学技术的发展，出现了许多新型结构的屋顶，如拱屋面、折板屋面、薄壳屋顶、悬索屋顶等。这些屋顶的结构形式独特，使得建筑的造型更加丰富多彩，多用于较大跨度的公共建筑。

二、平屋顶的构造

（一）平屋顶的组成

平屋顶主要由顶棚、结构层（承重结构）、防水层组成，根据屋面的需要，还可增设保温隔热层、找平层、找坡层、隔汽层等附加层。平屋顶的组成如图 6-92 所示。

（二）平屋顶的排水

1. 排水坡度的形成

平屋顶屋面排水坡的形成有材料找坡和结构找坡两种，如图 6-93 所示。

1）材料找坡

材料找坡也称垫置坡度，是将屋面板水平搁置，然后在上面铺设轻质材料，如石灰炉渣等。利用垫置材料在板上的厚度不一，形成一定的排水坡度。

2）结构找坡

结构找坡也称搁置坡度，是将屋面板按所需要的坡度倾斜搁置，再铺设防水层等，即屋顶结构自身带有排水坡度。

2. 排水方式的选择

平屋顶屋面的排水方式分为无组织排水和有组织排水两类。

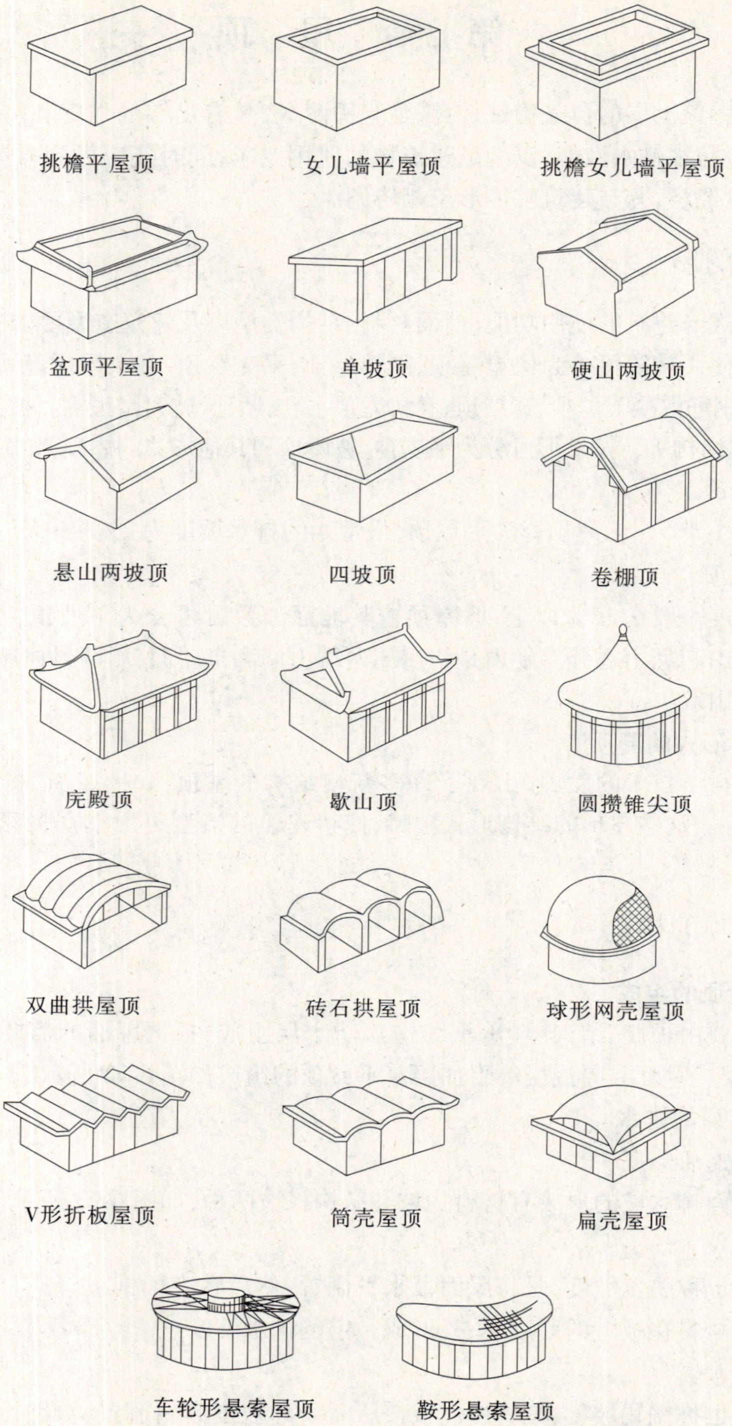
挑檐平屋顶
女儿墙平屋顶
挑檐女儿墙平屋顶
盆顶平屋顶
单坡顶
硬山两坡顶
悬山两坡顶
四坡顶
卷棚顶
庑殿顶
歇山顶
圆攒锥尖顶
双曲拱屋顶
砖石拱屋顶
球形网壳屋顶
V形折板屋顶
筒壳屋顶
扁壳屋顶
车轮形悬索屋顶
鞍形悬索屋顶

图6-91　屋顶形式

1）无组织排水

无组织排水又称自由落水，是将屋顶沿外墙挑出，形成挑檐，屋面雨水经挑檐自由下落至室外地坪的一种排水方式，如图 6-94 所示。

该方法构造简单、造价低廉，主要适用于少雨地区或一般低层建筑，不宜用于临街建筑和高度较高的建筑。

2）有组织排水

有组织排水是在屋顶设置与屋面排水方向相垂直的纵向天沟，汇集雨水后，将雨水由雨水口、雨

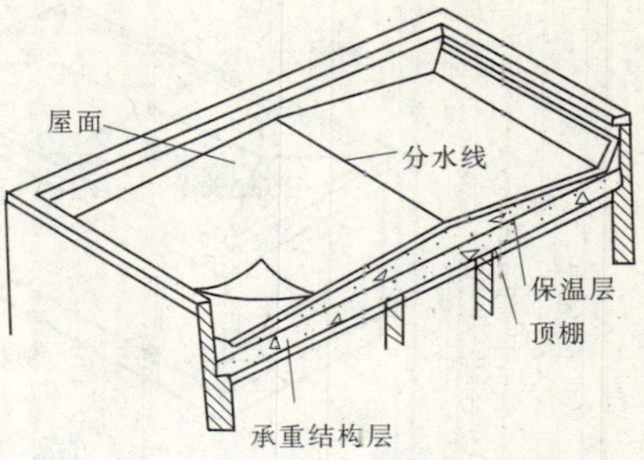

图 6-92　平屋顶的组成

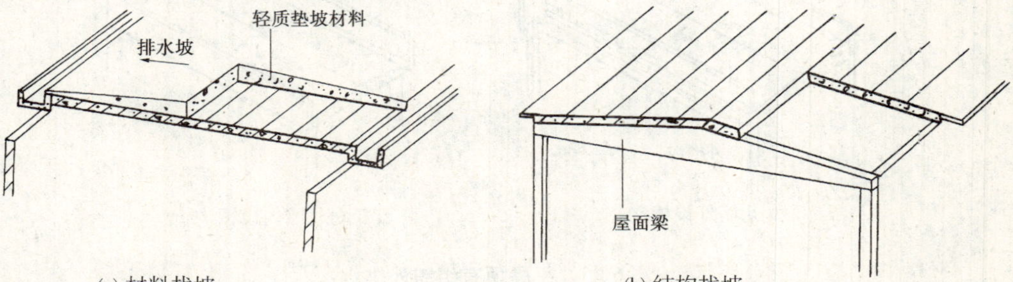

(a) 材料找坡　　(b) 结构找坡

图 6-93　平屋顶的排水坡度的形成

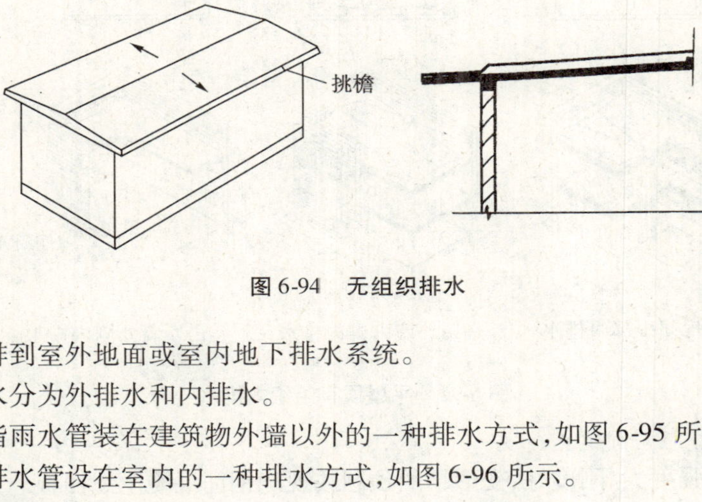

图 6-94　无组织排水

水管有组织地排到室外地面或室内地下排水系统。

有组织排水分为外排水和内排水。

外排水是指雨水管装在建筑物外墙以外的一种排水方式，如图 6-95 所示。

内排水是排水管设在室内的一种排水方式，如图 6-96 所示。

（三）平屋顶的防水

平屋顶的防水按所用材料和施工方法的不同有卷材防水、刚性防水、涂膜防水等。

1. 卷材防水屋顶

卷材防水屋顶是用防水卷材与胶粘剂结合在一起，形成连续致密的构造层，从而达到防水的目的。卷材防水屋顶具有良好的防水性，应用广泛。

1）柔性卷材防水屋顶的构造层次

柔性卷材防水屋顶的基本构造如图 6-97 所示。

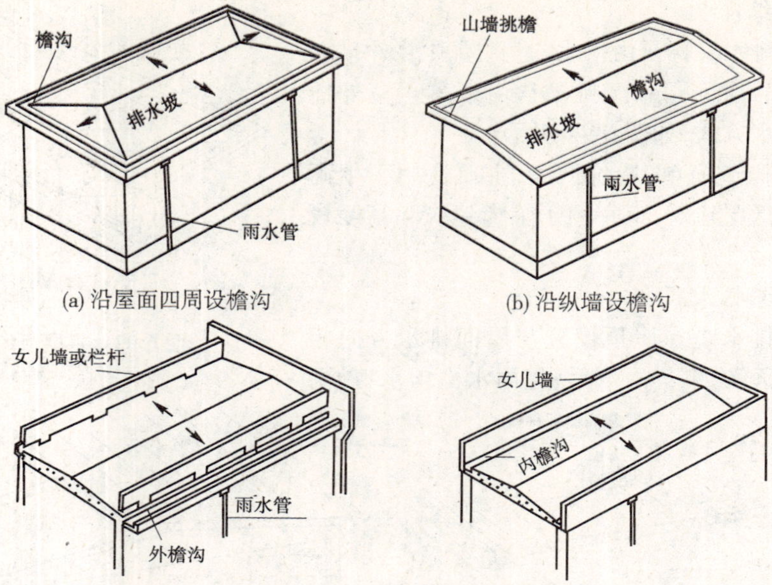

(a) 沿屋面四周设檐沟　　(b) 沿纵墙设檐沟

(c) 女儿墙外设檐沟　　(d) 女儿墙内设檐沟

图 6-95　平屋顶有组织外排水

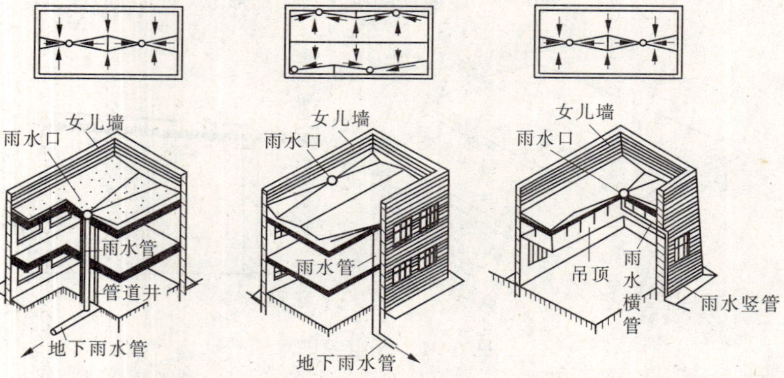

(a)房间中部内排水　　(b)外墙内侧内排水　　(c)外墙外侧内排水

图 6-96　平屋顶有组织内排水

(1)结构层。

结构层多为强度大、刚度好、变形小的预制或现浇钢筋混凝土屋面板。

(2)找平层。

卷材防水层要求铺贴在坚固而平整的基层上,以防止卷材凹陷或断裂,因而在松软材料上应设找平层;找平层一般采用 1∶3水泥砂浆或 1∶8沥青砂浆等,其厚度取决于基层的平整度,找平层宜留分隔缝,缝宽一般为 5 ~ 20 mm,纵横间距一般不宜大于 6 m。屋面板为预制板时,分隔缝应设在预制板的端缝处。分隔缝上应附加 200 ~ 300 mm 宽卷材,用胶粘剂单边点贴覆盖,以使分隔缝处的卷材有较大的伸缩余地,如图 6-98 所示。

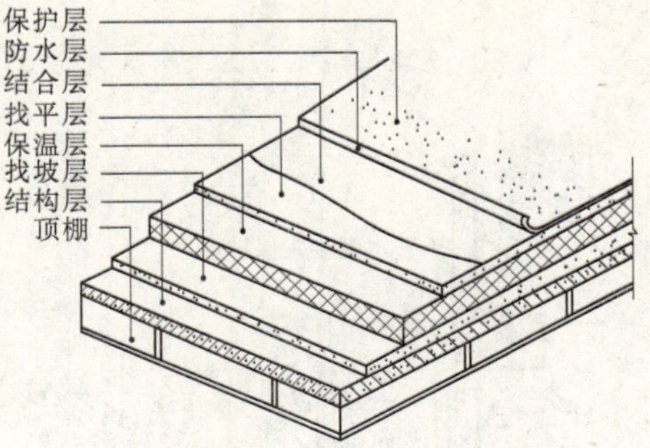

图 6-97　卷材防水屋顶的构造

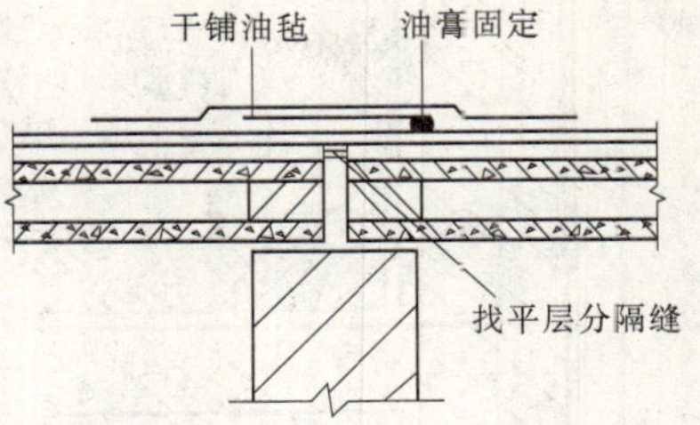

图 6-98　卷材防水屋面找平层分隔缝的构造

(3)结合层。

铺贴卷材前,应在基层上涂刷与卷材配套使用的基层处理剂,该层次称结合层,其作用是在卷材与基层间形成一层胶质薄膜,使卷材与基层胶结牢固。沥青类卷材通常用冷底子油作结合层;高分子卷材则多采用配套基层处理剂。

(4)防水层。

防水层由防水卷材和相应的卷材黏结剂分层黏结而成,层数或厚度由防水等级确定。常用的防水卷材有沥青类防水卷材、高聚物改性沥青防水卷材、合成高分子防水卷材。

(5)保护层。

设置保护层的目的是保护防水卷材,使卷材不至于因光照和气候等的作用迅速老化,防止沥青类卷材的沥青过热流淌或受到暴雨的冲刷。

①不上人屋面保护层做法。

对沥青类防水层可采用绿豆砂保护层,即在防水层上撒粒径为 3 ~ 5 mm 的小石子。绿豆砂施工时应预热,温度为 100 ℃左右,趁热铺撒,使其与沥青黏结牢固。

对高聚物改性沥青及合成高分子类防水卷材可涂刷水溶型或溶剂型浅色保护剂着色,如氯丁银粉胶等。

②上人屋面保护层做法。

上人屋面的保护层起着双层作用,既保护防水层,又是地面面层,因此要求平整耐磨。

在防水层上用水泥砂浆或沥青砂浆铺贴缸砖、大阶砖、预制混凝土板等,或在防水层上浇筑 40 mm 厚 C20 细石混凝土。

2)柔性防水屋顶的细部构造

(1)泛水。

泛水是指屋面与垂直屋面的突出物交接处的防水处理。如女儿墙、山墙、烟囱、变形缝等屋面与垂直墙面相交部位,均需做泛水处理,防止交接缝出现漏水。泛水构造如图 6-99 所示。泛水做法要求如下:

①泛水处于迎水面时,其高度不小于 250 mm。

②将屋面防水层铺至垂直墙面上,并加铺一层卷材。

③泛水处,砂浆找平层应抹成圆弧形或钝角,避免卷材架空或折断。

④做好泛水上口的卷材收头固定,防止卷材在垂直墙面上下滑:在垂直墙中凿出通长凹槽,将卷材收头压入凹槽内,用防水压条钉压后再用密封材料嵌填封严,外抹水泥砂浆保护。

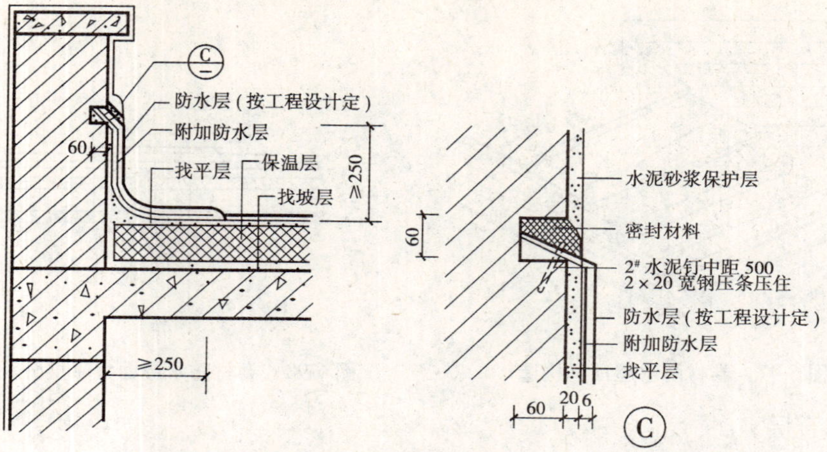

图 6-99　泛水构造

(2)檐口构造。

①无组织排水挑檐构造。

无组织排水檐口 800 mm 范围内卷材应采取满粘法,在混凝土挑口上用细石混凝土或水泥砂浆先做一凹槽,然后将卷材贴在槽内,将卷材收头用水泥钉钉牢,上面用防水油膏嵌填,檐口下端应做滴水处理,如图 6-100 所示。

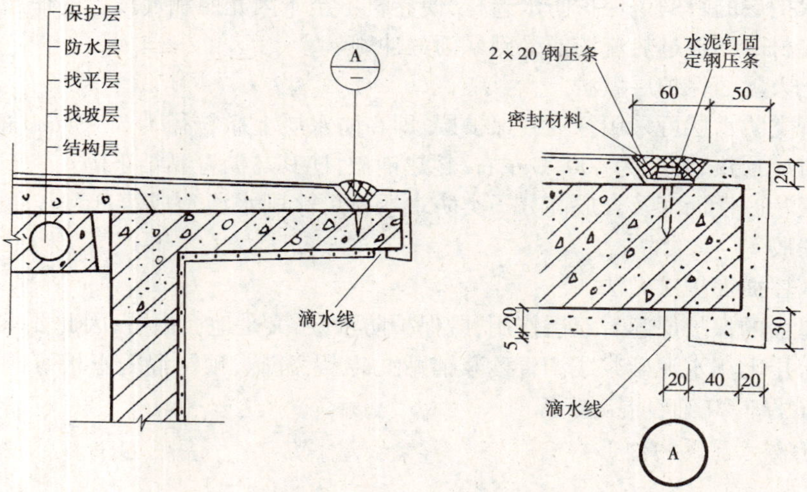

图 6-100　无组织排水挑檐构造

②檐沟外排水构造。

挑檐沟的卷材收头处理,可用钢压条和水泥钉将卷材固定,再用砂浆或油膏盖缝。挑檐沟内转角处水泥砂浆应抹成圆弧形,檐沟外侧应做好滴水,沟内可加铺一层卷材以增强防水能力,如图 6-101 所示。

(3)雨水口。

雨水口是屋面雨水汇集并排至水落管的关键部位。雨水口周围直径 500 mm 范围内坡

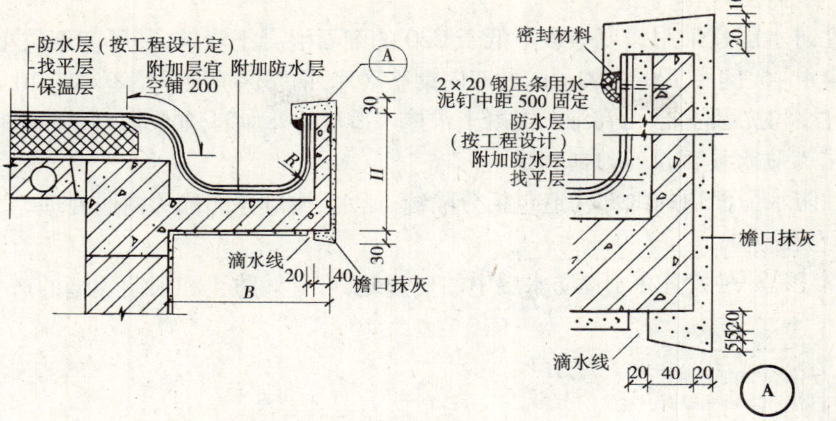

图 6-101　有组织排水挑檐沟构造

度不应小于 5%。雨水口分为直管式和弯管式两类，如图 6-102 所示。

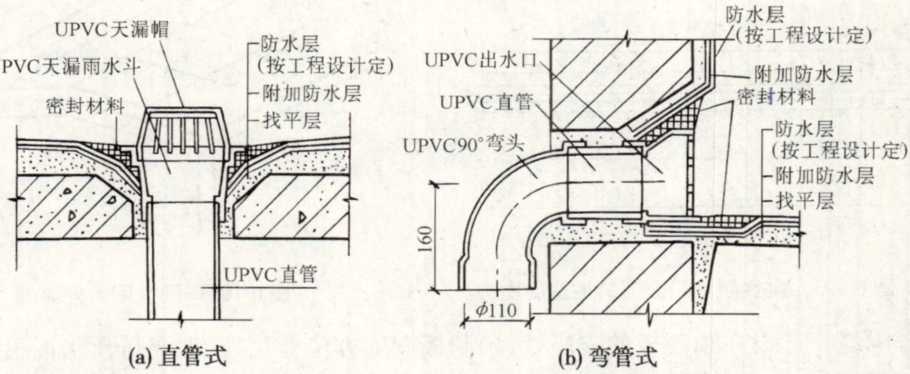

图 6-102　雨水口构造

2. 刚性防水屋面顶

刚性防水屋面顶是指用刚性防水材料，如防水砂浆、细石混凝土、配筋的细石混凝土等做防水层的屋顶。

1）刚性防水屋面顶的构造层次

刚性防水屋面顶的构造层次一般包括结构层、找平层、隔离层、防水层等，如图 6-103 所示。

（1）结构层。

屋面顶的结构层一般采用预制或现浇钢筋混凝土屋面板。

（2）找平层。

当结构层为预制钢筋混凝土屋面板时，表面不平整，通常抹 20 mm 厚 1∶3 水泥砂浆找平。若屋面板为整体现浇混凝土结构则可不设找平层。

（3）隔离层。

隔离层位于防水层与结构层之间，其作用是减少结构变形对防水层的不利影响。隔离层可用纸筋灰、低强度等级砂浆，或在薄砂层上干铺一层油毡等。

(4)防水层。

刚性防水层宜采用强度等级不低于 C20 的细石混凝土浇筑,其厚度不应小于 40 mm,并应配置Φ 4 ~6、间距 100 ~200 mm 的双向钢筋网片,钢筋保护层厚度不小于 10 mm,以提高防水层的抗裂和抗渗性能,可在细石混凝土中掺入适量的外加剂,如膨胀剂、减水剂、防水剂等。

2)刚性防水屋面顶的细部构造

刚性防水屋面顶的细部构造包括分隔缝、泛水、檐口等部位的构造处理。

(1)分隔缝。

分隔缝是一种设置在刚性防水层中的变形缝,可有效防止和限制裂缝的产生,如图 6-104 所示。

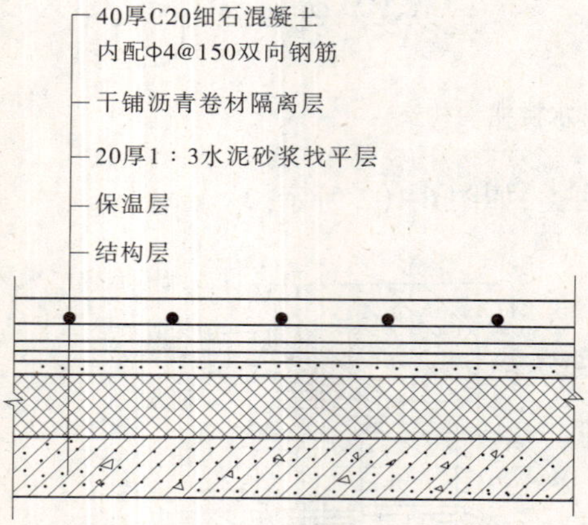

图 6-103　刚性防水屋面顶的构造层次

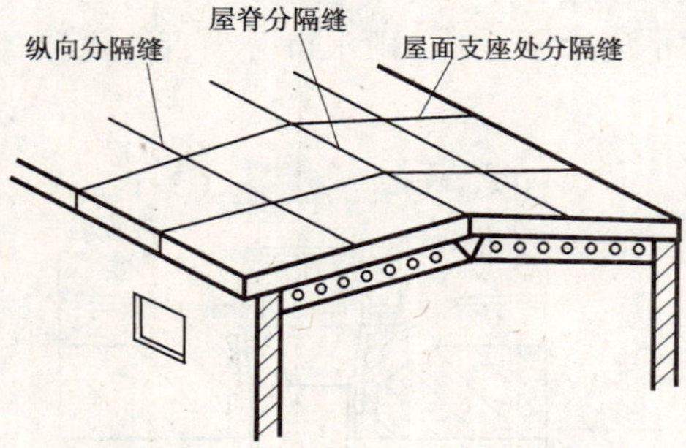

图 6-104　刚性屋面分隔缝

分隔缝一般设在预制板的支座处、预制板搁置方位变化处、现浇与预制板相接处等部位,其间距不宜大于 6 m,缝中的钢筋必须断开。

分隔缝有平缝和凸缝两种,缝宽一般为 20 ~ 40 mm,缝内填塞密封材料,上部铺贴防水卷材,其构造如图 6-105 所示。

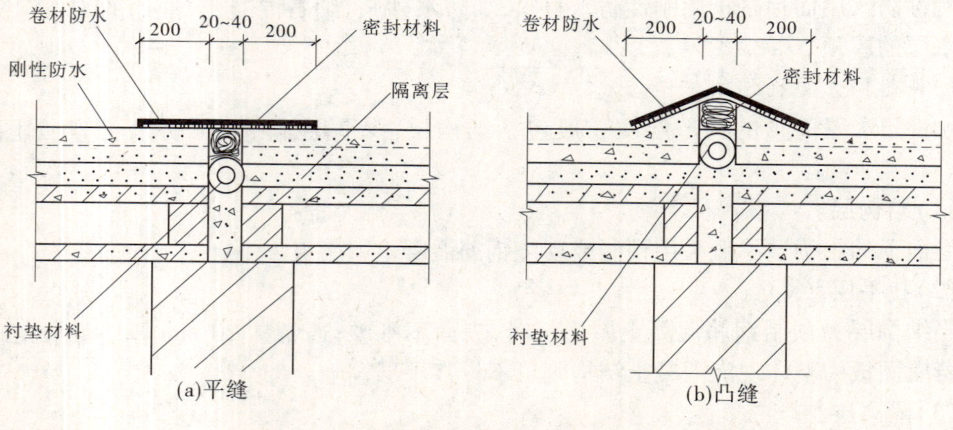

图 6-105　分隔缝的构造

(2)泛水。

刚性防水屋面的泛水是将刚性防水层直接延伸到垂直墙面,且不留施工缝。

泛水高度一般不小于 250 mm。刚性防水层与垂直墙面之间须设分隔缝,另铺贴附加卷材盖缝,缝内用沥青麻丝等嵌实,如图 6-106 所示。

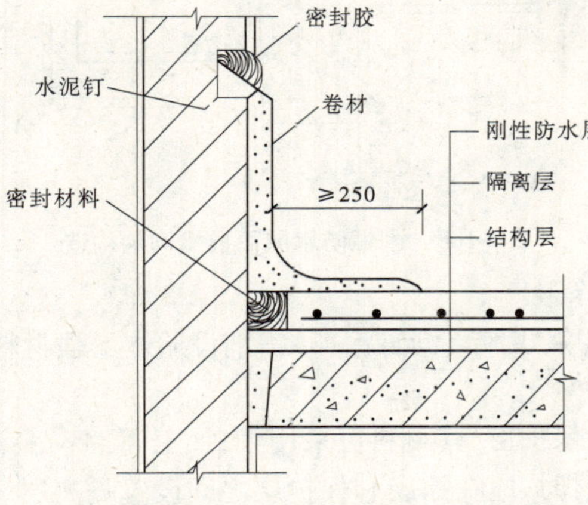

图 6-106　刚性防水屋面泛水的构造

(3)檐口。

刚性防水屋面的檐口包括无组织排水檐口和有组织排水檐沟。

采用无组织排水,当挑檐较短时,可将刚性防水层直接出挑;当挑檐较长时,可用与圈梁连在一起的悬臂板。在挑檐板与屋面板上做找平层和隔离层后浇筑混凝土防水层,檐口处注意做好滴水。构造做法如图 6-107、图 6-108 所示。

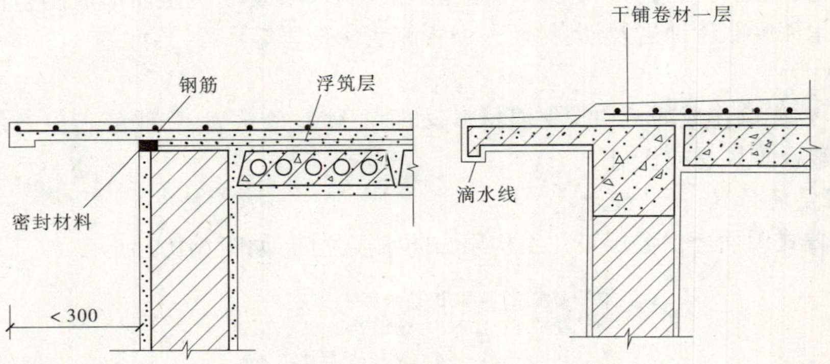

图 6-107　刚性防水屋面挑檐口的构造

3. 涂膜防水屋面

涂膜防水屋面是用防水涂料涂刷在屋面基层上,经干燥或固化,在屋面上形成一层不透水的薄膜层,以达到防水目的的一种屋面做法。

涂膜防水屋面的构造层及做法与卷材防水屋面基本相同,均由结构层、找平层、找坡层、结合层、防水层和保护层等组成,且防水层以下的各基层的做法均符合卷材防水的有关规定。

(1)防水涂膜层应分层分遍涂布,每一涂层应厚薄均匀、表面平整,待先涂的涂层干燥

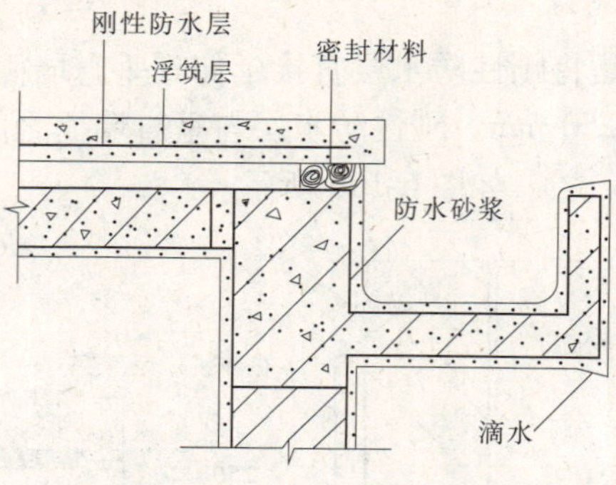

图 6-108　刚性防水屋面挑檐沟的构造

成膜后，方可涂布后一遍涂料。

(2)某些防水涂料(如氯丁胶乳沥青涂料)需铺设胎体增强材料，以增强涂层的贴附、覆盖能力和抗变形能力。

涂膜防水屋面应设置保护层，其材料可采用细砂、云母、蛭石、浅色涂料、水泥砂浆或块材等，采用水泥砂浆或块材时，应在涂膜和保护层之间设置隔离层。

(四)平屋顶的保温

平屋顶的保温是在屋顶上加设保温材料来满足保温要求的。

1. 保温层的材料

1)散料类

炉渣、矿渣等工业废料，以及膨胀陶粒、膨胀蛭石和膨胀珍珠岩等。

2)整体类

以散料类保温材料为骨料，掺入一定量的胶结材料，现场浇筑而形成的整体保温层，如水泥炉渣、水泥膨胀珍珠岩及沥青蛭石、沥青膨胀珍珠岩等。

3)板块类

由工厂预先制作成的板块类保温材料，如预制膨胀珍珠岩、膨胀蛭石以及加气混凝土、聚苯板、挤塑板等块材或板材。

2. 保温层的位置

(1)正置式屋面。保温层设在结构层与防水层之间，如图 6-109 所示。

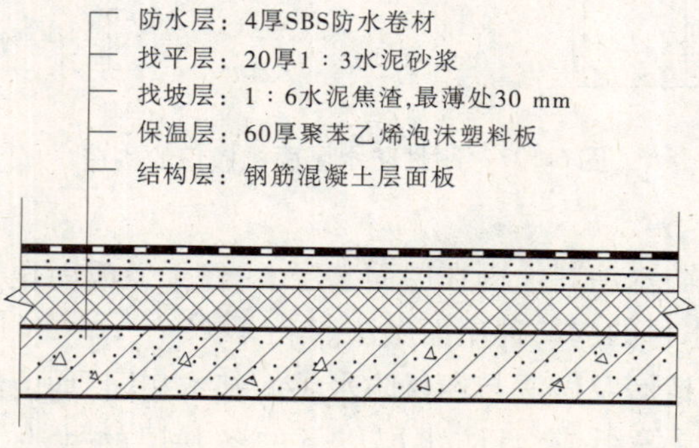

图 6-109　正置式屋面保温层构造

(2)倒置式屋面。保温层设在防水层之上，如图 6-110 所示。

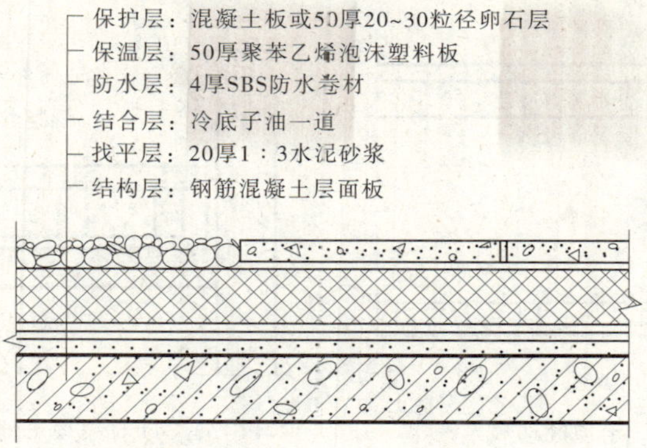

图 6-110　倒置式屋面保温层构造

(3)保温层与结构层结合。如利用槽形板的槽内空间设置保温层，如图 6-111 所示。

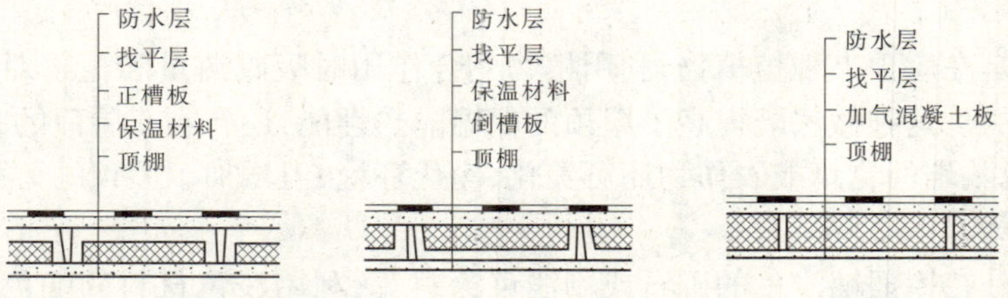

(a)保温层设在槽形板下　(b)保温层设在反槽板上　(c)保温层与结构层合为一体

图 6-111　保温层与结构层结合

3. 隔汽层的设置

当保温层设在结构层上面，且保温层上面直接做防水层时，在保温层下要设置隔汽层。其目的是防止室内水蒸气透过结构层，渗入保温层内，使保温材料受潮，影响保温效果。

隔汽层中需设透气层、排气道，或在保温层中间设排气通道，如图 6-112 所示。

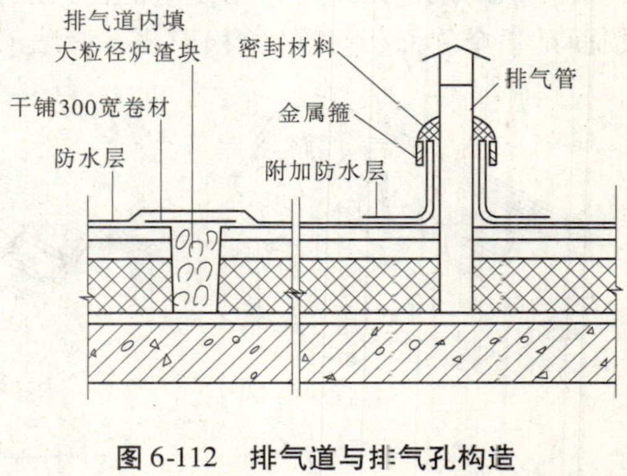

图 6-112　排气道与排气孔构造

(五)平屋顶的隔热

屋顶隔热降温的基本原理是减少太阳辐射直接作用于屋顶表面，常用的构造做法有通风隔热、蓄水隔热、植被隔热、反射隔热等。

1. 通风隔热

通风隔热屋面是在屋顶中设置通风间层，其上层表面可遮挡太阳辐射热，同时，利用空气的流动散发热量，具体做法有两种，一种是在屋面上设架空层，另一种是在屋面板下做吊顶，檐墙开设通风口，如图 6-113 所示。

2. 蓄水隔热

蓄水屋面是用现浇钢筋混凝土作防水层，并长期储水的屋面。混凝土长期浸泡在水中

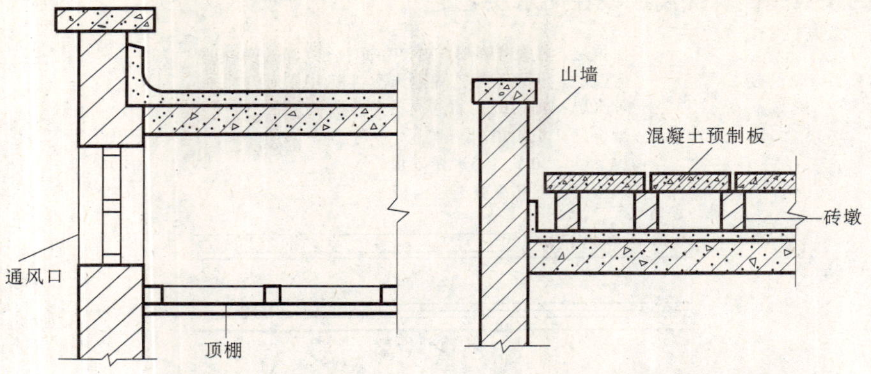

(a)顶棚通风　　(b)架空大阶砖或预制板通风

图 6-113　通风降温屋顶

可避免碳化、开裂，提高耐久性。蓄水屋面既可隔热降温，还可养殖鱼虾等。

3. 植被隔热

植被隔热是在屋顶上种植植物，利用植物光合作用时吸收热量和植物对阳光的遮挡来达到隔热的目的。这种做法既提高了屋顶的保温隔热性能，还有利于屋面的防水防渗，保护防水卷材，同时栽培的花草或农作物还可美化、净化环境，但增加了屋顶的荷载。

4. 反射隔热

反射隔热是在屋面铺浅色的砾石或刷浅色涂料等，利用浅色材料的颜色和光滑度对热辐射的反射作用，将屋面的太阳辐射热反射出去，从而达到降温隔热的作用。做法有铺设浅色豆石、大阶砖等作屋面保护层，或屋面刷石灰水、铝银粉以及用带铝箔的油毡防水面层等。

三、坡屋顶的构造

(一)坡屋顶的承重结构

坡屋顶的承重结构用来承受屋面传来的荷载，并把荷载传给墙或柱。坡屋顶承重结构的顶面是一个斜面，常见的结构形式有横墙承重、屋架承重、梁架承重，如图 6-114 所示。

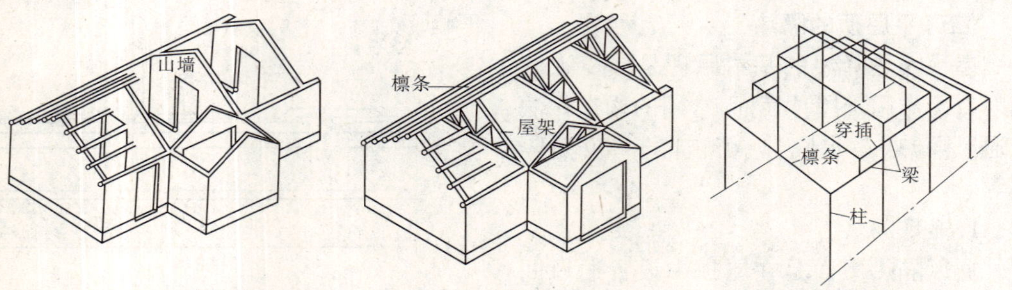

(a)横墙承重　　(b)屋架承重　　(c)梁架承重

图 6-114　屋架承重的结构形式

1. 横墙承重

横墙承重将横墙顶部按屋面坡度大小砌成三角形，在墙上直接搁置檩条或钢筋混凝土屋面板支承屋面传来的荷载。它适用于住宅、旅馆等开间较小的建筑。

2. 屋架承重

屋架支承在纵向外墙或柱上，上面搁置檩条或钢筋混凝土屋面板承受屋面传来的荷载。为防止屋架倾斜并加强屋架的稳定性，应在屋架之间设置支撑。

屋架承重可使房屋内部有较大的空间，增加了内部空间划分的灵活性。

3. 梁架承重

梁架承重是由柱和梁组成排架，檩条置于梁间承受屋面荷载并将各排架联系成为一完整骨架，内外墙体均填充在骨架之间，仅起分割和维护作用，不承受荷载。

构架交接点为榫齿结合，整体性及抗震性较好；但消耗木材量较多，耐火性和耐久性均较差，维修费用高。

(二)坡屋面的构造

坡屋面是利用各种瓦材做防水层，利用瓦与瓦之间的搭盖来达到防水的目的。屋面瓦材有平瓦、波形瓦、油毡瓦、金属压型钢板等。

1. 平瓦屋面

平瓦有黏土平瓦和水泥平瓦。其适宜的排水坡度为20%～50%。

平瓦屋面按基层不同有冷摊瓦屋面、木望板平瓦屋面和钢筋混凝土板盖瓦屋面三种。

1)冷摊瓦屋面

冷摊瓦屋面是在屋架上弦或檩条上钉挂瓦条，在瓦条上直接挂瓦的屋面，如图6-115所示。这种屋面构件少，构造简单，造价低，但保温和防漏都很差，多用于简易房屋或敞棚。

2)木望板平瓦屋面

木望板平瓦屋面是在檩条或椽木上钉木望板，木望板上沿屋脊方向干铺一层油毡，沿顺水方向钉顺水条，以固定油毡和支架上面的挂瓦条；在顺水条上再钉挂瓦条，如图6-116所示。

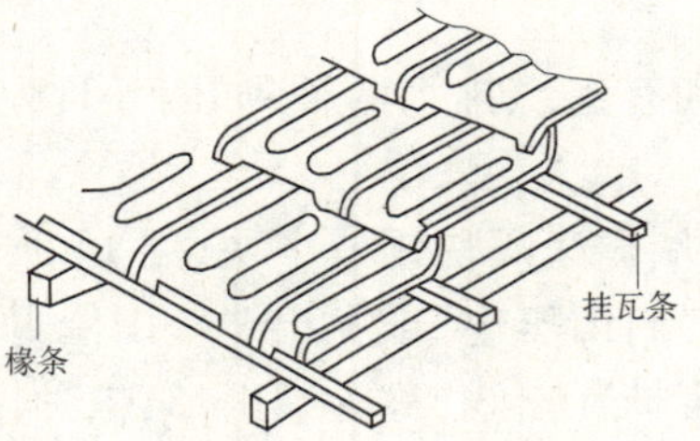

图6-115　冷摊瓦屋面

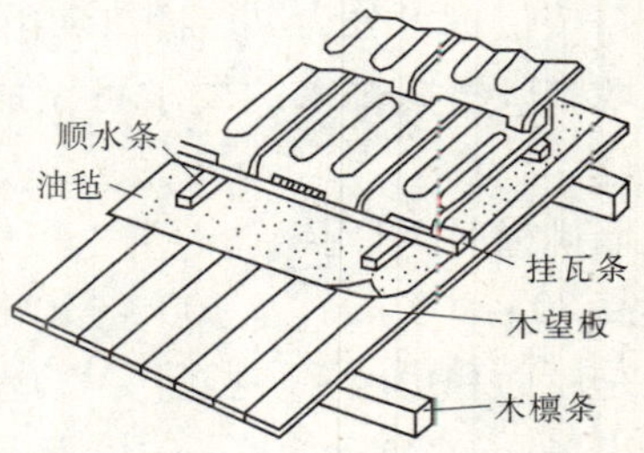

图6-116　木望板平瓦屋面

3)钢筋混凝土板盖瓦屋面

钢筋混凝土板盖瓦屋面是将钢筋混凝土板作为屋面基层，然后在屋面板上盖瓦的屋面。盖瓦方式有三种：钉瓦条挂瓦或用钢筋混凝土挂瓦板直接挂瓦；用草泥或煤渣灰窝瓦；在屋面板上直接抹防水水泥砂浆并贴瓦或齿形面砖，如图6-117所示。

2. 波形瓦屋面

波形瓦屋面的适宜排水坡度为10%～50%。

波形瓦直接固定在檩条上，每块瓦应固定在三根檩条上，瓦的端部搭接长度应不小于100 mm，横向搭接应按主导风向至少搭接一波半。瓦钉的钉固孔位应在瓦的波峰处，并应加设铁垫圈和毡垫或灌厚质防潮油防水。铺瓦时应由檐口铺向屋脊，屋脊处盖脊瓦并用麻刀灰或纸筋灰嵌缝。

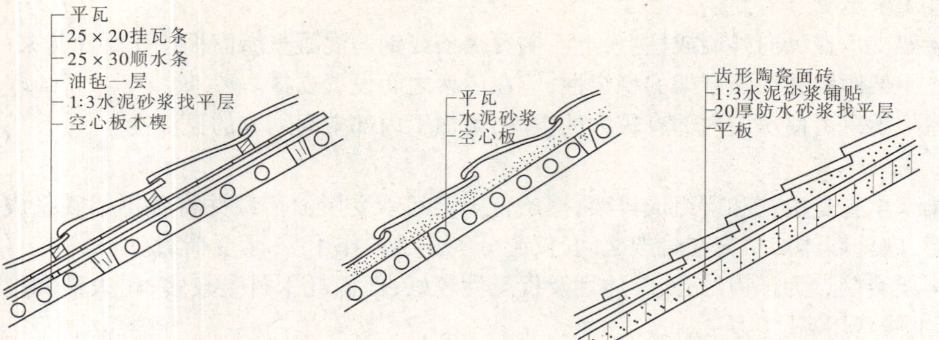

图 6-117　钢筋混凝土板盖瓦屋面的构造

3. 油毡瓦屋面

油毡瓦是以玻璃纤维为胎基，经浸涂石油沥青后，面层热压各色彩砂，背面撒以隔离材料而制成的瓦状材料。油毡瓦适用于排水坡度大于 20% 的坡屋面，一般用油毡钉固定（木基层），或用水泥钉固定（混凝土基层上的水泥砂浆找平层）。

4. 金属压型钢板屋面

金属瓦屋面是用镀锌铁皮或铝合金瓦做防水层的一种屋面，主要用于大跨度建筑的屋面。金属瓦屋面自重轻、防水性能好、使用年限长。压型钢板一般用配套的零件直接支承于檩条上，檩条多为工字钢、槽钢等。

（三）平瓦坡屋面的细部构造

1. 檐口

檐口按位置可分为纵墙檐口和山墙檐口。

纵墙檐口根据排水的要求可做成无组织排水和有组织排水两种，如图 6-118、图 6-119 所示。

山墙挑檐时，可用钢筋混凝土板出挑，平瓦在山墙檐边隔块锯成半块，用 1∶2.5 水泥砂浆抹成高 80～100 mm、宽 100～120 mm 的封边，称“封山压边”或瓦出线。山墙封时，第一种做法是屋面和山墙平齐或挑一二皮砖，用水泥砂浆抹瓦出线，称为硬山；第二种做法是将山墙高出屋面，高度达 500 mm 以上者可做封火墙，在山墙与屋面交接处做泛水，称为出山，如图 6-120 所示。

2. 屋脊

平瓦屋面的屋脊可用 1∶1∶4（水泥∶石灰∶砂子）混凝砂浆铺贴脊瓦，如图 6-121 所示。

3. 天沟

天沟一般用镀锌铁皮制成，两边包钉在瓦下的木条上。对于钢筋混凝土屋面板，可在沟上做防水层，如图 6-122 所示。

（四）坡屋顶的保温

坡屋顶的保温有顶棚保温和屋面保温两种。

顶棚保温是在坡屋顶的悬吊顶棚上加铺木板，上面干铺一层油毡做隔汽层，然后在油毡上面铺设轻质保温材料，如图 6-123 所示。

屋面保温是在屋面铺草秸，将屋面做成麦秸泥青灰顶，或将保温材料设在檩条之间，如

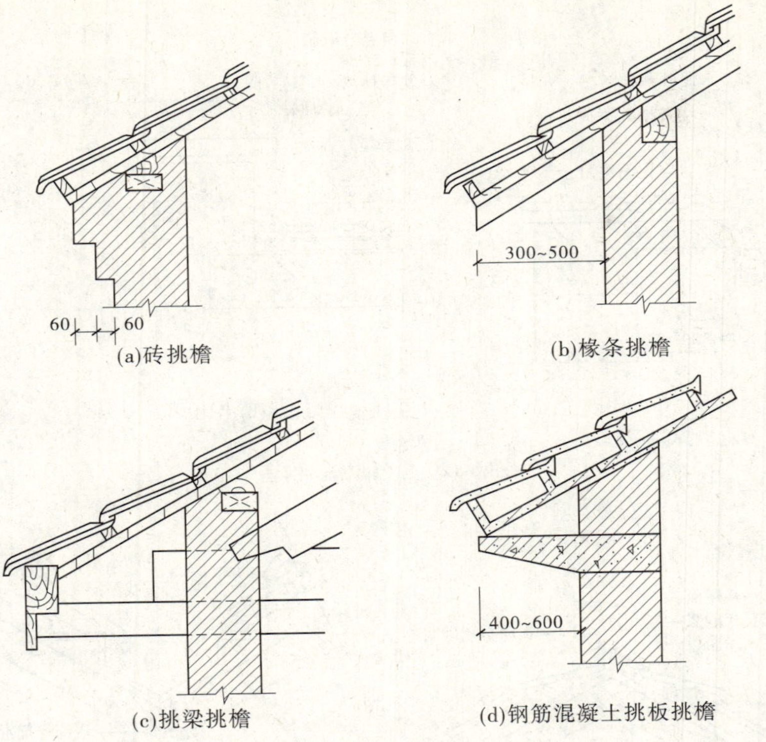

图 6-118　无组织排水纵墙挑檐构造

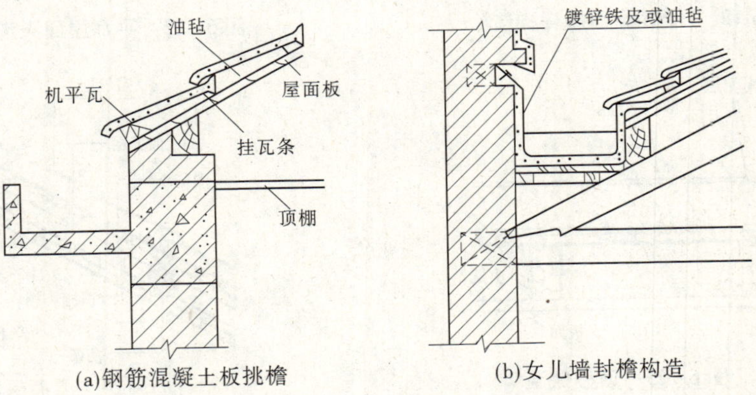

图 6-119　有组织排水纵墙挑檐构造

图 6-124 所示。

(五)坡屋顶的隔热

坡屋顶一般利用屋顶通风来隔热,有屋面通风和吊顶棚通风两种方式。

屋面通风是把屋面做成双层,在檐口设进风口,屋脊设出风口,利用空气流动带走层间的热量,以降低屋顶的温度,如图 6-125 所示。

吊顶棚通风是利用吊顶棚与坡屋面之间的空间作为通风层,在坡屋顶的歇山、山墙或屋面等位置设进风口,如图 6-126 所示。

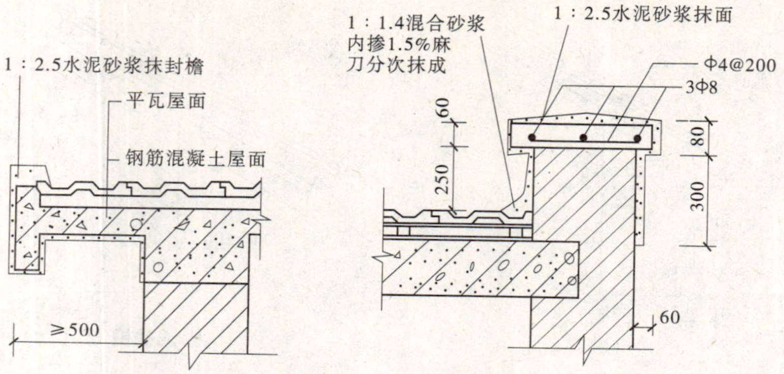

(a)硬山　(b)出山

图 6-120　山墙檐口构造

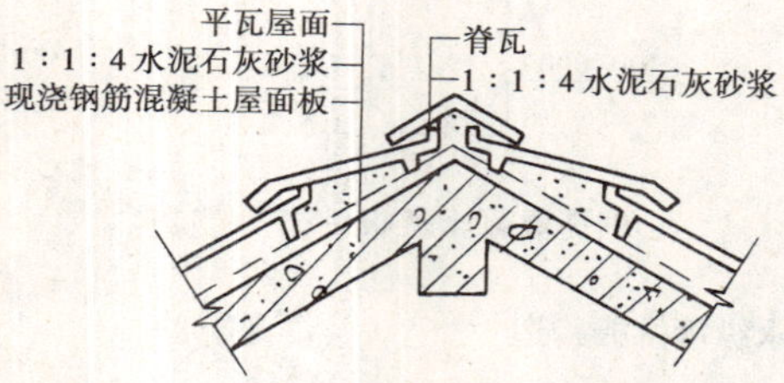

图 6-121　平瓦屋面屋脊构造

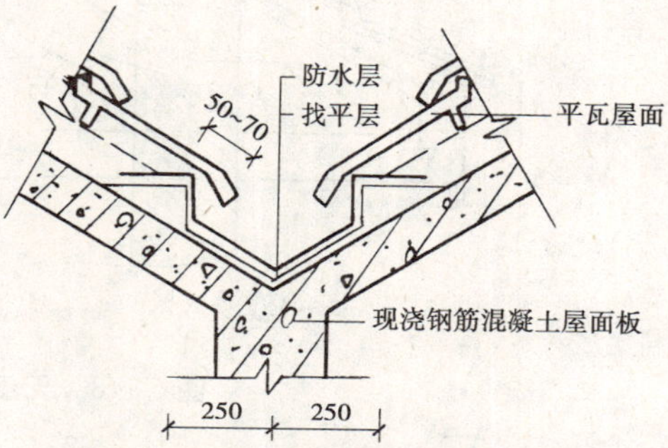

图 6-122　平瓦屋面天沟构造

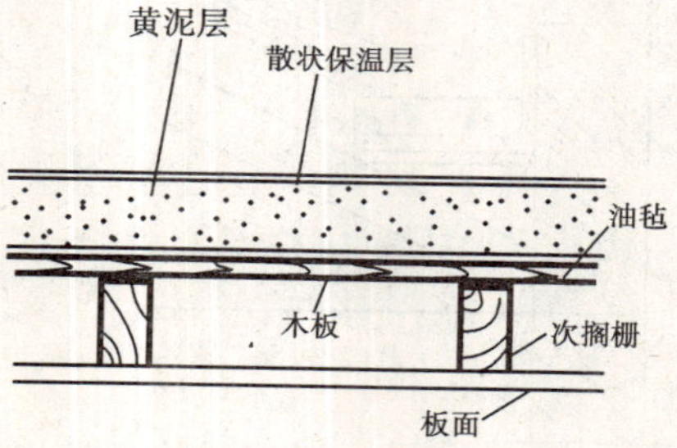

图 6-123　顶棚保温

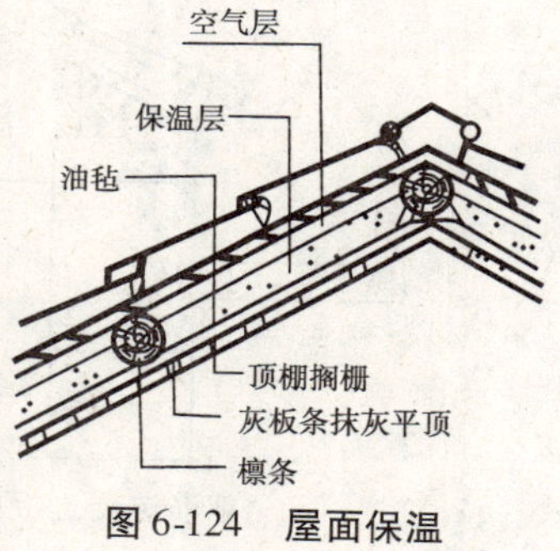

图 6-124　屋面保温

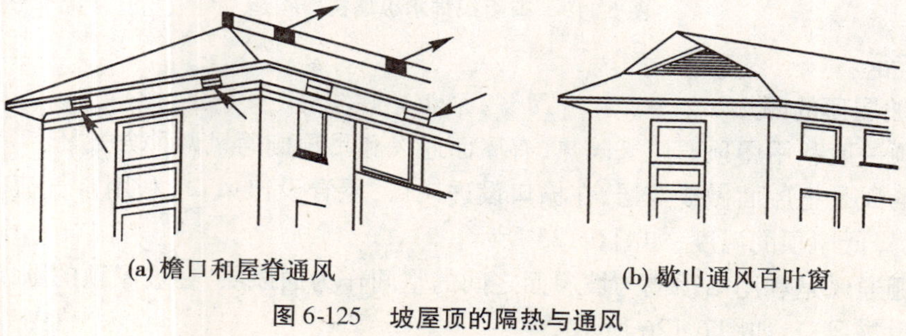

(a) 檐口和屋脊通风　(b) 歇山通风百叶窗

图 6-125　坡屋顶的隔热与通风

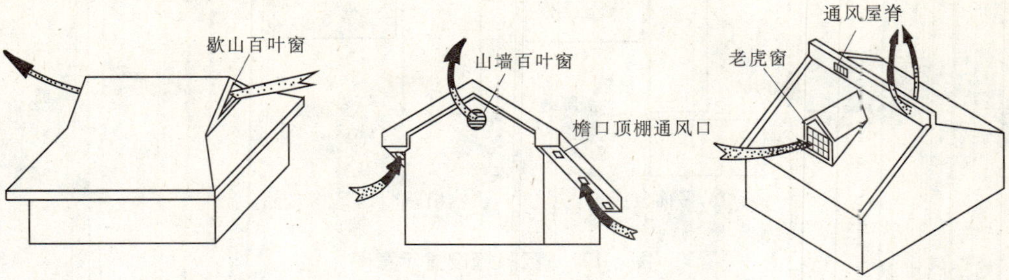

(a)歇山百叶窗　(b)山墙百叶窗和檐口通风口　(c)老虎窗与通风屋脊

图 6-126　吊顶棚通风

第八节　变形缝

变形缝是为防止建筑物在外界因素(温度变化、地基不均匀沉降、地震)作用下产生变形、开裂甚至破坏而人为地设置的。

变形缝包括伸缩缝、沉降缝和防震缝三种。

一、变形缝的设置原则

(一)伸缩缝

建筑物因温度变化的影响而产生热胀冷缩,在结构内部产生温度应力,当建筑物长度超过一定限度,建筑平面变化较多或结构类型变化较大时,建筑物会因热胀冷缩变形而产生开裂。为预防这种情况发生,常常沿建筑物长度方向每隔一定距离或结构变化较大处预留缝隙,将建筑物断开,这种因温度变化而设置的缝隙就称为伸缩缝,也称温度缝。

伸缩缝要求把建筑物的墙体、楼板层、屋顶等地面以上部分全部断开,基础因埋在土中,受温度变化影响小,不需断开。

伸缩缝的宽度一般为 20 ~ 40 mm,其位置和间距与建筑物的类型、材料、施工条件及当地温度变化情况有关。

(二)沉降缝

沉降缝是为了预防建筑物各部分由于地基承载力不同或各部分的高度、荷载、结构类型有较大差异等原因引起建筑物不均匀沉降造成的破坏而设置的变形缝。符合下列情况之一者应设置沉降缝。

(1)平面复杂的建筑在建筑物的转角处,如图 6-127(a)所示;

(2)建筑物高度或荷载差异较大处;

(3)长高比过大的砌体承重结构或钢筋混凝土框架的适当部位;

(4)地基土的压缩性有显著差异处;

(5)建筑结构类型或基础类型不同处;

(6)新建或扩建建筑物与原有建筑物毗连部位,如图 6-127(b)所示。

沉降缝处,从建筑物基础底部至屋顶全部断开,使各部分形成能各自自由沉降的独立的刚度单元,同时沉降缝也应兼顾伸缩缝的作用。

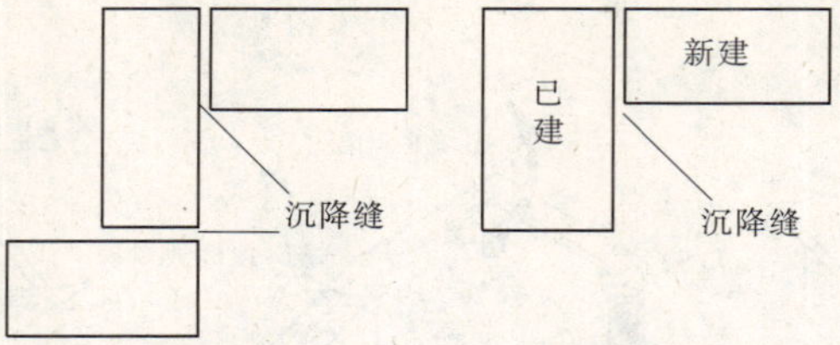

(a)平面复杂　　(b)新旧建筑物之间

图 6-127　沉降缝设置示意图

沉降缝的宽度与地基情况及建筑物高度有关,其宽度如表 6-2 所示。

表 6-2　沉降缝的宽度

地基性质	建筑物高度或层数	缝宽(mm)
一般地基	$H<5$ m	30
	$H=5\sim8$ m	50
	$H=10\sim15$ m	70
软弱地基	2 ~ 3 层	50 ~ 80
	4 ~ 5 层	80 ~ 120
	6 层以上	>120
湿陷性黄土地基		30 ~ 70

(三)防震缝

为了防止建筑物的各部分在地震时相互撞击造成变形和破坏而设置的垂直缝叫防震缝。

在地震区建造房屋,应力求体型简单,重量、刚度对称并均匀分布,建筑物的形心和重心尽可能接近,避免在平面和立面上的突然变化。防震缝应将建筑分成若干体型简单、结构刚度均匀的独立单元。对多层砌体房屋来说,有下列情况之一时需设防震缝。

(1)建筑平面体型复杂,有较长的突出部分,应用防震缝将其断开,使其形成几个简单规整的独立单元;

(2)建筑物立面高差超过 6 m 时,在高差变化处设置防震缝;

(3)建筑物毗连部分结构的刚度、重量相差悬殊处,需用防震缝分开;

(4)建筑物有错层且楼板高差较大时,需在高度变化处设置防震缝。

防震缝缝宽与结构形式、设防烈度、建筑物高度有关。在砖混结构中,缝宽一般为 50 ~ 100 mm,多(高)层钢筋混凝土结构防震缝最小宽度见表 6-3。

表 6-3　防震缝的最小宽度　　(单位:mm)

结构体系	建筑高度 $H\leqslant15$ m	建筑高度 $H>15$ m,每增加 5 m 加宽		
		7 度	8 度	9 度
框架结构、框 - 剪结构	70	20	33	50
剪力墙结构	50	14	23	35

防震缝处相邻的上部结构完全断开，基础一般不断开，缝两侧均需布置墙体，使其封闭连接。伸缩缝、沉降缝应符合防震缝的要求。

当建筑物需设变形缝时，应尽量做到少设缝，做到一缝多用。沉降缝也可兼作伸缩缝的作用，伸缩缝却不能代替沉降缝，当伸缩缝与沉降缝结合设置或防震缝与沉降缝结合设置时，基础也应断开。

二、变形缝的构造

墙体变形缝的构造处理既要保证变形缝两侧的墙体自由伸缩、沉降或摆动，又要密封较严，以满足防风、防雨、保温隔热和外形美观的要求。

(一)伸缩缝

墙体的伸缩缝可做成平缝、错口缝、企口缝等形式，如图 6-128 所示。

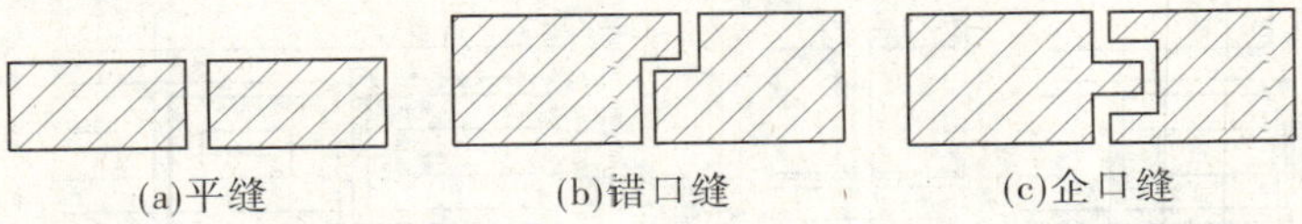

图 6-128　伸缩缝的截面形式

外墙伸缩缝内填塞具有防水、保温和防腐性能的弹性材料，如沥青麻丝、泡沫塑料条、橡胶条、油膏等。内侧缝口通常用具有装饰效果的木质盖缝条、金属条或塑料片遮盖，如图 6-129所示。

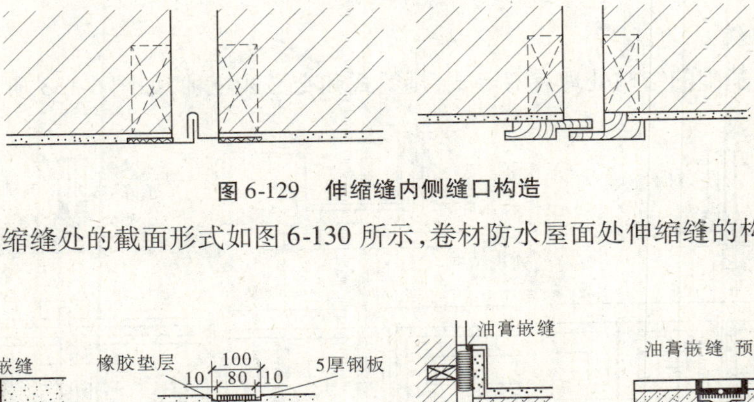

图 6-129　伸缩缝内侧缝口构造

楼地板伸缩缝处的截面形式如图 6-130 所示，卷材防水屋面处伸缩缝的构造如图 6-131 所示。

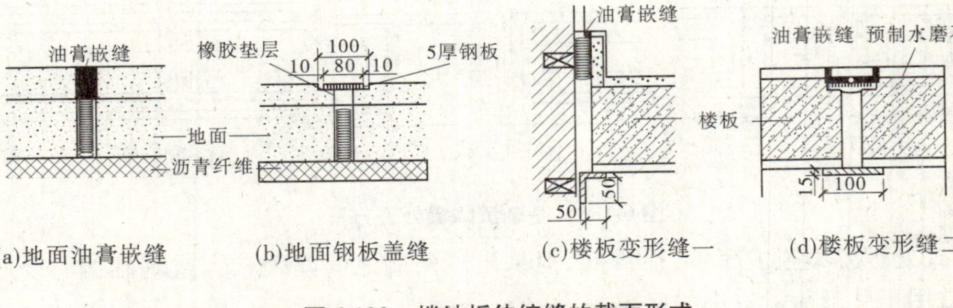

图 6-130　楼地板伸缩缝的截面形式

砖混结构的伸缩缝可采取单墙方案或双墙方案，如图 6-132 所示。框架结构一般采用悬臂梁方案，也可采用双梁双柱方式，但施工较复杂。

采用单墙方案时，伸缩缝有两侧共用一道墙体，这种方案只加设一根梁，比较经济。但是墙体未能闭合，对抗震不利，在非震区可以采用。采用双墙方案时，伸缩缝两侧各有自己

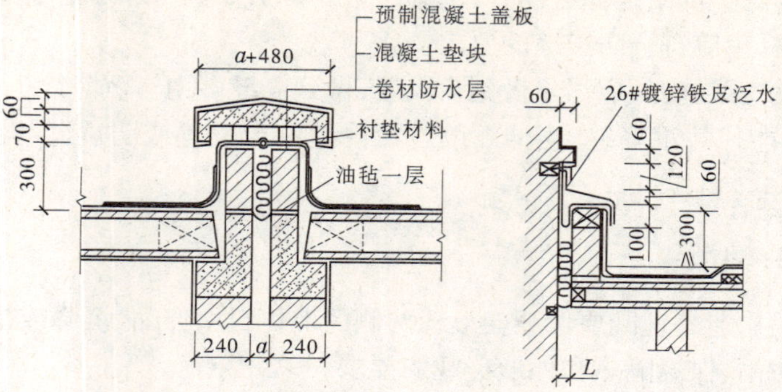

图 6-131　卷材防水屋面伸缩缝的构造

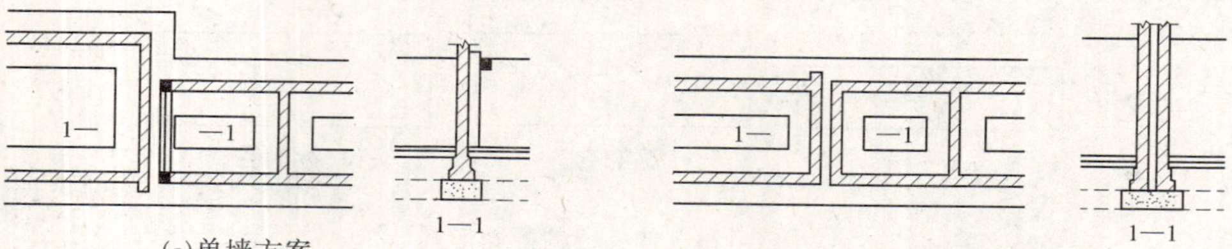

(a)单墙方案　(b)双墙方案

图 6-132　砖混结构伸缩缝设置方案

的墙体，各温度区段组成完整的闭合墙体，对抗震有利，但造价较高，插入距较大，在震区宜于采用。

(二)沉降缝

沉降缝处基础的结构处理有双墙式、挑梁式和交叉式三种，如图 6-133 所示。

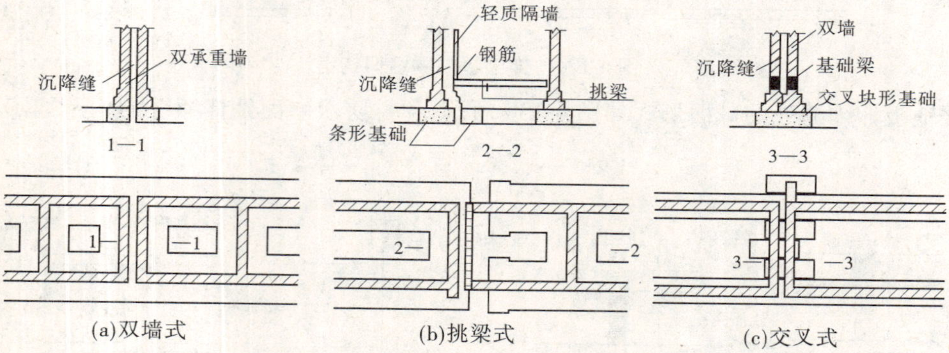

图 6-133　基础沉降缝处理方案

双墙式处理方案施工简单，造价低，但易出现两墙之间间距较大或基础偏心受压的情况，因此常用于基础荷载较小的房屋。

挑梁式处理方案是将沉降缝一侧的墙和基础按一般构造做法处理，而另一侧则采用挑梁支承基础梁，基础梁上支承轻质墙的做法。

交叉式处理方案是将沉降缝两侧的基础均做成墙下独立基础，交叉设置，在各自的基础上设置基础梁以及支承墙体。这种做法受力明确，效果好，但施工难度大，造价也较高。

墙体沉降缝常用镀锌铁皮、铝合金板和彩色薄钢板等盖缝，如图 6-134 所示。

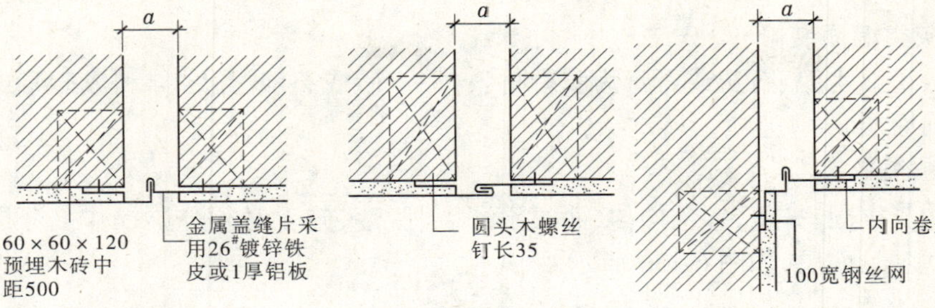

(a)金属盖板1　(b)金属盖板2　(c)转角墙处

图 6-134　墙体沉降缝构造

地面、楼板层、屋顶沉降缝的盖缝处理基本同伸缩缝构造。顶棚盖缝处理应充分考虑变形方向，以尽量减少不均匀沉降所产生的影响。

(三)防震缝

对建筑防震来说，一般只考虑水平地震作用的影响。因此，防震缝的构造与伸缩缝相似。但墙体不能做成错口缝或企口缝，如图 6-135 所示。由于防震缝一般较宽，通常采取覆盖的做法，盖缝应牢固，满足防风和防水等要求，同时还应具有一定的适应变形的能力。

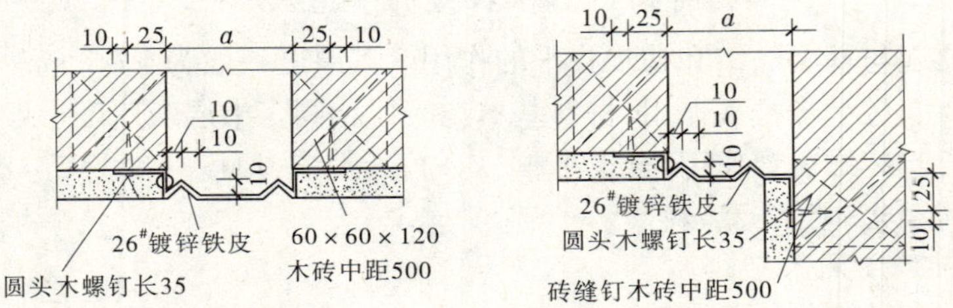

(a)平缝盖缝　(b)转角墙盖缝

图 6-135　防震缝构造

第九节　饰面装修

一、饰面装修的作用与种类

(一)饰面装修的作用

(1)保护墙体。增强墙体的坚固性、耐久性，延长墙体的使用年限。

(2)改善墙体的使用功能。提高墙体的保温、隔热和隔声能力。

(3)提高建筑的艺术效果，美化环境。

(二)饰面装修的种类

(1)按部位分为外墙面装修和内墙面装修。

(2)按材料及施工工艺分为清水墙饰面、抹灰类饰面、涂料类饰面、饰面砖(板)饰面、裱糊类饰面装修等。

二、墙面装修

(一)抹灰类墙面装修

墙面抹灰是以水泥、石灰或石膏为胶凝材料,加入砂或石渣,用水拌和成砂浆或石渣浆作为墙面的饰面层。

1. 抹灰的组成

为保证抹灰牢固、平整,颜色均匀,面层不开裂、脱落,施工时须分层操作。分层构造一般分为底层、中层、面层,如图 6-136 所示。

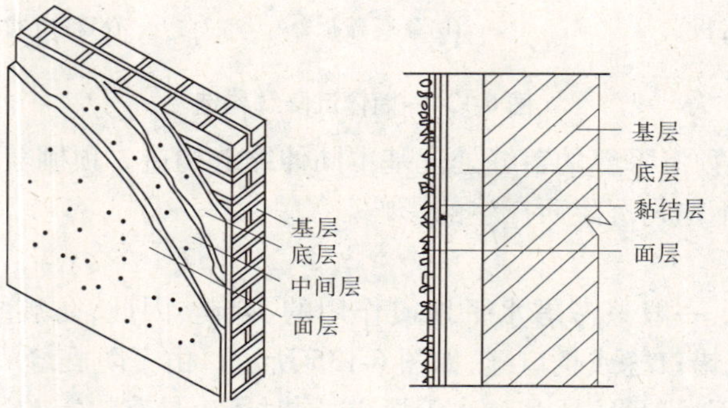

图 6-136 墙体抹灰饰面构造层次

底层灰主要起与基层黏结和初步找平的作用。其厚度一般为 5 ~7 mm。

中层灰主要起进一步找平作用,材料基本与底层相同。中层灰厚度一般为 5 ~9 mm。

面层灰主要起装饰美观作用,要求平整、均匀、无裂痕,厚度一般为 2 ~8 mm,面层灰不包括在面层上的刷浆、喷浆或涂料。

2. 抹灰的种类

(1)按照面层材料及做法,抹灰可分为一般抹灰和装饰抹灰。

一般抹灰是指用石灰砂浆、混合砂浆、聚合物水泥砂浆、麻刀灰、纸筋灰等对建筑物的面层抹灰。

装饰抹灰有水刷石、干粘石、斩假石等,有喷涂、弹涂、刷涂、拉毛等几种做法。

(2)按质量等级分为普通抹灰、高级抹灰。

普通抹灰由一层底灰、一层面灰组成。高级抹灰由一层底灰、数层中灰和一层面灰组成。

3. 抹灰细部处理

(1)护角。经常受到碰撞的内墙阳角,常抹高 2.0 m 的 1:2水泥砂浆,俗称水泥砂浆护角,如图 6-137 所示。

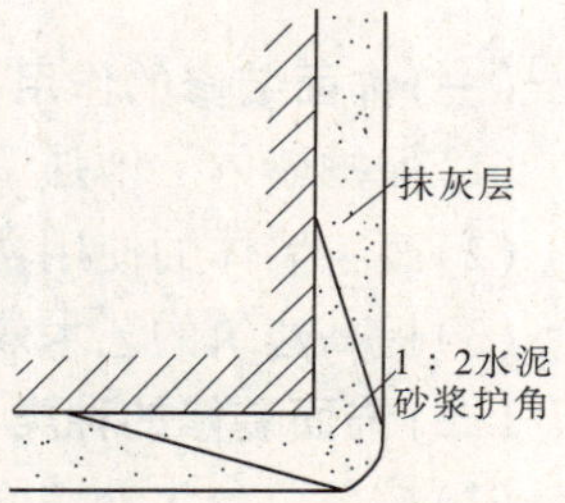

图 6-137 抹灰细部处理

(2)引条线。在外墙抹灰中,由于墙面抹灰面积较大,为防止面层开裂、方便操作和立面设计的需要,常在抹灰面层做分格,称为引条线。

引条线的做法是:在底层灰上埋设梯形、三角形或半圆形的木引条,面层抹灰完成后,即可取出木引条,再用水泥砂浆勾缝,以提高其抗渗能力。

(二)涂料类墙面装修

涂料饰面是在木基层表面或抹灰饰面上喷、刷涂料涂层的饰面装修。其造价低、装饰性好、操作简单、维修方便。

按涂刷材料种类不同,可分为刷浆类饰面、涂料类饰面、油漆类饰面三种。

1. 刷浆类饰面

刷浆类饰面是指在表面喷刷涂料或水性涂料的做法,通常有石灰浆、大白浆、可赛银浆等,价格低廉,但不耐久。

2. 涂料类饰面

涂料是指涂敷于物体表面能与基层牢固黏结并形成完整而坚韧保护膜的材料。

建筑涂料的种类很多,按成膜物质可分为有机涂料、无机高分子涂料、有机无机复合涂料。按建筑涂料所用稀释剂分类,可分为溶剂型涂料、水溶性涂料、水乳型涂料(乳胶漆)。按建筑涂料的功能分类,可分为装饰涂料、防火涂料、防水涂料、防腐涂料、防霉涂料、防结露涂料等。

3. 油漆类饰面

油漆类饰面能在材料表面干结成膜(漆膜),使之与外界空气、水分隔绝,从而达到防潮、防锈、防腐等保护作用。常用的油漆涂料有调和漆、清漆、防锈漆等。

贴面类墙面装修是将天然或人造的材料经加工制成板、板材,然后在现场通过构造连接或镶贴于墙体表面的装饰装修做法。主要有粘贴和挂贴两种做法。

(三)贴面类墙面装修

1. 饰面砖粘贴

饰面砖通常用水泥砂浆将其粘贴于墙上,如图6-138所示。常用的墙面砖有釉面砖、无釉面砖、仿花岗岩瓷砖、劈离砖等。

外墙的面砖之间通常要留出一定缝隙,以利湿气排除;内墙面为便于擦洗和防水则要求安装紧密,不留缝隙。

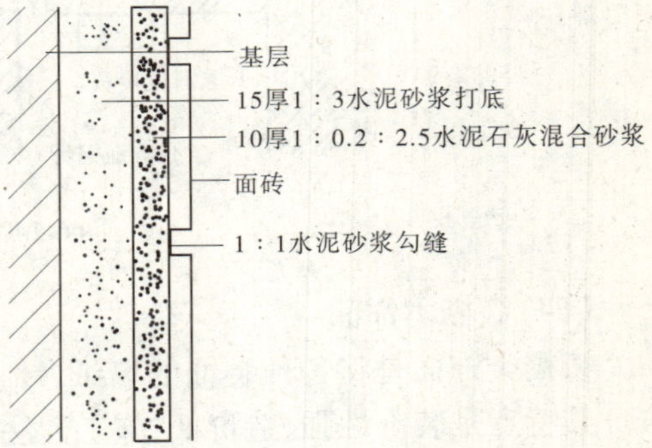

图6-138　饰面砖构造

2. 陶瓷锦砖饰面

陶瓷锦砖也称为马赛克,是高温烧结而成的小型块材,表面致密光滑、坚硬耐磨、耐酸耐碱,可用于墙面装修,也可用于地面装修。

铺贴时,先按设计的图案将小块的面材正面向下贴于牛皮纸上,然后牛皮纸向外将陶瓷锦砖贴于饰面基层,待半凝后将纸洗去,同时修整饰面。

3. 饰面板的挂贴

在墙体或结构主体上先固定龙骨骨架,形成饰面板的结构层,然后利用粘贴、紧固件连接、嵌条定位等手段,将饰面板安装在骨架上。对于石材类饰面板,主要有湿法和干法两种,如图6-139、图6-140所示。

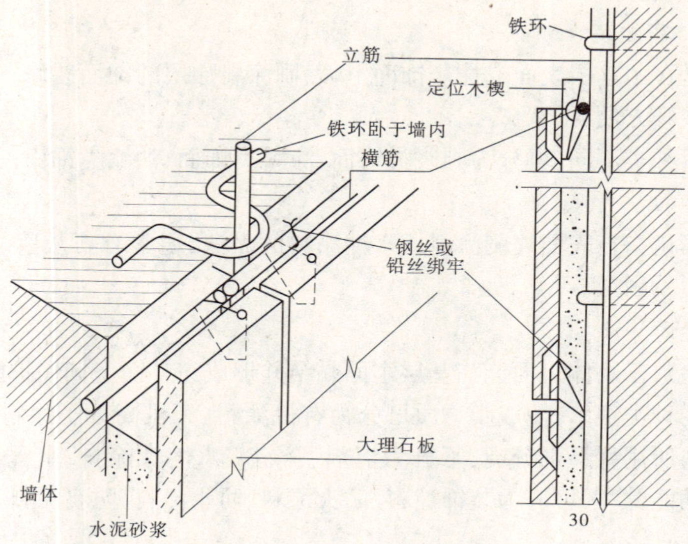

图 6-139　石材湿法作业

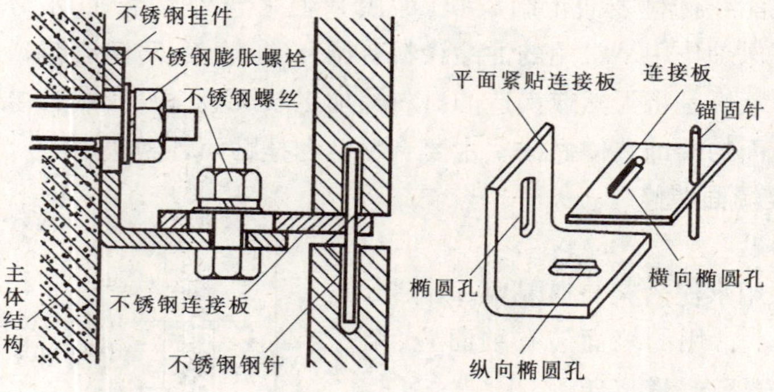

图 6-140　石材干法作业

（四）裱糊类饰面

裱糊类饰面是将各种装饰的墙纸、墙布通过裱糊、软包等方法形成的内墙面饰面的做法。其特点是装饰性强、造价低、施工方法简捷、材料更换方便，并可在曲面和墙面转折处粘贴，能获得连续的饰面效果。常用的装饰材料有 PVC 塑料壁纸、纺织物面墙纸、金属面墙纸、玻璃纤维墙布等。

（五）清水砖墙面装修

凡在墙体外表面不做任何外加饰面的墙体称为清水墙，反之，称为混水墙。

为防止灰缝不饱满而引起的空气渗透和雨水渗入，一般用 1∶1 水泥砂浆勾缝，勾缝形式有平缝、平凹缝、斜缝、弧形缝等，如图 6-141 所示。

（六）特殊部位的墙面装修

在内墙抹灰中，对易受到碰撞的部位，如门厅、走道的墙面和有防潮、防水要求的部位，如厨房、卫生间的墙面，为保护墙身，做成护墙墙裙。对内墙阳角、门洞转角等处则做成护

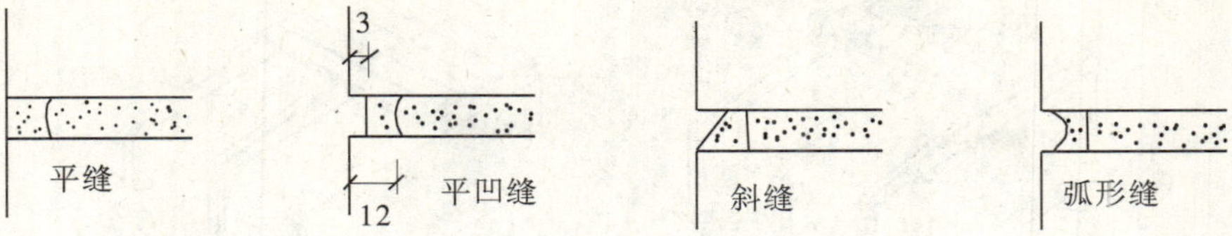

图 6-141　清水墙勾缝形式

角。墙裙和护角高度为 2 m 左右。

第十节　工业建筑

工业建筑是指从事各类工业生产以及直接为生产服务的房屋，是工业建设必不可少的物质基础。从事工业生产的房屋主要包括生产厂房、辅助生产用房以及为生产提供动力的房屋，这些房屋往往被称为厂房或车间。

一、单层工业厂房的组成

在单层工业厂房的结构形式中，以排架结构最多见，主要由横向排架和纵向连系构件以及支撑、围护构件组成，如图 6-142 所示。

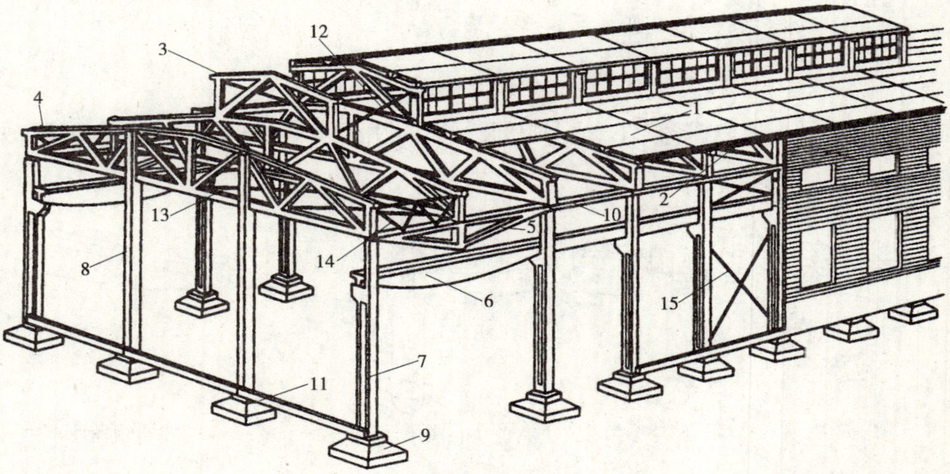

1—屋面板；2—天沟板；3—天窗架；4—屋架；5—托架；6—吊车梁；7—排架柱；8—抗风柱；9—基础；10—连系梁；11—基础梁；12—天窗架垂直支撑；13—屋架下弦横向水平支撑；14—屋架端部垂直支撑；15—柱间支撑

图 6-142　单层工业厂房的构件组成

（一）横向排架构件

横向排架构件包括屋架（或屋面梁）、柱子和基础。

1. 屋架（或屋面梁）

屋架（或屋面梁）是屋盖结构的主要承重构件，承受屋盖及天窗上的全部荷载，并将荷载传给柱子。

单层工业厂房屋盖的结构形式大致分为无檩体系和有檩体系两类，如图 6-143 所示。

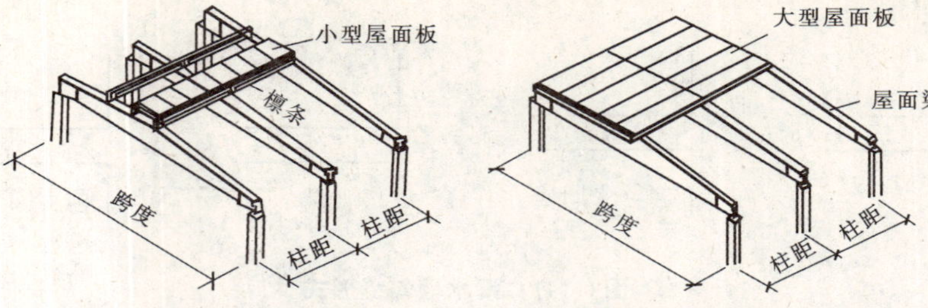

(a)有檩体系屋盖　　(b)无檩体系屋盖

图 6-143　屋盖结构的形式

1) 屋架

屋架按钢筋的受力情况分为预应力屋架和非预应力屋架；按材料分为木屋架、钢筋混凝土屋架和钢屋架；按外形通常有三角形、梯形、拱形和折线形屋架等几种，如图 6-144 所示。

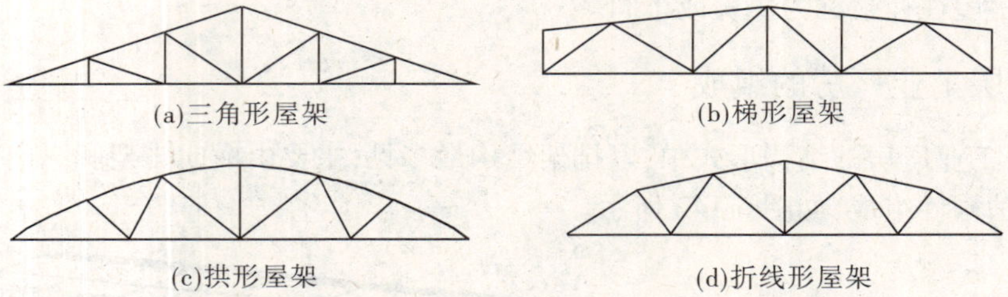

(c)拱形屋架　　(d)折线形屋架

图 6-144　钢筋混凝土屋架的外形

屋架的端部可采用内檐沟、外檐沟、中间天沟、自由落水等几种形式，如图 6-145 所示。

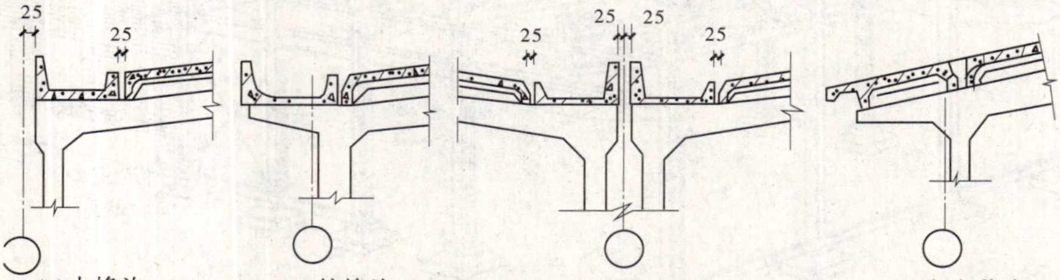

(a)内檐沟　　(b)外檐沟　　(c)中间天沟　　(d)自由落水

图 6-145　屋架的端部形式

屋架与柱子的连接方式有焊接和螺栓连接两种，如图 6-146 所示。目前采用较多的为焊接法。

2) 屋面梁

钢筋混凝土屋面大梁主要用于跨度较小的厂房，截面有 T 形和工字形两种，因腹板较薄，故常称其为薄腹梁。预应力钢筋混凝土工字形屋面梁如图 6-147 所示。

2. 柱

柱有承重柱和抗风柱两种。承重柱是厂房结构的主要承重构件，承受屋架、吊车梁、支撑、连系梁和外墙传来的荷载，并把它传给基础。

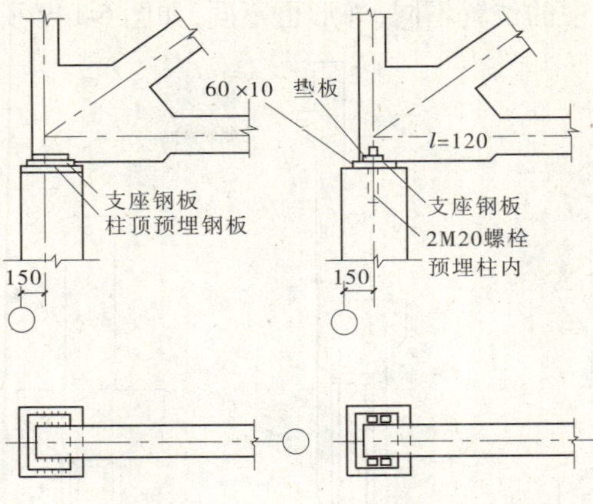

(a)焊接方式　　(b)螺栓连接方式

图 6-146　屋架与柱的链接

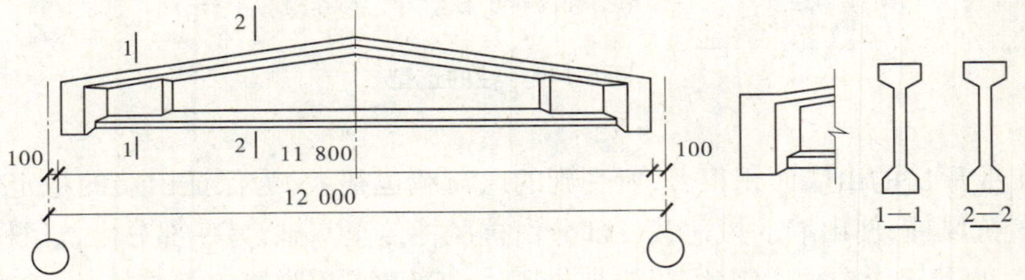

图 6-147　预应力钢筋混凝土工字形屋面梁

1)承重柱

一般工业厂房多采用钢筋混凝土柱，跨度、高度、吊车起重量都比较大的大型厂房可以采用钢柱或钢－钢筋混凝土组合柱。

钢筋混凝土柱基本上可分为单肢柱和双肢柱两类，单肢柱的截面形式有矩形、工字形、单管圆形，如图 6-148 所示。

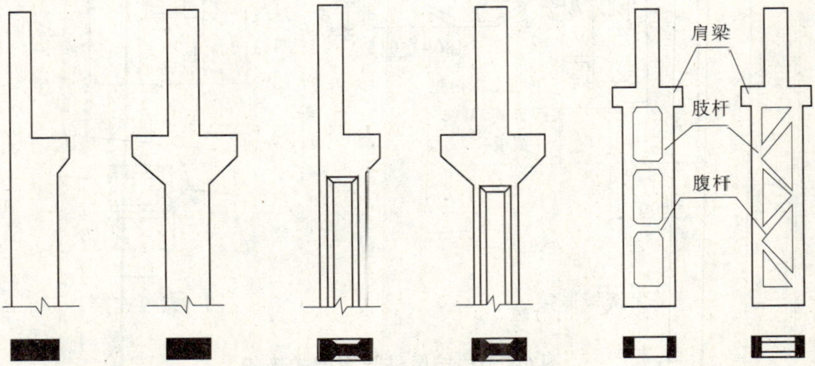

(a)矩形柱　　(b)工字形柱　　(c)双肢柱

图 6-148　钢筋混凝土柱

钢筋混凝土柱在厂房中的位置不同,外形也不同,如图6-149所示。

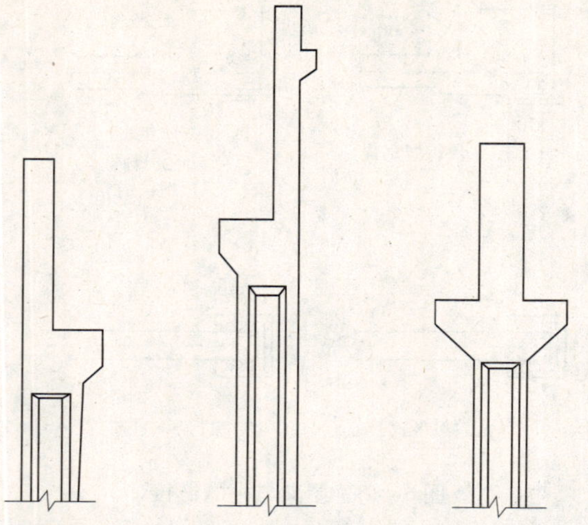

(a)边柱　(b)不等高跨中柱　(c)等高跨中柱

图6-149　柱的选型

2)抗风柱

单层工业厂房的山墙面积很大,所受到的风荷载也很大,为保证山墙的稳定性,应在山墙内侧设置抗风柱,使山墙的风荷载一部分由抗风柱传至基础,另一部分由抗风柱的上端传至屋盖系统,再传至纵向柱。因此,屋架与抗风柱之间常采用弹簧钢板连接,在垂直方向应允许屋架与抗风柱有相对的竖向位移,厂房沉降较大时,则宜采用螺栓连接的方法,如图6-150所示。

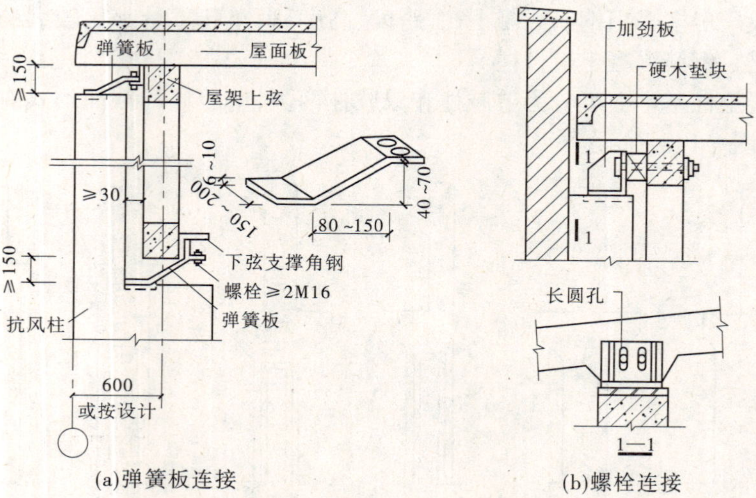

(a)弹簧板连接　(b)螺栓连接

图6-150　抗风柱与屋架的连接

3.基础

基础承受厂房上部结构的全部荷载,并将荷载传给地基。

单层排架工业厂房的基础主要采用钢筋混凝土杯形基础,杯形基础有单杯基础和双杯基础两种形式,如图 6-151 所示。双杯基础一般在变形缝处采用。

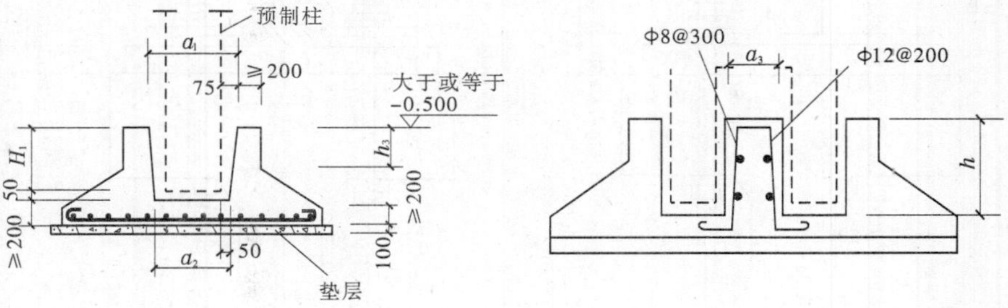

图 6-151　预制柱下杯形基础

杯形基础外形可做成锥形或阶梯形,为便于柱的安装,杯口尺寸应大于柱的截面尺寸,并在周边留有空隙。柱底面与杯口之间还应预留 50 mm 做找平层,在柱就位前用高强度等级细石混凝土找平,柱吊装就位后杯口与柱子四周缝隙用 C20 细石混凝土灌缝填实。

(二)纵向连系构件

纵向连系构件包括吊车梁、基础梁、连系梁(或圈梁)、大型屋面板等,纵向构件主要承受作用在山墙上的风荷载及吊车纵向制动力,并将这些力传递给柱子。

1. 吊车梁

吊车梁按外形和截面形状划分,有等截面的 T 形、工字形和变截面的鱼腹式吊车梁。

为了使吊车梁与柱、轨道便于连接及安装管线,在吊车梁上需设置预埋件及预留孔。吊车梁与柱的连接多采用焊接连接的方法,如图 6-152 所示。梁与柱中间的空隙用 C20 细石混凝土填实。

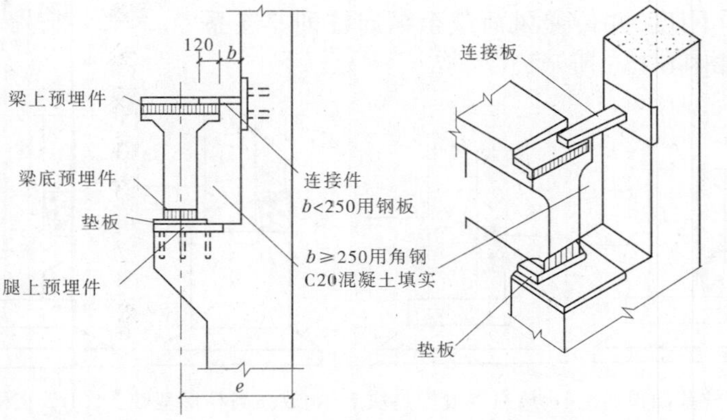

图 6-152　吊车梁与柱的连接

吊车梁与轨道的连接方法一般采用螺栓连接,如图 6-153 所示。

为了防止吊车运行时因来不及刹车而冲撞到山墙上,须在吊车梁的末端设车挡。车挡又称止冲器,其大小与吊车的重量有关。车挡用钢板制成,用螺栓固定到吊车梁的上翼缘,上面固定缓冲橡胶,如图 6-154 所示。

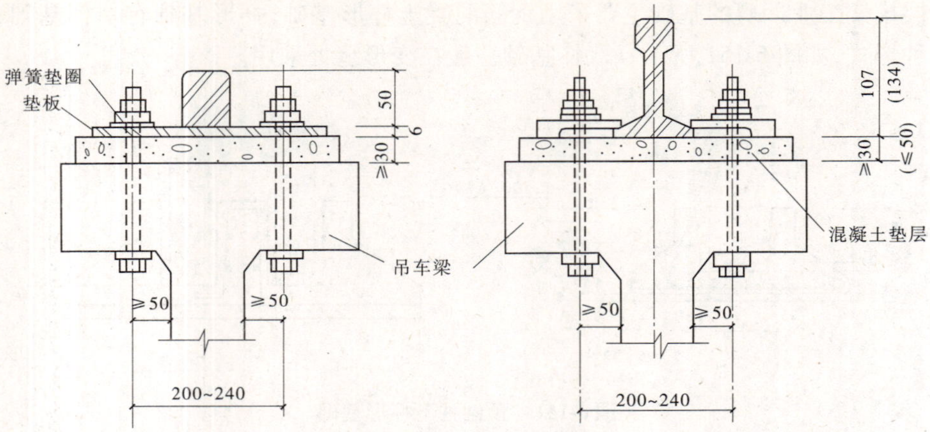

图 6-153　吊车梁与柱吊车轨道的连接

2. 基础梁

基础梁两端搁置在杯形基础的杯口上，墙体的重量通过基础梁传到基础上。

基础梁的截面形状多采用倒梯形，基础梁的顶面标高至少应低于室内地面 50 mm，高于室外地坪 100 mm。基础梁一般直接搁置在基础顶面上，当基础较深时，可采取在杯形基础上设置混凝土垫块，也可设置高杯形基础或在柱上设牛腿等措施，如图 6-155 所示。

3. 连系梁

连系梁是厂房纵向柱列的水平连系构件，主要用来增强厂房的纵向刚度，并传递风荷载至纵向柱列。连系梁与柱的连接如图 6-156 所示。

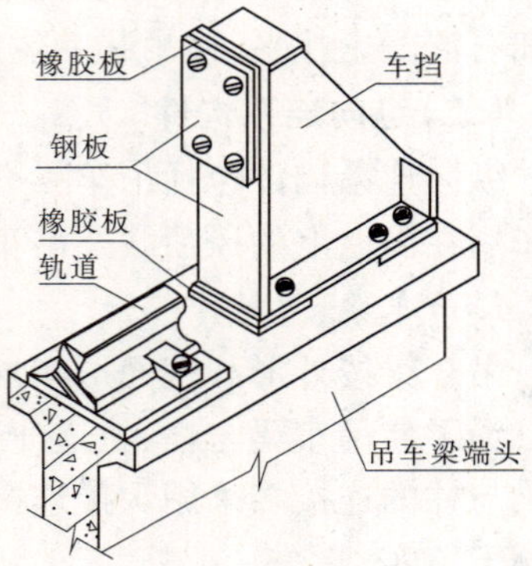

图 6-154　车挡

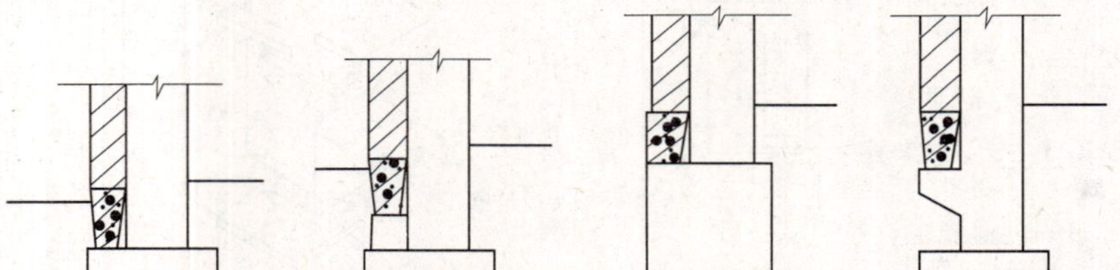

(a)放在柱基础顶面上 (b)放在混凝土垫块上 (c)放在高杯形基础上 (d)放在牛腿上

图 6-155　基础梁的位置与搁置方式

（三）支撑构件

支撑构件包括屋盖支撑系统和柱间支撑系统，主要传递水平风荷载及吊车产生的水平荷载，它可保证厂房的整体性和稳定性。

（四）围护构件

围护构件包括外墙、地面、门窗、天窗、地沟、散水等。

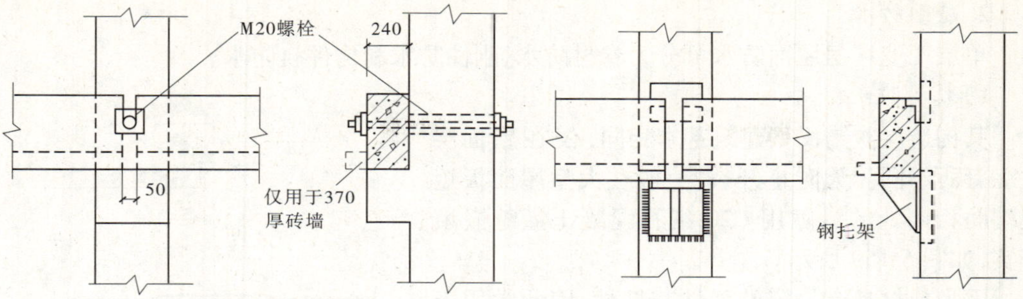

(a)螺栓连接　　　　　　　　　(b)焊接连接

图 6-156　连系梁与柱的连接

二、单层工业厂房的构造

(一)屋面

1. 屋面排水

单层厂房的屋面排水方式分为无组织排水和有组织排水。

1) 无组织排水

无组织排水也称自由落水,雨水沿坡面和檐口直落地面。它仅适用于单跨双面坡,且檐口至室外地面的高度不大的小型单层厂房,如图 6-157 所示。

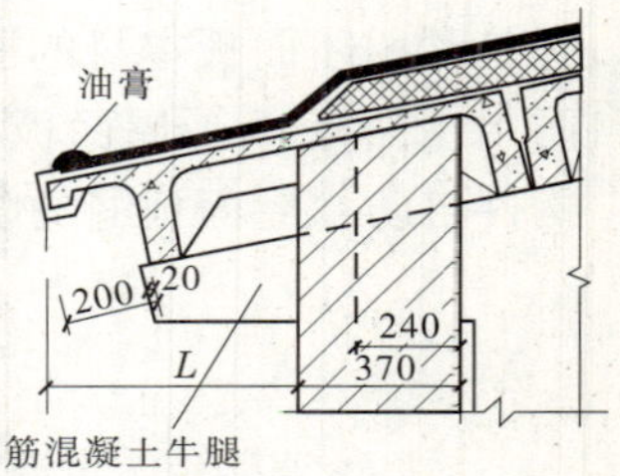

图 6-157　无组织排水

2) 有组织排水

有组织排水是将雨水导入天沟及雨水口,再经雨水管排到指定地点。它一般适用于降雨量大的地区或檐口较高、屋面集水面积较大的大中型厂房。

有组织排水又分外排水和内排水,外排水示意图如图 6-158 所示。当厂房为高低跨时,可先将高跨的雨水排至低跨屋面,然后从低跨挑檐沟引入地下。

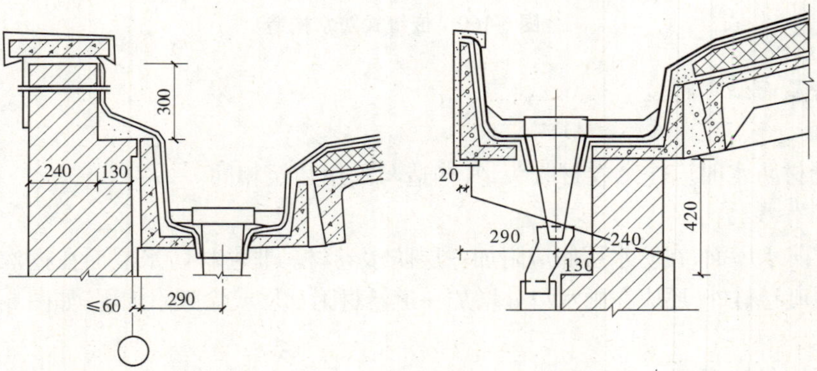

图 6-158　有组织外排水示意图

2. 屋面防水

单层工业厂房屋面防水可分为卷材防水、刚性防水和构件自防水。

1)卷材防水

其构造层次与民用建筑基本相同,仅在屋面层次上有所不同。为防止开裂,一般在大型屋面板短边端肋相接处的缝隙用 C20 细石混凝土灌缝嵌填密实,如图 6-159 所示。

因为卷材具有一定的弹性与韧性,因此常用于有震动要求的厂房里面。

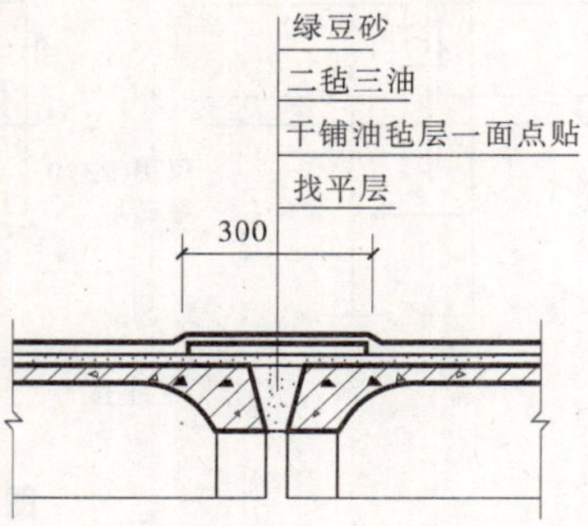

图 6-159 大型屋面板卷材防水层端肋接缝

2)刚性防水

刚性防水一般采用在大型屋面板上现浇一层细石混凝土,其厚度为 30 ~ 60 mm,内配Φ 4@ 200 mm 的双向钢筋网片,其构造与民用建筑相同。

3)构件自防水

它是利用屋面板本身的混凝土密实性能,同时在板面上涂刷防水剂以达到防水的作用,如自防水屋面板、F 形屋面板等,也可利用构件自身的性能进行防水,如金属压型屋面板。

构件自防水屋面板缝的防水构造有嵌缝式和搭盖式两种做法,见图 6-160、图 6-161。

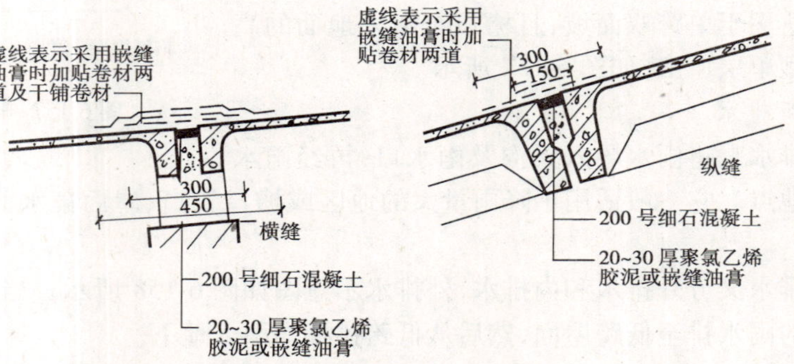

图 6-160 嵌缝式防水构造

3. 厂房屋面细部构造

1)挑檐

采用卷材防水时应注意卷材收头,其构造与民用建筑相同。

2)纵墙外檐沟

对卷材防水屋面,在防水层底应附加一层防水卷材。非卷材防水屋面在檐沟与屋面板相接处除做两道卷材外,还应在雨水口处增加一道卷材附加层或涂膜附加层,如图 6-162 所示。

3)泛水

泛水构造做法见图 6-163、图 6-164。

4)变形缝

变形缝构造处理见图 6-165。

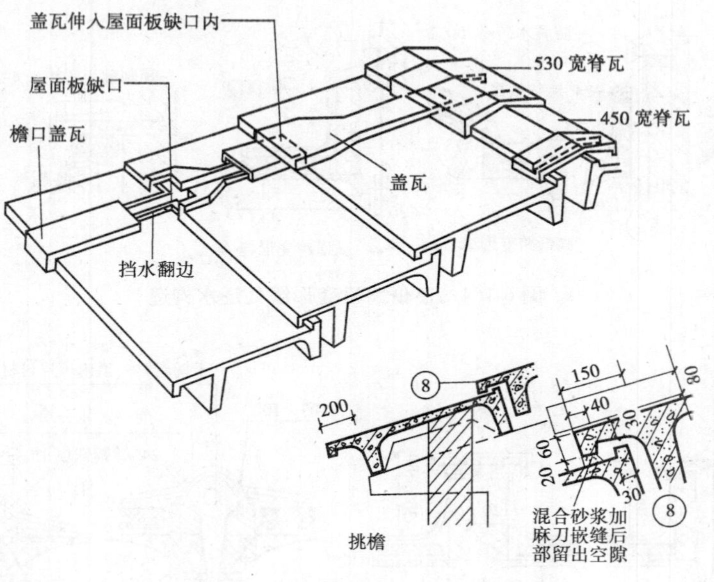

图 6-161　F 形板屋面组成及搭缝构造

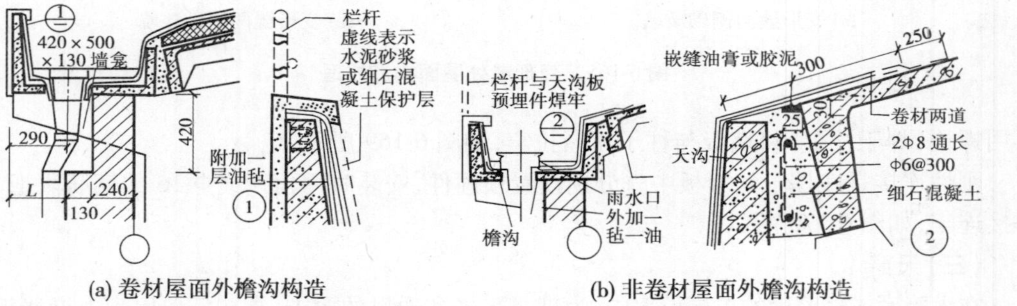

图 6-162　纵墙外檐沟构造

(二) 外墙

1. 外墙与柱的连接

为保证外墙与柱的连接牢固，通常沿柱子高度方向每隔 500～600 mm 预埋两根Φ 6 钢筋，砌墙时把伸出的钢筋砌在墙缝里，如图 6-166 所示。

2. 墙与屋架(屋面梁)的连接

墙与屋架(屋面梁)的连接如图 6-167 所示。

3. 大型墙板与柱的连接

墙板与柱的连接分为柔性连接和刚性连接两种。

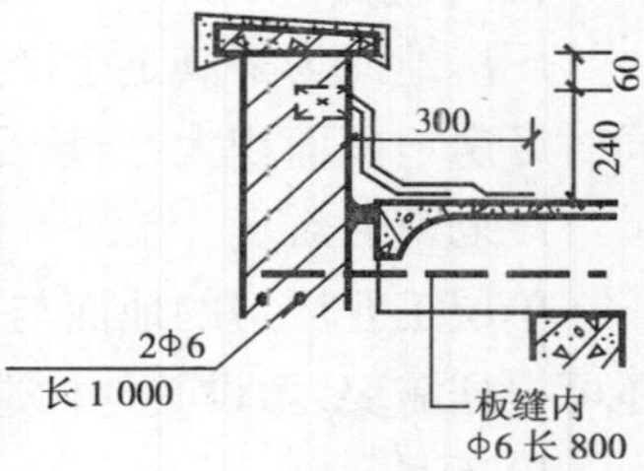

图 6-163　大型屋面板山墙泛水构造

柔性连接是指通过墙板和柱的预埋件及连接件将两者拉结在一起。柔性连接的方法有螺栓连接和压条连接两种做法。螺栓连接在水平方向用螺栓、挂钩等辅助件拉结固定，在垂直方向上每 3～4 块板设一个钢支托支承，如图 6-168 所示。压条连接是在墙板上加压条，

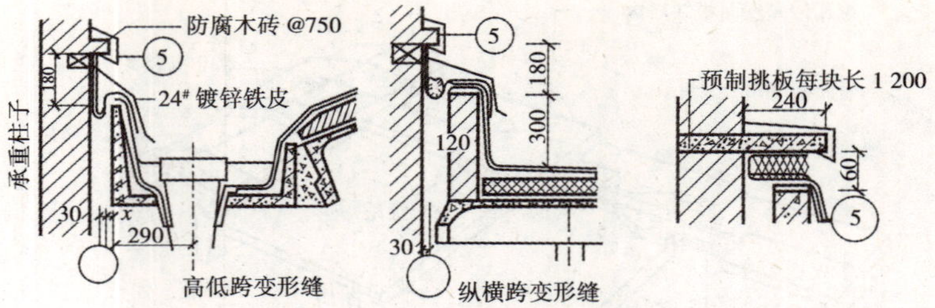

图 6-164　高低跨设变形缝处泛水构造

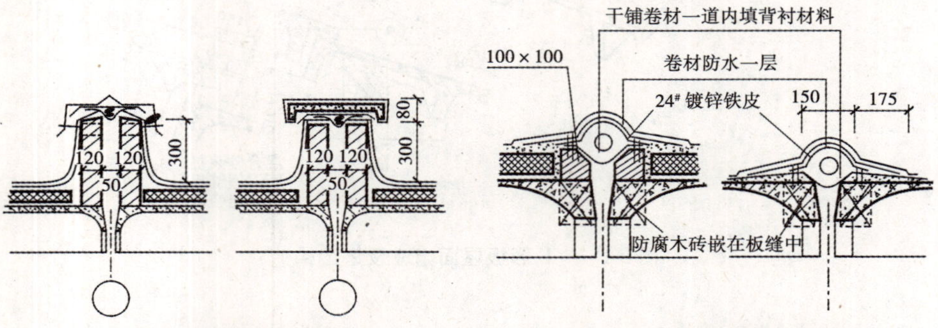

(a) 变形缝两侧砌矮墙　　　　(b) 变形缝两侧无矮墙

图 6-165　变形缝处屋面构造处理

再用螺栓(焊于柱上)将墙板与柱子压紧拉牢,如图 6-169 所示。

刚性连接是在柱子和墙板中先分别设置预埋件,安装时用角钢或Φ 16 的钢筋段把它们焊接连牢,如图 6-170 所示。

(三)天窗

在大跨度或多跨度的单层厂房中,为满足采光和通风的要求,常在厂房屋顶上设置天窗。常见的天窗构造形式有上凸式天窗、锯齿形天窗、下沉式天窗、平天窗等,如图 6-171 所示。

(四)地面

厂房地面为了满足生产及使用要求,往往需要具备特殊功能,如防尘、防爆、防腐蚀等,同时厂房地面面积大,所承受的荷载大,因此地面厚度也大,材料用量也多。

1. 地面的组成

单层工业厂房的地面与民用建筑的构造层次基本相同,一般由面层、垫层、基层组成。还可根据需要,增设其他构造层次,如找平层、结合层、隔离层、保温层、隔声层、防潮层等。

1)面层

面层是直接承受各种物理、化学作业的表面层,如碾压、冲击、磨损、酸碱腐蚀等,还应满足防水、防尘、防火等。

2)垫层

厂房地面的垫层要承受并传递荷载,按材料性质不同可分为刚性垫层和柔性垫层。

刚性垫层以混凝土、沥青混凝土、钢筋混凝土等材料构筑而成,它具有整体性好、不透水、强度大等特点,适用于直接安装中小型设备、受较大集中荷载且变形小的地面,以及有侵

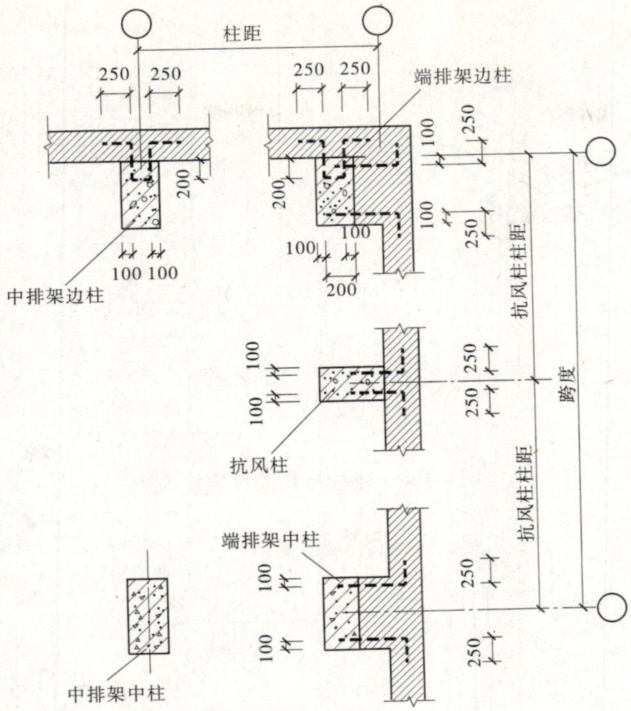

图 6-166　外墙与柱的连接

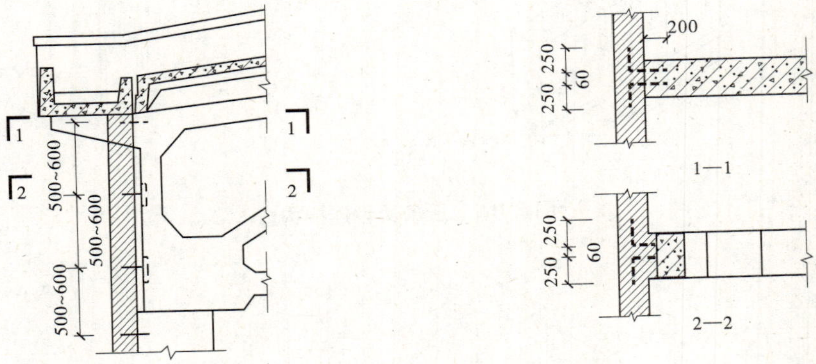

图 6-167　墙与屋架的连接

蚀性介质或大量水作用或面层构造要求为刚性垫层的地面。

柔性垫层是以砂、碎石、卵石、矿渣、碎煤渣等构筑的垫层，受力后产生塑性变形，适用于有重大冲击、剧烈振动作用或储放笨重材料的地面。

3）基层

基层是地面的最下层，是经过处理的地基层，最常用的是夯实后的素土。

2. 地面的细部构造

1）坡道

厂房的室内外地面高差一般为 150 mm。为了便于各种车辆通行，在大门外侧须设置坡道。坡道宽度应比门洞宽 1 000 mm 以上，坡度一般为 5% ~15% ，坡度大于 10% 时，其表面

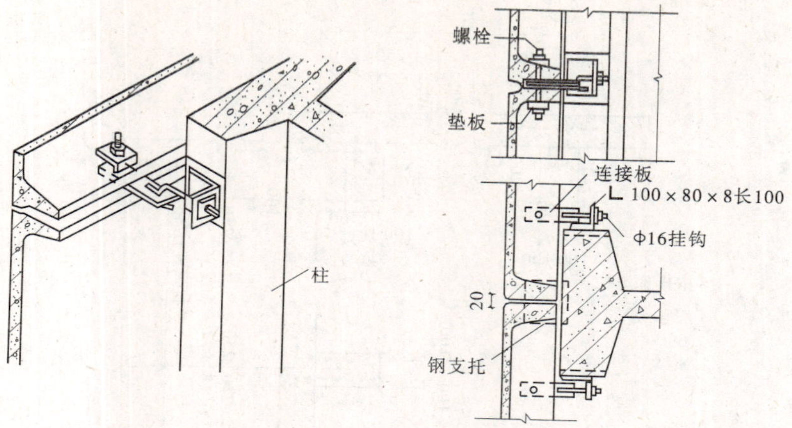

图 6-168　螺栓挂钩柔性连接构造

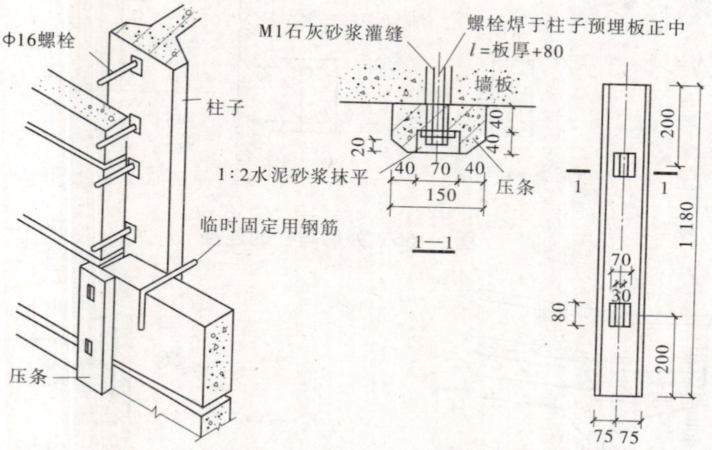

图 6-169　压条柔性连接构造

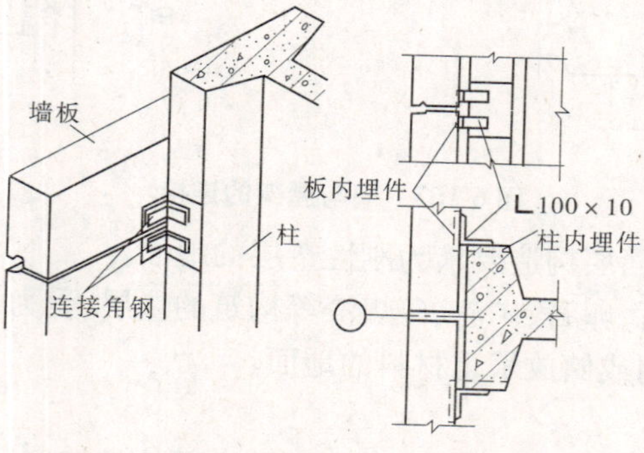

图 6-170　刚性连接构造

应做齿槽防滑。在坡道与大门连接处应设置变形缝，缝内灌热沥青。

2）地面变形缝

大面积刚性垫层的地面应设置变形缝，地面变形缝的位置应与建筑物的变形缝位置一

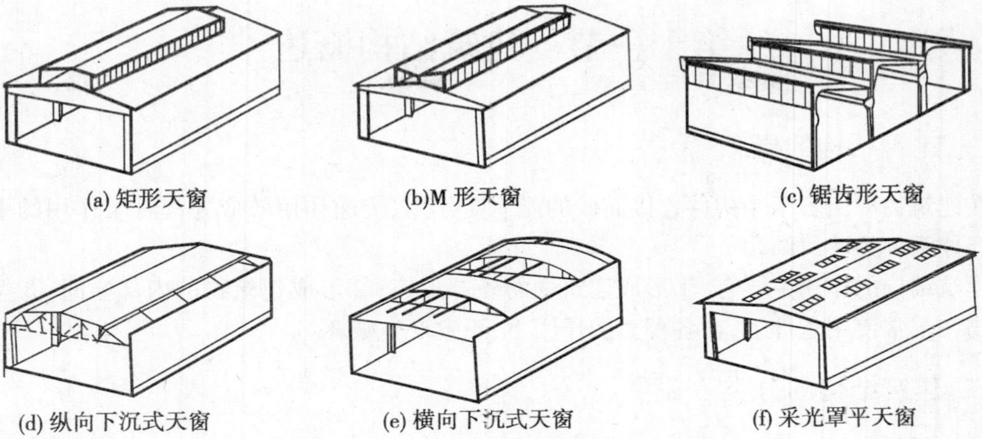

图 6-171　天窗的类型

致。在一般地面与振动大的设备基础之间应设变形缝。当相邻地段荷载相差悬殊时应设置变形缝。变形缝的构造如图 6-172 所示。

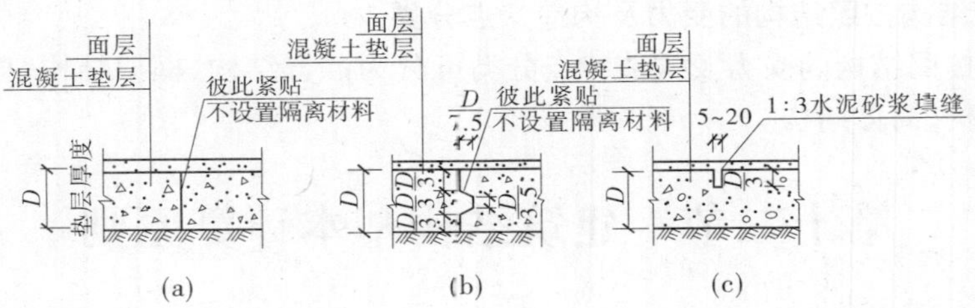

图 6-172　变形缝构造

3) 地沟

地沟供敷设生产管线用。地沟由底板、沟壁、盖板三部分组成。盖板常用钢筋混凝土预制板或铸铁制作。砖砌地沟的底板一般用 C10 混凝土浇筑，厚度为 80 ~ 100 mm。沟壁常用砖砌，厚度一般为 120 ~ 490 mm，上部设混凝土垫块，以支承预制钢筋混凝土盖板。为了防潮，沟壁外侧应刷冷底子油一道、热沥青两道，沟壁内侧抹 20 mm 厚 1∶2 防水砂浆，如图 6-173所示。

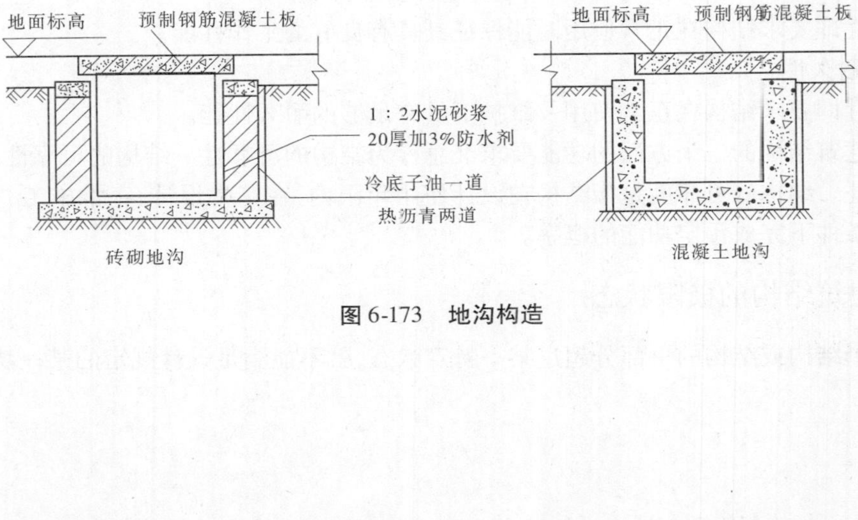

图 6-173　地沟构造

第十一节　建筑结构概述

一、建筑结构的概念

在建筑物中由若干个构件连接而成的能承受作用、传递作用效应并起骨架作用的平面或空间体系称为建筑结构。

建筑结构的作用主要有:①形成建筑物的外部形态;②形成建筑物的内部空间;③保证建筑物在正常使用条件下,在各种力的作用下,不致产生破坏。

二、建筑结构的分类

从不同的角度来看建筑结构,会得出不同的分类结果,通常从所用材料与结构受力及构造特点两个方面来研究建筑结构的分类问题。

(一)建筑结构按所用的材料不同分类

建筑结构按所用的材料不同分类可分为砌体结构、木结构、钢结构、混凝土结构。

(二)建筑结构按照结构的受力及构造特点分类

建筑结构按照结构的受力及构造特点分类可分为混合结构、框架结构、剪力墙结构、框架－剪力墙结构、筒体结构。

第十二节　建筑结构基本计算原则

一、建筑结构的功能要求与可靠度

建筑结构设计的目的是:在正常设计、正常施工和正常使用的条件下,满足各项预定的功能要求,并具有足够的可靠性。

设计任何建筑物和构筑物时,必须使建筑结构满足下列各项功能要求。

(一)安全性

安全性即要求结构能承受在正常施工和正常使用时可能出现的各种作用,以及在偶然事件发生时和发生后,仍能保持必需的整体稳定性,不致发生倒塌。

(二)适用性

适用性即要求结构在正常使用时能保证其具有良好的工作性能。

(三)耐久性

耐久性即要求结构在正常使用及维护下具有足够的耐久性能。

以上建筑结构的三个方面的功能要求又总称为结构的可靠性。结构的可靠性用可靠度来定量描述。结构的可靠度是指结构在设计使用年限内,在正常设计、正常施工、正常使用和维护的条件下完成预定功能的概率。

二、建筑结构的极限状态

若整个结构或结构的一部分超过某一特定状态,就不能满足设计规定的某一功能要求,我们称此特定状态为该功能的极限状态。根据功能要求通常把结构功能的极限状态分为两大类:承载能力极限状态和正常使用极限状态。

(一)承载能力极限状态

结构或构件达到最大承载能力或不适于继续承载的变形时的状态称为承载能力极限状态。超过这一极限状态,结构或结构构件便不能满足安全性的功能要求。当结构或构件出现下列状态之一时,即认为超过了承载能力极限状态:

(1)整个结构或结构的一部分作为刚体失去平衡(如雨篷的倾覆等);

(2)结构构件或连接因材料强度不够而破坏;

(3)结构转变为机动体系;

(4)结构或结构构件丧失稳定(如柱子被压曲等)。

承载能力极限状态主要控制结构的安全性功能,结构一旦超过这种极限状态,会造成人身伤亡及重大经济损失。因此,所有的结构和构件都应该按承载能力极限状态进行设计计算。

(二)正常使用极限状态

结构或构件达到正常使用或耐久性能的某项规定限值时的状态称为正常使用极限状态。当结构或构件出现下列状态之一时,即认为结构或构件超过了正常使用极限状态:

(1)影响正常使用或外观的变形;

(2)影响正常使用或耐久性能的局部损坏;

(3)影响正常使用的振动;

(4)影响正常使用的其他特定状态等。

正常使用极限状态主要考虑结构或构件的适用性和耐久性功能。当结构或构件超过正常使用极限状态时,一般不会造成人身伤亡及重大经济损失。

在进行建筑结构设计时,通常是将承载能力极限状态放在首位,通过计算使结构或结构构件满足安全性功能,而对正常使用极限状态,往往是通过构造或构造加部分验算来满足。

第十三节　混凝土和钢筋的力学性能

一、混凝土

(一)混凝土的强度

1. 混凝土的立方体抗压强度

采用按标准方法制作养护的边长为150 mm的混凝土立方体试件,在(20±3)℃的温度和相对湿度在90%以上的潮湿空气中养护28 d,依照标准试验方法测得的具有95%保证率的抗压强度(以N/mm^{2}计)称为混凝土的立方体抗压强度标准值,用f_{ck}表示,并以此作为混凝土强度等级,用符号C表示。

2. 混凝土的轴心抗压强度

用尺寸为150 mm×150 mm×300 mm的棱柱体标准试件测得的抗压强度f_c,称为轴心抗压强度。此强度值可以作为计算混凝土构件受压时的设计依据。

3. 混凝土的轴心抗拉强度

用尺寸为 100 mm×100 mm×500 mm,两端埋有钢筋的棱柱体试件测得的构件抗拉极限强度 f_t,称为轴心抗拉强度。

混凝土的抗拉强度远小于其抗压强度,所以一般不采用混凝土承受拉力。在结构计算中,抗拉强度是确定混凝土抗裂度的重要指标。

(二)混凝土的变形

1. 混凝土在一次短期荷载下的变形

混凝土在一次短期荷载下的变形性能,当应力较小时表现出理想的弹性性质,当应力增大时表现出弹塑性性质。

2. 混凝土在长期荷载下的变形——徐变

结构或材料承受的荷载或应力不变,应变或变形随时间增长的现象称为混凝土的徐变。混凝土的徐变使预应力钢筋混凝土构件产生较大的预应力损失。

减小混凝土徐变的措施:控制水泥用量,减小水灰比,加强混凝土的早期养护及使用环境湿度,提高混凝土强度等级,减小构件截面的应力,避免混凝土过早受荷等。

3. 混凝土的收缩和膨胀变形

混凝土在空气中结硬时体积减小的现象称为收缩。混凝土在水中结硬时体积会膨胀。

减小混凝土收缩的措施:控制水泥的用量;减小水灰比;具有良好的颗粒级配;保持良好的养护条件;在构件上预留伸缩缝;设置施工后浇带;加强混凝土的早期养护。

(三)混凝土的耐久性

混凝土的耐久性是指在外部和内部不利因素的长期作用下,必须保持适合使用,而不需要进行维修加固,即保持其原有设计性能和使用功能的性质。通常用混凝土的抗渗性、抗冻性、抗碳化性能、抗腐蚀性能和碱骨料反应综合评价混凝土的耐久性。

混凝土结构耐久性,应根据规定的设计使用年限和环境类别进行设计。环境类别分为一类,即室内正常环境,二 a 类、二 b 类,三 a 类、三 b 类,四类,五类。随着级别的增加结构所处的环境越恶劣。

(四)混凝土的选用

钢筋混凝土结构的混凝土强度等级不应低于 C20;采用强度等级 400 MPa 及以上的钢筋时,混凝土强度等级不应低于 C25。

承受重复荷载的钢筋混凝土构件,混凝土强度等级不应低于 C30。

预应力混凝土结构的混凝土强度等级不宜低于 C40,且不应低于 C30。

二、钢筋

钢筋的种类分类如下。

(一)普通钢筋

混凝土结构中用到的普通钢筋有:热轧钢筋(热轧钢筋又分为热轧光圆钢筋和热轧带肋钢筋两类)、余热处理钢筋、细晶粒热轧带肋钢筋等。普通钢筋具体分类见表 6-4。

表 6-4　普通钢筋分类

分类 符号	按力学性能分 (屈服强度,N/mm^2)	按加工 工艺分	按轧制 外形分	公称直径 d(mm)
Φ	HPB300(300)	热轧(H)	光圆	6～22
Φ	HRB335(335)	热轧(H)	带肋	6～50
Φ^F	HRBF335(335)	细晶粒热轧(F)	带肋	6～50
Φ	HRB400(400)	热轧(H)	带肋	6～50
Φ^F	HRBF400(400)	细晶粒热轧(F)	带肋	6～50
Φ^R	RRB400(400)	余热处理(R)	带肋	6～50
Φ	HRB500(500)	热轧(H)	带肋	6～50
Φ^F	HRBF500(500)	细晶粒热轧(F)	带肋	6～50

(二)预应力钢筋

混凝土结构中用到的预应力钢筋有中强度预应力钢丝、消除应力钢丝、预应力螺纹钢筋和钢绞线。

三、钢筋与混凝土共同工作的原因

(1)钢筋与混凝土之所以能够共同工作,主要是钢筋与混凝土之间产生了黏结作用。

黏结作用包括:混凝土收缩握裹钢筋而产生的摩擦力;混凝土颗粒的化学作用产生的与钢筋之间的胶合力;钢筋表面凹凸不平与混凝土之间产生的机械咬合力。其中机械咬合力作用最大,带肋钢筋比光面钢筋的机械咬合力大。

(2)钢筋与混凝土的温度线膨胀系数几乎相同,保证变形协调。

(3)钢筋被混凝土包裹着,从而使钢筋不会因大气的侵蚀而生锈变质,提高耐久性。

四、钢筋与混凝土之间的黏结

(一)混凝土保护层

混凝土结构中钢筋并不外露而被包裹在混凝土里面。由最外层钢筋的外边缘到混凝土表面的最小距离称为混凝土保护层厚度。保护层厚度要满足表 6-5 的要求。

表 6-5　混凝土保护层的最小厚度　　(单位:mm)

环境等级	板、墙、壳	梁、柱
一	15	20
二 a	20	25
二 b	25	35
三 a	30	40
三 b	40	50

注:①混凝土强度等级不大于 C25 时,表中保护层厚度数值应增加 5 mm;

②钢筋混凝土基础宜设置混凝土垫层,其受力钢筋的混凝土保护层厚度应从垫层顶面算起,且不应小于 40 mm。

(二)钢筋的基本锚固长度

钢筋的锚固长度一般指梁、板、柱等构件的受力钢筋伸入支座或基础中的长度。钢筋的基本锚固长度 l_{ab},与钢筋的强度、混凝土强度、钢筋直径及外形有关。受拉钢筋的基本锚固长度可按式(6-1)计算:

$$l_{ab} = \alpha \frac{f_y}{f_t} d \tag{6-1}$$

式中 f_y——受拉钢筋的抗拉强度设计值,N/mm^2;

f_t——锚固区混凝土轴心抗拉强度设计值,当混凝土强度等级高于 C60 时,按 C60 取值,N/mm^2;

d——锚固钢筋的直径,mm;

α——锚固钢筋的外形系数,按表 6-6 取值。

表 6-6　锚固钢筋的外形系数 α

钢筋类型	光面钢筋	带肋钢筋	螺旋肋钢丝	三股钢绞线	七股钢胶线
钢筋外形系数 α	0.16	0.14	0.13	0.16	0.17

注:光面钢筋末端应做 180°弯钩,弯后平直段长度不应小于 $3d$,但做受压钢筋时可不做弯钩。

(三)受拉钢筋的锚固长度

受拉钢筋的锚固长度应根据具体锚固条件按下列公式计算,且不应小于 200 mm:

$$l_a = \zeta_a l_{ab} \tag{6-2}$$

式中 ζ_a——锚固长度修正系数。按下列规定取用,当多于一项时,可按连乘计算,但不应小于 0.6。

(1)当带肋钢筋的公称直径大于 25 mm 时取 1.10;

(2)环氧树脂涂层带肋钢筋取 1.25;

(3)在施工过程中易受扰动的钢筋取 1.10;

(4)当纵向受力钢筋的实际配筋面积大于其设计计算面积时,修正系数取设计计算面积与实际配筋面积的比值,但对有抗震设防要求及直接承受动力荷载的结构构件,不应考虑此项修正。

(5)锚固区保护层厚度为 $3d$(此处 d 为纵向受力带肋钢筋的直径)时修正系数可取 0.80,保护层厚度为 $5d$ 时修正系数可取 0.7,中间按内插取值。

(6)纵向钢筋的机械锚固。当支座构件因截面尺寸限制而无法满足规定的锚固长度要求时,采用钢筋弯钩或机械锚固是减小锚固长度的有效方式,如图 6-174 所示,包括弯钩或锚固端头在内的锚固长度(投影长度)可取为基本锚固长度 l_{ab} 的 0.6 倍。钢筋弯钩或机械锚固的形式和技术要求应符合表 6-7 的规定。

(四)钢筋的连接

在实际施工中,钢筋长度不够时常需要连接。钢筋的接头连接方式有绑扎搭接、机械连接和焊接连接。

混凝土结构中受力钢筋的连接接头宜设置在受力较小处。在同一根受力钢筋上宜少设接头。在结构的重要构件和关键传力部位,纵向受力钢筋不宜设置连接接头。

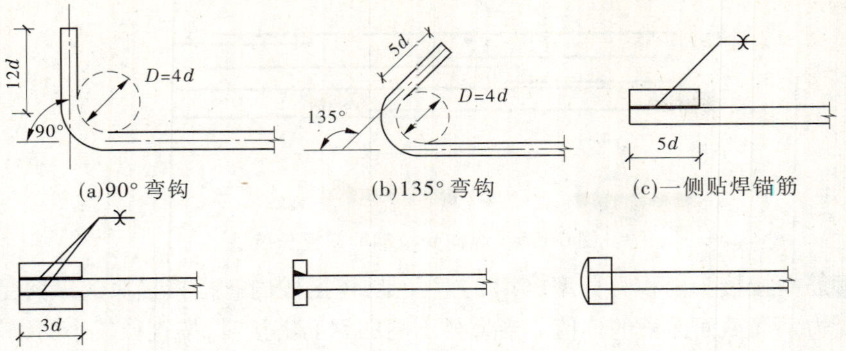

图 6-174　钢筋弯钩和机械锚固形式

表 6-7　钢筋弯钩或机械锚固的形式和技术要求

锚固形式	技术要求
90°弯钩	末端 90°弯钩，弯钩内径 $4d$，弯后直段长度 $12d$
135°弯钩	末端 135°弯钩，弯钩内径 $4d$，弯后直段长度 $5d$
一侧贴焊锚筋	末端一侧贴焊长 $5d$ 同直径钢筋
两侧贴焊锚筋	末端两侧贴焊长 $3d$ 同直径钢筋
焊端锚板	末端与厚度 d 的锚板穿孔塞焊
螺栓锚头	末端旋入螺栓锚头

轴心受拉及小偏心受拉杆件的纵向受力钢筋不得采用绑扎搭接；其他构件中的钢筋采用绑扎搭接时，受拉钢筋直径不宜大于 25 mm，受压钢筋直径不宜大于 28 mm。

1. 绑扎搭接

绑扎搭接需要一定的搭接长度来传递黏结力。纵向受拉钢筋的最小搭接长度 l_l 按式(6-3)计算：

$$l_l = \zeta_l l_a \tag{6-3}$$

式中　ζ_l——纵向受拉钢筋搭接长度修正系数，按表 6-8 采用。当纵向搭接钢筋接头面积百分率为表的中间值时，修正系数可按内插法取值。

在任何情况下，纵向受拉钢筋的搭接长度均不应小于 300 mm。

表 6-8　纵向受拉钢筋搭接长度修正系数

纵向钢筋搭接接头面积百分率(%)	≤25	50	100
ζ_l	1.2	1.4	1.6

同一构件中相邻纵向受力钢筋的绑扎搭接接头宜互相错开。钢筋绑扎搭接接头连接区段的长度为 1.3 倍搭接长度，凡搭接接头中点位于该连接区段长度内的搭接接头均属于同一连接区段，如图 6-175 所示。

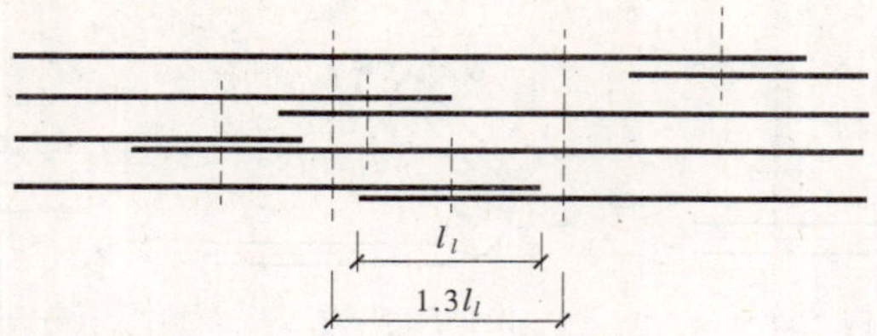

图 6-175　纵向受拉钢筋搭接长度

纵向钢筋搭接接头面积百分率(%)的意义是:该区段内有搭接接头的纵向受力钢筋与全部纵向受力钢筋截面面积的比值。当直径不同的钢筋搭接时,按直径较小的钢筋计算。

位于同一连接区段内的受拉钢筋搭接接头面积百分率:对梁类、板类及墙类构件不宜大于25%;对柱类构件,不宜大于50%。当工程中确有必要增大接头面积百分率时,对梁类构件,不应大于50%;对板、墙、柱及预制构件的拼接处,可根据实际情况放宽。

在纵向受力钢筋搭接长度范围内,应配置一定数量的箍筋。

2. 机械连接

纵向受力钢筋的机械连接接头宜相互错开。钢筋机械连接区段的长度为35d,d为连接钢筋的较小直径。凡接头中点位于该连接区段长度内的机械连接接头均属于同一连接区段。

位于同一连接区段内的纵向受拉钢筋接头面积百分率不宜大于50%;但对于板、墙、柱及预制构件的拼接处,可根据实际情况放宽。纵向受压钢筋的接头百分率不受此限制。

机械连接套筒的保护层厚度宜满足有关钢筋最小保护层厚度的规定。机械连接套筒的横向净间距不宜小于25 mm。

3. 焊接连接

纵向受力钢筋的焊接接头应相互错开。钢筋焊接接头连接区段的长度为35d(d为连接钢筋的较小直径)且不小于500 mm。凡接头中点位于该连接区段长度内的焊接连接接头均属于同一连接区段。纵向受拉钢筋接头面积百分率不宜大于50%,但对预制构件拼接处,可根据实际情况放宽。纵向受压钢筋的接头百分率不受此限制。

细晶粒热轧带肋钢筋以及直径大于28 mm的带肋钢筋,其焊接应经试验确定;余热处理钢筋不宜焊接。

第十四节　受弯构件的构造要求

一、板的构造

(一)板的厚度

板的厚度应满足强度和刚度的要求,同时考虑经济和施工的方便,通常为10 mm的模数递增。常见板厚为60 mm、70 mm、80 mm、90 mm、100 mm、110 mm、120 mm等。

(二)板的配筋

1. 纵向受力钢筋

板中受力钢筋是指承受弯矩作用下产生拉力的钢筋,沿板跨度方向放置。悬臂板由于受负弯矩作用，截面上部受拉。受力钢筋应放置在板受拉一侧，即板上部，施工中尤应注意，以免放反，也要防止受力钢筋被踩到下面造成事故。板中受力钢筋可采用 HPB300、HRB335、HRB400 等级别的钢筋。

(1)直径：板中受力钢筋直径通常采用 8 ~ 14 mm。

(2)间距：当采用绑扎时，受力钢筋间距不应小于 70 mm；当板厚 $h \leqslant 150$ mm 时，不宜大于 200 mm，当板厚 $h > 150$ mm 时，不宜大于 $1.5h$，且不宜大于 250 mm。

(3)板的混凝土保护层厚度：最外层钢筋边缘至板混凝土表面的最小距离，应满足最小保护层厚度的规定，且不应小于受力钢筋的直径 d。

2. 板的分布钢筋

分布钢筋的作用是更好地分散板面荷载到受力钢筋上，固定受力钢筋的位置，防止由于混凝土收缩及温度变化在垂直板跨方向产生拉应力。分布钢筋应放置在板受力钢筋的内侧。分布钢筋通常采用 HPB300 级钢筋。

分布钢筋的数量：板单位宽度上的配筋不宜小于单位宽度上的受力钢筋的 15%，且配筋率不宜小于 0.15%；分布钢筋的间距不宜大于 250 mm，直径不宜小于 6 mm。

二、梁的构造

(一)梁的截面尺寸

梁的截面形式常见的有矩形、T 形等。梁截面高度 h 与梁的跨度及所受荷载大小有关。一般按高跨比 h/l 估算，梁截面宽度常用截面高宽比确定。为了统一模板尺寸和便于施工，通常采用梁宽度 $b = 120$ mm、150 mm、180 mm、200 mm…，梁的宽度 b 大于 200 mm 时采用 50 mm 的倍数；梁的高度 $h = 250$ mm、300 mm…，$h \leqslant 800$ mm 时采用 50 mm 的倍数，$h > 800$ mm 时采用 100 mm 的倍数。

(二)梁的配筋

梁中的钢筋有纵向受力钢筋、箍筋、梁侧构造筋、架立筋和弯起钢筋等。

梁内纵向受力普通钢筋应选用 HRB400、HRB500、HRBF400、HRBF500 钢筋；箍筋宜采用 HRB400、HRBF400、HPB300、HRB500、HRBF500 钢筋，也可采用 HRB335、HRBF335 钢筋。

1. 纵向受力钢筋

纵向受力钢筋主要承受弯矩 M 产生的拉力，常用直径为 10 ~ 32 mm。为保证钢筋与混凝土之间具有足够的黏结力和便于浇筑混凝土，梁的上部纵向钢筋的净距不应小于 30 mm 和 $1.5d$(d 为纵向钢筋的最大直径)，下部纵向钢筋的净距不应小于 25 mm 和 d，梁的下部纵向钢筋配置多于两层时，两层以上钢筋水平方向的中距应比下面两层的中距增大一倍。各层钢筋之间的净距应不小于 25 mm 和 d。

2. 箍筋

箍筋主要用来承担剪力，在构造上能固定受力钢筋的位置和间距，并与其他钢筋形成钢筋骨架，梁中的箍筋应按计算确定，除此之外，还应满足以下构造要求：

若按计算不需要配箍筋，当截面高度 $h > 300$ mm 时，应沿梁全长设置箍筋；当 $h = 150$ ~ 300 mm 时，可仅在构件端部各 1/4 跨度范围内设置箍筋；但当在构件中部 1/2 跨度范围内有集中荷载作用时，则应沿梁全长设置箍筋；当 $h<150$ mm 时，可不设箍筋。

当梁的高度小于 800 mm 时，箍筋直径 $d\geqslant6$ mm；当梁的高度大于 800 mm 时，箍筋直径 $d\geqslant8$ mm，梁中若有纵向受压钢筋，箍筋直径不应小于 $d/4$（d 为受压钢筋中最大直径）。

梁的箍筋从支座边缘 50 mm 处开始设置。

梁内的箍筋通常为封闭箍筋，箍筋形式有单肢、双肢和四肢等。箍筋末端采用 135°弯钩，弯钩端头直线段长度非抗震时为 $5d$；抗震时为 $10d$ 和 75 mm 之间的大值（d 为箍筋直径）。

3. 弯起钢筋

弯起钢筋由纵向钢筋在支座附近弯起形成。弯起钢筋的弯起角度：当梁高 $h\leqslant800$ mm 时，采用 45°；当梁高 $h>800$ mm 时，采用 60°。

4. 架立钢筋

当梁的上部不需要设置受压钢筋时，可在梁的上部平行于纵向受力钢筋的方向设置架立钢筋。架立钢筋的直径：当梁的跨度小于 4 m 时，不宜小于 8 mm；当梁的跨度为 4 ~ 6 m 时，不宜小于 10 mm；当梁的跨度大于 6 m 时，不宜小于 12 mm。

5. 梁侧纵向构造钢筋

当梁的腹板高度 $h_W\geqslant450$ mm 时，在梁的两个侧面沿高度配置纵向构造钢筋。每侧纵向构造钢筋间距不宜大于 200 mm，截面面积不应小于腹板截面面积的 0.1%，并用拉筋联系。

当梁宽 ≤350 mm 时，拉筋直径为 6 mm；当梁宽 >350 mm 时，拉筋直径为 8 mm。拉筋间距为非加密区箍筋间距的 2 倍；当设有多排拉筋时，上下两排拉筋竖向错开设置。

6. 附加横向钢筋

附加横向钢筋设置在梁中有集中力（次梁）作用的位置两侧，数量由计算确定。附加横向钢筋包括附加箍筋和吊筋，宜优先选用附加箍筋，也可采用吊筋加箍筋。

第十五节　受压构件

一、受压构件的分类

当构件上作用有以纵向压力（内力 N）为主的内力时，称为受压构件。按照纵向压力在截面上作用位置的不同，受压构件分为轴心受压构件和偏心受压构件。

二、受压构件的构造要求

（一）材料

一般柱中采用 C30 ~ C40 等级的混凝土。对于高层建筑的底层柱，必要时可采用更高强度等级的混凝土，例如采用 C50 ~ C60。

受压构件中的纵向受力钢筋一般采用 HRB400、HRB500、HRBF400、HRBF500 级钢筋，钢筋级别不宜过高。

（二）截面形式及尺寸要求

一般轴心受压柱以方形截面为主，偏心受压柱以矩形截面为主。截面尺寸不宜小于 250

mm×250 mm，一般应控制在 $l_0/b \leqslant 8$ 及 $l_0/h \leqslant 25$（其中 l_0 为柱的计算长度，h 和 b 分别为截面的高度和宽度）。为了施工支模方便，柱截面尺寸宜取整数，在 800 mm 以下时以 50 mm 为模数，在 800 mm 以上时以 100 mm 为模数。

（三）纵向受力钢筋

（1）纵向受力钢筋的直径不宜小于 12 mm，且选配钢筋时宜根数少而粗，通常在 16～32 mm 范围内选用，方形和矩形截面柱中纵向受力钢筋不少于 4 根，圆柱中纵向钢筋不宜少于 8 根且不应少于 6 根，且应沿周边均匀对称布置。

（2）纵向受力钢筋的净距不应小于 50 mm，偏心受压柱中垂直于弯矩作用平面的侧面上的纵向受力钢筋及轴心受压柱中各边的纵向受力钢筋的中距不宜大于 300 mm。

（3）当偏心受压柱的截面高度 $h \geqslant 600$ mm 时，在柱的侧面上应设置直径为 10～16 mm 的纵向构造钢筋，并相应设置复合箍筋或拉筋。

（四）箍筋

（1）箍筋直径不应小于 $d/4$（d 为纵向钢筋的最大直径），且不应小于 6 mm。

（2）箍筋间距不应大于 400 mm 及构件截面的短边尺寸，且不应大于 $15d$（d 为纵向钢筋的最小直径）。

（3）当柱中全部纵向受力钢筋的配筋率超过 3% 时，箍筋直径不应小于 8 mm，间距不应大于 $10d$（d 为纵向受力钢筋的最大直径），且不应大于 200 mm，应焊成封闭环式；箍筋末端应做成 135°弯钩且弯钩末端平直段长度不应小于 $10d$。

（4）当柱截面短边尺寸大于 400 mm，且各边纵向钢筋多于 3 根时，或当柱截面短边不大于 400 mm，但各边纵向钢筋多于 4 根时，应设置复合箍筋，其布置要求是使纵向钢筋至少每隔一根位于箍筋转角处。

（5）对截面形状复杂的柱，不得采用具有内折角的箍筋，以避免箍筋受拉时使折角处混凝土破损。

第十六节　受扭构件

扭转是结构构件基本受力形态之一。在钢筋混凝土结构中，纯受扭构件的情况较少，构件通常处于弯矩、剪力和扭矩共同作用下的复合受力状态。如钢筋混凝土雨篷梁属于受弯、剪、扭复合受扭构件。

一、受扭构件的受力特点

钢筋混凝土构件在纯扭作用下的破坏状态与受扭纵筋和受扭箍筋的配筋率的大小有关，大致可分为适筋破坏、部分超筋破坏、超筋破坏、少筋破坏四种类型。它们的破坏特点如下。

（一）适筋破坏

纵筋和箍筋首先达到屈服强度，然后混凝土压碎而破坏，与受弯构件的适筋梁类似，属延性破坏。

（二）部分超筋破坏

当纵筋和箍筋配筋比率相差较大，破坏时仅配筋率较小的纵筋或箍筋达到屈服强度，而另一种钢筋不屈服,此类构件破坏时,亦具有一定的延性,但比适筋受扭构件破坏时的截面延性小。

(三)超筋破坏

当纵筋和箍筋配筋率都过高,会发生纵筋和箍筋都没有达到屈服强度,而混凝土先行压坏的现象,类似于受弯构件的超筋,属于脆性破坏。

(四)少筋破坏

当纵筋和箍筋配置均过少,一旦裂缝出现,构件会立即发生破坏,破坏过程急速而突然,破坏扭矩基本上等于开裂扭矩。其破坏特性类似于受弯构件的少筋梁。

二、受扭构件的配筋构造要求

(一)受扭纵向钢筋

(1)矩形截面构件的截面四角必须布置抗扭纵筋,其余受扭纵向钢筋宜沿截面周边均匀对称布置;

(2)沿截面周边布置的受扭纵向钢筋间距 S,不应大于 200 mm 和梁截面短边长度;

(3)受扭纵向钢筋应按受拉钢筋锚固在支座内。架立筋和梁侧构造纵筋也可用作受扭纵筋。

(二)受扭箍筋

(1)为了保证箍筋在整个周长上都能充分发挥抗拉作用,受扭构件中的箍筋必须做成封闭式,且沿截面周边布置;

(2)受扭所需的箍筋的端部应做成135°的弯钩,弯钩末端的直线长度不应小于 d(d 为箍筋直径);

(3)箍筋的最小直径和最大间距还应符合受弯构件对箍筋的有关规定。

第十七节　现浇钢筋混凝土楼盖

一、现浇钢筋混凝土楼盖的分类

(一)按钢筋混凝土楼盖施工方法不同分类

按钢筋混凝土楼盖施工方法不同,可分为现浇式、装配式和装配整体式三种类型。

(二)按钢筋混凝土现浇楼盖受力特点和支承条件不同分类

按钢筋混凝土现浇楼盖受力特点和支承条件不同,可分为单向板肋形楼盖、双向板肋形楼盖、井式楼盖、密肋楼盖和无梁楼盖。

1. 单向板肋形楼盖

单向板肋形楼盖一般由板、次梁和主梁组成。板的四边可支承在次梁、主梁或砖墙上。当板的长边 l_2 与短边 l_1 之比较大时,板上的荷载主要沿短边方向传递,而沿长边方向传递的荷载效应可忽略不计。这种主要沿短边方向弯曲的板,称为单向板。其荷载传递路线为:板→次梁→主梁→柱或墙。单向板肋形楼盖广泛应用于多层厂房和公共建筑。

2. 双向板肋形楼盖

当板的长边 l_2 与短边 l_1 之比不大时，板上的荷载沿长边、短边两个方向传递，且板在两个方向的弯曲均不能忽略，这种板称为双向板。其荷载传递路线为：板→支承梁→柱或墙。双向板肋形楼盖多用于公共建筑和高层建筑。

混凝土板按下列原则进行计算：

两对边支承的板应按单向板计算。四边支承的板应按下列规定计算：当长边与短边长度之比不大于 2.0 时，应按双向板计算；当长边与短边长度之比大于 2.0，但小于 3.0 时，宜按双向板计算；当长边与短边长度之比不小于 3.0 时，宜按沿短边方向受力的单向板计算，并应沿长边方向布置构造钢筋。

3. 井式楼盖

井式楼盖的两个方向上梁的高度相等且一般为等间距布置，不分主次，共同承受板传递来的荷载。梁布置成井字形，梁格形状为方形、矩形或菱形，板为双向板。井式楼盖可少设或取消内柱，能跨越较大的空间，获得较美观的天花板，适用于方形或接近方形的中、小礼堂、餐厅以及公共建筑的门厅等。

4. 密肋楼盖

密肋楼盖由薄板和间距较小（0.5 ~ 1 m）的肋梁组成。板厚很小，梁高也较肋梁楼盖小，结构自重较轻。

5. 无梁楼盖

在楼盖中不设梁，将板直接支承在柱上，是一种板柱结构。有时为了改善板的受力条件，在每层柱的上部设置柱帽。柱和柱帽的截面形状一般为矩形。无梁楼盖具有结构高度小、板底平整，采光、通风效果好等特点，适用于柱网尺寸不超过 6 m 的图书馆、冷冻库等建筑以及矩形水池的池顶和池底等结构。

二、现浇钢筋混凝土单向板肋形楼盖

（一）板的配筋构造要求

单向板的构造要求同前述受弯构件中板的构造要求。

连续板受力钢筋有弯起式和分离式两种。

（1）弯起式配筋：将一部分跨中正弯矩钢筋在适当的位置弯起，并伸过支座后作负弯矩钢筋使用，其整体性较好，且可节约钢材，但施工较复杂，目前已很少应用。

（2）分离式配筋：跨中正弯矩钢筋宜全部伸入支座锚固，而在支座处另配负弯矩钢筋，其范围应能覆盖负弯矩区域并满足锚固要求，如图 6-176 所示。分离式配筋由于施工方便，已成为工程中主要采用的配筋方式。

（二）次梁的构造要求

当次梁承受均布荷载，跨度相差不超过 20%，并且均布恒荷载与活荷载设计值之比不大于 3 时，钢筋的弯起和截断也可按图 6-177 来布置。

（三）主梁的构造要求

由于支座处板、次梁和主梁的钢筋重叠交错，且主梁负筋位于次梁和板的负筋之下。主梁钢筋构造可按框架梁的钢筋构造处理。

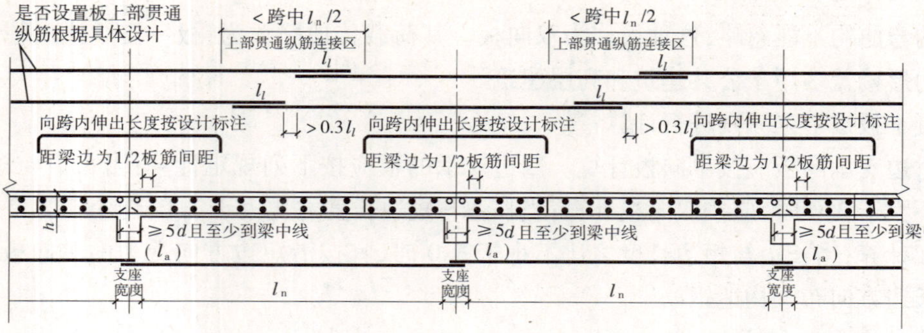

（括号内的锚固长度 l_a 用于梁板式转换层的板）

图 6-176　楼面板 LB 和屋面板 WB 钢筋构造

注：①当相邻等跨或不等跨的上部贯通纵筋配置不同时，应将配置较大者越过其标注的跨数终点或起点伸出至相邻跨的跨中连接区连接。

②除本图所示搭接连接外，板纵筋可采用机械连接或焊接连接。接头位置：上部钢筋见本图所示的连接区，下部钢筋宜在距支座 1/4 净跨内。

③图中板的中间支座均按梁绘制，当支座为混凝土剪力墙、砌体墙或圈梁时，其构造相同。

④纵筋在端支座应伸至支座（梁、圈梁或剪力墙）外侧纵筋内侧后弯折，当直段长度≥l_a 时可不弯折。

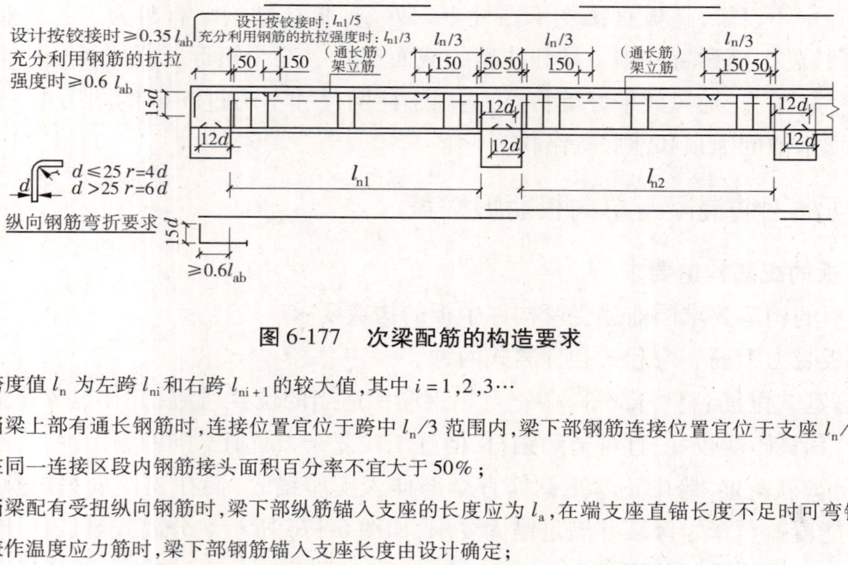

图 6-177　次梁配筋的构造要求

注：①跨度值 l_n 为左跨 l_{ni} 和右跨 l_{ni+1} 的较大值，其中 $i=1,2,3\cdots$

②当梁上部有通长钢筋时，连接位置宜位于跨中 $l_n/3$ 范围内，梁下部钢筋连接位置宜位于支座 $l_n/4$ 范围内，且在同一连接区段内钢筋接头面积百分率不宜大于 50%；

③当梁配有受扭纵向钢筋时，梁下部纵筋锚入支座的长度应为 l_a，在端支座直锚长度不足时可弯锚，当梁纵筋兼作温度应力筋时，梁下部钢筋锚入支座长度由设计确定；

④纵筋在端支座应伸至主梁外侧纵筋内侧后弯折，当直段长度不小于 l_a 时可不弯折。

在次梁与主梁相交处，应在主梁受次梁传来的集中力处设置附加的横向钢筋（吊筋或箍筋）。规范建议附加横向钢筋宜优先采用附加箍筋。

附加箍筋应布置在长度为 $s=2h_1+3b$ 的范围内。第一道附加箍筋离次梁边 50 mm，如图 6-178 所示。

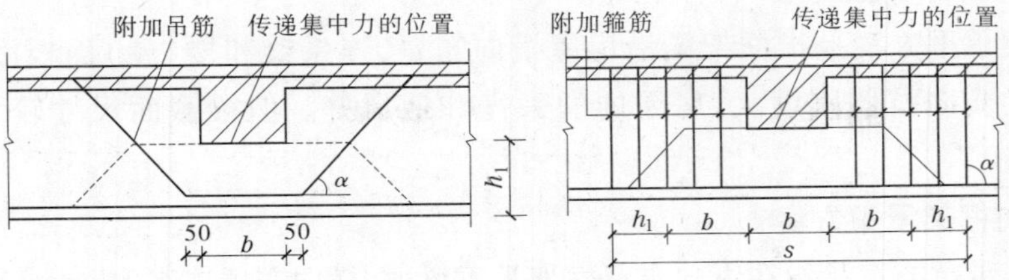

图 6-178　附加箍筋和吊筋的构造要求

三、现浇钢筋混凝土双向板肋形楼盖

(一)双向板的受力特点

双向板在均布荷载作用下,板的四角处有向上翘起的趋势,但因受到墙或梁的约束,在板角处将会出现负弯矩。从理论上讲,双向板的受力钢筋应垂直于板的裂缝方向,即与板边倾斜,但这样做施工很不方便。试验表明,沿着平行于板边方向配置双向钢筋网,其承载力与垂直于板裂缝方向倾斜布置受力钢筋的承载力相差不大,且施工方便。所以,双向板采用平行于板边方向的双向配筋。

(二)双向板的构造要求

1. 板的厚度

双向板的厚度 h 一般取 80 ~ 160 mm。对于简支板,$h \geqslant l_0/40$;对于连续板,$h \geqslant l_0/45$,l_0 为板的较小计算跨度。

2. 板的配筋

受力钢筋沿纵横两个方向设置,此时应将短边的钢筋设置在外侧,长边的钢筋设置在内侧。双向板的配筋与单向板相似,也有弯起式和分离式两种。为施工方便,目前在施工中多采用分离式配筋。

第十八节　框架结构

框架结构是由梁、柱作为主要受力构件,通过刚接和铰接而形成的承受竖向和水平作用的受力体系。

一、框架结构的类型

框架结构按施工方法可分为全现浇式框架、半现浇式框架、装配式框架和装配整体式框架四种形式。

二、框架结构的平面布置

承重框架有以下三种布置方案。

（一）横向框架承重方案

横向框架承重方案是指框架梁沿房屋横向布置，连系梁和楼（屋）面板沿房屋纵向布置。此方案的横向抗侧刚度大，房屋内的采光和通风好。但梁截面尺寸较大，房间净空较小。

（二）纵向框架承重方案

纵向框架承重方案是指在纵向布置框架承重梁，在横向布置连系梁。横梁高度较小，有利于设备管线的穿行，可获得较高的室内净高；但横向抗侧刚度较小。

（三）纵横向框架承重方案

纵横向框架承重方案是指在两个方向上均布置框架承重梁以承受楼面荷载。纵横向框架承重方案具有较好的整体工作性能，对抗震有利。

三、框架结构的构造要求

（一）材料

框架结构中混凝土强度等级不应低于 C20，采用强度等级 400 MPa 及以上钢筋时，混凝土强度等级不应低于 C25。当按一级的抗震等级设计时，混凝土强度等级不应低于 C30，当按二、三级抗震等级设计时，混凝土强度等级不应低于 C20。设防烈度为 9 度时混凝土强度等级不宜超过 C60，设防烈度为 8 度时混凝土强度等级不宜超过 C70。梁、柱纵向受力钢筋应采用 HRB400、HRB500、HRBF400 和 HRBF500 级钢筋，箍筋宜采用 HRB400、HRBF400、HPB300、HRB500、HRBF500 级钢筋，也可采用 HRB335、HRBF335 级钢筋。

（二）框架梁截面尺寸

截面宽度不宜小于 200 mm；一般取梁高 h 为 $(1/8 \sim 1/2)l$，其中 l 为梁的跨度，梁高 h 不宜大于 1/4 净跨。框架梁的截面宽度 b 可取 $(1/2 \sim 1/3)h$。

（三）框架柱截面尺寸

柱截面高度 h 可取 $(1/5 \sim 1/10)H$，H 为柱高；柱截面宽度 b 可取 $(2/3 \sim 1)h$。矩形柱的截面宽度和高度均不宜小于 300 mm，圆柱的截面直径不宜小于 350 mm。

四、抗震设防框架结构的构造要求

（一）框架抗震等级

根据建筑物的重要性、设防烈度、结构类型和房屋高度等因素要求以抗震等级表示，抗震等级分为四级。其中一级抗震要求最高，四级抗震要求最低。

（二）框架梁的构造要求

1. 截面尺寸

当考虑抗震设防时，框架梁截面宽度不宜小于 200 mm，高宽比不宜大于 4，净跨与截面高度之比不宜小于 4。

2. 纵向钢筋

框架中间层中间节点构造如图 6-179 所示，框架梁的上部纵筋应贯穿中间节点。

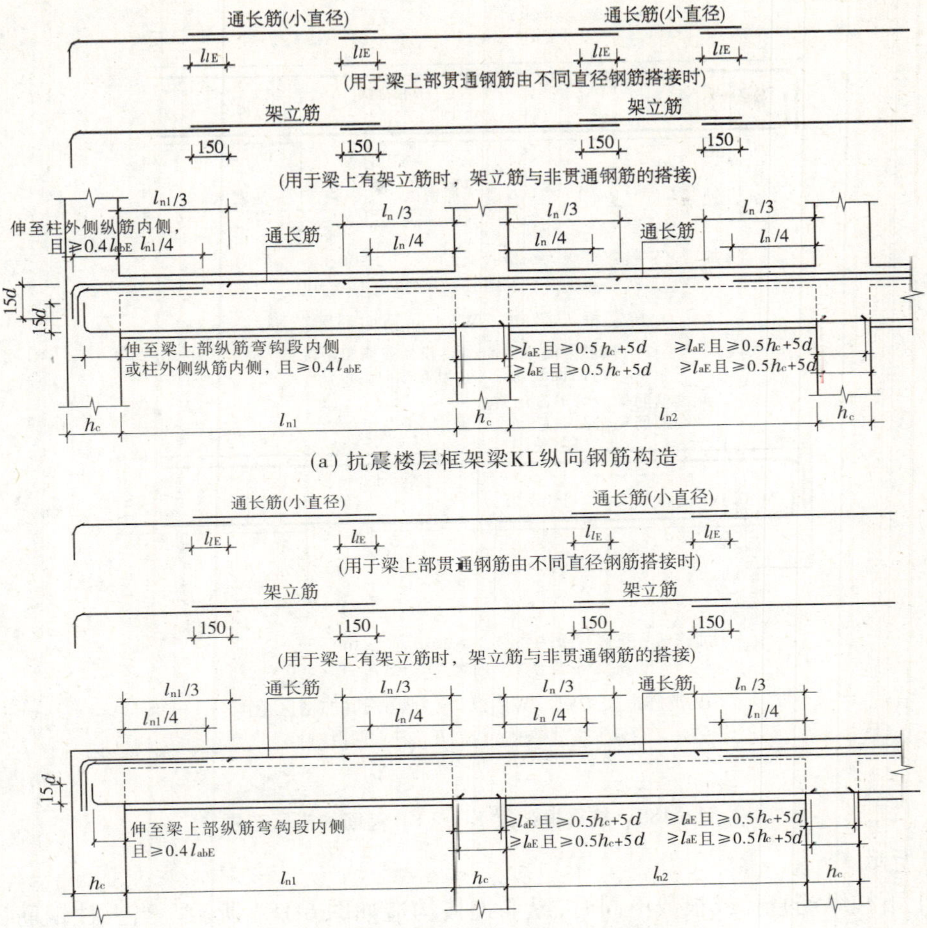

(a) 抗震楼层框架梁KL纵向钢筋构造

(b) 抗震屋面框架梁WKL纵向钢筋构造

图 6-179 框架梁的纵向钢筋构造

3. 箍筋

梁端箍筋应加密区如图 6-180 所示。

(三) 框架柱的构造要求

1. 截面尺寸

矩形截面柱，抗震等级为四级或层数不超过 2 层时，其最小截面尺寸不宜小于 300 mm，一、二、三级抗震等级且层数超过 2 层时不宜小于 400 mm。圆柱的截面直径，抗震等级为四级或层数不超过 2 层时不宜小于 350 mm，一、二、三级抗震等级且层数超过 2 层时不宜小于 450 mm。

2. 纵向钢筋

柱中纵筋宜对称配置；截面尺寸大于 400 mm 的柱，纵向钢筋间距不宜大于 200 mm。

柱纵向钢筋的绑扎接头应避开柱端的箍筋加密区。框架柱 KZ 纵向钢筋连接构造如

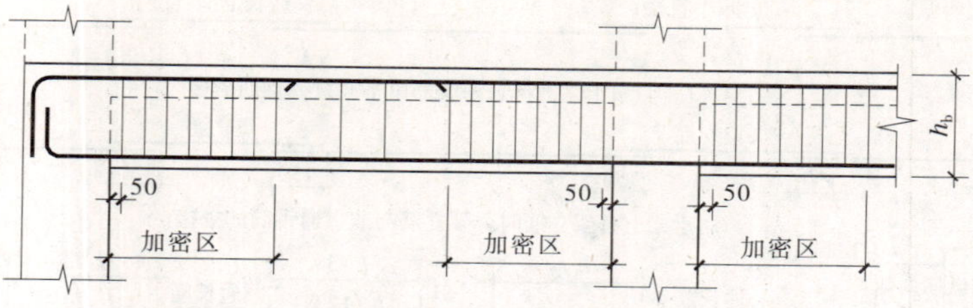

加密区：抗震等级为一级：≥2.0h_b且≥500

抗震等级为二～四级：≥1.5 h_b 且≥500

(a)抗震框架梁KL、WKL箍筋加密区范围

(弧形梁沿梁中心线展开，箍筋间距沿凸面线量度。h_b为梁截面高度)

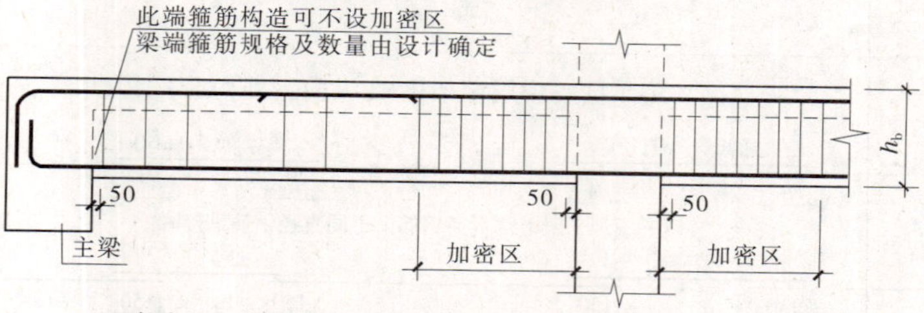

加密区：抗震等级为一级：≥2.0h_b且≥500

抗震等级为二～四级：≥1.5 h_b 且≥500

(b)抗震框架梁KL、WKL(尽端为梁)箍筋加密区范围

(弧形梁沿梁中心线展开，箍筋间距沿凸面线量度，h_b为梁截面高度)

图 6-180　抗震框架梁 KL、WKL 箍筋加密区范围

图 6-181所示。

当上下柱纵筋直径或根数不同时，纵筋连接构造如图 6-182 所示。当上柱钢筋比下柱多时，采用图 6-182(a)；上柱钢筋直径比下柱钢筋直径大时采用图 6-182(b)；下柱钢筋比上柱多时采用图 6-182(c)；下柱钢筋直径比上柱大时采用图 6-182(d)。当柱变截面时纵向钢筋的连接构造如图 6-183所示。

3. 箍筋

箍筋的设置直接影响到柱子的延性。在满足承载力要求的基础上对柱采取箍筋加密措施，可以增强箍筋对混凝土的约束作用，提高柱的抗震能力。

中间层柱端取截面高度(圆柱直径)、柱净高的 1/6 和 500 mm 三者的最大值；底层柱的下端不小于柱净高的 1/3；刚性地面上下各 500 mm；剪跨比不大于 2 的柱、因设置填充墙等形成的柱净高与柱截面高度之比不大于 4 的柱、框支柱、一级和二级框架的角柱，取全高，如图 6-184所示。

(四)框架节点的构造要求

为使框架的梁柱纵向钢筋有可靠的锚固条件，框架梁柱节点核心区的混凝土应具有良好的约束性能。框架节点内应设置水平箍筋，箍筋的最大间距和最小直径与柱加密区相同。柱中的纵向受力钢筋不宜在节点区截断，框架梁上部纵向钢筋应贯穿中间节点。钢筋的锚固长度应大于等于相应的纵向受拉钢筋的锚固长度 l_{ab}，如图 6-185 所示。

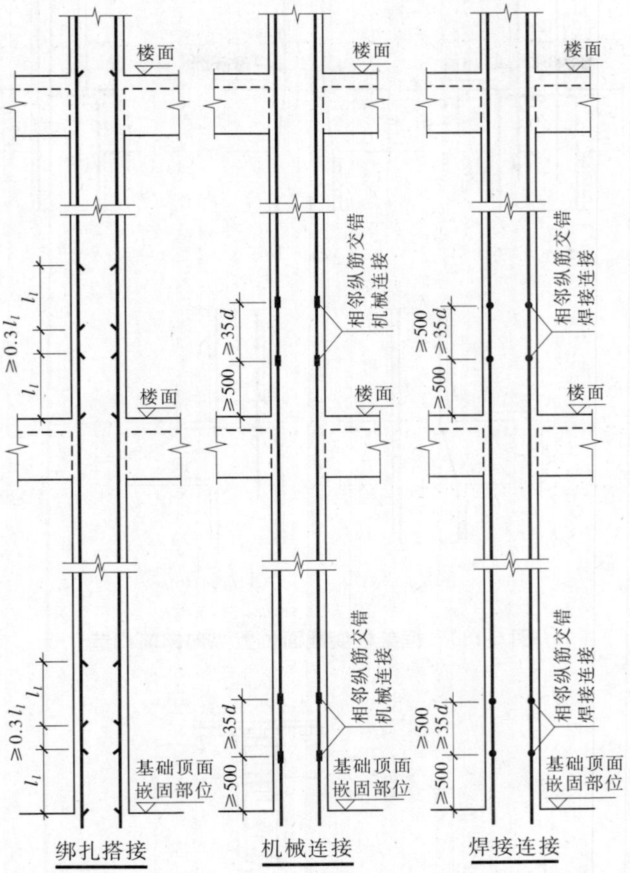

图 6-181　框架柱 KZ 纵向钢筋连接构造

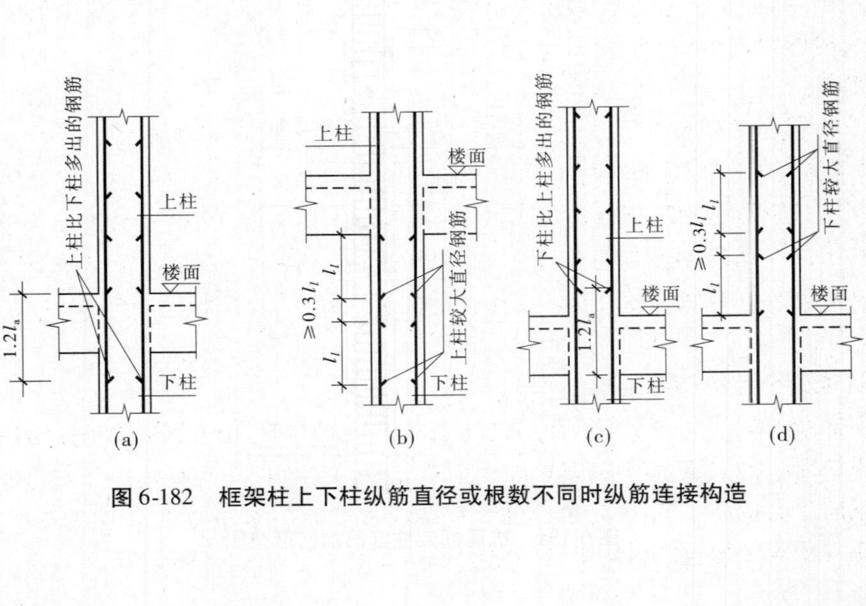

图 6-182　框架柱上下柱纵筋直径或根数不同时纵筋连接构造

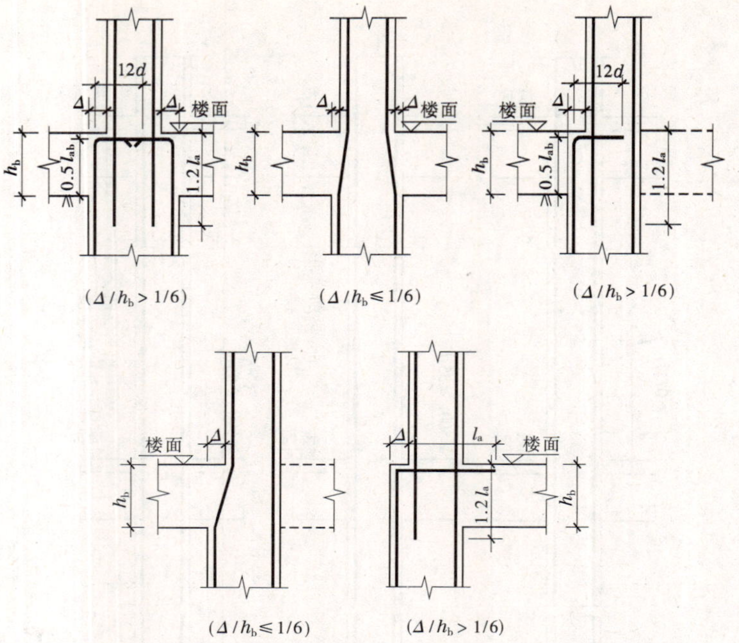

图 6-183　框架柱变截面位置纵向钢筋构造

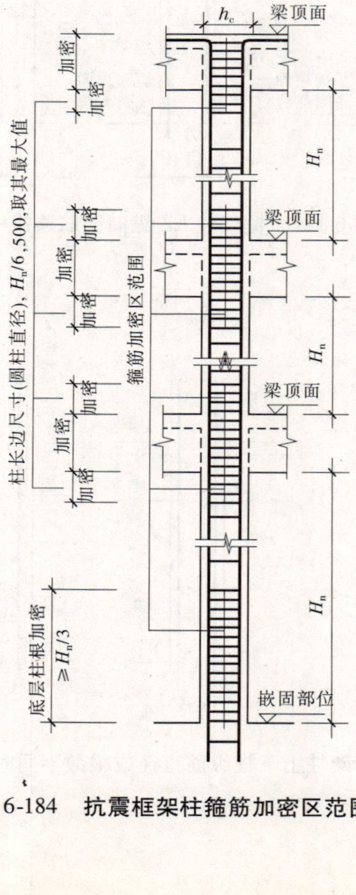

图 6-184　抗震框架柱箍筋加密区范围

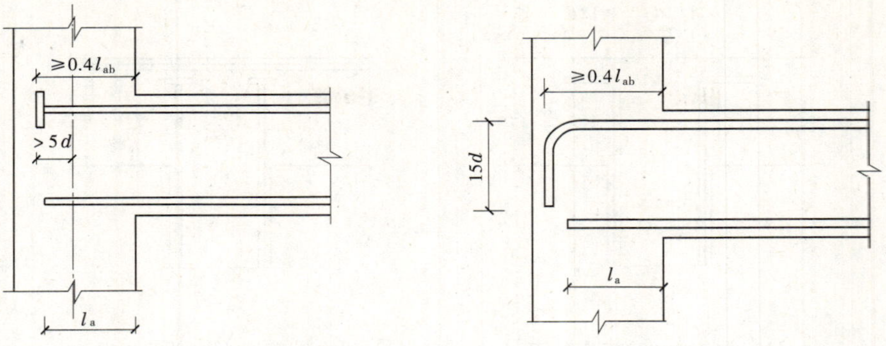

钢筋端部加锚头锚固　　　　钢筋末端90°弯折锚固

(a)框架梁纵筋在中间层中间节点内的锚固与搭接

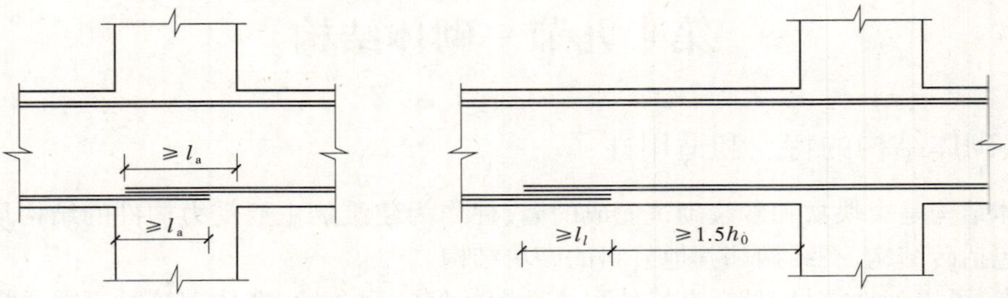

下部纵向钢筋在节点中直线锚固　　　　下部纵向钢筋在节点或支座范围外锚固

(b)框架梁纵筋在中间层端节点内的锚固

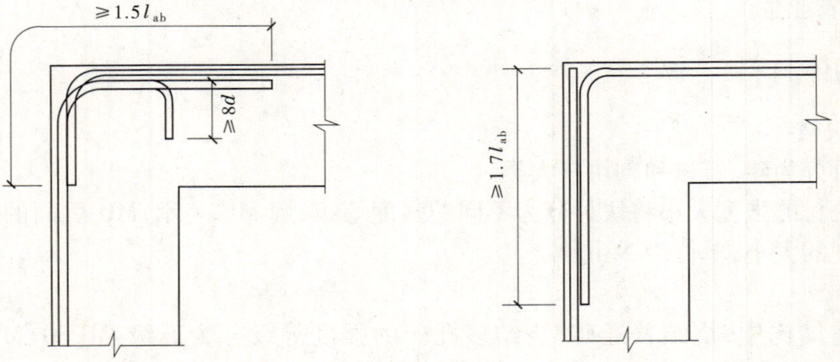

搭接接头沿顶层端节点外侧及梁端顶部布置　　　　搭接接头沿节点外侧直线布置

(c)顶层节点中柱纵向钢筋在节点内的锚固

图6-185　框架梁、柱的纵向受力钢筋在节点区的锚固和搭接

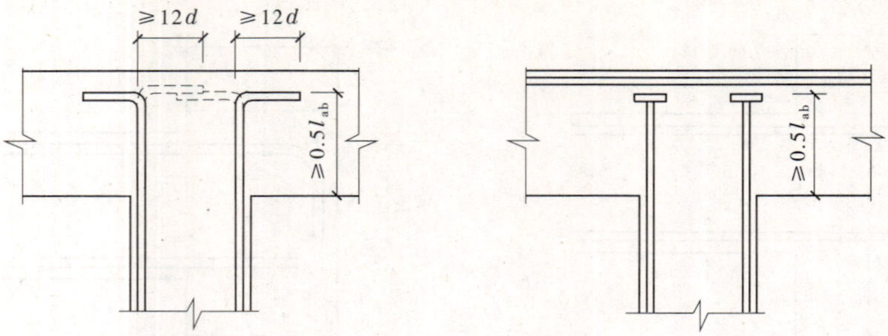

柱纵向钢筋90°弯折锚固　　　　柱纵向钢筋端头加锚板锚固

(d)顶层端节点梁、柱纵向钢筋在节点内的锚固与搭接

续图6-185

第十九节　砌体结构

一、砌体结构的特点和适用性

砌体结构是由块材和砂浆砌筑而成的墙、柱作为建筑物主要受力构件的结构形式。砌体结构包括砖结构、石结构和其他材料的砌块结构。

优点:可以就地取材;具有良好的耐火性和较好的耐久性;砌体砌筑时不需要模板和特殊的施工设备;砖墙和砌块墙体能够隔声、隔热和保温。

缺点:砌体的强度较低,材料用量多,自重大;砌体的砌筑工作繁重,施工进度缓慢;砌体的抗拉、抗弯及抗剪强度都很低,抗震性能较差;黏土砖需用黏土制造,在某些地区过多占用农田,影响农业生产。

二、砌体材料

(一)块材

块材可分为砖、石材和砌块三大类。

根据块材的强度大小将块材分为不同的强度等级,用MU表示,MU后面的数字表示块材抗压强度的大小,单位为N/mm^2。

1. *砖*

在承重结构中,烧结普通砖、烧结多孔砖的强度等级分为五级:MU30、MU25、MU20、MU15和MU10;蒸压灰砂普通砖、蒸压粉煤灰普通砖的强度等级分为四级:MU25、MU20、MU15和MU10;混凝土普通砖、混凝土多孔砖的强度等级分为四级:MU30、MU25、MU20和MU15。

2. *石材*

天然石材按其加工后的外形规则程度分为料石和毛石两种。石材的强度等级分为七级:MU100、MU80、MU60、MU50、MU40、MU30和MU20。

3. *砌块*

砌块包括混凝土砌块、轻集料混凝土砌块。在承重结构中,混凝土砌块、轻集料混凝土砌块的强度等级分为五级：MU20、MU15、MU10、MU7.5和MU5。自承重墙的轻集料混凝土砌块的强度等级分为四级：MU10、MU7.5、MU5和MU3.5。

（二）砂浆

砌筑砂浆分为水泥砂浆、石灰砂浆、混合砂浆及专用砂浆。砖砌体采用的普通砂浆等级如下：M15、M10、M7.5、M5和M2.5。混凝土普通砖、多孔砖及砌块砌体专用的砂浆等级如下：Mb20、Mb15、Mb10、Mb7.5和Mb5。

三、砌体的种类

砌体按照块体材料不同可分为砖砌体、石砌体和砌块砌体；按配置钢筋的砌体是否作为建筑物主要受力构件可分为无筋砌体和配筋砌体；按砌体在结构中的作用分为承重砌体与非承重砌体等。

四、砌体的力学性能

砌体结构的力学性能以受压为主。轴心受拉、弯曲、剪切等力学性能相对较差。

影响砌体抗压强度的因素如下：块材和砂浆的强度；块材的尺寸、形状；砂浆的性能；砌筑质量。

五、砌体结构房屋的承重布置方案

根据荷载的传递方式和墙体的布置方案不同，混合结构的承重方案可分为三种。

（一）纵墙承重方案

这种承重方案房屋的楼、屋面荷载由梁（屋架）传至纵墙，或直接由板传给纵墙，再经纵墙传至基础。纵墙为主要承重墙，开洞受到限制。这种体系的房屋，房间布置灵活，不受横隔墙的限制，但其横向刚度较差，不宜用于多层建筑物。

（二）横墙承重方案

这种承重方案房屋的楼、屋面荷载直接传给横墙，由横墙传给基础。横墙为主要承重墙，房屋的横向刚度较大，有利于抵抗水平荷载和地震作用。纵墙为非承重墙，可以开设较大的洞口。

（三）纵横墙承重方案

这种承重方案房屋的楼、屋面荷载可以传给横墙，也可以传给纵墙，纵墙、横墙均为承重墙。这种承重方案房间布置灵活、应用广泛，其横向刚度介于上述两种承重方案之间。

六、砌体房屋的构造措施

（一）砌体房屋的一般构造要求

1. 材料的最低强度等级

砌体材料的强度等级与房屋的耐久性有关。五层及五层以上房屋的下部承重墙，以及受振动或层高大于6 m的墙、柱所用材料的最低强度等级，应符合下列要求：砖采用MU15；砌块采用MU10；石材采用MU30；砂浆采用M5或Mb5。

2. 墙、柱的最小截面尺寸

墙、柱的截面尺寸过小，不仅稳定性差，而且局部缺陷影响承载力。对承重的独立砖柱截面尺寸不应小于 240 mm×370 mm，毛石墙的厚度不宜小于 350 mm，毛料石柱较小，边长不宜小于 400 mm。

3. 房屋整体性的构造要求

（1）预制钢筋混凝土板的支承长度，在墙上不应小于 100 mm；在钢筋混凝土圈梁上不应小于 80 mm。在抗震设防地区，板端应有伸出钢筋相互有效连接，并用混凝土浇筑成板带，其板支承长度不应小于 60 mm，板带宽不小于 80 mm，混凝土强度不应低于 C20。

（2）当梁跨度大于或等于下列数值：240 mm 厚的砖墙为 6 m，180 mm 厚的砖墙为 4.8 m，砌块、料石墙为 4.8 m 时，其支承处宜加设壁柱，或采取其他加强措施。

（3）支承在墙、柱上的吊车梁、屋架及跨度大于或等于下列数值的预制梁：砖砌体为 9 m，砌块和料石砌体为 7.2 m，其端部应采用锚固件与墙、柱上的垫块锚固。

（4）跨度大于 6 m 的屋架和跨度大于下列数值的梁：砖砌体为 4.8 m，砌块和料石砌体为 4.2 m，毛石砌体为 3.9 m，应在支承处砌体上设置混凝土或钢筋混凝土垫块；当墙中设有圈梁时，垫块与圈梁宜浇成整体。

（5）墙体转角处和纵横墙交接处宜沿竖向每隔 400～500 mm 设拉结钢筋，其数量为每 120 mm 墙厚不少于 1 Φ 6 或焊接钢筋网片，埋入长度从墙的转角或交接处算起，对实心砖墙每边不小于 500 mm，对多孔砖墙和砌块墙不小于 700 mm。

（6）填充墙、隔墙应分别采取措施与周边主体结构构件可靠连接，连接构造和嵌缝材料应能满足传力、变形、耐久和防护要求。

（7）山墙处的壁柱或构造柱应至山墙顶部，屋面构件应与山墙可靠拉结。

（二）砌体房屋的抗震构造措施

1. 构造柱的设置

各类多层砖砌体房屋，应按下列要求设置现浇钢筋混凝土构造柱。

1）构造柱设置部位

构造柱设置部位一般情况下应符合表 6-9 的要求。

表 6-9　砖房构造柱设置要求

<table>
<tr><th colspan="4">不同烈度的房屋层数</th><th colspan="2" rowspan="2">设置部位</th></tr>
<tr><th>6 度</th><th>7 度</th><th>8 度</th><th>9 度</th></tr>
<tr><td>四、五</td><td>三、四</td><td>二、三</td><td></td><td rowspan="3">楼、电梯间四角，楼梯斜梯段上下端对应的墙体处；外墙四角和对应转角；错层部位横墙与外纵墙交接处；大房间内外墙交接处；较大洞口两侧</td><td>隔 12 m 或单元横墙及楼梯对侧内墙与外纵墙交接处</td></tr>
<tr><td>六</td><td>五</td><td>四</td><td>二</td><td>隔开间横墙（轴线）与外墙交接处；
山墙与内纵墙交接处</td></tr>
<tr><td>七</td><td>≥六</td><td>≥五</td><td>≥三</td><td>内墙（轴线）与外墙交接处；
内墙的局部较小墙垛处；
内纵墙与横墙（轴线）交接处</td></tr>
</table>

2）构造柱的截面尺寸及配筋

构造柱最小截面尺寸可采用 180 mm×240 mm（当墙厚 190 mm 时为 180 mm×190 mm），纵向钢筋宜采用 4 Φ 12，箍筋间距不宜大于 250 mm，且在柱上下端宜适当加密；6、7 度时超过六层、8 度时超过五层和 9 度时，构造柱纵向钢筋宜采用 4 Φ 14。箍筋间距不应大于 200 mm；房屋四角的构造柱可适当加大截面尺寸及配筋。

3）构造柱的连接

（1）构造柱与墙连接处应砌成马牙槎，沿墙高每隔 500 mm 设 2Φ6 水平钢筋和 Φ4 分布短筋平面内点焊组成的拉结网片或 Φ4 点焊钢筋网片，每边伸入墙内不宜小于 1 m。6、7 度时底部 1/3 楼层，8 度时底部 1/2 楼层，9 度时全部楼层，上述拉结钢筋网片应沿墙体水平通长布置。

（2）构造柱与圈梁连接处，构造柱的纵筋应在圈梁纵筋内侧穿过，保证构造柱纵筋上下贯通。

（3）构造柱可不单独设置基础，但应伸入室外地面下 500 mm，或与埋深小于 500 mm 的基础圈梁相连。

2. 圈梁的设置

在砌体结构房屋中，把在墙体内沿水平方向连续设置并成封闭状的钢筋混凝土梁称为圈梁。位于房屋檐口处的圈梁常称为檐口圈梁，位于 ±0.000 m 以下基础顶面标高处设置的圈梁常称为基础圈梁，又叫地圈梁。

设置钢筋混凝土圈梁可以加强墙体的连接，提高楼（屋）盖刚度，抵抗地基不均匀沉降，限制墙体裂缝开展，增强房屋的整体性，从而提高房屋的抗震能力。

1）圈梁的设置部位

（1）装配式钢筋混凝土楼、屋盖的砖房，应按表 6-10 的要求设置圈梁。

表 6-10　多层砖砌体房屋现浇钢筋混凝土圈梁设置要求

墙类	烈度		
	6、7 度	8 度	9 度
外墙和内纵墙	屋盖处及每层楼盖处	屋盖处及每层楼盖处	屋盖处及每层楼盖处
内横墙	同上； 屋盖处间距不应大于 4.5 m； 楼盖处间距不应大于 7.2 m； 构造柱对应部位	同上； 各层所有横墙，且间距不应大于 4.5 m； 构造柱对应部位	同上； 各层所有横墙

（2）现浇或装配整体式钢筋混凝土楼、屋盖与墙体有可靠连接的房屋，应允许不另设圈梁，但楼板沿抗震墙体周边应加强配筋并应与相应的构造柱钢筋可靠连接。

2）圈梁的截面尺寸及配筋

钢筋混凝土圈梁的宽度宜与墙厚相同，当墙厚 $h \geqslant 240$ mm 时，圈梁宽度不宜小于 $2h/3$，圈梁的截面高度不应小于 120 mm，配筋应符合表 6-11 的要求。但在软弱黏性土层、液化土、新近填土或严重不均匀土层上的基础圈梁，截面高度不应小于 180 mm，配筋不应少于 4 Φ12。

3）圈梁的构造要求

（1）圈梁宜连续地设在同一水平位置上，并形成封闭状；当圈梁被门窗洞口截断时，应在洞口上部增设相同截面的附加圈梁。附加圈梁与圈梁的搭接长度不应小于两者间垂直距离的 2 倍，且不得小于 1 m。

表 6-11　多层砖砌体房屋圈梁配筋要求

配筋	烈度		
	6、7 度	8 度	9 度
最小纵筋	4Φ10	4Φ12	4Φ14
箍筋最大间距(mm)	250	200	150

圈梁宜与预制板设在同一标高处或紧靠板底。在要求的间距内无横墙时，应利用梁或板缝中配筋替代圈梁。

(2)纵横墙交接处的圈梁应有可靠的连接。

(3)钢筋混凝土圈梁的宽度宜与墙厚相同，当墙厚 $h \geqslant 240$ mm 时，其宽度不宜小于 $2h/3$。圈梁高度不宜小于 120 mm。纵向钢筋不应小于 4Φ10，绑扎接头的搭接长度按受拉钢筋考虑，箍筋间距不应大于 300 mm。

(4)圈梁兼作过梁时，过梁部分的钢筋应按计算用量配置。

3. 楼、屋盖的构造要求

(1)现浇钢筋混凝土楼板或屋面板伸进纵、横墙内的长度，均不应小于 120 mm。

(2)装配式钢筋混凝土楼板或屋面板，当圈梁未设在板的同一标高时，板端伸进外墙的长度不应小于 120 mm，伸进内墙的长度不应小于 100 mm 或采用硬架支模连接，在梁上不应小于 80 mm 或采用硬架支模连接。

(3)当板的跨度大于 4.8 m 并与外墙平行时，靠外墙的预制板侧边应与墙或圈梁拉结。

(4)房屋端部大房间的楼盖，6 度时房屋的屋盖和 7 ~ 9 度时房屋的楼、屋盖，当圈梁设在板底时，钢筋混凝土预制板应相互拉结，并应与梁、墙或圈梁拉结。

(5)6、7 度时长度大于 7.2 m 的大房间，以及 8、9 度时外墙转角及内外墙交接处，应沿墙高每隔 500 mm 配置 2Φ6 通长钢筋和 Φ4 分布短筋平面内点焊组成的拉结网片或 Φ4 点焊网片。

七、砌体结构中的其他构件

(一)过梁

过梁的种类分为以下三种：钢筋砖过梁、砖砌平拱过梁、钢筋混凝土过梁。

1. 钢筋砖过梁

钢筋砖过梁，是指在砖过梁中的砖缝内配置钢筋、砂浆不低于 M5 的平砌过梁。其底面砂浆处的钢筋，直径不应小于 5 mm，间距不宜大于 120 mm，钢筋伸入支座砌体内的长度不宜小于 240 mm，砂浆层的厚度不宜小于 30 mm，其跨度不大于 1.5 m。

2. 砖砌平拱过梁

砖砌平拱过梁的砂浆强度等级不宜低于 M5(Mb5、Ms5)，跨度不大于 1.2 m，用竖砖砌筑部分的高度不应小于 240 mm。

3. 钢筋混凝土过梁

对有较大振动荷载或可能产生不均匀沉降的房屋，或当门窗宽度较大时，应采用钢筋混凝土过梁。其截面高度一般不小于 180 mm，截面宽度与墙体厚度相同，端部支承长度不应小于 240 mm。

(二)墙梁

由钢筋混凝土托梁和梁上计算高度范围内的砌体墙组成的组合构件称为墙梁。墙梁按支承情况分为简支墙梁、连续墙梁、框支墙梁;按承受荷载情况可分为承重墙梁和自承重墙梁。

墙梁中承托砌体墙和楼盖(屋盖)的混凝土简支梁、连续梁和框架梁,称为托梁;墙梁中考虑组合作用的计算高度范围内的砌体墙,称为墙体;墙梁的计算高度范围内墙体顶面处的现浇混凝土圈梁,称为顶梁;墙梁支座处与墙体垂直相连的纵向落地墙,称为翼墙。

(三)挑梁

挑梁是指从主体结构延伸出来,一端主体端部没有支承的水平受力构件。挑梁是一种悬挑构件,其破坏形态有挑梁倾覆破坏、挑梁下砌体局部受压破坏、挑梁本身弯曲破坏或剪切破坏三种。

挑梁埋入墙体内的长度 l_1 与挑出长度 l 之比宜大于 1.2;当挑梁上无砌体时,l_1 与 l 之比宜大于2。

第二十节　钢结构

一、钢结构的特点

钢结构具有以下特点:施工速度快;相对于混凝土结构自重轻,承载能力高;基础造价较低;抗震性能良好;能够实现大空间;可拆卸重复利用钢结构构件;抗腐蚀性和耐火性较差;造价高。

二、钢结构的应用

钢结构可应用在以下结构中:大跨结构;工业厂房;受动力荷载影响的结构;多层和高层建筑;高耸结构;可拆卸的结构;容器和其他构筑物;轻型钢结构。

三、钢结构的连接

钢结构连接的作用就是通过一定的方式将钢板或型钢组合成构件,或将若干个构件组合成整体结构,以保证其共同工作,常用方式是焊接、铆钉连接和螺栓连接,其中焊接和螺栓连接是目前用得较多的方式。

(一)焊接连接

1.焊接连接的方法

焊缝连接是目前钢结构主要的连接方法,一般常用的电焊有手工电弧焊、自动埋弧焊以及气体保护焊。

它的优点是:不减小焊件截面,连接的刚性好,构造简单,便于制造,并且可以采用自动化操作。它的缺点是会产生残余应力和残余变形,连接的塑性和韧性较差。

2.焊缝的构造

1)焊缝的形式

按被连接构件之间的相对位置,可分为平接(又称对接)、搭接、顶接(又称T形连接)和角接四种类型。

按焊缝的构造不同，可分为对接焊缝和角焊缝两种形式。

按受力方向，对接焊缝又可分为正对接缝（正缝）和斜对接缝（斜缝）；角焊缝可分为正面角焊缝（端缝）和侧面角焊缝（侧缝）等基本形式。

按照施焊位置的不同，可分为平焊、立焊、横焊和仰焊四种。其中平焊施焊条件最好，质量易保证，因此质量最好；仰焊的施焊条件最差，质量不易保证，在设计和制造时应尽量避免采用。

2）焊缝的构造要求

（1）对接焊缝的构造要求。

对接焊缝的形式有 I 形缝、单边 V 形缝、双边 V 形缝（Y 形缝）、U 形缝、K 形缝、X 形缝等。

当焊件厚度 t 很小（$t \leqslant 6$ mm）时可采用直边缝。对于一般厚度（t 为 6 ~ 20 mm）的焊件，可以采用有斜剖口的单边 V 形焊缝或双边 V 形焊缝。对于较厚（$t \geqslant 20$ mm）的焊件，则应采用 V 形缝、U 形缝、双边 V 形缝、双边 Y 形缝。其中 V 形缝和 U 形缝为单边施焊，但在焊缝根部还需补焊。对于没有条件补焊时，要事先在根部加垫板，以保证焊透。

在钢板厚度或宽度有变化的焊接中，为了使构件传力均匀，应在板的一侧或两侧做成坡度不大于 1∶2.5（承受静力荷载者）或 1∶4（需要计算疲劳强度者）的斜坡，形成平缓的过渡。如板厚相差不大于 4 mm，可不做斜坡。

（2）角焊缝的构造要求。

角焊缝按其长度方向和作用力的相对位置可分为正面角焊缝（端缝）、侧面角焊缝（侧缝）、斜焊缝、围焊缝等几种。

角焊缝中垂直于作用力的焊缝称为正面角焊缝，简称端缝；端缝受到较大的剪力、弯矩和轴心力作用，而且在截面突变、力线密集的焊缝根部存在很大的应力集中现象，所以破坏常从根部开始。

平行于作用力的焊缝称为侧面角焊缝，简称侧缝；侧缝主要受剪力作用，破坏常发生于最小的受剪面上，即在有效厚度 $h_e = 0.7h_f$（h_f 为焊脚尺寸）所在的截面上，其破坏强度较低。

倾斜于作用力的焊缝称为斜缝。

角焊缝的连接构造如处理得不正确，将降低连接的承载能力。所以，还应注意以下几个构造问题：

①角焊缝的焊脚尺寸 h_f 不宜太小，对于手工焊为 $h_f \geqslant 1.5\sqrt{t}$ mm，对于自动焊为 $h_f \geqslant (1.5\sqrt{t} - 1)$ mm，对于 T 形连接的单面角焊缝为 $h_f \geqslant 1.5(\sqrt{t} + 1)$ mm，其中 t 是较厚焊件的厚度；当焊件厚度等于或小于 4 mm 时，则最小焊脚尺寸与焊件厚度相同。

②角焊缝的焊脚尺寸 h_f 亦不宜太大，最大焊脚尺寸应满足如下要求：焊缝不在板边缘时 $h_f \leqslant 1.2t$ mm，其中 t 是较薄焊件的厚度（钢管结构除外）；焊缝若在板件（厚度为 t）边缘，则最大焊件尺寸应符合下列要求：当 $t \leqslant 6$ mm 时，$h_f \leqslant t$；当 $t > 6$ mm 时，$h_f \leqslant (t - (1 \sim 2))$ mm。

③当两焊件的厚度相差较大，且采用等焊脚尺寸无法满足最大和最小焊脚尺寸的要求

时，可采用不等焊脚尺寸，即与较厚焊件接触的焊脚尺寸满足 $h_f \geqslant 1.5\sqrt{t_{max}}$（mm），与较薄焊件接触的焊脚尺寸符合 $h_f \leqslant 1.2t_{min}$（mm）的要求。

④当角焊缝的端部在构件转角处时，宜连续作长度为 $2h_f$ 的绕角焊。

⑤在仅用正面焊缝的搭接连接中，搭接长度不得小于焊件较小厚度的 5 倍和 25 mm，以减小因焊件收缩而产生的残余应力，以及因传力而产生的附加应力。

（二）螺栓连接

螺栓连接可分为普通螺栓连接和高强螺栓连接两种。普通螺栓通常采用 Q235 钢材制成，安装时用普通扳手拧紧；高强螺栓则用高强度钢材经热处理制成，用能控制扭矩或螺栓拉力的特制扳手拧紧到规定的预拉力值，把被连接件夹紧。

1. 螺栓的排列

螺栓在构件上排列应简单、统一、整齐而紧凑，通常分为并列和错列两种形式。并列式比较简单整齐，所用连接板尺寸小，但由于螺栓孔的存在，对构件截面削弱较大。错列式可以减小螺栓孔对截面的削弱，但螺栓孔排列不如并列式紧凑，连接板尺寸较大。

2. 普通螺栓的工作性能

普通螺栓连接按受力情况可分为三类：螺栓承受剪力、螺栓承受拉力、螺栓承受拉力和剪力的共同作用。

受剪螺栓连接达到极限承载力，螺栓连接破坏时可能出现五种破坏形式：螺栓杆剪断、孔壁挤压（或称承压）破坏、钢板净截面被拉断、钢板端部或孔与孔间的钢板被剪坏、螺栓杆弯曲破坏。

以上五种破坏形式的前三种通过相应的强度计算来防止，后两种可采取相应的构造措施来防止。

在受拉螺栓连接中，螺栓承受沿螺杆长度方向的拉力，螺栓受力的薄弱处是螺纹部分，破坏产生在螺纹部分。

3. 高强度螺栓的工作性能

高强度螺栓采用强度高的钢材制作，所用材料一般有两种：一种是优质碳素钢，另一种是合金结构钢；性能等级有 8.8 级（35 号钢、45 号钢和 40B 钢）和 10.9 级（有 20MnTiB 钢和 36VB 钢）。级别划分的小数点前数字是螺栓热处理后的最低抗拉强度，小数点后数字是材料的屈强比。

高强度螺栓连接是依靠构件之间很高的摩擦力传递全部或部分内力的，故必须用特殊工具将螺帽旋得很紧，使被连接的构件之间产生预压力（螺栓杆产生预拉力）。同时，为了提高构件接触面的抗滑移系数，常需对连接范围内的构件表面进行粗糙处理。高强度螺栓连接虽然在材料、制作和安装等方面都有一些特殊要求，但由于它有强度高、工作可靠、不易松动等优点，故是一种广泛应用的连接形式。

高强度螺栓的预拉力是通过扭紧螺帽实现的。一般采用扭矩法和扭剪法。扭矩法采用可直接显示扭矩的特制扳手，根据事先测定的扭矩和螺栓拉力之间的关系施加扭矩，使之达到预定拉力。扭剪法采用扭剪型高强度螺栓，该螺栓端部设有梅花头，拧紧螺帽时，靠拧断螺栓梅花头切口处截面来控制预拉力值。

四、钢结构构件的受力性能

钢结构的基本构件是指组成钢结构建筑的各类受力构件，基本构件主要有钢梁、钢柱、钢桁架、钢支撑等。

按受力特点，钢结构构件可分为轴心受力构件（拉、压杆）、受弯构件、偏心受力构件（拉弯和压弯构件）等，这些基本受力构件组成了钢结构建筑。

（一）轴心受力构件

轴心受力构件是指承受通过构件截面形心的轴向力作用的构件。

轴心受力构件是钢结构的基本构件，广泛地应用于钢结构承重构件中，如钢屋架、网架、网壳、塔架等杆系结构的杆件，平台结构的支柱等。

根据杆件承受的轴心力的性质可分为轴心受拉构件和轴心受压构件。

轴心受压柱由柱头、柱身和柱脚三部分组成。柱头支撑上部结构，柱脚则把荷载传给基础。轴心受力构件可分为实腹式和格构式两大类。

轴心受力构件常见的截面形式有三种：一是热轧型钢截面，如工字钢、H 型钢、槽钢、角钢、T 型钢、圆钢、圆管、方管等；二是冷弯薄壁型钢截面，如冷弯角钢、槽钢和冷弯方管等；三是用型钢和钢板或钢板和钢板连接而成的组合截面，如实腹式组合截面和格构式组合截面等。

进行轴心受力构件设计时，轴心受拉构件应满足强度、刚度要求；轴心受压构件除应满足强度、刚度要求外，还应满足整体稳定和局部稳定要求。截面选型应满足用料经济、制作简单、便于连接、施工方便的原则。

（二）受弯构件

受弯构件是钢结构的基本构件之一，在建筑结构中应用十分广泛，最常用的是实腹式受弯构件。

钢梁按制作方法的不同可以分为型钢梁和组合梁两大类，型钢梁构造简单，制造省工，应优先采用。

型钢梁有热轧工字钢、热轧 H 型钢和槽钢三种，其中 H 型钢的翼缘内外边缘平行，与其他构件连接方便，应优先采用，宜选用窄翼缘型（HN 型）。

当荷载和跨度较大时，型钢梁受到尺寸和规格的限制，常不能满足承载能力或刚度的要求，此时应考虑采用组合梁。组合梁一般采用三块钢板焊接而成的工字形截面，或由 T 型钢中间加板的焊接截面。当焊接组合梁翼缘需要很厚时，可采用两层翼缘板的截面。受动力荷载的梁如钢材质量不能满足焊接结构的要求，可采用高强度螺栓或铆钉连接而成的工字形截面。荷载很大而高度受到限制或梁的抗扭要求较高时，可采用箱形截面。组合梁的截面组成比较灵活，可使材料在截面上的分布更为合理，节省钢材。

钢梁可以做成简支的或悬臂的静定梁，也可以做成两端均固定或多跨连续的超静定梁。简支梁不仅制造简单，安装方便，而且可以避免支座沉陷所产生的不利影响，故应用最为广泛。

第二十一节　基　础

基础是建筑地面以下的承重构件，它承受建筑物上部结构传下来的全部荷载，并把这些荷载连同本身的重量一起传到地基上。

一、基础类型及基础的埋置深度

(一)基础的类型

按基础所采用的材料和受力特点不同,分为刚性基础和柔性基础;

按基础的埋置深度和施工方法不同,分为深基础和浅基础;

按基础的结构形式不同,分为无筋扩展基础、扩展基础、柱下条形基础、筏形基础、箱形基础和桩基础。

(二)基础的埋置深度

基础埋置深度一般是指基础底面到室外设计地面的垂直距离,简称基础埋深。

基础埋置深度关系到地基是否安全、经济和施工的难易程度。

影响基础埋置深度的因素有很多,包括:建筑物的功能和用途;基础上的荷载大小和性质;工程地质和水文地质条件;相邻建筑物基础埋深;地基土冻胀与融陷的影响。

二、基础的构造要求

(一)无筋扩展基础

无筋扩展基础系指由砖、毛石、混凝土或毛石混凝土、灰土和三合土等材料组成的墙下条形基础或柱下独立基础,如图 6-186 所示。这些材料都是脆性材料,有较好的抗压性能,但抗拉、抗剪强度往往很低。无筋扩展基础可用于 6 层和 6 层以下(三合土基础不宜超过 4 层)的民用建筑和轻型厂房。

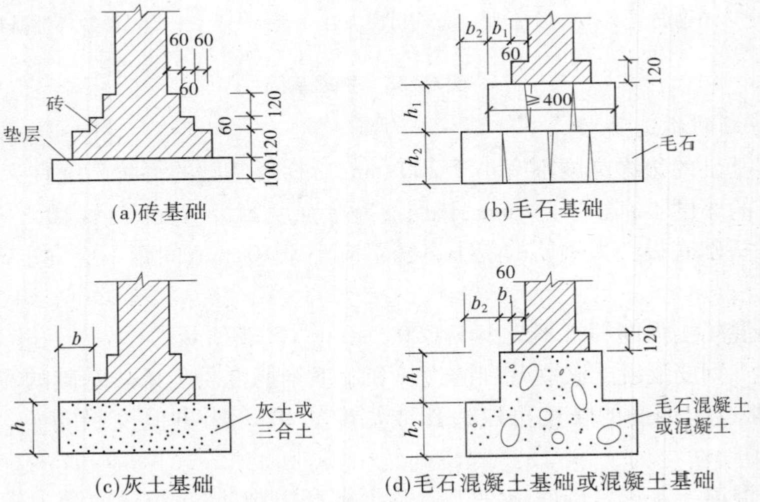

图 6-186　无筋扩展基础

砖基础一般做成台阶式,此阶梯称为"大放脚",大放脚的砌筑方式有两种:"二皮一收"和"二、一间隔收"砌法。垫层每边伸出基础底面 50 mm,厚度不宜小于 100 mm,如图 6-187 所示。

(二)扩展基础

1. 扩展基础的概念

扩展基础是指柱下钢筋混凝土独立基础和墙下钢筋混凝土条形基础,见图 6-188 所示。

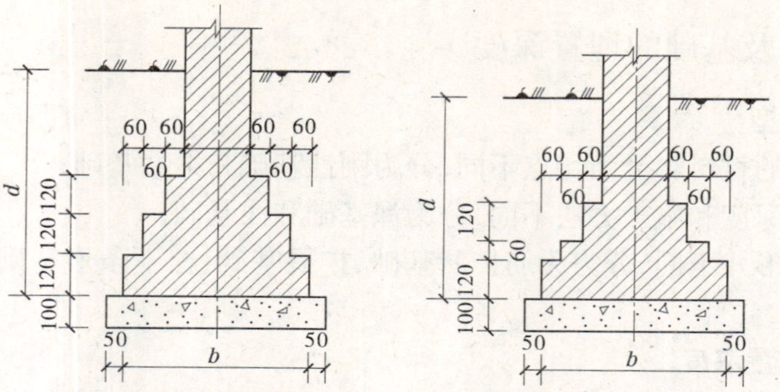

(a)“二皮一收”砌法　　(b)“二、一间隔收”砌法

图 6-187　基础大放脚形式

这种基础抗弯和抗剪性能良好，特别适用于“宽基浅埋”或有地下水时。由于扩展基础有较好的抗弯能力，通常被看作柔性基础。这种基础能发挥钢筋的抗弯性能及混凝土抗压性能，适用范围广。

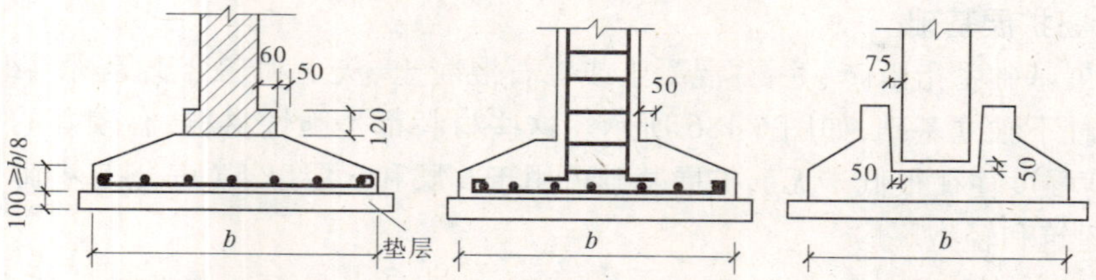

(a)钢筋混凝土条形基础　　(b)现浇独立基础　　(c)预制杯形基础

图 6-188　扩展基础

2. 扩展基础的构造要求

(1)锥形基础的边缘高度不宜小于 200 mm，阶梯形基础的每阶高度宜为 300 ~ 500 mm。

(2)垫层的厚度不宜小于 70 mm；垫层混凝土强度等级不宜低于 C10。

(3)扩展基础底板受力钢筋的最小直径不应小于 10 mm；间距不应大于 200 mm，也不应小于 100 mm。

(4)钢筋混凝土强度等级不应小于 C20。

(5)当柱下钢筋混凝土独立基础的边长和墙下钢筋混凝土条形基础的宽度大于或等于 2.5 m 时，底板受力钢筋的长度可取边长或宽度的 0.9 倍，并宜交错布置，如图 6-189(a)所示。

(6)钢筋混凝土条形基础底板在 T 形及十字形交接处，底板横向受力钢筋仅沿一个主要受力方向通长布置，另一个方向的横向受力钢筋可布置到主要受力方向底板宽度的 1/4 处，如图 6-189(b)所示。在拐角处底板横向受力钢筋应沿两个方向布置，如图 6-189(c)所示。

(三)柱下条形基础

1. 柱下条形基础的特点

当上部结构荷载较大、地基土的承载力较低时，采用无筋扩展基础或扩展基础往往不能满足地基强度和变形的要求。为增加基础刚度，防止由于过大的不均匀沉降引起的上部结

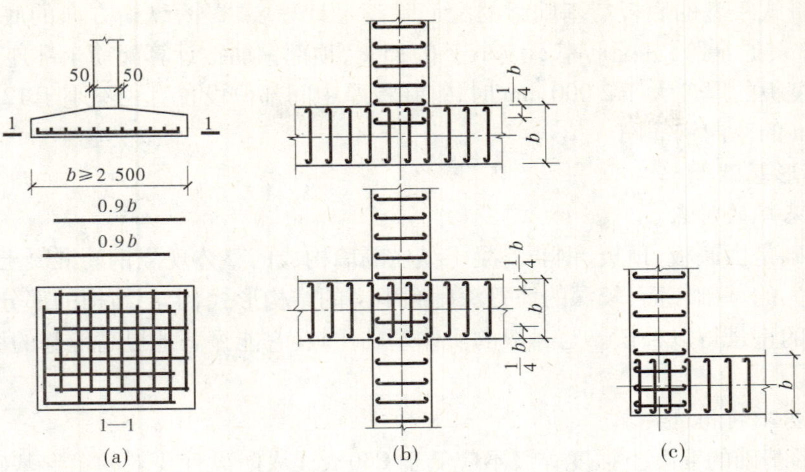

图 6-189　扩展基础底板受力钢筋布置示意图

构的开裂和损坏，常采用柱下条形基础。根据刚度的需要，柱下条形基础可沿纵向设置，也可沿纵横向设置形成双向条形基础，称为交梁基础。

如果柱网下的地基土较软弱，土的压缩性或柱荷载的分布沿两个柱列方向都很不均匀，则可采用交梁基础。该基础形式多用于框架结构。

2. 柱下条形基础的构造要求

(1)柱下条形基础的混凝土强度等级，不应低于 C20。柱下条形基础梁的高度宜为柱距的 1/4 ~ 1/8，翼板厚度不应小于 200 mm。当翼板厚度大于 250 mm 时，宜采用变厚度翼板，其顶面坡度宜小于或等于 1∶3。

(2)条形基础的端部宜向外伸出，其长度宜为第一跨距的 0.25 倍。

(3)现浇柱与条形基础梁的交接处，基础梁的平面尺寸应大于柱的平面尺寸，且柱的边缘至基础梁边缘的距离不得小于 50 mm。

(4)条形基础梁顶部和底部的纵向受力钢筋除应满足计算要求外，顶部钢筋应按计算配筋全部贯通，底部通长钢筋不应少于底部受力钢筋截面总面积的 1/3。

(四)筏形基础

1. 筏形基础的特点

当地基特别软弱，上部荷载很大，用交梁基础将导致基础宽度较大而又相互接近，或有地下室时，可将基础底板联成一片而成为筏形基础。

筏形基础可分为墙下筏形基础和柱下筏形基础。柱下筏形基础常有平板式和梁板式两种。平板式筏形基础是在地基上做一块钢筋混凝土底板，柱子通过柱脚支承在底板上；梁板式筏形基础分为下梁板式和上梁板式，下梁板式基础底板上面平整，可作建筑物底层地面。

2. 筏形基础的构造要求

(1)筏形基础的混凝土强度等级不应低于 C30。当有地下室时应采用防水混凝土。采用筏形基础的地下室应沿四周布置钢筋混凝土外墙，外墙厚度不应小于 250 mm，内墙厚度不应小于 200 mm。

(2)筏形基础的钢筋间距不应小于 150 mm，宜为 200 ~ 300 mm，受力钢筋直径不宜小于

12 mm。梁板式筏基的底板与基础梁的配筋除满足计算要求外，纵横方向的底部钢筋还应有1/2～1/3贯通全跨，其配筋率不应小于0.15%，顶部钢筋按计算配筋全部连通。

(3)当筏板的厚度大于2 000 mm时，宜在板厚中间部位设置直径不小于12 mm、间距不大于300 mm的双向钢筋网。

(五)箱形基础

1. 箱形基础的特点

箱形基础是由底板、顶板、钢筋混凝土纵横隔墙构成的整体现浇钢筋混凝土结构。箱形基础具有较大的基础底面、较深的埋置深度和中空的结构形式，上部结构的部分荷载可用开挖卸去的土的重量得以补偿。与一般的实体基础比较，它能显著地提高地基的稳定性，降低基础沉降量。

2. 箱形基础的构造要求

(1)箱形基础的混凝土强度等级不应低于C30。无人防设计要求的箱形基础，基础底板不应小于300 mm，外墙厚度不应小于250 mm，内墙厚度不应小于200 mm，顶板厚度不应小于200 mm。

(2)箱形基础的顶板、底板及墙体均应采用双层双向配筋。箱形基础的顶板和底板纵横方向支座钢筋尚应有1/3～1/2的钢筋连通，且连通钢筋的配筋率分别不小于0.15%(纵向)、0.10%(横向)，跨中钢筋按实际需要的配筋全部连通。

(3)墙体的门洞宜设在柱间居中部位。箱形基础外墙宜沿建筑物周边布置，内墙沿上部结构的柱网或剪力墙位置纵横均匀布置，墙体水平截面总面积不宜小于箱形基础外墙外包尺寸的水平投影面积的1/10。

(六)桩基础

1. 桩基础概述

当地基土上部为软弱土，且荷载很大，采用浅基础已不能满足地基强度和变形的要求时，可利用地基下部比较坚硬的土层作为基础的持力层设计成深基础。桩基础是最常见的深基础，广泛应用于各种工业与民用建筑中。

桩基础是由桩和承台两部分组成的。桩在平面上可以排成一排或几排，所有桩的顶部由承台联成一个整体并传递荷载，在承台上再修筑上部结构。桩基础的作用是将承台上部结构传来的外力，通过承台由桩传到较深的地基持力层中，承台将各桩联成一个整体共同承受荷载，并将荷载较均匀地传给各个基桩。

由于桩基础的桩尖通常都进入到了比较坚硬的土层或岩层，因此桩基础具有较高的承载力和稳定性，具有良好的抗震性能，是减少建筑物沉降与不均匀沉降的良好措施。

2. 桩基础的分类

1)按施工方式分类

按施工方式分类可分为预制桩和灌注桩两大类。

2)按桩身材料分类

按桩身材料分类可分为混凝土桩、钢桩、组合桩。

(1)混凝土桩：混凝土桩又可分为混凝土预制桩和混凝土灌注桩(简称灌注桩)两类。

(2)钢桩：常见的是型钢和钢管两类。钢桩的优点是抗压、抗弯强度高，施工方便；缺点是价格高，易腐蚀。

(3)组合桩:采用两种材料组合而成的桩。例如,钢管桩内填充混凝土,或上部为钢管桩、下部为混凝土桩。

3)按桩的使用功能分类

按桩的使用功能分类可分为:①竖向抗压桩,即主要承受竖直向下荷载的桩;②水平受荷桩,即主要承受水平荷载的桩;③竖向抗拔桩,即主要承受拉拔荷载的桩;④复合受荷桩,即承受竖向和水平荷载均较大的桩。

4)按桩的承载性状分类

按桩的承载性状分类可分为摩擦型桩、端承型桩。

(1)摩擦型桩又分为:①摩擦桩,在极限承载力状态下,桩顶荷载由桩侧阻力承受;②端承摩擦桩,在极限承载力状态下,桩顶荷载主要由桩侧阻力承受,部分桩顶荷载由桩端阻力承受。

(2)端承型桩又分为:①端承桩;在极限承载力状态下,桩顶荷载由桩端阻力承受;②摩擦端承桩;在极限承载力状态下,桩顶荷载主要由桩端阻力承受,部分桩顶荷载由桩侧阻力承受。

5)按成桩方法和成桩过程中的挤土效应分类

按成桩方法和成桩过程中的挤土效应分类将桩分为以下几种:

(1)挤土桩:这类桩在设置过程中,桩周土被挤开,土体受到扰动,使土的工程性质与天然状态相比发生较大变化。这类桩主要包括挤土预制桩(打入或静压)、挤土灌注桩(如振动、锤击沉管灌注桩,爆扩灌注桩)。

(2)部分挤土桩:这类桩在设置过程中由于挤土作用轻微,故桩周土的工程性质变化不大。主要有打入截面厚度不大的工字型和H型钢桩、冲击成孔灌注桩和开口钢管桩、预钻孔打入式灌注桩等。

(3)非挤土桩:这类桩在设置过程中将相应于桩身体积的土挖出。这类桩主要是各种形式的钻孔桩、挖孔桩等。

6)按承台底面的相对位置分类

按承台底面的相对位置分类可分为以下几种:

(1)高承台桩基:群桩承台底面设在地面或局部冲刷线之上的桩基称为高承台桩基。这种桩基多用于桥梁、港口工程等。

(2)低承台桩基:承台底面埋置于地面或局部冲刷线以下的桩基称为低承台桩基。这种桩基多用于房屋建筑工程。

(3)按桩径的大小分类:小桩直径≤250 mm;中等桩直径为250~800 mm;大桩直径≥800 mm。

3.桩基的构造规定

(1)桩基宜选用中、低压缩性土层作桩端持力层;同一结构单元内的桩基,不宜选用压缩性差异较大的土层作桩端持力层,不宜采用部分摩擦桩和部分端承桩。

(2)设计使用年限不少于50年时,非腐蚀环境中预制桩的混凝土强度等级不应低于C30,预应力桩不应低于C40,灌注桩的混凝土强度等级不应低于C25;二b类环境及三类、四类、五类微腐蚀环境中不应低于C30。设计使用年限不少于100年的桩,桩身混凝土的强度等级宜适当提高。水下灌注混凝土的桩身强度等级不宜高于C40。

(3)桩身配筋可根据计算结果及施工工艺要求,沿桩身纵向不均匀配筋。腐蚀环境中的灌注桩主筋直径不宜小于 16 mm,非腐蚀性环境中灌注桩的主筋直径不应小于 12 mm。

(4)灌注桩主筋混凝土保护层厚度不应小于 50 mm,预制桩不应小于 45 mm,预应力管桩不应小于 35 mm,腐蚀环境中的灌注桩不应小于 55 mm。

4. 承台构造

承台有多种形式,如柱下独立桩基承台、箱形承台、筏形承台、柱下梁式承台和墙下条形承台等。承台的作用是将桩联成一个整体,并把建筑物的荷载传到桩上,因而承台要有足够的强度和刚度。

以下主要介绍板式承台的构造要求:

(1)承台的厚度不应小于 300 mm,承台的宽度不应小于 500 mm,边缘中心至承台边缘的距离不宜小于桩的直径或边长,且桩的外边缘至承台边缘的距离不小于 150 mm。

(2)承台混凝土强度等级不应低于 C20;纵向钢筋的混凝土保护层厚度不应小于 70 mm,当有混凝土垫层时,保护层厚度不应小于 50 mm。

(3)矩形承台板的配筋按双向均匀通长布置,钢筋直径不宜小于 10 mm,间距不宜大于 200 mm。承台梁的主筋除满足计算要求外,其直径不宜小于 12 mm,架立筋直径不宜小于 10 mm,箍筋直径不宜小于 6 mm;对于三桩承台,钢筋应按三向板带均匀配置,且最里面的三根钢筋围成的三角形应在柱截面范围内。

5. 承台之间的连接

单桩承台宜在两个相互垂直的方向上设置连系梁;两桩承台宜在其短向设置连系梁;有抗震要求的柱下独立承台宜在两个主轴方向设置连系梁。连系梁顶面宜与承台位于同一标高。连系梁的宽度不应小于 250 mm,梁的高度可取承台中心距的 1/10 ~ 1/15 且不小于 400 mm,连系梁内上下纵向钢筋直径不应小于 12 mm 且不应少于 2 根,并按受拉要求锚入承台。

第二十二节　建筑抗震基本知识

一、地震的成因

地震就是地球内某处岩层突然断裂,或因局部岩层坍塌、火山爆发等发生震动,并以波的形式传到地表引起地面的颠簸和摇晃。

地震发生的地方叫震源;震源正上方的位置叫震中;震源至地面的垂直距离叫震源深度;地面某处至震中的距离叫震中距;地震时地面上破坏程度相近的点连成的线叫等震线。

二、地震的类型

地震按成因可分为三种主要类型:火山地震、塌陷地震和构造地震。

根据震源深度不同,又可将构造地震分为三种:①浅源地震——震源深度不大于 60 km;②中源地震——震源深度 60 ~ 300 km;③深源地震——震源深度大于 300 km。

一般造成较大灾害的都为构造地震,又以浅源构造地震造成的危害最大。因此,从工程抗震角度来讲,主要是研究占全球地震发生总数约 90% 的构造地震。

三、震级和烈度

(一)地震的震级

衡量地震大小的等级称为震级,它表示一次地震释放能量的多少,一次地震中只有一个震级,地震的震级用 M 表示。

(二)地震烈度

地震烈度是指某一地区地面和建筑物遭受一次地震影响的强烈程度。地震烈度不仅与震级大小有关,而且与震源深度、震中距、地质条件等因素有关。

地震震级和地震烈度是完全不同的两个概念。一次地震只有一个震级,然而烈度则根据测定的地点的不同而不同。即一次地震只有一个震级,但有多个地震烈度。

地震烈度表是为评定地震烈度而建立的一个标准,它以描述震害宏观现象为主,即根据建筑物的破坏程度、地貌变化特征、地震时人的感觉、家具的晃动反应等进行区分。我国的地震烈度表将地震烈度划分了 12 个烈度区。

四、地震灾害

地震灾害主要表现在三个方面:地表破坏、工程建筑物破坏和因地震而引起的各种次生灾害。

(一)地表破坏

地震引起的地表破坏一般有地表断裂(又称地裂缝)、喷砂冒水、地面下沉、滑坡塌方等。

(二)工程建筑物破坏

地震时各类建筑物的破坏是导致人民生命财产损失的主要原因,也是抗震减灾的重要研究对象。

建筑物的破坏包括三种类型:

(1)结构丧失整体性而造成的破坏。房屋建筑或构筑物是由许多构件组成的,在强烈地震作用下,构件连接不牢、支撑长度不够和支撑失稳等都会使结构丧失整体性而破坏。

(2)承重结构承载力不足或变形过大造成的破坏。对于未考虑抗震设防或设防不足的结构,在具有多向性的地震力作用下,构件会因强度不足而破坏。

(3)地基失效引起的破坏。在强烈地震作用下,地基承载力可能下降甚至丧失,也可能由于地基饱和砂层液化而造成建筑物沉陷、倾斜或倒塌。

(三)次生灾害

地震次生灾害是指强烈地震发生后,自然以及社会原有的状态被破坏,对人们生命、生产、生活及工作等产生威胁的一系列灾害。地震次生灾害按其成因,一般分为火灾、毒气污染、细菌污染等,其中火灾是次生灾害中最常见、最严重的。

五、建筑抗震设防分类和设防标准

(一)抗震设防烈度

抗震设防烈度指按国家规定的权限批准,作为一个地区抗震设防依据的地震烈度。一般情况下，它与地震基本烈度相同，但两者不尽一致，必须按照国家规定的权限审批、颁发的文件（图件）确定。《建筑抗震设计规范》（GB 50011—2010）（以下简称《抗规》）中的"烈度"都是指抗震设防烈度。

抗震设防烈度按国家批准权限审定，作为一个地区抗震设防依据的地震烈度。也就是说，对于某一个给定的地区来说，每次发生地震的震级是不定的；但是抗震设防烈度是国家规定好的，这个就目前来说是固定不变的。

抗震设防烈度为6度及以上地区的建筑，必须进行抗震设计。抗震设防烈度大于9度地区的建筑及行业有特殊要求的工业建筑，其抗震设计应按有关规定执行。

（二）抗震设防目标

抗震设防是指对建筑物进行抗震设计并采取一定的抗震构造措施，以达到结构抗震的效果和目的。抗震设防的依据是抗震设防烈度，抗震设防目标是对建筑结构应该具有的抗震安全性能的总要求，我国《抗规》明确提出了"三水准"的抗震设防目标：

（1）小震不坏：当遭受低于本地区抗震设防烈度的多遇地震影响时，主体结构不受损坏或不需修理可继续使用。

（2）中震可修：当遭受相当于本地区抗震设防烈度的地震影响时，建筑物可能产生一定的损坏，但经一般修理仍可继续使用。

（3）大震不倒：当遭受高于本地区抗震设防烈度的罕遇地震影响时，建筑物可能产生重大破坏，但是不致倒塌或发生危及生命的严重破坏。

（三）抗震设防分类

根据建筑使用功能的重要性，将建筑抗震设防分为以下四类：

（1）甲类建筑——重大建筑工程和地震时可能发生严重次生灾害的建筑。这类建筑是指一旦破坏将产生严重后果的建筑物，或者对政治、经济、社会造成重大影响的建筑物。

（2）乙类建筑——地震时使用功能不能中断或需尽快恢复的建筑。这类建筑一般包括医疗、供水、供电、供气、供热、通信、消防、交通等系统的建筑物。

（3）丙类建筑——甲、乙、丁类建筑以外的一般建筑。这类建筑指的是一般的工业与民用建筑物。

（4）丁类建筑——抗震次要建筑。这类建筑指的是地震破坏不易造成人员伤亡和重大经济损失的建筑物。

小　结（一）

1. 民用建筑通常由基础、墙体或柱、楼地层、屋顶、楼梯、门窗等6个基本部分，以及阳台、雨篷、台阶、散水、雨水管、勒脚等其他细部组成。

2. 基础是建筑物最下部的承重构件，它埋在地下，承受建筑物的全部荷载，并将这些荷载传递给地基。墙体和柱都是建筑物的竖向承重构件。楼板层是建筑物水平方向的承重构件。屋顶是建筑物最上部的承重和围护构件。楼梯是楼房建筑中联系上下各层的垂直交通设施。门窗均属于非承重构件。

地基与基础的基本概念，基础的埋深及其影响因素，基础的类型与构造。

用刚性材料制作的基础称为刚性基础。刚性基础抗压强度较高，而抗拉、抗剪强度较低，常用的刚性基础有砖基础、毛石基础、混凝土基础等。柔性基础的底部配以钢筋，利用钢筋来承受拉力，使基础底部能够承受较大弯矩。常见的柔性基础有独立基础、条形基础、筏板基础、箱形基础、桩基础等。

3. 墙体的作用与分类，砖墙的细部构造、防潮防水处理。

墙体的主要作用有承重、维护、分隔，其承重方案有纵墙承重、横墙承重、纵横墙承重和内框架承重。组成墙体的块材可用砖、砌块等，砖墙的细部构造主要有勒脚、散水明沟、防潮层、窗台、圈梁、过梁、构造柱等。

4. 地下室一般由墙体、底板、顶板、楼梯、门窗等几部分组成。当设计最高地下水位低于地下室底板500 mm，且地基范围内的土壤及回填土无形成上层滞水的可能时，只需做防潮处理。当设计最高地下水位高于地下室底板顶面时，必须做防水处理。可采用卷材防水和混凝土结构自防水，卷材防水又分为内防水和外防水。

5. 楼地层的作用、组成及类型，楼地面、顶棚、阳台和雨篷的构造。

楼地层是楼板层和地层的总称，楼板层主要由面层、结构层和顶棚组成，地层主要由面层、垫层和基层组成。钢筋混凝土楼板按施工方式可分为现浇钢筋混凝土楼板、预制装配式钢筋混凝土楼板和装配整体式钢筋混凝土楼板三种。常见的楼地面有整体地面和块材地面；水泥砂浆地面、细石混凝土地面、现浇水磨石地面均属于整体地面，常见的块材地面有陶瓷地砖、陶瓷锦砖、水泥花砖、大理石板、花岗岩板、木地板等。

6. 顶棚有直接式顶棚和悬吊式顶棚两种。直接式顶棚是指在屋面板、楼板等的底面直接喷浆、抹灰、粘贴壁纸或面砖等饰面材料；悬吊式顶棚简称吊顶，一般由吊杆、骨架和面层三部分组成。

7. 阳台由承重结构（梁、板）、栏杆、扶手等组成。根据雨篷的支承方式不同，钢筋混凝土雨篷分为板式和梁板式两种。

8. 楼梯的作用、组成及分类、尺度要求、室外台阶及坡道的构造要求，重点介绍了钢筋混凝土楼梯的构造要求。

楼梯是建筑中各楼层间相互联系的主要垂直交通设施，也是紧急情况下安全疏散的主要通道，主要由楼梯段、楼梯平台和栏杆扶手组成。楼梯的允许坡度范围在23°～45°之间，踏步的高度以150 mm为宜，踢面的宽度以300 mm为宜，楼梯段的净高不应小于2.2 m，平台过道处的净高不应小于2 m，一般建筑室内楼梯扶手高度不宜小于900 mm。

现浇钢筋混凝土楼梯是指楼梯段和平台整体浇筑在一起，其整体性好、刚度大、抗震性好，应用较广泛。现浇钢筋混凝土楼梯根据楼梯段的传力和结构形式的不同，可分为板式楼梯和梁板式楼梯两种。预制装配式钢筋混凝土楼梯是指用预制厂生产或现场制作的构件安装拼合而成的楼梯。采用预制装配式钢筋混凝土楼梯可提高工业化施工水平，节约模板，简化操作程序，较大幅度地缩短工期。但其整体性、抗震性较差。

9. 门窗的作用及分类、组成，重点介绍了木门窗的构造组成及安装。

门的主要作用是解决建筑内外交通、内部房间之间的交通联系，在紧急事故状态下供人们紧急疏散;窗的主要作用是采光、通风及眺望。门主要采用木材、玻璃等,窗主要采用铝合金、塑钢等。门按开启方式可分为平开门、推拉门、弹簧门、折叠门、转门、卷帘门、升降门等。窗按开启方式可分为平开窗、固定窗、推拉窗、上悬窗、中悬窗、下悬窗、立转窗等。

一般民用建筑门的高度不宜小于2 100 mm,窗的大小主要取决于室内采光的要求。门由门框、门扇、五金零件及附件组成,窗由窗框、窗扇、五金零件组成。木门、木窗常采用立口安装法。铝合金窗、塑钢窗常采用塞口安装法。

10. 屋顶是房屋最上层的覆盖构件,承受自重和作用在屋顶上的各种活荷载;抵御自然界的风霜雨雪、太阳辐射、气温变化和其他外界的不利因素,对建筑物的立面还有一定的装饰效果。按外形可分为平屋顶、坡屋顶和其他形式的屋顶。屋面坡度小于5%的屋顶称为平屋顶。坡屋顶是指屋面坡度较陡的屋顶,其坡度一般在10%以上。

平屋顶主要由顶棚、结构层(承重结构)、防水层组成,根据屋面的需要,还可增设保温隔热层、找平层、找坡层、隔汽层等附加层。平屋顶屋面排水坡有材料找坡和结构找坡,排水方式分为无组织排水和有组织排水,有组织排水分为内排水和外排水。平屋顶的防水按所用材料和施工方法的不同有柔性防水、刚性防水、涂膜防水等。柔性防水屋面较能适应温度、震动、不均匀沉陷因素的变化作用,能承受一定的水压,整体性好,不易渗漏,但施工操作较为复杂,技术要求较高。

刚性防水屋面顶是指用刚性防水材料,如防水砂浆、细石混凝土、配筋的细石混凝土等做防水层的屋面顶。刚性防水屋面顶构造简单、施工方便、造价低廉,但对温度变化和结构变形较敏感,容易产生裂缝而渗漏,不适用于设有松散材料保温层及受较大振动或冲击荷载的建筑屋面。

11. 变形缝是为防止建筑物在外界因素(温度变化、地基不均匀沉降、地震)作用下产生变形、开裂甚至破坏而人为地设置的变形缝。

变形缝包括伸缩缝、沉降缝和防震缝三种。

伸缩缝要求在建筑物的同一位置,从基础顶面开始,将墙体、楼板层、屋顶全部断开,而基础因受温度变化影响较小,不需断开。沉降缝处,从建筑物基础底部至屋顶全部断开,同时沉降缝也应兼顾伸缩缝的作用。防震缝处相邻的上部结构完全断开,基础一般不断开,缝两侧均需布置墙体,使其封闭连接。沉降缝也可兼作伸缩缝的作用,伸缩缝却不能代替沉降缝,当伸缩缝与沉降缝结合设置或防震缝与沉降缝结合设置时,基础也应断开。伸缩缝、沉降缝应符合防震缝的要求。

当建筑物需设变形缝时,应尽量做到少设缝,做到一缝多用。

12. 饰面装修不仅可以改善室内外的环境,提高保温、隔热、隔声性能等使用功能要求,同时,对建筑物还起到一定的装饰美观效果。外墙面装修可分为抹灰类、贴面类和涂料类;内墙面装修可分为抹灰类、贴面类、涂料类和裱糊类。

抹灰是用砂浆涂抹在房屋结构表面上的一种装修工程,可分为一般抹灰和装饰抹灰。这种方法材料来源广泛、施工简便、造价低。涂料类饰面是利用各种涂料敷于基层表面而形成整体牢固的涂膜层的一种装修做法,并可根据需要配成多种色彩。这种方法施工简单、工期短、效率高、自重轻、维修更新方便,故在饰面装修工程中得到广泛的应用。釉面砖、陶瓷锦砖均属于贴面类饰面。装饰用的石材有天然石材和人造石材两种。

13. 工业建筑是指从事各类工业生产以及直接为生产服务的房屋，在单层工业厂房的结构形式中，以排架结构最多见，主要由横向排架和纵向连系构件以及支撑、围护构件组成。横向排架构件包括屋架(或屋面梁)、柱子和基础。纵向连系构件包括吊车梁、基础梁、连系梁(或圈梁)、大型屋面板。

14. 厂房屋面排水方式分为无组织排水和有组织排水两种。防水可分为卷材防水、刚性防水和构件自防水。工业厂房地面由面层、垫层和地基组成。单层厂房的定位轴线分为横向定位和纵向定位轴线两种。柱子横向定位轴线之间的距离为柱距，常用 6 m 柱距，有时也采用 12 m 柱距。单层厂房中纵向定位轴线之间的距离为跨度，常用值有 9 m、12 m、15 m、18 m、24 m、30 m、36 m 等。

小　结(二)

1. 建筑结构是建筑物的骨架，是建筑物赖以存在的物质基础，即在建筑物中由若干个构件连接而成的能承受作用、传递作用效应并起骨架作用的平面或空间体系，简称结构。

2. 建筑结构按所用的材料不同分为砌体结构、木结构、钢结构、混凝土结构。

3. 建筑结构按照结构的受力及构造特点的不同分为混合结构、框架结构、剪力墙结构、框－剪结构、筒体结构、排架结构等类型。

4. 荷载按随时间的变化分为下列三类：永久荷载、可变荷载、偶然荷载。

5. 设计任何建筑物和构筑物时，必须使其满足安全性、适用性、耐久性等方面的预定功能要求。

6. 建筑结构的极限状态：承载能力极限状态和正常使用极限状态。

7. 钢筋主要分为普通钢筋和预应力钢筋两种。

8. 混凝土的强度和变形：混凝土的强度指标有立方体抗压强度、轴心抗压强度和轴心抗拉强度；混凝土的变形分为一次短期荷载下的变形、徐变、收缩和膨胀。

9. 钢筋和混凝土的黏结力、共同工作的原理和常用的连接方式等。

10. 根据配筋率的不同，钢筋混凝土梁正截面破坏的三种形态是适筋、超筋和少筋破坏。

11. T 形截面梁不会影响其受弯承载力的降低，同时达到节省混凝土、减轻结构自重、降低造价的目的。

12. 梁斜截面破坏主要有三种，即剪压破坏、斜压破坏和斜拉破坏。

13. 受压构件分为轴心受压和偏心受压两种。

14. 钢筋混凝土构件在纯扭作用下的破坏状态随配筋状况的不同大致分为适筋破坏、部分超筋破坏、超筋破坏和少筋破坏。

15. 楼盖结构包括现浇单向板肋形楼盖、双向板肋形楼盖、双重井式楼盖、无梁楼盖、装配式楼盖等，根据不同的建筑要求和使用条件选择合适的结构类型。

16. 在现浇肋形楼盖中，两对边支承的板应按单向板计算。四边支承的板应按下列规定计算：当长边与短边长度之比不大于 2.0 时，应按双向板计算；当长边与短边长度之比大于

2.0,但小于3.0时,宜按双向板计算;当长边与短边长度之比不小于3.0时,宜按沿短边方向受力的单向板计算,并应沿长边方向布置构造钢筋。

17. 装配式混凝土楼盖主要由搁置在承重墙或梁上的预制混凝土铺板组成,故又称为装配式铺板楼盖。

18. 框架结构是由梁、柱作为主要受力构件,通过刚接和铰接而形成的承受竖向和水平作用的受力体系。

19. 框架结构按施工方法的不同可分为全现浇式框架、半现浇式框架、装配式框架和装配整体式框架四种形式。

20. 框架结构中框架梁、框架柱和框架节点的抗震构造要求。

21. 由块材和砂浆砌筑而成的墙、柱作为建筑物主要受力构件的结构称为砌体结构。

22. 砌体按照块体材料不同可分为砖砌体、石砌体和砌块砌体;按配置钢筋的砌体是否作为建筑物主要受力构件可分为无筋砌体和配筋砌体;按在结构中的作用不同可分为承重砌体与非承重砌体等。

23. 根据荷载的传递方式和墙体的布置方案的不同,砌体结构的承重体系可分为四种:纵墙承重体系、横墙承重体系、纵横墙承重体系、内框架承重体系。

24. 墙、柱的一般构造要求包括材料等级、截面尺寸和房屋整体性的要求。

25. 抗震的构造措施是提高砌体结构房屋抗震能力的重要措施,重点是掌握构造柱、圈梁的基本构造要求。

26. 过梁、墙梁及挑梁的相关构造要求。

27. 钢结构具有显著的特点,尤其在机械性能、加工性能等方面有着明显的优势,但其耐火性能较差、易腐蚀。

28. 钢结构的连接方法有焊接、螺栓连接和铆接,其中焊接和螺栓连接是目前钢结构使用的主要连接方法。

29. 焊接连接分为对接焊缝和角焊缝,其受力工作原理和强度计算方法不同。

30. 螺栓连接分为普通螺栓连接和高强度螺栓连接。

31. 钢结构基本构件按受力不同分为轴心受力构件、受弯构件及拉弯和压弯构件。

32. 基础是建筑地面以下的承重构件,它承受建筑物上部结构传下来的全部荷载,并把这些荷载连同本身的重量一起传到地基上。

33. 按基础所采用的材料和受力特点,可以分为刚性基础和柔性基础;按基础的埋置深度和施工方法不同,可以分为深基础和浅基础;按基础的结构形式,可以分为无筋扩展基础、扩展基础、柱下条形基础、筏形基础、箱形基础和桩基础。

34. 基础埋置深度一般是指基础底面到室外设计地面的垂直距离,简称基础埋深。

35. 影响基础埋置深度的因素:建筑物的功能和用途;基础上的荷载大小和性质;工程地质和水文地质条件;相邻建筑物基础埋深;地基土冻胀与融陷的影响。

36. 不同类型的基础相关的构造要求。

37. 地震就是地球内某处岩层突然断裂,或因局部岩层坍塌、火山爆发等发生震动,并以波的形式传到地表引起地面的颠簸和摇晃。

38. 衡量地震大小的等级称为震级，它表示一次地震释放能量的多少，一次地震中只有一个震级。地震的震级用 M 表示。

39. 地震烈度是指某一地区地面和建筑物遭受一次地震影响的强烈程度。地震烈度不仅与震级大小有关，而且与震源深度、震中距、地质条件等因素有关。

40. 一次地震只有一个震级，然而烈度则根据测定的地点的不同而不同。

41. 地震灾害可分为地表破坏、建筑物破坏（结构丧失整体性、强度破坏、地基失效）和次生灾害。

42. 抗震设防烈度是按国家批准权限审定，作为一个地区抗震设防依据的地震烈度。

43. 抗震设防的目标是小震不坏，中震可修，大震不倒。

第七章　施工测量的基本知识

【学习目标】

1. 熟练掌握水准仪、经纬仪的操作方法和数据计算，能完成高差、角度等基本测量工作，掌握全站仪、激光铅垂仪、测距仪的使用方法，理解全站仪和测距仪的工作原理。

2. 熟悉简单建筑物的定位放线方法，了解基础施工、墙体施工、构件安装过程中的测量知识和测量仪器的综合运用。

3. 了解并分析不同建筑物和构筑物变形的原因，掌握沉降观测的基本方法，能判断建筑物变形的性质。

第一节　标高、直线、水平等的测量

水准仪、经纬仪、全站仪、激光铅垂仪、测距仪的使用如下。

一、水准仪的使用

（一）水准测量的原理

水准测量是利用水准仪提供的水平视线，借助水准尺读数来测定地面点之间的高差，从而由已知点的高程推算出待测点的高程。

如图 7-1 所示，欲测定 A、B 两点间的高差 h_{AB}，可在 A、B 两点分别竖立水准尺，在 A、B 之间安置水准仪。利用水准仪提供的水平视线，分别读取 A 点水准尺上的读数 a 和 B 点水准尺上的读数 b，则 A、B 两点高差为：

$$h_{AB} = a - b \tag{7-1}$$

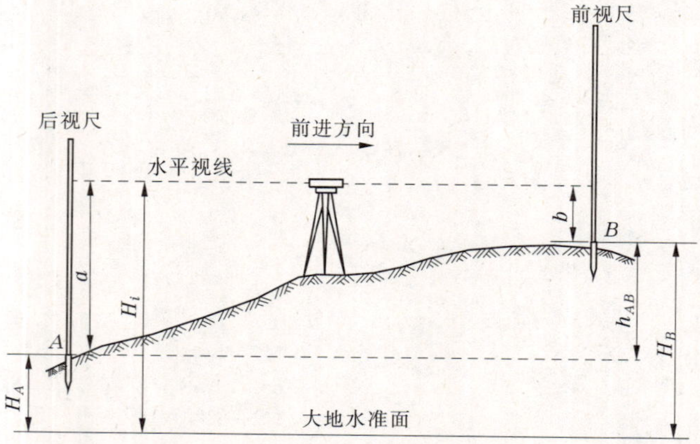

图 7-1　水准测量的原理

A 为已知高程点，B 为待测点，则 A 尺上的读数 a 称为后视读数，B 尺上的读数 b 称为前视读数。如果 $a > b$，则高差 h_{AB} 为正，表示 B 点比 A 点高；如果 $a < b$，则高差 h_{AB} 为负，表示 B 点比 A 点低。

h_{AB} 表示 A 点至 B 点的高差，h_{BA} 则表示 B 点至 A 点的高差，两个高差应该绝对值相等而符号相反，即

$$h_{AB} = -h_{BA} \tag{7-2}$$

测得 A、B 两点间的高差 h_{AB} 后，则未知点 B 的高程 H_B 为：

$$H_B = H_A + h_{AB} = H_A + (a - b) \tag{7-3}$$

由图 7-1 可以看出，B 点高程也可以通过水准仪的视线高程 H_i（也称为仪器高程）来计算，视线高程 H_i 等于 A 点的高程加 A 点水准尺上的后视读数 a，即

$$H_i = H_A + a \tag{7-4}$$

则

$$H_B = (H_A + a) - b = H_i - b \tag{7-5}$$

式(7-3)称为高差法（或叫中间水准法）。

式(7-5)称为视线高程法。此法是在每一个测站上测定一个视线高程作为该测站的常数，分别减去各待测点上的前视读数，即可求得各未知点的高程，这在土建工程施工中经常用到。

（二）水准仪的操作

水准仪的操作包括安置仪器、粗略整平、瞄准水准尺、精确整平和读数等步骤。

1. 安置仪器

在测站上安置三脚架，调节脚架使高度适中，目估使架头大致水平，检查脚架伸缩螺旋是否拧紧。

2. 粗略整平（粗平）

粗平即初步整平仪器，通过调节三个脚螺旋使圆水准器气泡居中，如图 7-2(a)所示，外围三个圆圈为脚螺旋，中间为圆水准器，圆水准器内最小的圆圈代表气泡所在位置，首先用双手按箭头所指方向转动脚螺旋，使圆气泡移到这两个脚螺旋连线方向的中间，然后再按图 7-2(b)中箭头所指方向，用左手转动脚螺旋，使圆气泡居中。在整平的过程中，气泡移动的方向与左手大拇指转动脚螺旋时的移动方向一致。

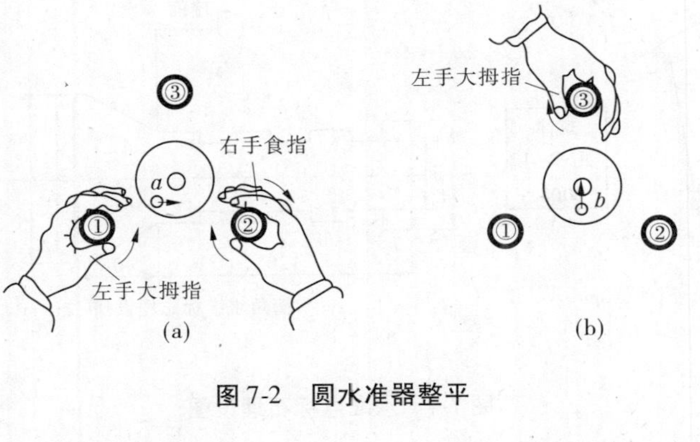

图 7-2　圆水准器整平

3. 瞄准水准尺

先转动目镜调焦螺旋使十字丝成像清晰，再转动望远镜，经粗瞄大致对准水准尺后，拧

紧制动螺旋。然后从望远镜内观察目标，调节物镜调焦螺旋，使水准尺成像清晰。最后用微动螺旋转动望远镜，使十字丝竖丝对准水准尺的中间稍偏一点，以便读数。瞄准时应注意消除视差。

4. 精确整平（精平）

对于微倾式水准仪，使目镜左边观察窗内的符合水准器的气泡两个半边影像完全吻合，这时视准轴处于精确水平位置。

5. 读数

符合水准器气泡居中后，即可读取十字丝中丝截在水准尺上的读数。直接读出米、分米和厘米，估读出毫米（见图7-3）。读数应迅速、果断、准确，读数后应立即重新检视符合水准器气泡是否仍居中，如仍居中，则读数有效，否则应重新使符合水准器气泡居中后再读数。

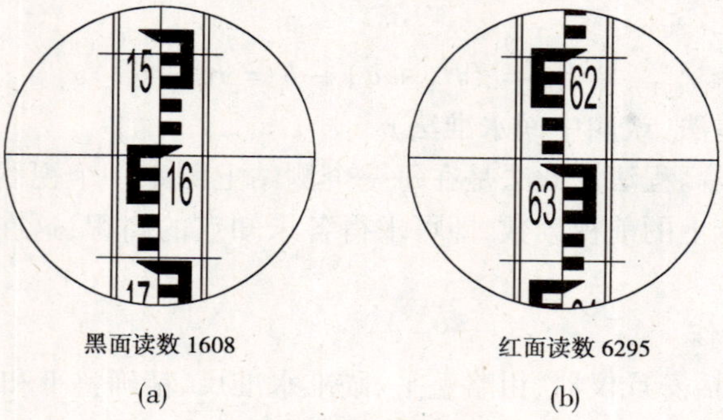

图 7-3　水准尺读数

（三）水准点与水准路线

用水准测量方法测定的高程控制点称为水准点（Bench Make，记为 BM.）。水准点按其精度分为不同的等级。国家水准点分为四个等级，即一、二、三、四等水准点，按国家规范要求埋设永久性标石标志。地面水准点按一定规格埋设，在标石顶部设置有不易腐蚀的材料制成的半球状标志；墙上水准点应按规格要求设置在永久性建筑物的墙角上（见图7-4）。

地形测量中的图根水准点和一些施工测量使用的水准点，常可用木桩或道钉打入地面，也可在地面上突出的坚硬岩石或房屋四周水泥面、台阶等处用油漆作出标志。

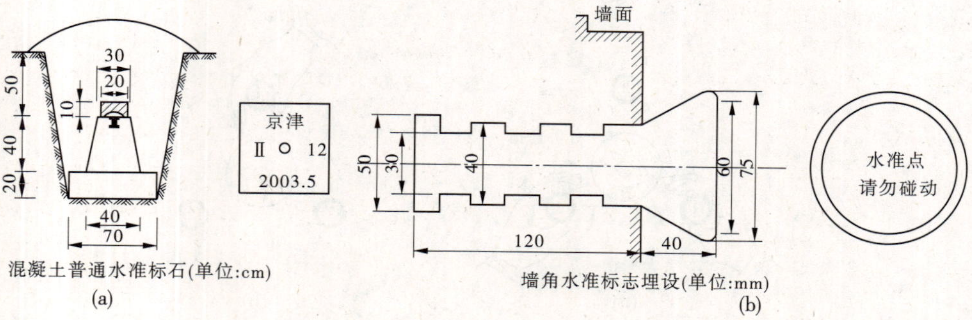

图 7-4　水准点标石埋设图

水准测量是按一定的路线进行的。将若干个水准点按施测前进的方向连接起来，称为水准路线。水准路线有附合水准路线、闭合水准路线和支水准路线，分别如图 7-5(a)、(b)、(c)所示。

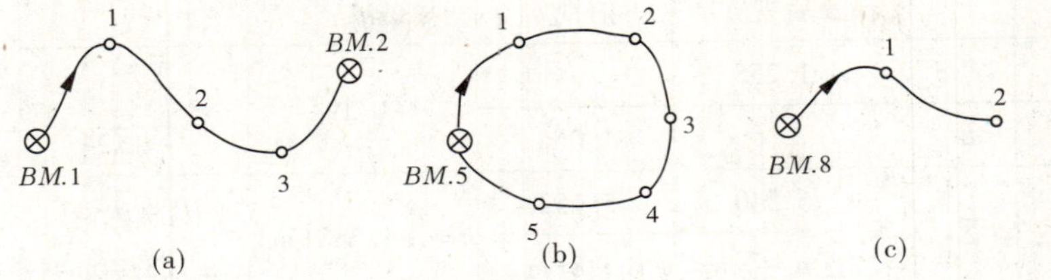

图 7-5　水准路线的布设形式

(四)水准测量实施

当已知水准点与待测高程点的距离较远或两点间高差很大、安置一次仪器无法测到两点高差时，就需要把两点间分成若干测站，连续安置仪器测出每站的高差，然后依次推算高差和高程。

如图 7-6 所示，已知水准点 *BM. A* 的高程，现拟测定 *B* 点高程，施测步骤如下：

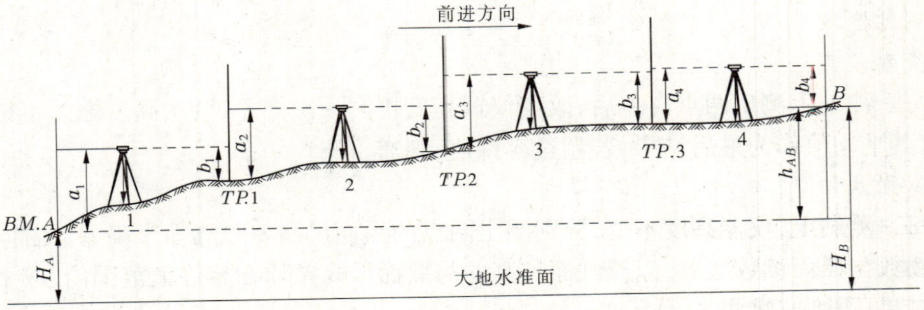

图 7-6　水准测量施测

在离 *A* 点适当距离处选择点 *TP.* 1，安放尺垫，在 *A*、1 两点分别竖立水准尺。在距 *A* 点和 1 点大致等距离处安置水准仪，瞄准后视点 *A*，精平后读得后视读数 a_1，记入水准测量手簿(见表 7-1)。旋转望远镜，瞄准前视点 1，精平后读得前视读数 b_1，记入手簿。计算出 *A*、1 两点高差。此为一个测站的工作。

表 7-1　水准测量记录表

观测站	测点	水准尺读数(m)		高差(m)	高程(m)	备注
		后视 a	前视 b			
1	*A*	1. 568		+0. 323	158. 365	已知高程
	TP. 1		1. 245			
2	*TP.* 1	1. 689		+0. 344		
	TP. 2		1. 345			
3	*TP.* 2	2. 025		+0. 527		
	TP. 3		1. 498			

续表 7-1

观测站	测点	水准尺读数(m)		高差(m)	高程(m)	备注
		后视 a	前视 b			
4	$TP.3$	1.258		+0.194		
	B		1.064		159.753	
计算检核	$\sum$	6.540	5.152	$h=+1.388$(m)	$H_B-H_A=$ +1.388(m)	
		$\sum a-\sum b=+1.388$(m)				

点1的水准尺不动，将A点水准尺立于点2处，水准仪安置在1、2点之间，用与上述相同的方法测出1、2点的高差，依次测至终点B。

在上述施测过程中，点1、2、3是临时的立尺点，作为传递高程的过渡点，称为转点(*Turning Point*，简记为 *TP.*)。转点无固定标志，无须算出高程。在测量过程中要保持转点(尺垫)稳定不动，且要尽可能保持各测站的前后视距大致相等。

(五)水准测量的检核

1. 测站检核

1)变动仪高法

在每一测站上测出两点高差后，改变仪器高度再测一次高差，两次高差之差不得超过容许值，取其平均值作为最后结果；若超过容许值，则需重测。

2)双面尺法

在每一测站上，仪器高度不变，分别测出两点的黑面尺高差和红面尺高差。若同一水准尺红面读数与黑面读数之差，以及红面尺高差与黑面尺高差均在容许值范围内，取平均值作为最后结果，否则应重测。

2. 成果检核

(1)附合水准路线。

附合水准路线中各测站实测高差的代数和应等于两个已知水准点间的高差。由于实测高差存在误差，两者之间不完全相等，其差值称为高差闭合差f_h，即

$$f_h=\sum h_{测}-(H_{终}-H_{始}) \tag{7-6}$$

式中 $H_{终}$——附合路线终点高程；

$H_{始}$——附合路线起点高程。

(2)闭合水准路线。

闭合水准路线中各段高差的代数和应为零，但实测高差总和不一定为零，从而产生闭合差f_h，即

$$f_h=\sum h_{测} \tag{7-7}$$

(3)支水准路线。

支水准路线要进行往、返测，往测高差总和与返测高差总和应大小相等，符号相反。但实测值两者之间存在差值，即产生高差闭合差f_h：

$$f_h=\sum h_{往}-\sum h_{返} \tag{7-8}$$

往返测量即形成往返路线，其实质已与闭合路线相同，可按闭合路线计算。

高差闭合差是各种因素产生的测量误差，故闭合差的数值应该在容许值范围内，否则应检查原因，返工重测。

图根水准测量高差闭合差容许值为：

$$\left.\begin{aligned}&\text{平地}\quad f_{h容}=\pm 40\sqrt{L}\,(\text{mm})\\&\text{山地}\quad f_{h容}=\pm 12\sqrt{n}\,(\text{mm})\end{aligned}\right\}\tag{7-9}$$

四等水准测量高差闭合差容许值为：

$$\left.\begin{aligned}&\text{平地}\quad f_{h容}=\pm 20\sqrt{L}\,(\text{mm})\\&\text{山地}\quad f_{h容}=\pm 6\sqrt{n}\,(\text{mm})\end{aligned}\right\}\tag{7-10}$$

式(7-9)和式(7-10)中：L 为水准路线总长（以 km 为单位）；n 为测站数。

(六)水准路线测量成果计算

水准路线测量的成果计算，首先要算出高差闭合差，它是衡量水准测量精度的重要指标。当高差闭合差在容许值范围内时，再对闭合差进行调整，求出改正后的高差，最后求出待测水准点的高程。

二、经纬仪的使用

(一)水平角测量原理

水平角是指地面上一点到两个目标点的方向线垂直投影到水平面上的夹角，或者是过两条方向线的竖直面所夹的两面角。

水平角值有效范围为 0°~360°。

如图 7-7 所示，当分别瞄准 A 点和 B 点时，在水平度盘上会有一与其同步旋转的指针指示出该方向的投影角度值 a 和 b，则水平角为：

$$\beta = b - a \tag{7-11}$$

这样就可以获得地面上任意三点间所构成的水平角的大小。

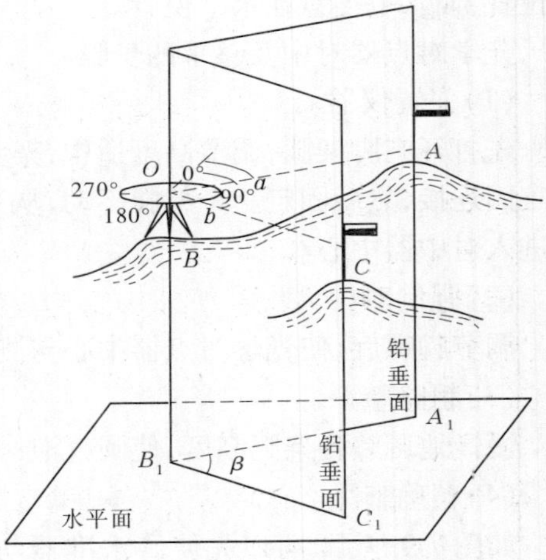

图 7-7 水平角测量原理

(二)竖直角测量原理

竖直角是指在同一竖直面内，某一方向线与水平线的夹角。测量上又称为倾斜角或竖角。

夹角在水平线以上，称为仰角，取正号，角值 0°~ +90°；夹角在水平线以下，称为俯角，取负号，角值为 -90°~0°。

当望远镜上下转动时，侧面度盘会同步旋转且有一指针会指示出此时望远镜的竖直角。如图 7-8 所示。

(三)经纬仪的使用

经纬仪的使用包括安置经纬仪、照准目标、读数、记录与计算四个步骤。

1. 安置经纬仪

将经纬仪正确安置在测站点上，包括对中和整平两个步骤。

对中的目的是使仪器的旋转轴位于测站点的铅垂线上。整平的目的是使仪器竖轴在铅

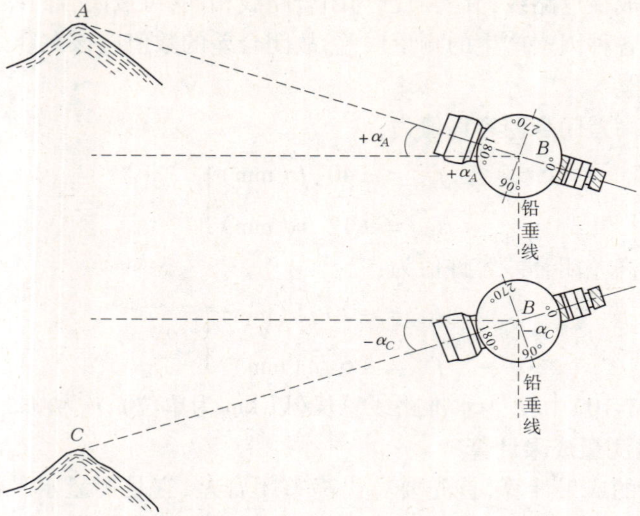

图 7-8 竖直角测量原理

垂位置，而水平度盘在水平位置。

光学对点器对中及整平的步骤：

(1) 安置仪器。

先打开三脚架腿，调节高度适中，架头大致水平且大致对准水准点，取出经纬仪，与三脚架牢固连接，然后固定一个架腿不动，从光学对中器向下观看，移动另两个架腿使地面点标志进入对中器中心。

(2) 强制对中。

调节脚螺旋，使光学对点器中心与测点重合。

(3) 粗略整平。

慢慢地调整各架腿高度，使圆气泡居中。

(4) 精确整平。

如图 7-9 所示，可以先使管水准器与一对脚螺旋连线的方向平行，然后双手以相同速度、相反方向旋转这两个脚螺旋，使管水准器的气泡居中。再将照准部平转 90°，用另外一个脚螺旋使气泡居中。这样反复进行，直至管水准器在任一方向上气泡都居中为止。

(5) 精确对中。

检查地面标志是否位于光学对点器中心，若不居中，可稍旋松连接螺旋，在架头上平行移动仪器，使其精确对中。

重复(4)、(5)两步，直到完全对中、整平。

2. 照准目标

测量角度时，仪器所在点称为测站点，远方目标点称为照准点，在照准点上必须设立照准标志，以便于瞄准。测角时用的照准标志有觇牌或测钎、垂球线等，如图 7-10 所示。

瞄准目标方法和步骤：

(1) 调节目镜调焦螺旋，使十字丝清晰。

(2) 利用粗瞄器，粗略瞄准目标，固定制动螺旋。

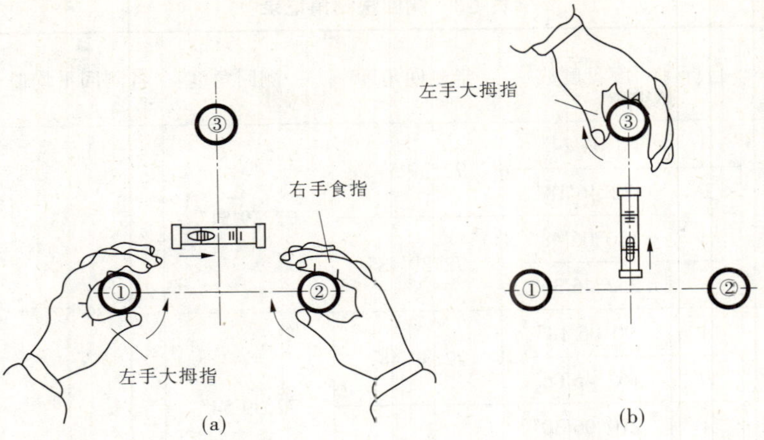

图 7-9　管水准器气泡的调整

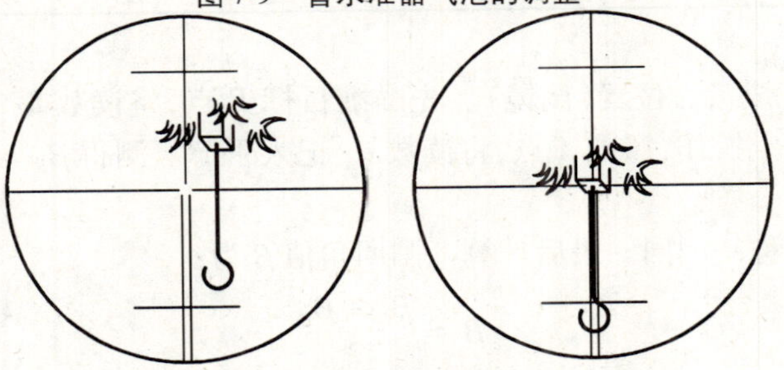

图 7-10　水平角测量瞄准目标方法

(3)调节物镜调焦螺旋使目标成像清晰,注意消除视差。

(4)调节制动、微动螺旋,精确瞄准。

3. 读数

读数时要先调节反光镜,使读数窗光线充足,旋转读数显微镜调焦螺旋,使数字及刻线清晰,然后读数。测竖直角时注意调节竖盘指标水准管微动螺旋,使气泡居中后再读数。

4. 记录与计算

读取的角度必须立刻计入手簿,并及时计算以验证是否合格,若超限应马上重测。

(四)水平角观测

水平角观测的方法,一般根据目标的多少和精度要求而定,常用的水平角观测方法有测回法和方向观测法。

1. 测回法

测回法常用于测量两个方向之间的单角。

测回法观测步骤如下:

(1)在角顶点 O 上安置经纬仪,对中、整平。

(2)将经纬仪安置成盘左位置(正镜)。转动照准部粗瞄第一个目标 A,调节目镜和望远镜调焦螺旋,使十字丝交点照准目标。将读数 a_L 记入记录手簿,然后顺时针转动照准部,同上操作,照准 B 点,将读数 b_L 记入手簿。盘左所测水平角为 $\beta_L = b_L - a_L$,称为上半测回,见表 7-2。

表 7-2　测回法测角记录

测站	竖盘位置	目标	度盘度数	半测回角度	一测回角度	各测回平均值	备注
第一测回 *O*	左	*A*	0°06′24″	72°39′54″	72°39′51″	72°39′52.5″	
		B	72°46′18″				
	右	*A*	180°06′48″	72°39′48″			
		B	252°46′36″				
第二测回 *O*	左	*A*	90°06′18″	72°39′48″	72°39′54″		
		B	162°46′06″				
	右	*A*	270°06′30″	72°40′00″			
		B	342°46′30″				

(3)倒转望远镜成盘右位置(倒镜)。先瞄准目标 *B* 点,将读数 b_R 记入记录手簿,再逆时针转动照准部,同上操作,照准 *A* 点,将读数 a_R 记入手簿。测得 $\beta_R = b_R - a_R$,称为下半测回。

上、下半测回合称一测回。最后计算一测回角值 β 为:

$$\beta = \frac{\beta_L + \beta_R}{2} \tag{7-12}$$

测回法用盘左、盘右观测,可以消除仪器某些系统误差对测角的影响,校核观测结果和提高观测成果精度。

当测角精度要求较高时,可以观测多个测回,取其平均值作为水平角测量的最后结果。为了减少度盘刻划不均匀的误差,各测回间应根据测回数,按照 180°/*n* 变换水平度盘位置。

例如:

观测两测回—— 0°、90°;

观测三测回—— 0°、60°、120°;

观测四测回—— 0°、45°、90°、135°;

观测六测回—— 0°、30°、60°、90°、120°、150°。

上例为两测回观测的成果。

2. 方向观测法

当测站上的方向观测数在 3 个或 3 个以上时(见图 7-11),一般采用方向观测法。当观测方向多于 3 个时,需"归零";当观测方向为 3 个时,可不归零。

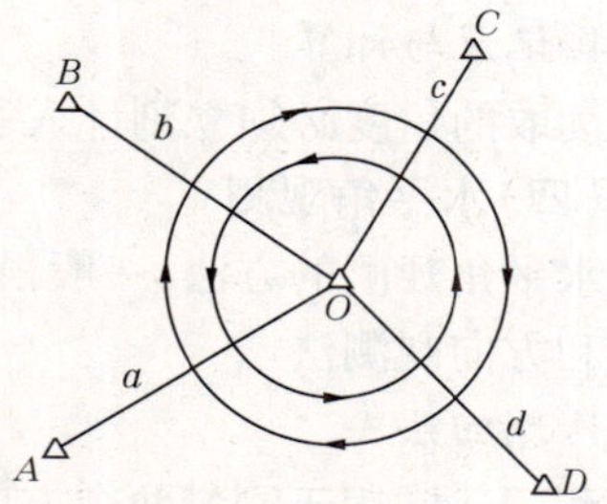

图 7-11　方向观测法

方向观测法观测计算步骤为:

(1)在 *O* 点安置仪器,对中、整平。

(2)上半测回(盘左)。仪器为盘左观测状态,选择一个距离适中且影像清晰的方向作为起始方向,设为 *OA*。盘左照准 *A* 点,并安置水平度盘读数,使其稍大于 0°,由零方向 *A* 起始,按顺时针依次精确瞄准各点读数 *A*→*B*→*C*→*D*→*A*(即所谓"全圆"),并记入方向观测法记录表。

(3)下半测回(盘右)。纵转望远镜180°，使仪器为盘右观测状态，按逆时针顺序 $A\to D\to C\to B\to A$，依次精确瞄准各点读数并记入方向观测法记录表。

(4)方向观测法记录、计算。具体计算见表7-3。方向观测法限差的要求见表7-4。

表7-3 方向观测法测角记录

测站	测回	觇点	水平度盘读数		2c(″)(L−R±180)°	平均读数(° ′ ″)$(\frac{L+R\pm180}{2})$°	一测回归零方向值(° ′ ″)	各测回平均方向值(° ′ ″)
			盘左(° ′ ″)	盘右(° ′ ″)				
1	2	3	4	5	6	7	8	9
O	1					(0 00 34)		
		A	0 00 54	180 00 24	+30	0 00 39	0 00 00	0 00 00
		B	79 27 48	259 27 30	+18	79 27 39	79 27 05	79 26 59
		C	142 31 18	322 31 00	+18	142 31 09	142 30 35	142 30 29
		D	288 46 30	108 46 06	+24	288 46 18	288 45 44	288 45 47
		A	0 00 42	180 00 18	+24	0 00 30		
		Δ	−12	−6				
O	2					(90 00 52)		
		A	90 01 06	270 00 48	+18	90 00 57	0 00 00	
		B	169 27 54	349 27 36	+18	169 27 45	79 26 53	
		C	232 31 30	52 31 00	+30	232 31 15	142 30 23	
		D	18 46 48	198 46 36	+12	18 46 42	288 45 50	
		A	90 01 00	270 00 36	+24	90 00 48		
		Δ	−6	−12				

表7-4 方向观测法限差的要求

经纬仪型号	半测回归零差(″)	一测回内2c互差(″)	同一方向各测回互差(″)
DJ_2	8	13	9
DJ_6	18		

竖盘是由光学玻璃制成的，其刻划有顺时针方向和逆时针方向两种，见图7-12。不同刻划的经纬仪其竖直角公式不同。当望远镜物镜抬高，竖盘读数增加时，竖直角为：

$$\alpha = 读数 - 起始读数 \tag{7-13}$$

反之，当物镜抬高，竖盘读数减小时，竖直角为：

$$\alpha = 起始读数 - 读数 \tag{7-14}$$

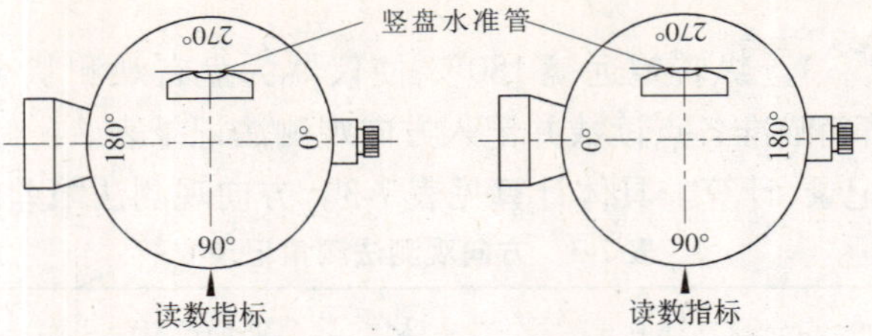

图 7-12　竖盘刻度注记(盘左)

(五)竖直角观测

1. 竖直角观测和计算

(1)将仪器安置在测站点上,对中、整平。

(2)盘左位置瞄准目标点,使十字丝中横丝精确瞄准目标顶端,见图 7-13。调节竖盘指标水准管微动螺旋,使水准管气泡居中,读数为 L。

(3)用盘右位置再瞄准目标点,调节竖盘指标水准管,使气泡居中,读数为 R。

(4)计算竖直角时,需首先判断竖直角计算公式,如图 7-14 所示。

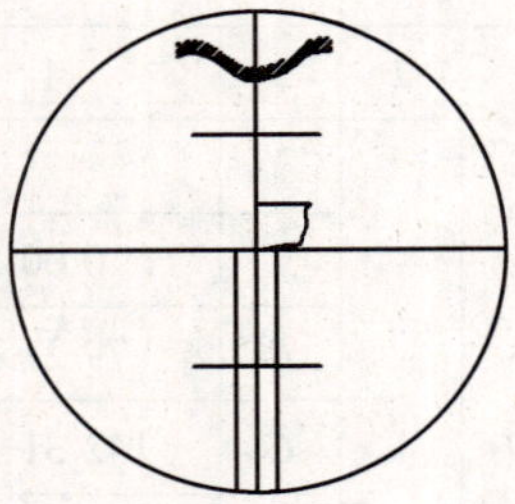

图 7-13　竖直角测量瞄准

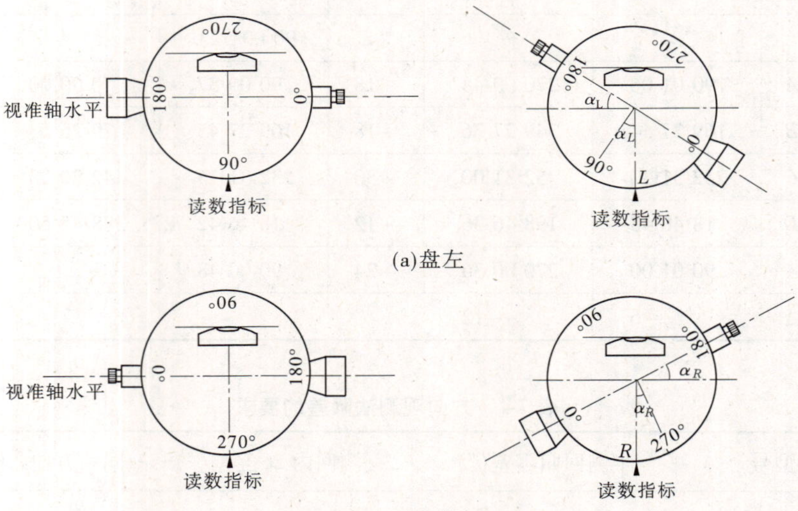

图 7-14　竖盘读数与竖直角计算

盘左位置,抬高望远镜,竖盘指标水准管气泡居中时,竖盘读数为 L,则盘左竖直角为:

$$\alpha_L = 90° - L \quad (7\text{-}15)$$

盘右位置,抬高望远镜,竖盘指标水准管气泡居中时,竖盘读数为 R,则盘右竖直角为:

$$\alpha_R = R - 270° \quad (7\text{-}16)$$

一测回角值为:

$$\alpha = \frac{1}{2}(\alpha_L + \alpha_R) = \frac{1}{2}(R - L - 180°) \tag{7-17}$$

将各观测数据填入手簿(见表7-5),利用上列各式逐项计算,便得出一测回竖直角。

表7-5　竖直角观测手簿

测站	目标	竖盘位置	竖盘读数 (° ′ ″)	半测回竖盘角 (° ′ ″)	指标差 (″)	一测回竖直角 (° ′ ″)	备注
O	P	左	71 12 36	+18 47 24	−12	+18 47 12	
		右	288 47 00	+18 47 00			
	Q	左	96 18 42	−6 18 42	−9	−6 18 51	
		右	263 41 00	−6 19 00			

2. 竖盘指标差

经纬仪由于长期使用及运输,会使望远镜视线水平、竖盘水准管气泡居中时,其指标不恰好在90°或270°,而与正确位置差一个小角度x,称为竖盘指标差,见图7-15。指标差大都用于检查观测质量,可用下式求得:

$$x = (\alpha_R - \alpha_L)/2 = (L + R - 360°)/2 \tag{7-18}$$

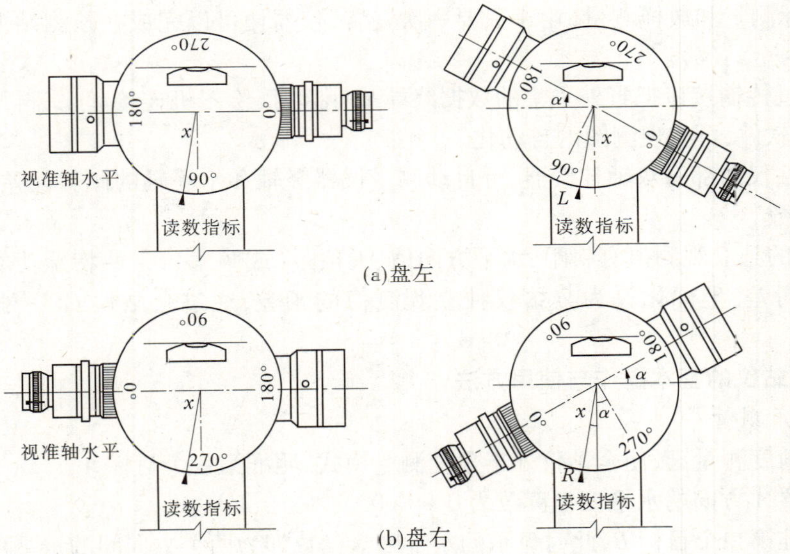

图7-15　竖盘指标差

三、全站仪的使用

全站型电子速测仪简称全站仪,是可以同时进行测角、测距的先进测量仪器。它几乎可以完成所有常规测量仪器的工作。图7-16为某型全站仪外貌及各部件名称。

全站仪主要由电子经纬仪、光电测距仪和微处理机组成。按其结构形式可分为组合式和整体式两种。

(一)全站仪的主要特点

(1)可在一个测站上同时进行角度(水平角和竖直角)测量、距离(斜距、平距)测量、高

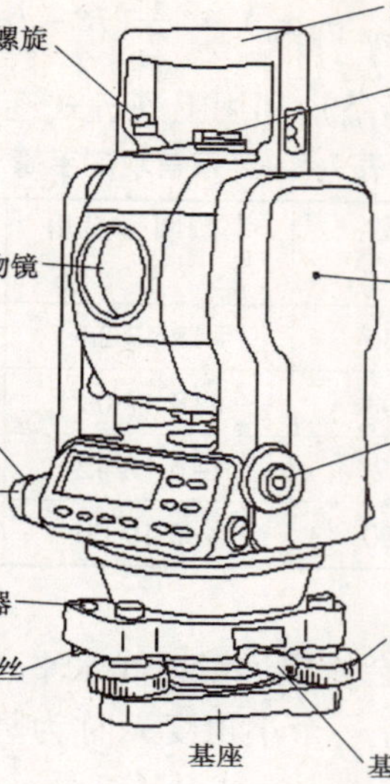

图 7-16　某型全站仪

差测量、坐标测量和放样测量(由于只要一次安置,仪器便可以完成在该测站上所有的测量工作,故称为全站仪)。

(2)通过传输接口把野外采集的数据终端与计算机、绘图机连接起来,再配以数据处理软件和绘图软件,可实现测图的自动化。

(3)全站仪内部有双轴补偿器,可自动测量仪器竖轴和水平轴的倾斜误差,并对角度观测值加改正数。

全站仪的独立观测值有斜距、水平方向值、天顶距(或倾角),某些特殊功能的实现实质上将平距、高差、坐标化算为全站仪独立观测值的函数,通过全站仪 CPU 处理而显示或记录。

(二)全站仪的基本操作与使用方法

1. 水平角测量

(1)按角度测量键,使全站仪处于角度测量模式,照准第一个目标 A。

(2)设置 A 方向的水平度盘读数为 0°00′00″。

(3)照准第二个目标 B,此时显示的水平度盘读数即为两个方向间的水平夹角。

2. 距离测量

(1)测距前须将棱镜常数输入仪器中,仪器会自动对所测距离进行改正。

(2)设置大气改正值或气温、气压值。全站仪会自动计算大气改正值(也可直接输入大气改正值),并对测距结果进行改正。

(3)量仪器高、棱镜高并输入全站仪。

(4)照准目标棱镜中心,按测距键,距离测量开始,测距完成时显示斜距、平距、高差。在距离测量或坐标测量时,可按测距模式(MODE)键选择不同的测距模式。

3. 坐标测量

(1)设定测站点坐标。

(2)设置后视点,后视定向。当设定后视点的坐标时,全站仪会自动计算后视方向的方位角，并设定后视方向的水平度盘读数为其方位角。

(3)设置棱镜常数。

(4)设置大气改正值或气温、气压值。

(5)量仪器高、棱镜高并输入全站仪。

(6)照准目标棱镜，按坐标测量键，全站仪开始测距并计算显示测点的三维坐标。

四、激光铅垂仪的使用

激光铅垂仪又称垂准仪，是利用一条与视准轴重合的可见激光产生一条向上的铅垂线，如图 7-17 所示。它用于竖向照直、测量相对于铅垂线的微小偏差以及进行铅垂线的定位传递，广泛用于高层建筑、水塔、烟囱、电梯、大型机械设备的施工安装、工程测量和变形测量。

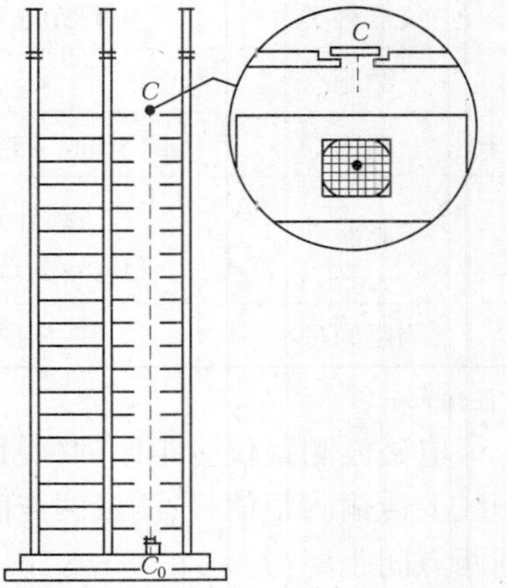

图 7-17　激光垂准仪投射地面控制点

激光铅垂仪的主要操作方法如下：

(1)检查各层楼板预留的通光孔是否移开和通畅，测设层预留口上搁置的靶标是否稳固，接收激光的靶标板可用带有刻绘坐标方格网的磨砂玻璃之类的非透明板做成。

(2)将架设调整好的激光铅垂仪仔细对中到控制点的标点上，并严格调整水平。

(3)接通激光电源，激光容器起辉并进行正常工作时，将工作电流调整至输出最强的激光，再通过调整发射望远镜的焦距把靶标上的小圆形光斑收缩到最小，此时移动靶标使光斑投在坐标方格线的十字交叉点上。

(4)在投测后，将仪器在水平方向作 360°回转检查光斑点是否始终在靶标的原位置上。当仪器有误差时，则光斑点会随着仪器水平回转而作圆形轨迹移动，如发现此情况，则要反复移动靶标，使靶标板的十字交叉点正好落在光斑圆形轨迹的圆心上。也可以用铅笔在靶标板上描出圆形轨迹，定出其圆心点，此圆心点即为准确的竖向投递点。

其缺点在于：

①架设仪器的频率较高。混凝土板面的预留洞不好修补，影响板面的完整性。

②投测时安全隐患大，要特别注意防护。投测时，每层孔洞都要打开，如不小心洞内有掉物，易对铅垂仪造成破坏。

五、测距仪的使用

电磁波测距(简称 EDM)是用电磁波(光波或微波)作为载波，传输测距信号，以测量两点间距离的一种方法。与传统的钢尺量距和视距测量相比，EDM 具有测程长、精度高、作业快、工作强度低、几乎不受地形限制等优点。

电磁波测距仪按其所采用的载波可分为微波测距仪、激光测距仪和红外测距仪。后两者又统称为光电测距仪。微波和激光测距仪多属于长程测距，测程可达 60 km，一般用于大地测量，而红外测距仪属于中、短程测距仪(测程为 15 km 以下)，一般用于小地区控制测量、地形测量、地籍测量和工程测量等。

光电测距是一种物理测距的方法，它通过测定光波在两点间传播的时间计算距离，按此原理制作的以光波为载波的测距仪叫光电测距仪。按测定传播时间的方式不同，测距仪分为相位式测距仪和脉冲式测距仪；按测程大小可分为远程、中程和短程测距仪三种，如表7-6所示。目前工程测量中使用较多的是相位式短程光电测距仪。

表7-6 光电测距仪的种类

仪器种类	短程光电测距仪器	中程光电测距仪器	远程光电测距仪器
测距	<3 km	3 ~ 15 km	>15 km
精度	$\pm(5\ \text{mm}+5\times10^{-6}\times D)$	$\pm(5\ \text{mm}+2\times10^{-6}\times D)$	$\pm(5\ \text{mm}+1\times10^{-6}\times D)$
光源	红外光源（GaAs 发光二极管）	GaAs 发光二极管；激光管	
测距原理	相位式	相位式	相位式

注：$\text{ppm}=10^{-6}$。

电磁波测距仪测距原理（见图7-18）：电磁波测距是利用电磁波（微波、光波）作载波，在测线上传输测距信号，测量两点间距离的方法。若电磁波在测线两端往返传播的时间为 t，则两点间距离为：

$$D = \frac{1}{2}ct \tag{7-19}$$

式中 c——电磁波在大气中的传播速度。

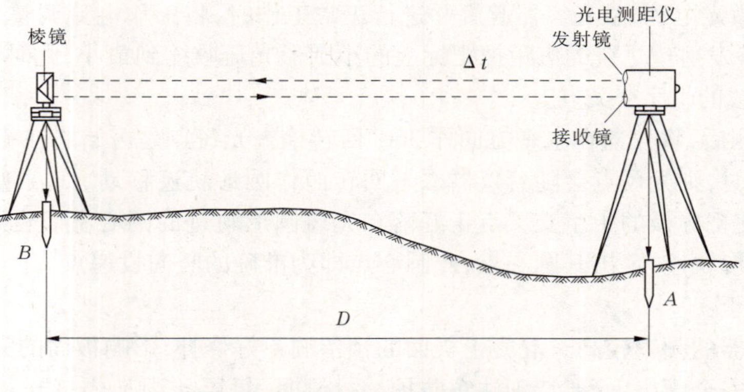

图7-18 电磁波测距仪测距原理

（一）测距成果计算

一般测距仪测定的是斜距，因而需对测试成果进行仪器常数改正、气象改正、倾斜改正等，最后求得水平距离。

1. 仪器常数改正

仪器常数有加常数和乘常数两项。加常数是由于发光管的发射面、接收面与仪器中心不一致，反光镜的等效反射面与反光镜中心不一致的常数值。

仪器经过一段时间使用，晶体会老化，致使测距时仪器的晶振频率与设计时的频率有偏移，因此产生与测试距离成正比的系统误差。其比例因子称为乘常数。此项误差也应通过检测求定，在所测距离中加以改正。

2. 气象改正

仪器的测尺长度是在一定的气象条件下推算出来的。但是仪器在野外测量时气象参数与仪器标准气象元素不一致，因此使测距值产生系统误差。所以，在测距时，应同时测定环境温度和气压。利用仪器生产厂家提供的气象改正公式计算距离改正值。

3. 倾斜改正

测距仪直接测得的距离是测距仪几何中心到反光镜几何中心的斜距，要改算成平距还应进行倾斜改正。测距时可以同时测出竖直角 α 或天顶距 z，用下式计算平距 D：

$$D = D_0 \sin z \tag{7-20}$$

(二)光电测距仪的使用

1. 仪器操作部件

图 7-19 是某型红外相位式测距仪，它自带望远镜，望远镜的视准轴、发射光轴和接收光轴同轴，有垂直制动螺旋和微动螺旋，可以安装在光学经纬仪上或电子经纬仪上。测距时，测距仪瞄准棱镜测距，经纬仪瞄准棱镜测量竖直角，通过测距仪面板上的键盘，将经纬仪测量出的天顶距输入到测距仪中，可以计算出水平距离和高差。

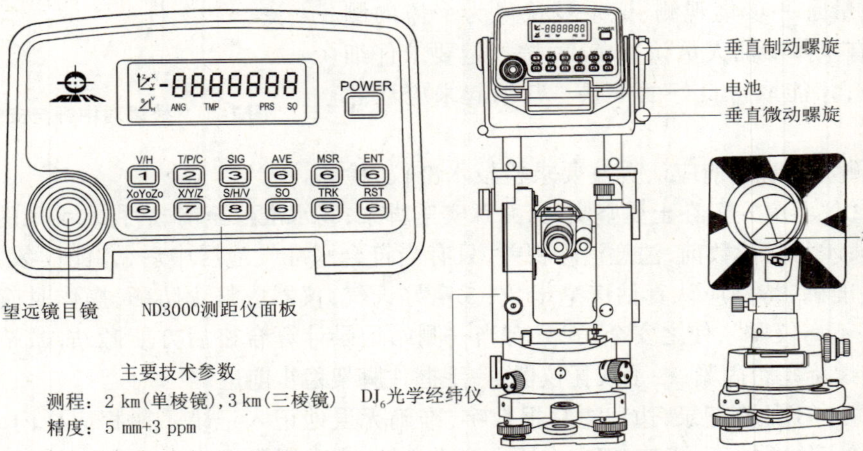

图 7-19　某型红外相位式测距仪及其单棱镜

图 7-20 为与仪器配套的棱镜对中杆与支架，它用于放样测量非常方便。

2. 仪器安置

将经纬仪安置于测站上，主机连接在经纬仪望远镜的连接座内并锁紧固定。经纬仪对中、整平。在目标点安置反光棱镜三脚架并对中、整平。按一下测距仪上的 <POWER> 键(开，再按一下为关)，显示窗内显示“8888888” 3～5 s，为仪器自检，表示仪器显示正常。

3. 测量竖直角和气温、气压

用经纬仪望远镜十字丝瞄准反光镜觇板中心，读取并记录竖盘读数，然后记录温度计的温度和气压表的气压 P。

4. 距离测量

测距仪上、下转动，使目镜的十字丝中心对准棱镜中心，左、右方向如果不对准棱镜，则可以调节测距仪的支架位置使其对准；测距仪瞄准棱镜后，发射的光波经棱镜反射回来，若仪器接收到足够的回光量，则显示窗下方显示“ * ”，并发出持续鸣声；如果“ * ”不显示，或显示暗淡,或忽隐忽现,表示未收回光,或回光不足,应重新瞄准;测距仪上下、左右微动,使“ * ”的颜色最浓(表示接收到的回光量最大),称为电瞄准。

按 <MSR> 键,进行测距,测距结束时仪器发出断续鸣声(提示注意),鸣声结束后显示窗显示测得的斜距,记下距离读数;按 <MSR> 键,进行第二次测距和第二次读数,一般进行 4 次,称为一个测回。各次距离读数最大、最小相差不超过 5 mm 时取其平均值,作为一测回的观测值。如果需进行第二测回,则重复 1 ~ 4 步操作。在各次测距过程中,若显示窗中“ * ”消失,且出现一行虚线,并发出急促鸣声,表示红外光被遮,应消除其原因。

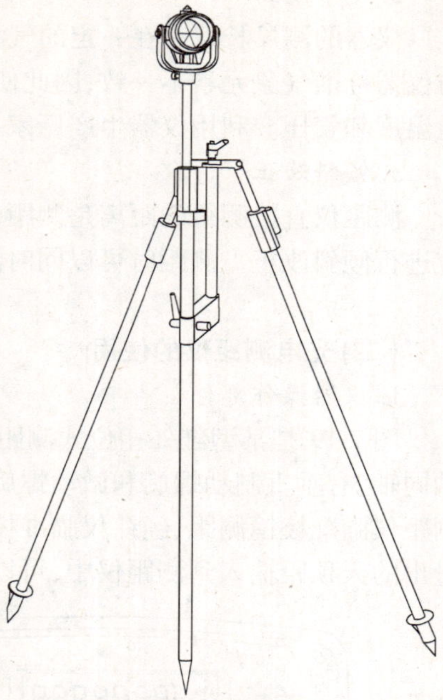

图 7-20　棱镜对中杆与支架

(三)水准、距离、角度测量的要点

1. 水准测量的要点

水准测量是一项集观测、记录及扶尺为一体的测量工作,只有全体参加人员认真负责,按规定要求仔细观测与操作,才能取得良好的成果。归纳起来应注意如下几点:

(1)观测。①观测前应认真按要求检校水准仪,检定水准尺;②仪器应安置在土质坚实处,并踩实三脚架;③水准仪至前、后视水准尺的视距应尽可能相等;④每次读数前,注意消除视差,只有当符合水准气泡居中后,才能读数,读数应迅速、果断、准确,特别应认真估读毫米数;⑤晴好天气,仪器应打伞防晒,操作时应细心认真,做到“人不离仪器”,使之安全;⑥只有当一测站记录计算合格后方能搬站,搬站时先检查仪器连接螺旋是否固紧,一手扶托仪器,一手握住脚架稳步前进。

(2)记录。①认真记录,边记边复报数字,准确无误地记入记录手簿相应栏内,严禁伪造和转抄;②字体要端正、清楚,不准在原数字上涂改,不准用橡皮擦改,如按规定可以改正,应在原数字上划线后再在上方重写;③每站应当场计算,检查符合要求后,才能通知观测者搬站。

(3)扶尺。①扶尺员应认真竖立水准尺,注意保持尺上圆气泡居中;②转点应选择土质坚实处,并将尺垫踩实;③水准仪搬站时,要注意保护好原前视点尺垫位置不受碰动。

2. 距离测量的要点

目前距离的测量已经普遍使用测距仪完成,测距仪使用要点有:

(1)使用前检校仪器,确保仪器能正常工作并满足测量精度要求;

(2)使用时正确安置测距仪及放置棱镜;

(3)切不可将照准头对准太阳,以免损坏光电器件;

(4)注意电源接线,不可接错,经检查无误后方可开机测量,测距完毕注意关机,不要带电迁站;

(5)视场内只能有反光棱镜,应避免测线两侧及镜站后方有其他光源和反射物体,并应尽量避免逆光观测,测站应避开高压线、变压器等处;

(6)仪器应在大气比较稳定和通视良好的条件下进行观测；

(7)仪器不要暴晒和雨淋，在强烈阳光下要撑伞遮阳，经常保持仪器清洁和干燥，在运输过程中要注意防震。

3. 角度测量的要点

(1)观测前应先检验仪器，如不符合要求应进行校正。

(2)安置仪器要稳定，脚架应踩实，应仔细对中和整平。尤其对短边时应特别注意仪器对中，在地形起伏较大地区观测时，应严格整平。一测回内不得再对中、整平。

(3)目标应竖直，仔细对准地上标志中心，根据远近选择不同粗细的标杆，尽可能瞄准标杆底部，最好直接瞄准地面上标志中心。

(4)严格遵守各项操作规定和限差要求。采用盘左、盘右位置观测取平均值的观测方法，照准时应消除视差，一测回内观测避免碰动度盘。竖直角观测时，应先使竖盘指标水准管气泡居中后，才能读取竖盘读数。

(5)当对一水平角进行 n 个测回(次)观测，各测回间应变换度盘起始位置，每测回观测度盘起始读数变动值为$\frac{180°}{n}$(n 为测回数)。

(6)水平角观测时，应以十字丝交点附近的竖丝仔细瞄准目标底部；竖直角观测时，应以十字丝交点附近的中丝照准目标的顶部(或某一标志)。

(7)读数应果断、准确，特别注意估读数。观测结果应及时记录在正规的记录手簿上，当场计算。当各项限差满足规定要求后，方能搬站。如有超限或错误，应立即重测。

(8)选择有利的观测时间和避开不利的外界因素。

(9)仪器安置的高度应合适，脚架应踩实，中心螺旋拧紧，观测时手不扶脚架，转动照准部及使用各种螺旋时，用力要轻。

第二节　施工测量的知识

一、建筑的定位与放线

建筑的定位就是把建筑物外轮廓各轴线交点(简称角桩)按照设计要求测设(放样)到实地，作为放样基础和细部的依据。根据现场的具体条件不同，民用建筑物的定位测量可以根据测量控制点、建筑方格网、建筑基线或原有建筑物来进行。

测设各轴线交点的方法有直角坐标法、极坐标法、角度交会法、距离交会法等。

(一)建筑物的定位方法

1. 直角坐标法

直角坐标法是根据直角坐标原理进行点位的测设。当施工场地平坦、有彼此垂直的主轴线或建筑方格网，新建建筑物的主轴线平行而又靠近基线或方格网边线时，经常采用直角坐标法测设点位。直角坐标法计算简单，测设方便，精度较高，应用广泛。

如图 7-21 所示，已知 A、B、C、D 点为建筑方格网的四个交点，放样新建建筑物的主轴线的交点 1 和 2，根据设计要求用直角坐标法测设建筑物主轴线交点，具体测设步骤如下：

(1)计算放样数据：放样数据 a 和 b 可以直接用坐标差算得；

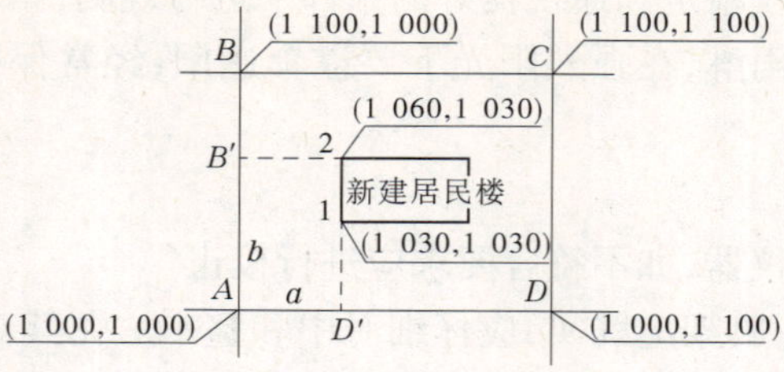

图 7-21　直角坐标法

(2)在 A 点安置经纬仪,对中、整平、后视 D 点方向,以 A 点为起点用大钢尺沿 D 点方向量取 a 钉上木桩,该点为 D'点;

(3)后视 B 点方向,以 A 点为起点用大钢尺沿 B 点方向量取 b 钉上木桩,该点为 B'点;

(4)将仪器移至 D'点,对中、整平,后视 D 点方向或 A 点方向,旋转 90°,得新建建筑物轴线交点 1 点;

(5)将仪器移至 B'点,对中、整平,后视 B 点方向或 A 点方向,旋转 90°,得新建建筑物轴线交点 2 点;

(6)同样的方法放样出其他各点,即得新建建筑物的准确位置。

2. 极坐标法

极坐标法是在控制点上测设一个角度和一段距离来确定点的平面位置,适用于待定点距离控制点较近且便于量距的情况。

如图 7-22 所示,A、B 为已知控制点,其坐标 $A(X_A,Y_A)$,$B(X_B,Y_B)$,C、D、E、F 分别为新建建筑物的四个主轴线的交点,具体放样步骤如下:

(1)根据坐标反算公式计算放样数据:坐标方位角 α,已知方向与未知方向的夹角 β,两点之间的距离 S,计算公式如下:

$$\alpha_{AB} = \arctan \frac{Y_B - Y_A}{X_B - X_A}$$

$$\alpha_{AC} = \arctan \frac{Y_C - Y_A}{X_C - X_A}$$

$$\beta = \alpha_{AB} - \alpha_{AC}$$

$$S_{AC} = \sqrt{(X_C - X_A)^2 + (Y_C - Y_A)^2}$$

(2)在 A 点安置经纬仪,对中、整平后瞄准 B 点定向,度盘读数置成零,采用正倒镜分中法放样,转动角 β 为 AC 方向。

(3)在 AC 方向上用大钢尺放样距离 S_{AC},即得未知点 C 点。

(4)其他各点以此方法放样,可通过量取对角线 CE、DF 的距离来检查点位测设的准确性,计算放样精度是否满足设计要求。

3. 角度交会法

角度交会法是在两个或多个控制点上安置经纬仪,通过测设两个或多个已知角度交会出待定点的平面位置,这种方法又称为方向交会法。角度交会法适用于测设点距离测量控制点较远且量距较困难的施工场地,或是测设点与控制点高差较大的施工场地,如放样桥墩中心、烟囱顶部中心等。

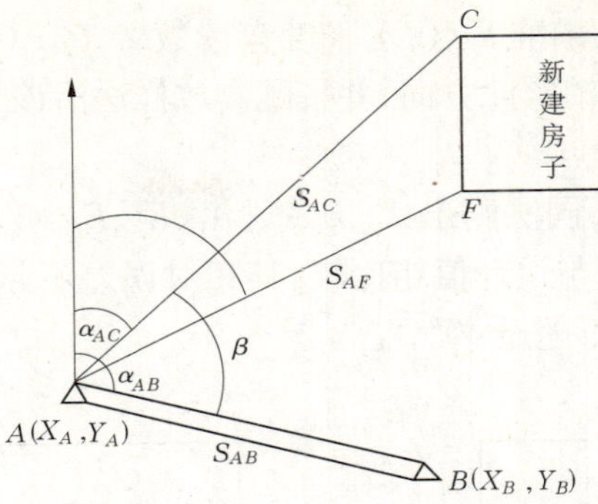

图 7-22　极坐标法

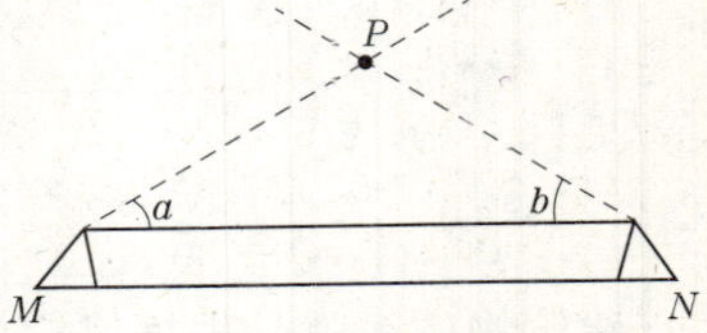

图 7-23　角度交会法

如图 7-23 所示，已知控制点 M、N 的坐标 $M(X_M, Y_M)$、$N(X_N, Y_N)$，待测放样点 P 的坐标(X_P, Y_P)，具体的放样步骤如下：

(1)利用坐标反算公式计算放样角值 a、b；

(2)将两台经纬仪分别安置在控制点 M、N 上，根据计算数据水平夹角 a、b 盘左盘右取平均值放样出 MP、NP 的方向线，两条方向线的交点即为需要放样的 P 点；

(3)若在三个已知点上摆放仪器，定出三条方向线，由于各种原因产生的误差使三条线不交于一点，产生一个很小的三角形，称为误差三角形，可取误差三角形的重心作为待测点 P 的位置。

4. 距离交会法

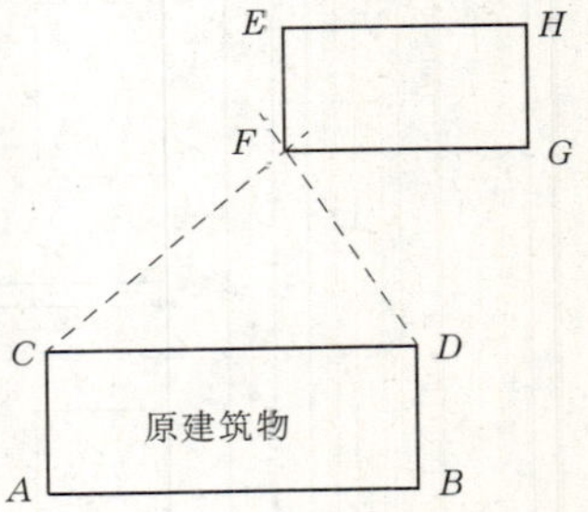

图 7-24　距离交会法

距离交会法又称为长度交会法，是根据测设的两段距离交会出点的平面位置，如图 7-24 所示。这种方法在场地平坦、量距方便，且控制点离测设点不超过一尺段长、测设精度要求不高时使用较多。该方法具有测设简单、不需要其他仪器、实测速度快等优点。在施工中放样细部时常用此法。

具体步骤如下：

(1)根据坐标反算公式计算放样数据(距离)，或根据建筑总平面图在图上量取；

(2)在实地分别用两把钢尺以已知点为圆心，放样距离为半径画弧，两弧的交点即为要测设的建筑物定位点，此时要求放样长度不超过一尺段。

(二)根据已有建筑物放样

如图 7-25 所示，1 号楼为已有建筑物，2 号楼为待建建筑物，建筑物定位点 A_1、E_1、E_6、A_6 的放样步骤如下：

(1)用钢卷尺紧贴于 1 号楼外墙 MP、NQ 边各量出 2 m(距离大小根据实地地形而定，一般 1 ~ 4 m)得 a、b 两点，打木桩，桩顶钉上铁钉标志，以下类同。

(2)把经纬仪安置于 a 点，瞄准 b 点，并从 b 点沿 ab 方向量出 10 m，得 c 点，再继续量 12 m，得 d 点。

(3)将经纬仪安置在 c 点，瞄准 a 点，水平度盘读数置于 0°00′00″，顺时针转动照准部，当水平盘读数为 90°00′00″时，锁定此方向，并按距离放样法沿该方向用钢尺量出 2.25 m 得 A_1 点，再继续量出 11 m，得 E_1 点。

(4)将经纬仪安置在 d 点，同法测出 A_6、E_6，则 A_1、E_1、E_6、A_6 四点为待建建筑物外墙轴线交点，检测各桩点间的距离，与设计值相比较，其相对误差不超过 1/2 500，用经纬仪检测四个拐角是否为直角，其误差不超过 40″。

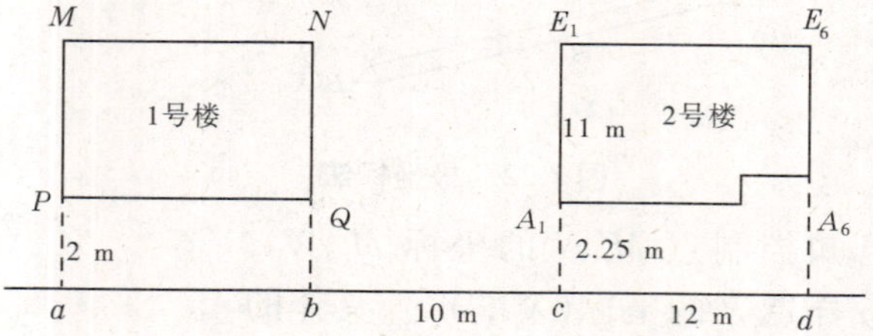

图 7-25　根据已有建筑物放样

建筑物放线就是根据已定位的外墙轴线交点桩放样建筑物其他轴线的交点桩(简称中心桩)，如图 7-26 中，A_2、A_3、A_4、A_5、B_5、B_6 等各点为中心桩点位。其放样方法与角桩点相似，即以角桩为基础，用经纬仪和钢尺放样。

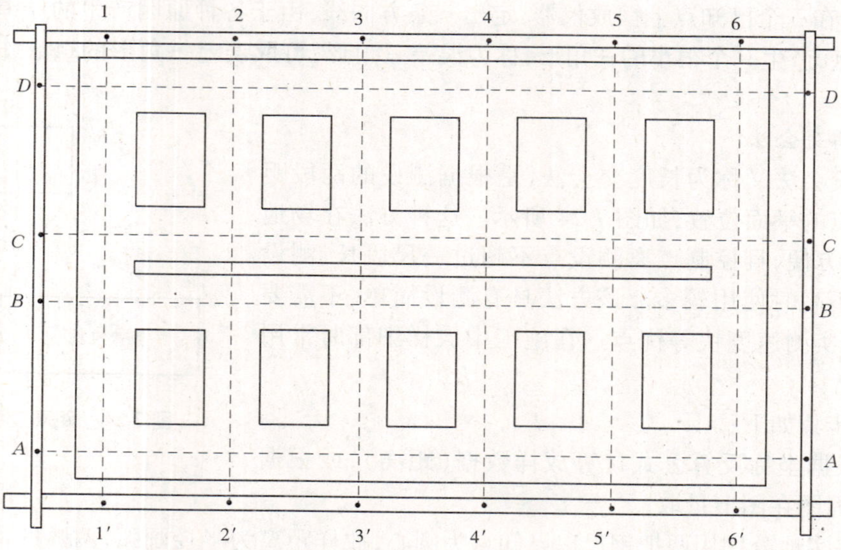

图 7-26　引测龙门板

(三)设置龙门板和轴线控制桩

由于基槽开挖后，角桩和中心桩将被挖掉，为了便于在施工中恢复各轴线位置，应把各轴线延长到基槽外安全地方，并作好标志，其方法有设置龙门板和轴线控制桩两种形式。

1. 龙门板法

龙门板法适用于一般砖石结构的小型民用建筑物。在建筑物四角与隔墙两端基槽开挖边界线以外约 2 m 处打下大木桩，使各桩连线平行于墙基轴线，用水准仪将 ±0.000 m 的高程位置放样到每个龙门桩上。然后以龙门桩为依据，用木料或粗约 5 cm 的长铁管搭设龙门板(见图 7-27),使板的上边缘高程正好为 ±0.000 m,并把各轴线引测到龙门板上,作出标志。

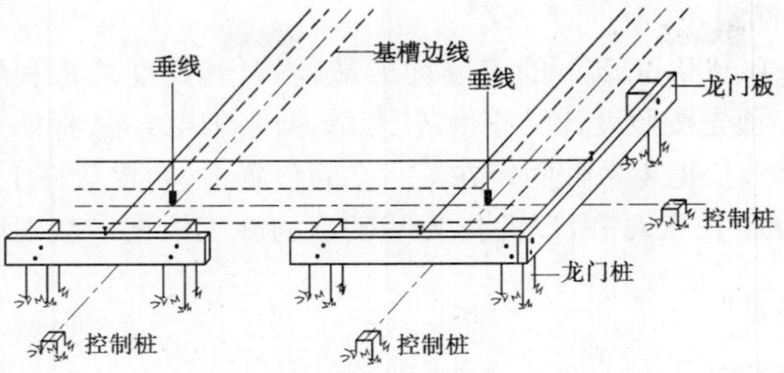

图 7-27 设置龙门板

图 7-26 中 $A \sim D$、$1 \sim 6$ 各点为建筑物各轴线延长至龙门板上的标志点,也可用拉细线的方法将角桩、中心桩延长至龙门板上,具体方法是用锤球对准桩点,然后沿两锤球线拉紧细绳,把轴线标定在龙门板上。

2. 轴线控制桩法

轴线控制桩设置在基槽外基础轴线的延长线上,建立半永久性标志(多数为混凝土包裹木桩,如图 7-28 所示),作为开挖基槽后恢复轴线位置的依据。

为了确保轴线控制桩的精度,通常是先直接放样轴线控制桩,然后根据轴线控制网放样角桩。如果附近有已建的建筑物,也可将轴线投测到建筑物的墙上。

角桩和中心桩被引测到安全地点之后,用细绳来标定开挖边界线,并沿此线撒下白灰线,施工时按此线进行开挖。

二、基础施工、墙体施工、构件安装测量

(一)基础施工测量

开挖边线标定后,便可进行基槽开挖。此时必须控制好基槽的开挖深度,如图 7-29 所示。在即将开挖的槽底设计标高时,用水准仪在基槽壁上设置一些水平桩,使水平桩表面离槽底设计标高为整分米数,用以控制开挖基槽的深度。各水平桩间距为 3 ~ 5 m,在转角处必须再加设一个,以此作为修平槽底和打垫层的依据。水平桩放样的允许误差为 ±10 mm。

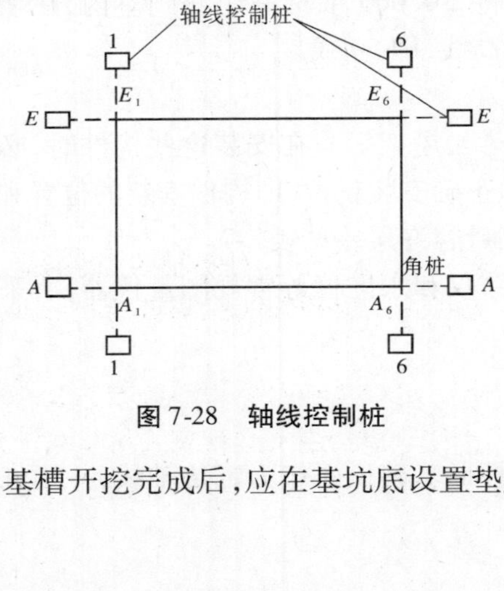

图 7-28 轴线控制桩

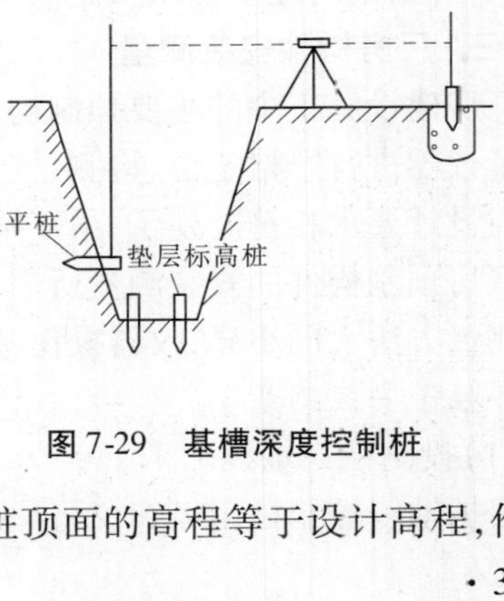

图 7-29 基槽深度控制桩

基槽开挖完成后,应在基坑底设置垫层标高桩,使桩顶面的高程等于设计高程,作为垫

层施工的依据。打好垫层后，先将基础轴线投影到垫层上，再按照基础设计宽度定出基础边线，并弹墨线标明。

(二)墙体施工测量

在垫层之上、±0.000 m以下的砖墙称为基础墙，其高度通常利用皮数杆来控制。如图7-30所示，在杆上预先按照设计尺寸将砖、灰缝厚度画出线条，标明±0.000 m、防潮层等标高位置。立皮数杆时，把皮数杆固定在某一空间位置上，使皮数杆上的±0.000 m位置与±0.000 m桩上标定的位置对齐，以此作为基础墙的施工依据。基础墙体顶面标高容许误差为±15 mm。

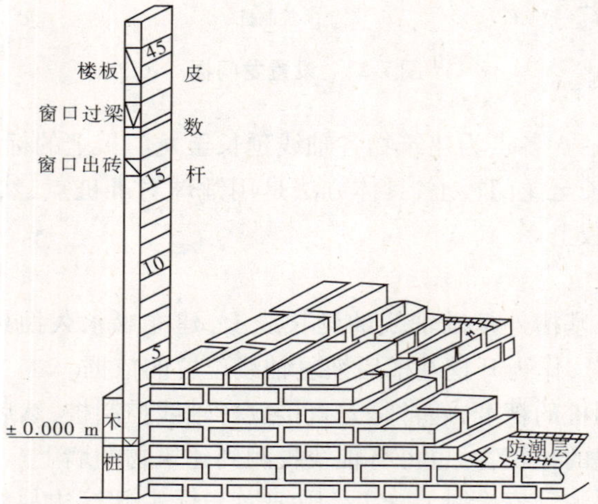

图7-30　墙体施工测量

在±0.000 m标高以上的墙体称为主墙体。主墙体的标高利用墙身皮数杆来控制。墙身皮数杆根据设计尺寸按砖、灰缝从底部往上依次标明±0.000 m、门、墙、过梁、楼板、预留孔洞以及其他各种构件的位置。同一标准楼层各层皮数杆可以共用，不是同一标准楼层，则应根据具体情况分别制作皮数杆。砌墙时，可将皮数杆撑立在墙角处，使皮数杆杆端±0.000 m刻度线对准基础端标定的±0.000 m位置。

砌墙之后，还应根据室内地面和装修的需要，将±0.000 m标高引测到室内，在墙上弹上墨线标明，同时还要在墙上定出+0.500 m的标高线，即50线。

(三)厂房构件安装测量

厂房建设施工中的主要预制构件有柱子、吊车梁、屋架等。在安装这些构件时，必须使用测量仪器进行严格定位、检测、校正，才能使构件正确安装就位，即构件安装的位置和高程必须与设计要求相符。柱子、吊车梁或梁的安装测量容许误差见表7-7。

厂房预制构件的安装测量所用仪器主要是经纬仪和水准仪等常规测量仪器，所采用的安装测量方法大同小异，仪器操作基本一致。

1. 柱子安装测量

(1)投测柱列轴线。

根据轴线控制桩用经纬仪将柱列轴线投测到杯形基础顶面作为定位轴线，并用红油漆标注"▼"标志。如果柱列轴线不通过柱子中心线,还应在柱基顶面加弹杯口中心线作为柱子定位线,并用红油漆标注"▼"标志。同时,在杯口内壁测设 -0.600 m 的标高线,作为杯底找平的依据,如图 7-31 所示。

表 7-7　厂房预制构件安装容许误差

项次	项目			容许误差(mm)	检验方法
1	杯形基础	中心线对轴线位置偏移		10	尺量检查
1	杯形基础	杯底安装标高		+0,-10	用水准仪检查
2	柱	中心线对定位轴线位置偏移		5	尺量检查
2	柱	上下柱接口中心线位置偏移		3	尺量检查
2	柱	垂直度	≤5 m	5	用经纬仪或吊线和尺量检查
2	柱	垂直度	>5 m,<10 m	10	用经纬仪或吊线和尺量检查
2	柱	垂直度	≥10 m 多节柱	1/1 000 柱高,且不大于 20	用经纬仪或吊线和尺量检查
2	柱	牛腿上表面和柱顶标高	≤5 m	+0,-5	用水准仪或尺量检查
2	柱	牛腿上表面和柱顶标高	>5 m	+0,-8	用水准仪或尺量检查
3	梁或吊车梁	中心线对定位轴线位置偏移		5	尺量检查
3	梁或吊车梁	梁上表面标高		+0,-5	用水准仪或尺量检查

(2)柱身弹线。

在柱子吊装前,应将每根柱子按轴线位置进行编号,在柱身的三个面上弹出柱中心线,并在每条线的上端和下端靠近杯口位置处用红油漆标注"▼"标志,供安装时校正使用。此外,从牛腿面向下,根据牛腿面的设计标高设置"▼"标志,如图 7-32 所示。

(3)柱身长度和杯底标高检查。

柱身长度是指从柱子底面到牛腿面的距离,它等于牛腿的设计标高与杯底标高之差,即图 7-32 中 l 所示。检查柱身长度时应量出柱身边 4 条棱线的长度,以最长的一条为准。如果所测杯底标高与所量柱身长度之和不等于牛腿面的设计标高,则必须用水泥砂浆修填杯底。抄平时,应将靠柱身较短棱线一角填高,以保证牛腿面的标高满足设计要求。

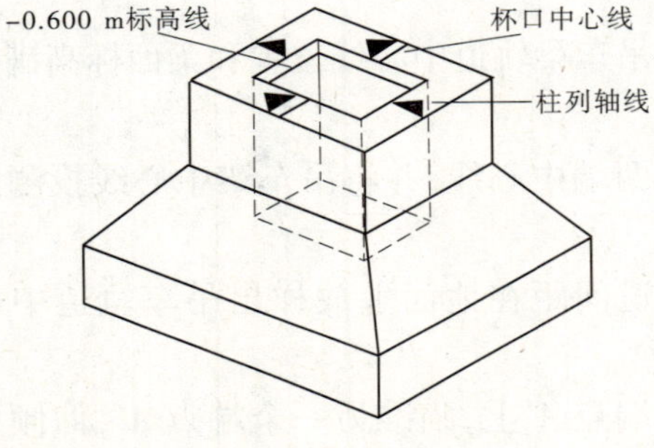

图 7-31　柱基柱列轴线投测图

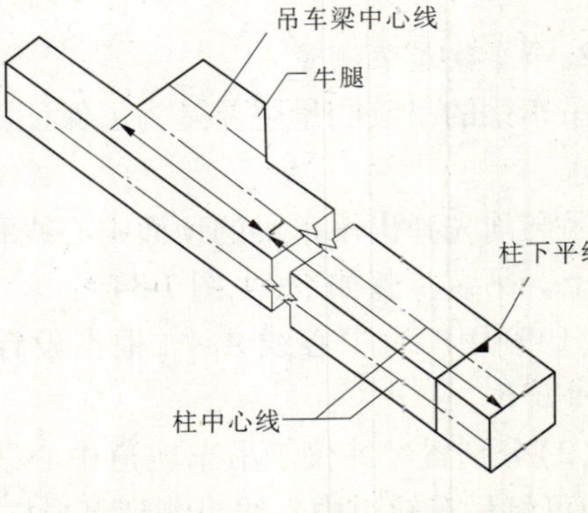

图 7-32　柱身长度和杯底标高

(4)柱子吊装与垂直度的校正。

柱子吊入杯底时,应使柱脚中心与定位轴线对齐,误差不超过 ±3 mm。然后,在杯口处柱脚两边塞入木楔,使之临时固定,再在两条互相垂直的柱列轴线附近,离柱子约为柱高 1.5 倍的地方各安置一台经纬仪,如图 7-33 所示。照准柱脚中心线后,固定照准部,纵向旋转望远镜,照准柱子中心线顶部。若重合,则柱子在这个方向上就是竖直的,否则,应用牵引钢丝绳进行调整,直至柱中心线与十字丝竖丝重合。当柱子两个侧面都竖直时,应立即灌浆以固定柱子的位置。

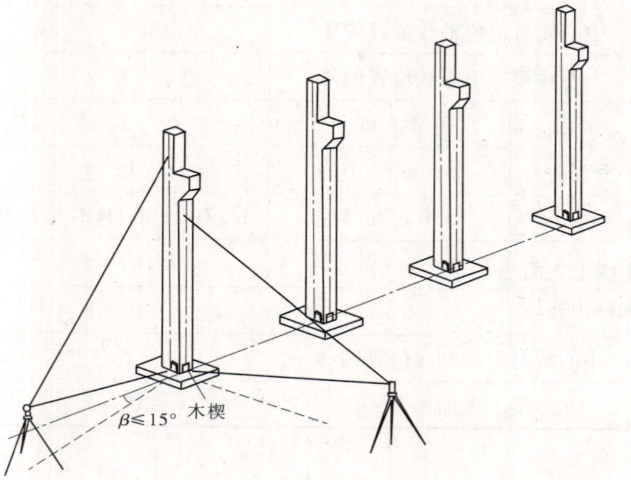

图 7-33 柱垂直度校正

由于在纵列方向上柱距很小,可以将经纬仪安置在纵轴一侧,仪器偏离轴线的角度 β 最好不要超过 15°,如此安置一次仪器,可以校正数根柱子。

(5)柱子安装测量的基本要求。

①柱子中心线应与相应的柱列中心线一致,其允许偏差为 ±5 mm。②牛腿顶面及柱顶面的实际标高应与设计标高一致,其允许偏差为:当柱高 ≤5 m 时应不超过 ±5 mm;当柱高 >5 m 时应不超过 ±8 mm。③柱身垂直允许误差:当柱高 ≤5 m 时应不超过 ±5 mm;当柱高在5 ~ 10 m时应不超过 ±10 mm;当柱高超过 10 m 时,限差为柱高的 1‰,且不超过 20 mm。

2. 吊车梁吊装测量

吊车梁的吊装测量主要是为了保证吊装后的吊车梁轨道中心线位置和梁面标高满足设计要求。

吊装前先弹出吊车梁的顶面中心线和吊车梁两端中心线,并将吊车梁中心线投测到牛腿面上。吊装步骤如下(见图 7-34):

(1)利用厂房中心线 A_1A_1,根据设计吊车轨道间距在地面上放样出吊车轨道中心线 $A'A'$ 和 $B'B'$。

(2)分别置经纬仪于吊车轨道中心线的一个端点 A' 上,瞄准另一个端点 A',仰倾望远镜,即可将吊车轨道中心线投测到每根柱子的牛腿面上,并弹出墨线。

(3)根据吊车梁面上的中心线和牛腿面上的中心线,将吊车梁安装在牛腿面上,使吊车

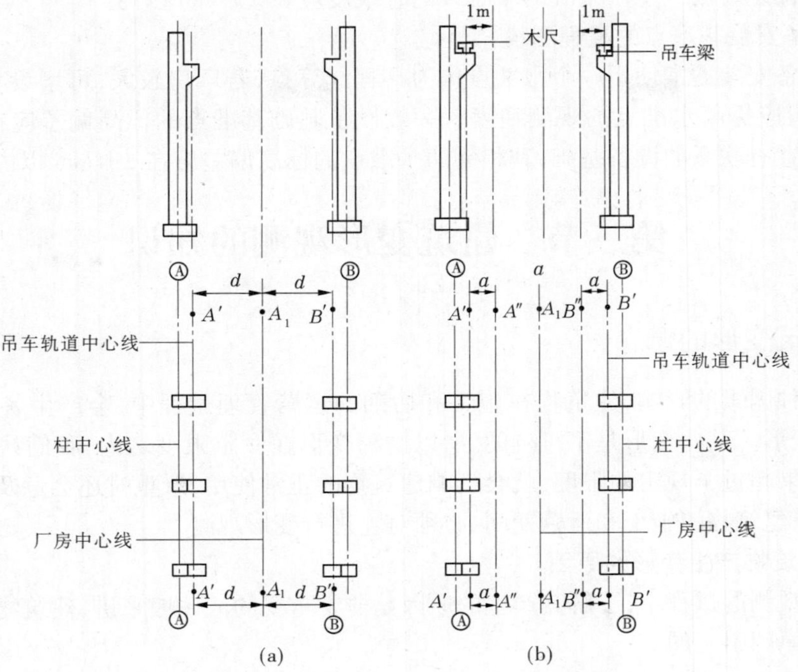

图 7-34　吊车梁和吊车轨道安装测量

梁及牛腿面上的中心线重合。

吊装完后，还需检查吊车梁的高程，可将水准仪安置在地面上，在柱子侧面放样 +50 cm 的标高线，再用钢尺从该线沿柱子侧面向上量出梁面的高度，检查梁面标高是否等于梁顶面的设计标高。如不相符，则需在梁下加减钢板，调整梁面高程。

3. 吊车轨道安装测量

安装吊车轨道前，一般须先用平行线法对梁上的中心线进行检测。如图 7-34 所示，首先在地面上从两吊车轨道中心线分别向厂房中心线方向量出长度 a（如 1 m），得平行线 $A''A''$ 和 $B''B''$。然后安置经纬仪于平行线一端点 A'' 上，瞄准另一端点，固定照准部，仰倾望远镜进行投测，此时另一人在梁上移动横放的木尺，当视线正对水准尺上刻划线 a（1 m）时，尺的零点应与梁面上的中心线重合。如不重合应予以改正，可用撬杠移动吊车梁中心线到 $A'A'$（和 $B'B'$）的间距等于 a 为止。

吊车轨道按中心线安装就位后，可将水准仪安置在吊车梁上，水准尺直接放在轨道顶上进行检测，每隔 3 m 测一点高程，并与设计高程相比较，误差应在 2 mm 以内。还需要用钢尺检查两吊车轨道间的跨距，并与设计跨距相比较，误差应在 3 mm 以内。

4. 机械设备安装测量

(1) 设备基础中心线的复测与调整。

在设备基础安装过程中必须对基础中心线的位置进行复测，两次测量结果的较差不应超过 ±5 mm。

埋设有中心标板的重要设备基础，其中心线由竣工中心线引测，同一中心标点的最大允许偏差为 ±1 mm。纵横中心线应检查互相是否垂直，并调整横向中心线。同一设备基准中心线的平行偏差或同一生产系统的中心线的直线度应在 ±1 mm 以内。

(2)设备安装基准点的高程测量。

厂房设备安装通常使用一个水准点作为高程起算点,若厂房较大,可增设水准点,以便施工测量,但应提高水准点的观测精度。一般设备基础基准点的标高偏差应在 ±2 mm 以内。传动装置有联系的设备基础,其相邻两基准点的标高偏差应在 ±1 mm 以内。

第三节　建筑变形观测的知识

一、建筑变形的概念

由于各种因素的影响,建筑物在施工和后期的运营管理过程中,会产生各种物理的形变,即建筑变形。某些变形是不可抗的,所以这种变形在一定限度之内,我们认为是正常的现象。但如果超过了规定的限度,就会影响建筑物的正常使用,严重时还会危及建筑物的安全。因此,在建筑物的施工和运营期间,必须对它进行变形观测。

(一)建筑物产生变形的原因

在变形观测的过程中,了解其产生的原因是非常重要的。一般来讲,建筑物变形主要是由两方面的原因引起的。

1. 客观原因

(1)自然条件及其变化,即建筑物地基地质构造的差别;

(2)土壤的物理性质的差别;

(3)大气温度;

(4)地下水位的升降及其对基础的侵蚀;

(5)土基的塑性变形;

(6)附近新建工程对地基的扰动;

(7)建筑结构与型式,建筑荷载;

(8)运转过程中的风力、振动等荷载的作用。

2. 主观原因

(1)过量地抽取地下水后,土壤固结,引起地面沉降;

(2)地质钻探不够充分,未能发现废河道、墓穴等;

(3)设计有误,对地基土的特性认识不足,对土的承载力与荷载估算不当,有结构计算差错等;

(4)施工质量差;

(5)施工方法有误;

(6)软基处理不当引起地面沉降和位移。

(二)建筑物变形观测的分类

1. 沉降类

(1)建筑物沉降观测;

(2)基坑回弹观测;

(3)地基土分层沉降观测;

(4)建筑场地沉降观测。

2. 位移类

(1)建筑物主体倾斜观测;

(2)建筑物水平位移观测;

(3)裂缝观测;

(4)挠度观测;

(5)日照变形观测;

(6)风振观测;

(7)建筑场地滑坡观测。

(三)建筑物变形测量的定义、任务及其目的

1. 定义

变形观测就是测定建筑物、构筑物及其地基在建筑荷载和外力作用下随时间而变形的工作。

2. 任务

变形观测通过周期性地对观测点进行重复观测,从而求得其在两个观测周期内的变量。

3. 目的

变形观测的目的是监测建筑物的安全运营,延长其使用寿命,发挥其最大效益,以及检验建筑物设计与施工的合理性,为科学研究提供依据。

(四)建筑物变形测量实施的程序与要求

1. 建立观测网

按照测定沉降或位移的要求,分别选定测量点,测量点可分为控制点和观测点(变形点),埋设相应的标石,建立高程网和平面网,亦可建立三维网。高程测量亦采用测区原有的高程系统,平面测量可采用独立坐标系统。

2. 变形观测

按照确定的观测周期与总次数,对观测网进行观测。变形观测的周期,应以能系统反映所测变形的变化过程而又不遗漏其变化时刻为原则。一般在施工过程中观测频率应大些,周期可以是三天、七天、半个月等,到了竣工投产以后,频率可小一些,一般有一个月、两个月、三个月、半年及一年等周期。除了按周期观测,在遇到特殊情况时,有时还要进行临时观测。

3. 成果处理

对各周期的观测成果应及时处理,进行平差计算和精度评定。对重要的监测成果应进行变形分析,并对变形趋势作出预报。

二、建筑沉降观测、倾斜观测、裂缝观测、水平位移观测

(一)建筑沉降观测

随着建筑物的修建,建筑物的基础和地基所承受的荷载不断增加,从而引起基础及其四周地层变形,而建筑物本身因基础变形及外部荷载与内部应力的作用,也要发生沉降。这种沉降在一定范围内可视为正常现象,但超过某一限度就会影响建筑物的正常使用,严重的还会危及建筑物的安全。为了建筑物的安全使用,研究变形的原因和规律,为建筑物的设计、施工、管理和科学研究提供可靠的资料,在建筑物的施工和运行管理期间需要进行建筑物的

沉降观测。建筑物的沉降观测应按照沉降产生的规律进行，并在高程控制网的基础上进行。

1. 高程控制网点的布设

高程控制网点分为水准基点和工作基点。

水准基点是确认固定不动且作为沉降观测的高程基准点。水准基点应埋设在建筑物变形影响范围之外不受施工影响的基岩层或原状土层中，地质条件稳定，附近没有震动源的地方。在建筑区内，与邻近建筑物的距离应大于建筑物基础最大宽度的 2 倍，其标石埋深应大于邻近建筑物基础的深度。点的个数一般不少于 3 个。

对于一些特大工程，基准点距变形点较远，就要在变形点附近相对稳定的地方，设立一些可以用来直接对变形点进行观测的工作基点作为过渡点。

沉降监测网一般是将水准基点布设成闭合水准路线或附合水准路线。通常使用 DS_{05} 或 DS_1 型精密水准仪进行观测。

2. 高程控制网的观测技术要求

高程控制网的观测技术要求见表 7-8、表 7-9。

表 7-8　水准观测的视线长度、前后视距差和视线高度　　（单位：m）

等级	视线长度	前后视距差	前后视距累积差	视线高度
特级	≤10	≤0.3	≤0.5	≥0.5
一级	≤30	≤0.7	≤1.0	≥0.3
二级	≤50	≤2.0	≤3.0	≥0.2
三级	≤75	≤5.0	≤8.0	三丝能读数

表 7-9　水准观测的限差　　（单位：mm）

<table>
<tr><th colspan="2">等级</th><th>基辅分划（黑红面）读数之差</th><th>基辅分划（黑红面）所测高差之差</th><th>往返较差及附合或环线闭合差</th><th>单程双测站所测高差较差</th><th>检测已测测段高差之差</th></tr>
<tr><td colspan="2">特级</td><td>0.15</td><td>0.2</td><td>$\leqslant 0.1\sqrt{n}$</td><td>$\leqslant 0.07\sqrt{n}$</td><td>$\leqslant 0.15\sqrt{n}$</td></tr>
<tr><td colspan="2">一级</td><td>0.3</td><td>0.5</td><td>$\leqslant 0.3\sqrt{n}$</td><td>$\leqslant 0.2\sqrt{n}$</td><td>$\leqslant 0.45\sqrt{n}$</td></tr>
<tr><td colspan="2">二级</td><td>0.5</td><td>0.7</td><td>$\leqslant 1.0\sqrt{n}$</td><td>$\leqslant 0.7\sqrt{n}$</td><td>$\leqslant 1.5\sqrt{n}$</td></tr>
<tr><td rowspan="2">三级</td><td>光学测微法</td><td>1.0</td><td>1.5</td><td rowspan="2">$\leqslant 3.0\sqrt{n}$</td><td rowspan="2">$\leqslant 2.0\sqrt{n}$</td><td rowspan="2">$\leqslant 4.5\sqrt{n}$</td></tr>
<tr><td>中丝读数法</td><td>2.0</td><td>3.0</td></tr>
</table>

注：表中 n 为测站数。

3. 沉降观测点的布设

观测点是设立在变形体上能反映其变形特征的点。点的位置和数量应根据地质情况、支护结构形式、基坑周边环境和建筑物（或构筑物）荷载等情况而定；点位埋设合理，就可全面、准确地反映出变形体的沉降情况。

建筑物上的观测点可设在建筑物四角、大转角、沿外墙间隔 10 ~ 15 m 布设，或在柱上每隔 2 ~ 3 根柱设一点。烟囱、水塔、电视塔、工业高炉、大型储藏罐等高耸构筑物可在基础轴线对称部位设点，每一构筑物不得少于 4 个点。

在裂缝或沉降缝两侧、基础埋深相差悬殊处、人工地基和天然地基的接壤处、新旧建筑物或高低建筑物的交接处两侧以及重型设备基础的四角等也应设立观测点。

观测点应埋设稳固,不易遭破坏,能长期保存。点的高度、朝向等要便于立尺和观测。锁口梁、设备基础上的观测点,可将直径 20 mm 的铆钉或钢筋头(上部锉成半球状)埋设于混凝土中作为标志(见图 7-35(a))。墙体上或柱子上的观测点,可将直径 20 mm 的钢筋按图 7-35(b)、(c)的形式设置。

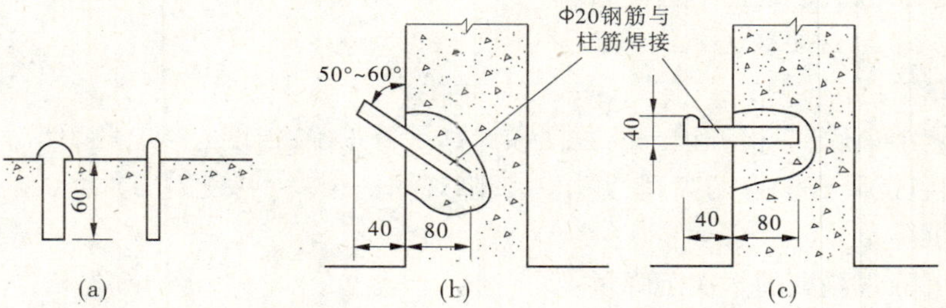

图 7-35　沉降观测点埋设

4. 沉降观测

1)沉降观测周期和观测时间的确定

沉降观测的周期应根据建筑物(构筑物)的特征、变形速率、观测精度和工程地质条件等因素综合考虑,并根据沉降量的变化情况适当调整。

深基坑开挖时,锁口梁会产生较大的水平位移,沉降观测周期应较短,一般每隔 1 ~2 天观测一次;浇筑地下室底板后,可每隔 3 ~4 天观测一次,至支护结构变形稳定。当出现暴雨、管涌、变形急剧增大时,要加密观测。

建筑物主体结构施工阶段的观测应随施工进度及时进行。一般建筑可在基础完工后或地下室砌完后开始观测,大型、高层建筑可在基础垫层或基础底部完成后开始观测。观测次数与间隔时间应视地基与加荷情况而定。民用建筑可每加高 1 ~5 层观测一次;工业建筑可按不同施工阶段分别进行观测。如建筑物均匀增高,应至少在增加荷载的 25%、50%、75% 和 100% 时各测一次。施工过程中如暂时停工,在停工时及重新开工时应各观测一次。停工期间可每隔 2 ~3 个月观测一次。

建筑物使用阶段的观测次数应视地基土类型和沉降速度大小而定。除有特殊要求者外,一般情况下可在第一年观测 3 ~5 次,第二年观测 2 ~3 次,第三年后每年 1 次,直至稳定为止。观测期限一般不少于如下规定:砂土地基 2 年;膨胀土地基 3 年;黏土地基 5 年;软土地基 10 年。

在观测过程中,如有基础附近地面荷载突然增减、基础四周大量积水、长时间连续降雨等情况,均应及时增加观测次数。当建筑物突然发生大量沉降、不均匀沉降或严重裂缝时,应立即进行逐日或几天一次的连续观测。

沉降是否进入稳定阶段,应由沉降量与时间关系曲线判定。对重点观测和科研观测工程,若最后三个周期观测中每周期沉降量不大于 $2\sqrt{2}$ 倍测量中误差,可认为已进入稳定阶段。一般观测工程,若沉降速度小于 0.01 ~0.04 mm/d,可认为已进入稳定阶段,具体取值宜根据各地区地基土的压缩性确定。

2）沉降观测方法

沉降观测的水准路线（从一个水准基点到另一个水准基点）应形成闭合线路。与一般水准测量相比，不同的是视线长度较短，一般不大于 25 m，一次安置仪器可以有几个前视点。

为了提高观测精度，应采用“四固定”的方法：即固定的人员，固定的仪器和尺子，固定的水准点，固定的施测路线与方法。观测时仪器应避免安置在有机械振动影响的范围内，塔式起重机等施工机械附近也不宜设站。

3）沉降观测的成果整理

a. 整理原始记录

每次观测结束后，应检查记录的数据和计算是否正确，精度是否合格，然后，调整高差闭合差，推算出各沉降观测点的高程，并填入沉降观测记录表（见表 7-10）中。

b. 计算沉降量

计算各沉降观测点的本次沉降量：

沉降观测点的本次沉降量 = 本次观测所得的高程 − 上次观测所得的高程

计算累积沉降量：

累积沉降量 = 本次沉降量 + 上次累积沉降量

将计算出的沉降观测点本次沉降量、累积沉降量和观测日期、荷载情况等记入沉降观测记录表（见表 7-10）中。

表 7-10　沉降观测记录表

观测次数	观测时间（年-月-日）	各观测点的沉降情况							施工进展情况	荷载情况（t/m^2）
		1			2			…		
		高程（m）	本次沉降量（mm）	累积沉降量（mm）	高程（m）	本次沉降量（mm）	累积沉降量（mm）	…		
1	1985-01-10	50.454	0	0	50.473	0	0	…	一层平口	
2	1985-02-23	50.448	−6	−6	50.467	−6	−6		三层平口	40
3	1985-03-16	50.443	−5	−11	50.462	−5	−11		五层平口	60
4	1985-04-14	50.440	−3	−14	50.459	−3	−14		七层平口	70
5	1985-05-14	50.438	−2	−16	50.456	−3	−17		九层平口	80
6	1985-06-04	50.434	−4	−20	50.452	−4	−21		主体完工	110
7	1985-08-30	50.429	−5	−25	50.447	−5	−26		竣工	
8	1985-11-06	50.425	−4	−29	50.445	−2	−28		使用	
9	1986-02-28	50.423	−2	−31	50.444	−1	−29			
10	1986-05-06	50.422	−1	−32	50.443	−1	−30			
11	1986-08-05	50.421	−1	−33	50.443	0	−30			
12	1986-12-25	50.421	0	−33	50.443	0	−30			

注：水准点的高程 *BM*.1：49.538 mm；*BM*.2：50.123 mm；*BM*.3：49.776 mm。

c. 绘制沉降曲线

如图 7-36 所示为沉降曲线图，沉降曲线分为两部分，即时间与沉降量关系曲线和时间与荷载关系曲线。

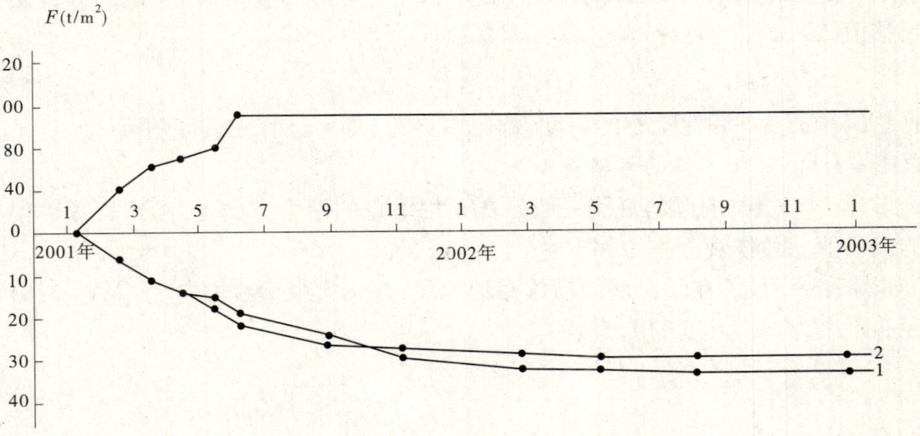

图 7-36　沉降曲线图

ⅰ. 绘制时间与沉降量关系曲线

以沉降量 s 为纵轴，以时间 t 为横轴，组成直角坐标系。以每次累积沉降量为纵坐标，以每次观测日期为横坐标，标出沉降观测点的位置。用曲线将标出的各点连接起来，并在曲线的一端注明沉降观测点号码，即绘制出了时间与沉降量关系曲线。

ⅱ. 绘制时间与荷载关系曲线

以荷载为纵轴，以时间为横轴，组成直角坐标系。根据每次观测时间和相应的荷载标出各点，将各点连接起来，即可绘制出时间与荷载关系曲线。

（二）建筑倾斜观测

1. 一般建筑物主体的倾斜观测

建筑物主体的倾斜观测，应测定建筑物顶部观测点相对于底部观测点的偏移值，再根据建筑物的高度，计算建筑物主体的倾斜度，即

$$i = \tan\alpha = \frac{\Delta D}{H} \tag{7-21}$$

式中　i——建筑物主体的倾斜度；

ΔD——建筑物顶部观测点相对于底部观测点的偏移值，m；

H——建筑物的高度，m；

α——倾斜角（°）。

倾斜测量主要是测定建筑物主体的偏移值 ΔD。偏移值 ΔD 的测定一般采用经纬仪投影法。具体观测方法如下：

（1）如图 7-37 所示，将经纬仪安置在固定测站上，该测站到建筑物的距离，为建筑物高度的 1.5 倍以上。瞄准建筑物 X 墙面上部的观测点 M，用盘左、盘右分中投点法，定出下部的观测点 N。用同样的方法，在与 X 墙面垂直的 Y 墙面上定出上观测点 P 和下观测点 Q。

M、N 和 P、Q 即为所设观测标志。

(2)相隔一段时间后，在原固定测站上，安置经纬仪，分别瞄准上观测点 M 和 P，用盘左、盘右分中投点法，得到 N' 和 Q'。如果 N 与 N'、Q 与 Q' 不重合，如图 7-38 所示，说明建筑物发生了倾斜。

(3)用尺子量出在 X、Y 墙面的偏移值 ΔA、ΔB，然后用矢量相加的方法，计算出该建筑物的总偏移值 ΔD，即：

$$\Delta D = \sqrt{\Delta A^2 + \Delta B^2} \tag{7-22}$$

根据总偏移值 ΔD 和建筑物的高度 H 用式(7-22)即可计算出其倾斜度 i。

2. 圆形建(构)筑物主体的倾斜观测

对圆形建(构)筑物的倾斜观测一般是在互相垂直的两个方向上，测定其顶部中心对底部中心的偏移值。具体观测方法如下：

(1)如图 7-38 所示，在烟囱底部横放一根标尺，在标尺中垂线方向上，安置经纬仪，经纬仪到烟囱的距离为烟囱高度的 1.5 倍。

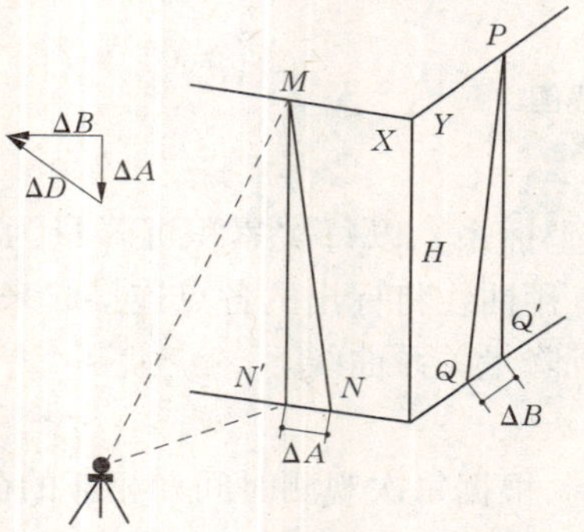

图 7-37 一般建筑物主体的倾斜观测

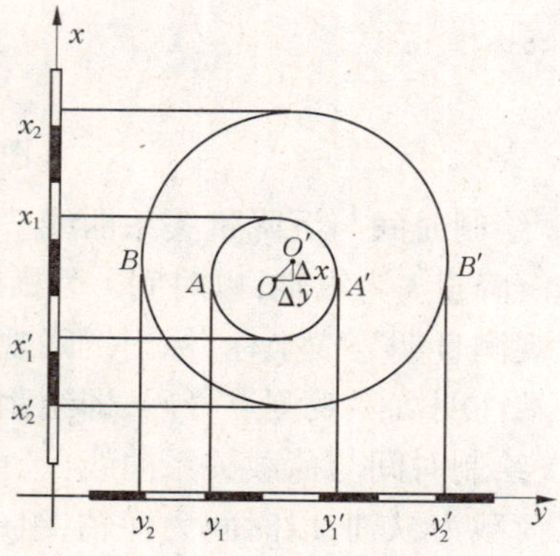

图 7-38 圆形建筑的倾斜观测

(2)用望远镜将烟囱顶部边缘两点 A、A' 及底部边缘两点 B、B' 分别投到标尺上，得读数为 y_1、y_1' 及 y_2、y_2'，如图 7-38 所示。烟囱顶部中心 O 对底部中心 O' 在 y 方向上的偏移值 Δy 为：

$$\Delta y = \frac{y_1 + y'_1}{2} - \frac{y_2 + y'_2}{2} \tag{7-23}$$

(3)用同样的方法，可测得在 x 方向上顶部中心 O 的偏移值 Δx 为：

$$\Delta x = \frac{x_1 + x'_1}{2} - \frac{x_2 + x'_2}{2} \tag{7-24}$$

(4)用矢量相加的方法，计算出顶部中心 O 对底部中心 O' 的总偏移值 ΔD，即

$$\Delta D = \sqrt{\Delta x^2 + \Delta y^2} \tag{7-25}$$

根据总偏移值 ΔD 和圆形建(构)筑物的高度 H 用式(7-21)即可计算出其倾斜度 i。

另外，亦可采用激光铅垂仪或悬吊锤球的方法，直接测定建(构)筑物的倾斜量。

(三)建筑裂缝观测

当建筑物出现裂缝之后，应及时进行裂缝观测。常用的裂缝观测方法有以下两种。

1. 石膏板标志

用厚 10 mm、宽 50 ~ 80 mm 的石膏板（长度视裂缝大小而定）固定在裂缝的两侧。当裂缝继续发展时，石膏板也随之开裂，从而观察裂缝继续发展的情况。

2. 白铁皮标志

如图 7-39 所示，用两块矩形白铁皮，分别固定在裂缝两侧，使两块白铁皮的边缘相互平行，并使其中的一部分重叠。在两块白铁皮的表面，涂上红色油漆。如果裂缝继续发展，两块白铁皮将逐渐拉开，露出正方形上原被覆盖没有油漆的部分，其宽度即为裂缝加大的宽度。定期分别量取两组端线与边线之间的距离，取其平均值，即为裂缝扩大的宽度，连同观测时间一并记入手簿内。此外，还应观测裂缝的走向和长度等项目。

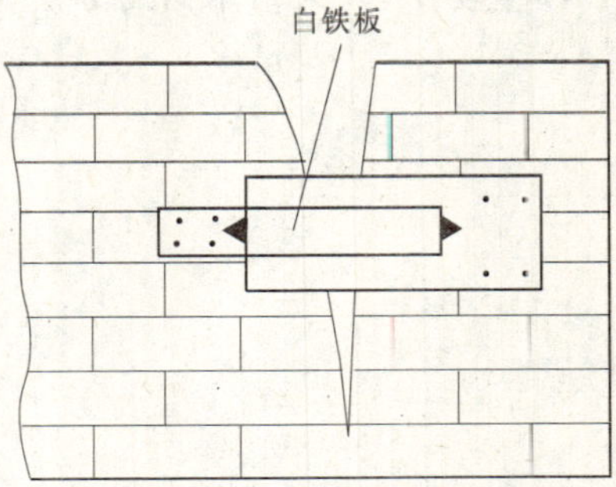

图 7-39　建筑物的裂缝观测

（四）建筑水平位移观测

根据平面控制点测定建筑物的平面位置随时间而移动的大小及方向，称为位移观测。位移观测首先要在建筑物附近埋设测量控制点，再在建筑物上设置位移观测点。

某些建筑物只要求测定某特定方向上的位移量，如大坝在水压力方向上的位移量，这种情况可采用基准线法进行水平位移观测。

如图 7-40 所示，观测时，先在位移方向的垂直方向上建立一条基准线，A、B 为施工中平面控制点，P 为在墙上设立的观测标志，用经纬仪测量 $\angle BAP=\beta$，视线方向大致垂直于厂房位移的方向。若厂房有平面位移 PP'，则测得 $\angle BAP'=\beta'$，设 $\Delta\beta=\beta'-\beta$，则位移量 PP' 按下式计算：

$$PP' = AP\frac{\Delta\beta}{\rho''} \tag{7-26}$$

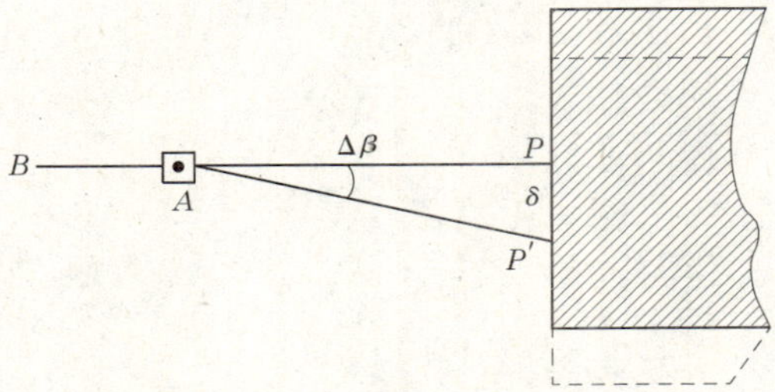

图 7-40　建筑物的水平位移观测

小　结

本章主要介绍了水准仪、经纬仪、全站仪、测距仪和激光铅垂仪的使用，对高差、水平角、竖直角等测量数据的获取方法进行了较详细的分析，并提出了测量过程中的注意事项。在施工过程中，建筑的定位放线、基础和墙体的施工，以及构件安装各个阶段都充分结合了多种测量仪器的特点并加以综合运用，共同完成测量任务，进一步体现了建筑工程测量的特点。建筑物在施工和后期的运营管理过程中，会产生各种物理性的形变，即建筑变形。建筑物的变形主要分为沉降类和位移类，建筑物变形观测是在建筑物施工过程和后期运营管理中的一项重要工作，采用不同的方法监测建筑物的沉降、倾斜、裂缝、水平位移等。

第八章　质量控制的统计分析方法

【学习目标】

1. 了解总体、个体、样本、样本容量的概念。
2. 掌握常见统计量的计算方法。
3. 掌握质量数据的整理分析方法。

建筑结构材料的质量直接影响建筑物的主体结构安全。因此，应对材料、施工质量等进行抽样检测，采用统计分析方法，取得代表质量特征的有关数据，科学评价工程质量。

第一节　数理统计基本知识

一、总体

总体也称母体，是所研究对象的全体。构成总体的基本单位，称为个体。总体中含有个体的数目通常用 N 表示。

总体分为有限总体和无限总体。若总体中个体的数目 N 是有限的，则该总体称为有限总体；若个体的数目是无限的，则该总体称为无限总体。如对一批产品质量检验时，该批产品是总体，其中的每件产品是个体，这时 N 是有限的数值，此时总体为有限总体；对生产过程进行检测时，应该把整个生产过程过去、现在以及将来的产品视为总体，随着生产的进行，N 是无限的，此时总体为无限总体。

实践中一般把从每件产品检测得到的某一质量数据（强度、几何尺寸、重量等）即质量特性值视为个体，产品的全部质量数据的集合即为总体。

二、样本

样本也称子样，是从总体中随机抽取出来的个体，作为代表总体的那部分单位组成的集合体。被抽出来的个体称为样本，样本的数量称样本容量，用 n 表示。

三、统计量

样本来自总体，由样本去推断总体的质量特征，需要对样本进行“加工”和“提炼”，这就需要构造一些样本的函数，把样本中所含的某一方面（如强度、尺寸、重量）的信息集中起来。若这个样本函数不含任何未知参数，则该函数称为统计量。

常见的统计量有均值、标准差、变异系数等。其中，均值描述数据的几种趋势，标准差、变异系数描述数据的离散趋势。

（一）均值

均值又称算术平均数，是消除了个体之间个别偶然的差异，显示出所有个体共性和数据一般水平的统计指标，它由所有数据计算得到，是数据的分布中心，对数据的代表性好。

1. 总体均值 μ

$$\mu = \frac{1}{N}(X_1 + X_2 + \cdots + X_N) = \frac{1}{N}\sum_{i=1}^{N} X_i \tag{8-1}$$

式中 N——总体中个体数；

X_i——总体中第 i 个个体质量的特征值。

2. 样本均值 $\bar{x}$

$$\bar{x} = \frac{1}{n}(x_1 + x_2 + \cdots + x_n) = \frac{1}{n}\sum_{i=1}^{n} x_i \tag{8-2}$$

式中 n——样本容量；

x_i——样本中第 i 个个体质量的特征值。

(二)标准差

标准差是个体数据与均值离差平方和的算术平均数的算术根，是大于 0 的正数。

标准差是表示绝对波动大小的指标，标准差值小说明分布集中程度高，离散程度小，均值对总体(样本)的代表性好；标准差的平方是方差，有鲜明的数理统计特征，能确切说明数据分布的离散程度和波动规律，是最常用的反映数据变异程度的特征值。

1. 总体的标准差 σ

$$\sigma = \sqrt{\frac{\sum_{i=1}^{N}(X_i - \mu)^2}{N}} \tag{8-3}$$

2. 样本的标准差 S

$$S = \sqrt{\frac{\sum_{i=1}^{n}(x_i - \bar{x})^2}{n - 1}} \tag{8-4}$$

样本的标准差 S 是总体标准偏差 σ 的无偏估计。在样本容量较大($n \geqslant 50$)时，式(8-4)中的分母($n-1$)可简化为 n。

(三)变异系数 C_v

变异系数又称离散系数，是用标准差除以算术平均数得到的相对数。它表示数据的相对离散波动程度。变异系数小，说明分布集中程度高，离散程度小，均值对总体(样本)的代表性好。

1. 总体的变异系数

$$C_v = \frac{\sigma}{\mu} \tag{8-5}$$

2. 样本的变异系数

$$C_v = S\sqrt{x} \tag{8-6}$$

四、抽样分布

统计量的分布称为抽样分布。

概率数理统计在对大量统计数据研究中，归纳总结出许多分布类型，如一般计量值数据服从正态分布,计件值数据服从二项分布,计点值数据服从泊松分布等。其中,正态分布最重要、最常见、应用最广泛。正态分布的概率密度曲线可用一个"中间高、两端低、左右对称"的几何图形表示,如图 8-1 所示。

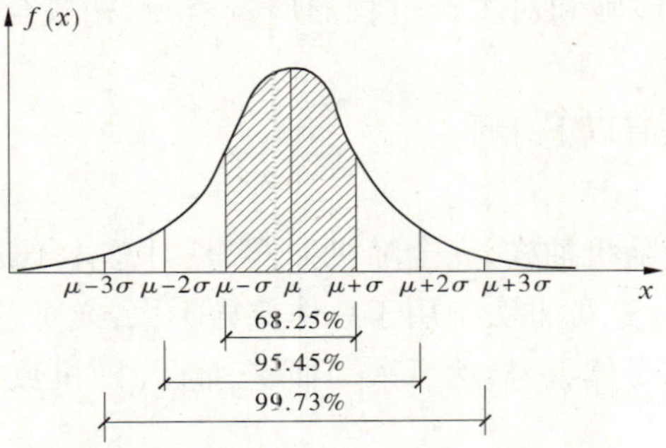

图 8-1　正态分布的概率密度曲线

第二节　数据抽样和统计分析方法

质量数据的抽样统计推断工作是运用统计方法在生产过程中或一批产品中,随机抽取样本,通过对样品进行检测和整理加工,从中获取样本质量数据信息,并以此为依据,以概率数理统计为理论基础,对总体的质量状况作出分析和判断。质量统计推断工作过程见图 8-2。

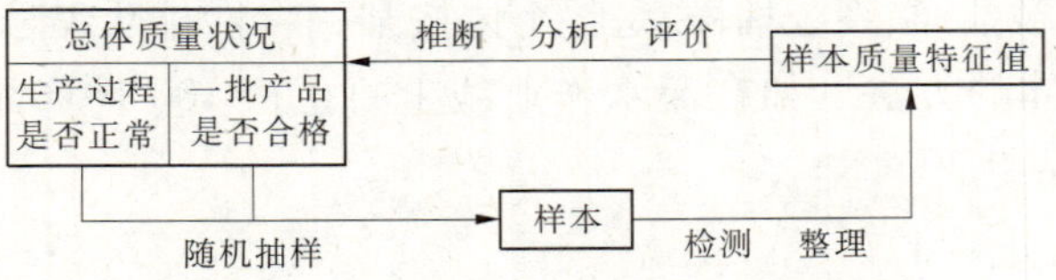

图 8-2　质量统计推断工作过程

数据的抽样统计分析,常指对收集到的有关数据资料进行整理归类并进行研究分析的过程。通常包含三项内容,即收集数据、整理数据、分析数据。

一、质量数据的收集

收集数据是进行统计分析的前提和基础。

(一)材料数据的收集方法

1. 全数检验

全数检验是对总体中的全部个体逐一观察、测量、计数、登记,从而获得对总体质量水平评价结论的方法。

全数检验一般比较可靠,能提供大量的质量信息,但要消耗很多人力、物力、财力和时间,特别是不能用于具有破坏性的检验和过程质量控制,应用上具有局限性;在有限总体中,对重要的检测项目,当可采用简易快速的不破损检验方法时可选用全数检验方法。

2. 随机抽样

抽样检验是按照随机抽样的原则,从总体中抽取部分个体组成样本,根据对样品进行检测的结果,推断总体质量水平的方法。

随机抽样检验抽取样品不受检验人员主观意愿的支配,每一个体被抽中的概率都相同,从而保证了样本在总体中的分布比较均匀,有充分的代表性,可节省人力、物力、财力、时间等,同时还可用于破坏性检验和对生产过程的质量监控,完成全数检测无法进行的检测项目,具有广泛的应用空间。

随机抽样的具体方法有以下几种。

1)简单随机抽样

简单随机抽样又称纯随机抽样、完全随机抽样,是对总体不进行任何加工,直接进行随机抽样,获取样本的方法。这种方法常用于总体差异不大,或对总体了解甚少的情况。

一般的做法是对全部个体编号,然后采用抽签、摇号、随机数字表等方法确定中选号码,相应的个体即为样品。

2)分层抽样

分层抽样又称分类或分组抽样,是将总体按某一特性分为若干组,然后在每组内随机抽取样品,组成样本的方法。

该方法对每组都有抽取,样品在总体中分布均匀,更具代表性,特别适用于总体比较复杂的情况。如研究混凝土浇筑质量时,可以按生产班组分组或按浇筑时间(白天、黑夜或季节)分组或按原材料供应商分组后,再在每组内随机抽取个体。

3)等距抽样

等距抽样又称机械抽样、系统抽样,是将个体按某一特性排队编号后均分为 n 组,这时每组有 $K=N/n$ 个个体的方法。如在流水作业线上每生产 100 件产品抽出一件产品做样品,直到抽出 n 件产品组成样本。

4)整群抽样

整群抽样一般是将总体按自然存在的状态分为若干群,并从中抽取样品群,组成样本,然后在中选群内进行全数检验的方法。

如对原材料质量进行检测,可按原包装的箱、盒为群随机抽取,对中选箱、盒做全数检验;每隔一定时间抽出一批产品进行全数检验等。

5)多阶段抽样

多阶段抽样又称多级抽样,是将各种单阶段抽样方法结合使用,通过多次随机抽样来实现的抽样方法。

如检验钢材、水泥等质量时,可以对总体 1 万个个体按不同批次分为 100 个群,每群 100 件样品,从中随机抽取 8 个群,而后在中选的 8 个群的 800 个个体中随机抽取 100 个个体,这就是整群抽样与分层抽样相结合的二阶段抽样,它的随机性表现在群间和群内有两次。

(二)数据的分布特征

1. 质量数据的特性

1)个体数值的波动性

在实际质量检测中,即使在生产过程是稳定正常的情况下,同一总体(样本)的个体产品的质量特性值也是互不相同的，这种个体间表现形式上的差异性，反映在质量数据上即为个体数值的波动性、随机性。

质量特性值的变化在质量标准允许范围内波动称之为正常波动，是偶然性原因，即人的技术水平、材质的均匀度、生产工艺、操作方法及环境等不可避免的因素引起的。若是超越了质量标准允许范围的波动则称之为异常波动，如机械设备发生故障或过度磨损、原材料质量规格有显著差异等情况发生，是由系统性原因引起的。

2）总体（样本）分布的规律性

当运用统计方法对这些大量丰富的个体质量数值进行加工、整理和分析后，我们又会发现，这些产品质量特性值（以计量值数据为例）大多分布在数值变动范围的中部区域，即有向分布中心靠拢的倾向，表现为数值的集中趋势；还有一部分质量特性值在中心的两侧分布，随着逐渐远离中心，数值的个数变少，表现为数值的离中趋势。质量数据的集中趋势和离中趋势反映了总体（样本）质量变化的内在规律性。

2. 质量数据分布的规律性

从大量统计数据研究中，归纳总结出许多分布类型，如一般计量值数据服从正态分布，计件值数据服从二项分布，计点值数据服从泊松分布等。其中，正态分布最重要、最常见、应用最广泛。

实践中只要是受许多起微小作用的因素影响的质量数据，都可认为是近似服从正态分布的，如构件的几何尺寸、混凝土强度等；如果是随机抽取的样本，无论它来自的总体是何种分布，在样本容量较大时，其样本均值也将服从或近似服从正态分布。

（三）质量数据的特征值

样本数据特征值是由样本数据计算的，描述样本质量数据波动规律的指标。统计推断就是根据这些样本数据特征值来分析、判断总体的质量状况。

在材料的质量检测中，常用的数据特征值有均值、标准差、变异系数等。

【例 8-1】 对某碎石试样进行压碎指标检测，称取试样 3 000 g，三次检测得到压碎后筛余量分别为 2 470 g、2 510 g、2 489 g，计算石子的压碎指标，评定石子的强度。

【解】 根据建筑材料知识，求出每次检测所得到的碎石压碎指标，再求它们的均值，对照相应的碎石压碎指标标准，即可得到该碎石的强度。

碎石压碎指标检测计算：

$$Q_{e1}=\frac{3\ 000-2\ 470}{3\ 000}\times 100\% =17.7\%$$

$$Q_{e2}=\frac{3\ 000-2\ 510}{3\ 000}\times 100\% =16.3\%$$

$$Q_{e3}=\frac{3\ 000-2\ 489}{3\ 000}\times 100\% =17.0\%$$

平均值 $$\overline{Q}_e=\frac{17.7+16.3+17.0}{3}\times 100\% =17.0\%$$

对照检查石子的压碎指标，该碎石的强度为Ⅱ类。

【例 8-2】 甲乙两厂均生产 32.5 级矿渣水泥，甲厂某月生产的水泥抗压强度平均值为

38.8 MPa,标准差为 1.67 MPa。同月乙厂生产的水泥抗压强度平均值为 35.6 MPa,标准差为 1.62 MPa。试判断哪个厂生产的水泥稳定性较好。

【解】 产品稳定性的好坏,主要看产品的变异系数。变异系数表示数据的相对离散波动程度。变异系数越小,说明分布集中程度越高,离散程度越小,产品就越稳定。

甲厂:$C_v = \frac{1.67}{38.8} \times 100\% = 4.30\%$

乙厂:$C_v = \frac{1.62}{35.6} \times 100\% = 4.55\%$

从变异系数看,甲厂小于乙厂,说明甲厂生产的水泥强度相对波动比乙厂小,因此本月甲厂生产的水泥稳定性较好。

二、数据的整理与分析

整理数据就是按一定的标准对收集到的数据进行归类汇总的过程。

分析数据指在整理数据的基础上,通过统计运算,得出结论的过程,它是统计分析的核心和关键。数据分析通常可分为两个层次:第一个层次是用描述统计的方法计算出反映数据集中趋势、离散程度和相关强度的具有外在代表性的指标;第二个层次是在描述统计的基础上,用推断统计的方法对数据进行处理,以样本信息推断总体情况,并分析和推测总体的特征和规律。

数据的整理与分析常用的方法有以下几种。

(一)统计调查表法

统计调查表法又称统计调查分析法,它是利用专门设计的统计表对质量数据进行收集、整理和粗略分析质量状态的一种方法。

在质量控制活动中,利用统计调查表收集数据,简便灵活,便于整理,实用有效。它没有固定格式,可根据需要和具体情况,设计出不同的统计调查表。常用的统计调查表有:

(1)分项工程作业质量分布调查表;

(2)不合格项目调查表;

(3)不合格原因调查表;

(4)施工质量检查评定用调查表等。

(二)分层法

分层法又叫分类法,是将调查收集的原始数据,根据不同的目的和要求,按某一性质进行分组、整理的分析方法。分层法是质量控制统计分析方法中最基本的一种方法。

分层的结果使数据各层间的差异突出地显示出来,层内的数据差异减少了。在此基础上再进行层间、层内的比较分析,可以更深入地发现和认识质量问题的原因。由于产品质量是多方面因素共同作用的结果,因而对同一批数据,可以按不同性质分层,使我们能从不同角度来考虑、分析产品存在的质量问题和影响因素。

【例 8-3】 钢筋焊接质量的调查分析,共检查了 50 个焊接点,其中不合格 18 个,不合格率为 36%,存在严重的质量问题,试用分层法分析质量问题的原因。

【解】 现已查明这批钢筋的焊接是由 A、B、C 三个师傅操作的，而焊条是由甲、乙两个厂家提供的。因此，分别按操作者和焊条生产厂家进行分层分析，即考虑一种因素单独的影响，见表 8-1 和表 8-2。

表 8-1 按操作者分层

操作者	不合格(个)	合格(个)	不合格率(%)
A	6	13	32
B	3	9	25
C	9	10	47
合计	18	32	36

表 8-2 按供应焊条厂家分层

工厂	不合格(个)	合格(个)	不合格率(%)
甲	8	15	35
乙	10	17	37
合计	18	32	36

由表 8-1 和表 8-2 分层分析可见，操作者 B 的质量较好，不合格率 25%；而不论是采用甲厂还是乙厂的焊条，不合格率都很高且相差不大。为了找出问题之所在，再进一步采用综合分层进行分析，即考虑两种因素共同影响的结果，见表 8-3。

表 8-3 综合分层分析焊接质量

操作者	甲厂	乙厂	合计
	不合格率(%)	不合格率(%)	不合格率(%)
A	75	0	32
B	0	43	25
C	22	78	47
合计	35	37	36

从表 8-3 的综合分层法分析可知，在使用甲厂的焊条时，以采用 B 师傅的操作方法为好；在使用乙厂的焊条时，以采用 A 师傅的操作方法为好，这样会使合格率大大地提高。

(三)排列图法

排列图法是利用排列图寻找影响质量主次因素的一种有效方法。它由两个纵坐标、一个横坐标、几个连起来的直方形和一条曲线所组成，如图 8-3 所示。左侧的纵坐标表示频数，右侧的纵坐标表示累计频率，横坐标表示影响质量的各个因素或项目，按影响程度大小从左至右排列，直方形的高度表示某个因素的影响大小。

在实际应用中，通常按累计频率划分为 0 ~ 80%、80% ~ 90%、90% ~ 100% 三部分，与其对应的影响因素分别为 A、B、C 三类。A 类为主要因素，B 类为次要因素，C 类为一般因素。

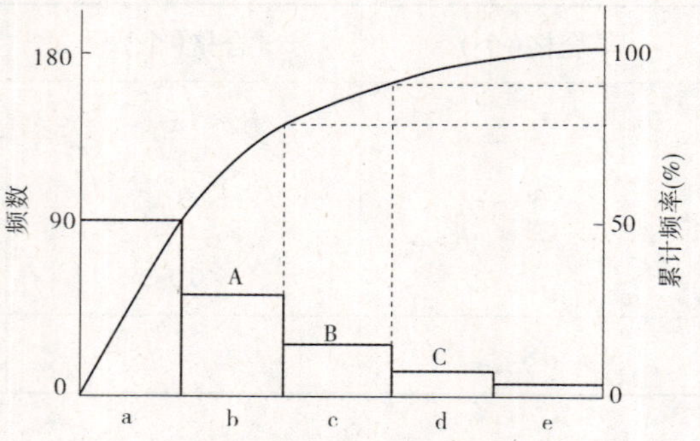

图 8-3　排列图示例

排列图可以形象、直观地反映主次因素。其主要应用有：

(1)按不合格点的内容分类，可以分析出造成质量问题的薄弱环节。

(2)按生产作业分类，可以找出生产不合格品最多的关键过程。

(3)按生产班组或单位分类，可以分析比较各单位技术水平和质量管理水平。

(4)将采取提高质量措施前后的排列图对比，可以分析措施是否有效。

(5)还可以用于成本费用分析、安全问题分析等。

【例 8-4】　某工地现浇混凝土结构尺寸质量检查结果是：在全部检查的 8 个项目中不合格点(超偏差限值)有 150 个，试用排列图法找出混凝土结构尺寸质量的薄弱环节。

【解】　收集混凝土结构尺寸各项目不合格点的问题及数据，见表 8-4。

表 8-4　不合格点统计表

序号	检查项目	不合格点数
1	轴线位置	1
2	垂直度	15
3	标高	5
4	截面尺寸	47
5	表面平整度	80
6	预留孔洞中心位置	2

将不合格点较少的轴线位置、预留孔洞中心位置两项合并为“其他”项。按不合格点的频数由大到小顺序排列各检查项目，“其他”项排在最后。以全部不合格点数为总数，计算各项的频率和累计频率，结果见表 8-5。

表 8-5　不合格点项目频数频率统计表

序号	项目	频数	频率(%)	累计频率(%)
1	表面平整度	80	53.33	53.33
2	截面尺寸	47	31.33	84.7
3	垂直度	15	10.0	94.7
4	标高	5	3.3	98
5	其他	3	2.0	100
合计		150	100	

根据表 8-5 绘制的排列图如图 8-4 所示。

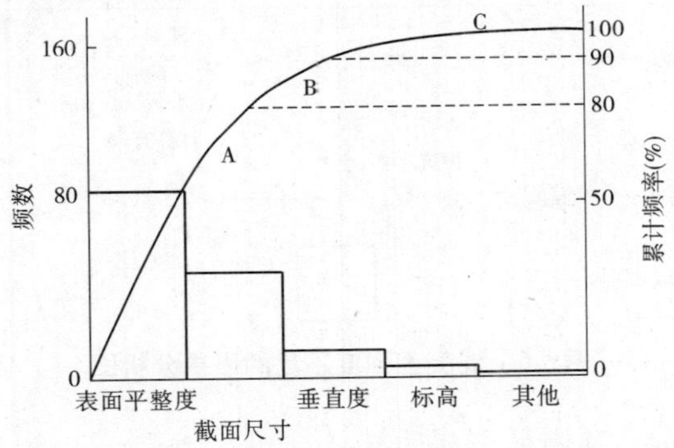

图 8-4　混凝土结构尺寸不合格点排列图

利用 ABC 分类法，确定主次因素。将累计频率曲线按 0 ~ 80%、80% ~ 90%、90% ~ 100% 分为三部分，各曲线下面所对应的影响因素分别为 A、B、C 三类因素。

由排列图可知，该例中 A 类即主要因素是表面平整度、截面尺寸(梁、柱、墙板、其他构件)，B 类即次要因素是垂直度，C 类即一般因素有标高和其他项目。综上分析结果，应重点解决 A 类等质量问题。

(四) 因果分析图法

因果分析图法是利用因果分析图来系统整理、分析某个质量问题(结果)与其产生原因之间关系的有效工具。因果分析图因其形状常被称为树枝图或鱼刺图。

因果分析图基本形式如图 8-5 所示。从图可见，因果分析图由质量特性(即质量结果指

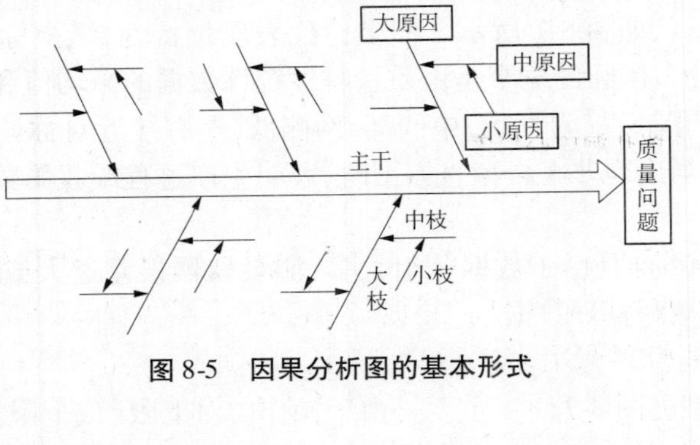

图 8-5　因果分析图的基本形式

某个质量问题）、要因（产生质量问题的主要原因）、枝干（指一系列箭线，表示不同层次的原因）、主干（指较粗的直接指向质量结果的水平箭线）等所组成。

图 8-6 为混凝土强度不足的因果分析图。

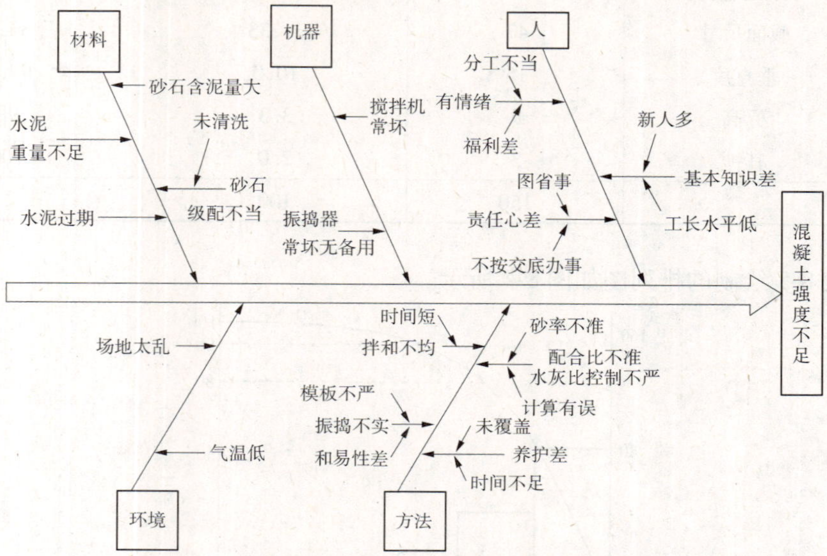

图 8-6　混凝土强度不足的因果分析图

使用因果分析图法时应注意的事项如下：

（1）一个质量特性或一个质量问题使用一张图分析；

（2）通常采用小组活动的方式进行，集思广益，共同分析，必要时可以邀请小组外有关人员参与，广泛听取意见；

（3）分析时要充分发表意见，层层深入，列出所有可能的原因；

（4）在充分分析的基础上，由各参与人员采取投票或其他方式，从中选择 1 ~ 5 项多数人达成共识的主要原因。

（五）直方图法

直方图法即频数分布直方图法，它是将收集到的质量数据进行分组整理，绘制成频数分布直方图，用以描述质量分布状态的一种分析方法。用随机抽样方法抽取的数据，一般要求数据在 50 个以上。

1. 通过直方图的形状，判定生产过程是否有异常

常见的直方图形状如图 8-7 所示。横坐标代表质量特性，纵坐标代表频数或频率。直方图的分布形状及分布区间的宽窄是由质量特性统计数据的平均值和标准差所决定的。

正常型直方图如图 8-7（a）所示，中间高，两侧低，左右接近对称。反映生产过程质量处于正常、稳定状态。当出现非正常型直方图时，表明生产过程或收集数据作图有问题。

1）折齿型

折齿型见图 8-7（b），是由于数据分组太多，测量仪器误差过大或观测数据不准确等造成的，此时应重新收集和整理数据。

2）左（或右）缓坡型

左（或右）缓坡型见图 8-7（c），主要是由于操作中对上限（或下限）控制太严造成的。

3）孤岛型

孤岛型见图 8-7（d），是原材料发生变化，或者临时他人顶班作业造成的。

4）双峰型

双峰型见图 8-7（e），是由于用两种不同方法或两台设备或两组工人进行生产，然后把两方面数据混在一起整理产生的。

5）绝壁型

绝壁型见图 8-7（f），是由于数据收集不正常，可能有意识地去掉下限以下的数据，或是在检测过程中存在某种人为因素所造成的。

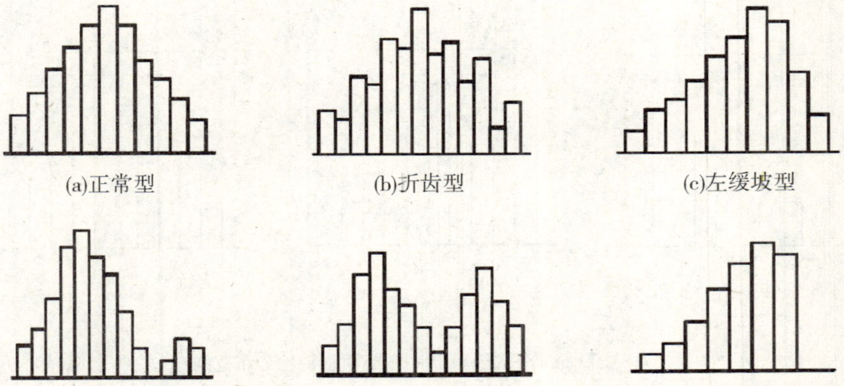

(a)正常型　(b)折齿型　(c)左缓坡型

(d)孤岛型　(e)双峰型　(f)绝壁型

图 8-7　常见的直方图形状

2. 直方图的分析及应用

通过对正常型直方图的观察与分析，可了解产品质量的波动情况，掌握质量特性的分布规律，以便对质量状况进行分析判断。同时可通过质量数据特征值的计算，估算施工生产过程总体的不合格品率，评价过程能力等。

1）正常型直方图的分类

正常型直方图与质量标准相比较，一般有 6 种情况，如图 8-8 所示。

（1）如图 8-8（a）所示，B 在 T 中间，质量分布中心与质量标准中心 M 重合，实际数据分布与质量标准相比较两边还有一定余地。这样的生产过程质量是很理想的，说明生产过程处于正常的稳定状态。在这种情况下生产出来的产品可认为全都是合格品。

（2）如图 8-8（b）所示，B 虽然落在 T 内，但质量分布中心与 T 的中心 M 不重合，偏向一边。这样生产状态一旦发生变化，就可能超出质量标准下限而出现不合格品。出现这样情况时应迅速采取措施，使直方图移到中间来。

（3）如图 8-8（c）所示，B 在 T 中间，且 B 的范围等于 T 的范围，没有余地，生产过程一旦发生小的变化，产品的质量特性值就可能超出质量标准。出现这种情况时，必须立即采取措施，以缩小质量分布范围。

（4）如图 8-8（d）所示，B 在 T 中间，但两边余地太大，说明加工过于精细，不经济。在这种情况下，可以对原材料、设备、工艺、操作等控制要求适当放宽些，有目的地使 B 扩大，从而有利于降低成本。

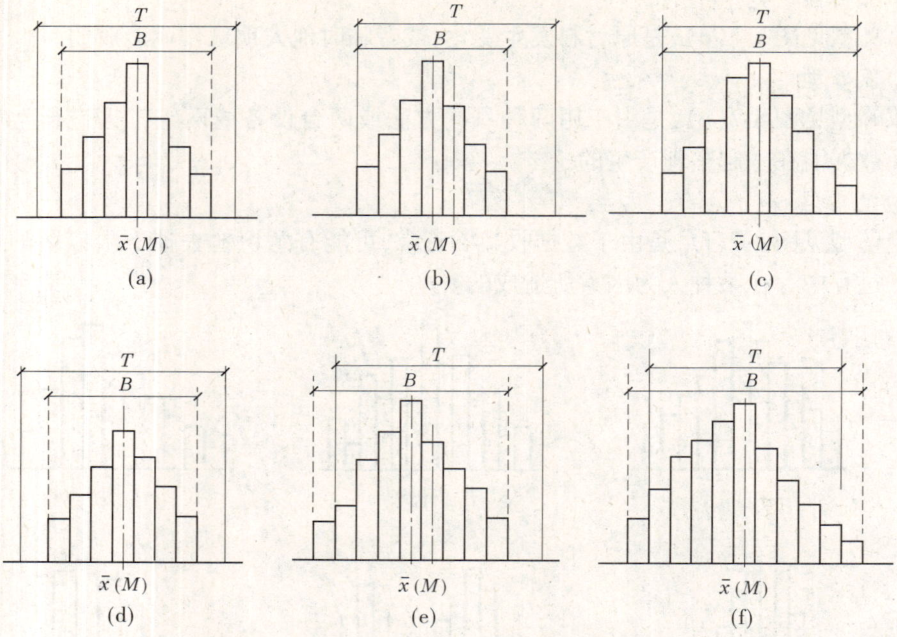

T—质量标准要求界限；B—实际质量特性分布范围

图 8-8　实际质量分析与标准比较

（5）如图 8-8（e）所示，质量分布范围 B 已超出标准下限，说明已出现不合格品。此时必须采取措施进行调整，使质量分布位于标准之内。

（6）如图 8-8（f）所示，质量分布范围完全超出了质量标准上、下界限，散差太大，产生许多废品，说明过程能力不足，应提高过程能力，使质量分布范围 B 缩小。

2）统计特征值的应用

在质量控制中，可通过计算数据的统计特征值，进一步定量地描述直方图所显示的质量分布状况，用以估算总体（某一生产过程）的不合格品率，评价过程能力等。

a. 估算总体的不合格品率

当计算出样本的均值 $\bar{x}$ 和标准差 S 后，估计总体的均值 μ 和标准偏差 σ，并绘出总体的质量分布曲线。如果曲线与横坐标值围成的面积有超出公差标准上、下限的部分，就是总体的不合格品率，如图 8-9 所示。

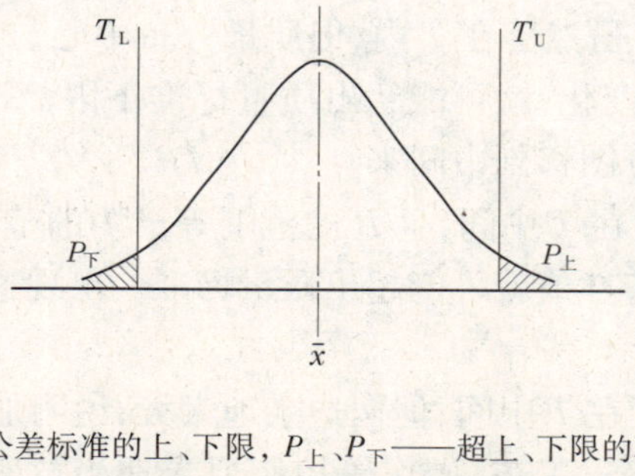

T_U、T_L—公差标准的上、下限，$P_上$、$P_下$——超上、下限的不合格品率

图 8-9　总体产品不合格品率示意图

根据标准正态分布，即可求得 $P_上$、$P_下$。

不合格品率合计为：$P = P_上 + P_下$。

b. 评价过程能力

过程能力指产品生产的每个过程对产品质量的保证程度，反映的是处于稳定生产状态下的过程的实际加工能力。过程能力的高低可以用标准差 σ 的大小来衡量。σ 越小则过程越稳定，过程能力越强；σ 越大过程越不稳定，过程能力越弱。

【例 8-5】 某施工队浇筑 C30 混凝土，统计计算混凝土强度样本的平均值 $\bar{x} = 37.88$ N/mm² 和标准偏差 $S = 3.13$ N/mm²，如果只要求质量标准下限 $T_L = 30.0$ N/mm²，试估算该施工队配制混凝土可能出现的不合格品率。

【解】 由题意可求得：

$$Z_{a下} = \frac{|T_L - \bar{x}|}{S} = \frac{|30.0 - 37.88|}{3.13} = 2.52$$

查正态分布表，得 $P_下 = 0.0059 = 0.59\%$。

所以，该施工队配制的 C30 混凝土可能出现的不合格品率为 0.59%。

(六) 控制图法

控制图是用样本数据，在直角坐标系内画有控制界限，描述生产过程中产品质量波动状态的图形，来分析判断生产过程是否处于稳定状态的有效工具，是典型的动态分析法。

1. 控制图的基本形式

控制图的基本形式如图 8-10 所示。横坐标为样本（子样）序号或抽样时间，纵坐标为被控制对象，即被控制的质量特性值。控制图上一般有三条线：在上面的一条虚线称为上控制界限，用符号 *UCL* 表示；在下面的一条虚线称为下控制界限，用符号 *LCL* 表示；中间的一条实线称为中心线，用符号 *CL* 表示。中心线标志着质量特性值分布的中心位置，上下控制界限标志着质量特性值允许波动范围。

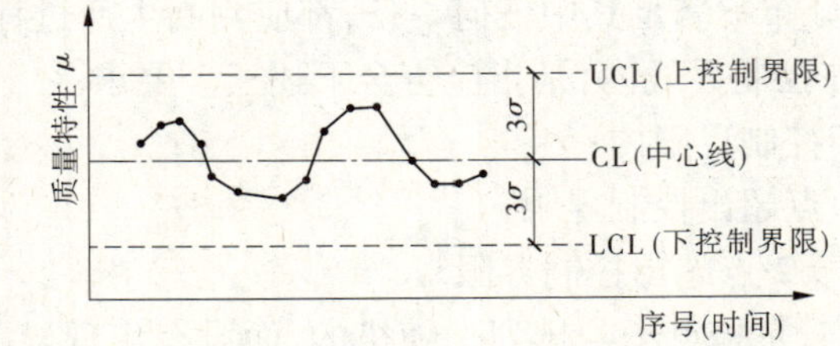

图 8-10 控制图的基本形式

世界上大多数国家采用“三倍标准偏差法”来确定控制界限，即将中心线定在被控制对象的平均值上，以中心线为基准向上向下各量三倍被控制对象的标准偏差，即为上、下控制界限。

在生产过程中通过抽样取得数据，把样本统计量描在图上来分析判断生产过程状态。如果点子随机地落在上、下控制界限内，则表明生产过程正常，处于稳定状态，不会产生不合格品；如果点子超出控制界限，或点子排列有缺陷，则表明生产条件发生了异常变化，生产过程处于失控状态。

2. 控制图的种类

1）按用途分类

a. 分析用控制图

主要是用来调查分析生产过程是否处于控制状态。绘制分析用控制图时，一般需连续抽取 20 ~25 组样本数据，计算控制界限。

b. 管理（或控制）用控制图

主要用来控制生产过程，使之经常保持在稳定状态下。当根据分析用控制图判明生产处于稳定状态时，一般是把分析用控制图的控制界限延长作为管理用控制图的控制界限，并按一定的时间间隔取样、计算、打点，根据点子分布情况，判断生产过程是否受异常因素影响。

2）按质量数据特点分类

a. 计量值控制图

主要适用于质量特性值属于计算值的控制，如时间、长度、重量、强度、成分等连续型变量。

b. 计数值控制图

通常用于控制质量数据中的计数值，如不合格品质、疵点数、不合格品率、单位面积上的疵点数等离散型变量。

3. 控制图的观察与分析

当产品受偶然性因素的影响时，生产过程是处于稳定状态的，此时产品质量特性值的波动是有一定规律的，即质量特性值分布服从正态分布。控制图就是利用这个规律来识别生产过程中的异常因素的。

可通过观察分布中心位置（μ）和分布的离散程度（σ）随时间（生产进程）的变化情况来分析生产过程是否处于稳定状态。若控制图同时满足以下两个条件：一是点子几乎全部落在控制界限之内；二是控制界限内的点子排列没有缺陷，我们就可以认为生产过程基本上处于稳定状态。如果点子的分布不满足其中任何一条，都应判断生产过程为异常。

（1）点子几乎全部落在控制界线内，是指应符合下述三个要求：

①连续 25 点以上处于控制界限内；

②连续 35 点中仅有 1 点超出控制界限；

③连续 100 点中不多于 2 点超出控制界限。

（2）点子排列没有缺陷，是指点子的排列是随机的，而没有出现异常现象。这里的异常现象是指点子排列出现了“链”、“多次同侧”、“趋势或倾向”、“周期性变动”、“接近控制界限”等情况。

①链。

即点子连续出现在中心线一侧的现象。出现五点链，应注意生产过程发展状况；出现六点链，应开始调查原因；出现七点链，应判定工序异常，需采取处理措施，如图 8-11 所示。

②多次同侧。

即点子在中心线一侧多次出现的现象，或称偏离，如图 8-12 所示。图中，在连续 11 点中有 10 点在同侧，在连续 14 点中有 12 点在同侧，在连续 17 点中有 14 点在同侧，在连续 20 点中有 16 点在同侧，说明生产过程已出现异常。

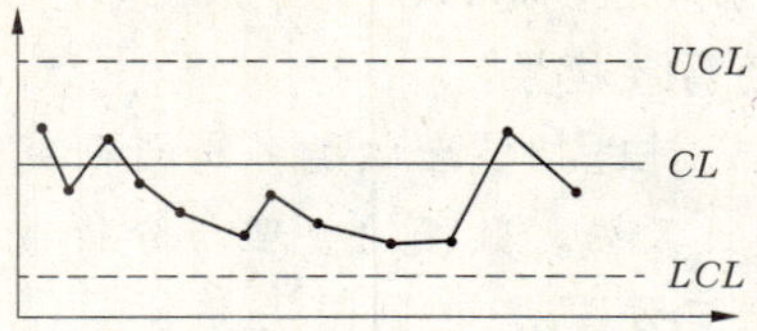

图 8-11 链

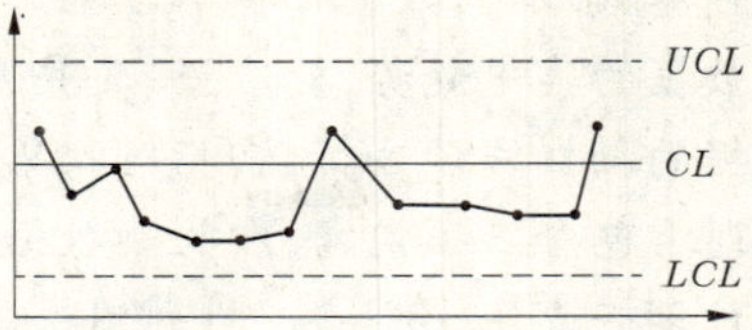

图 8-12 多次同侧

③趋势或倾向。

即点子连续上升或连续下降的现象，如图 8-13 所示。图中，连续 7 点或 7 点以上上升或下降排列，就应判定生产过程受异常因素影响，要立即采取措施。

④周期性变动。

即点子的排列显示周期性变化的现象。这样即使所有点子都在控制界限内，也应认为生产过程为异常，如图 8-14 所示。

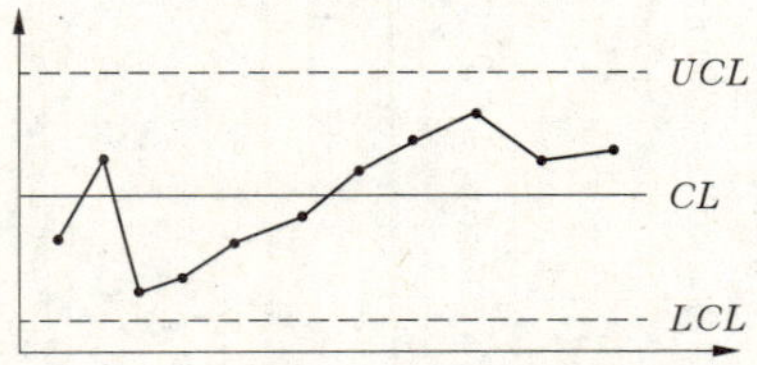

图 8-13 趋势或倾向

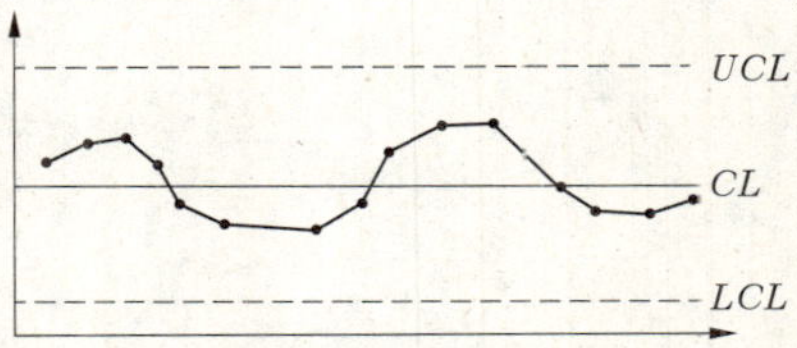

图 8-14 周期性变动

⑤点子排列接近控制界限。

即点子落在了 $\pm 2\sigma$ 以外和 $\pm 3\sigma$ 以内。如属下列情况的判定为异常：连续 3 点至少有 2 点接近控制界限，连续 7 点至少有 3 点接近控制界限，连续 10 点至少有 4 点接近控制界限，如图 8-15 所示。

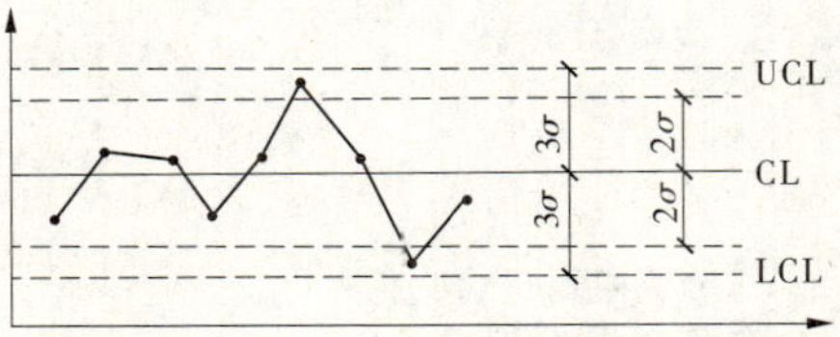

图 8-15 点子排列接近控制界限

以上是分析用控制图判断生产过程是否正确的准则。如果生产过程处于稳定状态，则把分析用控制图转为管理用控制图。分析用控制图是静态的，而管理用控制图是动态的。随着生产过程的进展，通过抽样取得质量数据把点描在图上，随时观察点子的变化，点子落在控制界限外或界限上，即判断生产过程异常，点子即使在控制界限内，也应随时观察其有无缺陷，以对生产过程正常与否作出判断。

小 结

总体也称母体，是所研究对象的全体。构成总体的基本单位，称为个体。被抽出来的个体称为样本，样本的数量称样本容量。常见的统计量有均值、标准差、变异系数等。其中，均值描述数据的集中趋势，标准差、变异系数描述数据的离散趋势。

数据的抽样统计分析，常指对收集到的有关数据资料进行整理归类并进行研究分析的过程。通常包含三项内容，即收集数据、整理数据、分析数据。数据的整理与分析常用的方法有统计调查表法、分层法、排列图法、因果分析图法、直方图法、控制图法。

参考文献

[1] 中华人民共和国住房和城乡建设部. 混凝土结构设计规范(GB 50010—2002)[S]. 北京:中国建筑工业出版社,2012.

[2] 中华人民共和国住房和城乡建设部. 建筑抗震设计规范(GB 50011—2010)[S]. 北京:中国建筑工业出版社,2010.

[3] 中华人民共和国住房和城乡建设部. 混凝土结构设计规范(GB 50010—2011)[S]. 北京:中国建筑工业出版社,2011.

[4] 中华人民共和国建设部. 钢结构设计规范(GB 50017—2003)[S]. 北京:中国建筑工业出版社,2003.

[5] 中华人民共和国住房和城乡建设部. 建筑地基基础设计规范(GB 50007—2011)[S]. 北京:中国建筑工业出版社,2012.

[6] 吴承霞. 混凝土与砌体结构[M]. 北京:中国建筑工业出版社,2012.

[7] 沈祖炎. 钢结构基本原理[M]. 北京:中国建筑工业出版社,2012.

[8] 陈绍蕃. 钢结构设计原理[M]. 北京:科学出版社,1998.

[9] 吕西平,周德源. 建筑结构抗震设计原理与实例[M]. 上海:同济大学出版社,2002.

[10] 李生平,陈伟清. 建筑工程测量[M]. 3 版. 武汉:武汉理工大学出版社,2009.

[11] 张敬伟. 建筑工程测量[M]. 2 版. 北京:北京大学出版社,2013.

[12] 王伟主,郭清燕. 工程测量技术[M]. 青岛:海洋大学出版社,2012.

[13] 全国二级建造师执业资格考试用书编写委员会. 建设工程项目管理[M]. 北京:中国建筑工业出版社,2011.

[14] 王立霞. 项目施工组织与管理[M]. 郑州:郑州大学出版社,2007.

[15] 王辉. 建设工程施工项目管理[M]. 北京:冶金工业出版社,2009.

[16] 姚玉娟,翟丽旻. 建筑施工组织与管理[M]. 北京:北京大学出版社,2009.

[17] 中华人民共和国建设部. 采暖通风与空气调节设计规范(GB 50019—2003)[S]. 北京:中国计划出版社,2004.

[18] 高明远. 建筑设备工程[M]. 3 版. 北京:中国建筑工业出版社,2005.

[19] 王付全,杨师斌. 建筑设备[M]. 北京:科学出版社,2011.

[20] 韦节廷. 建筑设备工程[M]. 武汉:武汉理工大学出版社, 2010.

[21] 周业梅. 建筑设备识图与施工工艺[M]. 北京:北京大学出版社, 2012.

[22] 汤万龙. 建筑设备[M]. 北京:化学工业出版社,2010.

[23] 邵正荣,张郁,宋勇军. 建筑设备[M]. 北京:北京理工大学出版社,2011.

[24] 王东萍,王维红. 建筑设备工程[M]. 哈尔滨:哈尔滨工业大学出版社,2009.

[25] 张思忠. 建筑设备[M]. 郑州:黄河水利出版社,2011.

[26] 陈明彩,毛颖. 建筑设备安装识图与施工工艺[M]. 北京:北京理工大学出版社,2009.

[27] 中华人民共和国建设部. 建筑设计防火规范(GB 50016—2006)[S]. 北京:中国计划出版社,2006.

[28] 中华人民共和国住房和城乡建设部. 建筑给水排水设计规范(GB 50015—2003(2009 年版))[S]. 北京:中国计划出版社,2010.

[29] 中华人民共和国建设部. 建筑给水排水及采暖工程施工质量验收规范(GB 50242—2002)[S]. 北京:中国建筑工业出版社,2002.

[30] 中华人民共和国建设部. 通风与空调工程施工质量验收规范(GB 50243—2002)[S]. 北京:中国计划出版社,2002.

[31] 王明昌. 建筑电工学[M]. 重庆:重庆大学出版社,2010.
[32] 徐晓宁. 建筑电气设计基础[M]. 广州:华南理工大学出版社,2007
[33] 张瑞生. 建筑工程安全管理[M]. 武汉:武汉理工大学出版社,2007.
[34] 卢军. 建筑环境与设备工程概论[M]. 重庆:重庆大学出版社,2003.
[35] 建筑施工手册4版编写组. 建筑施工手册[M]. 4版. 北京:中国建筑工艺出版社,2004.
[36] 中华人民共和国建设部. 建筑工程施工质量验收统一标准(GB 50300—2001)[S]. 北京:中国建筑工业出版社,2002.
[37] 姚谨英. 建筑施工技术[M]. 4版. 北京:建筑工业出版社,2012.
[38] 中华人民共和国建设部. 地下防水工程质量验收规范(GB 50208—2002)[S]. 北京:中国建筑工业出版社,2002.
[39] 中华人民共和国建设部. 屋面工程质量验收规范(GB 50207—2012)[S]. 北京:中国建筑工业出版社,2012.
[40] 钟汉华,李念国. 建筑工程施工工艺[M]. 北京:北京大学出版社,2009.
[41] 中华人民共和国建设部. 混凝土结构工程施工质量验收规范(GB 50204—2002 (2011年版))[S]. 北京:中国建筑工业出版社,2011.
[42] 夏锦红. 建筑力学[M]. 郑州:郑州大学出版社,2007.
[43] 刘志宏. 建筑工程基础(下)[M]. 南京:东南大学出版社,2005.
[44] 滕春,朱缨. 建筑识图与构造[M]. 武汉:武汉理工大学出版社,2012.
[45] 肖芳. 建筑构造[M]. 北京:北京大学出版社,2012.
[46] 李少红. 房屋建筑构造[M]. 北京:北京大学出版社,2012.
[47] 赵妍. 建筑识图与构造[M]. 2版. 北京:中国建筑工业出版社,2008.
[48] 王崇杰. 房屋建筑学[M]. 2版. 北京:中国建筑工业出版社,2008.
[49] 中华人民共和国建设部. 建筑与市政工程施工现场专业人员职业标准(JGJ/T 250—2011)[S]. 北京:中国建筑工业出版社,2011.